CB137635

Psicologia Hospitalar

Teoria, Aplicações e Casos Clínicos

O GEN | Grupo Editorial Nacional – maior plataforma editorial brasileira no segmento científico, técnico e profissional – publica conteúdos nas áreas de ciências da saúde, exatas, humanas, jurídicas e sociais aplicadas, além de prover serviços direcionados à educação continuada e à preparação para concursos.

As editoras que integram o GEN, das mais respeitadas no mercado editorial, construíram catálogos inigualáveis, com obras decisivas para a formação acadêmica e o aperfeiçoamento de várias gerações de profissionais e estudantes, tendo se tornado sinônimo de qualidade e seriedade.

A missão do GEN e dos núcleos de conteúdo que o compõem é prover a melhor informação científica e distribuí-la de maneira flexível e conveniente, a preços justos, gerando benefícios e servindo a autores, docentes, livreiros, funcionários, colaboradores e acionistas.

Nosso comportamento ético incondicional e nossa responsabilidade social e ambiental são reforçados pela natureza educacional de nossa atividade e dão sustentabilidade ao crescimento contínuo e à rentabilidade do grupo.

Psicologia Hospitalar
Teoria, Aplicações e Casos Clínicos

MAKILIM NUNES BAPTISTA

Graduação em Psicologia pela Universidade São Judas. Mestrado em Psicologia Clínica pela Pontifícia Universidade Católica de Campinas (PUC-Campinas). Doutorado em Ciências pela Universidade Federal de São Paulo (Unifesp). Professor *Stricto sensu* da PUC-Campinas. Membro do Instituto Brasileiro de Avaliação Psicológica (Ibap). Pós-doutorado pela Universidade do Algarve, Portugal.

DIANA TOSELLO LALONI

Graduação em Psicologia pela Pontifícia Universidade Católica de Campinas (PUC-Campinas). Especialização em Saúde Mental pela Universidade Estadual de Campinas (Unicamp). Mestrado em Psicologia, Ciência e Profissão pela PUC-Campinas. Doutorado em Psicologia, Ciência e Profissão pela PUC-Campinas. Professora Titular da PUC-Campinas. Membro da Associação Brasileira de Ciências do Comportamento (ABPMC). Psicóloga Clínica.

MARIA CRISTINA DE OLIVEIRA SANTOS MIYAZAKI

Graduação em Psicologia pela Pontifícia Universidade Católica de Campinas (PUC-Campinas). Mestrado em Psicologia pela PUC-Campinas. Doutorado em Psicologia Clínica pela Universidade de São Paulo (USP). Pós-doutorado pelo King's College de Londres e Livre-docência pela Faculdade de Medicina de São José do Rio Preto (FAMERP), onde é professora de graduação e pós-graduação.

ADRIANA SAID DAHER BAPTISTA

Graduação em Psicologia pela Pontifícia Universidade Católica de Campinas (PUC-Campinas). Especialização em Psicologia Hospitalar pelo Hospital e Maternidade Celso Pierro. Especialização em Reabilitação Cognitiva pelo Check-up do Cérebro. Mestrado em Psicologia pela PUC-Campinas. Doutorado em Ciência pela Universidade Federal de São Paulo (Unifesp).

4ª edição

gen | GUANABARA KOOGAN

- Os autores deste livro e a editora empenharam seus melhores esforços para assegurar que as informações e os procedimentos apresentados no texto estejam em acordo com os padrões aceitos à época da publicação, *e todos os dados foram atualizados pelos autores até a data do fechamento do livro.* Entretanto, tendo em conta a evolução das ciências da saúde, as atualizações legislativas, as mudanças regulamentares governamentais e o constante fluxo de novas informações sobre os temas que constam do livro, recomendamos enfaticamente que os leitores consultem sempre outras fontes fidedignas, de modo a se certificarem de que as informações contidas no texto estão corretas e de que não houve alterações nas recomendações ou na legislação regulamentadora.

- Data do fechamento do livro: 27/06/2025.

- Os autores e a editora se empenharam para citar adequadamente e dar o devido crédito a todos os detentores de direitos autorais de qualquer material utilizado neste livro, dispondose a possíveis acertos posteriores caso, inadvertida e involuntariamente, a identificação de algum deles tenha sido omitida.

- **Atendimento ao cliente: (11) 5080-0751 | faleconosco@grupogen.com.br**

- Direitos exclusivos para a língua portuguesa
Copyright © 2025 by
Editora Guanabara Koogan Ltda.
Uma editora integrante do GEN | Grupo Editorial Nacional
Travessa do Ouvidor, 11
Rio de Janeiro – RJ – CEP 20040-040
www.grupogen.com.br

- Reservados todos os direitos. É proibida a duplicação ou reprodução deste volume, no todo ou em parte, em quaisquer formas ou por quaisquer meios (eletrônico, mecânico, gravação, fotocópia, distribuição pela Internet ou outros), sem permissão, por escrito, da Editora Guanabara Koogan Ltda.

- Capa: Bruno Sales

- Editoração eletrônica: Anthares

- Ficha catalográfica

P969
4. ed.

Psicologia hospitalar : teoria, aplicações e casos clínicos / Makilim Nunes Baptista ... [et al.].
- 4. ed. - Rio de Janeiro : Guanabara Koogan, 2025.
24 cm.

Inclui índice e referências
ISBN 9788527741095

1. Pacientes hospitalizados - Psicologia. 2. Assistência hospitalar - Aspectos psicológicos. I. Baptista, Makilim Nunes.

25-98692.0 CDD: 362.11
CDU: 159.9:614.21

Meri Gleice Rodrigues de Souza - Bibliotecária - CRB-7/6439

abdr ASSOCIAÇÃO BRASILEIRA DE DIREITOS REPROGRÁFICOS
Respeite o direito autoral

Colaboradores

Aline Monique Carniel
Graduação em Psicologia pelo Centro Universitário do Norte Paulista (Unorp). Especialização em Neuropsicologia pelo Instituto de Psicologia, Educação, Comportamento e Saúde (IPECS). Especialização em Oncologia pela Faculdade de Medicina de São José do Rio Preto (Famerp). Mestrado em Psicologia e Saúde e Doutorado em Ciências da Saúde pela Famerp. Professora Colaboradora da Famerp.

Amanda Muglia Wechsler
Graduação em Psicologia pela Pontifícia Universidade Católica de Campinas (PUC-Campinas). Especialização em Terapia por Contingências de Reforçamento pelo Instituto de Terapia por Contingências de Reforçamento. Mestrado em Psicologia como Ciência e Profissão pela PUC-Campinas. Doutorado em Psicologia Clínica/Saúde pela Universidad Complutense de Madrid (Espanha). Professora Associada da PUC-Campinas. Membro da Sociedade Brasileira de Psico-Oncologia (SBPO).

Ana Paula Justo
Graduação em Psicologia pela Pontifícia Universidade Católica de Campinas (PUC-Campinas). Especialização em Terapia Cognitivo-Comportamental pelo Instituto de Psicologia e Controle do Stress (IPCS). Mestrado em Psicologia Clínica e Doutorado em Psicologia como Profissão e Ciência pela PUC-Campinas. Professora do curso de Psicologia da PUC-Campinas. Docente do Programa de Residência Multiprofissional em Saúde da Mulher da PUC-Campinas.

Andressa de Carvalho Quinalha
Graduação em Fisioterapia pela Fundação Hermínio Ometto (FHO) Uniararas. Especialização em Conceito Neuro Evolutivo Bobath pela Bobath Brasil. Especialização no método DIR Floortime e Escala de Avaliação Bayley III.

Andressa Talpo Zacheo Vilalva
Graduação em Psicologia pela Fundação Educacional de Fernandópolis (FEF). Especialização em Terapia Cognitiva Comportamental pelo Instituto de Psicologia, Educação, Comportamento e Saúde (IPECS). Mestrado em Psicologia da Saúde pela Faculdade de Medicina de São José do Rio Preto (Famerp). Professora Convidada da Famerp. Membro da Fundação Faculdade Regional de Medicina de São José do Rio Preto (Funfarme) – Hospital de base.

Bianca Rustiguelli
Graduação em Psicologia pela Universidade de Ribeirão Preto (Unaerp). Especialização em Psicologia Hospitalar pelo Hospital das Clínicas da Faculdade de Medicina de Ribeirão Preto da Universidade de São Paulo (HCFMRP-USP). Mestranda em Saúde Mental pela FMRP-USP. Professora do HCFMRP-USP. Supervisora e Coordenadora da Especialização em Psicologia Pediátrica do HCFMRP-USP. Psicóloga do Serviço de Neonatologia do HCFMRP-USP.

Carla Rodrigues Zanin
Graduação em Psicologia pela Faculdade Rio-pretense de Filosofia, Ciências e Letras (Farfi). Especialização em Psicologia Clínica Cognitivo-Comportamental pela Faculdade de Medicina de São José do Rio Preto (Famerp). Mestrado e Doutorado em Ciências da Saúde pela Famerp. Professora Adjunta da Famerp. Membro da Fundação Faculdade Regional de Medicina de São José do Rio Preto (Funfarme) e da Famerp. Coordenadora do Serviço de Psicologia do Hospital de Base e do Hospital da Criança e Maternidade da Funfarme.

Carolina Belisario Bizutti Fernandes
Graduação em Fonoaudiologia pela Universidade Estadual de Campinas (Unicamp). Mestrado em Saúde, Interdisciplinaridade e Reabilitação pela Unicamp. Doutoranda no Programa

de Saúde, Interdisciplinaridade e Reabilitação da Faculdade de Ciências Médicas da Unicamp.

Caroline Tozzi Reppold
Graduação em Psicologia pela Universidade Federal do Rio Grande do Sul (UFRGS). Especialização em Avaliação Psicológica pelo Conselho Federal de Psicologia (CFP). Mestrado e Doutorado em Psicologia pela UFRGS. Professora Titular da Universidade Federal de Ciências da Saúde de Porto Alegre (UFCSPA).

Debora Grigolette Rodrigues
Graduação em Psicologia pela Universidade Paulista (Unip). Especialização em Psicoterapia Familiar Sistêmica pela Faculdade de Medicina de São José do Rio Preto (Famerp). Mestrado em Psicologia e Saúde pela Famerp. Professora Convidada da Famerp.

Eduardo S. Miyazaki
Graduação em Psicologia pela Universidade Estadual de Londrina (UEL). Especialização em Formação em Terapias Contextuais pelo Instituto Par. Mestrado em Psicologia da Saúde e Doutorado em Ciências da Saúde pela Faculdade de Medicina de São José do Rio Preto (Famerp). Professor Associado da Famerp.

Eliane Maria Fleury Seidl
Graduação em Psicologia pela Universidade de Brasília (UnB). Especialização em Saúde Pública pela UnB. Mestrado e Doutorado em Psicologia pela UnB. Professora Titular da UnB. Membro da Sociedade Brasileira de Psicologia (SBP), da European Health Psychology Society e da Associação Brasileira de Pesquisa em Prevenção e Promoção da Saúde (Brapep).

Eliane R. Lucânia-Dionísio
Graduação em Psicologia pela Fundação Educacional de Fernandópolis (FEF). Especialização em Terapia Clínica Cognitivo-Comportamental pela Fundação Faculdade Regional de Medicina de São José do Rio Preto (Funfarme). Mestrado em Psicologia e Saúde e Doutorado em Ciências da Saúde pela Funfarme. Professora Colaboradora da Funfarme. Psicóloga do Hospital de Base da Funfarme.

Eliane Tiemi Miyazaki
Graduação em Psicologia pelo Centro Universitário do Norte Paulista (Unorp). Especialização em Terapia Cognitivo-Comportamental e em Psicologia da Saúde pela Faculdade de Medicina de São José do Rio Preto (Famerp). Mestrado em Psicologia & Saúde pela Famerp. Professora Convidada da Famerp. Membro da Fundação Faculdade Regional de Medicina de São José do Rio Preto (Funfarme)/Famerp.

Elizabeth Queiroz
Graduação em Psicologia pelo Centro de Ensino Unificado de Brasília. Especialização em Psicologia Hospitalar e em Europsicologia pelo Conselho Federal de Psicologia (CFP). Especialização em Projeto de Capacitação e Planos Diretores dos Hospitais Universitários Federais – Hospital Sírio-Libanês. Mestrado e Doutorado em Psicologia pela Universidade de Brasília (UnB). Professora Associada da UnB. Membro da Associação Nacional de Pesquisa e Pós-Graduação em Psicologia (Anpepp).

Elza L. Guarido
Graduação em Psicologia pela Universidade de São Paulo (USP). Mestrado em Psicologia pela Pontifícia Universidade Católica de Campinas (PUC-Campinas). Professora Aposentada da PUC-Campinas.

Fabiane Rossi dos Santos
Graduação em Psicologia pelo Centro de Ensino Superior de Juiz de Fora. Mestrado e Doutorado em Saúde pela Universidade Federal de Juiz de Fora (UFJF). Professora Adjunta da UFJF. Membro da Associação Brasileira Multiprofissional sobre o Luto (ABMLuto).

Fernando José da Silva
Graduação em Psicologia pela Universidade Paulista (Unip). Especialização em Neuropsicologia pela Sociedade de Psicologia, Educação, Comportamento e Saúde Rio Preto – Instituto de Psicologia, Educação, Comportamento e Saúde (IPECS). Mestrado em Psicologia e Saúde pela Faculdade de Medicina de São José do Rio Preto (Famerp). Membro da Fundação Faculdade de Medicina de São José do Rio Preto

(Funfarme). Pós-Graduação, Aprimoramento e Aperfeiçoamento em Psicologia da Saúde pela Famerp. Pós-Graduação em Terapia Cognitivo-Comportamental pela Sociedade de Psicologia, Educação, Comportamento e Saúde Rio Preto - IPECS.

Flávia Cherotti
Graduação em Terapia Ocupacional pela Pontifícia Universidade Católica de Campinas (PUC-Campinas). Especialização em Integração Sensorial pela Universidade do Sul da Califórnia (USC).

Giovanna Belei-Miyazaki
Graduação em Psicologia pela Universidade Estadual de Londrina (UEL). Especialização em Análise do Comportamento Aplicada à Infância, Adolescência e Parentalidade pelo Instituto Par. Mestrado em Psicologia e Saúde pela Faculdade de Medicina de São José do Rio Preto (Famerp). Doutorado em Psicologia do Desenvolvimento e Aprendizagem pela Universidade Estadual Paulista "Júlio de Mesquita Filho" (Unesp) - Bauru. Professora Colaboradora da Famerp. Membro da Associação Brasileira de Psicologia e Medicina Comportamental (ABPMC). Sócia-fundadora e Psicóloga Clínica no Núcleo de Análise do Comportamento de Rio Preto (NAC Rio Preto).

Helena Baruchi Alves
Graduação em Psicologia pela Pontifícia Universidade Católica de Campinas (PUC-Campinas).

Henrique de Brito Pires Cabeças
Graduação em Medicina pela Universidade do Vale do Sapucaí (Univás) - Faculdade de Medicina de Pouso Alegre. Residente de Psiquiatria na Pontifícia Universidade Católica de Campinas (PUC-Campinas).

Jayne Zaniratto
Graduação em Psicologia pela Faculdade de Medicina de São José do Rio Preto (Famerp). Especialização em Neuropsicologia pelo Instituto de Psicologia, Educação, Comportamento e Saúde (IPECS). Mestrado em Psicologia e Saúde pela Famerp.

Karina B. S. Barbi
Graduação em Medicina pela Pontifícia Universidade Católica de Campinas (PUC-Campinas). Especialização em Psiquiatria pela PUC-Campinas. Mestrado em Ciências Médicas pela Universidade Estadual de Campinas (Unicamp). Doutorado em Psicologia pela PUC-Campinas. Professora Adjunta da PUC-Campinas.

Karina de Carvalho Magalhães
Graduação em Psicologia pela Pontifícia Universidade Católica de Campinas (PUC-Campinas). Especialização em Psicologia Clínica Aplicada à Neurologia Infantil pela Universidade Estadual de Campinas (Unicamp). Mestrado em Saúde Mental pela Unicamp. Doutorado em Psicologia, Ciência e Profissão pela PUC-Campinas. Professora Adjunta da PUC-Campinas. Membro da Coordenação da Residência Multiprofissional em Saúde da PUC-Campinas.

Karina Kelly Borges
Graduação em Psicologia pelo Centro Universitário do Norte Paulista (Unorp). Mestrado e Doutorado em Ciências da Saúde pela Faculdade de Medicina de São José do Rio Preto (Famerp). Professora Adjunta da Famerp.

Laura Buzatto
Graduação em Psicologia pela Pontifícia Universidade Católica de Campinas (PUC-Campinas). Residente Multiprofissional em Urgência e Trauma pela PUC-Campinas.

Leandro Tozzi Reppold
Graduação em Psicologia pela Universidade Luterana do Brasil (Ulbra). Especialização em Psicologia Hospitalar pela Universidade Federal do Rio Grande do Sul (UFRGS). Especialização em Avaliação Psicológica pelo Conselho Federal de Psicologia (CFP). Especialização em Desenvolvimento da Liderança pelo Centro Universitário São José.

Leda Maria Branco
Graduação em Psicologia pela Faculdade de Filosofia, Ciências e Letras (FFCL), Universidade São Marcos (USM). Especialização em Terapia Cognitivo-Comportamental pela

Faculdade de Medicina de São José do Rio Preto (Famerp). Mestrado e Doutorado em Ciências da Saúde pela Famerp. Professora Adjunta III da Famerp. Membro da Associação Nacional de Pesquisa e Pós-Graduação em Psicologia (Anpepp).

Lisandra Borges
Graduação em Psicologia pela Universidade São Francisco. Mestrado e Doutorado em Psicologia com ênfase em Avaliação Psicológica pela Universidade São Francisco. Professora Convidada da Universidade São Francisco.

Lívia Basso Alegre
Graduação em Psicologia pela Universidade de São Paulo (USP). Especialização em Saúde da Criança pela Pontifícia Universidade Católica de Campinas (PUC-Campinas).

Lucas Teixeira Menezes
Graduação em Psicologia pela Fundação Educacional de Fernandópolis (FEF). Especialização em Psicologia da Saúde pela Faculdade de Medicina de São José do Rio Preto (Famerp). Mestrado em Psicologia e Saúde e Doutorado em Ciências da Saúde pela Famerp. Professor Colaborador da Famerp.

Lucia Novaes Malagris
Graduação em Psicologia pela Universidade Federal do Rio de Janeiro (UFRJ). Especialização em Terapia Cognitivo-Comportamental pela Federação Brasileira de Terapias Cognitivas (BFTC). Mestrado em Psicologia pela Pontifícia Universidade Católica de Campinas (PUC-Campinas). Doutorado em Ciências pela Universidade do Estado do Rio de Janeiro (UERJ). Professora Associada Aposentada da UFRJ.

Luria Daher Baptista
Graduanda em Psicologia pela Pontifícia Universidade Católica de Campinas (PUC-Campinas).

Marcos Tadeu Nolasco da Silva
Graduação em Medicina pela Universidade Federal do Paraná (UFPR). Especialização em Pediatria pela Universidade de São Paulo (USP). Mestrado e Doutorado em Pediatria pela Universidade Estadual de Campinas (Unicamp). Professor Associado I da Faculdade de Ciências Médicas da Unicamp. Membro da Sociedade Brasileira de Pediatria (SBP) e da Sociedade Paulista de Pediatria (SPSP). Pós-doutorado em Imunologia Pediátrica pela University of Massachusetts Medical School.

Maria das Dores Santos
Graduação em Enfermagem pela Faculdade Anhanguera de Campinas. Especialização em Cuidados Paliativos pela Faculdade de Governança, Engenharia e Educação (FGE) de São Paulo.

Maria Jaqueline Coelho Pinto
Graduação em Psicologia pela Faculdade Riopretense de Filosofia, Ciências e Letras (Farfi). Especialização em Psicodrama pelo Instituto de Psicodrama da Federação Brasileira de Psicodrama (IRP-Febrap). Mestrado e Doutorado em Ciência pela Faculdade de Filosofia, Ciências e Letras de Ribeirão Preto da Universidade de São Paulo (FFCLRP/USP). Professora Adjunta da Faculdade de Medicina de São José do Rio Preto (Famerp). Aprimoramento em Psicologia da Saúde pela Famerp.

Maria Rita Zoéga Soares
Graduação em Psicologia pela Universidade Estadual de Londrina (UEL). Mestrado em Educação pela UEL. Doutorado em Psicologia pela Universidade de São Paulo (USP). Professora Sênior do Programa de Pós-Graduação em Análise do Comportamento da UEL. Membro da Sociedade Brasileira de Pediatria (SBP), da Associação Nacional de Pesquisa e Pós-Graduação em Psicologia (Anpepp) e da Díadelab. Pós-Doutorado pela Universidade de Valência e pela Universidade Jaume I em Castellón, Espanha. Desenvolveu estudos na área de Psicologia da Saúde. Atua como psicóloga na Clínica Espaço Comportamental – Londrina, PR.

Mariana Ducatti
Graduação em Psicologia pela Universidade de Ribeirão Preto (Unaerp). Mestrado e Doutorado em Psicobiologia com ênfase em Ciências pela Faculdade de Filosofia, Ciências e Letras de Ribeirão Preto da Universidade de São Paulo (FFCLRP/USP). Professora do Centro

Unificado de Educação Barretos Ltda. (Faculdade Barretos).

Marina Kohlsdorf
Graduação em Psicologia pela Universidade de Brasília (UnB). Professora Adjunta na UnB e no Departamento de Psicologia Clínica do Instituto de Psicologia (PCL/IP).

Naiara Nepomuceno Mitre da Silva
Bacharel em Educação Física pela Universidade Estadual de Campinas (Unicamp). Pós-Graduação em Administração e Marketing Esportivo pela Universidade Gama Filho.

Neide A. Micelli Domingos
Graduação em Psicologia pela Pontifícia Universidade Católica de Campinas (PUC-Campinas). Mestrado e Doutorado em Psicologia pela PUC-Campinas. Professora Adjunta IV da Faculdade de Medicina de São José do Rio Preto (Famerp). Membro da Federação Brasileira de Terapias Cognitivas (FBTC).

Nichollas Martins Areco
Graduação em Psicologia pela Faculdade de Filosofia, Ciências e Letras de Ribeirão Preto da Universidade de São Paulo (FFCLRP/USP). Especialização em Psicologia Hospitalar pelo Conselho Federal de Psicologia (CFP). Mestrado em Psicologia e Doutorado em Psicologia da Saúde e Desenvolvimento pelo Programa de Pós-Graduação em Psicologia da FFCLRP/USP. Professor do Programa de Especialização em Psicologia da Saúde em Contexto Hospitalar do Hospital das Clínicas da Faculdade de Medicina de Ribeirão Preto (FMRP) da USP. Membro e Vice-presidente da Academia Nacional de Cuidados Paliativos (ANCP). Coordenador do Subcomitê de Cuidados Paliativos da Aliança AMARTE. Membro do Comitê de Pediatria da Sociedade Brasileira de Psico-Oncologia (SBPO) e do Comitê de Cuidados Paliativos da Sociedade Brasileira de Oncologia Pediátrica (Sobope).

Rafael Andrade Ribeiro
Graduação em Psicologia pela Pontifícia Universidade Católica de Campinas (PUC-Campinas). Especialização em Saúde da Mulher pela modalidade Residência Multiprofissional em Saúde pela PUC-Campinas. Mestrado em Psicologia como Profissão e Ciência pela PUC-Campinas. Professor da PUC-Campinas.

Randolfo dos Santos Junior
Graduação em Psicologia pela Universidade Federal de Uberlândia (UFU). Especialização em Psicologia da Saúde pela Faculdade de Medicina de São José do Rio Preto (Famerp). Doutorado em Ciências da Saúde pela Famerp. Professor Adjunto da Famerp.

Raquel Carvalho de Sousa
Graduação em Medicina pela Universidade Estadual de Londrina (UEL). Especialização em Medicina de Família e Medicina Paliativa pela Faculdade de Medicina de São José do Rio Preto (Famerp) e pela Universidade Federal de São Paulo (Unifesp). Mestranda em Psicologia e Saúde pela Famerp. Professora Contratada da Faculdade de Medicina na Região Administrativa de São José do Rio Preto (Faceres). Membro da Academia Nacional de Cuidados Paliativos (ANCP). Residência em Medicina de Família e Comunidade pela Famerp. Terceiro ano de residência em Medicina de Família e Comunidade com área de atuação em Cuidados Paliativos pela Unifesp. Especialização em Preceptoria Clínica em Medicina de Família e Comunidade pela Universidade Federal de Ciências da Saúde de Porto Alegre (UFCSPA)/Universidade Aberta do Sistema Único de Saúde (UNA-SUS). Pós-Graduação em Saúde da Família pela UNA-SUS/Unifesp. Pós-Graduação Multiprofissional em Cuidados Paliativos pela Casa do Cuidar. Especialização em Medicina Paliativa pela Associação Médica Brasileira (AMB). Membro do Conselho Fiscal e do Comitê de Ensino de Cuidados Paliativos na graduação de Medicina da ANCP.

Rosana Righetto Dias
Graduação em Psicologia pela Pontifícia Universidade Católica de Campinas (PUC-Campinas). Mestrado em Psicologia pela PUC-Campinas. Doutorado em Saúde da Criança e do Adolescente pela Universidade Estadual de Campinas (Unicamp). Professora Universitária da Fundação Hermínio Ometto (FHO). Analista do Comportamento. Psicóloga Clínica.

Silvia Deutsch
Graduação em Psicologia pela Fundação Hermírio Ometo (FHO). Especialização em Neuropsicologia pelo Centro de Diagnóstico Neuropsicológico (CDN) da Universidade Federal de São Paulo (Unifesp). Mestrado em Educação Física pela Escola de Educação Física e Esportes da Universidade de São Paulo (USP). Doutorado em Psicologia Experimental pelo Instituto de Psicologia da USP. Professora Adjunta do Departamento de Educação Física do Instituto de Biociências da Universidade Estadual Paulista "Júlio de Mesquita Filho" (Unesp) de Rio Claro.

Tânia Rudnicki
Graduação em Psicologia pela Pontifícia Universidade Católica do Rio Grande do Sul (PUCRS). Especialização em Terapia Cognitiva pela Federação Brasileira de Terapias Cognitivas (FBTC). Mestrado em Psicologia Clínica e Doutorado em Psicologia pela PUCRS. Professora Associada da PUCPR. Membro da FBTC. Pós-Doutorado em Psicologia da Saúde pelo Instituto Superior de Psicologia Aplicada (Ispa/PT).

Thais de Lima Bezerra
Graduação em Psicologia pela Pontifícia Universidade Católica de Campinas (PUC-Campinas). Especialização em Psicologia Clínica Comportamental pelo Núcleo Paradigma. Aperfeiçoamento em Psicologia da Saúde pela PUC-Campinas.

Ticyana Moralez da Silva Novais
Graduação em Psicologia pela Pontifícia Universidade Católica do Paraná (PUCPR). Especialização em Neuropsicologia pelo Conselho Federal de Psicologia (CFP). Mestrado em Fisiologia e Biologia Celular pela Universidade Federal do Paraná (UFPR). Membro do Instituto Alzheimer Brasil (IAB).

Valéria Batista Menezes Agostinho dos Santos
Graduação em Psicologia pela Pontifícia Universidade Católica de Campinas (PUC-Campinas). Especialização em Psicologia Hospitalar pelo Conselho Federal de Psicologia (CFP). Psicóloga Clínica e Hospitalar. Aprimoramento em Psicologia Hospitalar pela Fundap/Hospital PUC-Campinas. Psicóloga Assistencial responsável pela Unidade de Terapia Intensiva Adulto do Hospital da PUC-Campinas. Preceptora dos Programas de Residência Multiprofissional em Saúde da Criança e em Urgência e Trauma.

Apresentação

É com grande satisfação que apresentamos a vocês a quarta edição do livro *Psicologia Hospitalar: teoria, aplicações e casos clínicos*, um guia completo e atualizado para estudantes e profissionais que desejam se atualizar e se aprofundar nesse campo de atuação tão relevante. As edições anteriores foram lançadas nos anos de 2003, 2010 e 2018; houve mudanças importantes em todo o livro, no decorrer das novas edições, a começar pelos organizadores e pelos coautores. Podemos dizer que este é um livro completamente novo e diferente da última edição de 2018, com temáticas contemporâneas e escritas por profissionais altamente experientes na área.

Nesta nova edição, o livro mantém seu compromisso em oferecer uma visão abrangente da Psicologia Hospitalar, desde seus fundamentos teóricos e históricos até as mais recentes práticas e pesquisas. A obra se destaca por abordar temas como a formação do psicólogo para a área da saúde, a comunicação humanizada no contexto hospitalar, a avaliação e intervenção psicológica em diferentes situações, e a atuação do psicólogo em diversas áreas do hospital, incluindo UTIs, oncologia, nefrologia, obstetrícia, transplantes e atenção domiciliar.

Com uma linguagem clara e objetiva, o livro apresenta casos clínicos e exemplos práticos que ilustram os desafios e as possibilidades da atuação do psicólogo no ambiente hospitalar. Além disso, incorpora as mais recentes evidências científicas, incluindo a Prática da Psicologia Baseada em Evidências (PPBE), e discute temas contemporâneos, como a saúde mental dos profissionais de saúde e o cuidado integral a pacientes com doenças crônicas.

Seja você um estudante em busca de conhecimento ou um profissional experiente em busca de atualização, esta obra será uma ferramenta valiosa para sua formação e prática. Abra este livro e mergulhe no universo da Psicologia Hospitalar, descobrindo como a psicologia pode contribuir para a promoção da saúde e do bem-estar em um ambiente tão desafiador e, ao mesmo tempo, gratificante.

Makilim Nunes Baptista
Adriana Said Daher Baptista
M. Cristina O. S. Miyazaki
Diana Tosello Laloni

Prefácio

É com grande entusiasmo que apresento a quarta edição de *Psicologia Hospitalar: teoria, aplicações e casos clínicos*, uma obra que se consolida como referência fundamental na área. Tive a oportunidade de testemunhar o trabalho pioneiro do Serviço de Psicologia do Hospital de Base da Faculdade de Medicina de São José do Rio Preto (Famerp), em 1986, que inspirou esta obra; no entanto, outros hospitais, como o Hospital PUC-Campinas, em 1986, também já haviam iniciado proposta similar e contemporânea. A visão de integrar a psicologia à equipe multidisciplinar e a busca por práticas baseadas em evidências são os pilares que sustentam este livro, os quais são tão bem explorados pelos professores Makilim Nunes Baptista, Adriana Said Daher Baptista, Maria Cristina de Oliveira Santos Miyazaki e Diana Tosello Laloni. Nesta edição, eles aprofundam a reflexão sobre o modelo de atuação do psicólogo hospitalar, compartilhando décadas de experiência e *expertise*.

Ao longo dos capítulos, os autores nos guiam por uma jornada que desvenda as nuances da comunicação interdisciplinar, explorando os desafios e as potencialidades da interação entre os diferentes profissionais da saúde, o que nos leva à compreensão de que a linguagem, as sinergias e a gestão do poder dentro da equipe são essenciais para um cuidado integrado e humanizado.

Outro ponto crucial destacado é a literacia em saúde, que empodera tanto os profissionais quanto os pacientes a se comunicarem de forma clara e efetiva. A obra nos convida a refletir sobre como a comunicação pode ser utilizada para promover a humanização do cuidado, especialmente em momentos delicados, como o enfrentamento de más notícias.

E não podemos esquecer a importância da promoção da saúde e do autocuidado, tanto para a população quanto para os profissionais que se dedicam a cuidar do outro. Nesse sentido, o livro nos inspira a buscar o equilíbrio e o bem-estar, reconhecendo que o acesso ao apoio psicológico é fundamental para todos.

Os autores também nos instigam a integrar a pesquisa científica à prática clínica, demonstrando como as práticas baseadas em evidências podem ser aplicadas ao longo do ciclo de vida em diversos contextos e especialidades.

Margarida Gaspar de Matos
Psicóloga Clínica e da Saúde.
Professora Titular da Universidade Católica Portuguesa e da Universidade de Lisboa

Sumário

Psicologia Hospitalar

Teoria, Aplicações e Casos Clínicos

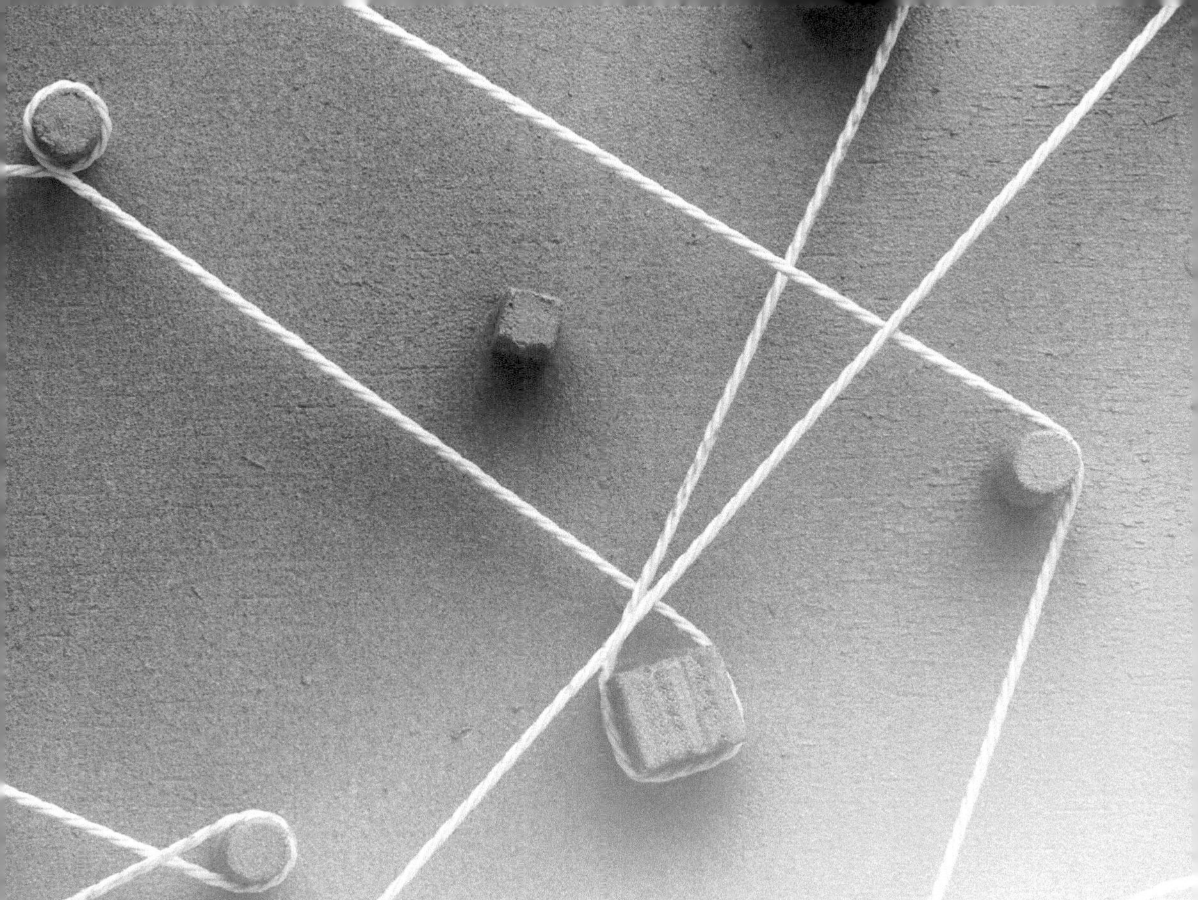

Parte 1

Introdução à Psicologia Hospitalar

1

Formação do Psicólogo: Generalista e para a Área da Saúde

M. Cristina O. S. Miyazaki ▪ Neide A. Micell Domingos ▪ Leda Maria Branco

Destaques

- A graduação em Psicologia, dependendo do Projeto Pedagógico de cada curso, fornece habilidades e competências básicas para a atuação na área da saúde
- Após a **graduação**, o psicólogo pode aprimorar seus conhecimentos e habilidades por meio de cursos de **pós-graduação** *lato sensu* e *stricto sensu*
- Nas áreas da saúde e hospitalar, existem opções de **pós-graduação** *lato sensu* como a **Residência** Multi ou Uniprofissional
- Os programas de **pós-graduação** *lato sensu* e a **Residência** Multi ou Uniprofissional são oferecidos por instituições de nível superior reconhecidas pelo MEC e têm duração de 1 ou 2 anos
- Para aqueles que desejam ser **docentes** do ensino superior e **pesquisadores**, os programas de **pós-graduação** *stricto sensu* (mestrado e doutorado) desenvolvem as habilidades e as competências necessárias para essas atividades.

INTRODUÇÃO

A Psicologia foi regulamentada como profissão pela Lei n. 4.119, de 27 de agosto de 1962. De acordo com o último Censo da Psicologia Brasileira, 428.791 psicólogas(os) estavam inscritas(os) nos Conselhos Regionais em 2022, distribuídas(os) pelas diferentes regiões do País: Sudeste (44%), Nordeste (26%), Sul (15%), Centro-Oeste (9%) e Norte (7%) (Sandall et al., 2022).

Para formar profissionais que atendam às necessidades sociais do Brasil e de suas diferentes regiões, o Conselho de Reitores das Universidades Brasileiras (CRUB, 2022) propuseram as seguintes questões, a serem pensadas em relação à educação superior:

> Como formar um profissional comprometido com os processos de inovação e que tenha suas bases consolidadas em aspectos éticos e humanos? Qual o papel da instituição de educação superior na formação dos seus estudantes e como sua organização e funcionamento impactam nessa formação? Como fazer avaliação da qualidade da formação de **graduação** sem estabelecer vínculo direto com a regulação de procedimentos administrativos? De que forma as IES (Instituições de Ensino Superior) podem, efetivamente, apoiar a educação básica para diminuir o fosso entre o ensino médio e a **graduação**? Como engajar os **docentes** do ensino superior nesse processo de mudança da **graduação**? (CRUB, 2022, p. 13).

Todas essas questões relevantes precisam ser pensadas pelas universidades e pelas categorias profissionais. Este capítulo visa apresentar e discutir diferentes etapas da formação profissional do psicólogo: (1) **graduação**; (2) pós-graduação *lato sensu*, como especialização e **residência**; e (3) pós-graduação *stricto sensu* (mestrado e doutorado), com viés para psicólogos que irão trabalhar na área da saúde (p. ex., hospitais, Unidades Básicas de Saúde, IES etc.).

GRADUAÇÃO

A formação do(a) psicólogo(a), assim como dos demais profissionais de nível universitário no país, segue a Política Nacional de Graduação, a legislação e as Diretrizes Curriculares Nacionais (DCNs), a partir das quais são elaborados os Projetos Pedagógicos dos cursos de **graduação** em Psicologia. "O estabelecimento de diretrizes gerais para a elaboração de currículos é a ação básica para o planejamento nacional de ensino" (Fórum de Pró-Reitores de Graduação das Universidades Brasileiras [ForGRAD], 2000, p. 1). O Projeto Pedagógico de um Curso (PPC) de graduação, portanto, deve ser compatível com a Política Nacional de Graduação, a legislação relacionada ao ensino e as DCNs da sua área – neste caso, as Diretrizes Curriculares Nacionais de Psicologia (Resolução CNE n. 1, 2023).

As DCNs indicam as habilidades e as competências necessárias para exercer determinada profissão e vão nortear o PPC de graduação das diferentes áreas do conhecimento. Assim, cada curso de graduação em Psicologia tem seu próprio PPC, que, embora baseado na Política Nacional de Graduação, na legislação vigente e nas DCNs de Psicologia, irá propor o perfil do profissional a ser formado **naquela** IES.

Cada curso oferece um núcleo comum, composto de disciplinas da Psicologia e áreas correlatas, que permitirá uma formação básica e sólida, semelhante à de outros cursos de Psicologia. Oferece ainda um conjunto de ênfases curriculares "que devem concretizar-se em processos de trabalho do psicólogo", e cada curso deve escolher ao menos duas "ênfases curriculares, considerando as demandas sociais contemporâneas ou potenciais, assim como as características da instituição e da região em que se situa" (Resolução CNE n. 1, 2023, p. 6). Possibilidades de ênfases curriculares apontadas pelas DCNs estão apresentadas na Tabela 1.1.

O curso de Psicologia forma psicólogos que recebem o grau de bacharel (e de licenciatura, se o curso oferecer também licenciatura). Essa formação, de acordo com as DCNs (Resolução CNE n. 1, 2023), deve estar ancorada nos seguintes valores, princípios e compromissos:

- "Construção e desenvolvimento do conhecimento científico" (p. 1), que deve nortear a prática profissional
- Compreensão da existência de diversas "perspectivas epistemológicas e teórico-metodológicas" para compreender o ser humano e da "complexidade e multideterminação do fenômeno psicológico" (p. 1), o que requer diálogo constante com outras áreas do saber
- Compreensão crítica de um mundo em constante transformação (globalização) e da realidade socioeconômica, cultural e política do Brasil e de suas diferentes regiões
- Compromisso com a democracia, justiça social e com a "promoção da saúde, da dignidade humana e da qualidade de vida de indivíduos, grupos, organizações e comunidades" (p. 1)
- Comportamento ético "nas relações profissionais, na produção e divulgação de pesquisas, trabalhos e informações da área da Psicologia" (p. 1)
- Respeito à diversidade, conforme a Declaração Universal dos Direitos Humanos

Tabela 1.1 Possibilidades de ênfases curriculares previstas pelas Diretrizes Curriculares Nacionais de Psicologia.

• Processos de investigação científica • Processos educativos • Processos de gestão e desenvolvimento de pessoas em contextos de trabalho • Processos de prevenção e promoção da saúde e do bem-estar • Processos clínicos • Processos de avaliação psicológica • Processos de orientação e aconselhamento • Processos organizativos de coletivos sociais • Processos de mediação de conflitos • Processos de proteção social e desenvolvimento.

Fonte: Resolução CNE n. 1 (2023, pp. 6-7).

- Reconhecimento da necessidade de aprender e aprimorar-se sempre
- Responsabilidade pela imagem e reconhecimento da Psicologia como ciência e como profissão
- Reconhecimento da relevância das políticas públicas para que a população tenha acesso aos serviços do psicólogo, bem como da necessidade de "promover os direitos sociais, em articulação com os avanços do conhecimento científico e tecnológico" (p. 1).

A formação do psicólogo em uma IES pública que oferece cursos de Enfermagem, Medicina e Psicologia, ligada a dois hospitais gerais de alta complexidade do Sistema Único de Saúde (SUS), será utilizada como exemplo de uma formação que tem como um de seus objetivos graduar profissionais para a área da saúde/hospitalar.

A Tabela 1.2 apresenta conhecimentos fundamentais, adquiridos durante a **graduação**,[1] para o desenvolvimento das habilidades e competências básicas para que um psicólogo comece a atuar na área da saúde.

Além das competências técnicas para atuar na saúde, existem repertórios comportamentais e atitudes que são fundamentais para o bom desempenho na área (Tabela 1.3). É importante ressaltar que esses comportamentos profissionais são aprendidos mais pela observação do comportamento dos professores e supervisores do que pela leitura de textos sobre o tema.

Os estágios práticos supervisionados, essenciais para consolidar o conhecimento, ocorrem em diferentes cenários de ensino, como hospitais

Tabela 1.2 Conhecimentos básicos teóricos e práticos oferecidos em nível de graduação para desenvolver habilidades e competências para a atuação do psicólogo na saúde.

- Bases biológicas, psicológicas e sociais da saúde e da doença
- Avaliação, intervenção e avaliação do impacto da intervenção psicológica em contextos de saúde
- Elaboração de documentos baseados em resoluções de órgãos de classe (p. ex., Conselho Federal de Psicologia)
- Políticas públicas de saúde
- Política institucional (p. ex., do hospital onde o psicólogo atua)
- Trabalho em equipes multi e interdisciplinares
- Aspectos éticos (p. ex., Código de Ética Profissional) legais e profissionais do trabalho na área da saúde
- Habilidades para localizar e utilizar literatura científica de qualidade
- Habilidades para realizar pesquisas com delineamentos mais simples (elaborar um projeto de pesquisa, submetê-lo ao Comitê de Ética em Pesquisa, coletar e analisar os dados, apresentar e publicar os resultados)
- Prática supervisionada em instituições de saúde.

Fonte: Faculdade de Medicina de São José do Rio Preto (FAMERP, 2023).

Tabela 1.3 Comportamentos e atitudes relevantes para o trabalho do psicólogo na área da saúde/hospitalar.

- Prática da Psicologia Baseada em Evidências (PPBE)
- Trabalho orientado para a intervenção, com avaliação constante do impacto da intervenção implementada
- Trabalho orientado para as características (p. ex., escolaridade, nível de compreensão) e as necessidades da população atendida (p. ex., o paciente requer informações detalhadas sobre um procedimento ou informações em excesso irão aumentar seu nível de ansiedade e levar à esquiva do procedimento?)
- Competência para avaliar custo/benefício das intervenções propostas
- Atuação dentro dos limites da própria competência (p. ex., solicitar um especialista para realizar avaliação neuropsicológica do paciente, caso não tenha competência para realizar essa tarefa)
- Preocupação com a atualização contínua do próprio conhecimento
- Habilidades para comunicar-se efetivamente com diferentes profissionais, pacientes e familiares
- Habilidades para trabalhar em organizações, como hospitais, que têm níveis hierárquicos complexos e fluxos próprios de atenção à saúde da população (p. ex., protocolo institucional para o atendimento a pacientes com tentativa de suicídio)
- Habilidades para manejar o próprio estresse, enquanto profissional da saúde
- Habilidades acadêmicas (p. ex., apresentação de casos para equipes, de projetos para a diretoria da instituição, de trabalhos em eventos científicos etc.).

Fonte: Miyazaki, Domingos, Caballo e Valerio (2011); C. R. Zanin (comunicação pessoal, 22 de outubro de 2024).

[1] Dependendo do Projeto Pedagógico do seu curso, o futuro psicólogo irá adquirir mais (ou menos) habilidades para o trabalho na saúde.

(Hospital de Base – alta complexidade – e Hospital da Criança de Maternidade) e seus ambulatórios, clínica escola, escolas, centros de saúde, Centro de Atenção Psicossocial (CAPS) e outros locais da comunidade, por meio de uma parceria com as Secretarias Municipais de Saúde e de Educação. Os estágios permitem que os estudantes vivenciem processos de trabalho por meio da prática supervisionada, preparando-os para a futura prática profissional.

Visando à formação crítica e cidadã dos estudantes universitários, o Plano Nacional de Educação 2014-2024[2] estabelece o percentual de carga horária (mínimo de 10%) curricular a ser cumprido em programas e projetos de extensão universitária, em todos os cursos de **graduação**. As atividades de extensão colocam os estudantes em interação com a comunidade e seus problemas, permitindo que contribuam e participem da elaboração e da implementação de soluções (Universidade de São Paulo [USP], 2024).

Durante a **graduação**, muitos estudantes interessam-se pela área da saúde, uma vez que grande parte de sua prática supervisionada, projetos de extensão e de iniciação científica é realizada em contextos de saúde. Muitos continuam sua formação profissional em cursos de especialização *lato sensu* ou Programas de **Residência** oferecidos pela própria IES ou por outras instituições. Assim, serão apresentados a seguir modelos de **pós-graduação** *lato* e *stricto sensu* para psicólogos que desejam trabalhar na área da saúde.

MODALIDADES DE PÓS-GRADUAÇÃO

A inserção de um profissional recém-formado no mercado de trabalho pode ser complexa. Realizar uma **pós-graduação** amplia o repertório profissional e, consequentemente, as chances de trabalhar na área de interesse.

Tanto no ambiente acadêmico (p. ex., instituições de ensino e pesquisa) quanto no profissional (p. ex., clínicas, hospitais), diversas opções de **pós-graduação** estão disponíveis para desenvolver e aprimorar conhecimentos e habilidades. É comum que o(a) jovem psicólogo(a) tenha dúvidas sobre as diferenças e as características dessas opções, uma vez que cada uma tem objetivos específicos e proporciona conhecimentos e habilidades distintas.

Como este capítulo aborda a formação profissional com um viés para atuar em **Psicologia da Saúde**/Hospitalar, serão abordadas modalidades de **pós-graduação** compatíveis com esse viés: cursos de aperfeiçoamento, de especialização e **residência**, considerados **pós-graduação** *lato sensu*; e cursos de **pós-graduação** *stricto sensu* (mestrado e doutorado) (Ministério da Educação, 2024a; 2024b).

Curso de aperfeiçoamento

Tem valor de educação continuada (não confere título de especialista) e visa aperfeiçoar o desempenho em área específica, a fim de atender exigências do contexto em que o profissional atua. Com carga horária mínima de 180 horas, confere certificado expedido pela IES credenciada que ministrou o curso (Ministério da Educação, 2024a; 2024b; 2024c).

Curso de especialização

O título de especialista pode ser obtido por meio da conclusão de um curso de especialização[3] (carga horária mínima de 360 horas) realizado em IES credenciada ou após aprovação em prova de especialista realizada pelo Conselho Federal de Psicologia. Até duas especialidades podem ser registradas na Carteira de Identidade Profissional da(o) psicóloga(o), das 13 especialidades reconhecidas pelo Conselho Federal de Psicologia:[4]

1. Psicologia Escolar e Educacional.
2. Psicologia Organizacional e do Trabalho.
3. Psicologia de Tráfego.
4. Psicologia Jurídica.
5. Psicologia do Esporte.
6. Psicologia Clínica.
7. Psicologia Hospitalar.

[2] Lei n. 13.005, de 25 de junho de 2014, especialmente a Meta 12.7.

[3] O Conselho Nacional de Educação estabelece diretrizes e normas para a oferta de cursos de especialização.

[4] Resolução n. 23, de 13 de outubro de 2022.

8. Psicopedagogia.
9. Psicomotricidade.
10. Psicologia Social.
11. Neuropsicologia.
12. Psicologia em Saúde.
13. Avaliação Psicológica.

Residência em área profissional da saúde (multiprofissional e uniprofissional)

As **residências** multiprofissionais em saúde (RMS) visam formar recursos humanos para o SUS. Desenvolvem, nos profissionais da saúde, conhecimentos e habilidades para o trabalho interdisciplinar e educação permanente guiadas pelos princípios e pelas diretrizes do SUS, considerando as necessidades e as realidades locais e regionais. A Comissão Nacional de Residência Multiprofissional em Saúde (CNRMS),[5] sua estrutura e operação, foram regulamentadas em conjunto pelos Ministérios da Educação e da Saúde. Trata-se de uma **pós-graduação** *lato sensu* (especialização), caracterizada pela prática supervisionada em serviço, destinada às profissões da saúde,[6] com exceção da Medicina (Ministério da Educação, n.d.).

Para categorizar-se como **Residência** Multiprofissional em Saúde,[7] o programa deve incluir pelo menos três profissões da área da saúde. O programa de **Residência** em Área Profissional da Saúde, por sua vez, é composto apenas de uma profissão da área da Saúde.

A legislação estabelece carga horária de 60 horas semanais para esses programas, divididas em: 80% de prática supervisionada e 20% de estudo teórico (Ministério da Educação, 2024b). A bolsa de **residência** tem valor fixo determinado por lei e os programas exigem dedicação exclusiva durante o período de vigência. O ingresso nesses programas requer aprovação em processo seletivo público, realizado por IES que oferece essa modalidade de especialização. Os requisitos mínimos exigidos para participar do processo seletivo são: diploma de **graduação** ou comprovante equivalente em cursos de **graduação** na área da saúde, inscrição no conselho de classe profissional, dedicação exclusiva ao curso, sem qualquer tipo de vínculo empregatício (Ministério da Educação, 2024b). A duração dos programas é de 24 meses, com carga horária total de 5.760 horas.

Pós-graduação *stricto sensu*

Duas perguntas são importantes em relação a esse tipo de **pós-graduação**: Por que realizar **pós-graduação** *stricto sensu*?; Qual a importância da pesquisa em **psicologia da saúde**?

A **pós-graduação** *stricto sensu* fundamenta-se em três pilares: formação docente para o ensino superior, formação e qualificação de profissionais para os diversos setores de trabalho e **formação de pesquisadores** (Lopes et al., 2023). Nesse sentido, a Psicologia vem se consolidando como ciência nos últimos anos, principalmente com o advento das Práticas em Psicologia Baseadas em Evidências (PPBE) (Melnik, 2024).

A PPBE permite que psicólogos tomem decisões baseadas em evidências científicas, isto é, decisões sobre qual intervenção é mais efetiva para determinado problema, com base em estudos científicos pautados por uma metodologia rigorosa e considerando as características do paciente (Melnik, 2024). E onde realizar pesquisas?

No Brasil, as pesquisas são realizadas principalmente em centros de pesquisas e nas Universidades, principalmente nos cursos de **pós-graduação** *stricto sensu*.

Dois pontos importantes relacionados à **pós-graduação** *stricto sensu*, especificamente na área de Psicologia, precisam ser destacados. Conforme o Documento Orientador de Aplicativo para Propostas de Cursos Novos (APCN, 2021), quatro quesitos devem ser especificados: proposta do curso, corpo docente, produção intelectual e **infraestrutura de ensino e pesquisa** (Santos et al., 2023). Além disso, o Plano Nacional de Pós-Graduação (PNPG) enfatiza "a atividade de pesquisa como parte indissociável da pós-graduação e sua integração com o setor produtivo" (Coordenação de

[5] Lei n. 11.129, de junho de 2005.

[6] Biomedicina, Ciências Biológicas, Educação Física, Fisioterapia, Fonoaudiologia, Medicina Veterinária, Nutrição, Odontologia, Psicologia, Serviço Social, Terapia Ocupacional, Saúde Coletiva e Física Médica.

[7] Resolução CNRM n. 2, de abril de 2012.

Aperfeiçoamento de Pessoal de Nível Superior [CAPES], 1986, p. 193). Entre as premissas do III PNPG salientam-se duas:

> [...] à pós-graduação cabe o duplo papel de formar recursos humanos de alto nível e de contribuir, por meio da **pesquisa**, para a solução de problemas sociais, econômicos e tecnológicos; e a universidade é o local privilegiado para a formação e o aperfeiçoamento cultural, científico e profissional do pessoal (CAPES, 1986, pp. 195-196).

Assim, a **pós-graduação** *stricto sensu* é onde pesquisas são realizadas e, como bem apontam Mello, Almeida e Ribeiro (2009), não basta formar profissionais competentes, é preciso comprometimento com a ética da causa pública e com os interesses da população.

Breve histórico da pós-graduação

Em 1951,[8] uma comissão foi instituída por decreto presidencial para promover a Campanha Nacional de Aperfeiçoamento de Pessoal de Nível Superior – CAPES (Menandro et al., 2023). No entanto, foi só em 1965 que o governo brasileiro reconheceu os estudos de **pós-graduação**, efetivando-os em 1975 com o I Plano Nacional de Pós-Graduação (PNPG), o qual assegura o desempenho, a ampliação territorial de programas, bem como sua diversificação, além de promoção da inovação científica e tecnológica e o desenvolvimento do intercâmbio internacional (Gomes & Fradkin, 2015). Foram publicados seis PNPGs e uma versão preliminar (PNPG/2024-2028) já pode ser consultada na página da CAPES (Ministério da Educação, 2024d, p. 7):

> O PNPG é peça fundamental para a atuação da CAPES, pois suas proposições devem se traduzir em políticas públicas efetivas que resultem em melhorias contínuas do Sistema Nacional de Pós-graduação (SNPG), tanto em termos de sua oferta qualificada para formação de mestres e doutores, quanto em termos de sua contribuição para a melhoria de outros níveis do sistema educacional como a graduação e a formação de profissionais da educação básica e o **desenvolvimento científico e tecnológico** do País.

[8] Decreto Presidencial n. 29.741/1951.

A implantação dos cursos de **pós-graduação** *stricto sensu* no Brasil é relativamente recente. A Lei n. 4.881-A/1965 instituiu o regime jurídico do pessoal docente de nível superior e sua indissociação entre ensino e **pesquisa** (Menandro et al., 2023). Ainda é preciso destacar a importância do Parecer CFE n. 977/1965, conhecido também como Parecer Sucupira, aprovado pelo Conselho Federal de Educação, cujo teor relaciona a universidade à **pós-graduação** *stricto sensu*, cujos objetivos são de natureza acadêmica e de **pesquisa**, eminentemente científico, conferindo grau acadêmico, enquanto a especialização prático-profissional confere certificado (Tourinho & Bastos, 2010).

Os pilares do sistema de **pós-graduação** brasileiro, implícitos em todos os PNPGs, direta ou indiretamente, referem-se à formação e à qualidade do pessoal de nível superior, isto é, formar professores competentes capazes de atender às necessidades do ensino e **formar pesquisadores** (Freitas & Souza, 2018).

INSERÇÃO DA PSICOLOGIA

Os primeiros cursos de **graduação** em Psicologia surgiram na década de 1950, mas a regulamentação da profissão aconteceu apenas em 1962 (Oliveira et al., 2017). Em 1970, surgiram os primeiros cursos de **pós-graduação** *stricto sensu* em Psicologia credenciados pela CAPES nas áreas de Psicologia Experimental e Escolar (Universidade de São Paulo – USP), Social (Pontifícia Universidade Católica de São Paulo – PUC-SP), Psicologia Clínica (Pontifícia Universidade Católica do Rio de Janeiro – PUC-Rio) e Psicologia (Instituto de Seleção e Orientação Profissional da Fundação Getulio Vargas – Isop/FGV-RJ; Pontifícia Universidade Católica do Rio Grande do Sul – PUC-RS; Pontifícia Universidade Católica de Campinas – PUC-Campinas; e Universidade Gama Filho) (Menandro et al., 2023).

Atualmente, são 101 programas: 22 cursos de mestrado acadêmico, 64 cursos com mestrado e doutorado acadêmico e 15 mestrados profissionais (CAPES, 2024). Dos 101 programas credenciados, o termo “Saúde” pode ser identificado em nove programas. São cinco mestrados profissionais, três mestrados acadêmicos e apenas um programa com mestrado e doutorado acadêmico. Seis programas denominam-se como Psicologia da/e Saúde (Tabela 1.4) e todos estão em funcionamento (Sucupira, 2024).

Os outros três programas não se denominam como **Psicologia da Saúde**, embora as áreas de concentração ou as linhas de pesquisa se refiram ao contexto saúde (Tabela 1.5).

O primeiro curso de **pós-graduação** *stricto sensu* em **Psicologia da Saúde** foi criado em 1978 pela Universidade Metodista de São Bernardo do Campo. A área de concentração é **Psicologia da Saúde**, com três linhas de pesquisa: Processo Saúde-Doença e Psicofisiologia; Saúde, Violência e Adaptação Humana; e Trabalho, Organizações e Saúde (CAPES, 2024).

Especificamente, o Programa de Psicologia e Saúde da Faculdade de Medicina de São José do Rio Preto (Famerp), no qual as autoras deste capítulo atuam, foi criado em 2013 e oferece apenas o Curso de Mestrado na modalidade acadêmica. O programa tem uma área de concentração denominada "Comportamento e Saúde", cuja definição é "Utilização de dados das ciências do comportamento e de áreas correlatas para a promoção da saúde, prevenção, tratamento e reabilitação de doenças", e duas linhas de pesquisa: (1) **Psicologia da Saúde**: contribuições da psicologia utilizadas para a promoção e manutenção da saúde, prevenção de doenças e transtornos mentais e tratamento de doenças; além disso, engloba aspectos metodológicos e éticos da pesquisa que articula psicologia, ambiente e saúde, bioética e comportamento, análise do sistema de atenção à saúde e formação de políticas de saúde; e (2) Psicologia e Qualidade de Vida: Atividades Saudáveis e Intervenções Profissionais: contribuições das atividades saudáveis para melhores condições de saúde e bem-estar físico e emocional, prevenção e reabilitação; saúde e comportamento de grupos populacionais; tratamento e reabilitação; produção e análise de dados epidemiológicos para mapear problemas e obter informações seguras do contexto de saúde e qualidade vida da população (Faculdade de Medicina de São José do Rio Preto [FAMERP], 2024).

Os objetivos do curso são: formar **docentes** e **pesquisadores** qualificados, comprometidos com a produção e a divulgação do conhecimento relacionado ao comportamento e à saúde dos

Tabela 1.4 Universidade (nota)/Programa/Curso/Modalidade.

Instituição	Programa	Modalidade	
Universidade Federal da Bahia (UFBA) (3)	Psicologia da Saúde	Mestrado	Profissional
Metodista (UMESP) (4)	Psicologia da Saúde	Mestrado e Doutorado	Acadêmico
Faculdade de Medicina de São José do Rio Preto (Famerp) (3)	Psicologia e Saúde	Mestrado	Acadêmico
Universidade Estadual da Paraíba (UEPB) (4)	Psicologia da Saúde	Mestrado	Acadêmico
Universidade Federal de Ciências da Saúde de Porto Alegre (UFCSPA) (4)	Psicologia e Saúde	Mestrado	Acadêmico
Faculdade Pernambucana de Saúde (FPS) (3)	Psicologia e Saúde	Mestrado	Profissional

Tabela 1.5 Universidade/Programa/Curso/Modalidade.

Instituição	Programa	Modalidade	
Escola Bahiana de Medicina e Saúde Pública/BA (EBMSP) (3)	Psicologia e Intervenções em Saúde	Mestrado	Profissional
Universidade Paulista – *Campus* Ribeirão Preto (UNIP) (A)	Práticas Institucionais em Saúde Mental	Mestrado	Profissional
Universidade de Pernambuco (UPE) (4)	Práticas e Inovações em Saúde Mental	Mestrado	Profissional

indivíduos; contribuir para o aprimoramento contínuo do sistema de saúde; promover discussões relativas à teoria e à aplicação dos conhecimentos advindos da Psicologia sobre os componentes comportamentais, emocionais, cognitivos, sociais e biológicos do contínuo saúde-doença, visando à promoção e à manutenção da saúde, à prevenção, ao tratamento e à reabilitação de doenças/incapacidades. A **Psicologia da Saúde** tem papel fundamental quando se trata de promover o bem-estar das pessoas, manter a saúde e prevenir problemas psicológicos advindos de situações de crise (FAMERP, 2024).

Nesse período (2013-2024), foram realizadas 176 defesas no Programa de Pós-Graduação (PPG) em Psicologia e Saúde/ Famerp, que admite profissionais de diferentes áreas do conhecimento, como: Análise de Sistemas, Arquitetura/Engenharia, Biologia, Direito, Educação Física, Enfermagem, Farmácia, Fisioterapia, Fonoaudiologia, Medicina, Nutrição, Odontologia e Pedagogia, cujos projetos fazem interface com a Psicologia.

Os temas das pesquisas são amplos em razão da diversidade de áreas presentes no curso, assim como os tipos de estudo, número de participantes, local de realização e instrumentos de coleta de dados. Alguns exemplos de títulos defendidos estão apresentados na Tabela 1.6.

É possível observar, nesta amostra de temas, a interface da psicologia com aspectos tanto de saúde quanto sociais e profissionais, apontando diversidade de estudos que podem ser realizados no âmbito da psicologia e saúde. Os termos mais frequentes foram: "pacientes" (37), "vida" (35), "saúde" (33), "qualidade" (29), "profissionais" (20), "estresse" (16), "depressão" (14), "mental" (12) e "ansiedade" (11) (Figura 1.1).

Para realizar pesquisa em **psicologia da saúde**, é preciso planejar, executar, compreender as inter-relações entre comportamento e saúde e identificar problemas relevantes relacionados à saúde da população respaldados nas evidências científicas da Psicologia, da **Psicologia da Saúde** e áreas correlatas. É preciso uma visão biopsicossocial de saúde, competência para atuar em equipes multi e interdisciplinares, uma visão crítica dos determinantes sociais e da saúde, bem como o compromisso com a aplicação do conhecimento científico em demandas sociais relevantes.

Tabela 1.6 Títulos de dissertações defendidas no Programa de Pós-Graduação em Psicologia e Saúde/ Famerp (2013-2024).

Autor/Defesa	Título
Martins, C. G. B. (2015)	Estigma, depressão e qualidade de vida em pacientes com epilepsia de difícil controle
Freitas, G. M. (2015)	Variáveis psicossociais e adesão ao tratamento antirretroviral em pacientes com HIV/AIDS
Oliveira, J. A. S. (2018)	Efetividade do protocolo de intervenção cognitivo-comportamental para crianças com diagnóstico de leucemia linfoblástica aguda
Grandizoli, M. V. (2019)	Depressão, desesperança, ideação suicida e qualidade de vida de pacientes em tratamento hemodialítico
Primo, R. G. (2020)	Transexuais no mercado de trabalho: inserção e vivência profissional
Caldeira, M. C. (2020)	O grupo operativo com mulheres em condição de vulnerabilidade social
Miglioli, C. F. (2022)	Oitiva de crianças e adolescentes vítimas ou testemunhas de crimes sexuais: a perspectiva dos profissionais envolvidos
Drudi, C. S. B. (2023)	Aspectos psicossociais de pacientes com câncer de cabeça e pescoço em acompanhamento odontológico
Silva, R. M. (2023)	Neurofibromatose: mapeamento de associações, instituições e serviços existentes no Brasil
Pita, M. F. F. (2023)	Programa de *mindfulness* e habilidades socioemocionais para profissionais da saúde

Nota: as dissertações podem ser acessadas na íntegra em: https://catalogodeteses.capes.gov.br/catalogo-teses/#!/.

Figura 1.1 Nuvens de termos mais frequentes nas dissertações de mestrado do Programa de Pós-Graduação em Psicologia e Saúde/Famerp.

CONCLUSÕES

Uma formação profissional que se inicia na **graduação** pode tomar diferentes rumos em virtude das oportunidades e dos interesses da(o) psicóloga(o). Um profissional competente é um eterno aprendiz: precisa atualizar-se constantemente e aprender com a evolução do conhecimento. Essa aprendizagem contínua pode ser desenvolvida formalmente (p. ex., cursos de aperfeiçoamento, de especialização, residência, mestrado e doutorado), mas também em leituras, supervisão, eventos científicos e associações de classe. É importante ressaltar também a responsabilidade que cada profissional tem não só pela qualidade da sua formação, mas também por formar as futuras gerações de profissionais para a sua área e produzir conhecimento.

REFERÊNCIAS BIBLIOGRÁFICAS

Caldeira, M. C. (2020). *O grupo operativo com mulheres em condição de vulnerabilidade* (Dissertação de mestrado). Faculdade de Medicina de São José do Rio Preto, São José do Rio Preto, Brasil.

Conselho de Reitores das Universidades Brasileiras (2022). *Plano Nacional de Graduação – PNG.*

Coordenação de Aperfeiçoamento de Pessoal de Nível Superior (1986). *III Plano Nacional de Pós-Graduação 1986-1989.* Recuperado de https://www.gov.br/capes/pt-br/centrais-de-conteudo/documentos/iii-pnpg-pdf

Coordenação de Aperfeiçoamento de Pessoal de Nível Superior, & Ministério da Educação (2024). *PNPG – Plano Nacional de Pós-Graduação 2024-2028.* Recuperado de https://www.gov.br/capes/pt-br/centrais-de-conteudo/documentos/19122023_pnpg_2024_2028.pdf

Drudi, C. S. B. (2023). *Aspectos psicossociais de pacientes com câncer de cabeça e pescoço em acompanhamento odontológico* (Dissertação de mestrado). Faculdade de Medicina de São José do Rio Preto, São José do Rio Preto, Brasil.

Faculdade de Medicina de São José do Rio Preto (2023). *Projeto Pedagógico do Curso de Psicologia.* Famerp.

Faculdade de Medicina de São José do Rio Preto (2024). Stricto sensu *em psicologia e saúde.* Recuperado de https://www.famerp.br/index.php/diretoria-de-pos-graduacao/psicologia-e-saude/

Fórum de Pró-Reitores de Graduação das Universidades Brasileiras (2000). *Diretrizes Curriculares para os Cursos de Graduação.* Recuperado de http://portal.mec.gov.br/cne/arquivos/pdf/FORGRAD.pdf

Freitas, G. M. (2015). *Variáveis psicossociais e adesão ao tratamento antirretroviral em pacientes com HIV/AIDS* (Dissertação de mestrado). Faculdade de Medicina de São José do Rio Preto, São José do Rio Preto, Brasil.

Freitas, M. F. Q., & Souza, J. (2018). Pensar a formação e a pesquisa na pós-graduação *stricto sensu. Educar em Revista, 34*(71), 9-18. Recuperado de https://www.scielo.br/j/er/a/RdZtcxFbV9kzZ7D7GvDzrCN/?format=pdf

Gomes, W. B., & Fradkin, C. (2015). Historical notes on psychology in Brazil: The creation, growth and sustenance of postgraduate education. *Psychology/Psicologia Reflexão e Crítica, 28*(S), 2-13. Recuperado de https://www.scielo.br/j/prc/a/g3PzZHgrRbLpGLXNZJ4gdcD/?lang=en

Grandizoli, M. V. (2019). *Depressão, desesperança, ideação suicida e qualidade de vida de pacientes em tratamento hemodialítico* (Dissertação de mestrado). Faculdade de Medicina de São José do Rio Preto, São José do Rio Preto, Brasil.

Lopes, C. E., Ribeiro, M. A., Almeida, S. S., Oliveira, A. A., Silva, S. C., & Souza, D. G. (2023). Os egressos da pós-graduação em psicologia: Destino e atuação. In G. Y. Tomanari, A. A. Santos, & L. Mourão. (Orgs.), *Pós-graduação em psicologia no Brasil. Percurso, panorama atual e desafios.* Campinas: Vetor.

Martins, C. G. B. I. (2015). *Estigma, depressão e qualidade de vida em pacientes com epilepsia de difícil controle* (Dissertação de mestrado). Faculdade de Medicina de São José do Rio Preto, São José do Rio Preto, Brasil.

Mello, A. F., Almeida, N., F., & Ribeiro, R. J. (2009). Por uma universidade socialmente relevante. *Atos de Pesquisa em Educação, 4*(3), 292-302.

Melnik, T. (Org.). (2024). *Prática da psicologia baseada em evidências.* Manole.

Menandro, P. R. M., Yamamoto, O. H., & Macedo, L. (2023). Trajetórias, memórias e histórias da pós-graduação em psicologia no Brasil. In G. Y. Tomanari, A. A. Santos, & Mourão, L. (Orgs.), *Pós-graduação em psicologia no Brasil: Percurso, panorama atual e desafios*. Campinas: Vetor.

Miglioli, C. F. (2022). *Oitiva de crianças e adolescentes vítimas ou testemunhas de crimes sexuais: A perspectiva dos profissionais envolvidos*. (Dissertação de mestrado). Faculdade de Medicina de São José do Rio Preto, São José do Rio Preto, Brasil.

Ministério da Educação (2024a). *O que são os cursos de aperfeiçoamento e o que os diferencia dos* lato sensu *(especialização)?* Recuperado de https://www.gov.br/mec/pt-br/acesso-a-informacao/perguntas-frequentes/educacao-superior-1/pos-graduacao-lato-sensu-e-stricto-sensu/o-que-sao-os-cursos

Ministério da Educação (2024b). *Residência Multiprofissional. Dúvidas e Informações*. Recuperado de https://www.gov.br/mec/pt-br/areas-de-atuacao/es/residencia-multiprofissional/duvidas-e-informacoes-a-respeito-das-residencias-uni-e-multiprofissional

Ministério da Educação (2024c). *Resoluções CNE/CES 2018*. Recuperado de https://www.gov.br/mec/pt-br/cne/resolucoes/resolucoes-cne-ces-2018

Ministério da Educação (2024d). Plano Nacional de Pós-Graduação – PNPG. Recuperado de www.gov.br/capes/pt-br/centrais-de-conteudo/documentos/19122023_pnpg_2024_2028.pdf

Ministério da Educação (n.d.). *Residência Multiprofissional*. Recuperado de https://www.gov.br/mec/pt-br/residencia-multiprofissional

Miyazaki, M. C., Domingos, N. M., Caballo, V. E., & Valerio, N. I. (2011). Psicologia da Saúde. Intervenções em hospitais públicos. In B. P. Rangé (Org.), *Psicoterapias cognitivo-comportamentais* (pp. 568-580). Porto Alegre: Artmed.

Oliveira. I. T., Soligo, A., Oliveira, S. F., & Angelucci, B. (2017). Formação em psicologia no Brasil: Aspectos históricos e desafios contemporâneos. *Psicologia: Ensino & Formação*, *8*(1), 3-15. Recuperado de https://doi.org/10.21826/2179-5800201781315

Oliveira, J. A. S. (2018). *Efetividade do protocolo de intervenção cognitivo-comportamental para crianças com diagnóstico de leucemia linfoblástica aguda* (Dissertação de mestrado). Faculdade de Medicina de São José do Rio Preto, São José do Rio Preto, Brasil.

Pita, M. F. F. (2023). *Programa de* mindfulness *e habilidades socioemocionais para profissionais da saúde* (Dissertação de mestrado). Faculdade de Medicina de São José do Rio Preto, São José do Rio Preto, Brasil.

Primo, R. G. (2020). *Transexuais no mercado de trabalho: Inserção e vivência* (Dissertação de mestrado). Faculdade de Medicina de São José do Rio Preto, São José do Rio Preto, Brasil.

Resolução CNE n. 1. (2023, 1 de novembro). Institui as Diretrizes Curriculares Nacionais para os cursos de graduação em Psicologia. Recuperado de http://portal.mec.gov.br/docman/outubro-2023-pdf/252621-rces001-23/file

Resolução n. 23. (2022, 13 de outubro). Institui condições para concessão e registro de psicóloga e psicólogo especialistas; reconhece as especialidades da Psicologia e revoga as Resoluções CFP n. 13, de 14 de setembro de 2007; n. 3, de 5 de fevereiro de 2016; n. 18, de 5 de setembro de 2019. Recuperado de https://www.in.gov.br/en/web/dou/-/resolucao-n-23-de-13-de-outubro-de-2022-437945688

Sandall, H., Queiroga, F., & Gondim, S. M. G. (2022). Quem somos? Caracterizando o perfil das(os) psicólogas(os) no Brasil. In Conselho Federal de Psicologia, *Quem faz a psicologia brasileira. Um olhar sobre o presente para construir o futuro: Vol. 1: Formação e inserção no mundo do trabalho* (pp. 42-53). Brasília: CFP. Recuperado de https://site.cfp.org.br/wp-content/uploads/2022/12/Censo_psicologia_Vol1_WEB.pdf

Santos, A. A., Mourão, L., & Tomanari, G. Y. (2023). O ingresso dos programas de psicologia no sistema nacional de pós-graduação. In G. Y. Tomanari, A. A. Santos, & L. Mourão (Org.), *Pós-graduação em psicologia no Brasil. Percurso, panorama atual e desafios*. Campinas: Vetor.

Silva, R. M. (2023). *Neurofibromatose: Mapeamento de associações, instituições e serviços existentes no Brasil* (Dissertação de mestrado). Faculdade de Medicina de São José do Rio Preto, São José do Rio Preto, Brasil.

Sucupira (2024). *Plataforma Sucupira*. Recuperado de https://sucupira-v2.capes.gov.br/sucupira4/

Tourinho, E. Z., & Bastos, A. V. B. (2010). Desafios da pós-graduação em Psicologia no Brasil. *Psicologia: Reflexão e Crítica*, *23*(Supl. 1), 35-46. Recuperado de https://doi.org/10.1590/S0102-79722010000400005

Universidade de São Paulo (2024). *Guia de curricularização da extensão universitária dos cursos de graduação* (2a ed. rev. e atual.). Recuperado de https://ww3.icb.usp.br/gra/wp-content/uploads/2023/10/Guia_Curricularizacao_2_ed.pdf

2

Psicólogo da Saúde na Atenção Primária

Rosana Righetto Dias ▪ Elza L. Guarido

Destaques

- O psicólogo da saúde no campo da **Atenção Primária** deve compreender o trabalho multiprofissional, priorizar a **prevenção** e a **promoção da saúde** e o contexto da família
- A atuação na clínica ampliada caracteriza-se como intervenção política, como estratégia para fortalecer a promoção de saúde e a vida no âmbito da coletividade
- As ações psicológicas na **Atenção Primária** devem, além da **promoção e prevenção da saúde**, envolver a desmistificação da loucura, acolher os usuários e criar ações grupais ao encontro da demanda do território
- A atuação em rede entre os níveis de atenção à saúde se faz primordial.

INTRODUÇÃO

Este capítulo tem como objetivo apresentar considerações, aspectos teóricos e práticos sobre a atuação psicológica em saúde no contexto da **Atenção Primária**. Mostra-se relevante, inicialmente, discutir os princípios para essa atuação, considerando as políticas públicas que regem esse campo de trabalho.

Posteriormente, serão apresentadas discussões teóricas e de aplicações para a atuação na área, relacionadas à importância de uma sistemática de ações que compreendem o trabalho em rede, bem como a importância da avaliação e da intervenção psicológica. Possíveis ações psicológicas nesse contexto serão retratadas e, por fim, serão apresentados dois estudos de caso para exemplificar a atuação multidisciplinar.

A metodologia do trabalho demonstrada descreve procedimentos e instrumentos que têm o objetivo de triar, avaliar e intervir nas demandas dos serviços. Esses procedimentos têm como intuito apresentar modelos de assistência e intervenções psicológicas individuais e grupais.

Os diferentes contextos dos modelos a seguir apresentados referem-se às práticas de estágio curricular obrigatório do curso de Psicologia de um centro universitário localizado no interior de São Paulo. As práticas e as reflexões teóricas apresentadas favorecem o contato com as propostas de atuação psicológicas dentro do campo da Psicologia da Saúde na **Atenção Primária**.

CONTEXTUALIZAÇÃO DA PSICOLOGIA DA SAÚDE E O CAMPO DA ATENÇÃO PRIMÁRIA

Mostra-se interessante contextualizar brevemente o campo da Psicologia da Saúde, para posteriormente considerar os fundamentos da **Atenção Primária**, ressaltando esse último cenário de acordo com os princípios das Políticas Públicas de Saúde no Brasil.

De acordo com Brannon, Updegraff e Feist (2023), nos anos 1970 do século passado o campo da psicologia da saúde passou a se desenvolver, visando às adversidades relacionadas às permanentes modificações de doenças e de seus cuidados preventivos, bem como do comportamento não salutar da população, constituindo-se como um vultuoso obstáculo de saúde pública.

Para os autores anteriormente mencionados, a conjunção de fatores biológicos, psicológicos e sociais deve ser ressaltada no modelo biopsicossocial de saúde, em contraposição ao modelo biomédico que considera a saúde apenas como ausência de doença, refletindo os inúmeros agentes que contribuem para o aumento das doenças crônicas nas últimas décadas.

Nessa proposta, encontra-se o campo da **Atenção Primária**, como nível de atenção e porta de entrada dos usuários ao Sistema Único de Saúde (SUS), que concentra dados, conhecimentos que apresentam uma série de "ações de natureza democrática e socialmente participativa, desenvolvidas pelo trabalho em equipe destinado às populações de territórios geográficos bem delimitados" (Kirchner & De-Farias, 2022, p. 1).

A **Atenção Primária** à Saúde é o primeiro nível de atenção em saúde e se caracteriza por um conjunto de ações de saúde, nos âmbitos individual e coletivo, que abrange a promoção e a proteção da saúde, a prevenção de agravos, o diagnóstico, o tratamento, a reabilitação, a redução de danos e a manutenção da saúde com o objetivo de desenvolver uma atenção integral que impacte positivamente na situação de saúde das coletividades (Ministério da Saúde, n.d.)

Já em 2003 a Política Nacional de Humanização (PNH), por meio de diretrizes do SUS positivado pela Constituição Federal em 1988, propunha a **Atenção Primária** como uma rede de serviços resolutivos para efetivar a integralidade e o fluxo entre os três níveis de atenção à saúde, visando aos princípios de acessibilidade, equidade, universalidade, participação social e, especialmente, à continuidade do cuidado nos três níveis de atenção e suas características, conforme as proposições da Figura 2.1 (Jimenez, 2011; Kirchner & De-Farias, 2022).

Ainda segundo De-Farias (2019), nota-se uma gradual alteração quanto à atenção da assistência prestada em saúde, na qual o modelo do campo primário à saúde e domiciliar devem prevalecer ao modelo de assistência hospitalar, diminuindo assim os perigos de infecções e custos diversos aos governos e às agências de saúde. Nesse sentido, a autora explica que o trabalho em equipes de modo multidisciplinar ou interdisciplinar é salientado pelo SUS e pela Política Nacional de Atenção Básica (PNAB) em seus diferenciados programas de trabalho, sendo uma das dificuldades de maior amplitude desses grupos de trabalho.

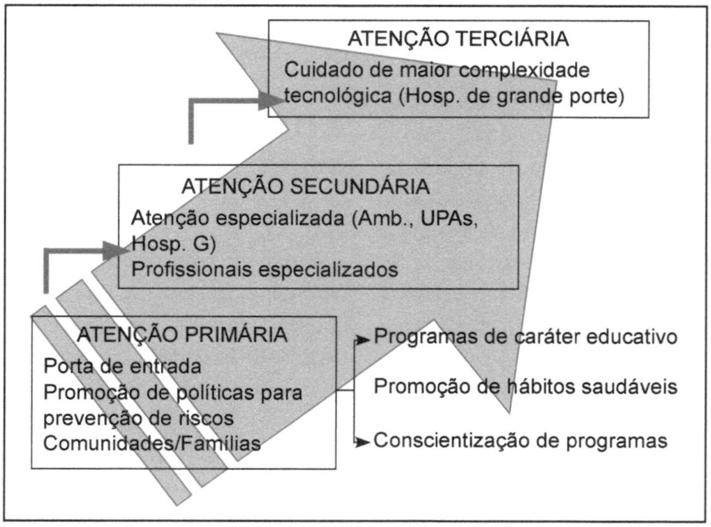

Figura 2.1 Fluxo entre os níveis de atenção à saúde. (Figura elaborada pelas autoras.)

Entre os diversos programas que compõem a **Atenção Primária** ou Básica encontra-se a **Estratégia de Saúde da Família (ESF)**, que compreende o trabalho multiprofissional, priorizando a saúde e o contexto da família em equipamentos com as seguintes denominações: **Unidades Básicas de Saúde (UBSs)** e ESF, como é nominado o programa (Ministério da Saúde, 2012).

A atuação do profissional de Psicologia na **Atenção Primária** insere-se também na Rede de Atenção Psicossocial (RAPS), definida pelo Ministério da Saúde. A RAPS está voltada para a atenção em saúde mental, incluindo a participação da **Atenção Primária** e de outros equipamentos presentes na comunidade (Ministério da Saúde, 2013).

A estrutura e o funcionamento desses serviços serão apresentados na próxima seção, quando for demonstrada a descrição das ações de estágio que fundamentam este capítulo. No entanto, vale destacar que, nos últimos anos, a PNAB sofreu involuções importantes, como redução de verbas para requalificação, manutenção das equipes e o esmorecimento do foco coletivo e comunitário da ESF (Mitros et al., 2023).

HISTÓRICO E DESENVOLVIMENTO DA ASSISTÊNCIA E CARACTERÍSTICAS GERAIS DO SERVIÇO

As ações sistematizadas que serão apresentadas no contexto da **Atenção Primária** se referem às práticas de estágio curricular obrigatório realizadas pelos estudantes do último ano de formação, ao longo dos dois últimos períodos da graduação. Apesar de os períodos das disciplinas de estágio serem semestrais, a prática se dá no decorrer do 5º ano. O projeto em questão é denominado "Práticas Psicológicas em Instituições: Clínica Analítico-Comportamental", com ênfase em políticas de saúde, do curso de Psicologia de um centro universitário privado, do interior de São Paulo.

As informações apresentadas datam de 2021 até o atual momento e se referem ao retorno da primeira autora deste capítulo como docente de estágio clínico, agora, nos moldes de **clínica ampliada**. Toda a sua experiência clínica até a ocasião do retorno à supervisão de estágio era como psicóloga clínica nos contextos clínico tradicional e hospitalar, além de docente e gestora universitária.

Na abordagem de Dettmann, Aragão e Margoto (2016), a **clínica ampliada** é concebida como uma intervenção política, que, na prática, engloba as possibilidades de transformação tanto do indivíduo quanto da sociedade. Ela é destacada como uma estratégia para potencializar a vida quando esta não se limita apenas à sobrevivência, mas encontra caminhos de escape que vibram no âmbito da coletividade e da solidariedade. Sendo assim, para as autoras, os aspectos políticos comunitários e grupais extrapolam o individual e devem levar em consideração a atuação psicológica como prática política.

Outro ponto também a ser considerado foi estudar a partir de quais eixos essa práxis política se dá no contexto da **Atenção Primária**. Segundo as referências técnicas para a atuação de psicólogas(os) na Atenção Básica à saúde (Conselho Federal de Psicologia [CFP], 2019), a proposta da prática está fundamentada na responsabilidade de gerar conhecimento e intervir em determinadas áreas e/ou na conduta das pessoas. O trabalho pode ser desenvolvido em vários contextos, caracterizados por demandas e realidades locais, ampliando o olhar sobre o conceito de saúde e doença dos usuários com a abordagem de fatores sociais, culturais, políticos e econômicos como determinantes do adoecimento.

Nesse contexto, ações de **promoção e prevenção de saúde** permeiam a atuação psicológica, assim como de outros profissionais da equipe (trabalho multiprofissional), bem como devem desmistificar a loucura, além de garantir o acolhimento dos usuários e de seus familiares. O **acolhimento** pode se dar no âmbito individual em situações de crise e de rápida resolução, para além do enfoque da abordagem clínica do consultório tradicional, desenvolvendo trabalhos grupais que envolvam **ações psicoeducativas**, ao encontro das demandas da comunidade (CFP, 2019).

No ano de 2021, em razão da pandemia da Covid-19, as ações de estágio ocorreram de forma remota, o que dificultou em demasia as propostas de atuação nos princípios anteriormente explanados, reforçando o trabalho individualizado e clínico, psicoterápico. Esse trabalho se deu a partir do vínculo e da parceria com uma única **UBS** e de ações de **acolhimentos** promovidas pela Secretaria de Saúde do município, em prol da assistência psicológica aos trabalhadores da área da saúde e comunidade.

A partir de 2022, as ações voltaram a ser presenciais e a distribuição dos estagiários foi realizada em dois equipamentos do município, **UBS** e **ESF**. Nesse ano, por solicitações dos serviços, a maioria das ações se deu de forma individualizada, com **acolhimentos** pontuais e processuais. Aos poucos, ao longo do mesmo ano, foram ampliadas para **visitas domiciliares** e **ações psicoeducativas** grupais.

No ano de 2023 até o momento, as atividades de estágio são realizadas em três equipamentos e a partir da vinculação com as mesmas parcerias; compreende-se que houve evolução em relação aos objetivos do trabalho psicológico na **Atenção Primária**.

Os equipamentos se localizam em regiões distintas da cidade, uma **UBS** na zona sul, uma **ESF** na zona norte e outra na zona sudeste. Como salientam Kirchner e De-Farias (2022), a **Atenção Primária** ou básica organiza o fluxo entre os diversos níveis de atendimento à saúde, concentrando as informações, favorecendo o encaminhamento e a recepção de usuários de outros sistemas, mantendo uma rede de atenção contínua e integral, sendo a **ESF** o procedimento primacial. O trabalho realizado se fundamenta na atuação de equipes multiprofissionais que devem incentivar e realizar ações de saúde que requeiram tecnologia, serviços de baixa complexidade e de necessidades territoriais.

A descrição dos equipamentos será feita pela denominação **UBS**, **ESF1** e **ESF2**. A **UBS** conta com funcionários de dois equipamentos, pois naquela que foi realizado o estágio em 2023 há reforma da infraestrutura e seu pessoal está alocado nas mesmas instalações de outra unidade. Sendo assim, a população das duas unidades é assistida em um único local. A equipe é composta de duas enfermeiras-chefes, obstetra, enfermeiras, dois clínicos gerais, dentista, farmacêutica, auxiliar de enfermagem, pediatra, agente de saúde, técnico de enfermagem, nefrologista e profissionais de serviços gerais. O equipamento funciona de segunda a sexta-feira em horário comercial, das 8 às 16 horas. O estágio nesse local é realizado por três duplas que atuam distintamente às segundas, terças e quartas-feiras, das 12 às 16 horas, conforme solicitado pelo equipamento.

A **ESF1** conta com equipe formada por uma enfermeira-chefe; médica (clínico geral); duas técnicas de enfermagem, uma agente comunitária e um dentista. No momento, a equipe está incompleta, necessitando de quatro agentes comunitários adicionais. O horário de trabalho da equipe é das 7 às 16 horas, com horários de almoço organizados para que o serviço não fique sem um profissional técnico à disposição. A ação de um trio de estagiários ocorre na quarta-feira das 8 às 12 horas, e a de uma dupla, no mesmo dia, das 12 às 16 horas.

Já a **ESF2** conta com quatro técnicos de enfermagem, um clínico geral, um cirurgião-dentista, dois auxiliares de enfermagem, cinco agentes comunitários, uma enfermeira-chefe e uma auxiliar de limpeza. No entorno da **ESF2**, encontram-se uma escola e uma igreja, localizadas diretamente em frente ao serviço de saúde, o que fortalece a integração com a comunidade local, pois várias **ações psicoeducativas** e grupais são realizadas nesses espaços. Nesse local, atua uma dupla de estagiários na terça-feira, das 12 às 16 horas, e outra dupla na quinta-feira, das 8 às 12 horas.

SISTEMATIZAÇÃO DO SERVIÇO E CARACTERÍSTICAS DA POPULAÇÃO ASSISTIDA

Entre as ações implantadas ao longo dos anos de estágio nesses locais, a Figura 2.2 apresenta a sequência temporal da ordem das atividades desenvolvidas. É importante registrar que no início das práticas de estágio, em todos os equipamentos, a expectativa dos serviços era de atendimento psicoterápico e, com o tempo, a partir de devolutivas das ações e reuniões com as equipes de trabalho, as ações foram se diversificando.

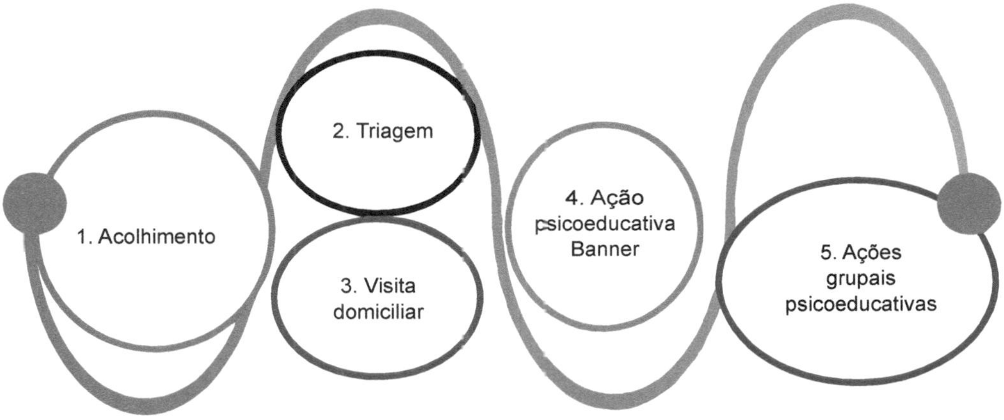

Figura 2.2 Ações implantadas. (Figura elaborada pelas autoras.)

Como informado anteriormente, a expectativa inicial dos profissionais dos equipamentos era a de que o estágio de Psicologia desenvolvesse atendimentos psicoterápicos e, portanto, a estratégia encontrada foi nomear como **acolhimento**, atendimentos individuais focais com o objetivo de acolher, avaliar, orientar e encaminhar para outros serviços da rede, se for caso. Entendeu-se na ocasião que o processo de troca de experiências e informações deveria ser processual, uma vez que as contingências presentes e reais, tais como **Atenção Primária** como porta de entrada, agravos psicológicos existentes na comunidade, falta de vagas nos níveis secundários e terciários, também reforçavam, em nossa análise, as solicitações e o entendimento do trabalho psicológico.

Segundo o CFP (2019), apesar dos avanços obtidos, ainda existem desafios significativos no sistema de saúde. Entre eles destaca-se a predominância de uma lógica clínica individualista, que prioriza o tratamento de doenças em vez da **prevenção e promoção da saúde**. Essa constatação já era refletida por Gorayeb, Borges e Oliveira (2012), ao considerarem o histórico da atuação psicológica no contexto da atuação primária. Essa realidade exige que os profissionais repensem suas práticas, ações e condutas. Esse processo demanda uma consideração cuidadosa da realidade da população atendida e uma aliança com os objetivos específicos desse nível de atenção, em relação aos demais.

Considera-se que ações desenvolvidas pelo projeto de estágio vão ao encontro das orientações do CFP (2019), que apresenta como possibilidades de atuação: **acolhimento** individual, elaboração de relatórios, **visita domiciliar**, grupos educativos, enfatizando o enfoque de ações grupais no cenário da comunidade, entre outras atividades.

Atualmente, os procedimentos utilizados no estágio têm outra ordem de importância à medida que foram sendo implantados, diferentemente do que foi exposto na Figura 2.2. O texto a seguir apresenta a ordem de prioridade das ações do estágio, já que as fontes da triagem e do acolhimento, por exemplo, alimentam e motivam outras ações desenvolvidas. Sendo assim, passa-se a apresentar as ações atuais pela ordem de aplicação e desenvolvimento dos procedimentos realizados pelos estagiários, com os seus objetivos e descrições instrumentais.

Triagem

Segundo Rocha (2011), a **triagem** é definida como um processo de seleção de quem pode ser atendido, considerando a demanda específica do indivíduo e os recursos de atendimento disponíveis em contextos de atendimento psicológico, especialmente em clínicas-escola e serviços públicos de saúde. A **triagem** é a etapa inicial em que se seleciona quem pode ser atendido e de que forma, levando em consideração a natureza da demanda e as opções de atendimento disponíveis (Macêdo et al., 2021). Em resumo, especialmente em contextos de serviços públicos de saúde, a **triagem** exerce um papel útil no processo da assistência psicológica.

Para conhecer as demandas locais, foram desenvolvidos dois instrumentos de triagens a partir de dados da literatura e experiências nos locais. O primeiro deles, denominado "Ficha de triagem geral" (Tabela 2.1), aborda aspectos de dados sociodemográficos, clínicos e psicológicos da população em geral quanto à busca aos serviços. Esse documento geral compreende aspectos gerais de outros dois elaborados e que serão mencionados a seguir.

O segundo instrumento de triagem é destinado às gestantes, cujo atendimento ocorre em dias específicos nas **ESF** 1 e 2; o serviço prestado acompanha mulheres do início ao final da gestação. Além disso, foi desenvolvido outro instrumento para as consultas de seguimento para essas gestantes. Esse último instrumento vai ao encontro do modelo de **triagem** interventiva, como destaca Rocha (2011), já que o objetivo não está apenas na coleta de dados ou na seleção de demandas, e sim no cuidado em ouvir de forma empática e intervir junto aos usuários que buscam ajuda psicológica.

A rotina desse procedimento acompanha tanto as consultas médicas ou de enfermagem agendadas ou ainda se dá pela busca ativa dos estagiários por usuários que comparecem aos equipamentos para exames, busca de receitas, farmácia, vacinação, entre outros.

Esses dados auxiliam no planejamento e no desenvolvimento das demais ações realizadas, como **acolhimentos** e **ações grupais**, sempre em discussão e concordância com os demais membros da equipe de saúde. Os dados compilados em relação à população em geral por uma dupla de estágio serão apresentados neste capítulo como casos clínicos, para ilustrar o procedimento.

Acolhimento

O **acolhimento** é parte da ação na **Atenção Primária**, também fundamental para caracterização dos processos de trabalho nesse espaço, conforme o Ministério da Saúde (2017), sendo considerada uma orientação ética pela Política Nacional de Humanização (Ministério da Saúde, 2010). A prática do **acolhimento** consiste em receber e ouvir os usuários que procuram o serviço, sem qualquer discriminação, de maneira universal, e, a partir disso, agir a fim de resolver as demandas e as necessidades trazidas (Portaria n. 2.436, 2017).

É previsto que o **acolhimento** faça parte de todas as intervenções realizadas no espaço da **Atenção Primária**; isso significa que em todos os momentos de interação entre funcionários e usuários deve haver validação das problemáticas trazidas (Portaria n. 2.436, 2017). Durante o **acolhimento** deve ser analisado o grau de vulnerabilidade e risco, pois sua dimensão vai diferenciar a audiência, podendo considerar um modelo individual e com menos profissionais envolvidos (Portaria n. 2.436, 2017).

O **acolhimento** se assemelha à prática do aconselhamento psicológico, pois o aconselhamento se refere à prática de um profissional capacitado ao auxiliar a pessoa que o procura a se adaptar a determinada situação a partir dos recursos que tem, visando promover bem-estar e autonomia. Para tanto, os conhecimentos técnicos e teóricos da Psicologia são utilizados para ajudar o usuário a compreender a si e ao contexto para que tome decisões eficazes sobre sua situação, tendo capacidade de influenciar as variáveis envolvidas no processo de saúde e doença (Barreto et al., 2016).

Scorsolini-Comin (2014) aponta que o aconselhamento tem um caráter breve, com foco na resolução de problemas, enquanto a psicoterapia seria utilizada para um acompanhamento de maior duração, com maior possibilidade de aprofundamento, além de abranger mais e diferentes questões de variadas formas. Assim, o aconselhamento visa a uma orientação pontual em emergência, motivo pelo qual está muito ligado ao plantão psicológico, pois acontece em poucos encontros, ou apenas em um, e precisa ocorrer com técnicas para uma condução rápida que pode envolver encaminhamentos para a rede.

O **acolhimento** no projeto de estágio é realizado sob a ótica da Análise do Comportamento; o profissional envolvido no **acolhimento** e/ou plantão busca compreender a queixa ou o(s) comportamento(s)-alvo dentro de um contexto, ou seja, em quais condições o determinado comportamento ocorre, identificando as variáveis ambientais envolvidas e as possibilidades de mudança nestas, para que os comportamentos

Tabela 2.1 Ficha de triagem geral.

Projeto de Estágio Específico – Ênfase em Políticas de Saúde:
Práticas Psicológicas em Instituições – Clínica Comportamental

ROTEIRO – FICHA DE TRIAGEM GERAL – 2024

Data:___/___/____
Estagiárias(os) de Psicologia:____
Professora Responsável: ____

I. Dados de Identificação
Nome completo: Idade:

Número do prontuário:

Endereço:

Telefone: ( )

Quantas pessoas residem com você? Grau de parentesco:

Gênero: ( ) Feminino ( ) Masculino ( ) Transgênero ( ) Não binário ( ) Agênero
( ) Pangênero ( ) Outro:

Nível de escolaridade: ( ) Analfabeto ( ) Semianalfabeto ( ) Ensino Fundamental completo
( ) Ensino Fundamental incompleto ( ) Ensino Médio completo ( ) Ensino Médio incompleto
( ) Ensino Superior completo ( ) Ensino Superior incompleto

Condição Socioeconômica Profissional:
( ) Empregado c/ carteira assinada ( ) Desempregado ( ) Estudante ( ) Informal: Autônomo, *Freelancer*
( ) Temporário ( ) Outros: Pessoa Jurídica – PJ, MEI.

Profissão/Função:

Estado civil: ( ) Casado ( ) Amasiado ( ) Solteiro ( ) Namorando
( ) Separado/Divorciado

Filhos ( ) Sim ( ) Não – Se sim, quantos?: Idades:
Caso seja menor de idade, quem é seu responsável legal? Exemplo: mãe, pai, tio/tia, avô/avó, outros (relacionar – escrever o nome completo do responsável).

II. Estado de Saúde Física
Motivo da ida ao equipamento: ( ) Consulta de rotina ( ) Consulta por problema de saúde agudo
( ) Buscar medicamento
( ) Vacinar-se ( ) Outros

Descrever brevemente o motivo da consulta, se for o caso:
Especialidade consultada: ( ) Ginecologia ( ) Clínico Geral ( ) Outros: relacionar a especialidade:

a) Dados Clínicos Gerais
- Realiza algum acompanhamento médico, além do equipamento do qual faz parte? Se sim, qual é a especialidade?
- Está tomando algum tipo de medicamento? Se sim, qual? É contínuo?
- Tem algum quadro de doença diagnosticada? ( ) Diabetes ( ) Hipertensão – Pressão alta ( ) Hipotensão – Pressão baixa ( ) Outros:
- Há dificuldades para aderir ao tratamento? Quais? ( ) Não tomar a medicação ( ) Tomar a medicação de forma irregular ( ) Outros:
- Quais hábitos de saúde você tem dificuldade para mudar? ( ) Medicação ( ) Alimentação ( ) Atividade física ( ) Outros:

  Relacionar brevemente sobre o que foi dito pelo usuário:
- Faz uso de ( ) cigarro, ( ) álcool ou ( ) outros tipos de drogas? ( ) Não ( ) Se sim, com que frequência? ( ) diária ( ) várias vezes ao dia ( ) semanal ( ) Outras: Entende que o uso dessa substância lhe causa ou pode lhe causar problemas? ( ) Sim ( ) Não
- Qual a disponibilidade de realizar alguma atividade no equipamento?

(*continua*)

Tabela 2.1 Ficha de triagem geral. (*Continuação*)

b) Dados Clínicos Gestante (complementares aos dados gerais)
- Quantas semanas tem de gestação (número de semanas)?
- Sua gestação foi planejada? ( ) Sim ( ) Não
- Sente dores ou desconforto? ( ) Sim ( ) Não – Onde/Como?
- Possui rede de apoio? ( ) Sim ( ) Não
  ( ) Pai da criança ( ) Familiares – Quem? ( ) Amigos ( ) Outros – Quem?
- É sua primeira gestação? ( ) Sim ( ) Não. Se não, como foi a primeira gestação? Teve alguma complicação?

c) Dados Clínicos Pessoa Idosa (complementares aos dados gerais)
- Possui alguma doença crônica? ( ) Sim ( ) Não. Se sim, qual?
- Sente alguma dor? ( ) Sim ( ) Não. Se sim, onde?
- Faz alguma atividade física? ( ) Sim ( ) Não
- Como está a sua alimentação? ( ) Saudável – Como? ( ) Não saudável – Como?

III. Dados Psicológicos
a) Gerais
- Já passou por profissional de Psicologia? ( ) Sim ( ) Não
- Se sim, qual o motivo? ( ) Depressão ( ) Ansiedade ( ) Outros: Por quanto tempo e há quanto tempo? Onde?
- Tem algo em sua vida nesse momento que lhe incomoda? ( ) Tristeza ( ) Ansiedade ( ) Conflitos com familiares ( ) Outros:
- Já fez ou faz parte de um grupo de apoio? ( ) Sim ( ) Não. Se sim, qual?
- Faz ou já fez tratamento psiquiátrico? ( ) Sim ( ) Não. Se sim, onde e por qual motivo, por quanto tempo e há quanto tempo?
- Faz uso de medicamentos psiquiátricos controlados? ( ) Sim ( ) Não. Se sim, qual(is), por quanto tempo e há quanto tempo?

b) Gestantes
- Você percebe alguma alteração emocional durante sua gestação? ( ) Sim ( ) Não. Se sim, qual? ( ) Sentir-se sensível/chorona ( ) Sentir-se estressada ( ) Sentir-se ansiosa ( ) Sentir-se triste ( ) Sentir oscilações no humor ( ) Sentir-se insegura ( ) Sentir-se preocupada ( ) Sentir medo ( ) Outros: __________
- Em quais momentos apresenta esses comportamentos?
- Há maiores preocupações e medos? ( ) Sim ( ) Não. Se sim, qual? Em relação: ( ) ao parto ( ) à amamentação ( ) ao preparo para ser mãe ( ) à rede de apoio (falta) ( ) à laqueadura ( ) à depressão pós-parto
- Quais as principais mudanças que ocorreram? Como está lidando?
- O que deixou de fazer por estar grávida?
- Possui grandes expectativas em relação a você mesma?
- Se sente preparada para ser mãe? ( ) Sim ( ) Não. Justifique:
- Pensa no pós-parto? ( ) Sim ( ) Não. Justifique:
- Qual a disponibilidade de realizar alguma atividade no equipamento?

IV. Avaliação Final
- ( ) Presença de queixa psicológica ( ) Ausência de queixa psicológica
- Motivo da ida ao equipamento: ( ) Prevenção ( ) Intervenção

V. Conduta

( ) Acolhimento/Avaliação (continuidade)
( ) *Follow up* (consultas de seguimento para acompanhamento espaçado)
( ) Visita domiciliar/Qual disponibilidade de receber? Data e horário?
( ) Encaminhamento – para a rede – Local:
( ) Encaminhamento para ação grupal – Nome do projeto:
( ) Encerramento/Finalização.

também se alterem (Moreira & Medeiros, 2007). A partir disso, o analista do comportamento busca propiciar que o usuário também passe a discriminar a função de seu comportamento, dando-lhe condições de operar sob a situação, alterando o ambiente e suas próprias respostas (Del Prette & Almeida, 2012).

Na rotina estabelecida, o **acolhimento** ocorre individualmente ou com grupos familiares, pode ser advindo da **triagem**, encaminhamento da própria equipe e/ou busca espontânea que envolva questões emergenciais e de risco. A atuação psicológica nesse contexto, além da importância do trabalho em rede, será exemplificada no item Casos clínicos adiante.

Visita domiciliar

Mostra-se importante destacar que essa prática ganha corpo no Brasil, segundo Pietroluongo e Resende (2007, p. 24), a partir da Reforma Psiquiátrica e da desinstitucionalização com a "desconstrução da loucura como doença e reconstrução desta enquanto um fenômeno complexo e existencial". Para as autoras, o desenvolvimento dos cuidados de quem sofre inclui o contexto familiar como evento multideterminado, que exige análises e intervenções nas relações estabelecidas por esse sistema.

Como uma atividade no SUS, passa a ser instituída no Brasil pelos profissionais das equipes de **Atenção Primária** e, por último, pelos NASF, que fazem a retaguarda especializada para as equipes de **Atenção Primária** (Freire & Pichelli, 2013).

Para De-Farias, Souza, Jaime, Prado e Córdova (2022), há casos em que, por motivos diversos, o usuário não consegue comparecer até o equipamento de saúde, e, por meio de **visita domiciliar**, a própria equipe pode ir ao seu encontro. Nesse contexto, a(o) psicóloga(o) também busca favorecer os processos de saúde do usuário, auxiliando-o e a sua família a lidarem com o adoecimento e o tratamento, buscando fomentar autonomia, manejar conflitos, favorecer a adaptação, entre outras possibilidades.

Para tanto, para as autoras, ao se inserir na dinâmica familiar, a(o) profissional de Psicologia da saúde deve compreender os padrões comportamentais dos envolvidos, seu funcionamento conjunto, suas regras e valores, para planejar sua intervenção a partir dessas considerações.

Assim, para Carvalho (2019), o cuidado em domicílio oferta benefícios ao paciente, seus familiares e às agências de saúde. A ação de cuidar, já que a capacidade de autocuidado do enfermo é reduzida ou inexiste, na maior parte das vezes, é realizada por membro da família, requerendo atenção da mesma forma.

AÇÕES PSICOEDUCATIVAS – CAMPANHAS/AÇÕES GRUPAIS PSICOEDUCATIVAS

A psicoeducação consiste em técnica na qual métodos psicológicos e pedagógicos são associados para instruir usuários, familiares, cuidadores a respeito de doenças físicas e/ou mentais, além de seu tratamento. A **prevenção e a promoção de saúde** são o foco principal, visando favorecer, a partir dos processos educativos, mudanças comportamentais nas interações sociais e nas emoções que podem ocorrer. A preparação e a conscientização ou discriminação para as mudanças necessárias se dão por intermédio de estratégias de enfrentamento e de comunicação (Lemes & Ondere, 2017).

As práticas educativas em grupo facilitam a troca de conhecimentos e experiências entre os participantes, enfatizam Ravaioli e Borges (2022), além de promoverem aprendizado coletivo. Têm como objetivos centrais: o aumento da discriminação sobre como os fatores psicossociais podem afetar a saúde e a promoção de novos conhecimentos a partir de reflexões que possam questionar invenções e preconceitos. Para tanto, mostra-se ímpar tornar os indivíduos mais conscientes de sua condição de saúde e agentes do próprio autocuidado, além de apoiar decisões baseadas em dados confiáveis.

Para Travagim, Pini, Labegalini, Spigolon e Travagim (2022), as propostas de ações dos profissionais de **ESF** dependem da identificação das ações de educação em saúde, uma vez que integram parte do trabalho e podem ser utilizadas em momentos diversos, visando às demandas individuais e coletivas para a prevenção e promoção de saúde. Para as autoras, entre as ações ofertadas destacam-se tanto as individuais, como as realizadas em **visitas domiciliares**, quanto as coletivas, que abrangem processos de educação em grupo, por intermédio de palestras, oficinas etc.

Nesse ínterim, as ações de estágio envolvem tanto as atividades individuais envolvidas nos **acolhimentos** quanto as de forma coletiva, que denominamos "ações grupais", como as **visitas domiciliares**, abordagem dos usuários por intermédio de informações em *banners* de acordo com as temáticas mensais da Atenção Básica, além das programadas no território do equipamento ou solicitadas pelo Programa de Saúde na Escola. O exemplo da sistemática da ação grupal está registrado na seção de casos clínicos, com a análise dos dados das triagens.

CASOS CLÍNICOS

Caso clínico 1 – Análise dos dados das triagens e desenvolvimento das ações grupais

Serão enfocados os dados compilados com a população em geral. Os dados a seguir relatados referem-se aos de maior relevância entre os encontrados nos instrumentos de **triagem**, de abril até julho de 2024, para as indicações das ações grupais por uma das duplas de estagiários.

Em relação à população em geral, observou-se que dos 153 usuários triados há prevalência de 82 (53%) na faixa etária de adultos de 30 a 59 anos, seguidos por 38 (25%) de pessoas idosas com 60 anos ou mais, 24 (16%) adultos jovens entre 18 e 29 anos, e 9 (6%) menores de 18 anos. A maioria é do sexo feminino (112; 73,2%).

Entre os dados relatados quanto ao estado de saúde, para 104 (68%) usuários o motivo de maior frequência refere-se às consultas de rotina, caracterizadas como ações preventivas; na sequência, 49 (32%) respondentes buscam o serviço por problemas de saúde agudos.

Quanto aos dados clínicos físicos, obtivemos 160 respostas, uma vez que os usuários poderiam relatar mais do que um comprometimento em sua saúde. Em termos de frequência dos resultados, observou-se: hipertensão (41; 25,6%); colesterol (36; 23%); diabete (27; 17%), outras doenças endocrinológicas (23; 14%); doenças reumatológicas (10; 6,4%); doenças cardiológicas (8; 5%); triglicérides (7; 4%); doenças respiratórias (6; 3,8%); infecções sexualmente transmissíveis e doenças dermatológicas (1; 0,6%).

Entre os hábitos com maior dificuldade ou ainda considerados difíceis de alterar, foram relatadas 168 respostas, já que também, neste item, as respostas podiam ser mais que uma. Notou-se, em termos de frequência, os seguintes resultados quanto às dificuldades apresentadas: 58 (35%) relataram falta da realização de atividade física; 43 (26%), hábitos inadequados em relação ao sono; 41 (24%), alimentação inadequada; 18 (10%), tomar medicamento de forma irregular; e 8 (5%), deixar de tomar a medicação prescrita.

Em relação aos incômodos psicológicos relatados, obtivemos que, entre as 230 respostas apresentadas, 63 (28%) alegaram quadros de ansiedade; 60 (26%), quadros de depressão; 58 (25%) referiram não apresentar incômodos no momento; e 49 (21%) envolveram respostas mistas, compreendendo ansiedade e depressão. Essas respostas estão associadas às contingências relacionadas à doença e ao tratamento, a conflitos familiares, de trabalho, ao luto, entre outras.

Por meio dos dados descritivos de maior frequência, chegou-se às temáticas que envolvem o eixo de Saúde Física, incluindo os dados clínicos físicos; o eixo de Saúde Emocional, com os dados psicológicos de maiores incômodos relatados; e o eixo de Saúde e Bem-estar, referente às dificuldades de hábitos para serem alterados que envolvem o tratamento ou ações de prevenção a serem desenvolvidas para evitar o agravamento dos quadros. Esses eixos envolvem as temáticas trabalhadas em encontros grupais quinzenais ou mensais, com a participação dos estagiários de Psicologia, além de outros membros da equipe junto aos usuários do território, por meio de estratégias didáticas diversas, especialmente as ativas, para que os usuários possam protagonizar as ações realizadas. Ao final dos encontros, são realizadas as avaliações do processo pelos usuários.

Caso clínico 2 – Acolhimento e atuação em rede

Apresenta-se o caso de uma usuária de uma **ESF** encaminhada pela equipe em virtude da presença de topografias relacionadas à ansiedade e à depressão perante a saúde de seu esposo, que, após um acidente vascular cerebral (AVC), estava acamado em domicílio, demandando cuidados de sua parte em tempo integral. Mostra-se importante esclarecer que o termo "topografia" se refere à forma ou estrutura de como o comportamento se apresenta fisicamente, e não à sua função (Skinner, 2003).

O objetivo dos três **acolhimentos** realizados pautou-se por analisar as contingências nos comportamentos-alvo relacionados às classes de respostas; apresentar dificuldades para delegar funções; deixar de aderir aos tratamentos prescritos para as respostas de ansiedade, depressão e outros quadros físicos, como diabete e hipertensão; e para solicitar ajuda de familiares e amigos (Figura 2.3).

Por meio do procedimento da análise funcional molar, ilustrada na Tabela 2.2, identificaram-se como contingências reforçadoras envolvidas: a dinâmica familiar (cuidados demandados pela casa e pela família, ausência de colaboração dos filhos); o marido acamado (cuidados com demandas diversas, como higiene, alimentação por sonda, histórico recorrente de hospitalizações); e a precariedade de rede de apoio.

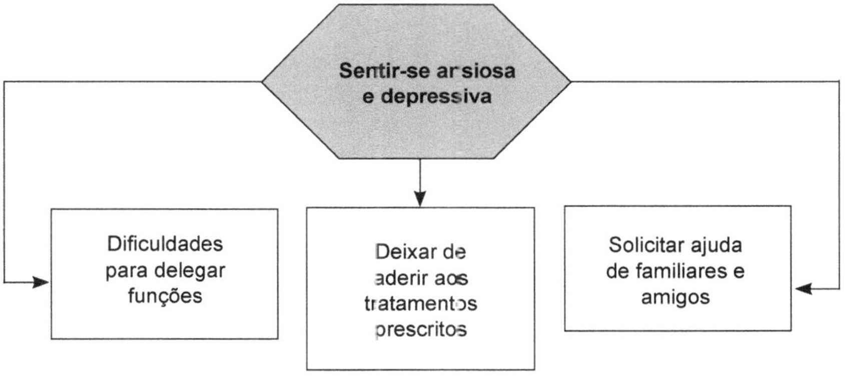

Figura 2.3 Topografia e classes de respostas relacionadas. (Figura elaborada pelas autoras.)

Tabela 2.2 Análise das contingências reforçadoras (análise molar).

Classes de respostas	Antecedentes	Respostas	Consequências
Deixar de delegar funções	Demandas do marido acamado, casa etc. Histórico familiar de que o casal assumia todas as responsabilidades da casa e da família	Solicitar ajuda dos filhos Assumir as tarefas sozinha	Filhos não atenderem, deixarem de cumprir o que é solicitado
Deixar de aderir ao tratamento prescrito	Demandas do marido acamado, casa etc. Prescrição de tratamento	Apresentar medo de não conseguir atender aos cuidados do marido Pensar excessivamente na possível morte do marido	Ausência de tratamento Ausência de rede de apoio Manutenção das demandas de cuidados para com o esposo
Solicitar ajuda	Demandas de cuidados para com o esposo Situações que demandam sair de casa	Solicitar e evitar ajuda dos filhos ou de outros familiares	Filhos não a atendem Familiares indisponíveis em situações de emergência

Fonte: Elaborada pelas autoras.

A partir das discriminações feitas pela usuária ao longo das análises, o Programa Melhor em Casa, que oferta serviços aos usuários acamados e aos seus familiares, foi acionado. Vale ressaltar que, nesse serviço, também atuam estagiários de Psicologia de outro projeto. A discussão do caso foi realizada e o relatório de encaminhamento foi elaborado. A partir desse procedimento, a usuária passou a ser acolhida mensalmente na **ESF** para acompanhamento do processo. As trocas de informações entre as equipes mostraram-se imprescindíveis para o acompanhamento do caso, além da importância do trabalho em rede.

CONCLUSÕES

A incorporação do trabalho psicológico à **atenção primária** à saúde constitui um ganho expressivo para o cuidado oferecido pelo SUS aos usuários. Como visto, essa entrada deu-se a partir do final dos anos 1970, sendo progressivamente instalada nas várias regiões do País.

No âmbito das políticas públicas desenhadas pelo Ministério da Saúde ao longo desse tempo, houve mudanças importantes, novos modelos, especialmente a introdução na **Atenção Primária** da **ESF**; nesta, o foco sai do indivíduo e volta-se para as famílias, para as comunidades, na forma como se organizam, o uso que fazem do sistema de saúde, buscando incentivar a atitude de **prevenção e promoção da saúde**, e de cuidado permanente e acompanhamento. A presença da(o) psicóloga(o) nesse sistema é fundamental.

Portanto, a par disso, tornou-se imperativo introduzir na formação dos novos psicólogos os conceitos e as práticas da saúde coletiva; os currículos foram então sendo modificados, incluindo informações sobre políticas públicas e treinamento. Tem havido boa aceitação dos alunos e dentro da universidade tem-se instalado a oferta de práticas diferentes da clínica tradicional, o que traz uma riqueza grande, outros valores no entendimento da saúde, a compreensão do SUS dentro das equipes acadêmicas, ampliando para a atuação multiprofissional.

Hoje temos até uma nota técnica produzida pelo Conselho Federal de Psicologia (CFP) sobre a atuação do psicólogo na Atenção Básica (CFP, 2019).

Enfatizando aqui as experiências relatadas, notamos resultados favoráveis no que se refere:

- Aos alunos, que tiveram a oportunidade de vivenciar o trabalho da(o) psicóloga(o) de maneira mais ampla, além de efetivamente apreender o que é o SUS e qual pode ser sua atuação como parte necessária desse sistema
- Às equipes, que puderam contar com o olhar diferenciado que a(o) psicóloga(o) pode oferecer; sem dúvida esse olhar enriquece a compreensão de cada caso e qualifica o cuidado dispensado
- Aos usuários, que se beneficiam mais diretamente de propostas de atividades e tratamento desenvolvidas pelos estagiários na sua inserção nas Equipes de Saúde da Família.

Uma última consideração merece ser feita quanto às perspectivas do trabalho da(o) psicóloga(o) na **Atenção Primária**. A população brasileira envelhece de forma acentuada e acelerada, mais rapidamente do que vem acontecendo em países desenvolvidos. Entre os dados apresentados no Caso Clínico 1, nota-se que 25% da população assistida nesse dia de estágio era de pessoas idosas. Acrescenta-se que em outros dias, nas demais unidades, a depender da assistência ofertada pelos equipamentos, essa população era a de maior frequência.

O envelhecimento tende a trazer um aumento de agravos à saúde e de necessidades de cuidado e tratamento. A **Atenção Primária** é, por excelência, onde primeiro se apresenta essa demanda, e a presença da(o) psicóloga(o) nas equipes é imprescindível para a definição e a execução de projetos que possam dar conta da atenção devida à população de pessoas idosas.

AGRADECIMENTOS

Agradecimentos especiais aos estagiários de Psicologia: Amanda de Luca Candido, Gabriela Villar dos Santos, Maria Fernanda da Silva, Maria Julia Ribeiro, Otavio de Oliveira Miani, Roberta Tangerino de Jesus e Stefferson David Gomes Souza.

REFERÊNCIAS BIBLIOGRÁFICAS

Barreto, M. A. M., Ribeiro, C. M. S., Paulino, A. F., Araújo, G. G. N., Araújo, M. Y., & Lima, S. T. (2016). Aconselhamento psicológico e a atuacão do psicólogo na unidade básica de saúde – UBS. *Cadernos de Graduação: Ciências Biológicas e da Saúde, 3*(3), 227-244.

Brannon, L., Updegraff, J. A., & Feist, J. (Orgs.) (2023). Introdução à psicologia da saúde. In *Psicologia da saúde: Uma introdução ao comportamento e à saúde* (pp. 3-17). São Paulo: Cengage Learning.

Carvalho, V. V. (2019). O adoecimento do cuidador familiar do indivíduo em regime de internação domiciliar. In A. K. C. R. De-Farias (Org.). *Ciências da Saúde: O trabalho de equipes multiprofissionais em diferentes contextos* (pp. 217-221). Curitiba: Juruá.

Conselho Federal de Psicologia (2019). *Referências técnicas para atuação de psicólogas(os) na atenção básica à saúde*. Recuperado de https://site.cfp.org.br/publicacao/referencias-tecnicas-para-atuacao-de-psicologasos-na-atencao-basica-a-saude/

De-Farias, A. K. C. R. (2019). O trabalho em equipes multiprofissionais de saúde: uma introdução ao livro. In A. K. C. R. De-Farias, *Ciências da Saúde: O trabalho de equipes multiprofissionais em diferentes contextos* (pp. 27-36). Curitiba: Juruá.

De-Farias, A. K. C. R., Souza, J. R., Jaime, A., Prado, J. A., & Córdova, T. A. (2022). Da assistência básica à atenção domiciliar: Possíveis contribuições da análise do comportamento. In A K. C. R. De-Farias, & L. F. Kirchner (Orgs.). *Análise do comportamento aplicada na atenção primária, secundária e terciária à saúde* (pp. 233-256). Porto Alegre: Artmed.

Del Prette, G., & Almeida, T. A. C. (2012). O uso de técnicas na clínica analítico-comportamental. In N. B. Borges, & F. A. Cassas (Orgs.). *Clínica analítico-comportamental: Aspectos teóricos e práticos* (pp. 148-159). Porto Alegre: Artmed.

Dettmann, A. P. S., Aragão, E. M. A., & Margotto, L. R. (2016). Uma perspectiva da clínica ampliada: As práticas da psicologia na assistência social. *Fractal: Revista de Psicologia, 28*(3), 362-369.

Freire, F. M., & Pichelli, A. A. W. S. (2013). O psicólogo apoiador matricial: Percepções e práticas na atenção básica. *Psicologia: Ciência e Profissão, 33*, 162-173. Recuperado de https://www.scielo.br/j/pcp/a/QZjPSWz7x9cGxhrMX6CnzFN/?format=pdf&lang=pt

Gorayeb, R., Borges, C. D., & Oliveira, C. M. (2012). Psicologia na atenção primária: ações e reflexões em programa de aprimoramento profissional. *Psicologia: Ciência e Profissão, 32*(3), 674-685. Recuperado de https://doi.org/10.1590/S1414-98932012000300012

Jimenez, L. (2011). Psicologia na Atenção Básica à Saúde: Demanda, territorialidade e integralidade. *Psicologia e Sociedade, 23*, 129-139. Recuperado de http://www.scielo.br/scielo.php?script=sci_arttext&pid=S0102-71822011000400016

Kirchner, L. F., & De-Farias, A. K. C. R. (2022). Níveis de atenção primário, secundário e terciário: contextos para a aplicação da análise do comportamento. In A. K. C. R. De-Farias, & L. F. Kirchner (Orgs.). *Análise do comportamento aplicada na atenção primária, secundária e terciária à saúde* (pp. 1-17). Porto Alegre: Artmed.

Lemes, C. B., & Ondere, J., Neto (2017) Aplicações da psicoeducação no contexto da saúde. *Temas Psicologia, 25*(1), 17-28. Recuperado de http://pepsic.bvsalud.org/scielo.php?script=sci_arttext&pid=S1413-389X2017000100002&lng=pt&nrm=iso

Macêdo, S., Nunes, A. L. P., & Duarte, M. V. G. (2021). Escuta clínica, triagem e plantão psicológico em um serviço-escola pernambucano. *Psicologia: Ciência e Profissão, 41*, 1-17. Recuperado de https://doi.org/10.1590/1982-3703003219706

Ministério da Saúde (2010). *Cadernos humanizaSUS: Formação e intervenção*. Brasília: Ministério da Saúde. Recuperado de https://redehumanizasus.net/acervo/cadernos-humanizasus-volume-1-formação-e-intervenções/

Ministério da Saúde (2012). *Política nacional de atenção básica*. Brasília: Ministério da Saúde. Recuperado de https://bvsms.saude.gov.br/bvs/publicacoes/politica_nacional_atencao_basica.pdf

Ministério da Saúde (2013). *Conheça a RAPS: Rede de atenção psicossocial*. Recuperado de https://bvsms.saude.gov.br/bvs/folder/conheca_raps_rede_atencao_psicossocial.pdf

Ministério da Saúde (2017). *Portaria n. 2.436, de 21 de setembro de 2017*. Recuperado de https://bvsms.saude.gov.br/bvs/saudelegis/gm/2017/prt2436_22_09_2017.html

Ministério da Saúde (n.d.). *Saiba mais sobre a APS*. Recuperado de https://www.gov.br/saude/pt-br/composicao/saps/saiba-mais-sobre-a-aps#

Mitros, V. M. S., Rocha, R. N., Costa, N. G. S., Silva, M. R. F., Mota, M. V., & Araújo, C. E. L. (2023). Mudanças na política de atenção básica à saúde: consensos e contestações em espaços deliberativos do SUS. *Saúde e Debate, 47*(138), 444-461. Recuperado de https://doi.org/10.1590/0103-1104202313806

Moreira, M. B., & Medeiros, C. A. (2007). *Princípios básicos de análise do comportamento*. Porto Alegre: Artmed.

Pietroluongo, A. P. C, & Resende, T. I. M. (2007). Visita domiciliar em saúde mental – O papel do psicólogo em questão. *Psicologia Ciência e Profissão, 27*(1), 22-31. Recuperado de https://pepsic.bvsalud.org/scielo.php?script=sci_arttext&pid=S1414-98932007000100003

Portaria n. 2.436, de 21 de setembro de 2017. Aprova a Política Nacional de Atenção Básica, estabelecendo a revisão de diretrizes para a organização da Atenção Básica, no âmbito do Sistema Único de Saúde (SUS). Recuperado de https://bvsms.saude.gov.br/bvs/saudelegis/gm/2017/prt2436_22_09_2017.html

Ravaioli, M. P. E., & Borges, L. M. (2022). Práticas psicoeducativas: contribuições do psicólogo na atenção primária. *Revista Psicologia e Saúde*, *14*(1), 185-199. Recuperado de http://pepsic.bvsalud.org/pdf/rpsaude/v14n1/v14n1a15.pdf

Rocha, M. C. (2011). Plantão psicológico e triagem: aproximações e distanciamentos. *Revista do NUFEN*, *3*(1), 119-134. Recuperado de http://pepsic.bvsalud.org/scielo.php?script=sci_arttext&pid=S2175-25912011000100007&lng=pt&nrm=iso

Scorsolini-Comin, F. (2014). Aconselhamento psicológico e psicoterapia: Aproximações e distanciamentos. *Contextos Clínicos*, *7*(1), 2-14. Recuperado de http://pepsic.bvsalud.org/scielo.php?script=sci_arttext&pid=S1983-34822014000100002&lng=pt&nrm=iso

Skinner, B. F. (2003). *Ciência e Comportamento Humano*. São Paulo: Martins Fontes.

Travagim, M. F., Pini, J. S., Labegalini, C. M. G., Spigolon, D. N., & Travagim, G. F. (2022). Ações de educação em saúde em estratégia de saúde da família na perspectiva dos profissionais. *Ciência, Cuidado e Saúde*, *21*, 1-9. Recuperado de https://www.revenf.bvs.br/scielo.php?script=sci_arttext&pid=S1677-38612022000100236

3

Trabalho do Psicólogo no Hospital Geral

Rafael Andrade Ribeiro ▪ Karina de Carvalho Magalhães

Destaques

- O psicólogo hospitalar enfrenta diversos desafios e precisa se adaptar à rotina, às especificidades e às necessidades do **hospital geral**
- A atuação em **linhas de cuidado** exige conhecimento profundo sobre as doenças e seus impactos, além da necessidade de trabalho multidisciplinar
- O acompanhamento psicológico integral aplicado ao **hospital geral** pode beneficiar pacientes em várias etapas do seu processo de saúde-doença, desde o diagnóstico até a reabilitação
- Estudo de caso com paciente em tratamento de **câncer de mama** ilustra a possibilidade de promoção de saúde integral via atuação em **linha de cuidado** no **hospital geral**.

INTRODUÇÃO

A inserção do psicólogo no ambiente hospitalar tem uma história relevante e recente no Brasil, e intrinsecamente vinculada ao fortalecimento e ao crescimento da Psicologia como ciência e profissão no País. Essa consolidacão profissional ocorreu com o auxílio de personagens relevantes para a área, assim como as renomadas instituições, como o Hospital das Clínicas da Faculdade de Medicina de Ribeirão Preto da Universidade de São Paulo (FMRP-USP). Azevêdo e Crepaldi (2016) resgataram esse histórico e apontaram o ambiente do **hospital geral** como um campo de atuação primordial para o psicólogo hospitalar desde a década de 1950, muito anterior ao próprio reconhecimento da área de especialidade da profissão pelo próprio Conselho Federal de Psicologia (CFP).

A criação da Sociedade Brasileira de Psicologia Hospitalar (SBPH), em 1997, foi outro evento relevante para a estruturação da área de especialidade. No crescente reconhecimento como profissão e ciência, a área foi legitimada pelo CFP no ano 2000. Com o reconhecimento da área, a regulamentação da especialidade descreveu um espectro de possibilidades bastante importante para a atuação no contexto hospitalar. Destaca-se, como é reiterado na resolução, a atuação do psicólogo direcionada ao paciente, à família e à equipe de saúde. Soma-se a essa atuação a relevância do olhar clínico sobre o impacto psicológico da doença nesses atores que se inter-relacionam, assim como sobre seus processos de enfrentamento (Resolução CFP n. 014/00, de 2000; Conselho Federal de Psicologia [CFP], 2019; Simonetti, 2018).

Diante dessa jovem e complexa prática, a atuação do psicólogo em hospitais gerais necessita ser pensada, aplicada, avaliada e compartilhada para o contínuo aperfeiçoamento desse campo de trabalho. É fundamental reconhecer as características específicas do **hospital geral**, principalmente as unidades de internação, que podem ser desde um pronto atendimento até uma unidade de terapia intensiva, nas quais um mesmo paciente pode ser internado em um período de poucos dias. Espera-se que o psicólogo esteja atuando em muitos desses setores, como aqueles atrelados à cirurgia bariátrica, aos pacientes ostomizados, aos recém-nascidos graves ou potencialmente graves, além de atuações ambulatoriais e de outros agravos à saúde (CFP, 2019).

Vale ressaltar que, para a atuação no **hospital geral**, a formação de psicólogos por treinamento em serviço, como as Residências Multiprofissionais em Saúde, é uma das estratégias da União para o desenvolvimento de recursos humanos com competências para atuar no Sistema Único de Saúde (SUS). Além disso, esse tipo de formação promove um processo de aprendizagem focado em **linhas de cuidado** que requer um raciocínio amplo e integral dos profissionais sobre os pacientes (Nascimento & Oliveira, 2010).

Considerando as reflexões apresentadas e a *expertise* dos autores deste capítulo em treinamento de psicólogos em serviços de **hospital geral**, o principal objetivo deste capítulo é discutir a atuação do psicólogo no **hospital geral** com base no raciocínio da **linha de cuidados**.

CARACTERÍSTICAS DO HOSPITAL GERAL

A entrada do psicólogo no hospital, como membro integrante da equipe de saúde, criou a necessidade de desenvolvimento de ações e definições do papel do profissional nesse campo de atuação. Nesse novo local, o já conhecido fazer psicológico do ambiente clínico, com um *setting* controlado, não satisfaz as características do hospital, e, por isso, não pode ser simplesmente replicado nesse ambiente (Simonetti, 2018).

O hospital, com seu funcionamento institucional e com rotinas específicas, exige do psicólogo uma flexibilidade e adaptabilidade que vão além das práticas tradicionais de consultório. O *setting* terapêutico, agora, é à "beira do leito", ou mesmo nos corredores, com interrupções e peculiaridades. A dinâmica hospitalar, com seus horários imprevisíveis, ou até mesmo tão previsíveis que engessam a rotina, e a constante movimentação de pacientes, visitantes, acompanhantes e profissionais demandam uma atuação ágil e sensível às necessidades do momento. Assim, as intervenções, em sua maioria, são breves e focais, buscando resultados em um curto espaço de tempo, limitado à internação do paciente (CFP, 2019).

Considerando o espaço de atuação como o **hospital geral**, o psicólogo se vê diante de um desafio ainda maior: integrar-se a uma equipe multiprofissional, cada qual com sua linguagem e *expertise*. A Portaria n. 115 (2003) define que a instituição **hospital geral** é destinada à prestação de atendimento nas especialidades básicas, por especialistas e/ou outras especialidades médicas. Além disso, deve dispor também de Serviço de Apoio Diagnóstico e Terapia (SADT) de média complexidade, podendo dispor de serviço de Urgência/Emergência e/ou habilitações especiais. O **hospital geral** pode ser considerado como parte do nível secundário ou nível terciário do Sistema Único de Saúde (SUS), a depender da complexidade ofertada na assistência, sendo a média complexidade atrelada ao nível secundário e à alta complexidade referente ao nível terciário do SUS. Essas características apresentam algumas propriedades relevantes para reconhecimento desse equipamento de saúde como um ambiente para atuação do psicólogo.

Uma das características do **hospital geral** de nível terciário é sua **amplitude de nível de cuidado**. Um paciente pode ingressar no hospital com demandas que são acolhidas no pronto atendimento, ficando sob observação e cuidados da equipe no espaço de retaguarda, podendo evoluir para a necessidade de internação em enfermaria especializada, ou para um procedimento cirúrgico, ou, até mesmo, para uma unidade de terapia intensiva. Em alguns complexos hospitalares, o seguimento em nível ambulatorial no pós-alta pode ser também realizado.

Essa amplitude do nível de assistência estabelece desafios para a equipe de Psicologia, que se depara com uma **setorização** do ambiente hospitalar muito comum aos equipamentos de mesmo porte e que envolve equipes diferentes em cada setor. O desafio se torna maior ao reiterar-se a importância de olhar para o paciente de forma integral, humanizada e com necessidades de vinculação para o enfrentamento de todo o processo de adoecimento, recuperação e reabilitação. Por isso, pergunta-se: como o psicólogo hospitalar pode atuar em um **hospital geral** considerando o atendimento integral ao paciente e a realidade de **setorização** institucional?

ATUAÇÃO DO PSICÓLOGO EM LINHAS DE CUIDADO NO HOSPITAL GERAL

Para a atuação profissional institucional, é dever do psicólogo atentar-se às regras, aos valores e às missões da instituição, assim como é seu dever reconhecê-las e descrevê-las para que a organização do seu serviço atinja os objetivos clínicos e institucionais esperados. Romano (2017) aponta a importância de distinguir o psicólogo no hospital do psicólogo hospitalar, sendo o primeiro o profissional responsável pela atuação em nível organizacional, enquanto o segundo se alinha aos objetivos técnico-científicos da psicologia hospitalar. Assim, o papel do psicólogo hospitalar se aproxima e se dedica a uma atuação com foco na tríade paciente-família-equipe, considerando o impacto do problema de saúde como o eixo norteador dessas demandas.

O processo de trabalho do psicólogo hospitalar prevê diversas atividades técnicas que atinjam seu objetivo de cuidar para além do binômio saúde-doença, pois a perspectiva de determinação multifatorial do adoecimento requer ações coordenadas e diversificadas. Para sua atuação, o psicólogo pode se instrumentalizar com diversos processos de avaliação e intervenção, tanto diretamente com a tríade paciente-família-equipe quanto no papel de gestor e de educador/supervisor. Destacam-se como possibilidades de atuação os processos de acolhimento; os processos de acompanhamento; os processos de avaliação; os processos de comunicação; os processos formativos de psicólogos; os processos grupais; os processos terapêuticos; as ações de supervisão, tutoria e preceptoria; e as reuniões de equipe (CFP, 2019; Resolução n. 17, de 2022).

Pensando na aplicabilidade da atuação do psicólogo assistencial no **hospital geral**, algumas propostas ofertadas na literatura científica indicam possíveis formas de fazê-la. Ribeiro e Baptista (2018) propuseram um fluxo de avaliação psicológica no ambiente hospitalar com base em atendimentos via interconsulta ou busca ativa nos setores de internação do **hospital geral** com o intuito de ser um ponto de partida para a identificação das demandas psicológicas dos pacientes hospitalizados. Essa proposta visa elucidar as possibilidades de triagem psicológica e avaliação em contexto hospitalar. A triagem se refere a um primeiro contato, quando o psicólogo identifica, entre pacientes e familiares, se, e quais, têm alterações emocionais e/ou comportamentais em razão do adoecimento. A avaliação, por sua vez, é uma atividade mais estruturada e contextualizada, desenvolvida a partir das pessoas selecionadas pela triagem, podendo envolver os familiares e profissionais de saúde com o foco de fazer diagnósticos psicológicos diferenciais. Há instituições que preveem a organização do serviço de Psicologia com base em interconsultas, ou seja, uma primeira avaliação é requerida pelos membros de uma equipe para avaliação e conduta psicológicas; e há instituições que organizam o trabalho com base na inserção do psicólogo na própria equipe para realizar a busca ativa das demandas em pacientes internados, sem necessitar da mediação ou requisição de outros profissionais (Gorayeb & Guerrelhas, 2003).

Independentemente da organização – por interconsulta ou busca ativa –, o que antecede essa decisão são variáveis de organização e tamanho do serviço. Os psicólogos que atuam em setores específicos, como uma enfermaria cirúrgica, por exemplo, precisam de uma *expertise* contingente às demandas comuns a essa unidade de internação, desde conhecimento aprofundado sobre as doenças apresentadas pelos pacientes ali atendidos, até tratamentos e prognósticos. Igualmente, os psicólogos que atuam em uma unidade de terapia intensiva precisam ter *expertise* sobre as características daquele ambiente, do seu funcionamento, da sua rotina, das características dos pacientes (p. ex., doenças) ali internados e dos aparelhos e tecnologias disponíveis para os cuidados (Ribeiro & Baptista, 2018; Tonetto & Gomes, 2007).

Pode-se esperar que, a partir de aspectos estratégicos e organizacionais, o serviço de Psicologia em um **hospital geral** esteja disposto a acompanhar não apenas o paciente em um único setor de internação, mas também o paciente nas **linhas de cuidado** do hospital. Para explicitar essa temática, entende-se como **linha de cuidado** o funcionamento hospitalar que foca fluxos assistenciais do paciente dentro do hospital, como um itinerário que é desenvolvido ou percorrido de acordo com as suas necessidades de saúde (Franco, Santos & Salgado, 2011). Entende-se que essa lógica assistencial tem se consolidado por gestores hospitalares por sua ação integrativa à saúde do paciente, assim como por estratégias administrativas e por profissionais assistenciais por meio da formação pelos Programas de **Residência Multiprofissional** em Saúde.

Os Programas de **Residência Multiprofissional** em Saúde preveem a formação com base nos cenários de ênfase e **linhas de cuidado**, como descrito:

> O Programa de **Residência Multiprofissional** em Saúde deve ser orientado por estratégias pedagógicas capazes de utilizar e promover cenários de aprendizagem configurados em itinerário de **linhas de cuidado** nas redes de atenção à saúde, adotando metodologias e dispositivos da gestão da clínica ampliada, de modo a garantir a formação fundamentada na atenção integral, multiprofissional e interdisciplinar (Resolução n. 2, de 2012, p. 3).

Considerando a fragmentação da assistência em saúde, principalmente em ambientes complexos como o **hospital geral**, é possível considerar que a lógica da **Residência multiprofissional** em Saúde baseada em **linhas de cuidado** facilita a aprendizagem para a construção de práticas interdisciplinares capazes de se interpor a essas fragilidades de segmentação e **setorização** comuns ao **hospital geral** (Silva, 2018).

Para que a atuação profissional seja adequada institucional e tecnicamente, é importante que o psicólogo desenvolva projetos e/ou protocolos que subsidiem suas práticas dentro das **linhas de cuidado** das quais participa. Nessa lógica, faz-se necessário o aprofundamento dos seus conhecimentos sobre as doenças vinculadas à **linha de cuidado**, assim como sobre os agravos, os tratamentos, os prognósticos e o impacto dessas variáveis na saúde mental dos pacientes.

Dessa forma, o papel do psicólogo hospitalar transcende o atendimento individual e setorizado, abrangendo uma atuação mais ampla e complexa. Ele se torna um agente de humanização dentro do ambiente hospitalar, promovendo o bem-estar emocional de pacientes, familiares e equipe e contribuindo para uma assistência mais integral e acolhedora.

ASSISTÊNCIA PSICOLÓGICA NA LINHA DE CUIDADO EM ONCOLOGIA MAMÁRIA FEMININA

A atuação do psicólogo na **linha de cuidado** em oncologia mamária tem sido um importante eixo de trabalho direcionado à população feminina, uma vez que o **câncer de mama** é a neoplasia que mais acomete as mulheres no Brasil, atrás apenas dos tumores não melanomas. Como perspectiva de incidência, espera-se uma taxa de 41,89 casos por 100 mil mulheres acometidas pelo **câncer de mama** no triênio de 2023 a 2025 (Instituto Nacional do Câncer, 2022).

Como exemplo, o tratamento pode incluir cirurgias conservadoras, como a quadrantectomia, que retira o material oncológico e preserva parte do tecido mamário, e cirurgias mutiladoras, como a mastectomia, que remove toda a mama, incluindo aréola e mamilo. Essas cirurgias são procedimentos essenciais para o tratamento do **câncer de mama** feminino e são indicadas pelo médico mastologista. Outros procedimentos fazem parte do tratamento, como a quimioterapia, a hormonioterapia, a terapia-alvo e a imunoterapia (Daher et al., 2022). Entende-se que o impacto emocional do **câncer de mama** na mulher, seja pelo diagnóstico, seja pelo tratamento, seja pelo prognóstico, pode atribuir significações e dificuldades de adaptação a uma nova condição que envolve uma construção histórica da feminilidade e do autoconceito da pessoa envolvida. Esses impactos tornam necessária a atuação do psicólogo em um processo amplo que contemple as necessidades das mulheres acometidas pelo **câncer de mama** (Binotto & Schwartsmann, 2020).

No **hospital geral**, um facilitador envolvido nessa assistência é a **amplitude de nível de cuidado**. No mesmo equipamento de saúde, a presença dos ambulatórios de especialidades médicas, da enfermaria cirúrgica e das assistências radioterápicas e quimioterápicas auxilia na elaboração de uma prática assistencial que promove ações integrais às pacientes envolvidas, desde que haja um protocolo e/ou projetos de atuação da equipe de Psicologia para acompanhamento das pacientes e de seus familiares.

No desenvolvimento das ações nessa **linha de cuidado** no **hospital geral**, a equipe de Psicologia deve desenvolver suas ações com a equipe multiprofissional em três grandes momentos: no diagnóstico, no tratamento e no *follow-up*. Essa divisão didática é justificada por meio dos achados na literatura científica que apontam os diversos impactos psicológicos nas mulheres com **câncer de mama**. O impacto do diagnóstico, do tratamento, o medo da reincidência da doença e a ressignificação do autoconceito afetam negativamente as experiências das mulheres (Menezes et al., 2012; Oliveira et al., 2019; Pereira & Calhao, 2020).

Como dito anteriormente, a atuação do psicólogo nos três momentos – diagnóstico, tratamento e *follow-up* – pode ser uma das estratégias utilizadas na **linha de cuidado**. Essa divisão prevê diversas unidades envolvidas no **hospital geral**, como: o ambulatório de especialidades, local onde a paciente pode receber seu diagnóstico, as primeiras orientações sobre o tratamento e, posteriormente, onde será realizado o *follow-up*; a enfermaria cirúrgica, local onde a paciente ficará internada para a conduta cirúrgica; o ambulatório de quimioterapia ou radioterapia, local onde a paciente receberá as assistências pertinentes ao tratamento clínico. Não se pode esperar que, em serviços grandes e complexos, o mesmo profissional de Psicologia esteja atuante em todas essas unidades. No entanto, é relevante que em cada unidade haja um psicólogo responsável e que a equipe esteja alinhada e promova discussões e trocas para que a transferência de cuidado do paciente entre os setores mantenha um alto padrão de assistência psicológica.

Essa sugestão de organização permite que o serviço de Psicologia hospitalar avalie e dê assistência às pacientes em seus momentos críticos durante o processo de enfrentamento do diagnóstico e da doença de forma humanizada. A estratégia de gestão do serviço e a instrumentalização da equipe por meio de conhecimento técnico para atuação são fundamentais e fazem-se imprescindíveis para o acesso da paciente aos serviços psicológicos.

CASO CLÍNICO – ATENDIMENTO PSICOLÓGICO EM HOSPITAL GERAL À PACIENTE COM CÂNCER DE MAMA

O caso aqui relatado foi conduzido em uma linha de assistência em oncologia mamária feminina em um **hospital geral** localizado no interior do estado de São Paulo, com a participação de médicos mastologistas, responsáveis pelo diagnóstico e pelo tratamento cirúrgico, psicólogo residente e fisioterapeuta residente. Os locais de assistência vinculados a este fluxo são o ambulatório de mastologia, a enfermaria cirúrgica e o ambulatório de quimioterapia. Nesse fluxo de trabalho, a equipe de Psicologia tem o objetivo de acompanhar e intervir diretamente com os pacientes e familiares nos ambientes citados anteriormente para aumentar a probabilidade de adesão ao tratamento e desenvolvimento de um repertório de enfrentamento adaptativo, sempre em colaboração com equipe multiprofissional. A presença do fisioterapeuta nos mesmos ambientes ocorre e é de grande relevância para a reabilitação integral da paciente, considerando sua funcionalidade, reabilitação física e ressignificação do corpo. A equipe médica de mastologia também acompanha as pacientes nos mesmos ambientes citados.

Nesse fluxo assistencial, o trabalho da equipe multiprofissional ocorre em três grandes momentos, sendo o primeiro o momento de diagnóstico, o segundo se refere ao tratamento – clínico e/ou cirúrgico – e o terceiro ao seguimento ou *follow-up*, ou seja, um acompanhamento a médio e longo prazo da paciente e de seus familiares. A presença da equipe multiprofissional é de grande valia para o planejamento terapêutico conjunto e para a reabilitação integral da paciente. As reuniões de equipe ocorrem durante o ambulatório de mastologia, quando os casos são discutidos em roda com os profissionais envolvidos na assistência.

O relato foi desenvolvido em conformidade com as normas éticas, garantindo a proteção dos dados dos participantes. Houve permissão dos envolvidos no relato do caso, com o compromisso dos autores em preservar a confidencialidade. Para o cumprimento desse compromisso, algumas informações foram alteradas para não identificação dos envolvidos.

➤ **Identificação.** M., sexo feminino, 54 anos, casada, dois filhos (26 e 29 anos), profissional da saúde.

➤ **Diagnóstico.** Carcinoma ductal invasivo.

➤ **Histórico de saúde.** Paciente passava por acompanhamento preventivo de **câncer de mama** em sua Unidade Básica de Saúde de referência. O resultado de sua mamografia indicou nódulos a serem mais bem avaliados. Paciente foi encaminhada ao mastologista do ambulatório de especialidades de um complexo de **hospital geral**, onde começou seu acompanhamento. Realizou uma biópsia e recebeu o diagnóstico de carcinoma ductal invasivo. Houve seguimento do tratamento cirúrgico, no qual a paciente se submeteu a uma mastectomia total à esquerda e ao tratamento quimioterápico. Durante o tempo em que ocorreu o acompanhamento psicológico, não houve indicação de reconstrução mamária, pois a paciente precisaria aguardar uma reavaliação da equipe médica de mastologia após finalização do tratamento quimioterápico. Todos os procedimentos cirúrgicos e clínicos foram realizados no mesmo complexo do **hospital geral**.

➤ **Primeiro atendimento psicológico.** Local: ambulatório de mastologia. M. estava acompanhada de seu marido e foi acolhida e avaliada pelo residente de Psicologia minutos após receber o seu diagnóstico de carcinoma ductal invasivo e a indicação de mastectomia total à esquerda. Durante o acolhimento, o psicólogo identificou reações emocionais compatíveis com o contexto, com a presença de medo e ansiedade na paciente. Seu marido apresentou sinais de ansiedade e comportamentos colaborativos para o acolhimento da paciente. Foram realizadas as primeiras ações de psicoeducação, com o objetivo de sensibilizar a paciente e o familiar sobre a importância da adesão ao tratamento e identificar quais os comportamentos mais relevantes para esse momento de tratamento, especialmente o cumprimento das orientações médicas e de agendamentos de exames e consultas.

➤ **Segundo atendimento psicológico.** Local: ambulatório de mastologia. M. estava acompanhada de seu marido. Nesse novo atendimento psicológico, a paciente demonstrou-se mais adaptada e com maior aceitação do diagnóstico e do tratamento. Foram feitas orientações pela equipe médica sobre a cirurgia, e esta foi agendada. A residente de fisioterapia iniciou os atendimentos para preparação da paciente para a reabilitação motora e funcional no pós-operatório. O atendimento psicológico foi realizado em dois momentos, sendo o primeiro apenas com a presença do psicólogo, de M. e de seu marido, e o segundo com a presença da residente de fisioterapia.

➤ **Terceiro atendimento psicológico.** Local: enfermaria cirúrgica. M. foi avaliada pelo residente de Psicologia à beira do leito no dia anterior à sua mastectomia, e apresentou reações emocionais esperadas para o contexto. Apresentou-se consciente, orientada, com humor regulado, apesar de alguns sinais de apreensão sobre o procedimento cirúrgico. Foi realizada intervenção com treino de relaxamento no leito.

➤ **Quarto atendimento psicológico.** Local: enfermaria cirúrgica. M. foi avaliada pelo residente à beira do leito, em seu pós-operatório 01 (PO1) da cirurgia de mastectomia à esquerda. Paciente demonstrou-se consciente, orientada, com humor regulado e com boa adesão às terapêuticas ofertadas tanto pela equipe médica quanto pela equipe de fisioterapia. Recebeu a visita de familiares durante a internação, sem intercorrências.

➤ **Quinto atendimento psicológico.** Local: ambulatório de mastologia. M. foi reavaliada pela equipe multiprofissional e não demonstrou intercorrências. Mostrou-se consciente, orientada, com humor regulado, rede de suporte presente, comportamentos assertivos e bom enfrentamento do tratamento. Recebeu o resultado do seu anatomopatológico que demonstrou que a cirurgia foi realizada com margens livres, mas ainda houve indicação de tratamento quimioterápico. Foi reavaliada pela residente de fisioterapia que identificou avanço na reabilitação dos movimentos do braço esquerdo.

➤ **Sexto atendimento psicológico.** Local: ambulatório de quimioterapia. M. foi reavaliada pelo residente de Psicologia em seu primeiro dia de quimioterapia em um novo ambiente e em uma nova etapa de tratamento. Apresentou-se consciente, orientada e com sinais de desregulação emocional, principalmente com dificuldade em nomear suas sensações de medo e ansiedade. A paciente evitava usar a palavra "câncer" ou "tumor" para se referir ao seu tratamento e não demonstrava aceitação das próprias emoções negativas. Estava acompanhada de seu marido. As principais intervenções psicológicas nesse atendimento foram direcionadas ao acolhimento do sofrimento velado da paciente, com o objetivo de auxiliá-la a reconhecer e naturalizar a reação emocional negativa diante do seu tratamento. Ao marido foram realizadas orientações de como acolher as expressões emocionais da paciente e validar suas emoções negativas.

➤ **Sétimo atendimento psicológico.** Local: ambulatório de quimioterapia. M. estava acompanhada do marido e foi reavaliada pelo residente de Psicologia em seu terceiro dia de quimioterapia. A esse ponto, já havia começado o tratamento há mais de 1 mês. Relatou dificuldades vinculadas aos efeitos adversos da quimioterapia, porém com comportamentos adaptativos e rede de suporte adequada. Apresentou melhor regulação emocional e maior aceitação das experiências negativas vinculadas ao diagnóstico e tratamento, apesar de elementos de esquiva emocional ainda presentes. Foi realizada nova intervenção na paciente com o objetivo de auxiliar no desenvolvimento do repertório de enfrentamento, especialmente com a diminuição da esquiva emocional da paciente sobre seu diagnóstico e tratamento. Com o marido, foram reafirmadas as orientações de validação dos sentimentos da paciente.

➤ **Oitavo atendimento psicológico.** Local: ambulatório de quimioterapia. M. apresentou elementos relevantes de ressignificação do seu corpo em virtude da mastectomia. Foi possível identificar que manteve sua autonomia e funcionalidades preservadas, avaliada assim também pela equipe de fisioterapia. Em relação à sua regulação emocional, demonstrou melhor aceitação das suas experiências emocionais e conseguiu expressar com mais nitidez suas angústias e medos, apesar de reconhecer sua confiança no tratamento e de descrever comportamentos adaptativos de adesão ao tratamento. Considerando os resultados do acompanhamento e a adaptação da paciente ao seu tratamento, a paciente foi orientada a solicitar o atendimento psicológico se identificasse demandas. A conduta da equipe de fisioterapia foi similar, considerando a recuperação dos seus movimentos e da sua funcionalidade. A paciente entrou em protocolo de *follow-up* pelas equipes de Psicologia e Fisioterapia, e seu próximo atendimento psicológico será realizado 2 meses após o último encontro, no ambulatório de mastologia. A equipe de fisioterapia prevê novos atendimentos se a paciente ou a equipe solicitar uma nova avaliação. A equipe médica segue em acompanhamento para monitorar a evolução do tratamento e o estadiamento do câncer.

CONCLUSÕES

Este capítulo teve como objetivo discutir a atuação do psicólogo no **hospital geral** com base na atuação em **linhas de cuidados**. O caso apresentado foi escolhido para ilustrar a possibilidade de flexibilidade da ação da equipe de Psicologia de acordo com os fluxos seguidos pelos pacientes em seus processos de diagnóstico e tratamento.

Sabe-se que a atuação na **linha de cuidado** nem sempre prevê a ida do mesmo profissional ao paciente nas diversas unidades do **hospital geral**. Por isso, é importante que a equipe de Psicologia esteja alinhada para discussões de caso e para as transferências de cuidado necessárias. O vínculo do paciente com a equipe de saúde deve ser um fator relevado no tratamento, pois pode impactar seu próprio bem-estar, confiança e adesão ao tratamento.

Espera-se que as reflexões evocadas neste texto possam auxiliar outros serviços de psicologia a organizarem seus processos de trabalho focando a integralidade da saúde dos pacientes.

REFERÊNCIAS BIBLIOGRÁFICAS

Azevêdo, A. V. S., & Crepaldi, M. A. (2016). A psicologia no hospital geral: Aspectos históricos, conceituais e práticos. *Estudos de Psicologia, 33*(4), 573-585. Recuperado de https://doi.org/10.1590/1982-02752016000400002

Binotto, M., & Schwartsmann, G. (2020). Qualidade de vida relacionada à saúde de pacientes com câncer de mama: Revisão integrativa da literatura. *Revista Brasileira de Cancerologia, 66*(1). Recuperado de https://doi.org/10.32635/2176-9745.RBC.2020v66n1.405

Conselho Federal de Psicologia (2019). *Referências técnicas para atuação de psicólogas(os) nos serviços hospitalares do SUS*. Brasília: CFP. Recuperado de https://site.cfp.org.br/wp-content/uploads/2019/11/ServHosp_web1.pdf

Daher, J. C., Paranagua, C. O., Aquino, T. M., Fº, Theodoro, P. C. E. T., Cosac, O. M., & Da-Silva, S. V. (2022). Reconstruções mamárias: análise evolutiva das técnicas e estado da arte atual. *Revista Brasileira de Cirurgia Plástica, 37*(2), 260-267.

Franco, C. M., Santos, S. A., & Salgado, M. F. (2011). *Manual do Gerente: Desafios da média gerência na saúde* (L. R. Pessôa, E. H. de A. Santos, & K. R. B. de O. Torres, Ed.). Ensp.

Gorayeb, R., & Guerrelhas, F. (2003). Sistematização da prática psicológica em ambientes médicos. *Revista Brasileira de Terapia Comportamental e Cognitiva, 5*(1), 11-19.

Instituto Nacional do Câncer (2022). *Estimativa*. Recuperado de https://www.gov.br/inca/pt-br/assuntos/cancer/numeros/estimativa

Menezes, N. N. T., Schulz, V. L., & Peres, R. S. (2012). Impacto psicológico do diagnóstico do câncer de mama: Um estudo a partir dos relatos de pacientes em um grupo de apoio. *Estudos de Psicologia, 17*(2), 233-240. Recuperado de https://doi.org/10.1590/S1413-294X2012000200006

Portaria SAS/MS n. 115, de 19 de maio de 2003. Recuperado de https://pesquisa.in.gov.br/imprensa/jsp/visualiza/index.jsp?jornal=1&pagina=100&data=20/05/2003

Nascimento, D. D. G., & Oliveira, M. A. C. (2010). Competências profissionais e o processo de formação na residência multiprofissional em Saúde da Família. *Saúde e Sociedade, 19*(4), 814-827. Recuperado de https://doi.org/10.1590/S0104-12902010000400009

Oliveira, T. R., Corrêa, C. S. L., Weiss, V. F., Baquião, A. P. S. S., Carvalho, L. L., Grincenkov, F. R. S., & Carvalho, S. M. (2019). Câncer de mama e imagem corporal: impacto dos tratamentos no olhar de mulheres mastectomizadas. *Saúde e Pesquisa, 12*(3), 451. Recuperado de https://doi.org/10.17765/2176-9206.2019v12n3p451-462

Pereira, L. R. R., & Calhao, A. R. P. (2020). Para além do câncer de mama: estudo centrado nas mulheres em tratamento quimioterápico. *Revista NUFEN, 12*(2), 20-40.

Resolução n. 2, de 13 de abril de 2012. Dispõe sobre Diretrizes Gerais para os Programas de Residência Multiprofissional e em Profissional de Saúde. Recuperado de https://abmes.org.br/arquivos/legislacoes/Res-CNRM-002-2012-04-13.pdf

Resolução n. 17, de 19 de julho de 2022. Dispõe acerca de parâmetros para práticas psicológicas em contextos de atenção básica, secundária e terciária de saúde. Recuperado de https://www.in.gov.br/en/web/dou/-/resolucao-n-17-de-19-de-julho-de-2022-418333366

Resolução CFP n. 014/00 de 20 de dezembro de 2000. Institui o título profissional de Especialista em Psicologia e dispõe sobre normas e procedimentos para seu registro. Recuperado de https://site.cfp.org.br/wp-content/uploads/2006/01/resolucao2000_14.pdf

Ribeiro, R. A., & Baptista, A. S. D. (2018). Avaliação psicológica hospitalar. In L. Pasquali (Ed.), *Compêndio de avaliação psicológica*. Porto Alegre: Artmed.

Romano, B. W. (2017). *O psicólogo clínico em hospitais: contribuição para o aperfeiçoamento da arte no Brasil*. Campinas: Vetor.

Silva, L. B. (2018). Residência multiprofissional em saúde no Brasil: alguns aspectos da trajetória histórica. *Revista Katálysis, 21*(1), 200-209. Recuperado de https://doi.org/10.1590/1982-02592018v21n1p200

Simonetti, A. (2018). *Manual de psicologia hospitalar: O mapa da doença* (8a ed.). Belo Horizonte: Artesã.

Tonetto, A. M., & Gomes, W. B. (2007). Competências e habilidades necessárias à prática psicológica hospitalar. *Arquivos Brasileiros de Psicologia, 1*(59).

4

Prática da Psicologia Baseada em Evidências em Contextos de Saúde

Neide A. Micelli Domingos ▪ M. Cristina O. S. Miyazaki ▪
Eduardo Santos Miyazaki

Destaques

- A Prática Baseada em **Evidências** (PBE), enfatizada na medicina a partir da década de 1990, é hoje considerada padrão ouro também na Psicologia
- **Prática da Psicologia Baseada em Evidências** (**PPBE**) é a integração entre os melhores dados de **pesquisas** disponíveis, a **competência** clínica do psicólogo e as características do paciente e suas preferências
- A prática da Psicologia requer **competências** básicas, como conhecimento do método científico, atenção à diversidade cultural e social, questões éticas, legais e **habilidades** para trabalhar em equipes multi/interdisciplinares
- A prática competente da Psicologia em contextos de saúde inclui **habilidades** para realizar **avaliação** e **intervenção** psicológica, levando em conta o paciente, seu contexto sociocultural e o sistema de saúde.

PRÁTICA DA PSICOLOGIA BASEADA EM EVIDÊNCIAS

A prática baseada em **evidências**, há muito discutida na Medicina, foi definida pela área no início dos anos 1990 como "o emprego consciencioso, explícito e judicioso da melhor evidência disponível na tomada de decisões sobre o cuidado de um paciente", associada à **competência** clínica do profissional e à consideração pelos valores do paciente (Institute of Medicine, 2001; Sackett, Rosenberg, Gray, Haynes, & Richardson, 1996, pp. 71-72). Seguindo esse mesmo caminho, uma Força Tarefa da Associação Americana de Psicologia publicou, em 2006, a definição de **Prática da Psicologia Baseada em Evidências (PPBE)**: "a integração entre os melhores resultados de **pesquisas** disponíveis e a **competência** clínica, no contexto das características do paciente, sua cultura e preferências" (APA Presidential Task Force on Evidence-Based Practice, 2006, p. 273).

Este capítulo tem como objetivo apresentar a **PPBE** para psicólogos que trabalham em contextos de **saúde**. A Tabela 4.1 apresenta uma síntese das Diretrizes da Associação Americana de Psicologia para a **PPBE** (American Psychological Association, 2021a).

Como a PPBE envolve a integração entre: melhores resultados de **pesquisas** disponíveis + **competência** clínica + contexto das características do paciente, sua cultura e preferências, uma breve discussão sobre cada um desses aspectos será realizada a seguir na seguinte ordem:

1. **Competência** clínica do psicólogo em contextos de saúde.
2. Características do paciente.
3. Busca pelas melhores **evidências** disponíveis.

Tabela 4.1 Síntese das Diretrizes da Associação Americana de Psicologia para a **Prática da Psicologia Baseada em Evidências.**

Processo de intervenção – Psicólogos devem:
1. Estar cientes da relevância da PPBE.
2. Esforçar-se para manter e aprimorar continuamente seus conhecimentos em relação à literatura e a dados de **pesquisa** da sua área de atuação.
3. Conduzir processos avaliativos adequados ao contexto, aos objetivos e à população.
4. Trabalhar de forma colaborativa com os pacientes (e com outras pessoas, quando necessário) no planejamento da **intervenção**.
5. Desenvolver e manter relacionamentos terapêuticos efetivos, repertórios comportamentais adequados ao seu papel como terapeuta e aos princípios de mudanças comportamentais.
6. Adaptar seu atendimento às características, à cultura e às preferências do paciente, de forma a aumentar a probabilidade de efetividade do tratamento.
7. Monitorar rotineiramente os resultados da **intervenção** psicológica.
8. Modificar a **intervenção** se necessário e encerrar o tratamento quando o paciente não estiver mais se beneficiando dele ou quando os objetivos terapêuticos tiverem sido alcançados.
Colaboração e saúde global – Psicólogos devem:
9. Colaborar com outros profissionais para promover cuidados efetivos ao paciente.
10. Empenhar-se para promover a saúde, o funcionamento e o bem-estar geral do paciente.

Fonte: American Psychological Association, 2021a.

Competência clínica

A PPBE e a procura por dados sobre a efetividade das intervenções psicológicas impulsionaram a busca das **competências** essenciais para o psicólogo em geral e para o psicólogo que atua na saúde. Na prática profissional, **competência** pode ser definida como "o uso habitual e criterioso de comunicação, conhecimento, habilidades técnicas, raciocínio clínico, emoções, valores e reflexão na prática diária para o benefício do indivíduo e da comunidade atendida" (Epstein & Hundert, 2002, p. 243).

Leonardi e Meyer (2015) definem a **competência** ou perícia clínica do psicólogo como:

> [...] o repertório especializado do terapeuta, construído em sua formação acadêmica, supervisão, experiência clínica e estudo da literatura teórica e empírica. Esse repertório inclui **competências** como **avaliação** diagnóstica e formulação de caso, identificação de padrões clinicamente relevantes, planejamento e implementação de intervenções, monitoramento do progresso, habilidades interpessoais, estabelecimento da relação terapêutica, compreensão das diferenças individuais e culturais, comunicação com outros profissionais envolvidos, **domínio** teórico e, em especial, obtenção e aplicação das melhores **evidências** disponíveis para cada caso particular. Dessa forma, deve haver interação constante entre o julgamento do profissional e os dados empíricos existentes. (p. 1148)

A **competência** profissional inclui elementos **básicos** (comuns a todos os psicólogos) e elementos **funcionais** (que podem variar em função da especialidade do profissional). Os primeiros (p. ex., conhecimento, atitudes, valores) servem como sustentação dos funcionais (p. ex., **avaliação**, **intervenção**, **pesquisa**) (France et al., 2008). A Tabela 4.2 apresenta elementos considerados básicos ou fundamentais para a prática profissional competente em Psicologia, independentemente da área de atuação.

Os elementos funcionais para trabalhar em instituições de saúde incluem os seguintes conhecimentos e habilidades:

- Bases biológicas, sociais e psicológicas da saúde e doenças
- **Avaliação** e **intervenção** em contextos de saúde (p. ex., hospitais)
- Política nacional de saúde e política institucional
- Trabalho em equipes multi e interdisciplinares
- Questões éticas e legais.

Para muitos psicólogos, principalmente aqueles que atuam em hospitais de ensino, são necessárias também **competências** para ensino/supervisão (p. ex., programas de residência, cursos de pós-graduação *lato sensu*) e **pesquisa** (p. ex., programas de pós-graduação *stricto sensu*).

Tabela 4.2 Elementos básicos para uma prática competente em Psicologia.

Autoavaliação reflexiva:
- Atuar dentro dos limites da própria **competência**
- Comprometer-se em aprender ao longo de toda a vida
- Utilizar pensamento crítico
- Dedicar-se ao desenvolvimento da profissão.

Conhecimento da ciência e do método científico:
- Respeitar o conhecimento científico
- Ter habilidade para avaliar a produção científica, compreender métodos de **pesquisa**, de coleta e de análise de dados
- Ter conhecimento sobre os fundamentos biológicos, cognitivos e afetivos do comportamento e do desenvolvimento ao longo do ciclo vital.

Relacionamentos:
- Ser capaz de se relacionar de forma produtiva com profissionais, grupos e comunidades.

Diversidade cultural e social:
- Ter percepção da diversidade e sensibilidade ao trabalhar com pessoas, grupos e comunidades de diferentes culturas e características.

Questões éticas e legais:
- Utilizar princípios éticos (p. ex., Código de Ética Profissional) e conhecimento de questões legais associadas à prática profissional e à defesa da profissão.

Interdisciplinaridade:
- Ter identidade profissional – como psicólogo(a) – e relacionar-se com profissionalismo com colegas e demais profissionais (conhecimento e atitude adequados).

Fonte: France et al., 2008; Miyazaki et al., 2011.

Saber realizar avaliações e delinear intervenções com base nos dados obtidos na **avaliação** são **competências** fundamentais para atuar na área da saúde.

Competência para realizar avaliação psicológica em hospitais

Profissionais ou equipes que trabalham em hospitais solicitam uma **avaliação** psicológica de pacientes por diversas razões. Estas incluem, frequentemente:

1. Auxiliar o paciente e a família a enfrentar dificuldades relacionadas a um diagnóstico recente (p. ex. câncer) e/ou tratamento (p. ex., quimioterapia).
2. Investigar a presença de sofrimento/sintomas (p. ex., ansiedade, depressão) ou diagnóstico de um transtorno mental.
3. Auxiliar a equipe a lidar adequadamente com o comportamento do paciente e, muitas vezes, da família.
4. Fornecer dados para auxiliar intervenções que serão realizadas por outros profissionais (p. ex., **avaliação** de paciente candidato a transplante de órgãos).
5. Delinear, implementar e avaliar os resultados de uma **intervenção** psicológica.

A Tabela 4.3 fornece exemplos de motivos que frequentemente levam à solicitação de uma **avaliação** psicológica no hospital geral. Embora os exemplos sejam claros em relação à necessidade do paciente, muitas vezes a solicitação pode ser vaga ou imprecisa em relação ao problema. Por exemplo, uma solicitação de **avaliação** psicológica redigida da seguinte maneira: "Paciente difícil. Solicito **avaliação** psicológica", não deixa claro qual é o problema. Em casos como esse, o psicólogo deve entrar em contato com o profissional que encaminhou o paciente para obter mais informações.

Outros problemas frequentes que levam ao encaminhamento de pacientes internados

Tabela 4.3 Razões que frequentemente levam à solicitação de avaliação psicológica para pacientes internados em hospital geral.

- Diagnóstico de doença grave (p. ex., câncer)
- Dificuldades para lidar com limitações (p. ex., sequelas de um acidente vascular cerebral [AVC])
- Recusa do paciente para realizar um procedimento imprescindível para mantê-lo vivo (p. ex., amputação)
- Falta de cooperação ou dificuldade de adesão ao tratamento recomendado
- Ansiedade excessiva frente a um procedimento (p. ex., cirurgia, endoscopia)
- Hospitalização prolongada com sintomas de depressão
- História de transtornos mentais graves (p. ex., esquizofrenia, uso abusivo de substâncias)
- Doença para a qual não existe mais possibilidades de tratamento (p. ex., encaminhamento do paciente para cuidados paliativos)
- Obtenção de dados que irão auxiliar outros profissionais (p. ex., médicos) a realizarem um procedimento (p. ex., cirurgia para transplante de órgãos)
- Manejo de doenças crônicas (p. ex., diabetes, asma, dor crônica).

Fonte: Labott, 2019; Miyazaki et al., 2019; Miyazaki et al., 2018; Miyazaki et al., 2021.

para o psicólogo é a presença de comorbidade entre a doença que levou à internação (p. ex., insuficiência cardíaca) e um transtorno mental (p. ex., depressão, ansiedade), ou a dificuldade do paciente para enfrentar situações difíceis durante a internação (p. ex., distância da família, dor).

A **avaliação** psicológica em contextos de saúde é fundamentada no modelo biopsicossocial, que auxilia a compreender as diferentes variáveis (biológicas, psicológicas e sociais) associadas às doenças (Belar & Deardorff, 2014; Labott, 2019; Miyazaki et al., 2011). Belar e Deardorff (2014) elaboraram diretrizes gerais para a **avaliação** psicológica na área da saúde que inclui os **domínios** biológico, afetivo, cognitivo e comportamental. As Tabelas 4.4 a 4.7 sintetizam esse modelo, que tem como alvos o paciente (Tabela 4.4), a família (Tabela 4.5), o sistema de saúde (Tabela 4.6) e o contexto sociocultural (Tabela 4.7) nos **domínios** biológico, afetivo, cognitivo e comportamental.

Embora os diferentes **domínios** (biológico, afetivo, cognitivo e comportamental) para cada um dos alvos (paciente, família, sistema de saúde e o contexto sociocultural) estejam apresentados e organizados separadamente, há uma interação e inter-relação entre eles. Assim, durante a **avaliação**, o psicólogo precisa integrar todas as informações (do paciente, da família, do sistema de saúde e do contexto

Tabela 4.4 Alvos da **avaliação** psicológica: paciente.

Domínio biológico: idade, sexo e identidade de gênero, etnia; aparência física; sintomas e estado de saúde; sinais vitais e exames; medicações utilizadas; história de doenças.
Domínio afetivo: humor e afeto; sentimentos sobre a doença, o tratamento e os cuidados que está recebendo; percepção de si mesmo, da família, do trabalho e do grupo social ao qual pertence (p. ex., amigos).
Domínio cognitivo: estilo cognitivo, pensamentos, nível de inteligência, escolaridade, conhecimentos sobre a doença, crenças relacionadas à saúde, atitudes e expectativas em relação à doença, o tratamento e o sistema de saúde; significado atribuído à doença; filosofia de vida; crenças religiosas.
Domínio comportamental: nível de atividade; interação com família, amigos, profissionais da saúde e colegas de trabalho; hábitos de saúde (p. ex., alimentação, prática de atividade física); tratamento prévios; adesão a tratamentos; habilidade para controlar os sintomas.

Fonte: Belar e Deardorff (2014, pp. 51-53).

Tabela 4.5 Alvos da **avaliação** psicológica: família.

Domínio biológico: características da casa; condição socioeconômica; composição e tamanho da família; doenças familiares.
Domínio afetivo: sentimentos dos familiares em relação ao paciente, sua doença e tratamento.
Domínio cognitivo: conhecimentos sobre a doença e tratamento; atitudes e expectativas em relação ao paciente, sua doença e tratamento; recursos intelectuais.
Domínio comportamental: participação nos cuidados ao paciente; contingências de reforçamento para a saúde e a doença.

Fonte: Belar e Deardorff (2014, pp. 51-53).

Tabela 4.6 Alvos da **avaliação** psicológica: sistema de saúde.

Domínio biológico: características do contexto de tratamento; tipos de procedimentos médicos e de regimes terapêuticos; disponibilidades de próteses.
Domínio afetivo: sentimentos dos profissionais em relação ao paciente, à doença e ao tratamento.
Domínio cognitivo: nível de conhecimento e atitude dos profissionais em relação ao paciente, à doença e ao tratamento.
Domínio comportamental: habilidades dos profissionais para psicoeducar os pacientes; contingências de reforçamento para a saúde e para a doença.

Fonte: Belar e Deardorff (2014, pp. 51-53).

Tabela 4.7 Alvos da **avaliação** psicológica: contexto sociocultural.

Domínio biológico: serviço social; recursos econômicos; redes sociais; contexto ocupacional; requisitos físicos para o trabalho; riscos ocupacionais.
Domínio afetivo: sentimentos culturais sobre o paciente, sua doença e o tratamento.
Domínio cognitivo: estágio atual do conhecimento; atitudes culturais em relação ao paciente e à doença.
Domínio comportamental: políticas de emprego; leis que regulamentam prática de cuidados à saúde, presença de incapacidade; fornecimentos de serviços de saúde; acessibilidade; hábitos culturais em relação ao relato sobre sintomas e à procura por serviços de saúde.

Fonte: Belar e Deardorff (2014, pp. 51-53).

sociocultural) para que consiga realizar uma formulação adequada de cada caso (Belar & Deardorff, 2014).

Diversas estratégias podem ser utilizadas para obter os dados necessários para realizar a **avaliação** psicológica de um paciente internado (Belar & Deardorff, 2014):

- **Entrevista clínica**: uma das estratégias utilizadas com maior frequência, a entrevista permite obter dados de todos os **domínios** (p. ex., afetivo, cognitivo) e ambientes. Os componentes mais comuns de uma entrevista incluem a identificação do problema atual (p. ex., sintomas, impacto da doença sobre o funcionamento do paciente), histórico da situação psicossocial, ocupação ou profissão e algum tipo de exame do estado mental
- **Questionários** são também muito úteis e podem ser respondidos pelo próprio paciente, dependendo do seu nível de escolaridade, ou por familiares ou cuidadores. Podem incluir questões abertas, questões de múltipla escolha, *checklists*, diagramas como a Escala Visual Analógica de Dor (EVA), entre outros (Miyazaki et al., 2023; Rocha et al., 2016)
- **Diário** que o paciente é solicitado a manter durante determinado período sobre comportamentos abertos (p. ex., ingestão de medicamentos, distância caminhada, episódios de vômito) e encobertos (p. ex., pensamentos, sentimentos)
- **Testes psicológicos**, que podem ser gerais (p. ex., Bateria Fatorial de Personalidade) ou mais específicos (Escala Baptista de Depressão – versão saúde/EBADEP-Saúde)
- **Observação do comportamento** do paciente, dos profissionais e da família, que pode ocorrer tanto durante a entrevista quanto no quarto ou corredor do hospital.

Após a **avaliação** psicológica, um documento deve ser redigido, conforme orientações da Resolução CFP n. 06/2019.[1] É comum também que uma breve apresentação do caso seja realizada na reunião da equipe que o psicólogo integra (p. ex., clínica de dor, equipe de transplante), para que condutas sejam tomadas em relação ao paciente.

Competência para realizar intervenção psicológica em hospitais

Quando o modelo de **avaliação** biopsicossocial é utilizado (Tabelas 4.4 a 4.7), muitos dos alvos avaliados tornam-se alvos de **intervenção**. As Tabelas 4.8 a 4.10 fornecem exemplos de intervenções nos diferentes **domínios** (biológico, afetivo, cognitivo e comportamental) para os diferentes alvos (paciente, família e sistema de saúde). O contexto sociocultural será discutido separadamente, uma vez que determinadas intervenções estão além das possibilidades de qualquer profissional individualmente (p. ex., mudança de políticas públicas).

Em relação ao contexto sociocultural, é possível intervir sobre a rede de suporte social do paciente (exemplos de **intervenção**: auxiliar membros dessa rede a ajudar o paciente a desenvolver estratégias mais adequadas de

Tabela 4.8 Exemplos de **intervenção** psicológica em diferentes **domínios** para pacientes hospitalizados.

Domínio biológico: intervenções realizadas nesse **domínio** visam modificar respostas fisiológicas do paciente que estão envolvidas no problema (exemplo de **intervenção:** relaxamento para pacientes com hipertensão).
Domínio afetivo: nesse **domínio**, o objetivo da **intervenção** é ensinar o paciente a manejar emoções como ansiedade e depressão (exemplo de **intervenção:** terapia cognitivo-comportamental para depressão).
Domínio cognitivo: intervenções no **domínio** cognitivo visam fornecer informações (exemplo de **intervenção:** psicoeducação sobre uma doença crônica) ou modificar a forma como o paciente compreende um problema (exemplo de **intervenção:** modificar expectativas irreais sobre a vida sexual após procedimento para inserção de prótese peniana).
Domínio comportamental: no **domínio** comportamental, as intervenções visam modificar comportamentos do paciente (exemplo de **intervenção:** programa para cessação de tabagismo).

Fonte: Belar e Deardorff (2014).

[1] https://site.cfp.org.br/wp-content/uploads/2019/09/Resolu%C3%A7%C3%A3o-CFP-n-06-2019-comentada.pdf

Tabela 4.9 Exemplos de **intervenção** psicológica em diferentes **domínios** para famílias de pacientes hospitalizados.

Domínio físico: muitas vezes é necessário intervir junto à família para modificar aspectos do ambiente do paciente (exemplo de **intervenção**: auxiliar a família a identificar barreiras ambientais, como escadas, arranjo dos móveis na sala, para que um paciente que precisa utilizar cadeira de rodas possa se locomover com mais facilidade). **Domínio afetivo:** familiares podem sentir ansiedade em relação ao tratamento do paciente (exemplo de **intervenção**: terapia de apoio para a família). **Domínio cognitivo:** esse **domínio** pode envolver, por exemplo, expectativas irreais em relação ao tratamento do paciente (exemplo de **intervenção**: psicoeducação sobre a doença e desenvolvimento de estratégias adequadas de enfrentamento). **Domínio comportamental:** muitas vezes o tratamento do paciente requer a participação dos familiares (exemplo de **intervenção**: delineamento de um programa de manejo de contingências para aumentar a adesão de paciente pediátrico ao tratamento de uma doença crônica como a asma).

Fonte: Belar e Deardorff (2014).

Tabela 4.10 Exemplos de **intervenção** psicológica em diferentes **domínios** para o sistema de saúde.

Domínio físico: mudanças no ambiente onde o paciente recebe tratamento podem ser necessárias para beneficiá-lo (exemplo de **intervenção**: colocar relógio e calendário em local visível para que pacientes internados em Unidade de Terapia Intensiva tenham noção do tempo). **Domínio afetivo:** profissionais da saúde podem requerer intervenções no **domínio** afetivo quando seus sentimentos sobre o paciente podem prejudicar a relação entre profissional/paciente e/ou profissional/família (exemplo de **intervenção**: orientações para os profissionais sobre como lidar adequadamente com um paciente agressivo). **Domínio cognitivo:** psicólogos que atuam em contextos de saúde assumem frequentemente o papel de educadores sobre os aspectos psicológicos da saúde, doenças e cuidados fornecidos ao paciente (exemplo de **intervenção**: desmitificar transtornos mentais que frequentemente são comorbidade de doenças, como depressão em pacientes renais crônicas que fazem hemodiálise). **Domínio comportamental:** o comportamento dos profissionais da saúde tem importante impacto sobre o tratamento, facilitando ou dificultando-o para o paciente e para os próprios profissionais (exemplo de **intervenção**: fornecer medicação para dor em intervalos fixos em vez de aguardar o paciente relatar dor para então fornecer o medicamento).

Fonte: Belar e Deardorff (2014).

enfrentamento em relação à doença e ao tratamento; orientar empregadores para facilitar o retorno gradual de um paciente que se recupera de uma doença grave ao trabalho).

Outras contribuições de psicólogos da saúde ao contexto sociocultural incluem:

- Realizar **pesquisas** clínicas que aumentem o conhecimento sobre estratégias terapêuticas
- Auxiliar a desmistificar mitos e estereótipos em relação a saúde e doenças
- Empenhar-se para o desenvolvimento de leis que contribuam para a saúde pública (p. ex., proibição para fumar em lugares públicos)
- Participar do desenvolvimento de políticas de saúde pública (Belar & Deardorff, 2014).

Para que todas essas tarefas sejam realizadas de forma competente, a **PPBE** na área da saúde é imprescindível, mesmo porque nessa área as decisões das demais profissões são tomadas com base em **evidências** científicas.

Características do paciente

Uma **avaliação** psicológica adequada, que forneça dados para implementar uma **intervenção** que atenda às necessidades do paciente, precisa demonstrar quem é o paciente e quais são suas demandas. Isso significa:

- Compreender o paciente em relação ao seu ambiente físico e social
- Identificar suas fragilidades e seus pontos fortes relevantes
- Apontar a presença (ou não) de transtornos mentais
- Identificar as características da sua doença e do tratamento, e as estratégias de enfrentamento utilizadas por ele (Belar & Deardorff, 2014, p. 79).

Para Belar e Deardorff (2014, pp. 79-80), após avaliar o paciente, o psicólogo deve conseguir responder às seguintes questões:

- Como o paciente está enfrentando a dor, a incapacidade e outros sintomas?
- Como o paciente está lidando com o ambiente hospitalar e com os procedimentos necessários para o seu tratamento?

- O paciente conseguiu estabelecer e manter um relacionamento adequado com a equipe de saúde?
- O paciente preserva um equilíbrio emocional razoável?
- O paciente preserva uma autoimagem satisfatória e mantém seu senso de **competência** e de **domínio**?
- O paciente preserva os relacionamentos com familiares e amigos?
- Como o paciente está se preparando para um futuro incerto?

Conhecer as características do paciente e de seu problema de saúde, portanto, permite delinear um tratamento e tomar decisões adequadas às suas necessidades.

Busca pelas melhores evidências científicas disponíveis

Nos últimos 30 anos houve um aumento exponencial de artigos publicados. Isso se deve ao avanço das **pesquisas** nas diferentes áreas do conhecimento, bem como à necessidade de as decisões serem baseadas nas melhores **evidências** disponíveis – levando em consideração as preferências e as características do paciente, a experiência clínica do profissional e os recursos disponíveis para a melhor escolha de tratamento ou **intervenção** (Lottenberg, 2024; Munn et al., 2014). Essa linha de pensamento se reflete em todas as áreas do conhecimento e não é diferente na Psicologia.

O grande volume de informações pode dificultar a tomada de decisões, assim como a definição de quais fontes de evidência fornecem subsídios científicos para a tomada de decisão. Diante disso, houve necessidade de elaborar uma síntese para facilitar o acesso à informação e possibilitar essa tomada de decisão.

O sistema GRADE (*Grading of Recommendations Assessment, Development and Evaluation*) é um sistema que permite avaliar a qualidade da evidência e a força da recomendação (Ministério da Saúde, 2014). Foi desenvolvido por um grupo de pesquisadores, com o objetivo de disponibilizar um sistema universal e transparente para classificar as **evidências**. Mais de 80 instituições internacionais utilizam o GRADE, entre elas a Organização Mundial de Saúde (OMS), o National Institute for Health and Clinical Excellence (NICE), o Centers for Disease Control and Prevention (CDC) e a colaboração Cochrane (Aromataris & Munn, 2020; Aromataris et al., 2024).

As **evidências** são classificadas em quatro níveis: alto, moderado, baixo e muito baixo. A classificação inicial da qualidade da evidência é definida a partir do delineamento do estudo e, além disso, a evidência é realizada para cada desfecho analisado (Ministério da Saúde, 2014). Por exemplo, em estudos clínicos randomizados, a qualidade inicia-se como alta, mas quando estudos observacionais são incluídos, a qualidade da evidência se inicia como baixa. A Figura 4.1 apresenta o nível de **evidências** fornecidas pelos diferentes delineamentos de **pesquisa** (Greenhalgh, 2014; Melnik, 2024; Ministério da Saúde, 2014).

Outros critérios são considerados para reduzir ou elevar o nível de evidência, tais como: limitações metodológicas, inconsistências, evidência indireta, imprecisão e viés de publicação. As recomendações, tais como "opiniões de especialistas", não são consideradas propriamente **evidências** e são classificadas como "muito baixa".

O GRADE:

> [...] é um instrumento de **avaliação** das **evidências** que compreende não apenas o delineamento, mas outros fatores na análise [...], contudo é dependente do julgamento qualitativo do avaliador, sendo esta uma crítica comum ao sistema. Esse sistema não pretende eliminar a subjetividade, mas sim estruturar o julgamento, mantendo a transparência no processo (Ministério da Saúde, 2014, pp. 20-41).

Ponto importante considerado no sistema GRADE é a definição da formulação da questão de **pesquisa**. Existem vários acrônimos para estruturar uma pergunta de **pesquisa** e subsidiar os próximos passos da **pesquisa**. Uma das estratégias é o acrônimo PICO (P: *population*/população; I: *intervention*/**intervenção**; C: *comparison*/comparação; O: *outcome*/desfecho) (Ministério da Saúde, 2014; Melnik, 2024). Essa estratégia ajuda a formular uma questão clínica bem estruturada e assertiva e que

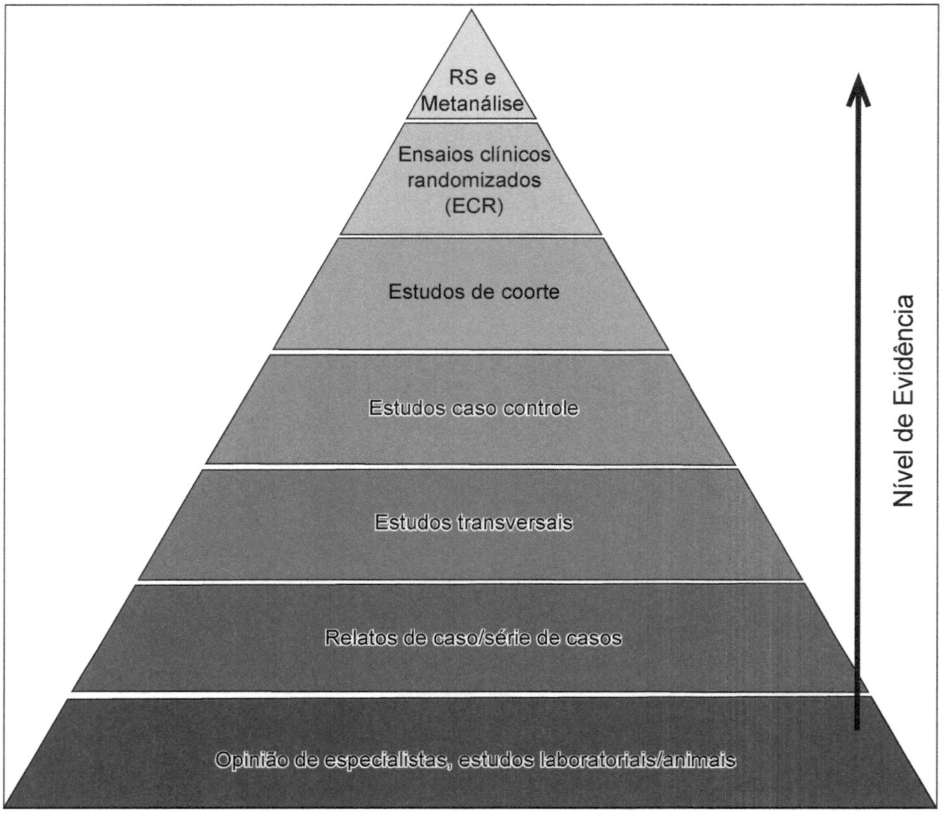

Figura 4.1 Pirâmide das Evidências. RS: revisão sistemática.

possa ser respondida (Aromataris et al., 2024; Greenhalgh, 2014; Higgins et al., 2023).

Para facilitar o levantamento dos estudos dividimos a estratégia PICO em quatro passos:

- Primeiro passo: formulação da pergunta PICO
- Segundo passo: escolher as bases de dados (fique atento às bases de dados de sua área de atuação); é imprescindível acessar algumas bases da área da saúde, tais como Medline, Embase, Emcare, APA PsycINFO, Cochrane Central, OVID, Web of Science, Scopus, PubMed, entre outras
- Terceiro passo: identificar as palavras-chave para a estratégia de **pesquisa**
- Quarto passo: seleção dos dados (às vezes é necessário refinar a estratégia de busca, aplicar limites para selecionar os resultados baseados no mais alto nível de evidência). Apresentar fluxograma da seleção dos estudos (método PRISMA). São necessários dois revisores independentes para fazer a extração dos dados; os artigos recuperados são importados para o *software* Endnote[2] ou Rayyan;[3] os revisores fazem a triagem dos artigos com base nos critérios de inclusão e exclusão.

Os resultados devem ser apresentados por meio do método PRISMA (*Preferred Reporting Items for Systematic Reviews and Meta-Analyses*). A declaração PRISMA fornece uma lista de verificação para autores de revisões sobre como relatar uma revisão sistemática (Moher et al., 2009). Permite acompanhar como os estudos incluídos foram identificados

[2]EndNote: gerenciador de referências.
[3]Rayyan: aplicativo da *web* utilizado primariamente para auxílio em **pesquisas** do tipo revisão sistemática e metanálise.

e selecionados para inclusão na revisão. Um fluxograma (declaração PRISMA) detalha os números de estudos identificados, números selecionados, estudos selecionados para recuperação e incluídos/excluídos e motivos de exclusão, números avaliados e incluídos/excluídos, números incluídos na síntese qualitativa.

A seguir, apresentaremos um exemplo do processo de uma revisão para seleção de estudos e tomada de decisão. O exemplo foi baseado no artigo "Existing psychological supportive care interventions for cervical cancer patients: a systematic review and meta-analysis" (Dhakal et al., 2024).[4]

➤ **Primeiro passo (pergunta de pesquisa) – Estratégia PICO.** Quais são as **evidências** atuais sobre as diferentes intervenções de apoio psicológico para necessidades de cuidados de suporte (NCSs) psicológico (ansiedade e depressão) em mulheres que vivem com câncer cervical (CC)? E qual é o efeito de diferentes intervenções de apoio psicológico nos NCSs psicológicos (ansiedade e depressão) entre mulheres que vivem com CC? O protocolo foi registrado no PROSPERO International com o ID n. CRD42023164594 (Tabela 4.11).

➤ **Segundo passo (estratégia de busca).** PubMed Central (PMC); a busca foi limitada apenas à data de publicação de 1º de janeiro de 1999 a abril de 2023; a busca foi realizada em 23 de abril de 2023.

➤ **Terceiro passo (palavras-chave).**[5] Psychological AND supportive care AND intervention AND anxiety AND depression AND cervix AND cervical AND cancer. Além das palavras-chave, foram utilizadas as seguintes estratégias de busca (como foram muitas, citaremos apenas algumas como exemplo)[6] – importante notar que essas estratégias utilizam aspas, parênteses, colchetes e os operadores booleanos (AND, OR, NOT): (("psychologic"[All Fields] OR "psychological"[All Fields] OR "psychologically"[All Fields] OR "psychologization"[All Fields] OR "psychologized"[All Fields] OR "psychologizing"[All Fields]) AND ("anxiety"[MeSH Terms] OR "anxiety"[All Fields] OR "anxieties"[All Fields] OR "anxiety s"[All Fields]) AND ("depressed"[All Fields] OR "depression"[MeSH Terms] OR "depression"[All Fields] OR "depressions"[All Fields] OR "depression s"[All Fields] OR "depressive disorder"[MeSH Terms] OR ("depressive"[All Fields]), entre outros.

Tabela 4.11 Estratégia PICO.

Estratégia PICO	Descrição
População	Uma mulher que vive com câncer cervical na faixa etária de 18 anos ou mais.
Intervenção	**Intervenção** psicológica.
Comparador	Pacientes recebendo placebo ou tratamento usual ou em lista de espera.
Resultado	Resultado primário: ansiedade, depressão. Resultado secundário: estresse, qualidade de vida, nível de cortisol, autoeficácia, função sexual, estado de sono e fadiga.
Desenho do estudo	Ensaio clínico randomizado, quase experimental, teste pré e pós de um grupo.

➤ **Quarto passo.** Apresentar como os estudos foram incluídos e selecionados, indicando número de estudos identificados, números selecionados, estudos selecionados para recuperação e incluídos/excluídos, e motivos de exclusão, números avaliados e incluídos/excluídos (método PRISMA) (Figura 4.2) (Munn et al., 2014).

Para a seleção dos estudos é preciso estabelecer claramente os critérios de inclusão e exclusão. O método ainda inclui **avaliação** da qualidade metodológica e **avaliação** do risco de viés. Após a descrição do método, os estudos

[4]**Acesso aberto.** Este artigo está licenciado sob uma Licença Internacional Creative Commons Atribuição 4.0, que permite o uso, compartilhamento, adaptação, distribuição e reprodução em qualquer meio ou formato, desde que você dê o devido crédito ao(s) autor(es) original(ais) e à fonte, forneça um *link* para a licença Creative Commons e indique se foram feitas alterações. Para visualizar uma cópia dessa licença, visite: http://creativecommons.org/licenses/by/4.0/.

[5]Optamos por deixar as palavras-chave em inglês, pois algumas palavras poderiam ter a mesma tradução para o português e é importante verificar o uso dos vários sinônimos.

[6]A lista completa pode ser encontrada em: https://doi.org/10.1186/s12889-024-18634-3 (Dhakal et al., 2024).

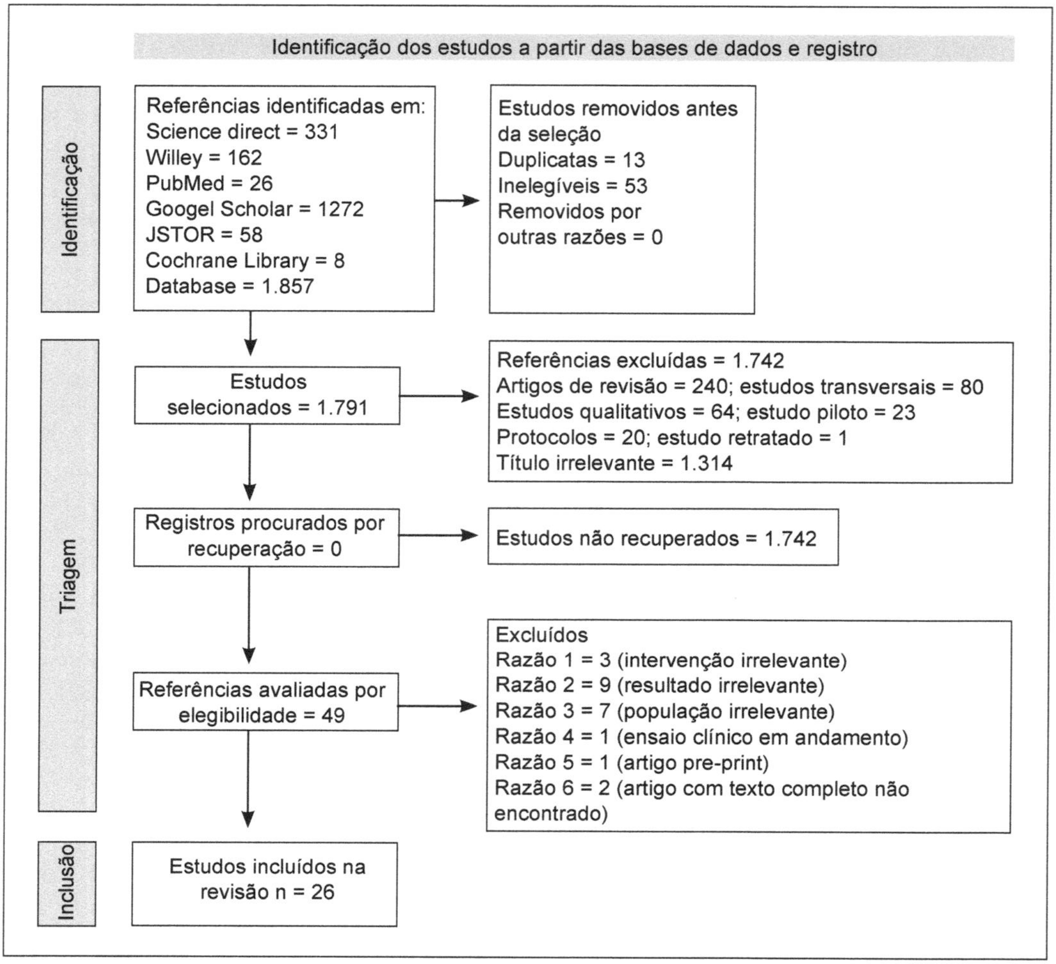

Figura 4.2 Fluxograma dos estudos baseado no método PRISMA. Fonte: Dhakal et al., 2024.

selecionados devem ser apresentados na seção de resultados.

A seção de resultados deve:

> [...] incluir uma descrição geral dos estudos incluídos com detalhes suficientes para o leitor confirmar que os estudos correspondem aos critérios de elegibilidade para a revisão e para determinar se os estudos incluídos são semelhantes o suficiente para combinar em metassíntese. Isto inclui as características descritivas e demográficas (por exemplo, o país e o ambiente do estudo) dos estudos incluídos, metodologia dos estudos incluídos, tamanho total da população para combinação dos estudos incluídos, contexto geográfico [...] e características dos participantes, características das intervenções, ou fenômenos de interesse, bem como as principais características clínicas, relacionadas ao objetivo da revisão e os critérios de inclusão (Munn et al., 2014, p. 60).

A Tabela 4.12 mostra um modelo de apresentação dos resultados.

Por fim, é preciso elaborar uma conclusão baseada nos resultados, que deve responder aos objetivos e à pergunta de **pesquisa**.

Apesar de diretrizes nacionais e internacionais para intervenções em profissões da área da saúde endossarem a prática baseada em evidência, algumas críticas têm sido feitas, especialmente na Psicologia.

Tabela 4.12 Características dos estudos incluídos (modelo).

ID	País, ano, autor	Desenho do estudo	Tamanho da amostra	Média e desvio padrão da idade	Tipo de **intervenção** para o GT e o GC	Tempo de **intervenção** para o GT e o GC	Escalas utilizadas	Desfecho

ID: identificação do estudo; GC: grupo controle; GT: grupo tratamento.

Leonardi e Meyer (2015), por exemplo, apontam que:

- Os estudos de grupo, essencialmente quantitativos, seriam pobres para o campo da psicoterapia, sendo a **pesquisa** qualitativa a mais apropriada
- A abordagem cognitivo-comportamental teria levado vantagem na **avaliação** porque foram muito mais pesquisadas com esse tipo de método do que todas as outras abordagens e, assim, teria sido injustamente considerada mais eficaz
- O fato de um tratamento ser eficaz (*i.e.*, demonstrar resultados satisfatórios em condições controladas de **pesquisa** – validade interna) não garantiria que ele seja efetivo (*i.e.*, apresentar resultados satisfatórios no contexto da oferta real de serviços de psicoterapia – validade externa), sobretudo porque os critérios de seleção dos participantes das **pesquisas** anulariam a compatibilidade entre estes e os clientes que procuram a clínica particular.

O exemplo de um caso clínico e a busca de **evidências** para a tomada de decisão em relação ao tratamento será apresentado a seguir para ilustrar a **PPBE**.

CASO CLÍNICO

M. tem 58 anos, é casada, tem bom relacionamento com o marido, com quem tem duas filhas, ambas na universidade. Conheceu o marido durante a faculdade – os dois fizeram o curso de Administração e têm um comércio que permite que vivam confortavelmente. Com diagnóstico de insuficiência renal crônica, foi encaminhada para hemodiálise, tratamento que começou há 8 meses. A psicóloga que faz parte da unidade começou a notar alterações importantes no comportamento de M., como humor deprimido e desinteresse em conversar com as pessoas (a paciente era sempre muito agradável e disposta a conversar com todos, pacientes e membros da equipe) durante as sessões de hemodiálise, que realizava três vezes na semana. Na reunião semanal da equipe, a psicóloga sinalizou sua preocupação com os comportamentos que a paciente vinha apresentando e sugeriu uma **avaliação** psicológica. A sugestão contou com a aprovação dos demais profissionais, que também haviam observado mudanças comportamentais na paciente.

➤ **Avaliação psicológica.** Foi realizada entrevista com a paciente, que reconheceu as alterações em seu comportamento e forneceu outras informações, compatíveis com um quadro clínico de depressão (American Psychiatric Association, 2023). Depressão é uma comorbidade frequente entre pacientes em hemodiálise e pode ter um impacto negativo sobre o tratamento. Embora a terapia de substituição renal que inclui a hemodiálise seja considerada o tratamento padrão ouro, muitos pacientes apresentam problemas psicológicos. A prevalência de sintomas de depressão e ansiedade é elevada e está associada com o aumento da mortalidade. Existem **evidências** que pessoas tratadas com hemodiálise têm qualidade de vida prejudicada quando comparadas com a população geral (Bossola et al., 2010; Goyal et al., 2018; Kurella et al., 2005; Marthoenis et al., 2021).

Para verificarmos a evidência da **intervenção** psicológica em pacientes em tratamento hemodialítico, faremos uma revisão integrativa da literatura e, para tanto, aplicaremos a Estratégia PICOS (existem vários tipos de acrônimos para realizarmos a pergunta de **pesquisa**; optamos, neste caso, pela estratégia PICOS, cujo S significa "estudos" (*studies*), pois consideramos que estudos mais robustos, por exemplo, ensaio clínico controlado ou *quasi-experimental* poderão fornecer **evidências** mais fortes sobre a **intervenção** que queremos implementar, no caso, a **intervenção** psicológica).

- Primeiro passo: construir a estratégia PICOS e a pergunta de **pesquisa** (Tabela 4.13).
  Pergunta de **pesquisa**: Qual o efeito da **intervenção** psicológica sobre os sintomas depressivos em indivíduos que fazem hemodiálise?
- Segundo passo (estratégia de busca): optamos por realizar uma busca nas bases de dados da Biblioteca Virtual em Saúde (BVS), da National Institutes of Health (PubMed), da PsycInfo (banco de dados de literatura no campo da Psicologia; produzido pela American Psychological Association) e da Cochrane Library (bando de **evidências** confiáveis/decisões informadas) no período entre os anos de 2019 e 2024, realizada no mês de setembro de 2024, nos idiomas inglês e português, cujos textos tivessem na íntegra e com acesso aberto
- Terceiro passo (identificar e escolher as palavras-chave):[7] Existem várias palavras, incluindo os sinônimos que podem ser usados na busca. É importante identificar várias, porque às vezes não encontramos artigos com um termo, sendo necessário buscar como outro termo. Apontamos exemplos de palavras para a busca dessa pergunta específica: **intervenção** psicológica[8] / psicologia / psicoterapia / *Psychosocial Intervention*[9] / *Intervention, Psychosocial / Interventions, Psychosocial / Psychological Intervention / Intervention, Psychological / Interventions, Psychological / Psychological Interventions / psychology / psychotherapy* / hemodiálise / *renal dialysis / hemodialysis units, hospital* / depressão / *depression* (sinônimos: sintomas depressivos / depressão emocional / sintomatologia da depressão / *depressive symptoms / symptom, depressive / emotional depression / depression, emotional*) / ensaio clínico randomizado / *randomized controlled trial / randomized controlled trial [Publication Type] / randomized controlled trials as topic* / ensaios quase-experimentais (sinônimos: **ensaios clínicos controlados não aleatórios como assunto** / *non-randomized controlled trials as topic* (sinônimos: *Clinical Trials, Nonrandomized / Nonrandomized Clinical Trial / Nonrandomized Clinical Trials / Trial, Nonrandomized Clinical / Trials, Nonrandomized Clinical / Controlled Clinical Trials, Non-Randomized / Controlled Clinical Trials, Non Randomized / Quasi-Experimental Studies / Quasi Experimental Studies / Quasi-Experimental Study / Studies, Quasi-Experimental / Study, Quasi-Experimental / Clinical Trials, Non-Randomized / Clinical Trial, Non-Randomized / Clinical Trials, Non Randomized / Non-Randomized Clinical Trial / Non-Randomized Clinical Trials / Trial, Non-Randomized Clinical / Trials, Non-Randomized Clinical / Controlled Clinical Trials, Nonrandomized* / Revisão Sistemática / *systemantic review*).

Tabela 4.13 Estratégias PICOS.

Estratégia PICOS	Descrição
População	Adulto em hemodiálise.
Intervenção	**Intervenção** psicológica.
Comparador	Tratamento usual (hemodiálise).
Resultado	Resultado primário: diminuição dos sintomas depressivos. Resultado secundário: melhora na qualidade de vida.
Estudos	Ensaio clínico randomizado, quase experimental, revisão sistemática.

Observem que vários sinônimos foram incluídos. Após essa etapa, utilize os operadores booleanos (and/or/not) para construir sua estratégia de busca. Por exemplo:

1) Busca na BVS: (**intervenção** psicológica **AND** hemodiálise = 0); (psicoterapia **AND** hemodiálise = 0); (psicoterapia **AND** hemodiálise *AND* depressão AND "ensaio clínico randomizado" = 0);

[7]Sugestão: faça um levantamento no DeCS (descritor de assunto na BVS) e no MeSH (Medical Subject Headings) para verificação do vocabulário controlado usado para indexação.

[8]Termos destacados com realce cinza: termos no DeCS.

[9]Termos destacados com a cor cinza: termos no MeSH.

intervenção psicológica AND hemodiálise AND revisão sistemática = 4, mas foram excluídas duas, pois não estavam dentro do escopo a ser analisado).

2) Busca no PubMed: (*Psychosocial Intervention AND hemodialysis AND depression = 0); (Psychological Intervention AND hemodialysis AND depression AND randomized controlled trial = 0); (psychotherapy AND renal dialysis AND depressive symptoms = 25); (psychotherapy AND renal dialysis AND depressive symptoms AND randomized controlled trial = 5).*

3) Busca no PsycInfo: *(Psychosocial Intervention AND hemodialysis AND depressive symptoms = 0); (psychotherapy AND renal dialysis AND depressive symptoms AND randomized controlled trial = 1) e Psychological Intervention AND depression AND hemodialysis units = 0).*

4) Busca na Cochrane: (kidney disease AND Psychological Intervention in Keyword = 13); ("kidney disease" AND Psychological AND Intervention AND depressive symptoms = 0); "kidney disease" AND Psychological AND Intervention AND depression = 0); ("kidney disease" AND Psychotherapy = 0); (Psychological Intervention AND Hemodialysis AND depression = 7). Verificamos em várias estratégias que não encontramos documentos, por isso a importância de realizar a busca com vários termos e em várias bases. Após essa etapa de levantamento é necessário ler em primeiro plano os títulos e os resumos dos artigos para verificar se estão dentro dos critérios incluídos e excluir as duplicatas. Feita essa seleção, deve-se realizar a leitura completa dos artigos.

- Quarto passo (seleção dos dados): apresentaremos apenas as duas revisões sistemáticas encontradas na BVS como evidência da **intervenção** psicológica como tratamento para sintomas depressivos em pacientes hemodialíticos:

1. A primeira revisão teve como objetivo fazer uma revisão sistemática com metanálise para avaliar o efeito da psicoterapia na depressão em adultos com doença renal crônica (Yang et al., 2024). Foram incluídos na revisão 19 ensaios clínicos randomizados. A conclusão foi que as intervenções psicossociais reduzem o nível de depressão entre pacientes com doença renal crônica (DRC). **Evidências** preliminares sugerem que intervenções psicossociais podem ser benéficas para a qualidade de vida em pacientes com DRC.
2. A segunda revisão teve como objetivo resumir e avaliar os efeitos das intervenções psicossociais na redução de ansiedade e depressão em adultos em hemodiálise (Barello et al., 2023). Os autores sugerem que as intervenções psicossociais são promissoras e podem melhorar o bem-estar psicológico em adultos em hemodiálise. Intervenções psicossociais, como apoio psicológico ou terapia de relaxamento, podem reduzir a depressão e a ansiedade em adultos submetidos em hemodiálise e **evidências** preliminares sugerem benefícios das intervenções psicossociais na qualidade de vida para adultos em hemodiálise. Os autores concluíram que as intervenções psicossociais, como suporte psicológico ou terapia baseada em relaxamento, reduzem sintomas de depressão e de ansiedade em adultos submetidos a hemodiálise.

CONCLUSÕES

Estratégias psicológicas empregadas em pacientes em tratamento hemodialítico baseadas neste levantamento indicam redução dos sintomas tanto de depressão quanto de ansiedade, além de proporcionar melhora na qualidade de vida. Este levantamento foi realizado com intuito acadêmico, mostrando como proceder em uma busca sistemática. Para tomada de decisão, entretanto, é necessário que sejam lidos todos os artigos selecionados.

Dessa forma, sugerir tratamento psicológico para pacientes em hemodiálise certamente é uma medida que deve ser implementada em centros de atendimento para essa população.

Entretanto, é necessário lembrar que a **PPBE** requer, além de dados de **pesquisa** para a tomada de decisão sobre o tratamento do paciente, **competência** clínica do profissional e considerar as características e as preferências do paciente.

REFERÊNCIAS BIBLIOGRÁFICAS

American Psychiatric Association (2023). *Manual Diagnóstico e Estatístico de Transtornos Mentais - DSM 5-TR*. Artmed.

American Psychological Association (2021a). *APA GUIDELINES on evidence-based psychological practice in health care*. Recuperado de https://www.apa.org/about/policy/psychological-practice-health-care.pdf

American Psychological Association (2021b). *Decision-making within evidence-based practice in psychology. Using the APA Guideline on evidence-based psychological practice in health care*. Recuperado de https://www.apa.org/practice/guidelines/evidence-based-decision-making.pdf_

APA Presidential Task Force on Evidence-Based Practice (2006). Evidence-based practice in psychology. *American Psychologist, 61*(4), 271-285.

Aromataris, E., & Munn, Z. (Ed.) (2020). *JBI Manual for Evidence Synthesis*. JBI. Recuperado de https://doi.org/10.46658/JBIMES-20-01

Aromataris, E., Lockwood, C., Porritt, K., Pilla, B., Jordan, Z. (Ed.) (2024). *JBI Manual for Evidence Synthesis*. JBI. Recuperado de https://doi.org/10.46658/JBIMES-24-01

Barello, S., Acampara, M., Bosio, C., Guida, E., Irace, V., Guastoni, C. M. ... Graffigna, G. (2023). The effect of psychosocial interventions on depression, anxiety, and quality of life in hemodialysis patients: a systematic review and a meta-analysis. *International Urology and Nephrology, 55*(4), 897-912. Recuperado de https://doi.org/10.1007/s11255-022-03374-3

Belar, C. D., & Deardorff, W. W. (2014). *Clinical Health Psychology in Medical Settings. A practioner's guidebook* (2nd ed.). American Psychological Association.

Bossola, M., Ciciarelli, C., Di Stasio, E., Conte, G. L., Vulpio, C. ... Tazza, L. (2010) Correlates of symptoms of depression and anxiety in chronic hemodialysis patients. *General Hospital Psychiatry, 32*(2), 125-131.

Dhakal, K., Chen, C., Wang, P., Mboineki, J. F., & Adhikar, B. (2024). Existing psychological supportive care interventions for cervical cancer patients: A systematic review and meta-analysis. *BMC Public Health, 24*(1419). Recuperado de https://doi.org/10.1186/s12889-024-18634-3

Epstein, R. M., & Hundert, E. M. (2002). Defining and assessing professional competence. *Journal of the American Medical Association, 287*, 226-235.

France, C. R., Masters, K. S., Belar, C. D., Kerns, R., Klonoff, E. A., Larkin, K. T. ... Thorn, B. E. (2008). Application of the competency model to clinical health psychology. *Professional Psychology: Research and Practice, 39*, 573-580. Recuperado de https://doi.org/10.1037/0735-7028.39.6.573

Goyal, E., Chaudhury, S., & Saldanha, D. (2018). Psychiatric comorbidity in patients undergoing hemodialysis. *Industrial Psychiatry Journal, 27*(2), 206-212.

Greenhalgh, T. (2014). *How to read a paper: The basics of evidence based medicine* (5a ed.). Wiley BMJ Books.

Higgins, J. P. T., Thomas, J., Chandler, J., Cumpston, M., Li, T., Page, M. J., & Welch, V. A. (Ed.). (2023). *Cochrane Handbook for Systematic Reviews of Interventions*. Cochrane.

Institute of Medicine (2001). *Crossing the quality chasm: a new health system for the 21st century*. National Academy Press.

Kurella, M., Kimmel, P. L., Young, B. S., & Chertow, G. M. (2005) Suicide in the United States end-stage renal disease program. *Journal of the American Society of Nephrology, 16*(3), 774-781. Recuperado de https://doi.org/10.1681/ASN.2004070550

Labott, S. M. (2019). *Health psychology consultation in the inpatient medical setting*. American Psychological Association.

Leonardi, J. L., & Meyer, S. B. (2015). Prática baseada em evidências em psicologia e a história da busca pelas provas empíricas da eficácia das psicoterapias. *Psicologia, Ciência e Profissão, 35*(4), 1139-1156. Recuperado de https://doi.org/10.1590/1982-3703001552014

Lottenberg, C. (2024). Prefácio institutional. In T. Melnik (Org.), *Prática da psicologia baseada em evidências*. Manole.

Marthoenis, M., Syukri, M., Abdullah, A., Tandi, T. M. R., Putra, N., Laura, H. ... Schouler-Ocak, M. (2021) Quality of life, depression, and anxiety of patients undergoing hemodialysis: significant role of acceptance of the illness. *International Journal in Psychiatry Medicine, 6*(1), 40-50.

Melnik, T. (Org.). (2024). *Prática da Psicologia baseada em evidências*. Manole.

Ministério da Saúde (2014). *Diretrizes metodológicas: Sistema GRADE – Manual de graduação da qualidade da evidência e força de recomendação para tomada de decisão em saúde*. Brasília: Ministério da Saúde. Recuperado de https://bvsms.saude.gov.br/bvs/publicacoes/diretrizes_metodologicas_sistema_grade.pdf

Miyazaki, E. S., Banaco, R. A., Domingos, N. A. M., Martins, G. B., & Miyazaki, M. C. O. S. (2023). Acceptance and commitment therapy for chronic pain: A quasiexperimental study. *Estudos de Psicologia, 40*, e210067. Recuperado de https://doi.org/10.1590/1982-0275202340e210067

Miyazaki, E. S., Banaco, R. A., & Aiqueira, J. L. D. (2021). Terapia de aceitação e compromisso para dor crônica. In R. Gorayeb, M. C. Miyazaki, & M. Teodoro. (Org.), *PROPSICO*, *5*(1), 93-130. Artmed Panamericana.

Miyazaki, M. C. O. S., Domingos, N. A. M., Santos Junior, R., Miyazaki, E. S., Zanin, C. R., & Branco, L. (2019). A Terapia Cognitivo-Comportamental no ambiente hospitalar. In: C. B. Neufeld, E. M. O. Falcone, & B. P. Rangé (Orgs.). PROCOGNITVA, 6, 57-82. Porto Alegre: Artmed Panamericana.

Miyazaki, M. C., Domingos, N. A. M., Caballo, V. E., & Valerio, N. I. (2011). Psicologia da saúde. Intervenções em hospitais públicos. In B. P. Rangé (Org.). *Psicoterapias cognitivo-comportamentais. Um diálogo com a psiquiatria* (pp. 568-580). Artmed.

Moher, D., Liberati, A., Tetzlaff, J., & Altman, D. (2009). The PRISMA group preferred reporting items for systematic reviews and meta-analyses: The PRISMA statement. *PLOS Med*, *6*(7), 1-6. Recuperado de https://doi.org/10.1371/journal.pmed.1000097

Munn, Z., Tufanaru, C., & Aromataris, E. (2014). JBI's systematic reviews: Data extraction and synthesis. *American Journal of Nursing*, *114*(7), 49-54.

Rocha, L. C., Mesquita, L. P., Leite, A. C. S., Cavalcante, M. L. S. N. (2016). Confiabilidade de escalas de avaliação da dor no paciente com câncer. In *Anais do Enfermaio*. Recuperado de http://www.uece.br/eventos/seminarioppcclisenfermaio/anais/edicao_2016.html

Sackett, D. L., Rosenberg, W. M. C., Gray, J. A. M., Haynes, R. B., & Richardson, W. S. (1996). Evidence based medicine: What it is and what it isn't. *British Medical Journal*, *312*, 71-72.

Wampold, B. E., Goodheart, C. D., & Levant, R. F. (2007). Clarification and elaboration on evidence-based practice in psychology. *The American Psychologist*, *62*(6), 616-618. Recuperado de https://doi.org/10.1037/0003-066X62.6.616==>

Yang, H., Qi, L., & Pei, D. (2024). Effect of psychosocial interventions for depression in adults with chronic kidney disease: A systematic review and meta-analysis. *BMC Nephrology*, *25*(17), 1-12. Recuperado de https://doi.org/10.1186/s12882-023-03447-0

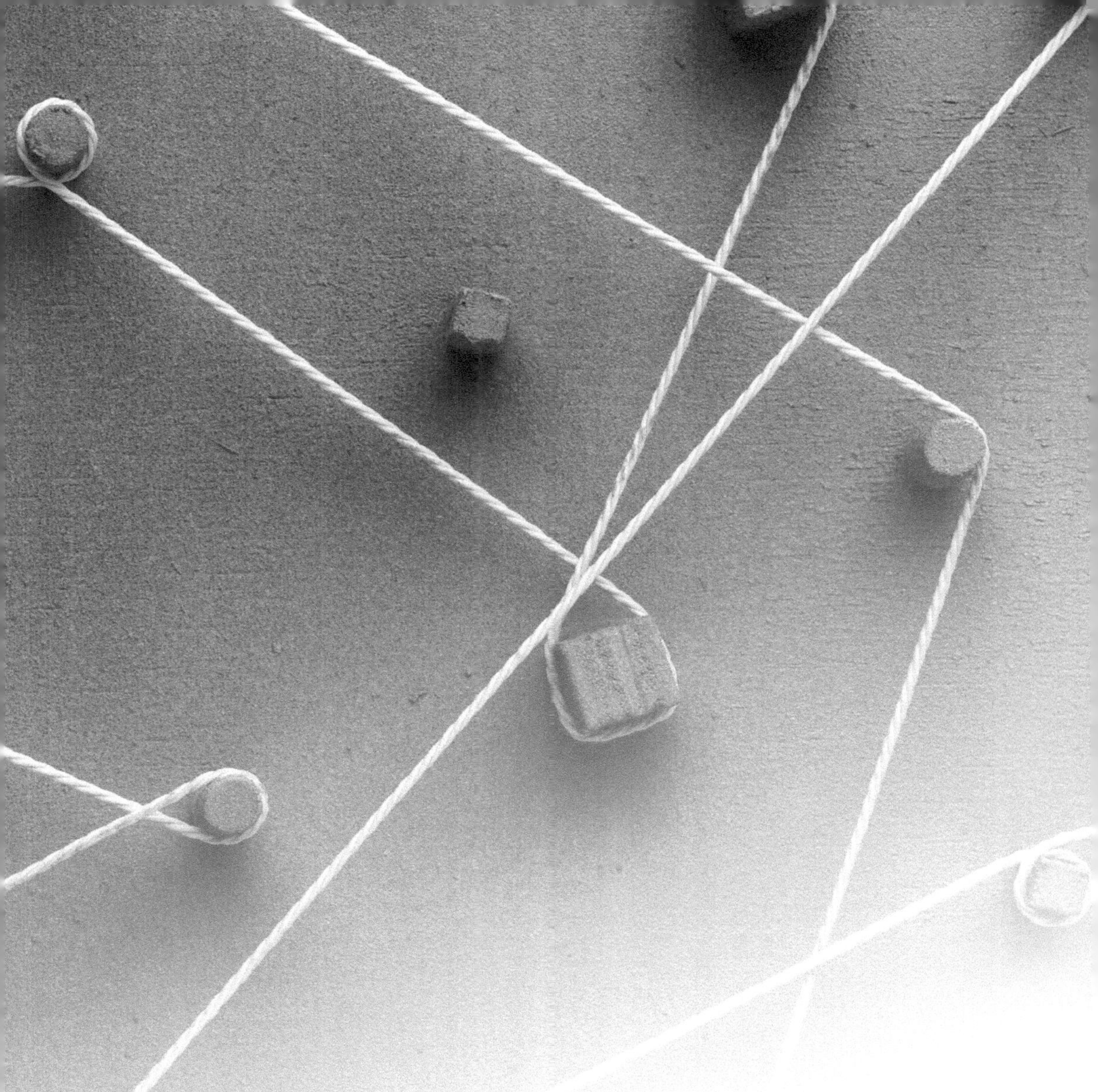

Parte 2

Comunicação e Humanização no Contexto Hospitalar

5

Relação entre Médicos e Psicólogos: A Importância da Comunicação

Maria Rita Zoéga Soares ▪ Lucia Novaes Malagris

Destaques

- A **comunicação** faz parte do repertório comportamental do psicólogo para lidar com contingências relacionadas ao contexto da saúde e produzir mudanças importantes
- A **comunicação** entre médico e psicólogo é influenciada pelas especificidades de suas formações
- A **comunicação** entre médico e psicólogo favorece a integração e a colaboração interdisciplinar e proporciona uma visão integral do paciente
- A **comunicação** é um processo contínuo e pode ser aprimorada pela própria troca entre médico e psicólogo
- A **comunicação** é passível de aprendizagem.

INTRODUÇÃO

A Política Nacional de **Humanização** (PNH) corrobora com princípios estabelecidos pelo Sistema Único de Saúde (SUS), que preveem modelos de atenção e gestão, incentivando trocas solidárias no âmbito do sistema de saúde. A **humanização** compreende a valorização dos sujeitos implicados no processo de produção de saúde. Alguns dos princípios norteadores da PNH para a condução da assistência à saúde preveem a valorização da dimensão subjetiva e social dos profissionais; o fortalecimento do trabalho em equipe; a gestão e atenção corresponsável; a construção de redes de cooperação; o compromisso com a democratização das relações de trabalho e a valorização dos profissionais (Cid et al., 2019).

Atualmente, a Psicologia vem aprimorando seu repertório teórico, técnico e metodológico para atuar nos mais diversos dispositivos de saúde, tanto em equipes multidisciplinares quanto no desenvolvimento de ações individuais e coletivas. Busca assumir um compromisso para agir no contexto de saúde de forma humanizada, com uma postura de inclusão, valorização do atendimento integral, com escuta ativa, resolutiva, dinâmica, empática e de vínculo (Cid et al., 2019).

No contexto da saúde, a **comunicação** tem sido considerada um aspecto fundamental para a intervenção com profissionais, auxiliando na integração entre práticas, o que contribui para a eficácia das suas ações. A **comunicação** deve fazer parte do repertório comportamental profissional para lidar com contingências relacionadas ao ambiente de trabalho e produzir mudanças importantes.

Nesta perspectiva, ações do psicólogo devem estar pautadas na **comunicação** com os demais profissionais, incluindo o médico, buscando promover melhorias nas condições de trabalho a essa categoria e contribuir para o desenvolvimento de um repertório suficiente para lidar com os desafios de sua atuação. O repertório de **comunicação** de profissionais pode influenciar no tipo de relações estabelecidas, ações apresentadas e qualidade dos serviços prestados.

O presente capítulo apresenta questões relacionadas à importância da **comunicação** médico e psicólogo no contexto das instituições de saúde, identificando vantagens e desafios. Aborda aspectos relacionados à formação dessas categorias profissionais, à definição de papéis, à integralidade das interações interdisciplinares e à amplitude de atuação.

São discutidas dificuldades para o estabelecimento de uma **comunicação** efetiva entre médico e psicólogo, que podem gerar importantes consequências à atuação profissional. Constata-se que dificuldades na **comunicação** entre médico e psicólogo podem prejudicar a integração interdisciplinar e o atendimento prestado.

O capítulo finaliza com a discussão de aspectos que contribuem para a **comunicação** e possibilitam uma interação de qualidade entre médico e psicólogo. É apresentada uma descrição de interação, com o intuito de ilustrar um modelo de **comunicação** no contexto hospitalar, que busca compreender e atuar sobre variáveis que influenciam no padrão comportamental profissional.

IMPORTÂNCIA DA COMUNICAÇÃO MÉDICO-PSICÓLOGO

Como destacam Pacheco et al. (2020), a **comunicação** tem o potencial de gerar equilíbrio e identificar problemas, além de possibilitar uma ligação entre os profissionais. Convém lembrar de que, ao longo do tempo, novas categorias profissionais foram sendo inseridas no ambiente hospitalar, o que gerou uma mudança na dinâmica geral das instituições de saúde (Santos & Sarmento, 2023). Tal fato trouxe consigo a importância da **comunicação** e de uma boa interação entre os profissionais, pois novas categorias se inseriram em um contexto no qual já existia uma cultura, com hegemonia médica.

No caso específico da relação entre o médico e o psicólogo, a **comunicação** de qualidade é extremamente relevante e pode trazer muitos ganhos para todos os envolvidos no atendimento ao paciente, especialmente para ele. Angelocci et al. (2020) destacam que o psicólogo que atua em hospital é um fomentador da interdisciplinaridade na equipe multiprofissional e contribui para a visão do indivíduo como um ser biopsicossocioespiritual, cooperando, assim, para a saúde do paciente sob uma visão de diversas áreas, incluindo demandas familiares e da equipe de saúde. Os autores acrescentam que o psicólogo facilita a **comunicação** entre o paciente, acompanhantes e equipe. No entanto, tais ações do psicólogo no hospital podem encontrar barreiras devido às relações de poder e subordinação de saberes.

Angelocci et al. (2020), em sua pesquisa na qual foram entrevistadas psicólogas de uma instituição pública de saúde, destacam a afirmação das profissionais quanto à importância de conviver com outras abordagens de campos científicos. Para elas isso traz oportunidade de novas aprendizagens sobre o saber alheio, a valorização do trabalho em equipe e a integralidade das práticas em saúde, a partir de uma **comunicação** efetiva entre os saberes e a equipe.

A formação de cada categoria profissional enfatiza pontos básicos teóricos e práticos e, muitas vezes, deixa de focar em outros aspectos que podem contribuir para uma atuação mais ampla e uma visão holística. A formação médica, como destaca Briani (2021), privilegia disciplinas bastante específicas e técnicas e deixa de lado uma série de conhecimentos necessários a uma profissão que lida com vidas humanas. Segundo a autora, tal formação se revela dissociada de aspectos históricos, sociais, econômicos e culturais. Para Rios e Schraiber (2022, Posfácio) "o saber biomédico seduz professores e alunos. Saber que elimina da Medicina a parte da existência humana que traz consigo o desconforto do encontro com o outro". Para a autora, a formação médica não valoriza a existência subjetiva da vida de médicos e pacientes, o que se mantém mesmo após a formação.

Já quanto à formação do psicólogo, como aponta Almeida (2000), a graduação, em geral, não privilegia uma compreensão do complexo campo de saúde no Brasil, com discussão sobre aspectos políticos, sociais e econômicos. Como concluíram Rudá, Coutinho e Almeida (2019, p. 437) a partir de um estudo sobre a formação do psicólogo no Brasil contemporâneo: "os principais resultados apontaram para a existência de uma estrutura anacrônica, não condizente com as especificidades ontológicas do campo da Psicologia e apartada das expectativas acerca do papel das IES na formação profissional".

Embora, como afirma Prates, Feitosa, Monteiro e Branco (2019), mudanças voltadas para uma maior circunscrição da atuação do psicólogo nas políticas públicas, especialmente por meio do Sistema Único de Saúde (SUS), tenham sido implementadas nos currículos, a formação do psicólogo mantém deficiências. Observa-se, por exemplo, que, em geral, disciplinas como anatomia e fisiologia são oferecidas nos períodos iniciais da graduação e, muitas vezes, não são conectadas com o restante do curso.

Considerando, portanto, as diferenças entre as formações do médico e do psicólogo, pode-se refletir sobre possíveis dificuldades de **comunicação** entre esses profissionais no contexto hospitalar. No entanto, as diferenças podem ser complementares e, ao mesmo tempo, podem proporcionar oportunidades de trocas e ampliação de visões que muito beneficiarão a eles próprios, assim como aos pacientes e à instituição. É importante que ambos tenham abertura para uma escuta respeitosa e, até mesmo, curiosa, de modo que a complementação de saberes e percepções seja profícua para todos. A troca de conhecimento poderá gerar transformações em cada profissional devido à soma de visões.

Para que a **comunicação** entre médico e psicólogo seja, de fato, construtiva, cada um deve ajustar sua linguagem para que suas informações sejam compreendidas. Médicos e psicólogos devem ser claros e objetivos, evitando falhas na **comunicação** que podem gerar riscos e prejuízos para o paciente (Almeida et al., 2023). Além disso, há que se ter clareza sobre o papel de cada um no contexto geral frente ao paciente e à instituição, de modo que haja respeito às atribuições de cada um. Observa-se, segundo Angelocci et al. (2020), que, muitas vezes, o próprio psicólogo não tem consciência de suas tarefas e papel na instituição e, concomitantemente, o médico e o hospital não sabem o que esperar do psicólogo. Cabe ao psicólogo ter conhecimento de sua atuação no contexto de um hospital e comunicar claramente para os demais profissionais o que lhe cabe. São muitos os benefícios provenientes de uma boa **comunicação** entre médico e psicólogo. No entanto, de acordo com a instituição e as demandas específicas da clientela e dos profissionais, outros ganhos podem ser acrescentados à lista da Tabela 5.1.

Considerando todos os benefícios que uma **comunicação** de qualidade entre médico e psicólogo pode trazer, é importante que já na graduação esse aspecto seja discutido. Atividades que possibilitem o encontro entre graduandos de Psicologia e de Medicina podem proporcionar trocas e valorização dos saberes do outro. Disciplinas que foquem nas relações interdisciplinares são necessárias para que haja, desde a formação, um treinamento na **comunicação**. A interação entre os profissionais da instituição pode contribuir para um atendimento baseado na integralidade no qual sejam abordadas várias dimensões da saúde do indivíduo. Como afirmam Oliveira et al. (2024, p. 4):

> [...] a colaboração em equipe com profissionais de várias áreas da saúde requer uma sincronia e entendimento amplo, visando uma abordagem conjunta com interações harmoniosas entre as técnicas empregadas e a interação dos diversos participantes. A prestação de cuidados será mais unificada quando as dinâmicas de trabalho se basearem na **comunicação**.

Tabela 5.1 Benefícios da **comunicação** efetiva entre médico e psicólogo.

Benefícios
Atendimento biopsicossocial
Maior chance de adesão por parte do paciente e de sucesso no tratamento
Clareza das atribuições de cada um
Maior chance de diagnósticos precisos
Tomada de decisões mais seguras
Liberdade de expressão de posicionamentos
Respeito à autonomia de cada profissional
Valorização de aspectos antes não considerados
Suporte emocional e técnico entre os profissionais

Fonte: elaborada pelas autoras.

Valadão et al. (2022), em sua revisão da literatura sobre **comunicação** entre equipe multidisciplinar, concluíram que a **comunicação** tem uma importante relação com a qualidade dos serviços que a instituição presta à comunidade. O diálogo entre os profissionais facilita a harmonia e a fluidez das informações e está na base de um atendimento de qualidade. A **comunicação** entre esses profissionais deve ser estimulada e praticada para que seja sempre aprimorada e proporcione ao paciente um atendimento baseado em uma visão biopsicossocial.

DESAFIOS E DIFICULDADES NA COMUNICAÇÃO MÉDICO-PSICÓLOGO

Para uma boa compreensão das dificuldades e dos desafios encontrados na **comunicação** entre o médico e o psicólogo, é importante lembrar de que a formação do médico e do psicólogo percorre caminhos bastante diversos, o que pode impactar as relações entre esses profissionais. Se as formações tivessem uma visão holística mais pronunciada, seria possível que o médico e o psicólogo pudessem ter uma **comunicação** mais efetiva, já que ambos valorizariam o campo de atuação do outro. Não se trata de buscar uma síntese de saberes, e sim um diálogo efetivo entre áreas, cada uma com suas competências específicas, mas também com alguns conhecimentos comuns que facilitem a **comunicação**.

A **comunicação** entre médico e psicólogo favorece a integração e a colaboração interdisciplinar e proporciona uma visão integral do paciente. Desse modo, uma área ajuda a outra frente a problemas de saúde que trazem sofrimento para o paciente levando em conta fatores biológicos, sociais, emocionais, culturais e ambientais (Oliveira et al., 2024).

O atendimento integral do indivíduo é um grande desafio, e um dos dificultadores para tal é a **comunicação** deficitária entre os profissionais, no caso, entre o médico e o psicólogo. Tal problema pode contribuir para uma abordagem fragmentada do atendimento que não contempla de um modo amplo as demandas dos pacientes (Oliveira et al., 2024). A seguir são listados alguns fatores que podem afetar a **comunicação** entre médico e psicólogo, longe de se pretender esgotar todas as possibilidades (Tabela 5.2).

Tais fatores podem gerar importantes consequências que resultam em prejuízos para os pacientes e dificuldades para os próprios profissionais. No caso do uso de jargões pode ocorrer dificuldade de compreensão das queixas e de procedimentos. Considerando a diferença de formações do médico e do psicólogo, cada um tem os seus jargões, e alguns profissionais parecem não estar muito preocupados em serem entendidos. Outro fator é a urgência de tempo dos profissionais para atender a um número grande de pacientes, problema comum em alguns segmentos do hospital, que pode contribuir para informações superficiais e insuficientes. Isso pode gerar insegurança no profissional que demandou tais informações e ter ações que nem sempre são efetivas e produtivas. O mesmo pode acontecer quando a **comunicação** não é clara e objetiva, gerando possibilidade de risco nos procedimentos por falta de informação suficiente. Outro problema de **comunicação** que costuma ocorrer é a linguagem não verbal desconectada da linguagem verbal, pois pode gerar confusão quanto à informação que está sendo transmitida e consequente insegurança na ação do profissional.

A falta de abertura para novas visões é um fator muito importante, pois pode funcionar como uma barreira entre o médico e o psicólogo. Nesse caso não ocorre uma soma de saberes, pois há uma rigidez na forma de enxergar a

Tabela 5.2 Alguns fatores que podem afetar a **comunicação** entre o médico e o psicólogo.

Uso de jargões do profissional
Urgência de tempo dos profissionais para atender
Falta de clareza e objetividade
Linguagem não verbal desconectada da linguagem verbal
Falta de abertura para novas visões
Falta de assertividade
Falta de **empatia** e de respeito às diferenças
O estresse e a síndrome de *burnout* dos profissionais

Fonte: elaborada pelas autoras.

situação e resulta em prejuízo nas possibilidades do tratamento dado ao paciente. Além disso, o profissional que é fechado a novas visões fica estagnado com o seu próprio saber. Outro aspecto relevante que pode trazer dificuldade de **comunicação** e consequências negativas para o atendimento é a falta de assertividade dos profissionais, pois falhas podem ocorrer pela ausência de firmeza nas posições, gerando frustração e insegurança por parte daquele que não se coloca claramente, assim como possíveis riscos para suas condutas. Também bastante prejudicial na **comunicação** é a falta de **empatia** e de respeito às diferenças. Tal deficiência pode causar conflitos e desrespeito nas relações de modo que todos têm a perder. Uma **comunicação** empática, onde cada profissional consegue se colocar no lugar do outro, é uma das bases para uma integração de qualidade.

O estresse dos profissionais é outro importante fator, pois pode trazer grande prejuízo para a **comunicação**. Dependendo da fase do estresse em que se encontra o médico ou o psicólogo, alguns sintomas são comuns. Segundo Lipp e Malagris (2011), a primeira fase do estresse, a fase de alerta, é chamada "estresse positivo", na qual a pessoa pode ficar hiperativada e motivada para o trabalho, o que pode ser produtivo. A segunda fase, resistência, significa a busca do equilíbrio perdido na fase de alerta e, assim como a terceira fase, quase exaustão, são responsáveis por sintomas como sensação de desgaste físico, problemas de memória, irritabilidade, entre outros. Já a quarta fase, exaustão, a fase mais grave, tem como sintomas irritabilidade ainda mais intensa, angústia e ansiedade diária, hipersensibilidade emotiva, vontade de fugir de tudo, entre outros.

Um médico ou um psicólogo estressado pode não conseguir se comunicar com clareza, demonstrar irritação nas conversas, ser rude e mal-humorado e parecer displicente por estar voltado para seus estressores. A memória pode fazer com que informações sejam mal transmitidas, assim como o profissional pode se sentir inseguro e incompetente, o que se manifesta no processo de **comunicação**. É fundamental que esses profissionais tenham conhecimento sobre o processo do estresse, suas fases e sintomas para que identifiquem em si mesmos a sua presença. Desse modo, podem tomar medidas de autocuidado ou procurar tratamento, em casos mais avançados, para que não haja prejuízo na **comunicação** e no seu desempenho como um todo. Convém lembrar de que o estresse quando relacionado ao contexto ocupacional em fase avançada está na base da síndrome de *burnout*.

Como ressaltam Mesquita e Malagris (2020), o profissional que se encontra em *burnout* apresenta esgotamento emocional e frieza nos atendimentos (despersonalização), passando desinteresse nos casos discutidos. Além disso, o profissional apresenta falta de realização pessoal e profissional. Tais aspectos são muito graves para a qualidade do trabalho do profissional e para a **comunicação** com os colegas.

É importante que tanto médicos quanto psicólogos fiquem atentos à presença desses fatores e se aproximem por meio de uma **comunicação** de qualidade. É fundamental que se abram para novos saberes e novas posturas, de modo a contribuir para a efetividade do serviço prestado.

ASPECTOS QUE CONTRIBUEM PARA A COMUNICAÇÃO MÉDICO-PSICÓLOGO

Como abordado previamente, fica evidente a importância do incentivo à **comunicação**, como parte do repertório profissional no contexto da saúde. Estratégias de **comunicação** interpessoal possibilitam uma interação de qualidade e são passíveis de aprendizagem. O psicólogo, dada a sua formação, é o profissional especialista em aprendizagem e pode contribuir para o desenvolvimento de um repertório comportamental de **comunicação** profissional eficaz.

Para uma intervenção eficaz, é necessário compreender quais comportamentos fazem parte desse repertório e variáveis que o influenciam. Almeida (2000) argumenta que um processo comunicativo bem-sucedido depende de diversos fatores, um conjunto de circunstâncias internas e externas e das múltiplas interações estabelecidas de forma integrada. As variáveis que influenciam o comportamento devem ser compreendidas de forma relacional, por meio da identificação do contexto em que esse comportamento ocorre (antecedentes), de qual é o comportamento em si e de quais são as consequências que fazem com que o comportamento continue ocorrendo. Além disso, para implementar estratégias de **comunicação**, psicólogos devem identificar contingências presentes no contexto relacionadas à forma de organização da instituição, gestão, expectativas e regras de atuação profissional (Accorsi, 2022).

Um conjunto de princípios pode favorecer a probabilidade de sucesso da **comunicação** com o médico, tais como: credibilidade e transparência; clareza e acessibilidade; **empatia** e compreensão; natureza operacional e contextualizada no tempo e no espaço (Almeida, 2000). Para uma **comunicação** efetiva, o psicólogo deve fornecer **suporte** e desenvolver estratégias que fomentem a escuta ativa, o **acolhimento**, a abertura e o respeito pelo outro, condições que oportunizam a expressão de sentimentos, realização de questionamentos e identificação de demandas. Deve-se adotar um estilo de **comunicação** que respeite e considere as necessidades do indivíduo, no sentido de valorizar competências, perspectivas e sugestões, garantindo que ações estejam direcionadas ao seu interesse (Gazotti & Prebianchi, 2019).

Miyazaki e Soares (2020) definiram aspectos que oportunizam o estabelecimento de uma **comunicação** efetiva e melhor integração entre médico e psicólogo. Para as autoras, papéis e responsabilidades de cada profissional têm de estar claramente definidos e o psicólogo deve demonstrar **suporte** emocional. Devem ser criadas oportunidades para que o médico discuta o impacto relacionado à exposição a situações difíceis e serem acolhidas sugestões que auxiliem na organização do ambiente de trabalho. A **comunicação** deve ser incentivada em uma perspectiva de **acolhimento**, por meio da criação de vínculo, compartilhamento de dificuldades e reconhecimento de potencialidades. A **comunicação** com o profissional da saúde é definida como uma habilidade do psicólogo para auxiliar no **enfrentamento** de situações estressantes, no relacionamento com os demais membros da equipe, na adaptação ao contexto de trabalho e na superação de desafios.

Médicos podem apresentar vulnerabilidade aumentada para o estresse, em razão das próprias características da profissão, relacionadas à premissa de cuidado com o outro. O ambiente de trabalho pode contribuir para o desgaste físico e emocional do profissional, como o alto nível de exigência (número excessivo de pacientes, horas trabalhadas, falta de recursos para a execução das atividades, receio de errar); desorganização; salários reduzidos; percepção de pouco controle sobre a situação; poucos reforçadores e limitações no repertório profissional para lidar com as demandas (Miyazaki & Soares, 2020).

Nessa perspectiva, intervenções têm sido implementadas para melhorar a **comunicação** de aspectos estressantes. Gestores têm apoiado o treino com ênfase em técnicas para minimizar dificuldades e aperfeiçoar habilidades. Os temas são variados e se referem à descrição do papel de cada membro, à consciência situacional, ao apoio e confiança mútua (Nogueira & Rodrigues, 2015).

Accorsi (2022) discute a necessidade do estabelecimento de **comunicação** que inclua a promoção de **empatia** entre profissionais da saúde, identificando quais comportamentos seriam relevantes, como ensiná-los e os efeitos desse ensino. Enfatiza a **empatia** como intimamente relacionada à ajuda e ao cuidado, que auxilia o indivíduo a responder de forma apropriada às demandas de outro. Apresenta aspectos vantajosos do uso da **empatia** no estabelecimento da **comunicação** entre profissionais (Tabela 5.3).

Accorsi (2022) deixa evidente que o psicólogo que faz uso da **comunicação** empática pode produzir efeitos benéficos relacionados à

Tabela 5.3 Efeitos positivos relacionados ao uso de **empatia** na **comunicação**.

Validação de sentimentos
Redução da tensão
Clareza e objetividade
Disposição para compartilhamento de dificuldades e conquistas
Fortalecimento de vínculos
Favorecimento de **enfrentamento**
Aumento da autoestima
Redução de sentimentos de depreciação, culpa ou vergonha

Fonte: Accorsi (2022).

validação emocional, ou seja, contribuir para que o outro possa aceitar seus sentimentos, sensações e emoções. A **empatia** possibilita tomar perspectiva e visualizar uma situação a partir da experiência do outro, sem julgamentos. Além de auxiliar no estabelecimento de relações interpessoais de qualidade, a **empatia** facilita a análise de problemas, busca por soluções e tomadas de decisão (Araújo et al., 2019).

Estudos demonstram que os níveis de **empatia** tendem a diminuir ao longo do processo de formação médica, atingindo seus pontos mais baixos durante a residência. Tal aspecto pode estar relacionado à ênfase na racionalidade científica e na linguagem impessoal incentivada nesse campo profissional. Outras razões incluem a falta de profissionais que forneçam modelos adequados, elevada carga de trabalho, restrições de tempo para o atendimento, crescente presença de terapias baseadas especificamente no uso de tecnologia e falta de informação acerca do papel da **empatia** no cuidado. Ressalta-se que a **empatia** é considerada um importante fator de proteção e de qualidade de vida também para o profissional de saúde. O médico que faz uso da **empatia** na **comunicação** com outros profissionais, definida aqui como uma conduta de ajuda, pode inclusive melhorar a própria resiliência (Accorsi, 2022; Larti et al., 2018).

Determinadas reflexões podem auxiliar na sensibilização em relação à **comunicação** com o médico. Em primeiro lugar, há necessidade de levantar as facilidades e as dificuldades em relação a essa **comunicação** nos âmbitos profissional e pessoal. Importante fomentar o autoconhecimento por meio da avaliação da satisfação profissional, do nível de exigência consigo mesmo e em relação aos outros. O nível de autoconhecimento pode ser avaliado por meio de questões que abordem os sentimentos do profissional em relação ao que faz; como lida consigo mesmo e com os outros; e como percebe suas limitações (Reis & Knaut, 2022). Para facilitar a obtenção de tais informações, é necessário que se traduza para o médico termos e conceitos psicológicos em uma linguagem compreensível e objetiva.

Importante levantar o padrão de **enfrentamento** utilizado pelo médico para lidar com o estresse. Identificar demandas e o tipo de estratégias de **enfrentamento** pode auxiliar na avaliação do bem-estar físico e mental. Estratégias de **enfrentamento** cognitivas estão relacionadas a pensamentos ou ideias, do tipo, "estou fazendo o melhor que eu posso"; "não tenho o controle de tudo"; "também sou humano". Estratégias comportamentais incluem ações para resolver situações relacionadas, por exemplo, ao procurar ajuda de um colega, tomar uma decisão, demonstrar **empatia** por alguém etc. A expressão de sentimentos faz parte de estratégias emocionais frente aos acontecimentos (preocupação, tristeza, confiança etc.). Além disso, importante avaliar com o profissional se as estratégias que utiliza são adaptativas ("estou fazendo o meu melhor para lidar com essa situação") ou não adaptativas (discutir ou agredir um colega) (Miyazaki & Soares, 2020).

Quando o médico solicita auxílio do psicólogo para lidar com as suas próprias demandas, geralmente dispõe de pouco tempo, o que exige uma atuação rápida e objetiva. Nesse contexto, a oportunidade de contato pode ser única ou o psicólogo pode ter poucas oportunidades de interação. Devem ser avaliados aspectos emocionais e o repertório de **enfrentamento** para a situação. O foco seria o fortalecimento de recursos pessoais, a promoção de resiliência, o auxílio na tomada de decisão e na resolução de problemas, o que contribui para a adoção de um papel ativo para lidar com as dificuldades. O psicólogo deve atuar no sentido de buscar um fechamento ou conclusão para aquele momento, colocando-se à disposição, caso o profissional necessite (Miyazaki & Soares, 2020).

Para isso, é necessário organizar um ambiente tranquilo, seguro e livre de interrupções. O psicólogo deve estar ciente da importância do contato visual, analisar o comportamento não verbal, demonstrar interesse pelo relato, apresentar um padrão de assertividade e verificar sinais que indiquem compreensão pelo conteúdo (Miyazaki & Soares, 2020).

Para oportunizar possibilidades de análise, planejamento e execução de estratégias de **comunicação** pertinentes às demandas dos profissionais, devem ser disponibilizados canais acessíveis e regulares de interação. Há necessidade de organizar um local e um tempo para o diálogo, a fim de possibilitar a discussão e a reflexão sobre o cotidiano profissional, compartilhar angústias e satisfações. Reuniões de equipe podem auxiliar no levantamento de demandas, definir como atuar, promover a colaboração, possibilitar a integração, oportunizar a organização de serviços e funções. Seria uma oportunidade para esclarecer a função e o papel do psicólogo nesse contexto e explicitar critérios para encaminhamento ao serviço.

A **comunicação** não deveria se restringir aos momentos formais, como reuniões de equipe, mas precisa incluir outras possibilidades de encontros entre os interlocutores. O contato nos corredores e o uso de sistemas eletrônicos, como plataformas de mensagens ou aplicativos, podem ser importantes aliados para favorecer uma **comunicação** rápida e eficaz entre os profissionais.

Para entender melhor as perspectivas e práticas profissionais, deve-se investir na formação conjunta, por meio da participação em *workshops* e treinamentos. A construção de uma cultura de formação e colaboração em equipe pode ser promovida por meio de atividades que fomentem a confiança mútua, em um ambiente no qual possam ocorrer discussões francas e construtivas (Gazotti & Prebianchi, 2019).

A psicoeducação é uma alternativa de **comunicação** que pode favorecer a aprendizagem de conteúdos (Miyazaki & Soares, 2020). Deve incluir sugestões de atitudes que possam colaborar para o bem-estar e a saúde mental. Sugere-se orientação em relação ao ritmo de trabalho, tais como realizar breves pausas para descanso (sair da sala de consulta, tomar um café, ter um breve contato com outros profissionais). É importante considerar iniciativas relacionadas ao autocuidado, como qualidade do sono, atividade física regular, dieta saudável e bem-estar (prática de *hobbies*, meditação, exercícios de respiração). O contato social é um aspecto a ser cuidado porque o isolamento pode promover sensações relacionadas à solidão e à inadequação. Deve-se esclarecer sobre os riscos de utilizar estratégias negativas de manejo do estresse, como uso excessivo do celular, comer compulsivo, uso abusivo de álcool etc. Quando o profissional percebe **suporte**, comprometimento e preocupação com o bem-estar, pode se sentir valorizado pela instituição, o que contribui para a motivação e o desempenho (Miyazaki & Soares, 2020).

A instituição deve fomentar uma cultura humanizada, pautada na **comunicação** direta entre equipes e gestores, estimulando a abertura e contemplando a escuta de necessidades (Cid et al., 2019; Doricci et al., 2016). Importante esclarecer que o psicólogo faz parte da equipe de saúde na instituição e, como membro, terá limites advindos dessa relação. Não deve intervir no nível psicoterapêutico com os profissionais, e sim realizar orientação, auxiliar no manejo comportamental e, quando necessário, fazer encaminhamentos a profissionais externos à equipe (Reis & Knaut, 2022).

DISCUSSÃO COMPLETA DE UM CASO ATENDIDO EM EQUIPE MULTIPROFISSIONAL

Para ilustrar uma atuação psicológica no hospital, será apresentado um exemplo de **suporte** emocional e orientação oferecido a uma médica em uma instituição, referência na realização de diagnósticos e tratamentos. O setor de Psicologia contava com três profissionais, que compartilhavam uma sala utilizada para reuniões da equipe e atendimento a pacientes, familiares e profissionais. Uma das condições que contribuiu para a aproximação da profissional para solicitar ajuda foi o fato de a Psicologia atuar preferencialmente na enfermaria, corredores ou sala de espera do setor.

Por questões evidentemente éticas, alguns dados relativos à profissional e à própria instituição foram alterados, mas nada que comprometesse a compreensão da situação. Ana (nome fictício da médica) procurou a psicóloga na enfermaria, demonstrando nervosismo e dizendo ter a sensação de estar "explodindo". Para maior privacidade, Ana foi conduzida ao setor de Psicologia. Verbalizava que se sentia envergonhada por estar chorando e "descontrolada". No primeiro momento, a prioridade foi realizar o **acolhimento** da profissional, incentivar a expressão dos sentimentos e validar as emoções. Ana relatou que precisava desabafar porque se sentia inadequada e não sabia como atuar. Foi esclarecido que fazia parte da função do psicólogo auxiliar nas demandas de profissionais no exercício da sua função.

Ana explicou que estava atuando no hospital de forma provisória há 3 meses, como médica substituta e sem contrato definido. Na época, estava com 35 anos, 4 anos de formada e se preparando para se submeter a uma prova de residência. Relatou estar se sentindo muito insegura com relação à sua atuação. O setor estava com excesso de demandas para serem atendidas em um tempo reduzido. Disse que se sentia isolada por não ter oportunidade de se relacionar com outros profissionais. Não se sentia apoiada e tinha a percepção de que não conseguia atingir o nível de expectativa da instituição. Ultimamente tinha recebido críticas do setor em relação à demora com as consultas. Explicou que, por falta de tempo, dificilmente saía da sala entre as consultas para descansar ou interagir com os demais profissionais.

Além disso, verbalizou que, para conseguir cumprir os compromissos financeiros, tinha que trabalhar em outros locais e realizar plantões semanais. Descreveu que, ultimamente, estava se sentindo esgotada, com falta de apetite, cansada (física e mentalmente), com episódios frequentes de insônia e dor de cabeça. Se considerava uma pessoa tímida e com dificuldade para se relacionar nos âmbitos profissional e pessoal. Na faculdade, tinha poucos amigos, que geralmente se encontravam exclusivamente para estudar. Além disso, em função das exigências do curso, não conseguiu fazer muitas amizades, além de estar sempre cansada para atividades sociais.

Atualmente estava solteira, morava sozinha em um pequeno apartamento, auxiliando financeiramente os pais, que residiam em uma cidade do interior do estado. Disse que não tinha tempo para realizar atividades físicas ou de lazer. Ana vivia em uma condição de isolamento, com dificuldade de acesso a atividades que poderiam trazer bem-estar e relaxamento. Nos fins de semana, quando não tinha que trabalhar, preferia ficar sozinha em casa e dormir. Estava estressada e preocupada por não conseguir estudar para a prova de residência (sem tempo, ânimo e concentração). Se sentia um fracasso porque a maioria dos colegas já estava cursando alguma pós-graduação.

A partir do relato da profissional, ficou evidente a presença de sintomas relacionados à exaustão e ao esgotamento, provavelmente resultantes de situações relacionadas à sua história, ao contexto de vida atual e ao repertório comportamental limitado para lidar com o estresse e relações no trabalho. Ressaltou-se que tais queixas eram frequentemente verbalizadas por profissionais da área da saúde, que atuavam em um contexto com alto nível de exigências, demandas por cuidado, pressão e responsabilidades. Além disso, ficou evidente a presença de pensamentos de autojulgamento, relacionados à incapacidade e à inadequação. Foi esclarecido que tal contexto, junto ao tempo restrito para realizar as consultas e o isolamento profissional, poderia estar contribuindo para que se sentisse exposta a estímulos aversivos incontroláveis, o que poderia contribuir para o surgimento de sintomas relacionados ao desamparo, como tristeza, frustração e angústia.

Incentivou-se para que Ana identificasse seu nível de autoconhecimento e valores em relação à sua vida e profissão. Quanto à satisfação profissional, estava se sentindo frustrada em relação à atuação e ao salário, além de dúvidas sobre a carreira escolhida. Se sentia insegura para tomar decisões e sem perspectiva de que as coisas pudessem melhorar a curto prazo. Ana reconheceu que cursar Medicina sempre foi o seu principal objetivo e era apaixonada pela profissão. Sentiu que o interesse foi diminuindo à medida que o curso avançava. Segundo ela, contribuíram para tal sentimento: o acesso a modelos profissionais pouco humanizados, disciplinas extremamente técnicas e conteúdos restritos sobre como estabelecer contato com pacientes.

Ana foi questionada sobre suas necessidades e possibilidades de realizar mudanças nas condições de trabalho e de vida, com o intuito de diminuir o estresse, o cansaço e a sensação de pressão. Explicou-se sobre a importância de redefinir objetivos (profissionais e pessoais) que fizessem sentido no contexto atual e diminuíssem o seu sofrimento. Foi incentivada a investir em uma rede de apoio profissional segura, com pessoas de confiança com quem poderia contar quando necessário. Incentivaram-se estratégias para melhorar a **comunicação**, com tentativas de aproximação com outros profissionais (frequentar a sala de descanso, tomar algo, participar de conversas etc.). Postulou-se que o grupo poderia exercer uma função de referência e apoio para os membros, uma oportunidade para compartilhamento de experiências e modelos de interação.

Com relação às mudanças na vida pessoal, sugeriu-se entrar em contato com situações que pudessem trazer bem-estar, qualidade de vida e manter o equilíbrio emocional, como prática de atividade física, lazer, situações sociais, familiares e *hobbies*. Ana disse que adorava ir ao cinema e não conseguia se programar. Sugeriu-se entrar em contato com atividades que já tinham sido prazerosas no passado. Além disso, procurar descansar e regularizar o sono, respeitando suas necessidades.

Informou-se que dificuldades relacionadas ao excesso de demandas, estresse no ambiente de trabalho, desorganização de serviços, escassez de tempo para atuar de forma satisfatória, entre outros, poderiam predispor o médico a condições difíceis de saúde mental, como depressão, ansiedade, *burnout* etc. Mais especificamente, a síndrome do esgotamento profissional – *burnout* tem causas multifatoriais e o médico estaria entre os profissionais mais vulneráveis, em função da rotina de cuidados, responsabilidades e estresse.

Sugeriu-se que Ana buscasse avaliação psicológica e psiquiátrica, intervenções eficazes para esse tipo de queixa. A psicoterapia auxilia na compreensão de variáveis que afetam comportamentos e na adoção de uma postura de **enfrentamento** frente às dificuldades. O **suporte** medicamentoso poderia auxiliar a lidar com sensações físicas aversivas intensas e de descontrole. O encaminhamento se faz necessário porque, sem tratamento adequado, normalmente os sintomas tendem a piorar com o tempo.

A partir de demandas apresentadas por Ana e por outros profissionais, identificou-se a necessidade de desenvolvimento de um repertório compatível com uma **comunicação** que considere a identificação de variáveis que influenciam comportamentos no contexto da saúde. Sugeriu-se à administração, a realização de encontros em grupo e palestras, com temas relacionados: **comunicação** em saúde; importância da **comunicação** no ambiente laboral; como desenvolver habilidades de **comunicação**; por que me comunicar com o psicólogo no hospital?; **comunicação** assertiva; entre outros. Os encontros foram organizados para serem realizados em grupo, com profissionais da saúde (médicos, enfermeiros, fisioterapeutas, técnicos de enfermagem, nutricionistas), administração (diretores, gestores) e colaboradores da limpeza, cozinha, segurança etc. As palestras foram gravadas em vídeo e disponibilizadas na página *web* da instituição. Também se sugeriu a apresentação desses tópicos em reuniões de equipe e em rodas de conversa. O serviço de Psicologia foi colocado à disposição para atender demandas pessoais relativas à situação laboral desses profissionais.

CONCLUSÕES

A **comunicação** com os profissionais faz parte do papel do psicólogo, que deve demonstrar sua função ao fomentar a saúde mental, o bem-estar e a qualidade de vida no contexto da saúde. Para isso, deve aperfeiçoar estratégias de **comunicação**, demonstrando um olhar comprometido, de **acolhimento** e com sensibilidade às demandas profissionais.

Um repertório de **comunicação** eficiente deve ser incentivado, desde a formação profissional até a pós-graduação, por meio de programas de treinamento, ações inovadoras em disciplinas e práticas integradas em diferentes cursos da área de saúde. Profissionais devem compreender as atribuições, as formas de atuação, as abordagens e as técnicas disponíveis que podem facilitar a **comunicação**.

Pesquisas precisam fornecer evidências sobre a eficácia da **comunicação** médico-psicólogo para a condução de um trabalho humanizado em saúde. Devem ser investigados a utilização de técnicas específicas, o impacto de estratégias de intervenção para tomadas de decisão, a integração com a equipe, a assertividade, a autoeficácia e a resiliência. Fica evidente a necessidade de investimento de recursos em uma política de **humanização** que possa fomentar a **comunicação** entre médicos e psicólogos, o que resulta em melhores ações em saúde e maior sensação de competência, integração e bem-estar para ambos.

REFERÊNCIAS BIBLIOGRÁFICAS

Accorsi, L. (2022). *Intervenções para promover empatia em profissionais da saúde: Uma overview de revisões sistemáticas* (Dissertação de Mestrado). Universidade Estadual de Londrina.

Almeida, E. C. D. (2000). O psicólogo no hospital geral. *Psicologia: ciência e profissão, 20*(3), 24-27. Recuperado de https://doi.org/10.1590/S1414-98932000000300005

Almeida, L. F., Machado, B. A., Paula, V. G., Gonçalves, F. D. S. I., Gomes, H. F., & Peres, E. M. (2023). Ações educativas na melhoria da comunicação entre profissionais de saúde: Revisão integrativa. *Revista de Enfermagem e Atenção à Saúde, 12*(3). Recuperado de https://doi.org/10.18554/reas.v12i3.5995

Angelocci, L., Misson, I. J., Contarin, L. S., Seles, B. L., Augusto, B. S., Padovini, L., & Cristina, J. (2020). A prática profissional de psicólogos em ambiente hospitalar e seus desafios. In E. C. Sampaio & E. F. Costa (Org.), *Psicologia: Um olhar do mundo real: Vol. 1* (pp. 26-35). Editora Científica Digital.

Araújo, C., Pantoja, G., Gonçalves, E., & Brandão, W. L. (2019). O comportamento empático em crianças sob uma perspectiva analítico-comportamental: revisão bibliográfica. *Revista Arquivos Científicos (IMMES)*, 2(2), 4-15. Recuperado de https://doi.org/https://doi.org/10.5935/2595-4407/rac.immes.v2n2p4-15

Briani, M. C. (2021). O ensino médico no Brasil está mudando? *Revista Brasileira de Educação Médica, 25*, 73-77. Recuperado de https://doi.org/10.1590/1981-5271v25.3-010

Cid, D. P. T., Dias, M., Benincasa, M., & Martins, M. C. F. (2019). Elos entre a psicologia e o trabalho humanizado na saúde: compreensão, formação e práticas. *Semina: Ciências Sociais e Humanas, 40*(1), 5-24. Recuperado de http://pepsic.bvsalud.org/scielo.php?script=sci_arttext&pid=S1676-54432019000100002&lng=pt&tlng=pt

Doricci, G. C., Guanaes-Lorenzi, C., & Pereira, M. J. B. (2016). Programa Articuladores da Atenção Básica: Construindo humanização através do diálogo. *Physis Revista de Saúde Coletiva, 26*(4), 1271-1292. Recuperado de https://doi.org/10.1590/S0103-73312016000400011

Gazotti, T. C., & Prebianchi, H. B. (2019). Aspectos técnicos e relacionais da interconsulta psicológica: a visão dos psicólogos. *Estudos Interdisciplinares em Psicologia, 10*(1), 209-222. Recuperado de http://pepsic.bvsalud.org/scielo.php?script=sci_arttext&pid=S2236-64072019000100011&lng=pt&tlng=pt

Larti, N., Ashouri, E., & Aarabi, A. (2018). The effect of an empathy role-play program for operating room nursing students. *Journal of Educational Evaluation for Health Professions, 15*(29).

Lipp, M. E. N., & Malagris, L. E. N. (2011). Estresse: aspectos históricos, teóricos e clínicos. In B. Rangé (Org.), *Psicoterapias cognitivo-comportamentais: um diálogo com a psiquiatria* (2a. ed., pp. 617-632). Artmed.

Mesquita, V. S., & Malagris, L. E. N. (2020). Síndrome de burnout em residentes multiprofissionais em saúde de um hospital universitário. *Revista da Sociedade Brasileira de Psicologia Hospitalar, 23*(2), 65-76.

Miyazaki, M. C. S. O., & Soares, M. R. Z. (2020). Estresse em profissionais da saúde que atendem pacientes com COVID-19. *Sociedade Brasileira de Psicologia.*

Nogueira, J. W. S., & Rodrigues, M. C. S. (2015). Comunicação efetiva no trabalho em equipe em saúde: Desafio para a segurança do paciente. *Cogitare Enfermagem, 20*(3), 636-640. Recuperado de https://doi.org/10.5380/ce.v20i3.40016

Oliveira, L. G. F., Fracolli, L. A., Pina-Oliveira, A. A., Lins, A. L. D. F. P., da Silva, M. R., Campos, D. S. … Macedo, S. G. (2024). Reflexões acerca dos desafios enfrentados pela equipe multidisciplinar quanto à integralidade do cuidado na atenção primária à saúde. *Revista JRG de Estudos Acadêmicos, 7*(14), e14973-e14973.

Pacheco, L. S. P., et al. (2020). O processo de comunicação eficaz do enfermeiro com o paciente em cuidados paliativos. *Research, Society and Development*, 9 (8), e747986524. https://www.rsdjournal.org/index.php/rsd/article/view/6524/5922

Prates, B. V., Feitosa, E. A. L., Monteiro, P. S., & Branco, P. C. C. (2019). Considerações sobre a formação do psicólogo no Brasil: Revisão sistemática. *Estudos Interdisciplinares em psicologia, 10*(2), 97-115. Recuperado de https://doi.org/10.5433/2236-6407.2019v10n2p97

Reis, B., & Knaut, J. F. F. (2022). Caracterização de variáveis envolvidas na atuação analítico-comportamental em contexto de cuidados paliativos. *Revista da Sociedade Brasileira de Psicologia Hospitalar, 25*(1), 29-42.

Rios, I. C., & Schraiber, L. B. (2022). *Humanização e humanidades em medicina: a formação médica na cultura contemporânea*. Editora Unesp.

Rudá, C., Coutinho, D., & Almeida, N. D., Filho. (2019). Formação em psicologia: uma análise curricular de cursos de graduação no Brasil. *Revista e-Curriculum*, *17*(2), 419-440. Recuperado de https://doi.org/10.23925/1809-3876.2019v17i2p419-440

Santos, J. S. L., & Sarmento, J. E. A. M. (2023). Histórico da psicologia hospitalar no Brasil: uma revisão bibliográfica. *Revista Psicologia & Saberes*, *12*(1). Recuperado de https://revistas.cesmac.edu.br/psicologia/article/view/1468

Valadão, F. S., Sanchez, M. C. O., Porto, M. A. D. O. P., Xavier, M. L., Braga, A. L. S., & Chrizostimo, M. M. (2022). Processo de comunicação entre a equipe multidisciplinar no contexto da gestão na atenção básica: revisão integrativa. *Research, Society and Development*, *11*(11), e86111133465. Recuperado de https://doi.org/10.33448/rsd-v11i11.33465

6

Comunicação em Saúde: A Importância de Ações em Nível Populacional, na Relação Profissional-Usuário e no Trabalho em Equipe

Eliane Maria Fleury Seidl ■ Elizabeth Queiroz ■ Marina Kohlsdorf

Destaques

- Questões ambientais, subjetivas, socioculturais e históricas são aspectos estruturantes da **comunicação em saúde**
- A interação comunicativa influencia de forma crucial processos como adesão aos cuidados, uso de estratégias de enfrentamento e adaptação em condições de cronicidades
- Competência em **comunicação verbal e não verbal** é uma habilidade essencial a ser aprendida e desenvolvida pelos profissionais, promovendo a humanização e a qualidade do cuidado em saúde
- No processo de **escuta ativa**, o profissional valoriza e respeita o que a pessoa sabe, pensa e sente, estabelecendo uma comunicação horizontal, respeitosa e acolhedora
- As habilidades de comunicação desempenham um papel importante, sendo imprescindíveis em todos os níveis de atenção à saúde: primário, secundário e terciário
- A sistematização de atividades em equipe, com objetivos bem definidos, favorece o desenvolvimento de um trabalho colaborativo e centrado no usuário, facilitando processos comunicacionais em saúde.

INTRODUÇÃO

Este capítulo tem por objetivo apresentar a **comunicação em saúde**, com ênfase em três eixos: **comunicação em nível populacional**, habilidades comunicacionais na **relação profissional-usuário** e comunicação no contexto das equipes de saúde. A **comunicação em saúde** é um processo complexo, embasado em questões técnicas, subjetivas, históricas, culturais, sociais e políticas, com o intuito de mobilizar audiências (individuais e coletivas) para cuidados de saúde em si ou em outras pessoas (Senhoras, 2023).

A interação comunicativa modera vários processos básicos, incluindo adesão aos cuidados, uso de estratégias de enfrentamento, adaptação a tratamentos e esgotamento (*burnout*) em equipes multiprofissionais (Araújo & Cardoso, 2007). Tanto na comunicação individualizada (como em consultas ou internações hospitalares) quanto na comunicação coletiva com grupos e comunidades (oficinas, rodas de conversa, palestras) ou em nível populacional (campanhas federais, estaduais ou municipais sobre educação em saúde) há fatores estruturantes, que envolvem fatores ambientais (local, pessoas incluídas, nível de privacidade, ruídos, *design* visual e auditivo no caso de *mass media*), subjetivos (condição cognitiva e emocional dos participantes, história de vida, **letramento em saúde**, nível de escolaridade, crenças em saúde) e socioculturais ou históricos (modelo de atenção em saúde, nível de qualificação dos profissionais, demandas específicas e influência de *fake news*) (Flores & Martínez, 2021; Santos et al., 2021).

COMUNICAÇÃO EM SAÚDE EM NÍVEL POPULACIONAL

Segundo Santos et al. (2021), as estratégias comunicativas em nível populacional podem ser categorizadas como:

- Vigilância em saúde (informações sobre controle de riscos, óbitos e dados epidemiológicos)
- Assistência em saúde (rede de atenção disponível no local, recursos humanos e insumos)
- Promoção da saúde (questões sociais, econômicas, políticas e culturais que influenciam as práticas em saúde)
- Educação em saúde (processos político-pedagógicos de emancipação e empoderamento populacional)
- Educação permanente (estratégias para capacitação de profissionais).

Em interações amplas, a comunicação pode ser estabelecida em caminhos diversos, como redes sociais (Twitter, Instagram, Facebook, entre outras), canais (*sites*, aplicativos, sistemas audiovisuais *online*), coletivas de imprensa, boletins epidemiológicos, comunicação presencial (oficinas, palestras, rodas de conversa, grupos terapêuticos abertos) e comunicação física impressa (cartilhas, *outdoors*, cartazes, *folder* informativo) (Flores & Martínez, 2021; Santos et al., 2021).

É importante destacar também dois modelos essenciais de **comunicação em nível populacional** (informacional-linear ou em rede dialógica)[1] e a qualidade dos aspectos estruturais da comunicação, tais como clareza da linguagem e uso de palavras adequadas ao contexto sociocultural (Santos et al., 2021). Por exemplo, cartilhas educativas que utilizam termos técnicos ("doenças oncológicas", em vez de "câncer", ou "inapetência", em substituição à "falta de apetite") constituem um prejuízo potencial ao autocuidado, pois podem não transmitir de forma clara a informação sobre saúde. O uso de termos coloquiais e a proximidade ao contexto sociocultural da comunidade são elementos profundamente promotores à educação em saúde, como exemplificado em divulgações sobre a importância de exames preventivos do câncer de mama, Programa Saúde do Homem, criação de personagens infantis como o Zé Gotinha, cartilhas de atenção psicossocial a comunidades indígenas, Cadernetas de Saúde da Criança e do(a) Adolescente, entre outros exemplos (Santos et al., 2021).

Em nível populacional, estudos destacam que as principais estratégias comunicativas incluem:

- Comunicação de risco/benefício, a mais frequentemente utilizada
- Comunicação de incerteza
- Modelos de síntese de evidências
- Orientações para elaboração de evidências científicas
- Relação ensino-aprendizagem (Silva & Santos, 2021).

Entretanto, ainda há lacunas no que se refere ao modo como a população efetivamente recebe as informações e que sentidos ou significados constrói, além da compreensão fidedigna por parte dos gestores sobre as reais demandas populacionais e as dificuldades na adoção de linguagem acessível nas campanhas, que devem ser objeto de pesquisas e acompanhamento sobre os efeitos das intervenções (Santiago et al., 2020).

---

[1]Caracterizadas respectivamente como comunicação informativa, em que o emissor (p. ex., dispositivos de saúde dos entes federativos) apenas emite informações e orientações, ou como comunicação interativa, em que o emissor (p. ex., equipes de saúde) estabelece diálogos com *feedbacks* e respostas dos usuários do serviço, em palestras, grupos terapêuticos amplos, oficinas ou outras atividades similares (Santos et al., 2021).

Uma comunicação que focalize conceitos-chave em saúde e esteja alinhada a aspectos socioculturais específicos da comunidade parece ser mais eficaz para a compreensão, satisfação e mudança de comportamento, além de receber melhor avaliação (Flores & Martínez, 2021; Santiago et al., 2020). Por outro lado, informações que destacam as evidências científicas em saúde ou enfatizam ameaças e gravidade do adoecimento com estratégias educativas amedrontadoras (p. ex., consequências do comportamento tabagista a longo prazo, como câncer ou enfisema pulmonar) não mostram impacto no autocuidado (Flores & Martínez, 2021).

A **comunicação em nível populacional** dialoga com a efetiva implementação dos princípios do Sistema Único de Saúde (SUS), considerando que a população – principal agente de sua própria saúde – deve ser produtora, protagonista e participante na coconstrução dessa interação comunicativa e correguladora desse diálogo. A comunicação é um direito fundamental proposto pelo SUS, pois a maneira como os usuários do sistema recebem, processam e assimilam as informações bem como constroem significados acerca dessa interação será decisiva para o autocuidado (Stevanim & Murtinho, 2021).

Dessa forma, entende-se que a psicologia exerce um papel fundamental nesse contexto, ao compreender como a **comunicação em saúde** se estabelece em nível populacional (entre entes federativos e a população) e incentivar melhorias nesse processo, pois isso significa, em última instância, investir em participação social, empoderamento e letramento das pessoas, além de estreitar diálogos em políticas públicas, enfatizando a saúde como um direito humano inalienável (Flores & Martínez, 2021; Stevanim & Murtinho, 2021). Contudo, a diversidade de condições socioeconômicas e culturais brasileiras, somada ao processo histórico e a desafios recentes, dificulta ações comunicativas eficientes e eficazes.

COMUNICAÇÃO E LETRAMENTO EM SAÚDE

As campanhas de saúde pública no Brasil se caracterizam pela dificuldade histórica em contemplar a diversidade cultural, geográfica, étnica e socioeconômica, reproduzindo a passividade dos usuários de saúde em detrimento do diálogo participativo. Historicamente, a **comunicação em nível populacional** não contemplou demandas específicas e subjetivas, reproduzindo um modelo campanhista, paternalista e distante das demandas reais da população, dificultando a motivação para cuidados em saúde (Senhoras, 2023).

Somam-se a esse contexto o nível reduzido de **letramento em saúde** em âmbito geral e a divulgação de informações inverídicas, que teve seu ápice durante a pandemia de Covid-19, com o aumento das *fake news* em razão da rapidez dos meios de comunicação *online* e das redes sociais (Lopes & Almeida, 2022; Posetti & Bontcheva, 2020; Silva & Santos, 2021). O combate às *fake news* se torna urgente, contudo a regulação das redes sociais ainda necessita de um debate delicado acerca das possibilidades efetivas de regulação (Flores & Martínez, 2021; Senhoras, 2023).

Por outro lado, o advento dos canais *online* pode representar um avanço na **comunicação em nível populacional**, pois crescentemente o cotidiano das pessoas tem sido perpassado pelo uso das redes sociais e de *sites online*, que inclusive suplantam o alcance das informações em saúde emitidas por entes federativos e órgãos oficiais do Estado (Flores & Martínez, 2021; Silva & Santos, 2021). As mídias digitais têm sido cada vez mais utilizadas para ampliar a **comunicação em saúde**, tendo em vista o expressivo alcance das redes sociais e outros canais *online* na divulgação de informações. Especialmente em relação aos jovens, campanhas sobre o uso de preservativos, a prevenção do uso abusivo de substâncias psicoativas, os cuidados em saúde mental e a prevenção do *bullying* têm ganhado um espaço progressivo (Flores & Martínez, 2021; Santiago et al., 2020; Silva & Santos, 2021).

Em canais *online* diversos, tem sido crescente, na última década, a exposição de conteúdos sobre câncer, diabetes e cuidados odontológicos. No entanto, uma vez que os dispositivos *online* não pressupõem regulação e as mídias são de livre autoria, é importante questionar a qualidade e a veracidade das informações veiculadas (Flores & Martínez, 2021; Santiago et al., 2020; Silva & Santos, 2021).

A questão do **letramento em saúde** permanece como um foco importante de estudos e intervenções, considerando o papel crucial que esse processo exerce na assimilação de orientações e reflexão crítica sobre informações recebidas em saúde, influenciando, consequentemente, o combate a *fake news* (Lopes & Almeida, 2022; Silva & Santos, 2021). A pandemia da Covid-19 ressaltou não apenas o poder das mídias *online* na **comunicação em saúde**, mas também a importância de investimentos no **letramento em saúde**, compreendido como o conjunto de interações mútuas entre conhecimento, motivações e competências dos indivíduos no sentido de compreender, analisar e aplicar as informações recebidas sobre autocuidado, desenvolvendo juízos e tomando decisões sobre prevenção de agravos e promoção à saúde com foco em qualidade de vida (Sørensen et al., 2012).

A proposta de **letramento em saúde** defende um papel ativo das pessoas nas decisões sobre seu autocuidado e os aspectos funcionais da interação dos entes federativos com a população, para além de uma posição passiva caracterizada pela mera recepção de informações, contribuindo sobremaneira para rever as relações tradicionalmente estabelecidas na **comunicação em nível populacional** (Lopes & Almeida, 2022). O **letramento em saúde** engloba fatores individuais e comunitários, como crenças, cultura, história, educação e organização dos serviços de saúde, estando associado a melhorias na saúde e no bem-estar, diminuição de desigualdades, construção de resiliência, menores taxas de mortalidade e de depressão e melhores níveis de adesão aos cuidados, sendo influenciada pelos níveis de educação, pobreza, desemprego e condição socioeconômica (Antunes & Lopes, 2018; Silva & Santos, 2021; Sørensen, 2019).

Compreender como os processos de comunicação e letramento se desenvolvem em nível populacional é um caminho importante para melhorar níveis de autocuidado em saúde. Contudo, as pesquisas nesse contexto enfrentam desafios metodológicos para investigar:

- O nível de **letramento em saúde** na comunidade
- As reais demandas populacionais e dificuldades relativas ao autocuidado
- O alcance e a efetiva compreensão das informações difundidas
- Os efeitos diretos e indiretos das campanhas educativas sobre o comportamento (Santiago et al., 2020; Vega-Casanova et al., 2020).

Ademais, há necessidade de expansão e divulgação de práticas baseadas em evidências, especialmente na condução de pesquisas e no subsídio a decisões nesse contexto por parte de gestores (Santiago et al., 2020).

A comunicação em *mass media* pode ser muito relevante para divulgar informações gerais sobre cuidados em saúde, especialmente sobre vacinação, exames preventivos contra o câncer de próstata e combate a preconceitos em relação a pessoas vivendo com HIV, por exemplo (Santos et al., 2023). Entretanto, o mero repasse de informações não garante a efetividade da adesão aos cuidados, demandando que a prática psicológica complemente esse processo com a promoção de diálogo e investimentos no letramento, a partir de rodas de conversa, ações educativas diversas e oficinas vivenciais com grupos comunitários (Santiago et al., 2020). Especificamente em relação aos gestores em saúde, treinamentos teórico-práticos e ênfase nas evidências científicas têm sido apontados como estratégias com potencial para melhorar a percepção sobre as demandas para a **comunicação em nível populacional** (Santiago et al., 2020).

HABILIDADES DE COMUNICAÇÃO EM SAÚDE

Além da **comunicação em nível populacional**, o presente capítulo aborda aspectos do processo comunicacional intrínseco às ações assistenciais, que se dão nas relações entre profissional e usuário no cotidiano dos serviços de saúde. Habilidades de comunicação são centrais na atuação de profissionais com diferentes formações, sendo essenciais para uma assistência de qualidade, independentemente do nível de atenção: primário, secundário ou terciário. Portanto, é possível afirmar que se trata de uma habilidade transversal, altamente desejável e crucial ao processo comunicacional entre profissional de saúde-usuário, permeando todas as especialidades, os diferentes serviços e níveis de atenção, bem como as ações de promoção da saúde, prevenção de agravos, diagnóstico, tratamento e reabilitação.

Apesar de psicólogos terem em sua formação, de modo geral, o ensino de conteúdos voltados à **relação profissional-usuário** e processos comunicacionais, esse tópico está direcionado a todas as categorias da área, inclusive à Psicologia. Isso porque o trabalho em saúde prevê especificidades que tornam esse tema de alta relevância e necessário às categorias profissionais atuantes nos diferentes níveis de atenção.

A comunicação refere-se a uma competência básica na oferta e prestação de cuidados em saúde, fazendo parte das ações desempenhadas pelos profissionais, tanto na realização de consultas, procedimentos específicos, atividades de educação em saúde, orientação, prescrição quanto ao acolher o usuário dos serviços, por exemplo (Almeida, 2019). Diferentemente da **comunicação em nível populacional**, as ações aqui se dão de forma próxima entre os interlocutores, em atendimentos que os colocam frente a frente, em contextos diversos de atendimento e cuidado profissional. Por fim, a seguinte definição de **comunicação em saúde** revela a complexidade do conceito e sua abrangência:

> **Comunicação em saúde** é possibilitar acessibilidade e acesso por meio de acolhimento e construção de autonomia, promovendo comprometimento com diálogo, entendimento do direito, empoderamento e humanização das relações. É viabilizar integração, integralidade, inclusão, participação, reflexão, resolutividade, respeito e solidariedade. É um processo primordial, desafio de transparência, linguagem e transformação de construção de vínculo e dever de cidadania (Mendonça, 2014, como citado em Pimentel et al., 2022, p. 3).

Com o propósito de aportar aspectos práticos do tema, de modo a prover subsídios à atuação profissional, neste tópico são abordados: **comunicação** verbal e não verbal; **escuta ativa** e ética na **comunicação em saúde**. Destaca-se ainda que esses tópicos se articulam e têm interfaces nos processos comunicacionais.

Comunicação verbal e não verbal

Tanto a **comunicação verbal** quanto a não verbal são interdependentes e complementares no processo comunicacional, sendo a base das relações interpessoais nos contextos de saúde e doença. Assim, na comunicação é importante não apenas o que é dito, mas como é dito. No que tange à **comunicação verbal**, deve-se estar atento ao conteúdo da fala, prezando por um discurso que considere e respeite o nível educacional e o contexto sociocultural do usuário, evitando eufemismos ou figuras de linguagem, o uso de jargões (termos técnicos complexos, usual para uma profissão, mas desconhecidos das pessoas leigas), siglas não explicitadas (siglas citadas habitualmente na comunicação profissional, como IST, CID, TB, entre outras), enfim, aspectos que podem tornar o conteúdo da fala ininteligível e incompreensível para o interlocutor.

O esforço para ser entendido faz parte da comunicação eficaz que o profissional deve estabelecer com o usuário, com base em estratégias pedagógicas, tais como: prover explicações de termos técnicos, usar linguagem didática com exemplos e analogias, lançar mão de suportes à **comunicação verbal** como desenhos, gráficos, fotos, figuras, vídeos, entre outros, visando à emissão de uma mensagem com conteúdo acessível. O diálogo horizontal deve prevalecer nessa comunicação; assim, é importante perguntar se a pessoa entendeu o que foi verbalizado, se tem dúvidas, se quer que algum aspecto seja mais explicado, bem como pedir para o usuário verbalizar com suas palavras o que foi falado pelo profissional para verificar a correção, a adequação e o nível de compreensão do interlocutor.

A **comunicação não verbal** pode enriquecer, complementar, substituir ou mesmo contradizer o relato verbal. Refere-se, portanto, a gestos, movimentos ou posturas corporais, expressões faciais, movimentos da cabeça, contato visual e outras mensagens não verbais observadas e/ou captadas pelo interlocutor, denominada "comunicação cinésica". Outro aspecto da **comunicação não verbal** são as características paralinguísticas ou paraverbais, que incluem: altura e tom da voz, ritmo da fala, latência e pausas entre o fim de uma mensagem e a resposta do interlocutor, por exemplo. Tais aspectos, muitas vezes, podem denunciar uma incongruência entre as verbalizações e os sentimentos vivenciados.

Inclui-se também na **comunicação não verbal** o toque ou comunicação tacêsica. A comunicação tátil é frequente na assistência associada à realização de exames clínicos e procedimentos técnicos, denominada "toque instrumental". Mas trata-se, aqui, do toque espontâneo, expressão de conforto, proximidade, carinho e apoio do profissional de saúde em relação ao usuário (Dias et al., 2008). O toque faz parte, portanto, de expressões não verbais que, ao lado da habilidade técnica, representam manifestações de suporte, solidariedade e empatia. Considera-se, assim, que a **comunicação não verbal**:

> [...] qualifica a interação humana, imprimindo sentimentos, emoções, qualidades e um contexto que permite ao indivíduo, não somente perceber e compreender o que significam as palavras, mas também compreender os sentimentos do interlocutor. Mesmo o silêncio é significativo e pode transmitir inúmeras mensagens em determinado contexto (Ramos & Bortagarai, 2012, p. 164).

Não obstante a sua importância no âmbito da **comunicação em saúde**, a sociedade, e notadamente em nossa atuação profissional, tende a valorizar a **comunicação verbal**, que é mais ensinada nos processos formativos, em detrimento da não verbal. Em suma, a competência em **comunicação verbal e não verbal** é uma habilidade essencial a ser aprendida e desenvolvida pelos profissionais, promovendo a humanização e a qualidade da atenção e do cuidado em saúde.

Escuta ativa

Conceito muito difundido na área de saúde, ele tem destaque a partir das políticas de humanização da assistência e das ações voltadas para a melhoria da **relação profissional-usuário**. Na **escuta ativa**, o profissional estimula e acolhe o discurso do paciente, com emissão de perguntas que incentivem a expressão de pensamentos, conhecimentos, sentimentos, crenças, valores e comportamentos do usuário acerca de suas questões de saúde e doença. Dessa forma, no processo de **escuta ativa**, o profissional valoriza e respeita o que a pessoa sabe, pensa e sente, estabelecendo uma comunicação horizontal, respeitosa e acolhedora. Ademais, praticar a **escuta ativa** favorece o processo de acolhimento e de vinculação do usuário com o profissional, a equipe e o serviço de saúde.

Há evidências de que o sucesso ou o fracasso quanto à adesão ao autocuidado, a satisfação e o comprometimento do paciente com o tratamento e a compreensão do diagnóstico, por exemplo, podem estar relacionados à comunicação com base na **escuta ativa**, habilidade desenvolvida ao longo da formação e/ou em atividades de educação permanente de profissionais já vinculados ao sistema de saúde (Silva et al., 2023). Oliveira et al. (2018, p. 34) reiteram que:

> Na assistência em saúde, a **escuta ativa** envolve interesse pelo que está sendo dito, a aproximação corporal e o uso de expressões verbais de encorajamento à continuidade da fala no intuito de identificar a real demanda do paciente [...]. Assim, essa modalidade de atendimento surge como ferramenta de cuidado leve, voltada para o acolhimento e a humanização da assistência em saúde. Essa escuta vincula o assistido ao sistema e aos profissionais, tornando o tratamento mais resolutivo. A resolução e confiança são oferecidas ao paciente pela escuta de suas queixas e temores, direcionando-o a uma autorreflexão do processo de saúde-doença.

Em suma, a **escuta ativa** implica não apenas focalizar e prestar atenção ao que é dito pela outra pessoa, mas também ao que deve ser dito, lançando mão de habilidades verbais e não verbais de comunicação. Antes de tudo, é uma demonstração de interesse e respeito pelo paciente, evitando suposições precipitadas e emissão de juízos de valor.

Ética na comunicação em saúde

Questões de natureza ética norteiam as ações e os procedimentos na atenção à saúde. Esse é um conceito vasto, que tem contribuições de diferentes áreas de conhecimento como bioética, direito e filosofia, além dos códigos de ética que regem a prática das diferentes profissões de saúde. No presente tópico são abordados temas que têm interface entre si e são muito relevantes quando se trata de ética na **comunicação em saúde**: Termo de Consentimento Livre e Esclarecido (TCLE), autonomia, direito à informação em saúde, privacidade, sigilo e confidencialidade. Vale elucidar que há duas modalidades de TCLE – o de pesquisas envolvendo seres humanos e o da assistência à saúde –, sendo o segundo o alvo deste tópico.

O TCLE, também intitulado "consentimento informado", é utilizado em âmbito profissional por diversas áreas, ainda que tenha mais destaque e aplicação na Medicina. Trata-se de um documento que visa garantir direitos para os pacientes e para os profissionais, por meio do qual se promove o direito à autonomia, à informação e o direito de escolha do usuário (Castro et al., 2022).

Com o avanço da bioética, o século XX presenciou mudanças importantes quanto à participação dos pacientes nas decisões sobre os cuidados a serem recebidos, estabelecendo exigências aos profissionais quanto a "prover informações sobre riscos, benefícios e alternativas de uma proposta de intervenção, visando assegurar que os cuidados que (o paciente) recebesse coincidissem com os seus costumes, objetivos, preferências e valores" (Batista et al., 2018, p. 52). Passou-se a valorizar um modelo de comunicação horizontal, de modo que as decisões possam ser tomadas com base na corresponsabilidade, ampliando o protagonismo do paciente no processo saúde-doença. No entanto, para que o usuário seja um agente ativo e autônomo nesse processo, é necessário que seja esclarecido a respeito da sua situação pelo profissional de saúde. Por isso, processos comunicacionais entram em cena e são cruciais para que a autonomia do usuário seja garantida.

Autonomia pode ser definida como a capacidade da pessoa de exercer seu autogoverno e autodeterminação, tomando decisões e fazendo as próprias escolhas, de modo a orientar as suas ações em saúde (Correia & Seidl, 2022). Albuquerque (2018) traz ainda o conceito de autonomia relacional, partindo da premissa de que as pessoas são interdependentes e interconectadas, vinculando o exercício da autonomia a aspectos sociais e sua conexão com gênero, raça, economia, cultura, política, entre outros aspectos, já que se trata de um conceito socialmente construído.

Um desafio quando se aborda a utilização do termo de consentimento na assistência em saúde se refere a como aprimorar a redação e aplicação desses instrumentos – são documentos escritos, de modo geral – visando ao aumento do nível de informação e à compreensão do usuário, garantindo que este exerça a sua autonomia e decida conscientemente, de forma digna e com base nos direitos humanos (Batista et al., 2018). Em geral, o TCLE é redigido com um padrão igual para todos, havendo também o consentimento fornecido oralmente, especialmente para pessoas com dificuldade de leitura ou iletradas. Assim, o consentimento informado baseia-se no respeito à pessoa, à sua autonomia, reduzindo a posição de primazia do profissional, de modo que o usuário possa tomar decisões racionais, a partir de informações inteligíveis.

Todo usuário tem direito de receber informações sobre as suas condições de saúde, desde o diagnóstico, incluindo tratamentos médicos e de outras especialidades, procedimentos técnicos diversos, prognóstico, reabilitação, entre outros. A informação em saúde transforma-se em conhecimento sobre a sua condição para o usuário, permitindo o empoderamento, o uso de estratégias de enfrentamento, a gestão do autocuidado e o exercício do direito à saúde (Leite et al., 2018).

O acesso à informação sobre saúde e doença, nos dias atuais, é facilitado e cresceu muito com o uso da internet e das redes sociais, como Instagram e Facebook. O foco aqui, porém, é a informação provinda do(s) profissional(is) e da equipe, inserindo-se no âmbito da **comunicação em saúde**. A diversidade de perfis dos usuários em aspectos sociodemográficos, níveis de **letramento em saúde**, aspectos pessoais/subjetivos (crenças sobre saúde e autocuidado, estilo de vida, práticas preventivas, vinculação religiosa, entre outros) podem influenciar a necessidade de informações pela pessoa, tanto em matéria de quantidade quanto de qualidade. Assim, alguns usuários podem necessitar de explicações mais detalhadas, disponibilizadas de maneira mais didática, dependendo do nível de escolaridade, por exemplo. O provimento de informação, quando mediada pelo profissional de saúde, deve se dar, portanto, de forma adequada às características da pessoa, lançando mão das habilidades destacadas no presente capítulo, como **escuta ativa** e **comunicação verbal e não verbal**.

O tema "ética em saúde" traz ainda questões acerca da privacidade, do sigilo e da confidencialidade. A Constituição brasileira (Constituição da República Federativa do Brasil, de 1988), em seu art. 5º, inciso X, reza sobre privacidade: "são invioláveis a intimidade, a vida privada, a honra e a imagem das pessoas, assegurado o direito a indenização pelo dano material ou moral decorrente de sua violação". Atualmente, constata-se grande quantidade de informação pessoal circulando em ambiente digital, nem sempre devidamente protegida. Nas ações em saúde, frequentemente situações pessoais são reveladas pelo usuário, eventualmente embaraçosas e constrangedoras, impondo a necessidade de que essas informações sejam resguardadas, podendo ser veiculadas apenas se autorizadas (Keinert & Cortizo, 2018).

No que tange ao sigilo profissional, este é restrito às pessoas envolvidas (p. ex., profissional e paciente) e refere-se a informações obtidas em relações interpessoais e em documentos relativos a essas relações (p. ex., prontuários, documentos da instituição de saúde), contendo elementos relacionais e intersubjetivos (Hokama et al., 2021). Assim, a ocorrência de determinadas situações pode levar à quebra do sigilo, com a decisão acerca de quem terá acesso às informações.

Já a confidencialidade, de caráter objetivo, é a garantia de que apenas pessoas e instituições autorizadas terão acesso à informação, o que é resultado, portanto, de planejamento, legislação, monitoramento e vigilância, devendo ser regulamentada. Assim, a confidencialidade "contém um conjunto predeterminado de regras que zela para que o acesso à informação esteja disponível apenas para quem de direito" (Hokama et al., 2021, p. 291). À guisa de exemplo, uma pessoa internada por agravos decorrentes da Aids solicita à equipe sigilo e confidencialidade acerca de sua condição para os familiares, que desconhecem o diagnóstico. Nesse caso, a equipe deve assegurar o sigilo, para respeitar o desejo do paciente e garantir os seus direitos. No entanto, os profissionais podem, em ações de atendimento, ouvir o paciente sobre os motivos da não revelação do diagnóstico para pessoas próximas afetivamente, discutir as vantagens e desvantagens de manter esse segredo, bem como outros pontos relevantes da situação, que pode estar sendo motivada por medo de sofrer preconceito ou trazer sofrimento para os familiares.

Essas questões éticas que envolvem a **comunicação em saúde** colocam grandes desafios para os atores das práticas profissionais, e a Lei Geral de Proteção de Dados Pessoais – LGPD (Lei n. 13.709, de 2018) poderá ter efeitos positivos e relevantes na regulamentação de situações marcadas por problemas de privacidade, sigilo e confidencialidade, propiciando efeitos preventivos quanto à violação desses direitos (Lei n. 13.709, de 2018).

FORMAÇÃO EM SAÚDE E IMPLICAÇÕES PARA A COMUNICAÇÃO EM EQUIPE

A preparação para o trabalho em **equipe de saúde** tem sido reforçada como uma necessidade para a consolidação de um modelo de atenção integral e integrada em saúde, em consonância com a perspectiva biopsicossocial (De Marco, 2003). O desenvolvimento de habilidades, comportamentos e atributos para melhorar os resultados em saúde pelo trabalho em equipe e **colaboração interprofissional** foi fortemente recomendado pela Organização Mundial da Saúde (OMS) quando da publicação do "Marco de Ação sobre Educação Interprofissional e Prática Colaborativa" (World Health Organization [WHO], 2010).

A atuação no SUS pressupõe a possibilidade de trabalho nos diferentes níveis hierárquicos do sistema, da atenção básica à alta complexidade, e a maior crítica ao processo de formação é a ênfase em questões técnicas do cuidado quando comparada aos aspectos interpessoais, particularmente aqueles relacionados à comunicação. Quando presente, a valorização de uma efetiva comunicação profissional de saúde-usuário é mais frequente em detrimento do reconhecimento das trocas relacionais entre os membros da equipe, que devem ser a base do cuidado assistencial, pois contribuem com a consciência do papel do outro profissional no alcance dos objetivos terapêuticos. Tal perspectiva demanda uma participação ativa e proativa de cada um para familiarização com as experiências, competências e valores das outras profissões, permitindo a melhora das relações pessoais e do cuidado em saúde.

Nesse sentido, a comunicação é uma competência que precisa ser desenvolvida de forma a favorecer um equilíbrio de poder, uma hierarquia compartilhada, bem como o aumento da confiança para que as negociações de papéis fortaleçam as relações entre os membros da equipe (Karam et al., 2022). Esse ponto é bem crítico porque os problemas e os conflitos de relacionamentos entre os membros da equipe interferem na construção de uma identidade compartilhada, na definição das atividades a serem executadas, bem como na comunicação e na interação entre os membros e o usuário (Rawlinson et al., 2022), além de impactar a prática interprofissional e, consequentemente, a socialização entre seus membros (Jones et al., 2021). Aspectos como idade, tempo de experiência profissional, instituição de formação e até mesmo expectativas em relação à atuação dos outros membros da equipe são exemplos de variáveis pessoais que impactam o funcionamento da equipe.

As atividades interprofissionais que propiciam a discussão entre integrantes da equipe, para a tomada de decisão compartilhada com base em evidências científicas, são entendidas como oportunidades reais de comunicação (Brito et al., 2021), sendo elas consideradas essenciais para a construção da ação-reflexão-ação, trocas de conhecimentos e de experiências, além de estimular convivência mútua, respeito pelo saber e o ponto de vista do outro (Donnelly et al., 2021). Fortalecem também a educação interprofissional para a prática colaborativa (Homeyer et al., 2021).

A depender do nível de atenção (primária, secundária ou terciária), diferentes atividades serão privilegiadas para alcance dos objetivos do tratamento delineado, com participação diferenciada de cada profissional, em uma perspectiva colaborativa e centrada no usuário. Em condições ideais, independentemente do nível de atenção, atividades em equipe deveriam compor o rol de alternativas disponíveis para o cuidado em saúde, com periodicidades, objetivos e formatos compatíveis com a realidade de cada serviço.

Neste capítulo, destaque é dado a atividades tradicionais da equipe que requerem compreensão da importância da comunicação, de forma a garantir a sua ocorrência: as reuniões interprofissionais (reunião para discussão de casos clínicos, reunião com pacientes e familiares e reuniões administrativas) e as visitas (visita interprofissional ao paciente, visita interprofissional domiciliar, visita interprofissional escolar e/ou institucional). Infelizmente, nem todo profissional de saúde tem a oportunidade de vivenciar tais atividades em seu processo formativo, implicando muitas vezes uma desvalorização da atividade em práticas futuras.

O reconhecimento de que as reuniões podem ter diferentes objetivos é algo que precisa ser definido e valorizado entre os membros das equipes. A reunião para discussão de casos clínicos é provavelmente a primeira a ser implantada quando em uma perspectiva interprofissional. Essa atividade assegura a comunicação e a interação clínica, uma vez que a discussão em equipe – sobre a condução do tratamento do paciente – oportuniza a definição de cuidados integrados e seguros com foco no usuário e, consequentemente, gera segurança ao paciente, diminuição de erros e redução de custos ao sistema (Guck et al., 2021). Nessas ocasiões, os profissionais têm a oportunidade de compreender de fato a necessidade de adequações requeridas para cada caso, a contraindicação de determinadas condutas que foram efetivas para outros usuários e a identificação do que de fato é relevante, a partir de uma perspectiva ampliada do cuidado.

As reuniões formais ou informais em equipe são momentos de interação entre os profissionais, sendo importantes para a construção coletiva e a avaliação tanto dos processos em curso quanto das atividades do serviço (Camara et al., 2015). Para tanto, é importante uma atitude proativa entre os membros da equipe para compartilhar metas e objetivos comuns para um cuidado integral em benefício do paciente. São momentos com genuína possibilidade de **colaboração interprofissional**, o que fortalece o trabalho e a comunicação em equipe, mediante competências como ouvir e falar. As reuniões propiciam sanar dúvidas individuais, bem como esclarecer as condutas adotadas para as ações em pauta.

A prestação dos serviços em saúde deve objetivar o foco no usuário para a melhoria da qualidade de vida, conforme princípios do SUS. Para tanto, atividades que incentivem a interação entre a **equipe de saúde**, o usuário e seus familiares são formas de superar as desigualdades hierárquicas e da fragmentação do saber e do cuidado (Gray & Ford, 2021; WHO, 2010). Nesse sentido, as reuniões de profissionais com usuários e familiares são particularmente necessárias, em contextos de atenção ambulatorial ou de internação. Não é raro identificar que dificuldades relacionadas ao contexto ou dinâmica familiar, relatadas pelo usuário, ainda não foram resolvidas porque os familiares não tinham ciência ou compartilhavam da impressão de que deveriam ser mantidas como eram. Destaca-se aqui o papel mediador que a equipe pode ter com impactos altamente positivos.

Em relação às reuniões administrativas, elas representam uma importante ocasião para avaliação das implicações diretas para a atuação do grupo, pois ampliam a cooperação por meio da liderança, da ética e do suporte institucional (Rawlinson et al., 2022). Aqui cabe ressaltar que a gestão em saúde esbarra muitas vezes na questão do acesso a serviços, com grande impacto emocional sobre os profissionais. Nesse sentido, é importante conferir sempre se a relação entre um ato individual e a complexidade associada no contexto do serviço está bem estabelecida. A liberação de uma consulta por um médico, por exemplo, fora das vagas determinadas não é um ato individual porque, na maioria das vezes, resulta em solicitação de exames e/ou internação, com repercussão para todas as outras categorias profissionais.

Ainda que as visitas interprofissionais aos pacientes sejam reconhecidas como um espaço de aprendizado seguro e aberto ao diálogo (Moncatar et al., 2021), elas ainda são pouco frequentes e, consequentemente, pouco estruturadas, com maior ocorrência nos programas da atenção primária. Ressalta-se a importância dessas ações para melhorar o trabalho e a prática clínica que se voltam à problematização da realidade em saúde, com foco nas reais necessidades, para interação conjunta dos profissionais, usuário, familiares e comunidade (Khalili et al., 2019) em busca de uma solução viável para os problemas identificados.

Ações que integram a comunicação clínica entre a **equipe de saúde**, o paciente e familiares colaboram com as interações entre os atores, reforçam a relação de confiança pela possibilidade de partilhar uma linguagem comum durante o curso do tratamento da doença. Esse processo de comunicação – que se dá nas visitas interprofissionais – pode contribuir com a adesão ao tratamento, uma vez que esse é fortalecido quando os pacientes são incluídos no planejamento do tratamento. Os pacientes têm expectativas de serem informados do seu diagnóstico, prognóstico e curso do tratamento para também terem escolhas e contribuírem com as decisões tomadas sobre a sua saúde (Orchard et al., 2012).

Tanto visitas interprofissionais domiciliares quanto as institucionais e escolares são atividades que buscam compreender a real necessidade de saúde do usuário dos serviços, visto que elas podem interferir nas decisões, nas mudanças e nas transformações no ambiente em que o paciente está inserido (Bispo & Rossit, 2019). Os dois tipos de visita (domiciliar e institucional/escolar) carecem de uma organização institucional com a disponibilização de transporte e equipe, o que nem sempre é viável diante das demais demandas dos serviços. Essa ação passa pela necessidade de esclarecimento, junto à **equipe de saúde**, da importância dessas atividades de modo a garantir condições adequadas para a sua realização. Isso porque esse tipo de intervenção coloca a realidade das condições de saúde dentro da prática clínica, o que gera benefícios ao sistema e à melhoria de vida do paciente e satisfação da equipe (Reeves et al., 2018).

Ainda na perspectiva da importância das visitas interprofissionais, um estudo realizado por Furlanetto et al. (2020) na atenção primária demonstrou que a ausência de visitas domiciliares pode afetar negativamente a vinculação e a satisfação dos usuários com os serviços de saúde. De acordo com os resultados do estudo, os usuários que não receberam visitas domiciliares tiveram menor probabilidade de recomendar os serviços de saúde e relataram menor satisfação em comparação com aqueles que foram visitados. Portanto, é essencial garantir que os profissionais de saúde, nos diferentes níveis de formação, tenham a oportunidade de vivenciar a realidade da comunidade por meio das visitas domiciliares, o que contribui para uma melhor prestação de serviços e uma maior satisfação por parte dos usuários.

Merece destaque que as ações de enfrentamento à Covid-19 exigiram esforços do Governo Federal e das Secretarias de Saúde Estaduais e Municipais, o que alterou os processos de trabalho dos profissionais (Gomes et al., 2022). Nesse sentido, salienta-se que as práticas baseadas em evidência, definição de canais de comunicação para as equipes, metas e objetivos comuns foram fortalecidas e contribuíram para a capacidade produtiva e a prestação dos serviços em equipe. Isso porque tais práticas favorecem a delegação clara de tarefas, definição de objetivos e metas cujos benefícios fomentam a colaboração para a prática colaborativa, o compartilhamento de práticas e saberes, além da redução de conflitos profissionais (Jones et al., 2021; WHO, 2010), devendo ser sempre incentivadas.

Por fim, cabe reforçar que as atividades interprofissionais são um importante componente da humanização do cuidado em saúde porque viabilizam uma comunicação mais frequente entre os membros da equipe, com oportunidades para apresentação de dificuldades e propostas de intervenção centradas no usuário. A participação efetiva de cada profissional no processo de definição das condutas estabelecidas em equipe representa um grande desafio por envolver aspectos comunicacionais. Nesse sentido, conhecer e estar atento aos diferentes componentes da comunicação é um grande facilitador, que precisa ser claramente incentivado, tanto na graduação quanto nos programas de educação permanente.

CONCLUSÕES

A **comunicação em saúde** permanece um tema relevante para estudos e intervenções, tendo em vista lacunas na atuação profissional e em pesquisas sobre essa temática, não obstante a sua relevância para a aquisição de comportamentos em saúde, tais como adesão aos cuidados, **letramento em saúde**, adoção de estratégias de enfrentamento e adaptação diante de condições crônicas. Destaca-se que conhecer em detalhes os elementos que compõem os processos comunicacionais na relação profissional de saúde-usuário, acompanhar os resultados de intervenções para aprimoramento da comunicação e investir em qualificação profissional das equipes de saúde são focos relevantes para estudos futuros.

Embora muito se discuta sobre a importância da **comunicação em saúde**, como uma estratégia capaz de promover a realização do cuidado integral por meio da superação de barreiras existentes para a plena colaboração entre diferentes especialidades, a capacitação nessa competência ainda representa uma meta desafiadora a ser atingida pelos profissionais e instituições. Uma ação que facilita a prática interprofissional é a implementação de atividades em equipe, com foco no usuário. Estudos evidenciam que tais atividades impactam a qualidade dos cuidados, a eficiência dos serviços e a satisfação do paciente e familiares, sendo altamente recomendado que sejam realizadas de forma sistematizada nos serviços, independentemente do nível de atenção à saúde.

REFERÊNCIAS BIBLIOGRÁFICAS

Albuquerque, A. (2018). *Capacidade jurídica e direitos humanos*. Rio de Janeiro: Lumen Juris.

Almeida, C. V. (2019). Modelo de comunicação em saúde ACP: as competências de comunicação no cerne de uma literacia em saúde transversal, holística e prática. In C. Lopes & C. V. Almeida (Ed.), *Literacia em saúde na prática* (pp. 43-52). Lisboa: Edições ISPA.

Antunes, M. L., & Lopes, C. (2018). Contributos da literacia em saúde para a promoção e racionalização de custos na saúde. In C. Lopes & C. V. Almeida (Coord.), *Literacia em saúde: Modelos, estratégias e intervenção* (pp. 43-63). Lisboa: Edições ISPA.

Araújo, I. S., & Cardoso, J. M. (2007). *Comunicação e saúde.* Editora FioCruz.

Batista, K. T., Martins, V. C. S., Seidl, E. M. F., & Amorim, K. P. C. (2018). Termo de consentimento informado em cuidados de reabilitação. *Comunicação e Ciências da Saúde, 29*(1), 52-60.

Bispo, E. P. F., & Rossit, R. A. S. (2019). *Avaliação da colaboração interprofissional: Escala de avaliação da colaboração interprofissional em equipe (AITCS II - BR).* Unifesp.

Brito, G. E. G., Benício de Sá, J. G. S., de Andrade, A. J. B., Forte, F. D. S., Batiston, A. P., & da Costa, M. V. (2021). Dimensions of interprofessional collaboration in the dynamics of the expanded family health and primary care centers: a qualitative study. *Journal of Interprofessional Care, 36*(2), 1-8. Recuperado de https://doi.org/10.1080/13561820.2021.1977618

Camara, A. M. C. S., Grosseman, S., & Pinho, D. L. M. (2015). Educação interprofissional no Programa PET-Saúde: a percepção de tutores. *Interface-Comunicação, Saúde, Educação, 19*, 817-829. Recuperado de https://doi.org/10.1590/1807-57622014.0940

Castro, C. F., Quintana, A. M., Olesiak, L. R., & München, M. A. B. (2022). Termo de consentimento livre e esclarecido na assistência à saúde. *Revista Bioética, 28*(3), 522-530. Recuperado de http://dx.doi.org/10.1590/1983-80422020283416

Constituição da República Federativa do Brasil de 1988. Recuperado de https://www.planalto.gov.br/ccivil_03/constituicao/constituicao.htm.

Correia, I. C., & Seidl, E. M. F. (2022). Perception of adolescents with spinal cord injury about autonomy. *Revista Bioética, 30*(3), 534-547. Recuperado de https://doi.org/10.1590/1983-80422022303547EN

De Marco, M. A. (Ed.). (2003). *A face humana da medicina - do modelo biomédico ao modelo biopsicossocial.* São Paulo: Casa do Psicólogo.

Dias, A. B., Oliveira, L., Dias, D. G., & Santana, M. da G. (2008). O toque afetivo na visão do enfermeiro. *Revista Brasileira de Enfermagem, 61*(5), 603-607. Recuperado de https://doi.org/10.1590/S0034-71672008000500012

Donnelly, S., Ó Coimín, D., O'Donnell, D., Ní Shé, É., Davies, C., Christophers, L. ... Kroll, T. (2021). Assisted decision-making and interprofessional collaboration in the care of older people: a qualitative study exploring perceptions of barriers and facilitators in the acute hospital setting. *Journal of Interprofessional Care, 35*(6), 1-15.

Flores, R. I., & Martínez, A. (2021). Comunicação digital e saúde da população: análise da comunicação dos organismos e biopolítica em tempos de pandemia. *Mídia e Cotidiano, 15*(3), 25-40.

Furlanetto, D. D. L. C., Lima, A. D. A. D., Pedrosa, C. M., Paranaguá, T. T. D. B., Xavier, M. F., Silva, A. K. P. D. ... Santos, L. M. P. (2020). Satisfação do usuário da Atenção Primária no Distrito Federal: a importância do acesso oportuno e da visita domiciliar. *Ciência & Saúde Coletiva, 25*(5), 1851-1863. Recuperado de https://doi.org/10.1590/1413-81232020255.33332019

Gomes, R. C. S., Pedrozo, L. M., Mestriner, S. F., & Lago, L. P. M. (2022). Desenvolvimento de competências colaborativas na residência multiprofissional no enfrentamento à Covid-19. *Trabalho & Educação, 31*(2), 123-132. Recuperado de https://doi.org/10.35699/2238-037X.2022.40087

Gray, R., & Ford, J. (2021). *Interprofessional education handbook: for educators and practitioners incorporating integrated care and values-based practice.* CAIPE. Recuperado de https://www.caipe.org/resources/publications/caipe-publications/caipe-2021-a-new-caipe-interprofessional-education-handbook-2021-ipe-incorporating-values-based-practice-ford-j-gray-r

Guck, T. P., Walters, R. W., Abdul-Greene, C., Doll, J., Greene, M. A., & McGaha, A. L. (2021). Sustainable and replicable clinical and financial outcomes in an interprofessional education and collaborative practice nexus. *Journal of Interprofessional Care, 36*(5), 70-77. Recuperado de https://doi.org/10.1080/13561820.2021.1932776

Hokama, N. K., Bonequini, P., Jr., & Hokama, P. O. M. (2021). Secrecy, anonymity and confidentiality in blood donors with HIV. *Revista Bioética, 29*(2), 287-294. Recuperado de https://doi.org/10.1590/1983-80422021292466

Homeyer, S., Hoffmann, W., Hingst, P., Oppermann, R. F., & Dreier-Wolfgramm, A. (2021). Effects of interprofessional education for medical and nursing students: enablers, barriers and expectations for optimizing future interprofessional collaboration–a qualitative study. *BMC Nursing, 17*(13), 1-10. Recuperado de https://doi.org/10.1186/s12912-018-0279-x

Jones, L., Fowler, D., Bialocerkowski, A., & Sheeran, N. (2021). Learning how to work in an interprofessional environment: How students transition to allied health professionals working interprofessionally. *Journal of Interprofessional Care, 36*(4), 1-9. Recuperado de https://doi.org/10.1080/13561820.2021.1950130

Karam, M., Macq, J., Duchesnes, C., Crismer, A., & Belche, J. L. (2022). Interprofessional collaboration between general practitioners and primary care nurses in belgium: a participatory action research. *Journal of Interprofessional Care, 36*(3), 380-389. Recuperado de https://doi.org/10.1080/13561820.2021.1929878

Keinert, T. M. M., & Cortizo, C. T. (2018). Dimensões da privacidade das informações em saúde. *Cadernos de Saúde Pública, 34*(7), 1-3. Recuperado de http://dx.doi.org/10.1590/0102-311X00039417

Khalili, H., Thistlethwaite, J., El-Awaisi, A., Pfeifle, A., Gilbert, J., Lising, D. ... Xyrichis, A. (2019). *Guidance on global interprofessional education and collaborative practice research: Discussion paper*. CAIPE. Recuperado de https://digitalcollection.zhaw.ch/bitstream/11475/19793/1/Guidance-on-Global-Interprofessional-Education-and-Collaborative-Practice-Research_Discussion-Paper_FINAL-WEB.pdf

Lei n. 13.709, de 14 de agosto de 2018. Lei Geral de Proteção de Dados Pessoais (LGPD). Recuperado de https://www.planalto.gov.br/ccivil_03/_ato2015-2018/2018/lei/l13709.htm

Leite, R., Ventura, C., & Carrara, B. (2018). Direito à informação em saúde: uma revisão integrativa. *Cadernos Ibero-americanos de Direito Sanitário, 7*(2), 187-214.

Lopes, C., & Almeida, C. V. (2022). O papel da literacia em saúde na prevenção da doença e na proteção e promoção da saúde. In C. Lopes & C. V. Almeida (Coord.), *Literacia em saúde na prática* (pp. 15-27). Edições ISPA.

Moncatar, T. R. T., Nakamura, K., Siongco, K. L. L., Seino, K., Carlson, R., Canila, C. C. ... Lorenzo, F. M. E. (2021). Interprofessional collaboration and barriers among health and social workers caring for older adults: a Philippine case study. *Human Resources for Health, 19*(52), 1-14. Recuperado de https://doi.org/10.1186/s12960-021-00568-1

Oliveira, M. J. S., Souza, A., Calvetti, P. Ü., & Filippin, L. I. (2018). A escuta ativa como estratégia de humanização da assistência em saúde. *Revista Saúde e Desenvolvimento Humano, 6*(2), 33-38. Recuperado de http://dx.doi.org/10.18316/sdh.v6i2.4732

Orchard, C. A., King, G. A., Khalili, H., & Bezzina, M. B. (2012). Assessment of interprofessional team collaboration scale (AITCS): development and testing of the instrument. *Journal of Continuing Education in the Health Professions, 32*(1), 58-67.

Pimentel, V. R. M., Sousa, M. F., & Mendonça, A. V. M. (2022). Comunicação em saúde e promoção da saúde: contribuições e desafios, sob o olhar dos profissionais da estratégia saúde da família. *Physis: Revista de Saúde Coletiva, 32*(3), 1-21. Recuperado de http://dx.doi.org/10.1590/S0103-73312022320316

Posetti, J., & Bontcheva, K. (2020). *Disinfodemic: deciphering Covid-19 disinformation*. Unesco.

Ramos, A. P., & Bortagarai, F. M. (2012). A comunicação não verbal na área da saúde. *Revista CEFAC, 14*(1), 164-170. Recuperado de https://doi.org/10.1590/S1516-18462011005000067

Rawlinson, C., Carron, T., Cohidon, C., Arditi, C., Hong, Q. N., Pluye, P. ... Gilles, I. (2022). An overview of reviews on interprofessional collaboration in primary care: barriers and facilitators. *International Journal of Integrated Care, 21*(2), 1-20.

Reeves, S., Xyrichis, A., & Zwarenstein, M. (2018). Teamwork, collaboration, coordination, and networking: why we need to distinguish between different types of interprofessional practice. *Journal of Interprofessional Care, 32*(1), 1-13.

Santiago, I., Nicolau, L. B., Marinho, R. T., & Pereira-Miguel, J. (2020). Comunicação em saúde pública na prevenção do consumo excessivo de álcool e drogas na população escolar de São Tomé e Príncipe: protocolo científico. *Acta Medica Portuguesa, 33*(4), 229-236.

Santos, J. H. C., Sola, P. P. B., Santos, M. A., & Oliveira-Cardoso, E. A. (2023). Mudança do atendimento psicológico presencial para modalidade remota: Facilitadores e dificultadores na pandemia de Covid-19. *Revista Latino-Americana de Enfermagem, 31*, 2-10. Recuperado de https://doi.org/10.1590/1518-8345.6468.3901

Santos, M. O. S., Peixinho, B. C., Cavalcanti, A. M. C., Silva, L. G. F., Silva, I. M., Lins, D. O., & Gurgel, A. M. (2021). Estratégias e comunicação adotadas pela gestão do Sistema Único de Saúde durante a pandemia de Covid-19 – Brasil. *Interface – Comunicação, Saúde e Educação, 25*(1), 1-12. Recuperado de https://doi.org/10.1590/interface.200785

Senhoras, E. M. (Org.) (2023). *Saúde pública: agendas multidisciplinares*. Editora IOLE.

Silva, A. D. S. C., Carvalho, E. R., & Carvalho, P. D. S. (2023). O uso da educação permanente em saúde para a melhoria do acolhimento humanizado na atenção básica. *Brazilian Journal of Health Review, 6*(3), 12035-12039. Recuperado de https://doi.org/10.34119/bjhrv6n3-284

Silva, M. J., & Santos, P. (2021). The impact of health literacy on knowledge and attitudes towards preventive strategies against Covid-19: a cross-sectional study. *International Journal of Environmental Research and Public Health, 18*(10), 5421. Recuperado de https://doi.org/10.3390/ijerph18105421

Sørensen, K. (2019). Defining health literacy: exploring differences and commonalities. In O. Okan, U. Bauer, D. Levin-Zamir, P. Pinheiro, & K. Sørensen (Ed.), *International handbook of health literacy: Research practice and policy across the lifespan* (pp. 5-20). Policy Press.

Sørensen, K., den Broucke, S. V., Fullam, J., Doyle, G., Pelikan, J. M., Slonska, Z., & Brand, H. (2012). Health literacy and public health: a systematic review and integration of definitions and models.

BMC Public Health, 12(1), 80-87. Recuperado de https://doi.org/10.1186/1471-2458-12-80

Stevanim, L. P., & Murtinho, R. (2021). *Direito à comunicação e saúde*. Editora FioCruz.

Vega-Casanova, J., Camelo-Guarín, A., Rio-González, A. M., & Palacio-Sañudo, J. (2020). Revisão integrativa sobre avaliação das campanhas de comunicação em saúde para prevenção do HIV nos meios de comunicação da América Latina. *Interface - Comunicação, Saúde e Educação, 24*, 12-24. Recuperado de https://doi.org/10.1590/interface.200154

World Health Organization. (2010). *Framework for action on interprofessional education & collaborative practice*. Recuperado de https://www.who.int/publications/i/item/framework-for-action-on-interprofessional-education-collaborative-practice

7

Comunicação de Notícias Difíceis e a Psicologia no Hospital

Diana Tosello Laloni ▪ Laura Buzatto ▪
Valéria Batista Menezes Agostinho dos Santos

Destaques

- Notícias difíceis são informações que impactam negativamente a vida dos pacientes e familiares; a comunicação deve ser clara e cuidadosa pelos profissionais da saúde
- **Protocolos** de comunicação orientam profissionais de saúde na transmissão de notícias difíceis; é necessário que os profissionais desenvolvam **habilidades** de comunicação
- Dois **protocolos**, SPIKES e PACIENTE, conhecidos e referenciados, estão apresentados neste capítulo
- O psicólogo na saúde atua como facilitador, promovendo e melhorando a comunicação entre paciente, familiares e equipe de saúde, oferecendo suporte emocional
- Os casos clínicos apresentados ilustram a importância do psicólogo em equipe multidisciplinar no hospital geral
- Os casos apresentados indicam o impacto positivo no processo de comunicação, no ajustamento à internação e no suporte do paciente e da família.

INTRODUÇÃO

A Psicologia da Saúde é a área da Psicologia que estuda o comportamento humano no contexto da saúde e da doença, buscando compreender as variáveis em ação, sobre o comportamento do paciente, dos familiares e das equipes. É frequente encontrar na literatura estudos sobre a relação do comportamento com a saúde, no desenvolvimento de doenças e comportamentos do paciente que não favorecem a saúde. No entanto, é mais rara a literatura sobre o comportamento dos familiares e das equipes na relação com o paciente, indicando que essas variáveis, família e equipe de saúde, passam a ser ignoradas como componentes da saúde ou da doença do paciente. A finalidade principal da Psicologia da Saúde é compreender como é possível, por meio de intervenções psicológicas, contribuir para a melhoria do bem-estar dos indivíduos e das comunidades (Almeida & Malagris, 2011).

Como citado anteriormente, as respostas emocionais dos familiares dos pacientes por muito tempo foram negligenciadas. De acordo com Ferreira & Mendes (2013), a hospitalização é considerada um momento de crise em que ocorre uma desorganização das relações interpessoais devido ao afastamento físico do paciente, da redistribuição dos papéis e das responsabilidades, de preocupações com questões financeiras e do medo da morte do ente querido, sendo esses fatores que geram desequilíbrio em todo o sistema familiar. Comumente, os familiares apresentam grande sofrimento emocional com respostas de estresse e maior irritabilidade, sentimentos de medo e desamparo, sobrecarga e insegurança.

A comunicação é o processo pelo qual trocamos informações, questionamos, partilhamos os nossos pensamentos e emoções. É a base para um bom entendimento. Uma boa comunicação não é uma linguagem com palavras bonitas, caras ou sofisticadas. Ser compreendido de forma eficaz é possível por meio de uma boa comunicação, e essa **habilidade** é possível a todos, mesmo com uma linguagem simples. De acordo com Rodrigues (2019), uma boa comunicação é a base para qualquer tipo de relação.

A comunicação em linguagem simples no contexto da saúde é uma ferramenta necessária para facilitar a compreensão de informações médicas por parte do público leigo. Seu objetivo principal é assegurar que todas as pessoas, independentemente do seu nível de alfabetização ou conhecimento prévio, possam compreender e seguir recomendações médicas, além de tomarem decisões em saúde e aderirem aos tratamentos prescritos. A informação deve ser adaptada ao contexto cultural e às necessidades específicas do público-alvo, tornando-a relevante e prática para os diversos grupos da sociedade. Em resumo, a utilização de linguagem simples na comunicação de saúde visa promover uma comunicação eficaz e inclusiva. Isso garante que todas as pessoas possam acessar, entender e utilizar informações de saúde de maneira adequada, promovendo assim melhores resultados de saúde para toda a população (Paraguassu & Costa, 2023).

A linguagem simples no contexto hospitalar é de grande importância, tendo em vista que uma das dificuldades na **comunicação de notícias difíceis** é a utilização de termos técnicos pela equipe de saúde. Uma abordagem mais simples tende a promover maior capacitação dos pacientes e familiares, contribuindo para maior ajustamento emocional perante o diagnóstico e ao tratamento. A maneira de transmitir informações é essencial na relação médico-paciente, visto que a comunicação eficaz reduz queixas por práticas inadequadas e diminui preocupações dos pacientes. Entretanto, infelizmente não são raras as insatisfações dos pacientes sobre esse assunto (Perezet al., 2021).

O principal objeto de análise e intervenção do psicólogo da saúde no hospital é a comunicação efetiva entre a tríade: paciente, familiares e a equipe de saúde. Sendo assim, o psicólogo **analista do comportamento** seleciona o comportamento de comunicar, para sua intervenção, quando se trata da relação do paciente com as pessoas envolvidas.

Alguns questionamentos surgem nesse contexto, sendo o primeiro: Quais as variáveis presentes na **comunicação de notícias difíceis**?

Faz-se necessário definir notícias difíceis em saúde como informações que alteram de forma drástica e negativa a percepção de futuro e o curso da vida do paciente e de sua família. A forma como cada indivíduo irá responder depende de seus antecedentes pessoais, do repertório de enfrentamento e, além disso, dos estímulos sociais potencialmente reforçadores na situação. As notícias não estão relacionadas apenas à terminalidade da vida, mas também com a perda de vitalidade e ruptura entre o desejo do paciente acerca de sua condição de saúde e o prognóstico. Ademais, podem envolver esgotamento terapêutico, incapacidade e risco de morte (Gobbi, 2020; Michiles et al., 2021).

A partir da revisão sobre o tema, destaca-se o estudo qualitativo descritivo realizado por Nascimento et al. (2023), que busca compreender os fatores facilitadores e dificultadores que interferem na **comunicação de notícias difíceis** e na formação médica na área. Os resultados do estudo sugerem maior atenção ao tema, visto a falta de preparo dos profissionais para lidarem com esse tipo de situação, tanto na graduação quanto na residência médica. Entre os pontos abordados no estudo, destacou-se a importância da equipe multiprofissional no manejo com o paciente e seus familiares e no auxílio no preparo do comunicador quanto à notícia. Concluiu também que a definição de notícia difícil depende da percepção individual de cada um.

Pesquisa realizada por Borges, Freitas e Gurgel (2012), sobre a visão dos profissionais de saúde em relação à **comunicação de notícias difíceis**, também apontou para a falta de preparo dos profissionais, principalmente em face das respostas emocionais dos envolvidos. Sugerem a implantação de **protocolos** de comunicação na prática cotidiana e indicam a necessidade do desenvolvimento de comportamentos/**habilidades** de comunicação com qualidade na interação. Em concordância, Perez et al. (2021) identificam déficits na comunicação médica e enfatizam a importância da comunicação na relação médico-paciente para a qualidade de vida do paciente hospitalizado. O estudo sugere o desenvolvimento da **habilidade** de comunicação na educação médica.

Ainda em relação às **habilidades** de comunicação, Gobbi (2020) refere que estas podem ser treinadas e desenvolvidas pelos profissionais de saúde a qualquer momento, visto que a maneira como as informações são transmitidas interfere de forma direta na forma com que o paciente vai lidar com o seu adoecimento e nos recursos de enfrentamento à doença que vai utilizar. Salienta que os **protocolos** de comunicação são instrumentos de sistematização úteis, porém não suficientes – devem-se considerar demais variáveis e especificidades de cada caso.

De acordo com Silva-Xavier et al. (2022), o processo de comunicação de notícias é complexo e mobilizador de afetos. Coloca entre estratégias para manejo em tais situações a organização de um espaço adequado, a utilização da linguagem simples, o acompanhamento familiar e a criação de vínculo com o paciente. Entretanto, também salienta a falta de preparo médico e aponta dificuldades diante das respostas emocionais do paciente e de seus familiares e do tempo e espaço adequado para essa comunicação.

Tendo em vista os resultados obtidos por meio da revisão bibliográfica, destaca-se que o denominador comum entre esses estudos apresentados está na indicação do preparo médico para a comunicação das notícias difíceis. Discute-se que essas notícias cabem exclusivamente ao médico. Logo, **nesse contexto, o que é esperado do psicólogo?**

O modelo biopsicossocial, adotado pela Organização Mundial da Saúde (OMS) em 1948, enfatiza o cuidado de forma integral por meio da interação entre aspectos biológicos, psicológicos e sociais na determinação da saúde. Apesar de estar presente há mais de 70 anos, muitas vezes, essa abordagem é negligenciada em detrimento do estudo e formação dos profissionais a partir do modelo biomédico – abordagem centrada principalmente na identificação e no tratamento de doenças a partir de uma perspectiva exclusivamente biológica (Kerbauy, 1999).

O psicólogo com formação em **análise do comportamento** entende que o organismo não é um agente, mas tão somente, como diz Skinner (1989), "o palco das interações". Não há um agente iniciador, uma causa única, mas muitas e diferentes variáveis atuando em conjunto. Na verdade, nem sequer podemos falar em várias causas ou múltiplas causações, tudo o que encontramos ao investigar um fenômeno são relações entre eventos ou entre variáveis. A verdadeira tarefa é identificar e compreender o contexto no qual essas relações se manifestam e se tornam válidas (Matos, 1999).

No entanto, a pergunta permanece sem resposta: **O que faz o psicólogo, analista do comportamento, nesse contexto? O que faz o psicólogo hospitalar?**

Gorayeb e Guerrelhas (2003) propõem uma sistematização da prática psicológica em ambientes médicos, enfatizando a necessidade da coleta de informações sobre as contingências presentes na vida pessoal do paciente – antes e depois do adoecimento. A partir desses dados, infere-se que as possíveis relações entre variáveis e eventos contribuem para a compreensão dos comportamentos do paciente, assim como acontece com a manifestação de doenças. Os autores destacam que as **habilidades** são aprendidas e a postura científica perante os fatos clínicos deve ser especificamente ensinada.

Diante da formação do psicólogo da saúde, é necessário que ele desenvolva **habilidades** importantes para a prática profissional, como ser capaz de colaborar efetivamente com equipes multidisciplinares e ter a **habilidade** de comunicar claramente suas próprias competências e contribuições, garantindo que seu papel e suas **habilidades** sejam reconhecidos e valorizados dentro da equipe. Também, é necessário que ele se comporte como um profissional independente, baseando suas análises e intervenções no modelo da **análise do comportamento**, mantendo-se distante das inferências sobre o poder da mente sobre o corpo. Deve-se considerar que o indivíduo é único e seus comportamentos foram modelados e se mantêm determinados pelas variáveis.

A atuação psicológica na saúde exige uma postura científica, de registro e análise de resultados, bem como de aplicação de metodologias e intervenções com rigor técnico, para possibilitar a comunicação entre os diferentes profissionais da área. A **análise do comportamento** como diretriz para intervenção comportamental apresenta importantes contribuições à medida que fornece conhecimentos para a compreensão das relações entre padrões de comportamento e condições de saúde, além de estratégias para a aplicação de tecnologias comportamentais referentes à prevenção, ao diagnóstico, ao tratamento e à reabilitação (Kirchner et al., 2017).

Entre as possíveis intervenções do psicólogo nesse contexto, tem-se a educação do paciente. Destaca-se que os benefícios da educação do paciente são inúmeros, entre eles: o aumento da adesão ao tratamento e da satisfação do paciente; a redução de custos financeiros e de complicações de saúde. No contexto profissional, é fundamental assegurar a prestação de serviços de saúde de maneira segura e eficiente, visando à prevenção de doenças e à promoção do empoderamento dos pacientes, permitindo que participem ativamente de suas próprias jornadas de saúde.

Em revisão sobre temas da saúde estudados pela **análise do comportamento**, Marin et al. (2017) destacaram que o processo de educação do paciente é historicamente visto como função da área médica e da enfermagem, no entanto é função dos profissionais de saúde em geral não apenas informar o paciente sobre sua doença, mas também instruí-lo e identificar tanto os comportamentos problema em questão quanto as variáveis determinantes desse repertório. Também cabe ao profissional organizar as condições ambientais para que classes de comportamento pró-saúde sejam emitidas e generalizadas; logo, a educação do paciente só terá êxito se esse indivíduo passar a emitir novas classes de comportamento.

Os autores destacam a importância da filosofia do Behaviorismo Radical nesse campo, tendo em vista seus pressupostos. As variáveis determinantes do comportamento do paciente podem ser observadas e mensuradas e são passíveis a modificações para auxiliar no desenvolvimento de competências e **habilidades** necessárias ao tratamento. Nesse contexto, eventos privados, como ansiedade e medo, não são considerados causas dos comportamentos, mas parte dele, uma vez que o foco está nas variáveis determinantes e observáveis à luz da **análise do comportamento**.

A educação efetiva do paciente, considerando emissão de novas classes de comportamentos, deve basear-se nas seguintes estratégias:

- Avaliação do repertório comportamental, rede de apoio e expectativas em relação ao tratamento do paciente
- Em conjunto com o paciente, delineamento de metas realistas e estabelecimento de etapas adequadas
- Estabelecimento de contrato verbal e monitoramento de seu cumprimento
- Identificação de possíveis reforçadores e planejamento de esquemas de reforçamento em torno dos comportamentos de saúde esperados
- Fornecimento de *feedbacks* contínuos sobre desempenho e resultados de saúde
- Utilização de materiais ilustrativos para informar sobre a doença e os procedimentos médicos.

O psicólogo com formação clínica adquire a **habilidade** de escutar, interpretar, analisar e ajudar o paciente na aquisição de comportamentos para enfrentar situações difíceis – contingências que sinalizam aversividade. Salienta-se que estímulos aversivos estão presentes no cotidiano e as respostas a eles variam; sendo assim, alguns indivíduos desenvolvem repertório de enfrentamento, enquanto outros emitem comportamento de fuga/esquiva. Os repertórios aprendidos indicam as contingências em ação e são resultado do histórico de vida de cada um, não se trata de um traço de personalidade.

As informações e as considerações apresentadas indicam os objetivos a seguir. Cabe aos psicólogos da saúde a **habilidade** de intervir na **comunicação de notícias difíceis**, favorecendo aos profissionais da área a interação com o paciente, tornando esse momento acolhedor e seguro. Os **protocolos** são apenas guias para que o comportamento seja produzido. Na verdade, os **protocolos** são contingências verbais textuais (receitas ou manuais) para favorecer a emissão do comportamento; entretanto não podemos esquecer que o reforçamento tem que estar presente e **habilidades** pessoais devem estar desenvolvidas.

OBJETIVOS

O capítulo objetiva-se em trazer aos leitores a questão da **comunicação de notícias difíceis** aos pacientes e familiares. No hospital geral, o tema é o cotidiano com destaque em unidades intensivas, unidades cirúrgicas, unidades de pediatria e neonatologia.

Há cerca de 2 décadas essa temática tem sido apresentada no meio médico e alguns **protocolos** foram propostos. É necessário que o psicólogo da saúde conheça e saiba utilizar tais **protocolos** de forma satisfatória.

Na literatura, é possível identificar diferentes abordagens sobre a aplicação de manuais, sua utilização e como apresentá-los à equipe de saúde. Nesse contexto, o psicólogo desempenha um papel crucial, sendo responsável por orientar tanto a introdução quanto o treinamento dessas habilidades. Um dos principais objetivos dessa intervenção é destacar a importância do treinamento à equipe, além de sugerir estratégias adequadas para sua implementação. Vale ressaltar que, ao propor essas ações, a autonomia de cada profissional em sua área de especialização deve ser respeitada.

METODOLOGIA

No que diz respeito à **comunicação de notícias difíceis**, existem **protocolos** consolidados no contexto de saúde que instrumentalizam e auxiliam o profissional da saúde na comunicação de tais informações de forma adequada e empática, sendo os manuais mais conhecidos na nossa realidade o **Protocolo** SPIKES (2000) e o **Protocolo** P-A-C-I-E-N-TE (2017).

O **protocolo** "SPIKES – *for delivering bad news: application to the patient with cancer*" (Baile et al., 2000), publicado no Jornal *The Oncologist*, é composto de seis passos para a **comunicação de notícias difíceis** (Tabela 7.1). Destaca-se que o **protocolo** surge no contexto oncológico.

O **protocolo** sugere seis passos de maneira didática para comunicação de más notícias. O primeiro passo, nomeado "Preparação" (*Setting up*), trata de preparar a entrevista, providenciando espaço físico adequado e com privacidade, além de envolver outra pessoa significativa para o paciente. Sugere sentar-se e manter contato com o paciente, gerenciar o tempo e evitar interrupções.

O segundo passo, nomeado "Percepção" (*Perception*), busca avaliar a compreensão do paciente/acompanhante sobre as condições clínicas atuais. Verifica até que ponto o paciente tem consciência de seu estado e se está apresentando comportamentos de esquiva do assunto.

O terceiro passo, identificado como "Convite para a conversa" (*Invitation*), busca procurar entender o quanto o paciente deseja saber sobre sua doença – em casos de esquiva, devem-se oferecer ao paciente as respostas às perguntas que ele quiser fazer. Nessa etapa, a transmissão de informações é iniciada.

Tabela 7.1 Protocolo SPIKES.

1	S	*Setting up*	Preparando o encontro
2	P	*Perception*	Percebendo o paciente
3	I	*Invitation*	Convidando para a conversa
4	K	*Knowledge*	Transmitindo a informação
5	E	*Emotions*	Aceitando as emoções empaticamente
6	S	*Strategy and Summary*	Organizando os passos seguintes

A quarta etapa, identificada como "Conhecimento" (*Knowledge*), será a transmissão das informações de forma acessível e clara, evitando termos técnicos complexos. Ao final, deve-se verificar a compreensão das informações transmitidas.

O quinto passo, denominado "Emoções" (*Emotions*), é reservado para responder empaticamente à reação demonstrada pelo indivíduo. As reações emocionais podem variar, tais como silêncio, choro, negação, raiva. Ressalta-se que qualquer uma dessas respostas precisa ser respeitada. Indica-se que o profissional aguarde o tempo necessário para continuar buscando oferecer respostas empáticas e de apoio.

O sexto e último passo, indicado como "Estratégia e Resumo" (*Strategy and Summary*), sugere uma conclusão das informações. Cabe ao profissional explorar o que o paciente compreendeu e o que pensa sobre os passos futuros, o tratamento e os impactos em sua vida pessoal. Em alguns casos, como em cuidados paliativos, é reconfortante informar que o tratamento continua com objetivo de controle de sintomas (evitar sofrimento). O apoio psicológico para enfrentar questões que envolvam o núcleo familiar e a tomada de decisões são de suma importância, visto que tais estratégias diminuem a ansiedade do paciente ao revelar o plano terapêutico e ajustar suas expectativas perante os procedimentos futuros.

Já o **protocolo** P-A-C-I-E-N-TE (Pereira et al., 2017), publicado na *Revista da Associação Médica Brasileira*, é um roteiro de comunicação de más notícias adaptado à realidade brasileira (Tabela 7.2). O trabalho foi desenvolvido pelo Departamento de Anestesiologia da Faculdade de Medicina de Botucatu da Universidade Estadual Paulista (Unesp). Surge a partir da necessidade de **protocolos** de **comunicação de notícias difíceis** culturalmente adequados à realidade brasileira.

Trata-se de um estudo prospectivo cujos dados foram coletados após treinamentos específicos de médicos e enfermeiros sobre as técnicas de comunicação de más notícias. Tendo em vista as necessidades do cenário brasileiro, o **protocolo** foi elaborado a partir do **Protocolo** SPIKES de comunicação, acrescentando a responsabilização contínua e integral do cuidado ao paciente pelo profissional de saúde. Os resultados obtidos no estudo expõem dados semelhantes às pesquisas citadas anteriormente em relação à percepção de falta de treinamento das equipes de saúde em relação à **comunicação de notícias difíceis**, 48% dos participantes relataram não terem recebido treinamento formal sobre comunicação. Além disso, aponta que os profissionais tendem a apresentar dificuldades principalmente na comunicação de óbito e na iminência de morte.

O **protocolo** baseia-se no seguimento das etapas expostas na Tabela 7.2. O estudo propõe atitudes a serem realizadas e evitadas. O primeiro passo é o de preparação (P), no qual se recomenda primeiramente a checagem da veracidade da informação médica a ser transmitida, evitando erros. Posteriormente, deve-se buscar por um ambiente adequado e privativo, evitando interrupções – evitar o uso de celulares e a participação de terceiros apenas a pedido. Orienta-se não ter barreiras físicas entre o comunicador e o comunicante para maior proximidade (Pereira et al., 2017).

Tabela 7.2 Protocolo P-A-C-I-E-N-TE: organização dos passos do protocolo.

1	P	Preparo	Preparação do ambiente
2	A	Avaliação	Avaliação da percepção e informação do paciente
3	C	Convite à verdade	Convidar o paciente para transmissão da notícia
4	I	Informações	Transmissão da notícia, respeitando os envolvidos
5	E	Emoções	Acolhimento das reações emocionais
6	N	Não abandone o paciente	Assegurar a segurança e o acompanhamento do paciente
7	TE	Trace uma estratégia	Organizar os passos seguintes, incluindo acompanhamento multidisciplinar

A segunda etapa (A) visa compreender o nível de conhecimento do paciente sobre seu diagnóstico. Também, busca-se entender quanto o indivíduo quer receber dessa informação – em alguns casos, o paciente pode ter o desejo de não ser informado sobre seu diagnóstico, entretanto pode indicar uma pessoa de confiança para receber tais informações. Deve considerar as diferentes variáveis em relação à compreensão: diagnóstico recente, repertório parcial ou insatisfatório, negação do diagnóstico, entre outros (Pereira et al., 2017).

O terceiro passo (C) consiste no convite à verdade. O paciente é informado sobre a existência de uma má notícia. Recomenda-se a utilização de frases como: "Me desculpe, mas eu acredito que não tenho boas notícias". Nesse momento, o paciente pode decidir se gostaria de ser informado ou não, seguido do próximo passo (I), em que a informação deve ser transmitida com qualidade, respeitando o tempo do ouvinte. Viabilizando a tomada de decisões do paciente, orienta-se a utilização de palavras adequadas e a não utilização de eufemismos (Pereira et al., 2017).

O quinto passo (E) abrange dar o tempo necessário ao ouvinte para compreender a informação, promovendo validação de sentimentos e espaço seguro para expressão das emoções. Destaca-se que a maneira como cada um vai reagir depende de sua história pessoal, sendo esse um passo difícil. O passo seguinte (N) é "não abandonar o paciente", que busca reforçar a ele que ele está seguro e vai manter-se acompanhado pela equipe (Pereira et al., 2017).

O último passo (TE) envolve o delineamento de um plano estratégico, no qual a equipe de saúde deve expor as opções de tratamento e traçar um plano de cuidado. Orienta-se o envolvimento da equipe multidisciplinar sempre que possível (Pereira et al., 2017).

Tendo em vista as informações expostas sobre ambos os **protocolos**, destaca-se que, embora desenvolvidos em contextos distintos, compartilham uma base comum ao orientar profissionais de saúde na **comunicação de notícias difíceis** de forma efetiva e empática, com foco na preparação, na clareza na transmissão das informações e no suporte emocional contínuo dos receptores. Os **protocolos** são importantes guias no aprimoramento da qualidade da comunicação.

ATUAÇÃO DO PSICÓLOGO E ESTRATÉGIAS EM UMA UNIDADE DE TERAPIA INTENSIVA ADULTA

De acordo com Gallego et al. (2023), apesar de a literatura sobre **comunicação de más notícias** ser extensa, a maioria das pesquisas existentes prioriza a participação de médicos, gerando uma lacuna na literatura científica sobre o papel dos **psicólogos** nesse contexto. Segundo os autores, existem algumas exceções, como a pesquisa realizada por Merker, Hanson e Poston (2010), que buscou avaliar a formação e a prática em Psicologia relacionada ao tema e no contexto brasileiro, e pesquisas como as de Ostermann e Frezza (2017), que se objetivaram na descrição da comunicação de más notícias em contextos específicos.

O estudo de Gallego et al. (2023) buscou compreender os significados atribuídos à **comunicação de más notícias** no campo da saúde por **psicólogos** hospitalares – atuação em setores de urgência e emergência. Em relação aos resultados obtidos, salientam-se o despreparo emocional dos profissionais de saúde, principalmente médicos – receio de expressar sentimentos –, o impacto psicológico das informações transmitidas aos pacientes e o reconhecimento do sofrimento silencioso – muitos pacientes podem experimentar um sofrimento intenso que não é imediatamente visível ou reconhecido. Tendo em vista a **atuação do psicólogo** nesse contexto, nota-se que ele desempenha papel fundamental no acolhimento das demandas emocionais de pacientes e familiares; os participantes destacaram que a **comunicação de más notícias** frequentemente envolve um posicionamento antagonista entre os profissionais de saúde. Sendo assim, cabe ao psicólogo atuar como mediador, facilitando a compreensão e a expressão de emoções.

Em um hospital geral são diversas as contingências e os desafios relacionados à **comunicação de más notícias**. O presente capítulo, nesta seção, tem enfoque em estratégias de **comunicação de notícias difíceis** em uma Unidade de Terapia Intensiva Adulto (UTI-A), setor hospitalar destinado ao atendimento de pacientes críticos, graves ou de alto risco, que necessitam de atenção personalizada de forma contínua, materiais específicos e tecnologias que possibilitam o diagnóstico, além de monitorização e terapia (Resolução n. 7, de 2010). Tendo em vista a gravidade dos pacientes internados na UTI-A, a comunicação de notícias é um fator cotidiano e um desafio diário e constante às equipes de saúde. A partir da experiência nesse contexto, observou-se maior dificuldade de comunicação diante das seguintes notícias: intubação orotraqueal (IOT) com necessidade de ventilação mecânica, morte encefálica (ME), instabilidade do quadro clínico com iminência de morte e óbito.

A IOT é um procedimento invasivo comum nos Centros de Terapia Intensiva (CTI) – pacientes graves e/ou com doenças ou lesões multissistema – e em Centros Cirúrgicos – analgesia geral. A prática consiste na colocação de um tubo na traqueia, por meio da via oral, com o objetivo de garantir uma via aérea segura e desobstruída para suporte ventilatório adequado/ventilação mecânica invasiva (Souza et al., 2021). Tal procedimento auxilia na manutenção das trocas gasosas, no trabalho das musculaturas respiratórias e na diminuição do uso de oxigênio. Além disso, contribui para a diminuição da mortalidade de pacientes críticos (Medeiros et al., 2019).

No entanto, o uso prolongado da ventilação mecânica invasiva pode acarretar diversas alterações, entre elas: lesões na mucosa de vias aéreas, lesões nas pregas vocais, dilatação traqueal ou estenoses e infecções do trato respiratório (Medeiros et al., 2019). A diminuição da função laríngea e a inatividade da musculatura decorrentes desse processo comprometem a produção vocal e a deglutição (Souza et al., 2021).

O paciente em uso de suporte ventilatório apresenta comunicação oral limitada devido ao tubo endotraqueal, não sendo capaz de expressar efetivamente suas necessidades e desconfortos. Conforme estudo que buscou compreender a percepção de pacientes recém-entubados acerca de sua experiência comunicacional, realizado por Martinho e Rodrigues (2016), a maioria dos participantes aponta grande dificuldade, principalmente no fazer-se entender sem a capacidade da fala, sendo muitas vezes frustrante tanto aos pacientes quanto à equipe.

A intubação dificulta as possibilidades de comunicação com os pacientes, precisando da participação ativa dos familiares em se responsabilizar pelas decisões médicas (Kunigk & Chehter, 2007). Cabe ao psicólogo, no contexto da UTI, viabilizar formas de comunicação alternativas adequadas durante o manejo e a avaliação dos pacientes. Entre os recursos a serem trabalhados, destacam-se: as expressões corporais (sinalizações, articulações dos lábios, toque); os instrumentos de apoio (quadros, pranchas de comunicação, recursos tecnológicos de comunicação alternativa, quadros, bilhetes); e a combinação de códigos (abrir e fechar os olhos, aperto de mão). Ademais, o psicólogo é responsável por mediar a comunicação entre os envolvidos – equipe multidisciplinar, paciente e familiares (Ortiz et al., 2016).

De acordo com a Resolução n. 2.173/2017 do Conselho Federal de Medicina (Resolução n. 2.173, de 2017), a ME caracteriza-se como perda definitiva e irreversível das funções do encéfalo, definida pela cessação das atividades corticais e do tronco encefálico. Sua comprovação deve ser realizada por meio de critérios rigorosos e padronizados e devem seguir os seguintes pré-requisitos: presença de lesão encefálica de causa conhecida e irreversível; ausência de fatores tratáveis que possam confundir o diagnóstico de ME; tratamento e observação em instituição hospital pelo intervalo mínimo de 6 horas; e padrões hemodinâmicos específicos – temperatura corporal, saturação arterial, pressão arterial sistólica, entre outros.

A comunicação de ME é extremamente desafiadora para a equipe de saúde, primeiramente pela natureza intrínseca da comunicação de uma notícia difícil. Além disso, o conceito de ME pode ser de difícil compreensão à família, uma vez que apesar da ausência de atividade cerebral, o paciente ainda apresenta sinais vitais, como respiração com auxílio da ventilação mecânica e presença de batimentos cardíacos. Tal percepção pode gerar confusão e resistência em relação ao desfecho negativo pelos familiares.

Além disso, as reações perante a notícia e as decisões relacionadas à doação de órgãos sofrem forte influência de crenças pessoais, culturais e religiosas dos familiares (Meneses et al., 2018).

Nesse contexto, o psicólogo desempenha um papel fundamental como membro da equipe multidisciplinar, contribuindo para o processo de comunicação de forma empática e eficaz. Utiliza estratégias que visam avaliar a compreensão diagnóstica dos familiares e suas crenças, atuando como mediador entre a equipe de saúde e os parentes. Além de viabilizar o esclarecimento de conceitos relacionados à ME, o psicólogo auxilia na desmistificação de informações, atuando como facilitador das expressões emocionais (Meneses et al., 2018).

A instabilidade do quadro clínico de pacientes em UTI, especialmente aqueles com iminência de morte, gera impacto emocional significativo nos pacientes e em seus familiares, sendo fundamental à equipe o saber acolher, escutar e dar o suporte emocional necessário (Ferreira & Mendes, 2013).

Em contextos críticos, os familiares constantemente vivenciam níveis elevados de estresse, destacando a necessidade de identificar e apoiar aqueles em risco de desenvolver sintomas do Transtorno do Estresse Agudo. A comunicação com a família desempenha um papel crucial e envolve avaliar o nível de compreensão dos familiares sobre a situação do paciente – previamente e no momento atual (Eugênio, 2023). Se houver lacunas na informação, a equipe de saúde tem a responsabilidade de fornecer explicações detalhadas sobre o estado do paciente, as causas subjacentes da instabilidade e as possíveis abordagens futuras. Isso inclui a discussão da possibilidade de um desfecho negativo e a definição de um plano terapêutico – medidas invasivas ou de conforto (Ferreira & Mendes, 2013).

É necessário compreender o impacto na comunicação das informações, considerando que todas alteram de forma drástica e negativa a percepção de futuro e o curso da vida do paciente e de seus familiares. As dificuldades apresentadas pela equipe são contextualizadas e deve-se levar em consideração a falha nas instituições educacionais e formadoras em relação à **comunicação de notícias difíceis**. No entanto, não deve ser limitante, sendo necessário que os profissionais busquem aumentar seu repertório comportamental e capacitação diante desse contexto.

A partir das práticas das autoras em UTI-A em hospital geral, não há evidências de um **protocolo** instituído na **comunicação de notícias difíceis**. Segundo a informação da equipe, frequentemente as notícias difíceis são transmitidas por meio das etapas do protocolo SPIKES. Evidencia-se a necessidade da implementação de treinamentos e desenvolvimento de estudos voltados à **comunicação de notícias difíceis** dentro dos ambientes das UTIs, buscando a promoção de um trabalho assistencial de qualidade e centrado no paciente e em seus familiares.

Apesar dessa lacuna perante o processo de comunicação, destacam-se, nesse contexto, as ações do Serviço de Psicologia, entre elas: avaliação e acompanhamento psicológico ao paciente e aos familiares; participação em visitas multidisciplinares; acompanhamento de boletins médicos; participação em conferências familiares; e acolhimento a óbito.

O processo de avaliação e acompanhamento psicológico ocorre após preenchimento de mapas psicológicos com os dados – nome, idade, hipótese diagnóstica, tempo de internação, por meio de critérios de atendimento que consideram diversos fatores, como: idade, ME, cuidados paliativos, tentativa de autoextermínio, solicitação da equipe, entre outros. Faz-se uma triagem dos pacientes checando suas condições respiratórias, visto que, como citado anteriormente, tais condições influenciam diretamente as práticas utilizadas na comunicação.

Em segundo momento, é realizada avaliação psicológica à beira leito, considerando os processos psicológicos: atenção, memória, consciência, repertório de enfrentamento, comportamentos adaptativos funcionais, histórico psíquico, respostas emocionais presentes. Além disso, são avaliadas questões referentes à configuração familiar e à rede de apoio; aos recursos de enfrentamento; aos fatores de proteção e risco; à adesão aos tratamentos e ao histórico de adoecimento. A partir dos dados da avaliação, são organizadas as ações com o paciente, familiares e equipe, por meio de um projeto terapêutico.

No que diz respeito ao acolhimento às famílias, conforme descrito por Vieira e Waischunng (2018), o psicólogo acompanha as visitas à beira leito, aproxima os familiares das rotinas da unidade, responde às dúvidas relacionadas ao funcionamento da unidade, quanto a horários e visitas. Pretende-se, quando possível, a participação do boletim médico; nesse momento, o médico intensivista responsável pelo acompanhamento do paciente fornece informações sobre o quadro clínico e esclarece dúvidas ao paciente e aos familiares. Nessa participação, objetiva-se fortalecer o vínculo entre os envolvidos, organizar o fluxo comunicacional entre equipe, paciente e família, e principalmente fornecer suporte emocional.

Ainda em relação à organização do fluxo comunicacional, destaca-se a participação em visita multidisciplinar, diariamente, em horário preestabelecido. A equipe multidisciplinar reúne-se com o objetivo de discutir o quadro clínico e os planos terapêuticos dos pacientes internados. É um espaço destinado à discussão de casos e ao alinhamento de condutas com o objetivo de proporcionar cuidado integral ao paciente.

As conferências familiares são situações de comunicação entre a equipe multidisciplinar e os familiares; objetiva-se o esclarecimento de dúvidas em relação ao quadro clínico. A aproximação dos familiares à gravidade do caso clínico frequentemente está associada à tomada de decisões importantes. Possibilita o esclarecimento de dúvidas e promove um espaço em que os familiares podem expressar angústias, receios e preocupações. Nesse momento, é essencial que a equipe fortaleça a relação de confiança e segurança entre os envolvidos, que favoreça o processo de tomada de decisões e ofereça suporte emocional (Gibello et al., 2020). Nessas ocasiões, as conferências ocorrem em ambiente externo à unidade, visando ao conforto e à privacidade.

Frequentemente, o acolhimento a óbito ocorre em ambiente externo à unidade, em sala de apoio da UTI, espaço privado e com maior conforto, possibilitando que os familiares e a equipe se sintam próximos fisicamente. Em casos de óbito, o Serviço Social do hospital solicita a presença dos familiares na instituição; quando chegam, são encaminhados a esse local, onde são recebidos pelos membros da equipe, especialmente pelo psicólogo.

A comunicação de óbito é feita pelo médico, que deve, de maneira empática e esclarecedora, informar os familiares sobre o acontecimento. Como mencionado anteriormente, a manifestação de cada um é única e depende de seus antecedentes, repertório de enfrentamento e ajustamento diante do processo de saúde e doença do ente querido.

O Serviço de Psicologia busca acompanhar esse processo de comunicação, principalmente de familiares que já vêm sendo acompanhados. Durante esse momento, o psicólogo deve ser facilitador da comunicação entre a família e a equipe. Além disso, deve oferecer suporte emocional por meio da escuta ativa, da validação de sentimentos e da aplicação de técnicas terapêuticas adequadas a cada caso – como técnicas de respiração diafragmática, presentificação, discriminação de comportamentos, psicoeducação, entre outras. Nesse momento, deve-se considerar a singularidade de cada família, suas crenças e seus valores, e respeitar o tempo de expressão das respostas emocionais. Quando necessário, realiza-se encaminhamento externo para suporte psicológico.

A comunicação de notícias difíceis em Unidades de Terapia Intensiva (UTI) representa um desafio que exige sensibilidade e **habilidades** específicas às equipes de saúde. O objetivo da comunicação psicológica com o paciente engloba tanto a informação quanto o acompanhamento e a facilitação da expressão de sentimentos e emoções na tentativa de amenizar o sofrimento nesse momento de desgaste emocional intenso. O psicólogo assume um papel de elo entre família, equipe e paciente, com diversos objetivos, como elaboração do luto e melhoria na comunicação em UTI (Vieira & Waischunng, 2018).

CASOS CLÍNICOS

Os casos clínicos apresentados são de pacientes internados em um hospital privado, com convênio SUS e outros, do interior do estado de São Paulo. Em virtude da Lei Geral de Proteção de Dados Pessoais (LGPD – Lei n. 13.709, de

2018), promulgada para proteção dos direitos fundamentais de liberdade e de privacidade, e da livre formação da personalidade de cada indivíduo, alguns dados foram omitidos para preservação dos envolvidos.

Caso clínico 1

Trata-se da paciente M. C., 28 anos, casada, gestante de 32 semanas – primeira gravidez. Deu entrada ao Pronto Atendimento (PA), acompanhada pela irmã B. (35 anos), após receber notícia de acidente automobilístico do marido. Irmã descreve desmaios e crises convulsivas. Paciente está em leito de internação realizando exames de sangue e ultrassom. Na anamnese realizada, destacou-se que a paciente não tem comorbidades e realiza pré-natal em outro serviço.

A acompanhante informa à enfermeira que o esposo da paciente (R.) morreu em cena (no acidente) e coloca que gostaria de dar a notícia do óbito durante a internação em PA. A partir dessa demanda, o Serviço de Psicologia é chamado.

A situação apresenta uma urgência emocional e clínica. Diante de tal situação, primeiramente, a psicóloga realizou discussão de caso com equipe assistencial para compreensão do quadro clínico da paciente e alinhamentos em relação ao projeto terapêutico – necessidade de monitoramento contínuo. Equipe médica informa possíveis causas para as crises convulsivas e os desmaios, no entanto ainda estavam aguardando resultados dos exames.

Após discussão com equipe médica, a psicóloga realiza avaliação inicial de B., em ambiente privado, com enfoque na coleta de dados sobre o evento aversivo relacionado à notícia, a dinâmica familiar e o histórico da paciente. Em avaliação, foram levantados dados importantes relacionados às respostas emocionais da paciente perante situações de crise. B. não é capaz de informar sobre antecedentes psicológicos e psiquiátricos de M. C., entretanto descreve-a como "muito ansiosa".

Em segundo momento, planejou-se a comunicação da notícia. B. foi orientada pela psicóloga a usar uma linguagem clara, direta e empática. Além disso, foram discutidas respostas emocionais possíveis perante a situação – possivelmente intensas, podendo ser aversivas a B. Nesse momento, foram utilizadas as técnicas de aproximação sucessiva e a hierarquização dos estímulos.

Em conjunto com a equipe, optou-se por manter M. C. em consultório de atendimento, em maca hospitalar, visando a sua segurança – risco de desmaio e descompensação clínica, ao longo e após recebimento da notícia. Durante acolhimento psicológico inicial, M. C. retoma motivo de internação, refere que estava em sua residência realizando atividades domésticas quando recebeu ligação de um conhecido informando sobre o acidente automobilístico envolvendo seu marido. Descreve resposta emocional intensa com reações fisiológicas de taquicardia e sudorese.

Infere não se lembrar dos eventos após o recebimento da ligação até o momento em que comparece à instituição hospitalar. Paciente com discurso linear levemente confuso, apresenta sofrimento intenso relacionado à possibilidade de óbito do esposo, também expõe preocupação com seu bebê – relacionada tanto a seu quadro clínico quanto à perda do genitor. Deve-se destacar que as respostas emocionais de M. C. são contextualizadas e têm associação com as respostas ao estresse vivenciado.

Durante manejo psicológico, a psicóloga buscou avaliar o repertório de enfrentamento da paciente em face das situações de crise e antecedentes psicológicos importantes; atualmente, não faz uso de psicofármacos. M. C. informa realizar psicoterapia individual semanalmente, há cerca de 1 ano, com alta frequência de comportamentos ansiosos e insônia.

Durante a entrevista, a paciente busca pela irmã solicitando notícias do marido. B. busca auxílio da psicóloga e, na presença da enfermeira, aproxima-se de M. C. e comunica o óbito de R. Acompanhante retoma a ligação recebida pela paciente com as informações fornecidas pelo Serviço de Atendimento Móvel de Urgência (SAMU) aos familiares presentes na cena. A resposta da paciente diante da notícia foi de choro intenso e gritos, seguidos de novos episódios de desmaio.

Paciente manteve-se em acompanhamento psicológico durante o período de observação. Poucos minutos após o recebimento da notícia, a paciente acordou. A psicóloga viabilizou a expressão das emoções por meio da escuta ativa, do acolhimento das respostas emocionais e da aplicação de técnicas terapêuticas para manejo de diminuição de ansiedade e regulação emocional, respiração diafragmática, presença de familiares e equipe. Durante o período foram realizadas orientações à equipe multidisciplinar em relação ao manejo em momento de crise emocional. Após a estabilização do quadro clínico e os resultados dos exames, optou-se pela alta hospitalar da paciente.

Em casos como o exposto, em que o paciente realiza psicoterapia individual, sugere-se a articulação com ele para discussão do caso, visando aumentar a rede de apoio e reduzir possíveis situações de risco após a alta hospitalar. Se não, deve ser realizado encaminhamento externo.

O caso clínico em questão expõe a diversidade de situações de **comunicação de notícias difíceis** vivenciadas no cotidiano da equipe multidisciplinar. O cuidado humanizado perante essas situações é de suma importância, visando ao cuidado integral e de qualidade aos pacientes e seus familiares.

Caso clínico 2

O segundo caso clínico trata-se de um paciente do sexo masculino (P.), 28 anos. Previamente hígido, é internado em instituição hospitalar em razão de politraumatismo secundário a acidente automobilístico (moto contra carro), em estado grave e instável hemodinamicamente.

Internado na UTI sob os cuidados da equipe de neurocirurgia, que identificou trauma cranioencefálico grave (TCE), uma lesão física ao tecido cerebral que, temporária ou permanentemente, incapacita a função cerebral (Mao, 2023). Durante a internação, foi submetido ao procedimento de craniectomia – cirurgia de descompressão craniana com o objetivo de aliviar a pressão intracraniana e reduzir os efeitos prejudiciais do edema cerebral por hematoma subdural.

As intervenções psicológicas durante a internação do paciente em UTI ocorreram com seus familiares; o paciente estava entubado e sedado, e não responsivo a estímulos.

Durante a avaliação inicial com a família, a psicóloga identificou compreensão parcial da gravidade do quadro clínico do paciente. Além disso, observaram-se expectativas idealizadas em relação à melhora do paciente. Esses comportamentos observados são comuns nesses casos e demonstram que há uma reação emocional em andamento; denomina-se "fuga/esquiva", diante da contingência aversiva. Essa análise indica que a família seja atendida regularmente, e que se atentem aos boletins médicos e seja acompanhada nesses momentos, favorecendo o contato com a realidade do caso durante a internação. Buscou-se aumentar o repertório dos familiares por meio do acompanhamento psicológico e articulações com equipe multidisciplinar, tais como: participação em boletins médicos, discussão do caso e conferências familiares.

Entre as reações emocionais dos familiares destacaram-se os comportamentos de F., mãe do paciente. Durante o acolhimento, referiu estar relutante em entrar na UTI e aproximar-se do filho. Diante desse comportamento, foram realizadas ações de aproximação paulatina para favorecer a dessensibilização – técnica de extinção de comportamento em pequenos passos, em que são apresentadas variações dos estímulos condicionantes organizados em uma hierarquia ordenada (estímulos que eliciam respostas em menor magnitude, progredindo para os que eliciam respostas de maior magnitude) (Moreira & Medeiros, 2019).

A partir da hipótese de ME, a equipe médica solicitou a presença dos familiares ao hospital. Em ambiente externo à UTI, foi realizada uma conferência familiar para comunicação da notícia. A médica iniciou buscando compreender o conhecimento dos familiares acerca do quadro clínico de P.; em seguida, comunicou de forma clara o mau prognóstico e esclareceu sobre a hipótese levantada e o protocolo de ME.

Diante das notícias, os familiares apresentaram choro intenso. Nesse momento, buscou-se dar um tempo necessário para o processamento das informações e para a expressão das emoções. Diante da hipótese de ME e das condições gerais de saúde do paciente, a hipótese de doação de órgãos foi considerada. A sra. F. respondeu que considerava possível a doação, apontando que seria um desejo do filho, e que isso poderia ajudar outros, demonstrando valores familiares. Esse desfecho permitiu à equipe os encaminhamentos para a doação de órgãos.

A conduta psicológica nesse caso exemplifica a importância da ação do psicólogo, a realização da conferência familiar foi uma estratégia eficaz. A partir dos comportamentos apresentados pelos familiares, a psicóloga foi capaz de favorecer a comunicação entre família e equipe. Observou-se que a equipe multidisciplinar buscou utilizar as etapas do protocolo SPIKES no processo de comunicação.

CONCLUSÕES

Neste capítulo, discutimos a importância da comunicação de notícias difíceis e a atuação do psicólogo nesse contexto. Destaca-se que a atuação psicológica na saúde exige uma postura científica, de registro e análise de resultados, bem como de aplicação de metodologias e intervenções com rigor técnico, para possibilitar a comunicação entre os diferentes profissionais da área.

A comunicação entre equipe multidisciplinar e médicos é uma das chaves para o sucesso dos tratamentos e do bem-estar dos pacientes e familiares durante o adoecimento, a internação, os tratamentos e demais seguimentos. As ações dos psicólogos ainda são muito tímidas nesse contexto, e vários são os determinantes, por exemplo, a falta de formação qualificada para suas ações e a ausência de compreensão dos outros profissionais sobre o papel do psicólogo; exige-se do psicólogo para essa área o conhecimento das outras áreas e como planejar suas ações considerando o relacionamento e a comunicação com os outros profissionais.

Demonstra-se a necessidade de referencial técnico científico para o trabalho do psicólogo na saúde, especialmente nos ambientes médicos; qualquer ação será avaliada e validada ou não pela comunidade na qual o trabalho está inserido.

Diante da complexidade do trabalho, como foi aqui apresentado nos casos clínicos, cabe aos psicólogos da saúde apresentar esses resultados aos parceiros das equipes multidisciplinares para desenvolver na equipe conhecimento da ação do psicólogo, com foco no comportamento do paciente, da família e da equipe.

Os casos clínicos apresentados refletem a complexidade e a importância da **comunicação de notícias difíceis**. Obviamente, nos exemplos citados, muitas outras variáveis e técnicas foram utilizadas, no entanto a descrição detalhada ultrapassaria os limites de número de páginas acordadas. No primeiro caso, a paciente se vê diante de uma perda significativa e inesperada, o que exige um apoio emocional imediato tanto para ela quanto para o familiar que a acompanhava. A intervenção psicológica, realizada de forma conjunta com a irmã, demonstra uma abordagem integral. Nesse sentido, a intervenção é abrangente, assumindo uma perspectiva psicossocial que considera o contexto relacional e as necessidades emocionais do sistema como um todo.

No segundo caso, a comunicação de protocolo de ME reforça os desafios e a necessidade de comunicação objetiva e empática, especialmente diante da gravidade da situação. O caso expõe os impactos positivos da utilização de estratégias de comunicação, como conferências familiares e embasamento em **protocolos**.

Por fim, apresentamos casos clínicos que ilustram situações diferentes relacionadas à comunicação de notícias difíceis, no entanto ambos expõem a importância da atuação do psicólogo nesse processo, demonstrando como a intervenção psicológica pode contribuir para um processo de comunicação efetivo.

REFERÊNCIAS BIBLIOGRÁFICAS

Almeida, R. A., & Malagris, L. E. N. (2011). A prática da psicologia da saúde. *Revista da Sociedade Brasileira de Psicologia Hospitalar, 14*(2), 183-202. Recuperado de https://doi.org/10.57167/Rev-SBPH.14.439

Baile, W. F., Buckman, R., Lenzi, R., Glober, G., Beale, E. A., Kundelka, A. P. (2000). SPIKES – a six-step protocol for delivering bad news: Application to the patient with cancer. *The Oncologist, 5*(4), 302-311.

Borges, M. S., Freitas, G., Gurgel, W. (2012). A comunicação da má notícia na visão dos profissionais de saúde. *Tempus Actas de Saúde Coletiva, 6*(3), 113-126. Recuperado de http://www.tempusactas.unb.br/index.php/tempus/article/view/1159/1058

Eugênio, C. S. (2023). *Sintomas psicológicos em familiares de pacientes críticos* (Tese de doutorado). Universidade Federal do Rio Grande do Sul. Repositório UFRGS.

Ferreira, P. D., & Mendes, T. N. (2013). Família em UTI: Importância do suporte psicológico diante da iminência de morte. *Revista da Sociedade Brasileira de Psicologia Hospitalar, 16*(1), 88-112. Recuperado de https://doi.org/10.57167/Rev-SBPH.16.315

Gallego, P. B., Peres, R. S., & Gomes, L. R. S. (2023). Comunicação de más notícias: Significados atribuídos por psicólogos hospitalares. *Revista da SBPH,* 26, e002. Recuperado de https://doi.org/10.57167/Rev-SBPH.v26.523

Gibello, J., Parsons, H. A., & Citero, V. A. (2020). Importância da comunicação de más notícias no centro de terapia intensiva. *Revista da SBPH, 23*(1), 16-24.

Gobbi, M. B. (2020). Comunicação de más notícias: Um olhar da psicologia. *Revista da Sociedade de Psicologia do Rio Grande do Sul, 9*(1).

Gorayeb, R., & Guerrelhas, F. (2003). Sistematização da prática psicológica em ambientes médicos. *Revista Brasileira de Terapia Comportamental e Cognitiva, 5*(1), 11-19. Recuperado de https://doi.org/10.31505/rbtcc.v5i1.87

Kerbauy, R. R. (1999). *Comportamento e saúde – explorando alternativas*. AEBytes.

Kirchner, L. F., Calheiros, T. C., Richartz, M., Zazula, R., Carvalho, J. F., Ruiz, L. P. (2017). Temas relevantes em Saúde para a Análise do Comportamento. In D. L. O. V. Boas, F. Cassas, H. L. Gusso, P. C. M. Mayer, *Comportamento em foco: Processos clínicos e de saúde*. São Paulo: Associação Brasileira de Psicologia e Medicina Comportamental.

Kunigk, M. R. G., & Chehter, E. (2007). Disfagia orofaríngea em pacientes submetidos à intubação orotraqueal. *Revista da Sociedade Brasileira de Fonoaudiologia, 12*(4), 287-291. Recuperado de https://doi.org/10.1590/S1516-80342007000400006

Lei n. 13.709, de 14 de agosto de 2018. Lei Geral de Proteção de Dados Pessoais (LGPD). (Redação dada pela Lei n. 13.853, de 2019). Recuperado de https://www.planalto.gov.br/ccivil_03/_ato2015-2018/2018/lei/l13709.htm

Marin, R., Moraes, A. B. A., & Faleiros, P. B. (2017). Uma revisão de literatura de temas da saúde estudados pela análise do comportamento. In D. L. O. V. Boas, F. Cassas, H. L. Gusso, P. C. M. Mayer. *Comportamento em foco: processos clínicos e de saúde*. São Paulo: Associação Brasileira de Psicologia e Medicina Comportamental.

Martinho, C. I. F., & Rodrigues, I. T. R. M. (2016). A comunicação dos doentes mecanicamente ventilados em unidades de cuidados intensivos. *Revista Brasileira de Terapia Intensiva, 28*(2), 132-140.

Matos, M. A. (1999). Análise funcional do comportamento. *Estudos de Psicologia, 16*(3), 8-18. Recuperado de https://doi.org/10.1590/S0103-166X1999000300002

Medeiros, G. C., Sassi, F. C., Lirani-Silva, C., & Andrade, C. R. F. (2019). Critérios para decanulação da traqueostomia: revisão de literatura. *CoDAS, 31*(6), e20180228. Recuperado de https://doi.org/10.1590/2317-1782/20192018228

Meneses, N. P., Castelli, I., & Costa, Á. L., Júnior (2018). Comunicação de morte encefálica a familiares: levantamento com profissionais de saúde. *Revista da Sociedade Brasileira de Psicologia Hospitalar, 21*(1), 192-217. Recuperado de https://doi.org/10.57167/Rev-SBPH.21.272

Merker, B. M., Hanson, W. E., & Poston, J. M. (2010). National survey of psychologists' training and practice in breaking bad news: a mixed methods tudy of the MUM effect. *Journal of Clinical Psychology in Medical Settings, 17*(3), 211-219. Recuperado de https://doi.org/10.1007/s10880-010-9197-0.

Michiles, M. C. S, Oliveira, E. A., Garcia, L. C., Cardoso T. M., Inácio, A. S., Osis, S. L., & Perdomo, S. B. (2021). Comunicação de notícias difíceis no processo terapêutico: desafio para o profissional da saúde. In J. H. S. Ribeiro, M. N. S Ribeiro, F. H. E Sanro, & C. X. Diniz, *O cuidado: contextos e práticas interdisciplinares: Saúde, filosofia e educação*. Curitiba: Appris.

Mao G. [MANUAL MSD] (2023). *Trauma Cranioencefálico*. Recuperado de https://www.msdmanuals.com/pt-br/profissional/les%C3%B5es-intoxica%C3%A7%C3%A3o/trauma-cranioencef%C3%A1lico-tce/trauma-cranioencef%C3%A1lico-tce

Moreira, M. B., & Medeiros, C. A. (2019). O reflexo aprendido: Condicionamento Pavloviano. In M. B. Moreira, & C. A. Medeiros. *Princípios Básicos da Análise do Comportamento* (2a. ed). Porto Alegre: Artmed.

Nascimento, J. H. P., Trindade, O. M., Machado, D. T., Ashidani, O. A., Carvalho, A. C. M., Coelho, G. N., & Silva, A. E. (2023). Comunicação de notícias difíceis na prática médica: percepção médica de facilitadores e dificultadores. *Revista de Medicina, 102*(1), e174935. Recuperado de https://doi.org/10.11606/issn.1679-9836.v102i1e-174935.

Ortiz, B. R. A., Giguer, F. F., & Grybowski, L. S. (2016). Pacientes com limitação na comunicação verbal: prática do psicólogo na UTI. *Revista de Psicologia Hospitalar, 14*(2), 42-62.

Ostermann, A. C., & Frezza, M. (2017). "Veio o resultado do exame": a comunicação de notícias diagnósticas (e como investigações linguístico-interacionais podem informar as práticas profissionais). *Linguagem em (Dis)curso, 17*(1), 25-50.

Paraguassu, L. B., & Costa, V. M. (2023). *Guia de comunicação simples do ICICT*. Rio de Janeiro: Instituto de Comunicação e Informação Científica e Tecnologia em Saúde & Fundação Oswaldo Cruz.

Pereira, C. R., Calôgeno, M. A. M., Lemonica, L., & Barros, G. A. M. (2017). The P-A-C-I-E-N-T-E protocol: an instrument for breaking bad news adapted to Brazilian medical reality. *Revista da Associação Médica Brasileira*, *63*(1), 43-49.

Perez, M. R. S., Oliveira, M. C. S. O., Peña, S. S., Job, J. R. P. P., & Gianini, R. J. (2021). Percepção de pacientes sobre a comunicação de médicos clínicos e cirurgiões em hospital universitário. *Revista Brasileira de Educação Médica*, *45*(2). Recuperado de https://doi.org/10.1590/1981-5271v45.2-20200492

Resolução n. 7, de 24 de fevereiro de 2010. Dispõe sobre os requisitos mínimos para funcionamento de Unidades de Terapia Intensiva e dá outras providências. Recuperado de https://bvsms.saude.gov.br/bvs/saudelegis/anvisa/2010/res0007_24_02_2010.html

Resolução CFM n. 2.173, de 23 de novembro de 2017. Define os critérios do diagnóstico de morte encefálica. Recuperado de https://sistemas.cfm.org.br/normas/visualizar/resolucoes/BR/2017/2173

Rodrigues, J. S. J. (2019). *Uma boa comunicação – a base para qualquer tipo de relação*. São Paulo: Portal dos Psicólogos.

Silva-Xavier, E. A., Santos, E. A. S., Pereira, E. F. B., & Brambatti, L. P. (2022). Estratégias e dificuldades encontradas na comunicação de notícias difíceis em um Hospital Universitário. *Psicologia Revista*, *31*(2), 475-498. Recuperado de https://doi.org/10.23925/2594-3871.2022v31i2p475-498

Skinner, B. F. (1989). Ciência e comportamento humano (J. C. Todorov & R. Azzi, Trads., 7a ed.). São Paulo: Martins Fontes.

Souza, L. G. D., Teles, L. C., Silva, A. A. F., Silva, T. M. (2021). Intubação orotraqueal e suas complicações: uma revisão da literatura. *Brazilian Journal of Health Review*, *4*(4).

Vieira, A. G., & Waischunng, C. D. (2018). A atuação do psicólogo hospitalar em Unidades de Terapia Intensiva: a atenção prestada ao paciente, familiares e equipe, uma revisão da literatura. *Revista da Sociedade Brasileira de Psicologia Hospitalar*, *21*(1), 132-153. Recuperado de https://doi.org/10.57167/Rev-SBPH.21.269

8

Programa de Apoio Psicológico a Profissionais de Saúde: Relato de Experiência em um Hospital de Ensino

Eliane R. Lucânia-Dionísio ▪ Aline Monique Carniel ▪ Giovanna Belei-Miyazaki

Destaques

- Para muitos profissionais, a escolha de uma carreira na saúde está intimamente ligada ao desejo de contribuir para o bem-estar dos outros e fazer a diferença na vida das pessoas
- O trabalho colaborativo em contextos de saúde, embora essencial, pode ser uma fonte de conflito, especialmente em situações em que há falhas de comunicação ou divergências nas abordagens profissionais
- Equilibrar compaixão com objetividade clínica é um desafio constante, que exige dos **profissionais da saúde** um gerenciamento eficaz do **estresse**
- A natureza intensa do trabalho em saúde exige alta responsabilidade, o que coloca os profissionais em risco para transtornos mentais como **ansiedade** e **depressão** e condições como **estresse** e ***burnout*** que podem ter um impacto negativo na saúde física e mental
- Garantir o bem-estar mental desses profissionais é crucial para a continuidade e a eficácia dos cuidados de saúde.

INTRODUÇÃO

Este capítulo tem como objetivo apresentar um programa de **apoio psicológico** a **profissionais de saúde**. Para isso, inicialmente demonstram-se o significado que esses profissionais atribuem ao seu trabalho e a relação intrínseca entre suas atividades e seus valores pessoais. Em seguida, são abordadas questões que caracterizam o trabalho em saúde, incluindo as demandas emocionais relacionadas ao contato constante com o adoecimento e a morte, a alta exigência por precisão e a pequena margem para erros, a natureza colaborativa do trabalho e, por fim, as características institucionais, como a carga horária extensa e as condições peculiares de trabalho. Posteriormente, discute-se o impacto psicológico do trabalho em saúde, com foco nos transtornos mentais mais comuns nessa população, como **ansiedade** e **depressão** e condições como **estresse** e o ***burnout***. Também são analisados os efeitos da pandemia de Covid-19 na **saúde mental** desses profissionais. Na sequência, é descrito e discutido o trabalho realizado para o **apoio psicológico** aos **profissionais de saúde** em um hospital escola. Para isso, faz-se uma apresentação geral da instituição e dos serviços que ela oferece aos seus colaboradores.

Em seguida, são mostrados dados organizacionais sobre afastamentos por transtornos mentais, bem como informações relacionadas à busca por atendimento psicológico por parte dos colaboradores. São apresentados também os serviços oferecidos pela instituição direcionados ao cuidado da **saúde mental** do colaborador e, por fim, retoma-se a importância da oferta de recursos como estes por parte das instituições de saúde.

SIGNIFICADO E DESAFIOS DO TRABALHO NA SAÚDE

Trabalhar na área da saúde pode ter um significado profundo, frequentemente associado a valores como cuidado, compaixão e responsabilidade social. Para muitos profissionais, a escolha de uma carreira na saúde está intimamente ligada ao desejo de contribuir para o bem-estar do outro. A percepção de significado no trabalho e a identidade profissional estão fortemente ligados ao bem-estar e à satisfação profissional, essenciais para a motivação do trabalhador (Furtado, 2022; Tannous et al., 2024). Esse sentido atribuído ao trabalho não apenas motiva, mas também é uma fonte de resiliência diante dos desafios que esses profissionais enfrentam diariamente.

Contudo, trabalhar na área da saúde também pode ser uma fonte de tensão e desgaste. A alta demanda emocional, a exposição constante ao sofrimento humano e a necessidade de tomar decisões críticas sob pressão geram **estresse** significativo, que, se não for gerenciado adequadamente, pode levar ao esgotamento profissional ou ***burnout***. Entre **profissionais da saúde**, ***burnout*** é uma preocupação crescente, com implicações tanto para a saúde dos profissionais quanto para a qualidade do atendimento ao paciente. Assim, embora o trabalho seja uma fonte de identidade e realização, pode também se tornar uma fonte de sofrimento, especialmente em contextos de alta pressão (Garcia et al., 2019; Ghahramani et al., 2021; Shanafelt & Noseworthy, 2017).

O significado do trabalho na saúde é dinâmico e se desenvolve ao longo da carreira. A construção desse significado é influenciada por interações sociais e experiências acumuladas, o que implica que a percepção dos profissionais sobre seu trabalho pode mudar conforme enfrentam novos desafios e responsabilidades (Steger, 2017).

Trabalhar na saúde caracteriza-se por uma complexidade e intensidade peculiares, inerentes à natureza crítica das atividades realizadas. O elevado nível de responsabilidade e pressão, a necessidade de tomada de decisões rápidas e precisas são exigências diárias, e eventuais erros podem ter consequências graves para a vida dos pacientes (World Health Organization [WHO], 2023) e para o profissional (Vale & Miyazaki, 2019). A demanda por resultados rápidos e a necessidade de precisão elevam o **estresse** ocupacional, impactando negativamente a **saúde mental** dos profissionais e sua capacidade de desempenho (Ripp et al., 2020).

A alta demanda emocional, resultante do contato constante com o sofrimento, a doença e a morte, também é um importante estressor que requer tanto competência técnica quanto resiliência emocional. Esses desafios emocionais são uma das principais causas de ***burnout*** nesses profissionais, destacando a necessidade de ensinar, além da competência técnica durante a formação, estratégias efetivas para manejo do **estresse** (Diaz et al., 2024).

A natureza interdisciplinar e colaborativa do trabalho na saúde também é uma característica central: profissionais de diversas áreas devem trabalhar juntos para fornecer cuidados integrados aos pacientes. Essa colaboração, embora essencial, pode ser uma fonte de conflito, especialmente em situações em que há falhas na comunicação ou divergência nas abordagens profissionais. A comunicação efetiva no trabalho em equipes multi/interdisciplinares é crucial para a segurança do paciente e para a satisfação dos profissionais (Gorayeb & Miyazaki, 2023; Miyazaki, Miyazaki & Miyazaki, 2024).

O envolvimento com a vida humana pode ser considerado a principal característica do trabalho na área da saúde. Este traz consigo um profundo senso de propósito, mas também um peso considerável de responsabilidade. Equilibrar compaixão com objetividade clínica é um desafio constante, exigindo dos profissionais um gerenciamento eficaz do **estresse**. Estudos recentes enfatizam a importância do suporte psicológico contínuo para ajudar os profissionais a lidar com as demandas emocionais e preservar sua **saúde mental** (Adam et al., 2023). Essa dualidade entre envolvimento emocional e necessidade de objetividade é um dos principais desafios no trabalho na saúde.

O trabalho tem papel central na vida do ser humano e o tempo de vida laboral é cerca de 90 mil horas (Furtado, 2022). Isso evidencia a centralidade que o trabalho ocupa na vida do trabalhador. No tempo livre, muitos buscam por aprimoramento profissional para pleitear por melhores colocações no mercado de trabalho, o que reforça a importância de os profissionais terem estratégias para cuidar da **saúde mental**. Diante disso, é fundamental que sejam realizadas mais pesquisas que possam subsidiar medidas coerentes e efetivas de intervenções psicológicas e laborais que possam contribuir para o bem-estar e a qualidade de vida dessa população.

EXIGÊNCIAS EMOCIONAIS DA ÁREA DA SAÚDE: CONSEQUÊNCIAS PARA O BEM-ESTAR PSICOLÓGICO DOS PROFISSIONAIS

Como discutido anteriormente, o ambiente de trabalho na área da saúde é intrinsecamente exigente, envolvendo cargas física e emocional significativas que podem ter sérios impactos na **saúde mental** dos profissionais. Esses trabalhadores enfrentam uma pressão constante para tomar decisões rápidas e precisas, muitas vezes em situações de vida ou morte, o que pode levar a um aumento substancial dos níveis de **estresse**, **ansiedade** e outras condições psicológicas.

Conforme destacado por Salvagioni et al. (2017), a natureza intensa e exigente do trabalho em saúde, aliada à alta responsabilidade envolvida, coloca esses profissionais em um risco elevado de desenvolver transtornos mentais, incluindo **depressão**, **estresse** por compaixão e ***burnout***. Essas condições não apenas afetam a qualidade de vida dos profissionais, mas também têm implicações diretas na qualidade do atendimento ao paciente e na segurança do cuidado prestado.

O impacto psicológico do trabalho na saúde pode ser agravado por fatores como a falta de apoio organizacional, longas jornadas de trabalho e a necessidade constante de lidar com o sofrimento e a morte. A exposição prolongada a essas condições pode levar ao desenvolvimento de problemas psicológicos mais graves, como o esgotamento emocional e a despersonalização, características centrais do ***burnout*** (Shanafelt & Noseworthy, 2017). Esses profissionais, que muitas vezes são treinados para priorizar o bem-estar dos pacientes, podem negligenciar sua própria **saúde mental**, agravando ainda mais os efeitos negativos do **estresse** e da sobrecarga emocional. Assim, é essencial que se compreenda a complexidade desses desafios psicossociais para que se possam implementar estratégias eficazes de apoio e prevenção.

O **estresse** é uma resposta natural do organismo a demandas e desafios percebidos, e, na área da saúde, essa condição se torna particularmente prevalente e impactante. No ambiente de trabalho, o **estresse** pode ser causado por fatores como sobrecarga de trabalho, pressões para atender altos padrões de desempenho e a constante exposição a situações críticas (Neves Couto et al., 2022). Esse **estresse** crônico, quando não gerenciado adequadamente, pode resultar em uma série de consequências adversas, como fadiga, irritabilidade e dificuldades de concentração. No contexto da saúde, a necessidade constante de tomar decisões rápidas e precisas em ambientes de alta pressão frequentemente exacerba o **estresse**, comprometendo ainda mais o bem-estar dos profissionais (Diaz et al., 2024).

Quando o **estresse** é associado ao envolvimento emocional intenso com o sofrimento dos pacientes, surge o fenômeno conhecido como "**estresse** por compaixão". Jilou et al. (2021) descreveram essa forma de **estresse** como um resultado direto do envolvimento contínuo com as necessidades emocionais e o sofrimento do outro, o que pode levar a uma sobrecarga emocional significativa. Estudos recentes indicam que o **estresse** por compaixão pode causar sintomas semelhantes aos do transtorno de **estresse** pós-traumático (TEPT), como hipervigilância e revivência de eventos estressantes (Tirgari et al., 2019). Esse aspecto do estresse é especialmente relevante para profissionais que trabalham em ambientes intensivos, como Unidades de Terapia Intensiva e serviços de emergência, em que o contato constante com o sofrimento dos pacientes pode acirrar a pressão emocional.

Além do **estresse** e do **estresse** por compaixão, a **ansiedade** emerge como uma condição psicológica que pode se desenvolver a partir desses fatores. Segundo Perniciotti, Serrano, Guarita, Morales e Romano (2020), **profissionais de saúde** frequentemente enfrentam altos níveis de **ansiedade** em virtude das pressões para manter um desempenho excelente em um ambiente de trabalho exigente. A **ansiedade**, por sua vez, pode afetar a capacidade de concentração e a tomada de decisões, contribuindo para a deterioração da qualidade do cuidado prestado e o bem-estar geral dos profissionais. Esse ciclo pode intensificar os sintomas de **estresse** e levar a um agravamento da **saúde mental** (Perniciotti et al., 2020).

De acordo com a Organização Pan-Americana de Saúde (OPAS, 2022), a pandemia da Covid-19 desencadeou um aumento de 25% na prevalência de **ansiedade** e **depressão** em todo o mundo. No entanto, essa seria apenas a ponta de um *iceberg*, segundo o diretor-geral da Organização Mundial de Saúde (OMS). O desenvolvimento desses transtornos pode configurar-se como gatilhos críticos para o surgimento de pensamentos suicidas.

A continuidade e a intensidade do **estresse** e da **ansiedade** podem, eventualmente, culminar em **depressão**. Stodolska et al. (2023) destacam que os **profissionais de saúde** que vivenciam altos níveis de **estresse** e ansiedade estão em risco aumentado de desenvolver **depressão**, manifestada por uma perda persistente de interesse, fadiga extrema e sentimentos de desesperança. A **depressão** não só prejudica a capacidade do profissional de manter um desempenho adequado no trabalho, como também impacta significativamente a qualidade de vida.

O ***burnout*** pode ser visto como uma consequência extrema do **estresse** crônico e não tratado. Caracterizado por exaustão emocional, despersonalização e uma sensação de realização reduzida, o ***burnout*** é uma condição severa que afeta a **saúde mental** e física dos profissionais (Maslach & Leiter, 2016). Estudos recentes mostram que o ***burnout*** é particularmente prevalente entre os **profissionais de saúde** em razão das altas exigências emocionais e da carga de trabalho intensa (Bianchi, Schonfeld & Laurent, 2015). Essa condição pode levar a uma deterioração significativa da qualidade do cuidado prestado e da satisfação no trabalho. Dessa forma, estratégias eficazes de gerenciamento e suporte são essenciais para prevenir e tratar o ***burnout***, assegurando que os profissionais mantenham seu bem-estar e eficácia no ambiente de trabalho (Adam et al., 2023).

DESAFIOS EMERGENTES: EFEITO DA PANDEMIA NA SAÚDE MENTAL DOS PROFISSIONAIS DA SAÚDE

A pandemia de Covid-19 trouxe à tona desafios sem precedentes para os **profissionais da saúde**, revelando e exacerbando questões preexistentes relacionadas à **saúde mental**. O contexto de emergência gerado pela pandemia transformou as condições de trabalho desses profissionais, aumentando significativamente o **estresse** e a carga emocional enfrentados. Em um estudo abrangente, Adams e Walls (2020) identificaram que a exposição constante a pacientes gravemente enfermos, somada à pressão para atender a uma demanda elevada de cuidados, elevou os níveis de **estresse** entre os trabalhadores da saúde. O medo de contaminação e a responsabilidade de proteger a própria saúde e a de seus pacientes contribuíram para uma sensação de vulnerabilidade constante, refletindo-se em um aumento dramático de sintomas de **estresse** e **ansiedade**.

A natureza prolongada e imprevisível da pandemia gerou uma situação de incerteza contínua, que intensificou a sensação de falta de controle entre os **profissionais da saúde.** Segundo um estudo de Pappa et al. (2020), a exposição diária a um ambiente de trabalho instável e a necessidade de adaptação constante a novas diretrizes e protocolos criaram um cenário de sobrecarga emocional e mental. Esse ambiente não só exacerbou o **estresse** existente, mas também gerou novas formas de sofrimento psicológico, como o ***burnout***. Os profissionais de saúde, já sobrecarregados, foram forçados a enfrentar uma quantidade intensa de casos críticos e a lidar com a perda de pacientes em um ritmo acelerado, o que contribuiu para uma sensação de exaustão emocional e despersonalização (Perniciotti et al., 2020).

Durante a pandemia, o volume e a gravidade dos casos afetaram profundamente os trabalhadores da saúde, levando a um aumento no **estresse** por compaixão e sintomas de **estresse** pós-traumático (Hochwarter et al., 2022). A necessidade de fornecer cuidados intensivos a pacientes críticos, frequentemente sem a capacidade de garantir resultados positivos, gerou um ambiente altamente estressante e emocionalmente desgastante.

O impacto da pandemia sobre a **saúde mental** também é evidente no aumento dos casos de **ansiedade** entre os **profissionais da saúde**. O medo constante de contrair ou disseminar o vírus, aliado à pressão para manter altos padrões de atendimento, gerou níveis elevados de **ansiedade**. A **depressão** emergiu como uma consequência significativa do ambiente de trabalho criado pela pandemia. A prevalência de sintomas depressivos em quase 8 mil **profissionais da saúde** durante a pandemia foi de 33,8% (Sialakis et al., 2023). De acordo com Stodolska et al. (2023), a combinação de **estresse** prolongado, **ansiedade** e uma carga emocional intensa resultou em altos níveis de **depressão** entre os **profissionais da saúde**. Sintomas como fadiga extrema, perda de interesse e sentimentos de desesperança são comuns, afetando a capacidade dos profissionais de manterem um desempenho adequado e sua qualidade de vida geral.

Em suma, a pandemia da Covid-19 não apenas revelou a vulnerabilidade dos sistemas de suporte à **saúde mental** dos **profissionais da saúde**, mas também intensificou a necessidade de estratégias eficazes para enfrentar os desafios emergentes. A experiência vivida durante esse período deve servir como um chamado para reforçar os mecanismos de suporte psicológico e promover ambientes de trabalho mais sustentáveis e resilientes. Garantir o bem-estar mental desses profissionais é crucial para a continuidade e a eficácia dos cuidados de saúde em futuras crises.

PROGRAMA DE APOIO PSICOLÓGICO A PROFISSIONAIS DE SAÚDE: CARACTERIZAÇÃO E RELATO DE EXPERIÊNCIA

A instituição de saúde

Esse programa de Apoio Psicológico a **Profissionais de Saúde** é oferecido aos colaboradores da Fundação Faculdade Regional de Medicina (FUNFARME). A FUNFARME tem parceria com a Faculdade de Medicina de São José do Rio Preto (FAMERP), que integra um complexo de ensino, pesquisa e extensão de serviços à comunidade denominado complexo FAMERP/FUNFARME. Esse complexo de saúde é composto de: Hospital de Base (HB – hospital geral de alta complexidade), Hospital da Criança e Maternidade (HCM), rede de Reabilitação Lucy Montoro, Hemocentro e Ambulatório de Especialidades. A FUNFARME atende a 102 municípios da região de São José do Rio Preto e conta com cerca de 9 mil colaboradores.

A instituição tem um setor denominado "Espaço do Colaborador", que integra vários serviços para o atendimento aos profissionais, tais como: Setor de Bem-Estar e Qualidade de Vida no Trabalho (que conta com duas psicólogas); Serviço de Atenção à **Saúde Mental** dos Colaboradores (SASMECO), composto de médicos psiquiatras; além de atendimentos médicos clínicos e ginecologistas. Dentro do Espaço do Colaborador é possível que o trabalhador seja encaminhado para outras especialidades existentes no Ambulatório. Por se tratar de um hospital escola, a FUNFARME também oferece o Serviço de Atenção à **Saúde Mental** dos Residentes (SASMERE), com psicólogo e médico psiquiatra.

O Programa de Apoio Psicológico a Profissionais da Saúde

No complexo FUNFARME, há significativa procura por atendimento psicológico e psiquiátrico pelos colaboradores, com as principais queixas relacionadas a **ansiedade**, **depressão**, transtorno bipolar, **estresse**, transtornos de personalidade, uso abusivo de substâncias, problemas relacionados ao ambiente laboral, questões familiares e pessoais, dos quais decorrem um número importante de atestados e afastamentos do trabalho.

Foi realizado um levantamento específico sobre afastamentos motivados por problemas de **saúde mental** (CID F00 a F99) na instituição em 2023 e no primeiro semestre de 2024. No ano de 2023, a instituição recebeu 839 atestados por problemas de **saúde mental**, sendo 217 (26%) de horas (que justificam apenas as horas em que o funcionário ficou fora do setor de trabalho para ir às consultas), 567 (68%) atestados que variam de 1 a 15 dias de afastamento do trabalho, e, por fim, 55 (7%) atestados por auxílio-doença (afastamentos superiores a 15 dias, nos quais os colaboradores devem se afastar pelo Instituto Nacional do Seguro Social – INSS). No primeiro semestre de 2024, foram 499 atestados, sendo 115 (23%) de horas; 344 (69%) afastamentos de até 15 dias e 40 (8%) por auxílio-doença. Dados do Observatório de Saúde e Segurança do Trabalho apontam que afastamentos relacionados a transtornos mentais e comportamentais foram a terceira maior motivação para afastamentos no País em 2021 (Modesto, 2023).

A pandemia da Covid-19, iniciada em março de 2020, colaborou para um aumento importante na procura por atendimento psicológico pelos profissionais da FUNFARME. Atualmente, está em andamento um estudo que objetiva verificar o impacto da pandemia na procura por atendimento psicológico na instituição. Avaliando 3 anos pré-pandemia (2017-2019) e 3 anos de pandemia (2020-2022), o número de casos atendidos está disponível na Figura 8.1.

É possível verificar que de 2017 para 2022 o número de buscas por atendimento quase dobrou. Dados mais recentes indicam permanência da tendência de aumento: em 2023, o serviço passou a ter fila de espera, e no primeiro semestre de 2024 havia 210 colaboradores aguardando por atendimento psicológico. Esses dados demonstram a ocorrência prevista pela OMS do impacto que a pandemia trouxe para a **saúde mental** de **profissionais da saúde**, corroborado também pela literatura (Sialakis et al., 2023).

Considerando todos os potenciais estressores que trabalhadores da saúde vivenciam no exercício de sua profissão, torna-se fundamental

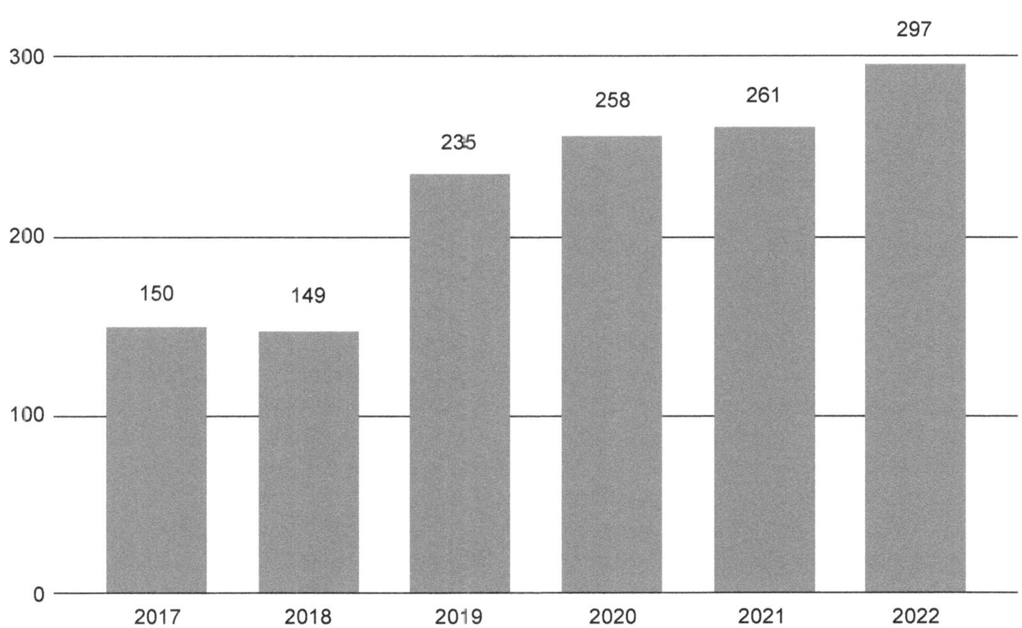

Figura 8.1 Procura por atendimento psicológico no Espaço do Colaborador por funcionários da FUNFARME (2017-2022).

o cuidado com a **saúde mental**. Diante disso, o Programa de **Apoio Psicológico** a Profissionais da Saúde oferece atendimento psicológico individual, em formato de psicoterapia breve; treino de habilidades de vida com equipes; grupos para treino de habilidades de vida para prevenção e tratamento em **saúde mental** e palestras psicoeducativas, que serão descritos a seguir.

O atendimento psicológico prestado aos colaboradores é realizado a partir de solicitações médicas, dos chefes de setor, do setor de Recursos Humanos e por busca espontânea dos funcionários. É agendada uma triagem para avaliação das queixas, assim como para encaminhamentos necessários, por exemplo, avaliação com médico psiquiatra, e, em seguida, é agendado retorno para início de psicoterapia breve.

Considerando-se que o objetivo central do presente capítulo é apresentar o Programa de **Apoio Psicológico** a **Profissionais de Saúde**, cabe esclarecer que, embora o programa conte com indicadores qualitativos e quantitativos de acompanhamento e evolução dos colaboradores que participam do programa, a apresentação de resultados formais demandaria uma investigação sistemática com caráter de pesquisa. Tal condução implicaria a submissão e aprovação por um Comitê de Ética em Pesquisa, conforme exigências regulatórias. No entanto, essa etapa não compõe o escopo do presente relato, que se restringe à descrição das intervenções realizadas e dos aprendizados advindos da experiência.

Psicoterapia breve na abordagem cognitivo-comportamental

A psicoterapia individual é realizada no formato breve, com cinco sessões. Há possibilidade de extensão para mais uma ou duas sessões e, caso necessário, é realizado encaminhamento para outros serviços para acompanhamento psicoterapêutico. Na maioria dos casos, as demandas que motivam a busca pelo atendimento são supridas com esse número de sessões.

A psicoterapia de abordagens breves tem ganhado cada vez mais espaço em razão das constantes necessidades de diminuição de custos e otimização dos atendimentos, principalmente em grandes instituições. A terapia cognitivo-comportamental (TCC) é uma abordagem psicoterapêutica estruturada, diretiva, ativa, de prazo limitado, utilizada como tratamento de escolha para diversos transtornos mentais (Beck, 2022). É uma modalidade breve de atendimento, baseada em evidências. Um estudo que avaliou o efeito de atendimentos breves com TCC em sintomas de **depressão** e **ansiedade** verificou redução significativa nos sintomas de **depressão** e de **ansiedade** e melhora da qualidade de vida dos participantes (Cano-Vindel et al., 2022).

Nessa modalidade de psicoterapia, os objetivos são estabelecidos a partir de uma compreensão diagnóstica do paciente e da delimitação de objetivos passíveis de serem atingidos em um espaço de tempo limitado (que pode ser ou não preestabelecido), por meio de estratégias clínicas definidas. As psicoterapias breves estão, em termos técnicos, alicerçadas em um tripé: foco, estratégias e objetivos (Enéas et al., 2000).

Grupos para treino de habilidades de vida e **saúde mental**

A OMS propõe o ensino de habilidades de vida como estratégia de promoção da saúde. São definidas como habilidades de comportamento adaptativo e positivo, que auxiliam a pessoa a lidar melhor com as demandas e os desafios da vida cotidiana. São consideradas habilidades de vida: tomada de decisão, resolução de problemas, pensamento criativo, pensamento crítico, comunicação eficaz, relacionamento interpessoal, autoconhecimento, empatia, lidar com sentimentos e emoções e lidar com o **estresse** (WHO, 1997).

Essas habilidades estão relacionadas ao desenvolvimento social, pessoal, intelectual, emocional e físico do indivíduo (Hosseinkhanzadeh & Yeganeh, 2013). Contribuem para comportamentos mais saudáveis, melhora na interação, no envolvimento social, no autocuidado e aumento da competência psicossocial, importantes para o bem-estar e a qualidade de vida (WHO, 1997).

O Treino de Habilidades de Vida (THV) é oferecido para os colaboradores por demanda espontânea, visando à prevenção e à melhora da **saúde mental**. O THV da instituição foi alvo de pesquisa realizada por Lucânia-Dionísio (2021) e avaliou o impacto do THV na **saúde mental** de 40 **profissionais da saúde**. Os dados indicaram que, após o THV, houve melhora nos sintomas de **ansiedade**, **depressão** e das habilidades de vida dos participantes. A Tabela 8.1 apresenta a intervenção em THV, que contou com nove encontros semanais, divididos em avaliação inicial para linha de base, intervenção, avaliação final e *follow up* após 30 dias.

Outra pesquisa, também no contexto hospitalar e com trabalhadores de diferentes níveis funcionais, encontrou resultados positivos (redução do **estresse**) após o ensino de habilidades de vida. Esses achados reforçam a importância de intervenções com o objetivo de capacitar e fortalecer os trabalhadores no enfrentamento das demandas diárias, uma vez que o **estresse** pode acarretar prejuízos funcionais e agravar transtornos preexistentes, como **ansiedade** (Netto et al., 2015).

Deve-se destacar a relevância do custo-benefício de intervenções promotoras de saúde, quando comparadas aos gastos decorrentes dos prejuízos do adoecimento, como afastamentos do trabalho, presenteísmo, acidentes, baixa produtividade, tratamentos necessários, entre outros. Assim, intervenções que tenham como

Tabela 8.1 Descrição dos encontros, objetivos, instrumentos, estratégias e técnicas utilizados no Treino de Habilidades de Vida.

Encontros	Objetivos	Instrumentos, estratégias e técnicas
1º encontro Avaliação inicial	Estabelecer vínculo, formulação do contrato terapêutico Aplicação de instrumentos e avaliação da motivação para o treinamento	Ficha de identificação, dados sociodemográficos e de saúde/doença HADS e EHV
2º encontro Intervenção em grupo	Treino das Habilidades de Vida: autoconhecimento e empatia	Psicoeducação Dinâmicas Discussão do conceito, reflexão e exercícios
3º encontro Intervenção em grupo	Treino das Habilidades de Vida: comunicação eficaz e relacionamento interpessoal	Psicoeducação Dinâmicas Discussão do conceito, reflexão e exercícios
4º Encontro Intervenção em grupo	Treino das Habilidades de Vida: pensamento crítico e tomada de decisão	Psicoeducação Discussão do conceito e reflexão Exercícios e debate Técnicas cognitivo-comportamentais
5º encontro Intervenção em grupo	Treino das Habilidades de Vida: pensamento criativo e resolução de problemas	Psicoeducação Discussão do conceito e reflexão Exercícios e técnicas cognitivo-comportamentais
6º encontro Intervenção em grupo	Treino das Habilidades de Vida: lidar com sentimentos e emoções e lidar com **estresse**	Psicoeducação Discussão do conceito e reflexão Exercícios e técnicas cognitivo-comportamentais
7º encontro Avaliação final	Aplicação de instrumentos	HADS e EHV
8º encontro *Follow-up* 30 dias	Aplicação de instrumentos	HADS e EHV
9º encontro Encerramento	Apresentação de resultados e *feedback* aos participantes	Apresentação dos resultados e *feedback* por meio do registro do significado que o trabalho teve para cada participante

EHV: Escala de Habilidades de Vida; HADS: Escala Hospitalar de Ansiedade e Depressão. A Escala de Habilidades de Vida (EHV) foi elaborada por Lucânia-Dionísio (2015) e avalia as dez Habilidades de Vida, propostas pela OMS (WHO, 1997).

objetivo capacitar os profissionais para enfrentar os desafios cotidianos são essenciais. Podem auxiliar na redução de problemas de saúde e sofrimento, contribuindo também para melhor produtividade e redução de custos (Netto et al., 2015).

Treino de Habilidades de Vida com Equipes

Além da oferta do THV para os colaboradores que buscam o serviço por demanda espontânea, o treinamento também pode ser oferecido às equipes, a partir de solicitações dos supervisores, dos gestores ou do setor de Recursos Humanos. O treinamento auxilia a lidar com problemas de comunicação, relacionamento interpessoal, dificuldades para trabalhar em equipe, elevado número de faltas e afastamentos ou adoecimento mental. Nessa modalidade, é realizada uma entrevista individual com cada membro da equipe para levantamento de necessidades, avaliação de sintomas de **ansiedade**, **depressão** e as habilidades de vida. A partir da demanda identificada é feito um planejamento para o treino das habilidades, de acordo com as atividades descritas na Tabela 8.1.

Palestras psicoeducativas

Técnica que relaciona instrumentos psicológicos e pedagógicos, a psicoeducação tem como objetivo ensinar paciente, cuidadores ou familiares sobre a doença física e/ou mental e sobre o tratamento. A psicoeducação é, portanto, um trabalho de prevenção e de conscientização em saúde (Lemes & Neto, 2017). Iniciativas assim, pouco onerosas e abrangentes, contribuem para aumentar o conhecimento sobre determinado assunto.

A psicoeducação pode ser realizada em variados locais e para diferentes problemas, objetivando a prevenção, a promoção e a educação em saúde. Uma revisão sistemática sobre o uso da psicoeducação em contextos de **saúde mental**, utilizando intervenções grupais e individuais, apontou resultados positivos na saúde mental dos participantes (Alves et al., 2024).

Evidências têm mostrado a importância desse tipo de intervenção na melhora psicológica e física de pacientes, principalmente aqueles com doenças crônicas (Landivar & Netto, 2022). Estudo de Fortes, Marques e Malheiro (2021) objetivou identificar o impacto da psicoeducação em pacientes com sintomatologia depressiva e ansiosa. Os dados indicaram que a intervenção psicoeducativa permitiu economizar tempo, proporcionou aumento do conhecimento sobre o problema e uma redução importante dos sintomas depressivos a curto e longo prazo. O impacto da psicoeducação sobre sintomas de **ansiedade**, entretanto, foi mais modesto.

Atividades psicoeducativas realizadas no complexo FUNFARME/FAMERP abordam temas como **saúde mental**, **ansiedade**, **depressão**, **estresse**, ***burnout***, assédio, comunicação, relacionamento interpessoal, autoestima, entre outros. Os objetivos são fornecer informações sobre os temas, oferecer orientações sobre o manejo das situações e desenvolver estratégias adequadas de enfrentamento e de autocuidado. Essas atividades são sempre planejadas levando em consideração as especificidades do público participante.

CLÍNICA ESCOLA

A FAMERP conta com uma clínica escola, vinculada ao curso de graduação em Psicologia. Colaboradores do complexo FUNFARME/FAMERP podem ser encaminhados para psicoterapia, caso não tenham indicação para o acompanhamento em psicoterapia breve em TCC. Além disso, a clínica escola disponibiliza atendimento psicológico aos familiares dos colaboradores (filhos, cônjuges e pais). Os atendimentos são semanais, oferecidos por estudantes do quinto ano do curso de Psicologia, principalmente nas abordagens cognitivo-comportamental e análise do comportamento, sob supervisão de docentes da faculdade.

CONCLUSÕES

O trabalho na área da saúde envolve inúmeros fatores que contribuem para o adoecimento mental dos profissionais, como riscos biológicos, baixos salários, falta de reconhecimento, pressão, exigência por produtividade, dificuldades para o trabalho em equipe, pouco suporte social, problemas de relacionamento e de comunicação, lideranças punitivas, além de condições inerentes às diferentes profissões e situações adversas, como sofrimento, doenças e morte.

Além de problemas como **ansiedade**, **depressão**, **estresse**, ***burnout***, transtornos de personalidade e outros, estão presentes déficits em habilidades de vida, o que colabora para o enfrentamento negativo de situações de conflito, agravando problemas de relacionamento interpessoal e de comunicação, que podem tornar esse ambiente ainda mais desafiador. O Programa descrito, com diferentes possibilidades de apoio aos colaboradores, contribui para reduzir as dificuldades identificadas e o sofrimento, melhorando o bem-estar e a saúde dos profissionais.

Realizar pesquisas para ampliar o conhecimento sobre a **saúde mental** dos **profissionais da saúde** é fundamental, considerando que a saúde desses profissionais impacta não apenas o seu bem-estar e a sua qualidade de vida, mas também a qualidade de sua prática. O investimento em estratégias de promoção, prevenção e tratamento em **saúde mental** pode colaborar também para reduzir custos, melhorar a produtividade, a satisfação e a realização dos profissionais, argumentos que fazem sentido para os administradores das instituições.

REFERÊNCIAS BIBLIOGRÁFICAS

Adam, D., Berschick, J., Schiele, J. K., Bogdanski, M., Schröter, M., Steinmetz, M. ... Seifert, G. (2023). Interventions to reduce stress and prevent burnout in healthcare professionals supported by digital applications: a scoping review. *Frontiers in Public Health, 11*, 1231-1266. Recuperado de https://doi.org/10.3389/fpubh.2023.1231266

Adams, J. G., & Walls, R. M. (2020). Supporting the health care workforce during the COVID-19 pandemic. *JAMA, 323*(15), 1439-1440. Recuperado de https://doi.org/10.1001/jama.2020.3972

Alves, G. C., Peres, F. S., Silva, C. M., Friedrich, J. de C. P., Zucco, J. V. G., Macuch, R. da S., Grossi-Milani, R. (2024). Psicoeducação em contextos de saúde mental: uma revisão sistemática. *Arquivos de Ciências da Saúde da UNIPAR, 28*(1), 577-592. Recuperado de https://doi.org/10.25110/arqsaude.v28i1.2024-10906

Beck, J. S. (2022). *Terapia cognitivo-comportamental: teoria e prática* (3a. ed.). Artmed.

Bianchi, R., Schonfeld, I. S., & Laurent, E. (2015). *Burnout*-depression overlap: a review. *Clinical Psychology Review, 36*, 28-41. Recuperado de https://doi.org/10.1016/j.cpr.2015.01.004

Cano-Vindel, A., Muñoz-Navarro, R., Moriana, J. A., Ruiz-Rodríguez, P., Medrano, L. A., & González-Blanch, C. (2022). Transdiagnostic group cognitive behavioural therapy for emotional disorders in primary care: the results of the PsicAP randomized controlled trial. *Psychological Medicine, 52*(15), 3336-3348. Recuperado de https://doi.org/10.1017/S0033291720005498

Diaz, T. O. C., Santiago, G. B., Calcino, A. R. F., Ilizarbe, G. S. M., Joyos, G. E. Q., & Torres, J. G. L. (2024). Work stress in health professionals: a systematic review. *Revista de Gestão Social e Ambiental, 18*(4), e04575. Recuperado de https://doi.org/10.24857/rgsa.v18n4-018

Enéas, M., Faleiros, J., & Sá, A. (2000). Uso de psicoterapias breves em clínica-escola: caracterização dos processos com adultos. *Psicologia Teoria e Prática, 2*(2), 9-30.

Fortes, B. M. P., Marques, M. F., & Malheiro, M. L. (2021). Eficácia da intervenção psicoeducativa na pessoa com sintomatologia depressiva e ansiosa: revisão integrativa da literatura. *Revista Ibero-Americana de Saúde e Envelhecimento, 7*(3), 357-374. Recuperado de http://dx.doi.org/10.24902/r.riase.2021.7(3).450.357-374

Furtado, C. (2022). Feliciencia: Felicidade e trabalho na era da complexidade (1a. ed.). Actual BR.

Garcia, C. D. L., Abreu, L. C., Ramos, J. L. S., Castro, C. F. D. S., Smiderle, F. R. N., Santos, J. A. D., & Bezerra, I. M. P. (2019). Influence of burnout on patient safety: systematic review and meta-analysis. *Medicina, 55*(9), 553. Recuperado de https://doi.org/10.3390/medicina55090553

Ghahramani, S., Lankarani, K. B., Yousefi, M., Heydari, K., Shahabi, S., & Azmand, S. (2021). A Systematic Review and Meta-Analysis of Burnout Among Healthcare Workers During COVID-19. *Frontiers in Psychiatry, 12*, 758849. Recuperado de https://doi.org/10.3389/fpsyt.2021.758849

Gorayeb, R., & Miyazaki, M. C. (2023). Medical Education. In J. Zumbach, D. Bernstein, S. Narciss, & G. Marsico (Orgs.). *International Handbook of Psychology Learning and Teaching* (pp. 979-992). Springer Cham.

Hochwarter, W., Jordan, S., Kiewitz, C., Liborius, P., Lampaki, A., Franczak, J. ... Khan, A. K. (2022). Losing compassion for patients? The implications of COVID-19 on compassion fatigue and event-related post-traumatic stress disorder in nurses. *Journal of Managerial Psychology, 37*(3), 206-223. Recuperado de https://doi.org/10.1108/JMP-01-2021-0037

Hosseinkhanzadeh A. A., & Yeganeh, T. (2013). The effects of life skills training on marital satisfaction. *Procedia – Social and Behavioral Sciences, 84*, 769-772.

Jiou, V., Duarte, J. M. G., Gonçalves, R. H. A., Vieira, E. E., & Simões, A. L. A. (2021). Fatigue due to compassion in health professionals and coping strategies: A scoping review. *Revista Brasileira de Enfermagem, 74*(5), e20190628. Recuperado de https://doi.org/10.1590/0034-7167-2019-0628

Landivar, S. A. O., & Netto, T. M. (2022). Intervenções psicoeducativas para pacientes com lúpus eritematoso sistêmico: uma revisão sistemática. *Cadernos da Fucamp, 21*(51), 92-109.

Lemes, C. B., & Neto, J. O. (2017). Aplicações da psicoeducação no contexto da saúde. *Temas em Psicologia, 25*(1), 17-28. Recuperado de https://doi.org/10.9788/TP2017.1-02

Lucânia-Dionísio, E. R. L. (2021). *O impacto do treino de habilidades de vida sobre ansiedade, depressão e estresse de trabalhadores de um hospital escola* (Tese de Doutorado não publicada). Faculdade de Medicina de São José do Rio Preto.

Lucânia-Dionísio, E. R. L. (2015) *Habilidades de vida e saúde mental de trabalhadores de um hospital de ensino do interior do Estado de São Paulo* (Dissertação de Mestrado). Faculdade de Medicina de São José do Rio Preto,

Maslach, C., & Leiter, M. P. (2016). Burnout. In *Stress: Concepts, cognition, emotion, and behavior* (pp. 351-357). Academic Press.

Miyazaki, E. S., Miyazaki, G. B., & Miyazaki, M. C. (2024). Physicians' Mental Health: Is It Possible to Tackle the Problem Throughout Academic Education? In Z. O. Amarin (Org.). *Advances in Medical Education and Training.* Intechopen.

Modesto, C. (2023, 24 de janeiro). *Transtornos mentais são a terceira maior causa de afastamento do trabalho no Brasil.* Justiça do Trabalho – TRT da 13a Região (PB). Recuperado de https://www.trt13.jus.br/informe-se/noticias/transtornos-mentais-sao-a-terceira-maior-causa-de-afastamento-do-trabalho-no-brasil

Netto J. R. C., Minto, E. C., Shuhama, R., Bugliani, M. A. P, & Gorayeb, R. (2015) Ensino de habilidades de vida no ambiente de trabalho: intervenção para promoção de saúde de profissionais de um hospital geral. In S. G. Murta, C. Leandro-França, K. B. Santos, & L. Polejack (Orgs). *Prevenção e Promoção em Saúde Mental* (pp. 405-418). Novo Hamburgo: Sinopsys.

Neves Couto, R., Fonseca, P. N., Castro, J. L. C., Guimarães C. L. C., & Medeiros E. D. (2022). Estratégias de *coping* adotadas pelos profissionais de saúde durante a pandemia da COVID-19. *Acta Psiquiátrica, 36*(133), 1-12. Recuperado de https://doi.org/10.15517/ap.v36i133.43470

Organização Pan-Americana de Saúde (2022, 3 de março). *Pandemia de COVID-19 desencadeia aumento de 25% na prevalência de ansiedade e depressão em todo o mundo.* Nações Unidas Brasil. Recuperado de https://brasil.un.org/pt-br/173825-pandemia-de-covid-19-desencadeia-aumento-de-25-na-preval%C3%AAncia-de-ansiedade-e-depress%C3%A3o-em

Pappa, S., Ntella, V., Giannakas, T., Giannakoulis, V. G., Papoutsi, E., & Katsaounou, P. (2020). Prevalence of depression, anxiety, and insomnia among healthcare workers during the COVID-19 pandemic: a systematic review and meta-analysis. *Brain, Behavior, and Immunity, 88*, 901-907. Recuperado de https://www.sciencedirect.com/science/article/pii/S088915912030845X?via%3Dihub

Perniciotti, P., Serrano, C. V., Jr., Guarita, R. V., Morales, R. J., & Romano, B. W. (2020). Síndrome de *Burnout* nos profissionais de saúde: atualização sobre definições, fatores de risco e estratégias de prevenção. *Revista da SBPH, 23*(1), 35-52. Recuperado de http://pepsic.bvsalud.org/scielo.php?script=sci_arttext&pid=S1516-08582020000100005&lng=pt&tlng=pt

Ripp, J., Peccoralo, L., & Charney, D. (2020). Attending to the emotional well-being of the health care workforce in a New York City health system during the COVID-19 pandemic. *Academic Medicine, 95*(8), 1136-1139. Recuperado de https://doi.org/10.1097/ACM.0000000000003414

Salvagioni, D. A. J., Melanda, F. N., Mesas, A. E., González, A. D., Gabani, F. L., & Andrade, S. M. D. (2017). Physical, psychological and occupational consequences of job burnout: A systematic review of prospective studies. *PLoS ONE, 12*(10), e0185781. Recuperado de https://doi.org/10.1371/journal.pone.0185781

Shanafelt, T. D., & Noseworthy, J. H. (2017). Executive leadership and physician well-being: Nine organizational strategies to promote engagement and reduce burnout. *Mayo Clinic Proceedings, 92*(1), 129-146. Recuperado de https://www.sciencedirect.com/science/article/abs/pii/S0025619616306255

Sialakis, C., Sialaki, P. A., Frantzana, A., Iliadis, C., Ouzounakis, P., & Kourkouta, L. (2023). Prevalence of anxiety and depression of health care workers during COVID-19 – A systematic review and meta-analysis. *Medicine and Pharmacy Reports, 96*(3), 246-253. Recuperado de https://doi.org/10.15386/mpr-2579

Steger, M. F. (2017). Creating meaning and purpose at work. In L. G. Oades, M. F. Steger, A. D. Fave, & J. Passmore (Eds). *The Wiley Blackwell Handbook of the Psychology of Positivity and Strengths-Based Approaches at Work* (p. 60-81). John Wiley & Sons.

Stodolska, A., Wójcik, G., Barańska, I., Kijowska, V., & Szczerbińska, K. (2023). Prevalence of burnout among healthcare professionals during the COVID-19 pandemic and associated factors: A scoping review. *International Journal of Occupational Medicine and Environmental Health, 36*(1), 21-58. Recuperado de https://doi.org/10.13075/ijomeh.1896.02007

Tannous, C., Chien, H.-W., Kenny, B., Lin, K.-H., Yeh, J.-Y., Wang, J.-Y. ... Salamonson, Y. (2024). Factors influencing career choice, study experiences and professional identity in undergraduate health students: a mixed methods study across two universities. *Teaching and Learning in Nursing, 19*(3), 249-259. Recuperado de https://doi.org/10.1016/j.teln.2024.03.014

Tirgari, B., Azizzadeh Forouzi, M., & Ebrahimpour, M. (2019). Relationship between posttraumatic stress disorder and compassion satisfaction, compassion fatigue, and burnout in Iranian psychiatric nurses. *Journal of Psychosocial Nursing and Mental Health Services, 57*(3), 39-47. Recuperado de https://doi.org/10.3928/02793695-20181023-02

Vale, H. M., & Miyazaki, M. C. O. S. (2019). Medicina defensiva: uma prática em defesa de quem? *Revista Bioética, 27*(4), 747-755. Recuperado de https://doi.org/10.1590/1983-80422019274358

World Health Organization (1997). *Life skills education for children and adolescentes in schools: Introduction and Guidelines to Facilitate the Developement and Implementation of Life Skills Program.* Geneva: World Health Organization, Division of Mental Health. Recuperado de https://apps.who.int/iris/bitstream/handle/10665/63552/WHO_MNH_PSF_93.7A_Rev.2.pdf?sequence=1&isAllowed=y

World Health Organization (2023, 11 de setembro). *Patient safety*. Recuperado de https://www.who.int/news-room/fact-sheets/detail/patient-safety

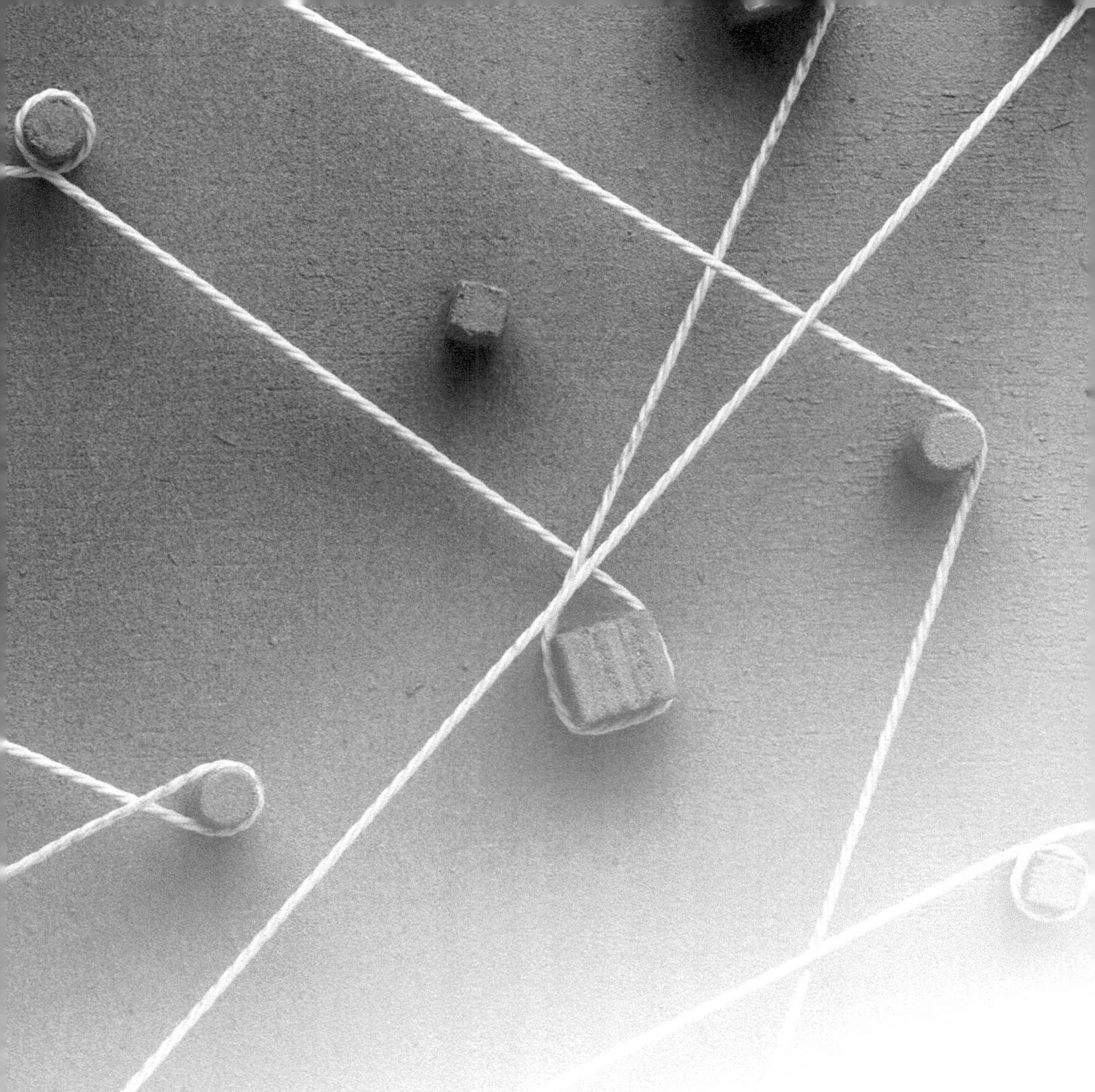

Parte 3

Avaliação e Intervenção Psicológica

9

Avaliação Psicológica em Contextos de Saúde

Caroline Tozzi Reppold ▪ Makilim Nunes Baptista ▪
Lisandra Borges ▪ Leandro Tozzi Reppold

Destaques

- A **avaliação psicológica** no âmbito da saúde tem se consolidado, ao longo dos anos, como uma área essencial para compreender os processos envolvidos no binômio saúde/doença
- O reconhecimento da **Psicologia da Saúde** como uma especialidade profissional no Brasil em 2016 reflete a crescente valorização desse campo e sublinha a importância de que os psicólogos estejam aptos a colaborar com equipes multiprofissionais em diferentes níveis de atenção à saúde
- A depender do nível de complexidade de atenção à saúde, a viabilidade das práticas de avaliação psicológica deve ser analisada levando em conta suas especificidades nessas situações
- A avaliação psicológica, fundamentada em uma abordagem científica e ética, permite não apenas a identificação de fenômenos psicológicos/psicossociais, mas o planejamento de intervenções adequadas e eficazes, ajustadas às necessidades dos pacientes, aos recursos de que dispõem e ao contexto em que estes se encontram
- Existe uma demanda crescente por novos métodos, técnicas e instrumentos de avaliação psicológica que sejam elaborados considerando as especificidades do contexto da saúde.

INTRODUÇÃO

Em qualquer contexto de atuação, as boas práticas do exercício profissional de um psicólogo devem ser baseadas em conhecimentos, técnicas e diretrizes oriundos da ciência psicológica. Nesse sentido, elas fundamentam-se na lógica científica e exigem, por parte do profissional, um raciocínio que envolve o levantamento de demandas, a observação sistemática dos fenômenos psicológicos a serem investigados, a formulação de hipóteses e a busca por evidências que possam confirmar ou desfazer essas hipóteses, provenientes de uma base conceitual teórica preexistente, sempre que possível.

No campo da saúde, esse raciocínio é essencial para planejar atividades como detectar situações de riscos e vulnerabilidades de indivíduos ou de populações/comunidades, ou ainda para propor encaminhamentos no âmbito da prevenção de doenças, da promoção de saúde e bem-estar, do tratamento de patologias e da reabilitação. Ao seguir as premissas da lógica científica em suas observações, um psicólogo que atende em um serviço de saúde, pode, por exemplo, avaliar a melhor forma de abordar um paciente e/ou seus familiares ao considerar os condicionantes históricos, sociais e contextuais dessa família. Dessa forma, pode orientar equipes multidisciplinares desses serviços de saúde (seja hospitais, unidades básicas de saúde, clínicas, unidades de pronto atendimento etc.) sobre práticas que potencialmente podem melhorar a adesão do paciente ao tratamento e a eficácia desse tratamento.

Reppold et al. (2019) referem que a avaliação de fenômenos psicológicos é uma atividade fundamental, na prática de qualquer psicólogo (independentemente de sua especialidade), ainda que o método de observação/teste de hipóteses por ele adotado possa variar, dependendo do contexto, e esteja ligado à sua formação teórica específica. Entretanto, a avaliação psicológica, que se refere ao raciocínio que perpassa toda a atuação do psicólogo, é distinta do processo de **avaliação psicológica** enquanto um procedimento mais abrangente voltado para práticas avaliativas (Reppold et al., 2019).

O presente capítulo apresenta orientações e práticas que caracterizam a avaliação psicológica no contexto da saúde, considerando seus aspectos históricos e as diretrizes normativas do Conselho Federal de Psicologia (CFP). O texto discute as práticas avaliativas que constituem o processo de avaliação psicológica no contexto de saúde, de modo a oferecer recursos para uma avaliação multimétodo e apresentar alguns dos principais instrumentos psicométricos atualmente utilizados nesse contexto.

AVALIAÇÃO PSICOLÓGICA NO ÂMBITO DA SAÚDE E SEU DESENVOLVIMENTO HISTÓRICO NA PSICOLOGIA

A avaliação psicológica no âmbito da saúde tem se consolidado, ao longo dos anos, como uma área essencial para compreender os processos envolvidos no binômio saúde/doença, especialmente em tempos em que a longevidade tem sido pauta de discussões no âmbito popular, clínico e acadêmico, seja pelo intento de alcançá-la com qualidade de vida ou pelas reais possibilidades advindas das novas tecnologias em saúde. Desde a década de 1970, diversos foram os estudos publicados por diferentes áreas da saúde, sob os desígnios do modelo biomédico, que investigaram processos de adoecimento e como o ser humano poderia manter sua saúde ao longo da vida (Belar & Deardorff, 2009; Butt, 2016; Heleno et al., 2022). Esses estudos eram originários de vários países, inclusive do Brasil (Gorayeb, 2010). No campo da Psicologia, essas pesquisas delinearam, em âmbito internacional, a organização de uma especialidade conhecida como Psicologia da Saúde (American Psychological Association [APA], 1997, 2024; Friedman & Adler, 2007; Taylor, 2011).

Segundo a APA (2024), a Psicologia da Saúde é uma área interdisciplinar da Psicologia que busca analisar os fatores biológicos, comportamentais e sociais que influenciam a saúde e a doença, os processos pelos quais isso ocorre, e como é possível intervir nos aspectos psicológicos e comportamentais, de modo a promover saúde e bem-estar e melhorar a vida dos indivíduos e da sociedade, levando-se em consideração a diversidade de grupos. Considerando diferentes ambientes de atuação, como hospitais, ambulatórios e outros serviços de saúde, essa área aplica princípios, **técnicas** e conhecimentos científicos para avaliar, prevenir, diagnosticar, tratar e modificar problemas físicos e/ou mentais e abordar outras questões relevantes para os processos de saúde e doença (Freedland, 2020; Hart et al., 2023; Heleno et al., 2022).

O foco da Psicologia da Saúde está na promoção e manutenção da saúde, na prevenção e tratamento de doenças (recuperação e reabilitação) e na oferta de cuidados paliativos. Também, na identificação de relações causais e diagnósticas que podem ser estabelecidas entre variáveis indicadoras de saúde, doenças, disfunções e bem-estar, e no desenvolvimento de projetos que busquem melhorias no sistema de saúde e nas políticas públicas (Baptista & Borges, 2017; Borges & Baptista, 2018; Hart et al., 2023). A Psicologia da Saúde destaca-se como uma ciência aplicada, voltada para a necessidade de atender a problemas sociais críticos relacionados à saúde. Dessa feita, seu principal valor reside em seu potencial translacional, que une a pesquisa biopsicossocial básica a intervenções de altas tecnologias no campo do tratamento e da reabilitação de patologias específicas. Nesse ínterim, suas práticas abrangem inúmeros procedimentos no campo da **prevenção** e da promoção de saúde, as quais envolvem, em algumas medidas, condutas avaliativas (processos de avaliação psicológica, avaliação de adesão, avaliação de efetividade etc.).

No Brasil, a Psicologia da Saúde foi reconhecida como uma especialidade profissional em 2016, quando o CFP publicou a Resolução CFP n. 03/2016. A referida Resolução incluía a Psicologia da Saúde entre os títulos profissionais de especialista os quais um psicólogo pode pleitear certificação, quando comprovada sua *expertise* e experiência prática na área. Ao apresentar as normas para registro de especialista, a Resolução (mais tarde revogada em favor da Resolução CFP n. 03/2022) definia como escopo do profissional especialista em Psicologia da Saúde a atuação em equipes multiprofissionais e interdisciplinares no campo da saúde e a utilização de "princípios, técnicas e conhecimentos relacionados à produção de subjetividade para análise, planejamento e intervenção nos processos saúde e doença, em diferentes estabelecimentos e contextos da rede de atenção à saúde" (Resolução CFP n. 02/2016).

Ao descrever as práticas de exercício profissional características de um psicólogo da saúde, a resolução referia-se, entre outros pontos:

1. Ao estabelecimento de estratégias de **intervenções** com populações e grupos específicos, de modo a contribuir para melhor qualidade de vida e bem-estar das pessoas atendidas e das comunidades.
2. A ações de promoção da saúde, prevenção de doenças e vigilância em saúde junto a usuários, profissionais de saúde e ambiente institucional, com vistas a aumentar a adesão da comunidade às ações da rede e articulação entre os atores envolvidos.
3. A ações de gestão em serviços de saúde e de formação de trabalhadores na área, o que, pela natureza da tarefa, envolve conhecimentos relacionados a reforma sanitária brasileira, políticas nacionais de saúde, legislação e funcionamento do **Sistema Único de Saúde (SUS)**, gestão do trabalho e educação permanente em saúde, financiamento, avaliação e monitoramento de serviços de saúde, e **normativas** administrativas (a depender do caso, municipais, estaduais ou nacionais) (Resolução CFP n. 02/2016).

Em 2022, por meio de uma nova normativa (Resolução CFP n. 23/2022), o CFP alterou tanto a definição do escopo da Psicologia da Saúde enquanto área de atuação (especialidade), quanto as práticas de exercício profissional que são características dessa especialidade. Na mesma resolução, a Psicologia da Saúde é qualificada como "a área de atuação profissional da Psicologia referente à aplicação de técnicas psicológicas em cuidados, promoção e manutenção da saúde integral, bem como no diagnóstico, **prevenção** e tratamento de doenças". Por sua vez, as ações de exercício profissional que distinguem essa especialidade são assim listadas no documento:

> A(o) psicóloga(o) especialista em Psicologia em Saúde:
> a) Identificar e divulgar fatores condicionantes da saúde populacional;
> b) Oferecer tratamentos psicológicos individuais, familiares e grupais;
> c) Desenvolver programas de **prevenção** a doenças e transtornos mentais, de acordo com dados epidemiológicos do território de intervenção;
> d) Avaliar e descrever fatores de risco e de proteção do território em que atua para planejar estratégias de intervenção e de profilaxia;
> e) Formular políticas de saúde destinadas a promover o direito à saúde nos campos econômico e social;
> f) Assistir à população, mediante ações de promoção, proteção e recuperação da saúde, com a realização integrada das ações assistenciais e das atividades preventivas;
> g) Atuar em ações e serviços de saúde, em todos os níveis de hierarquia e complexidade dos equipamentos de saúde, hospitais, instituições de ensino, organizações sociais, comunitárias, religiosas;
> h) Integrar o conhecimento clínico, educacional e social da Psicologia com outras ciências da área da saúde para promover a saúde da população;
> i) Desenvolver estratégias de intervenção para promoção e melhoria da qualidade de vida da população;
> j) Oferecer serviços destinados à ordenação da formação de recursos humanos na área de saúde e à colaboração na proteção do meio ambiente, nele compreendidas as condições de trabalhadores da saúde;
> k) Coordenar serviços de saúde pública, analisar a oferta e a demanda de serviços, de acordo

com o ponto de vista demográfico, epidemiológico e institucional;
l) Participar do planejamento, avaliação e controle de políticas de saúde, gerenciamento de serviços e processos de trabalho em unidades de saúde;
m) Desenvolver ações de profilaxia, etiologia, diagnóstico, prognóstico, prevalência de doenças e sua ligação com a saúde mental (CFP n. 23, 2022, Anexo II).

Conforme se observa, nas diferentes práticas que caracterizam o exercício profissional de um psicólogo que atua no contexto da saúde, a avaliação psicológica tem um papel fundamental. Seja porque permite que se elabore um raciocínio crítico a partir do levantamento de demandas, da formulação de hipóteses, da busca de evidências que confirmem ou rejeitem as hipóteses criadas e, assim, fundamentem-se as decisões/os encaminhamentos a serem tomados, seja porque realmente envolve um processo de avaliação psicológica propriamente dito.

De acordo com Reppold et al. (2019), a avaliação psicológica, enquanto um processo avaliativo, é uma prática profissional que envolve um conjunto estruturado de ações executadas por um psicólogo com propósito de responder a determinada demanda que envolve um fenômeno psicológico. Em geral, essa prática abrange "o levantamento de demandas; a elaboração de um plano de trabalho (definição do **método** ou das estratégias mais indicadas para coleta de dados, bem como dos objetivos da avaliação); o estabelecimento de um contrato de trabalho; a execução do plano constituído; a análise, interpretação e triangulação dos dados obtidos; a elaboração de um documento psicológico; e a devolução dos resultados obtidos" (Reppold, 2019, p. 15).

No contexto da saúde, essa avaliação envolve a avaliação sistemática de aspectos (afetivos, cognitivos e comportamentais) do paciente, mas deve levar em conta, entre outros aspectos, a razão que o coloca no contexto da saúde (doença/prevenção de saúde), a família do paciente, os atores envolvidos no sistema de saúde e o contexto sociocultural em que este está inserido (Baptista & Borges, 2017; Rudnicki & Schimidt, 2015). Nesse sentido, é muito importante, ao se pensar no tema da avaliação psicológica em saúde, entender, de antemão, a diferença entre os níveis de atenção e assistência à saúde proposta no âmbito do SUS, o sistema de saúde público brasileiro (responsável pela maior parte dos atendimentos em saúde da população nacional) (Machado, 2024; Resolução CFP n. 17, 2022). Isso porque, a depender do nível de complexidade de atenção à saúde (atenção básica ou atenção especializada), a viabilidade das práticas de avaliação psicológica deve ser analisada considerando-se sua especificidade nessas condições.

Os diferentes níveis de atenção e assistência à saúde no Brasil são delineados pela Portaria n. 4.279, do Ministério da Saúde, datada de 30 de dezembro de 2010, que estabelece as diretrizes para a organização da Rede de Atenção à Saúde na esfera do SUS (Ministério da Saúde, 2010). Esses níveis são classificados como atenção primária, secundária e terciária, e orientam a estruturação dos serviços e tratamentos oferecidos pelo SUS, consoante as diretrizes da Organização Mundial da Saúde (OMS).

Na atenção básica, equipes de profissionais de diferentes áreas da saúde realizam atividades focadas na prevenção e promoção da saúde. Por definição legal, esse trabalho envolve equipes **multiprofissionais** que atuam visando proporcionar atenção integral à saúde da população. O trabalho na atenção primária não ocorre somente por meio de atendimentos realizados em Unidades Básicas de Saúde, como também em espaços públicos da comunidade e em visitas domiciliares. Assim, busca viabilizar uma aproximação entre todos que integram aquela comunidade (inclusive a equipe de saúde) e, por conseguinte, a realização de ações de prevenção de doenças e promoção de saúde e de bem-estar que sejam pertinentes à demanda daquele grupo específico.

A atenção especializada, por sua vez, é categorizada em dois níveis: atenção secundária e terciária, correspondendo à média e alta complexidade, respectivamente. A atenção à saúde em nível de média complexidade abarca serviços especializados disponíveis em hospitais e ambulatórios, e abrange atendimentos voltados para áreas específicas, como Pediatria, Hebiatria, Neurologia, Fisiatria, Psiquiatria e Oncologia, por exemplo. Os atendimentos em nível de alta complexidade são aqueles que demandam **técnicas**, equipamentos e/ou procedimentos que envolvem inovação tecnológica e, portanto, na maioria das vezes, altos custos econômicos. Esses atendimentos geralmente ocorrem em centros cirúrgicos, centros de reabilitação, centros de tratamento especializado (oncológico, cardíaco, genético etc.) ou Unidades de Tratamento Intensivo. Alguns exemplos de procedimentos de alta complexidade em saúde são hemodiálises, transplantes de órgão, partos de alto risco, processos de reprodução assistida, tratamentos quimioterápicos e radioterápicos, tomografia computadorizada, ressonância magnética e cateterismo cardíaco.

PRÁTICAS NA ATENÇÃO BÁSICA EM SAÚDE

De maneira a orientar o trabalho das equipes de saúde, o Ministério da Saúde (2020) organizou uma Carteira de Serviços da Atenção Primária à Saúde, na qual lista diferentes possibilidades de atuação nesse nível de atenção à saúde.

Na sessão "Vigilância em Saúde", alguns exemplos são:

- Discussão e acompanhamento dos casos de violências (doméstica, sexual e/ou outras violências) em parceria com outros setores
- Identificação e acompanhamento de adultos, pessoas idosas, crianças e adolescentes inscritos no Programa Bolsa Família ou outros programas de assistência social, ou benefícios sociais
- Rastreamento e aconselhamento quanto ao uso abusivo de medicamentos e polifarmácia.

Na sessão "Promoção à Saúde", alguns exemplos de atividades que envolvem um raciocínio crítico com base em uma lógica avaliativa ou um processo de avaliação psicológica propriamente dito são:

- Consulta para acompanhamento do crescimento e desenvolvimento da criança (pesar, medir e avaliar o desenvolvimento registrando na caderneta da criança)
- Desenvolvimento de ações de promoção à saúde relacionadas ao reconhecimento étnico-racial, acolhimento e respeito à diversidade religiosa, acolhimento e respeito à diversidade sexual, estratégias que contribuam para a promoção da convivência pacífica e respeitosa e atividades que fortaleçam vínculos familiares e comunitários
- Estímulo à adoção de hábitos de vida saudáveis, como alimentação adequada e saudável, práticas corporais e atividades físicas, controle do álcool, tabaco e drogas, entre outros.

No eixo "Atenção e Cuidados Centrados no Adulto e no Idoso", são exemplos:

- Assistência à mulher no período pré-natal, de puerpério e de climatério
- Prevenção, identificação, acolhimento e acompanhamento de situações de violência contra mulheres, violência sexual, intrafamiliar e de gênero, preferencialmente em parceria intersetorial com serviços de assistência social e segurança pública
- Identificação e acompanhamento da pessoa idosa vulnerável, em risco de declínio funcional ou frágil, com o estabelecimento de um plano de cuidados adaptado a cada caso
- Acompanhamento de adultos e pessoas idosas em cuidados integrados e continuados, incluindo cuidados paliativos, com orientação aos familiares/cuidadores
- Atendimento à demanda espontânea com avaliação de risco para adultos e pessoas idosas
- Prevenção, identificação e aconselhamento com relação ao uso abusivo de álcool e outras drogas e/ou com relação ao tabagismo
- Prevenção, rastreamento, diagnóstico, tratamento e acompanhamento da pessoa com diagnóstico de sífilis, hepatites virais, outras infecções sexualmente transmissíveis e da pessoa vivendo com vírus da imunodeficiência humana (HIV), com atenção especial à populações-chave
- Identificação, manejo e acompanhamento da pessoa com diabetes *mellitus*
- Identificação, manejo e acompanhamento da pessoa com hipertensão arterial sistêmica
- Identificação e manejo da pessoa em situação de sofrimento psíquico e com transtornos mentais mais prevalentes: sofrimento emocional e tristeza, transtornos depressivos, de ansiedade, do espectro

obsessivo-compulsivo e/ou pós-traumático, transtornos por uso de substâncias (álcool, tabaco e drogas ilícitas), transtorno de déficit de atenção/hiperatividade, transtorno do humor bipolar, transtornos psicóticos e ações de prevenção ao suicídio, e automutilação.

No eixo "Atenção e cuidados centrados na criança e no adolescente", são exemplos:

- Identificação e acompanhamento de crianças e adolescentes com dificuldade de aprendizado e problemas relacionados ao contexto escolar e/ou trabalho infantil
- Identificação e acompanhamento de crianças e adolescentes com deficiências físicas e/ou mentais
- Identificação e manejo de problemas de crescimento e desenvolvimento na infância e adolescência
- Identificação e seguimento de crianças e adolescentes em situação de vulnerabilidade (violência, trabalho infantil, medida socioeducativa, acolhimento institucional, em situação de rua, migrantes e refugiados)
- Atendimento à demanda espontânea com avaliação de risco
- Atendimento e escuta do adolescente em qualquer situação, mesmo desacompanhado, conforme o Estatuto da Criança e do Adolescente (ECA)
- Identificação, acompanhamento e atenção integral à adolescente gestante e puérpera
- Identificação, acompanhamento e manejo de crianças e adolescentes em sofrimento psíquico, incluindo ações de prevenção ao suicídio com adolescentes.

As atividades listadas vêm ao encontro das "Referências **técnicas** para atuação de psicólogas(os) na Atenção Básica à Saúde (ABS)" propostas pelo CFP (CFP, 2019). Ambos os documentos orientativos evidenciam que o conhecimento dos princípios e fundamentos da avaliação psicológica é essencial a um psicólogo, mesmo no campo da ABS. Isso porque, mesmo que o trabalho seja de natureza psicossocial e não envolva um processo estruturado de avaliação psicológica (diga-se, este não é mesmo o foco da ABS), para identificar fatores de risco e de proteção ao desenvolvimento humano e os determinantes sociais dos problemas a serem manejados, é importante seguir a lógica de se observar sistematicamente o fenômeno estudado, levantar hipóteses e buscar evidências que confirmam ou refutam as hipóteses levantadas e fundamentam a tomada de decisões a partir dos dados obtidos (seja em um atendimento, uma visita domiciliar, uma interconsulta, um acolhimento etc.) (Reppold et al., 2019). As publicações encontradas na literatura científica sobre o relato da atuação dos psicólogos brasileiros no contexto da ABS reforçam essa ideia. Sobretudo, ao mostrarem a importância de os psicólogos estarem atentos ao desenvolvimento de práticas inovadoras de avaliação e intervenção que precisam, muitas vezes, extrapolar os muros dos serviços de saúde para atender à demanda de cada comunidade e de fato oferecer um apoio integral, contextualizado e preventivo (Cintra et al., 2017; Lemos & Lhullier, 2020).

Diga-se que o trabalho da Psicologia da Saúde no campo da atenção básica, embora ainda incipiente, é destaque no mundo pelo seu caráter inovador e pela abrangência que a rede referenciada pelo SUS alcança. Os dados internacionais mostram que o campo da Psicologia da Saúde ainda se empenha em ultrapassar a fronteira do trabalho "relacionado à demanda clínica e psicopatológica" com a qual a área, muitas vezes, é identificada (de forma reducionista) pelas equipes de saúde e pela própria comunidade. Prova disso é o editorial da revista *Health Psychology* (*official journal of the Division of Health Psychology*, American Psychological Association) publicado em dezembro de 2020 (Freedland et al., 2020). Nesse texto, os editores relataram que o periódico recebeu diversos artigos sobre a pandemia da COVID-19 naquele ano, com foco principalmente em tópicos como depressão, ansiedade e estresse, tanto na população geral quanto entre profissionais de saúde. No entanto, chamava atenção a escassez de estudos sobre comportamentos de saúde e comunicações relacionadas à Covid-19, que seriam cruciais para entender a propagação da pandemia.

Uma revisão realizada pelos editores no Medline identificou mais de 23.000 artigos sobre Covid-19, com mais de 1.400 relacionados à Psicologia da Saúde, sendo os transtornos mentais a categoria temática mais predominante.

Apenas uma pequena fração abordou comportamentos psicológicos ou sociais relacionados às disparidades étnicas e raciais. Assim, os editores destacam no editorial que as pesquisas do campo da Psicologia da Saúde até então, no contexto da pandemia de Covid-19, estavam concentrando-se mais em descrever o estresse e o sofrimento emocional do que compreender comportamentos de saúde e avaliar padrões que poderiam aumentar ou diminuir exposição a riscos (Freedland et al., 2020).

PRÁTICAS NA ATENÇÃO ESPECIALIZADA À SAÚDE

O trabalho de um psicólogo em contextos de atenção especializada à saúde, sobretudo no hospital, é essencial para a elaboração de um plano terapêutico multiprofissional condizente com as condições físicas, psicológicas, emocionais, cognitivas, comportamentais, espirituais e psicossociais do paciente, da família e da rede de assistência e apoio de que esse dispõe (Azevêdo & Crepaldi, 2016; Borges & Baptista, 2018; Capitão & Baptista, 2015; Hutz et al., 2019). Em um hospital geral, esse trabalho é realizado de duas formas: por meio de interconsultas (modalidade de atendimento prestado mediante solicitação de outro profissional da saúde) ou por busca ativa.

Nesse ambiente, a avalição psicológica (AP) desempenha um papel importante para os profissionais que trabalham e/ou realizam pesquisas na área da saúde. Nos diversos níveis de atendimento, o trabalho de avaliação de um psicólogo faz-se presente. No caso dos ambulatórios e enfermarias, o foco principal do trabalho da AP é monitorar a evolução do paciente com relação aos aspectos físicos, emocionais, cognitivos e comportamentais que a doença provoca, identificando (novas) queixas associadas à situação de doença, prognósticos e estratégias para tratamento/reabilitação da doença e para promoção de bem-estar.

Nos casos cirúrgicos, a AP ajuda a identificar o funcionamento psicológico do paciente, em termos emocional, cognitivo, motor e comportamental, inclusive com relação a risco de declínio ou outras alterações neuropsicológicas, o que é uma realidade em alguns casos clínicos que envolvem necessidade de cirurgia. Este é o caso de alguns tratamentos que envolvem transplantes (Grings et al., 2019), implantes (Machado & Reppold, 2015) ou em determinadas intervenções para doenças neurológicas (Drozdz et al., 2014), oncológicas (Albergaria & Amorim, 2018) ou doenças crônicas não transmissíveis (Reppold et al., 2024). Nessas circunstâncias, a avaliação de um psicólogo contribui, em última instância, para que a equipe possa definir se o paciente é elegível para determinado tratamento e para planejar as melhores intervenções a serem tomadas, considerando os recursos psíquicos e psicossociais de que o paciente dispõe. Desse modo, a avaliação pode auxiliar no preparo do paciente ao tratamento.

Em termos de pesquisa, a avaliação psicológica pode ajudar a definir diretrizes clínicas com relação ao tratamento de determinados grupos clínicos, à medida que um conjunto de evidências científicas passa a fundamentar as orientações a serem adotadas pelas equipes profissionais. Essas evidências obtidas podem não apenas orientar o planejamento do tratamento, mas contribuir para a monitorização do progresso terapêutico, garantindo que as estratégias utilizadas sejam adaptáveis e eficazes, levando em consideração a diversidade e as especificidades de cada grupo.

A esse respeito, Hilton e Johnston (2017), ao discutir sobre intervenções psicológicas no contexto da saúde, apontam que a área da Psicologia da Saúde dá pouca importância aos processos de implementação de suas práticas. Segundo eles, a área está mais centrada "no que fazer" do que no "como fazer". Nesse sentido, pode-se dizer que a área da AP agrega conhecimentos de relevância à Psicologia da Saúde, seja pelos princípios e fundamentos (enquanto campo teórico) ou pelos procedimentos e instrumentos que disponibiliza (enquanto técnica profissional).

As pesquisas mostram que o processo de avaliação psicológica é uma atividade fundamental na atenção especializada à saúde e pode ser realizado em diferentes momentos do tratamento de um paciente, tanto para verificar a necessidade e eficácia das intervenções propostas, quanto para adaptá-las, conforme preciso (Albergaria & Amorim, 2018; Grings et al., 2019; Kumnig et al., 2015). Para planejar uma AP no âmbito da atenção especializada à saúde, o psicólogo deve considerar a natureza do pedido de avaliação, incluindo quem o solicitou e o objetivo. Em acréscimo, deve buscar compreender as condições do paciente e do ambiente em que este se encontra (se está em ambulatório, hospital-dia, emergência, leito de terapia intensiva, centro cirúrgico, enfermaria etc.).

Além das informações do setor solicitante, o psicólogo deve coletar dados sobre o estado geral do paciente, história de adoecimento e sua forma de enfrentar a enfermidade e as adversidades clínicas, emocionais e psicossociais decorrentes. É importante observar aspectos familiares, do sistema de saúde e culturais, assim como as implicações psicológicas da patologia. Diga-se que nem sempre é possível obter todas essas informações, em virtude da diferente organização entre as equipes em ambientes de saúde e eventuais dificuldades de comunicação. Deve-se considerar, contudo, que as hipóteses diagnósticas serão influenciadas pelo setor que demanda a avaliação. Logo, essas informações podem direcionar a escolha mais adequada de **instrumentos**, **técnicas** e abordagens, a depender do contexto e das características do caso a ser avaliado (p. ex., processos de AP planejadas a pedido de profissionais da Pediatria têm especificidades que são diferentes da Geriatria) (Borges & Baptista, 2018).

Com base nessas questões, destaca-se que o psicólogo da saúde deve avaliar as interações entre o paciente, a doença e o ambiente, adotando uma perspectiva biopsicossocial (Alves et al., 2017; Lugg, 2022; Nicholas, 2022) e considerar que, quanto mais informações forem reunidas, mais eficaz será o processo avaliativo e mais fundamentada a tomada de decisões. Para tanto, o psicólogo dispõe de recursos variados, que podem ser utilizados em um processo de avaliação psicológica. Nesse ponto, cabem dois destaques com relação às **normativas** legais que orientam o exercício profissional dos psicólogos, explorados a seguir.

A Resolução CFP n. 31/2022 estabelece que o psicólogo tem a prerrogativa de escolher os métodos e instrumentos que quiser para realizar uma avaliação psicológica, desde que estes sejam fundamentados em termos teóricos e metodológicos, tenham reconhecida qualidade científica e estejam de acordo com as resoluções e normativas legais dessa autarquia. Estabelece ainda que, na realização de um processo de AP, um psicólogo necessariamente deve basear suas decisões em fontes fundamentais de informações, sendo assim consideradas: testes psicológicos aprovados pelo CFP para uso profissional; entrevistas psicológicas e anamneses; e protocolos ou registros de observação de comportamentos obtidos individualmente, ou por meio de processo grupal e/ou técnicas de grupo. Conforme o contexto, o psicólogo pode ainda recorrer a procedimentos e recursos auxiliares (fontes complementares de informação) na avaliação psicológica. No caso, fontes complementares de informação são: técnicas e instrumentos não psicológicos que tenham respaldo da literatura científica da área, que respeitem o Código de Ética Profissional do Psicólogo e as garantias da legislação da profissão; ou documentos técnicos, como protocolos ou relatórios de equipes multiprofissionais (CFP n. 31, 2022).

Assim, algumas das fontes de informação usualmente utilizadas pelos psicólogos que trabalham em contexto hospitalar são:

- Análise de prontuários multiprofissionais e avaliação de resultados de exames e outras avaliações clínicas/psicológicas/neuropsicológicas previamente realizadas
- Entrevistas a serem realizadas com paciente, familiares e/ou acompanhantes e equipe profissional envolvida no caso (o que pode incluir o contato com profissionais de saúde que realizam atendimento ao paciente fora do hospital)
- Registros de observação do comportamento do paciente no contexto hospitalar, na dinâmica familiar e no trato com a equipe
- Testes psicológicos listados pelo Sistema de Avaliação de Testes Psicológicos e aprovados pelo CFP
- Técnicas e instrumentos não psicológicos com respaldo científico (fontes complementares), como, por exemplo, instrumentos de rastreio, protocolos clínicos e diários.

Um olhar sobre os recursos disponíveis mostra que atualmente ainda são poucos os métodos avaliativos que foram criados considerando-se as especificidades do contexto da saúde (p. ex., com estudos que incluam amostras clínicas ou aplicação em ambiente de atenção à saúde básica, ou atenção à saúde especializada) (Coluci et al., 2015; Neto & Porto, 2017). Com relação aos testes atualmente aprovados pelo CFP, o único desenvolvido especificamente para o contexto da saúde é a Escala Baptista de Depressão – versão saúde (EBADEP-Saúde) (Baptista, 2023), o qual tem como público-alvo pacientes hospitalares e ambulatoriais com problemas de saúde física. Esse fato destaca a importância de se investir em novos estudos no campo das técnicas e dos métodos de avaliação psicológica no ambiente da saúde. Nessa perspectiva, deve-se considerar o caráter inovador e relevante de técnicas que têm grande potencial para contribuir, em termos multimétodo, para avaliação complementar de atributos físicos e psíquicos relacionados à saúde, como é o caso de tecnologias vestíveis. Isto é, dispositivos móveis eletrônicos (como relógios, fones de ouvido, vestimentas) dotados de recursos que ilustram a aplicação da Internet das Coisas (conectividade, inteligência artificial etc) e são capazes de medir biossinais em tempo real e enviar os dados coletados a dispositivos que conseguem identificar padrões de comportamento que ajudam a entender o processo individualizado de saúde-doença, inclusive riscos imediatos relacionados à saúde mental.

CONCLUSÕES

A avaliação psicológica configura-se como uma ferramenta essencial no campo da saúde, imprescindível para a compreensão do complexo binômico saúde-doença e para a promoção de intervenções eficazes e contextualizadas. Seja na atenção básica, com foco na prevenção e promoção da saúde, ou na atenção especializada, voltada para tratamento e reabilitação, a avaliação psicológica mostra-se fundamental para o planejamento de ações e/ou o acompanhamento da evolução dos pacientes.

O capítulo evidencia a importância da avaliação psicológica em diferentes níveis de atenção à saúde, destacando a necessidade de adaptação das práticas avaliativas às especificidades de cada contexto. A atenção básica exige um olhar atento aos determinantes sociais da saúde e ao desenvolvimento de práticas inovadoras, enquanto a atenção especializada demanda uma compreensão das interações que o paciente estabelece com sua saúde, sua doença, seus recursos e seu ambiente. Essa compreensão é viável ao psicólogo de forma mais qualificada quando derivada de um processo de avaliação que faz uso de instrumentos e técnicas adequadas.

Quando realizada em uma perspectiva multidisciplinar (que é característica do contexto da saúde), a avaliação psicológica possibilita um entendimento integrativo das condições de saúde dos pacientes, levando em conta não apenas as queixas de saúde imediatas, como também os contextos históricos e sociais em que esses pacientes estão inseridos, seus recursos pessoais e familiares, suas forças e fragilidades. Assim, ao coletar informações de diversas fontes e por meio de métodos bem fundamentados, os psicólogos podem traçar um perfil mais abrangente do paciente, facilitando encaminhamentos adequados e intervenções mais eficazes.

Contudo, apesar dos avanços no campo da avaliação psicológica em saúde, ainda são necessárias mais pesquisas no campo, em especial no que tange ao desenvolvimento de métodos avaliativos específicos para esse contexto. A escassez de instrumentos com evidências de validade e a carência de estudos sobre a implementação de práticas ressaltam a importância de se investir em novas tecnologias em saúde, em prol do tratamento e da reabilitação de doenças, mas sobretudo da identificação de fatores de risco e proteção que podem prevenir doenças e promover adesão a estilos de vida saudáveis e busca de satisfação com a vida. A Psicologia da Saúde, como área em constante desenvolvimento, tem o desafio de aprimorar suas práticas avaliativas, buscando sempre a promoção do bem-estar e a melhoria da qualidade de vida da população.

REFERÊNCIAS BIBLIOGRÁFICAS

Albergaria, R., & Amorim, R. (2018). Caracterização dos utentes de uma unidade de psico-oncologia extra-hospitalar. *Psicologia, Saúde & Doenças,*

19(3), 550-563. Recuperado de http://dx.doi.org/10.15309/18psd190307

Alves, R., Santos, G., Ferreira, P., Costa, A., & Costa, E. (2017). Atualidades sobre a psicologia da saúde e a realidade brasileira. *Psicologia, Saúde & Doenças, 18*(2), 545-555. Recuperado de https://doi.org/10.15309/17psd180221

American Psychological Association. (1997). *Archival description of clinical health psychology as a specialty in professional psychology*. Minutes of the Council of Representatives Meeting, August 1997. Washington, DC.

American Psychological Association. (2024). *Society for Health Psychology: Division 38*. Recuperado de https://www.apa.org/about/division/div38

Azevêdo, A. V. S., & Crepaldi, M. A. (2016). A psicologia no hospital geral: Aspectos históricos, conceituais e práticos. *Estudos de Psicologia, 33*(4), 573-585.

Baptista, M. N. (2023). *Escala Baptista de Depressão - versão Saúde (EBADEP-Saúde)*. São Paulo, SP: Vetor Editora.

Baptista, M. N., & Borges, L. (2017). Processo de avaliação no contexto da saúde. In Gorayeb, R., Miyazaki, M. C., Teodoro, M. *PROPSICO: Programa de atualização em Psicologia clínica e da saúde* (pp. 141-168). Porto Alegre, RS: Artmed.

Belar, C. D., & Deardorff, W. W. (2009). *Clinical health psychology in medical settings: A practitioner's guidebook*. American Psychological Association.

Borges, L., & Baptista, M. N. (2018). Avaliação Psicológica em Saúde. In Baptista, M. N., Dias, R. R., & Baptista, A. S. D. (Orgs.) *Psicologia hospitalar: Teoria, aplicações e casos clínicos* (3a ed., pp. 33-42). Rio de Janeiro, RJ: Guanabara Koogan.

Butt, Z. (2016). *Assessment in health psychology: Introduction to the special issue. Psychological Assessment, 28*(9), 1031-1032. Recuperado de https://doi.org/10.1037/pas0000367

Capitão, C. G., & Baptista, M. N. (2015). Avaliação psicológica da saúde: um campo em construção. In Baptista, M. N., Dias, R. R. (Orgs.). *Psicologia hospitalar: Teoria, aplicações e casos clínicos* (pp. 1-16). Rio de Janeiro, RJ: Guanabara Koogan.

Cintra, M. S., & Bernardo, M. H. (2017). Atuação do psicólogo na atenção básica do SUS e a psicologia social. *Psicologia: Ciência e Profissão, 37*(4), 883-896. Recuperado de https://doi.org/10.1590/1982-3703000832017

Conselho Federal de Psicologia. (2019). *Referências técnicas para atuação de psicólogas na atenção básica à saúde*. Recuperado de https://site.cfp.org.br/wp-content/uploads/2019/11/CFP_atencaoBasica-2.pdf

Conselho Federal de Psicologia. (2016). Resolução CFP n. 002, de 21 de janeiro de 2016. Recuperado de https://satepsi.cfp.org.br/docs/Resolucao002-2016.pdf

Conselho Federal de Psicologia. (2022). Resolução CFP n. 17, de 19 de julho de 2022. Recuperado de https://www.in.gov.br/en/web/dou/-/resolucao-n-17-de-19-de-julho-de-2022-418333366

Conselho Federal de Psicologia. (2022). Resolução CFP n. 23, de 13 de outubro de 2022. Recuperado de https://www.in.gov.br/en/web/dou/-/resolucao-n-23-de-13-de-outubro-de-2022-437945688

Coluci, M. Z. O., Alexandre, N. M. C., & Milani, D. (2015). Construção de instrumentos de medida na área da saúde. *Ciência & Saúde Coletiva, 20*(3), 925-936. Recuperado de https://doi.org/10.1590/1413-81232015203.04332013

Drozdz, D., Mancopes, R., Silva, A. M., & Reppold, C. (2014). Analysis of the level of Dysphagia, anxiety, and nutritional status before and after speech therapy in patients with stroke [Análise do nível de disfagia, ansiedade e estado nutricional antes e após terapia fonoaudiológica em pacientes com acidente vascular cerebral]. *International Archives of Otorhinolaryngology, 18*(2), 172-177. Recuperado de https://doi.org/10.1055/s-0033-1364169

Freedland, K. E., Dew, M. A., Sarwer, D. B., Burg, M. M., Hart, T. A., Ewing, S. W. F., Fang, C. Y., Blozis, S. A., Puterman, E., Marquez, B., & Kaufmann, P. G. (2020). Health psychology in the time of COVID-19 [Psicologia da saúde em tempos de COVID-19]. *Health Psychology, 39*(12), 1021-1025. Recuperado de https://doi.org/10.1037/hea0001049

Friedman, H. S., & Adler, N. E. (2007). The history and background of health psychology. In Friedman, H. S., & Silver, R. (Orgs.). *Foundations of health psychology* (pp. 3-18). New York, NY: Oxford University Press.

Gorayeb, R. (2010). Psicologia da saúde no Brasil. *Psicologia: Teoria e Pesquisa, 26*, 115-122. Recuperado de https://doi.org/10.1590/S0102-37722010000500010

Grings, C. O., Anton, M. C., & Viana, R. I. (2019). Avaliação psicológica em situação de transplante. In Hutz, C. S., Bandeira, D. R., Trentini, C. M., & Remor, E. (Orgs.), *Avaliação psicológica nos contextos de saúde e hospitalar*. Porto Alegre, RS: Artmed.

Guimarães Neto, A. C., & Porto, J. S. (2017). Utilização de instrumentos de avaliação psicológica no contexto hospitalar: Uma análise da produção brasileira. *Revista da SBPH, 20*(2), 66-88. Recuperado de https://pepsic.bvsalud.org/pdf/rsbph/v20n2/v20n2a05.pdf

Hart, J. K., Michael, P., Hawkins, R., Bull, E. R., Farrar, A., Baguley, C., Turner, R. R., & Byrne-Davis, L. M. T. (2023). 'We just need to find space for them to practice so that we can help to make a stronger society': Perceived barriers and facilitators to employing health psychologists in UK public health and clinical health settings. *British Journal of*

Health Psychology, 28(4), 1206-1221. Recuperado de https://doi.org/10.1111/bjhp.12680

Heleno, M. G. V., Durães, R. S. S., Rezende, M. M., & Benincasa, M. (2022). Psicologia da saúde: História e desafios. In Fórum de Entidades Nacionais da Psicologia Brasileira (Org.), *Entidades nacionais da psicologia brasileira: O FENPB e suas histórias* (pp. 264-280). Brasília, DF: Conselho Federal de Psicologia.

Hilton, C. E., & Johnston, L. H. (2017). Health psychology: It's not what you do, it's the way that you do it. *Health Psychology Open, 4*(2), 2055102917714910. Recuperado de https://doi.org/10.1177/2055102917714910

Hutz, C. S., Bandeira, D. B., Trentini, C. M., & Remor, E. (2019). *Avaliação psicológica nos contextos de saúde e hospitalar*. Porto Alegre, RS: Artmed.

Kumnig, M., & Jowsey-Gregoire, S. (2015). Preoperative psychological evaluation of transplant patients: Challenges and solutions. *Transplant Research and Risk Management, 7*, 35-43. Recuperado de https://doi.org/10.2147/TRRM.S59268

Lemos, V. S., & Lhullier, C. (2020). A Psicologia na atenção básica e a saúde coletiva. *Revista Psicologia e Saúde, 12*(3), 177-188. Recuperado de https://doi.org/10.20435/pssa.vi.1076

Lugg, W. (2022). The biopsychosocial model – history, controversy and Engel. *Australasian Psychiatry: Bulletin of Royal Australian and New Zealand College of Psychiatrists, 30*(1), 55-59. Recuperado de https://doi.org/10.1177/10398562211037333

Machado, C. V. (2024). Democracia, cidadania e saúde no Brasil: Desafios para o fortalecimento do Sistema Único de Saúde (SUS). *Ciência & Saúde Coletiva, 29*(7), e02192024. Recuperado de https://doi.org/10.590/1413-81232024297.02192024

Machado, F. A., & Reppold, C. T. (2015). The effect of deep brain stimulation on motor and cognitive symptoms of Parkinson's disease: A literature review. *Dement Neuropsychol, 9*(1), 24-31. Recuperado de https://doi.org/10.1590/S1980-57642015DN91000005

Ministério da Saúde, Secretaria de Atenção Primária à Saúde & Departamento de Saúde da Família. (2020). Carteira de serviços da atenção primária à saúde (CaSAPS): Versão profissionais de saúde e gestores. Recuperado de https://www.gov.br/saude/pt-br/composicao/saps/publicacoes/cartazes-e-cartilhas/casaps_versao_profissionais_saude_gestores_completa.pdf

Nicholas, M. K. (2022). The biopsychosocial model of pain 40 years on: Time for a review? *Pain, 163*(11), 2053-2057. Recuperado de https://doi.org/10.1097/j.pain.0000000000002684

Reppold, C. T., Schaab, B. L., & Noronha, A, P. P. (2025). Psicologia positiva e psicologia da saúde: intervenções de bem-estar subjetivo nas doenças crônicas não transmissíveis. Em Makilim Baptista, Karina Oliveira, & Caroline Reppold (Orgs.). *Avaliação Psicológica na Saúde* (pp. 265-278). Vozes.

Reppold, C. T., Zanini, S. S., & Noronha, A. P. P. (2019). O que é avaliação psicológica? Em M. N. Baptista, M. M. Nascimento, C. T. Reppold, C. H. S. S. Nunes, L. F. Carvalho, R. Primi, A. P. P. Noronha, Al G. Seabra, S. M. Wechsler, C. S. Hutz, & L. Pasquali (Orgs.), *Compêndio de Avaliação Psicológica* (pp. 15-28). Vozes.

Taylor, S. E. (2011). Social support: A review. In Friedman, H. S. (Ed.), *Oxford Handbook of Health Psychology*. New York, NY: Oxford University Press.

Rudnicki, T., & Schmidt, B. (2015). Psicologia da saúde e psicologia hospitalar: Aspectos conceituais e práticos. In Elias, V., Perez, G. H., Moretto, M. L., & Barbosa L. (Orgs.), *Horizontes da psicologia hospitalar: Saberes e fazeres* (pp. 58-69). Rio de Janeiro, RJ: Editora Atheneu.

10

Cuidados Paliativos e Atuação Psicológica

Eduardo S. Miyazaki ▪ Mariana Ducatti ▪ Raquel Carvalho de Sousa

Destaques

- Os comportamentos humanos podem ser explicados por meio do modelo de **seleção por consequências**, que considera aspectos filogenéticos, ontogenéticos e culturais. Esse modelo auxilia a explicação do adoecimento e das estratégias de enfrentamento utilizadas por pacientes e familiares
- **Cuidados paliativos** são práticas de cuidado interdisciplinares que visam promover a qualidade de vida de pacientes portadores de doenças que ameaçam a continuidade da vida
- O **psicólogo** paliativista tem como objetivo terapêutico avaliar as demandas emocionais de pacientes e familiares e intervir quando necessário
- A **avaliação** é o processo que visa examinar sintomas físicos e emocionais por meio de observação, entrevista e realização de exames e/ou aplicação de testes
- A **intervenção** é uma ação cujo objetivo é influenciar positivamente o curso dos sintomas a fim de minimizá-los.

INTRODUÇÃO

O termo **cuidados paliativos** refere-se às práticas de cuidado que têm como objetivo melhorar a qualidade de vida do paciente que apresenta uma doença que ameaça a vida e a de seus familiares. Utiliza intervenções que avaliam precocemente os sintomas – físicos, sociais, psicológicos e espirituais – e que visam controlar esses sintomas (World Health Organization [WHO], 2020). Para tanto, a prática em **cuidados paliativos** ocorre por meio da junção de diversos saberes, advindos de uma equipe multiprofissional. O presente capítulo tem como objetivo discorrer acerca dos elementos (genéticos, aprendidos e culturais) que compreendem o ser humano e da relação desses elementos com as práticas em **cuidados paliativos**, com ênfase na atuação do **psicólogo**.

CUIDADOS PALIATIVOS

O envelhecimento populacional e o aumento das doenças crônicas não transmissíveis (DCNT), associados a um modelo de formação em saúde e de cuidado fragmentado, têm gerado maior necessidade de cuidados específicos para a morte e o morrer. Uma das práticas que tenta solucionar as demandas advindas desse processo denomina-se **cuidados paliativos**. Essa área tem suas raízes ocidentais na década de 1960, com a abertura do St. Christopher's Hospice, em Londres, por Cicely Saunders, que estabeleceu um movimento com foco não apenas no tratamento da dor, mas também no suporte emocional, social e espiritual dos pacientes e suas famílias (Saunders, 2006).

A definição de **cuidados paliativos** passou por muitas transformações ao longo da história. Em 2020, a Organização Mundial de Saúde definiu **cuidados paliativos** como uma abordagem que promove a qualidade de vida de pacientes (adultos e crianças) e seus familiares que enfrentam problemas associados a doenças que ameaçam a continuidade da vida, por meio da prevenção e do alívio do sofrimento. Requer identificação precoce dos sintomas, **avaliação** e tratamento da dor e de outros problemas de natureza física, psicossocial e espiritual (WHO, 2020).

No Brasil, o desenvolvimento dos **cuidados paliativos** começou a ganhar relevância na década de 1980, com a criação dos primeiros serviços especializados, no Hospital do Servidor Público Estadual em São Paulo e no Instituto Nacional de Câncer no Rio de Janeiro (Kovács, 2008). Contudo, apenas em 2018 foi instituída a Política Nacional de **Cuidados Paliativos** pelo Ministério da Saúde, que tem buscado integrar esses serviços no Sistema Único de Saúde (SUS), promovendo uma abordagem mais abrangente e acessível para pacientes com doenças graves (Ministério da Saúde, 2018).

Segundo o Manual de cuidados paliativos ANCP (Rodrigues, 2012), existem alguns modelos de assistência nessa área. O modelo hospitalar é o mais conhecido e utilizado nos principais serviços. Esse modelo pode ser realizado de três maneiras:

1. Em uma unidade de **cuidados paliativos**, que conta com uma equipe específica, um conjunto de leitos e espaço físico específico. Esse modelo tem a vantagem de uma equipe coesa e a desvantagem de uma possível estigmatização em relação ao local (p. ex., "lugar que as pessoas vão para morrer").
2. Outra possibilidade é utilizar uma equipe consultora ou volante. Nesse formato não existem leitos específicos – a equipe atua por todo o hospital, de acordo com solicitação do médico assistente da equipe de origem do paciente (p. ex., oncologia). Vale ressaltar que os paliativistas não assumem os cuidados do paciente, mas orientam a equipe responsável pelo paciente com relação a condutas paliativas. A vantagem dessa maneira de trabalhar é que existe uma disseminação mais rápida da filosofia paliativa; a desvantagem, é o trabalho com equipes muitas vezes despreparadas para realizar esse tipo de cuidado.
3. Por fim, existe a equipe itinerante, em que o time de **cuidados paliativos** também é acionado pela equipe de origem e assume o caso. O acompanhamento pode continuar apenas com a equipe de **cuidados paliativos** ou com as duas equipes em conjunto. As vantagens e desvantagens são as mesmas do modelo anterior.

Para além do cuidado hospitalar, existe a assistência domiciliar. Para que isso ocorra, existem critérios específicos, como um diagnóstico definido, um plano terapêutico registrado, residir em um domicílio que ofereça condições mínimas de higiene, ter um cuidador responsável e capacitado, e o desejo expresso para permanência no domicílio (Rodrigues, 2012).

O cuidado ambulatorial é uma terceira forma de atuação e atenção. Nesse caso, o paciente não está internado, mas vem até o serviço de saúde para consultas, que são programadas e contam com toda a equipe. Esse tipo de atendimento abre espaço para discussões de temas difíceis, assim como ocorre na atuação hospitalar, e existe uma responsabilização por oferecer suporte e resolução de problemas vivenciados por pessoas paliadas e seus familiares (Rodrigues, 2012).

Independentemente da modalidade, a atuação em **cuidados paliativos** tem enfoque na assistência para o alívio do sofrimento. Contudo, visto que as fontes de sofrimento podem variar, existe a necessidade de uma atuação multidimensional e de suporte multiprofissional no cuidado dessas pessoas. Assim, a equipe multiprofissional pode ser composta de médicos, enfermeiros, psicólogos, assistentes sociais, fisioterapeutas, terapeutas ocupacionais, odontologistas, entre outros, e busca trabalhar de maneira integrada para fornecer um cuidado holístico que engloba aspectos físicos, emocionais, sociais e espirituais do paciente (Quill & Abernethy, 2013).

A respeito da atuação de alguns profissionais da área da saúde no cenário de **cuidados paliativos**, de maneira pontual, pode-se descrever que:

- O médico desempenha o papel de coordenar e implementar o plano de cuidados ao paciente. Esse profissional precisa ter habilidades clínicas e de comunicação para avaliar as necessidades dos pacientes de forma contínua, ajustando o tratamento conforme a evolução da doença e os desejos do paciente (Bruera et al., 2015; Quill & Abernethy, 2013)
- O papel dos enfermeiros é atuar como provedores primários de cuidados, além de auxiliar a coordenar o plano terapêutico ao paciente. Sua função inclui responsabilidades como a administração de medicamentos e monitoramento de sintomas, garantindo que as necessidades do paciente sejam atendidas de forma mais precoce possível, o que é essencial para o controle dos sintomas e a promoção da qualidade de vida (Toso et al., 2021). Esses profissionais devem trabalhar em estreita colaboração com os outros membros da equipe multiprofissional na educação em saúde do paciente e de seus familiares, orientando-os sobre o manejo dos sintomas em casa, o uso correto de medicamentos e as opções de tratamento, o que capacita os pacientes e suas famílias a tomarem decisões informadas sobre o cuidado (Ferrell et al., 2017)
- A função do profissional da fisioterapia na equipe pode ser alicerçada em três grandes pilares: a capacidade funcional do paciente, o seu desejo e a sua qualidade de vida, assim como de seus familiares (Carvalho et al., 2022). Esse profissional tem *expertise* para avaliar a condição funcional do paciente, aspecto que é um forte preditor de muitos desfechos em saúde. A fisioterapia, portanto, exerce um papel fundamental para a prevenção, a manutenção e, quando possível, o restauro da condição funcional, oferecendo maior dignidade aos pacientes, uma rede de suporte à família, incluindo-a no processo de reabilitação e cuidados gerais ao paciente (Marcucci, 2005)
- O assistente social deve pautar sua atuação junto ao paciente, sua família e aos demais membros da rede de suporte social disponível (Rosa, 2022). Esse profissional deve buscar soluções e estratégias sociais para as necessidades do paciente, como identificação do perfil socioeconômico, composição familiar, renda e outras necessidades sociais que possam surgir (Carvalho et al., 2022)
- Enfim, os **psicólogos** que desempenham um papel focado no bem-estar emocional dos pacientes e de seus familiares devem ter como principal função ajudar os pacientes a lidar com o impacto emocional de uma doença grave, que frequentemente envolve sentimentos de medo, ansiedade, depressão e desesperança (Pessin et al., 2015). Quanto ao suporte às famílias, o psicólogo deve auxiliar com o desenvolvimento e/ou fortalecimento de estratégias de enfrentamento. Esse suporte pode incluir aconselhamento, mediação de conflitos familiares, orientação acerca de como lidar com o estresse e o luto, e a facilitação de uma comunicação aberta e honesta entre os membros da família (Hudson et al., 2015).

É importante entender que a interação entre os membros da equipe e as intervenções propostas pode variar, mas todas as intervenções giram em prol de uma melhora do usuário do serviço e de seus cuidadores (formais ou informais). Quanto mais específica a **intervenção** (p. ex., manejo da depressão), mais direcionada ao profissional da área. Intervenções mais abrangentes (p. ex., psicoeducação), por sua vez, podem ser realizadas por diversos profissionais da equipe.

Vale ressaltar que, apesar das particularidades de cada profissão, os profissionais da saúde devem considerar o ser humano como um ser biopsicossocial, ou seja, permeado por aspectos não só biológicos, mas também emocionais e culturais. A capacidade de olhar o ser humano como algo complexo e influenciado por diversos aspectos para além do biológico permite melhores compreensão e atuação no cenário de saúde, visto que possibilita uma **intervenção** completa e que atenda às diversas demandas apresentadas.

NOÇÃO DE SAÚDE E DOENÇA E OS CUIDADOS PALIATIVOS

Conseguir explicar as causas da doença e seus impactos na saúde é algo antigo. Historicamente, essa noção passou por explicações distintas, desde questões relacionadas a divindades e punições, à noção de fluidos (humores) proposta por Hipócrates, à noção de temperamentos proposta por Galeno, uma visão pautada por microrganismos (Pasteur), que surge com o avanço da ciência. Depois, passa por um viés de condições sanitárias, proposta por Shattuck, até que, no século XX, a Organização Mundial de Saúde (WHO, do inglês World Health Organization) definiu saúde como um "estado do mais completo bem-estar físico, mental e social e não apenas a ausência de enfermidades" (WHO, 1948, como citado em Scliar, 2007, p. 377). Essa definição é bastante discutida e torna difícil encontrar algum ser humano que tenha uma saúde adequada.

Contudo, quando o assunto é **cuidados paliativos**, a ideia de que exista uma saúde preservada cai por terra e surge uma nova possibilidade mais real de ser atingida: a busca por qualidade de vida (QV) e de morte. O termo QV também é discutido de várias maneiras e com muitas definições (Ruidiaz-Gómez & Cacante-Caballero, 2021). Schwartzmann (2003) propõe QV como um processo dinâmico e influenciado por fatores orgânicos, psicológicos, sociais e familiares, que resguarda semelhança com o modelo de **seleção por consequências**.

O modelo de **seleção por consequências** propõe que sejam considerados três níveis de seleção (Skinner, 1981): o filogenético, o ontogenético e o cultural. O primeiro nível relaciona-se com questões da espécie e a transmissão dessas características entre gerações. Ocorre por e relaciona-se com a seleção natural; assim, fala-se da sobrevivência do mais adaptado, de sucesso reprodutivo, de variabilidade entre indivíduos e de um longo tempo para que a seleção dessas características ocorra. Em última instância, o que deve sobreviver é a espécie e não o indivíduo. A interação entre o organismo e o ambiente é fundamental e é nessa interação que é possível verificar o mais adaptado. Uma mudança no ambiente pode implicar uma mudança em quem está mais adaptado (Skinner, 1981; Moreira, 2013).

O segundo nível de seleção (ontogenético) relaciona-se com o condicionamento operante, ou seja, como as respostas sofrem os efeitos de suas consequências, que favorecerão, ou não, a manutenção do comportamento. Considerar as consequências de respostas e como elas afetam o próprio comportamento possibilita explicar grande parte do que acontece com a espécie humana. Com isso, tem-se a história de aprendizagem individual. O repertório do indivíduo é modelado de maneira rápida e pode acompanhar as mudanças ambientais de forma muito mais ativa quando comparada ao nível anterior. Muitos dos comportamentos aprendidos começam com um "comportamento relativamente indiferenciado" e, a partir daí, ficam sob controle de questões ambientais (Skinner, 1981; Moreira, 2013).

O terceiro nível de **seleção por consequências** é o cultural. Historicamente, os analistas do comportamento estiveram mais voltados para análises moleculares e consideravam cultura como um conjunto de variáveis independentes, ou seja, como contexto para comportamentos. Contudo, quando o foco de análise passa a ser "os fenômenos sociais", a cultura muda de variável independente para dependente. Assim, "o comportamento humano, por sua vez, passa a ser tomado como fenômeno que só poderá ser descrito em toda sua complexa interação com o ambiente quando puder ser descrito como determinado (e determinante, é claro!) pelo ambiente social ou cultura" (Andery, 2011, p. 207). Essa mudança no foco dado à cultura é um passo importante para a compreensão de fenômenos mais amplos, como aqueles que envolvem os cuidados paliativos.

Um consenso na definição de cultura é difícil. Primeiro porque o termo é utilizado por pesquisadores de diversas áreas e essas definições são amplamente aceitas e podem contribuir de maneira significativa com o estudo do comportamento humano. Essa diferença de definições pode ocorrer inclusive dentro de uma mesma área (Fernandes et al., 2017). Apesar das diferentes definições, existe um consenso entre a maioria dos teóricos de que cultura tem uma relação de aprendizagem entre o indivíduo e o grupo. O presente texto assume a definição de cultura utilizada por Glenn (2004, p. 139): "padrões de comportamento aprendido transmitido socialmente, assim como os produtos desse comportamento (objetos, tecnologias, organizações etc.)", que ressalta que a "cultura começa com a transmissão de conteúdo comportamental, aprendido por um organismo durante a sua vida, para os repertórios de outros organismos".

Dessa forma, a prática cultural refere-se a padrões comportamentais semelhantes, geralmente resultantes de contextos similares, e é definida como um conjunto de contingências de reforçamento entrelaçadas, nas quais os comportamentos e as consequências de um indivíduo funcionam como contextos com os quais os comportamentos de outros indivíduos interagem (Glenn, 1988; 2004). Essa visão ampla sobre o que influencia o comportamento humano ajuda a propor noções de intervenções com base nos diversos níveis de **seleção por consequências**. Compreender a complexidade do comportamento humano e como ele é influenciado e selecionado não apenas justifica, mas também evidencia, a necessidade de uma **intervenção** complexa e interdisciplinar para conseguir atender às diversas demandas que podem aparecer.

Na área de **cuidados paliativos** fica evidente a importância desse modelo explicativo acerca dos comportamentos do homem para uma atuação adequada. É difícil separar as intervenções pelos e para os níveis de seleção, visto que um necessariamente interage e influencia o outro. Compreender, por exemplo, como a cultura entende e vivencia a morte e o morrer é um primeiro passo. Diversos termos entram em cena aqui: eutanásia (morte em um momento antecipado), distanásia (prolongamento da vida de maneira artificial) e ortotanásia (busca preservar o direito de morrer com dignidade) (Milanis & Silva, 2022). Contudo, analisar essas relações sem um olhar ontológico dificulta a compreensão idiossincrática. Entender a história de vida (biografia; aspectos ontogenéticos) pode auxiliar na compreensão de como questões culturais influenciam o processo de morte e morrer de cada indivíduo, o que permite uma **intervenção** adequada e voltada para aquela pessoa e seus familiares.

Apesar de a área ser interdisciplinar, esse capítulo terá enfoque na atuação dos profissionais da Psicologia dentro da área de **cuidados paliativos**. Para que isso seja feito de maneira adequada, primeiro será discutido sobre formulação de caso e depois sobre atuação em **cuidados paliativos**.

A formulação de caso busca compreender o problema a partir de relações históricas e atuais que mantêm um padrão comportamental. Isso serve para direcionar e orientar intervenções de uma maneira coerente. Um passo a passo adequado seria começar com a definição e compreensão do problema. A partir disso, busca-se explorar essas relações e formular hipóteses coerentes e que devem ser testadas. Caso a hipótese se confirme, ela ajuda a orientar as intervenções adequadas. Por fim, devem-se avaliar as intervenções e verificar a efetividade para a resolução do problema (Nikcevic et al., 2009).

ATUAÇÃO DO PSICÓLOGO EM CUIDADOS PALIATIVOS

As práticas psicológicas em **cuidados paliativos** devem estar disponíveis para os pacientes diagnosticados com doenças que ameaçam a continuidade da vida, como câncer, transtornos neurocognitivos, HIV/AIDS e doenças cardíacas ou renais crônicas (Vattimo et al., 2023). E precisam ter como objetivo a **avaliação** das demandas emocionais dos pacientes, de seus familiares e a **intervenção** psicológica, se necessário.

Ressalta-se que, em ambiente de saúde – especificamente hospitalar – a cisão "**avaliação**" e "**intervenção**", em momentos distintos, não é comumente realizada, visto que, em alguns casos, o profissional de psicologia tem apenas uma sessão. Dessa forma, há uma agregação entre essas práticas (Remor, 2019). Apesar da dinamicidade no atendimento, em qualquer **avaliação** realizada pelo profissional é importante ressaltar que o processo deve ser realizado por meio de entrevistas psicológicas, observação e/ou testes psicológicos aprovados pelo Conselho Federal de Psicologia (CFP, 2022). Outros recursos complementares também podem ser utilizados, como instrumentos não restritos ao psicólogo, mas que contenham respaldo científico (CFP, 2022). Nesse sentido, o Sistema de **Avaliação** de Testes Psicológicos (SATEPSI) sugere alguns testes e instrumentos, como:

- Escalas Baptista de Depressão (versão saúde, infantojuvenil e idosos) (Baptista, 2017; 2019; 2022)
- Escalas Beck (desesperança, ideação suicida e ansiedade) (Mizuta & Carvalho, 2022a, 2022b; Beck et al., 2022)
- Questionário de Qualidade de Vida SF-36 (Ciconelli et al., 1999).

Alguns instrumentos usualmente usados pela equipe multidisciplinar para a **avaliação** dos sintomas físicos e/ou emocionais dos pacientes incluem:

- *Edmonton Symptom Assessment* (ESAS)
- *Palliative Performance Scale* (PPS)
- *Karnofsky Performance Scale* (KPS)
- *World Health Organization Quality of Life* (WHOQOL) (Bezerra et al., 2024; D'Alessandro et al., 2023). Além dos diversos instrumentos que realizam a **avaliação** da dor (Freitas et al., 2024).

Em uma busca por instrumentos adaptados, Arruda-Colli et al. (2021) conduziram um trabalho que teve como objetivo identificar os processos de adaptação transcultural de instrumentos utilizados para **avaliação** de sintomas físicos e emocionais no âmbito dos **cuidados paliativos**. Para tanto, realizaram uma revisão integrativa na qual foi possível selecionar 12 estudos. Os resultados evidenciaram diversos instrumentos que podem ser utilizados no contexto de **cuidados paliativos** para **avaliação** de sintomas físicos e/ou emocionais de pacientes, familiares e profissionais da saúde, como *End of Life Comfort Questionnaire-Patient* e *Multidimensional Orientation Toward Dying and Death Inventory.* Contudo, os autores ressaltam que há necessidade de maior rigor no processo de adaptação transcultural de instrumentos.

Diante do exposto, nota-se que o processo de **avaliação** em cuidados paliativos é pautado por diversos instrumentos que, associados a técnicas de observação e entrevista, auxiliam na identificação da demanda e quantificação dos sintomas, fatores que podem direcionar a meta terapêutica da equipe multidisciplinar. Considerando a atuação do **psicólogo**, com base no estabelecimento do objetivo do acompanhamento psicológico, o profissional deve, em seguida à **avaliação**, construir intervenções robustas a fim de intervir nas contingências aversivas advindas dos processos de adoecimento, assim como nas novas demandas causados pelo tratamento e/ou evolução da doença (CFP, 2019).

Reis & Knaut (2022) pontuam que as intervenções psicológicas devem ter como embasamento a ciência. Com base nisso, Melo et al. (2013), a fim de identificar as possibilidades de intervenções psicológicas no cenário de **cuidados paliativos**, realizaram uma revisão bibliográfica em que 21 estudos foram selecionados. Os resultados evidenciaram que as intervenções psicológicas estavam relacionadas à queixa de dor, à necessidade de fortalecimento das estratégias de enfrentamento, ao processo de psicoeducação sobre a morte e à elaboração de rituais de despedida. Contudo, os autores não exemplificaram a forma como essas intervenções foram realizadas, e pontuaram que apenas seis estudos apresentaram o referencial teórico que embasou a **intervenção**, sendo dois deles a terapia comportamental e a terapia cognitiva comportamental.

Gramm et al. (2022) descreveram que o trabalho do **psicólogo** no contexto de **cuidados paliativos** visa promover a qualidade de vida de todos os envolvidos no processo e que, para tanto, é necessário intervir sobre as demandas dos pacientes e de seus familiares. Com relação aos pacientes, os autores expõem que estes tendem a relatar tristeza e ansiedade, e que, para intervir, é necessário que o **psicólogo** estruture sessões e intervenções flexíveis, uma vez que uma sessão de 50 minutos pode tornar-se cansativa para o paciente. Além disso, Gramm et al. (2022) reforçam a importância de o **psicólogo** ter conhecimento a respeito da doença da pessoa atendida e do seu prognóstico, e de considerar a possibilidade do atendimento domiciliar, visto que a depender do quadro clínico do paciente, a locomoção ao ambulatório de psicologia pode ser difícil.

Acerca do atendimento prestado aos familiares, Gramm et al. (2022) expõem que as intervenções muitas vezes visam diminuir o estresse proveniente do ato de cuidar e que, para tanto, técnicas de relaxamento, imaginação e *mindfulness* são recomendadas. Para ambos os públicos, os autores informam que as intervenções devam ser pautadas pelo processo de: psicoeducação de **cuidados paliativos** e morte; enfrentamento e tomada de decisão; estratégias para lidar com o diagnóstico; auxílio das demandas emocionais; e comunicação entre paciente e familiar. Schweighoffer et al. (2022) ressaltam que as intervenções precisam ser rápidas e certeiras, visto que há possibilidade de morte iminente, o que não favorece um acompanhamento de longo prazo.

É importante pontuar que um dos principais sintomas dos pacientes com câncer em **cuidados paliativos** é a dor, que pode também ser classificada como "dor total" quando a resposta de dor é ocasionada por elementos físicos, psicológicos, sociais e espirituais (Krawczyk et al., 2018). Diante disso, a equipe multidisciplinar precisa estar apta para avaliar esse sintoma e realizar intervenções eficazes. Mehta & Chan (2008) e Phenwan (2018), ao descreverem casos de pacientes com câncer e com queixa de dor, pontuam que a **intervenção** se pautou não apenas pelo uso da medicação, mas também por intervenções psicossociais.

Acerca do aporte da Psicologia nesse contexto, é possível considerar as contribuições da análise do comportamento. Essa abordagem propõe que a dor seja analisada como um comportamento, podendo ser de cunho respondente (reflexo, quando um estímulo elicia a resposta de dor) ou operante (quando um estímulo evoca a resposta de dor, que é mantida por suas consequências). Além disso, essa abordagem propõe como **intervenção** a análise funcional do comportamento, para ajudar a compreender a contingência em que o comportamento de dor ocorre, que poderá também auxiliar no desenvolvimento de um repertório comportamental alternativo. Ademais, algumas técnicas também são indicadas, como a respiração diafragmática, o relaxamento muscular progressivo e o desenvolvimento de habilidades sociais (Lopes et al., 2019).

CASO CLÍNICO

J., 78 anos, consciente e orientado. Encaminhado para o serviço de **cuidados paliativos** após tentativa de tratamento oncológico. A equipe da oncologia afirmou que o paciente está fora das possibilidades de cura e justificava nisso o motivo do encaminhamento.

J. é casado, tem cinco filhos, nove netos e todos moram próximos. A família mostrou-se presente durante as consultas e demonstrou conhecimento da condição clínica do paciente. Em uma **avaliação** inicial, o filho mais velho (59 anos) afirmou que o pai não sabia o que estava acontecendo com relação ao diagnóstico e prognóstico e afirmou que a família preferia assim. Quando questionada, a família afirmou que "preferia não contar, pois acreditava que o paciente iria desistir de todo e qualquer possibilidade de tratamento e que 'deprimiria'".

Em uma conversa separada com a equipe, J. mostrou-se confuso com o que estava acontecendo com a sua condição de saúde e afirmava que percebia não melhorar, mas não entendia o motivo. Paciente também relatou que tinha medo de ser algo grave e que, se fosse, gostaria que a família não soubesse para evitar qualquer tipo de sofrimento por parte dos familiares, "quero que eles se lembrem de mim como eu sou e como eu estou".

Diante dessas discrepâncias na comunicação definiu-se o problema vigente (dificuldade de comunicação) e elaborou-se a hipótese de que os membros da família como um todo e o próprio paciente poderiam beneficiar-se com uma conversa honesta e mais aberta sobre o que estava acontecendo. Com base nisso, a **intervenção** consistiu em conversar separadamente com os familiares (em um primeiro momento) e com o paciente (logo em seguida). Para os familiares explicou-se o motivo pelo qual a equipe achava que seria importante abrir a possibilidade de o paciente saber o que estava acontecendo. Os familiares concordaram, mas disseram que não conseguiriam contar o diagnóstico. A médica da equipe prontificou-se para realizar essa tarefa e acompanhou os familiares nesse momento. A equipe de psicologia também estava presente.

Durante a comunicação, duas situações inusitadas ocorreram. A primeira foi a reação do paciente. Após entender o que estava acontecendo, ele respondeu: "Finalmente alguém teve a coragem de me falar o que está acontecendo". E a segunda foi a reação da família, que disse não saber se sentia alívio, tristeza ou insegurança com relação ao futuro. Nesse momento, a equipe de psicologia entrou e trabalhou essas relações com os sentimentos evocados pela notícia, visto que possivelmente eles sentiam tudo isso ao mesmo tempo e por motivos diferentes.

Segundo os familiares de J., cerca de uma semana após a conversa, ele pediu para conversar com a família novamente e disse que gostaria que todos estivessem presentes. Assim que todos reuniram-se, J. disse que gostaria que algumas coisas acontecessem quando ele não estive mais aqui. A primeira delas foi comentar com a neta mais velha, que gostava muito de estudar, que ele gostaria que ela fosse a primeira neta a fazer faculdade e que ele havia separado um dinheiro para que isso fosse possível. Logo após, pediu para que ela ajudasse os primos, caso eles também quisessem estudar. Pediu aos filhos que eles se mantivessem unidos e que tinha muito orgulho dessa união. Por fim, pediu para poder aproveitar o tempo que ele tinha com as pessoas que importavam.

Quatro meses depois, J. faleceu na enfermaria de **cuidados paliativos**. No dia anterior à morte, ele agradeceu a equipe por tudo o que havia sido feito e disse que estava tranquilo por ter sido como foi. Um agradecimento especial foi feito à médica que lhe contou o que estava acontecendo e disse que ele pode ver o sorriso na cara da neta e ter certeza de que o dinheiro iria para onde ele esperava por causa dela.

Durante esses 4 meses, J. realizou acompanhamento contínuo com a equipe da psicologia para conversar sobre suas dificuldades, sentimentos e sobre a morte. Inicialmente, ele tinha mais dificuldade para falar sobre esses temas, mas após a primeira internação (que durou cerca de 6 dias), essas conversas tornaram-se mais fáceis e fluidas. Ficou internado em mais dois momentos e recebeu alta. Realizou uma consulta ambulatorial antes da última internação, na qual foi a óbito.

CONCLUSÕES

A equipe multidisciplinar no contexto de **cuidados paliativos** deve fornecer para o paciente e sua família um atendimento permeado por ações que visem avaliar e intervir em demandas das esferas biológicas, sociais, espirituais e psicológicas. É fundamental ressaltar que as práticas devem ser embasadas nos aspectos filogenéticos, ontogenéticos e culturais, que, por sua vez, proporcionarão uma visão completa do ser humano, daquilo que afeta os seus comportamentos e, consequentemente, de suas necessidades. O profissional de Psicologia, em específico, deve pautar seu trabalho por duas ações: **avaliação** e **intervenção**. E, por meio do rigor científico, deve auxiliar na promoção da qualidade de vida. O psicólogo vinculado a uma equipe de **cuidados paliativos** deve atuar em todas as fases do tratamento do paciente, inclusive no final da vida, podendo realizar sua prática em ambiente hospitalar ou domiciliar, intervindo nas necessidades psicológicas do paciente e familiares ou cuidadores.

REFERÊNCIAS BIBLIOGRÁFICAS

Andery, M. A. P. A. (2011). Comportamento e cultura na perspectiva da análise do comportamento. *Perspectivas em Análise do Comportamento, 2*(2), 203-217.

Arruda-Colli, M. N. F., Mulle, R. L. D., Pasian, S. R., & Santos, M. A. (2021). Adaptação transcultural de instrumentos avaliativos em cuidados paliativos: Revisão integrativa da literatura. *Avaliação Psicológica, 20*(21).

Baptista, M. N. (2017). *Escala Baptista de Depressão – versão infantojuvenil*. Campinas: Vetor.

Baptista, M. N. (2019). *Escala Baptista de Depressão – versão idoso*. Campinas: Vetor.

Baptista, M. N. (2022). *Escala Baptista de Depressão – versão saúde*. Campinas: Vetor.

Beck, A. T., Valim, C. C. D'A., Carvalho, L. F., & Steer, R. (2022). *Inventário de Ansiedade Beck*. London: Pearson.

Bezerra, T. P. P., Nobre, T. T. X., Pennafort, V. P. S., Graça, J. R. V., Barra, I. B., Holanda, G. O. M. M., & Mendonça, A. E. O. (2024). Instrumentos para avaliação de pacientes hospitalizados em cuidados paliativos: Revisão integrativa. *Cognitare Enfermagem, 29*, e90754.

Bruera, E., Higginson, I. J., von Gunten, C. F., & Morita, T. (2015). *Textbook of palliative medicine and supportive care [Manual de medicina paliativa e cuidados de suporte]*. Boca Raton: CRC Press.

Carvalho, R. T., Rocha, J. A., Franck, E. M., Crispim, D. H., Jales, S. M. C. P., & Souza, M. R. B. (Eds.) (2022). *Manual da residência de cuidados paliativos: Abordagem multidisciplinar* (2a ed.). São Paulo: Manole.

Ciconelli, R. M., Ferraz, M. B., Santos, W., Meinão, I., & Quaresma, M. R. (1999). Tradução para a língua portuguesa e validação do questionário genérico de avaliação de qualidade de vida SF-36 (Brasil SF-36). *Revista Brasileira de Reumatologia, 39*(3), 143-150.

Conselho Federal de Psicologia (2019). *Referências técnicas para atuação de psicólogas(os) nos serviços hospitalares do SUS*. Recuperado de https://site.cfp.org.br/wp-content/uploads/2019/11/ServHosp_web1.pdf

Conselho Federal de Psicologia (2022). *Estabelece diretrizes para a realização de Avaliação Psicológica no exercício profissional da psicóloga e do psicólogo, regulamenta o Sistema de Avaliação de Testes Psicológicos - SATEPSI - e revoga as Resoluções n. 09/2018*. Recuperado de https://atosoficiais.com.br/cfp/resolucao-do-exercicio-profissional-n-31-2022-estabelece-diretrizes-para-a-realizacao-de-avaliacao-psicologica-no-exercicio-profissional-da-psicologa-e-do-psicologo-regulamenta-o-sistema-de-avaliacao-de-testes-psicologicos-satepsi-e-revoga-a-resolucao-cfp-no-09-2018?origin=instituicao

D'Alessandro, M. P. S., Barbosa, L. C., Anagusko, S. S., Maiello, A. P. M. V., Conrado, C. M., Pires, C. T., & Forte, D. N. (Orgs.) (2023). *Manual de cuidados paliativos* (2a ed.). São Paulo: Hospital Sírio-Libanês & Ministério da Saúde. Recuperado de https://www.gov.br/saude/pt-br/centrais-de-conteudo/publicacoes/guias-e-manuais/2023/manual-de-cuidados-paliativos-2a-edicao/view

Fernandes, D. M., Carrara, K., & Zilio, D. (2017). Apontamentos para uma definição comportamentalista de cultura. *Acta Comportamentalia: Revista Latina de Análisis de Comportamiento, 25*(2), 265-280.

Ferrell, B. R., Mazanec, P., Malloy, P., & Virani, R. (2017). CARES: AACN's new competencies and recommendations for educating undergraduate nursing students to improve palliative care [CARES: Novas competências e recomendações da AACN para educar estudantes de graduação em enfermagem para melhorar os cuidados paliativos]. *Journal of Professional Nursing, 32*(5), 327-333. Recuperado de 10.1016/j.profnurs.2016.07.002

Freitas, R. E. J., Freitas, C. C. B. M., Freitas, A. V. S., Figueira, E. S., & Bento, L. B. P. (2024). Instrumentos de avaliação da dor e qualidade de vida na população idosa. *Contemporary Journal, 4*(1), 2656-2665. Recuperado de https://doi.org/10.56083/RCV4N1-149

Glenn, S. S. (1988). Contingencies and metacontingencies: Toward a synthesis of behavior analysis and cultural materialism [Contingências e metacontingências: Rumo a uma síntese entre análise do comportamento e materialismo cultural]. *The Behavior Analyst, 11*(2), 161-179.

Glenn, S. S. (2004). Individual behavior, culture, and social change [Comportamento individual, cultura e mudança social]. *The Behavior Analyst, 27*(2), 133-151.

Gramm, J., Trachsel, M., & Berthold, D. (2022). Psychotherapeutic work in palliative care [Trabalho psicoterapêutico em cuidados paliativos]. *Verhaltenstherapie, 32*, 44-53. Recuperado de https://doi.org/10.1159/000505120

Hudson, P., Remedios, C., & Thomas, K. (2015). A systematic review of psychosocial interventions for family caregivers of palliative care patients [Uma revisão sistemática sobre intervenções psicossociais para cuidadores familiares de pacientes em cuidados paliativos]. *BMC Palliative Care, 9*(17), 1-18. Recuperado de https://doi.org/10.1186/1472-684X-9-17

Kovács, M. J. (2008). *Morte e desenvolvimento humano*. Casa do Psicólogo.

Krawczyk, M., Wood, J., & Clark, D. (2018). Total pain: origins, current practice, and future directions [Dor total: Origens, prática atual e direções futuras]. *Omsorg: The Norwegian Journal of Palliative Care, 2*, 6-10.

Lopes, C. R., Ferrari, V., & Jorge, C. C. (2019). Dor crônica sob a ótica comportamental: Compreensão e possibilidades de intervenção. *Revista Psicologia e Saúde, 11*(3), 63-78. Recuperado de http://dx.doi.org/10.20435/pssa.v11i3.691

Marcucci, F. C. I. (2005). O papel da fisioterapia nos cuidados paliativos a pacientes com câncer. *Revista Brasileira de Cancerologia, 51*(1), 67-77.

Mehta, A., & Chan, L. S. (2008). Understanding of the concept of "total pain": A prerequisite for pain control [Compreensão do conceito de "dor total": Pré-requisito para o controle da dor]. *Journal of Hospice and Palliative Nursing, 10*(1), 26-32. Recuperado de https://doi.org/10.1097/01.NJH.0000306714.50539.1a

Melo, A. C., Valero, F. F., & Menezes, M. (2013). A intervenção psicológica em cuidados paliativos. *Psicologia, Saúde & Doença, 14*(3), 452-469.

Milanis, M. S., & Silva, V. S. (2022). Revisão bibliográfica da literatura: "Eutanásia, ortotanásia e distanásia". *Revista Científica UMC, 7*(1), 1133-1149.

Ministério da Saúde (2018). *Política Nacional de Cuidados Paliativos*. Recuperado de https://bvsms.saude.gov.br/ministerio-da-saude-lanca-politica-nacional-de-cuidados-paliativos/

Mizuta, G. A. A., & Carvalho, L. F. (2022a). *Escala de Desesperança Beck*. Pearson.

Mizuta, G. A. A., & Carvalho, L. F. (2022b). *Escala de Ideação Suicida Beck*. São Paulo: Pearson.

Moreira, M. B. (Ed.). (2013). *Comportamento e práticas culturais*. Brasília: Instituto Walden4.

Nikcevic, A. V., Kuczmierczyk, A. R., & Bruch, M. (2009). *Formulation and treatment in clinical health psychology [Formulação e tratamento em psicologia clínica da saúde]*. London: Routledge.

Pessin, H., Rosenfeld, B., & Breitbart, W. (2015). *Assessing psychological distress near the end of life* [avaliando o sofrimento psicológico perto do fim da vida]. Washington: American Psychological Association.

Phenwan, T. (2018). Relieving total pain in an adolescent: A case report [Alívio da dor total em adolescente: Relato de caso]. *BMC Research Notes, 11*(265), 2-4. Recuperado de https://doi.org/10.1186/s13104-018-3368-8

Quill, T. E., & Abernethy, A. P. (2013). Generalist plus specialist palliative care — Creating a more sustainable model [Cuidados paliativos generalistas e especializados — criando um modelo mais sustentável]. *The New England Journal of Medicine, 368*(13), 1173-1175. Recuperado de https://doi.org/10.1056/NEJMp1215620

Reis, B., & Knaut, J. F. F. (2022). Caracterização de variáveis envolvidas na atuação analítico-comportamental em contexto de cuidados paliativos. *Revista da Sociedade Brasileira de Psicologia Hospitalar, 25*(1), 29-42.

Remor, E. Avaliação psicológica em contextos de saúde e hospitalar. (2019). In C. S. Hutz, D. R. Bandeira, C. M. Trentini, & E. Remor (Orgs.). *Avaliação psicológica dos contextos de saúde e hospitalar* (pp. 13-26). Porto Alegre: Artmed.

Rodrigues, L. F. (2012). Modalidades de atuação e modelos de assistência em cuidados paliativos. In R. T. Carvalho, & H. A., Parsons. *Manual de cuidados paliativos ANCP* (2a ed., pp. 86-93). ANCP.

Ruidiaz-Gómez, K. S., & Cacante-Caballero, J. V. (2021). Desarrollo histórico del concepto Calidad de Vida: una revisión de la literatura [Desenvolvimento histórico do conceito de qualidade de vida: Uma revisão da literatura]. *Ciencia Y Cuidado Scientific Journal of Nursing, 18*(3), 86-99.

Rosa, A. S. (2022). Serviço social e cuidados paliativos: Contribuições do serviço social para intervenções paliativas (Trabalho de Conclusão de Curso de Especialização, Hospital Central do Exército). Biblioteca Digital do Exército, Rio de Janeiro, RJ, Brasil. Recuperado de https://bdex.eb.mil.br/jspui/handle/123456789/13674

Saunders, C. (2006). *Cicely Saunders: Selected writings 1958-2004*. Oxford University Press.

Schwartzmann, L. (2003). Qualidade de vida relacionada à saúde: Aspectos conceituais. *Ciência y Enfermaria, 9*(2), 9-21. Recuperado de http://dx.doi.org/10.4067/S0717-95532003000200002

Schweighoffer, R., Schumacher, A., M., Blaese, R., Walter, S., & Eckstein, S. (2022). A systematic review and bayesian network meta-analysis investigating the effectiveness of psychological short-term interventions in inpatient palliative care settings [Uma revisão sistemática e metanálise da rede bayesiana que investiga a eficácia de intervenções psicológicas de curto prazo em ambientes de cuidados paliativos para pacientes internados]. *International Journal of Environmental Research and Public Health, 19*(13), 2-16. Recuperado de https://doi.org/10.3390/ijerph19137711

Scliar, M. (2007). História do conceito de saúde. *Physis: Revista de Saúde Coletiva, 17*, 29-41.

Skinner, B.F. (1981). Selection by consequences [Seleção por consequências]. *Science, 213*, 501-504.

Toso, B. R. G. D. O., Fungueto, L., Maraschin, M. S., & Tonini, N. S. (2021). Atuação do enfermeiro em distintos modelos de atenção primária à saúde no Brasil. *Saúde em Debate, 45*(135), 666-680. Recuperado de https://doi.org/10.1590/0103-1104202113008

Vattimo, E. F. Q., Belfiore, E. B. R., Zen-Junior, J. H., & Santana, V. S. (2023). C. Ortona (Ed.). *Cuidados paliativos: Da clínica à bioética*. São Paulo: Cremesp.

World Health Organization (2020). Palliative care [Cuidado paliativo]. Recuperado de https://www.who.int/news-room/fact-sheets/detail/palliative-care

11

Psico-Oncologia: Um Olhar para a Pessoa Idosa com Câncer

Amanda Muglia Wechsler ▪ Thais de Lima Bezerra

Destaques

- O **diagnóstico** de câncer na pessoa idosa envolve diversos desafios e dilemas diferentes dos observados em outras faixas etárias
- Algumas vezes observa-se uma "conspiração do silêncio" que cerca familiares, equipe e pacientes oncológicos
- A dificuldade de aceitação da doença pode estar relacionada à fantasia sobre a doença (estigma do câncer) e ao medo do desconhecido (**diagnóstico** e tratamento)
- Faz-se imprescindível uma comunicação honesta e compassiva entre equipe-paciente-família nos aspectos relacionados à doença e à **rede de apoio** emocional
- Ressalta-se a importância do papel do psicólogo hospitalar na assistência a paciente e familiares, favorecendo adaptação/aceitação do **diagnóstico** e tratamento.

INTRODUÇÃO

O presente capítulo busca compreender os aspectos psicossociais envolvidos no câncer em pessoas idosas. Apesar de o principal fator de risco para o desenvolvimento do câncer ser o envelhecimento, existe pouca literatura teórica e prática sobre o tema. Ademais, o presente capítulo visa apresentar o funcionamento de um serviço de oncologia e discutir um caso clínico de câncer na terceira idade.

CÂNCER COMO DOENÇA CRÔNICA

O câncer é o nome dado para um conjunto de mais de 100 doenças que têm em comum o crescimento desordenado de células e posterior desenvolvimento de um tumor maligno, podendo invadir tecidos ou órgãos (Instituto Nacional de Câncer [INCA], 2022a). Nesse sentido, o câncer é mais comum em pessoas idosas, visto que as mutações celulares vão acumulando-se ao longo da vida (Laconi et al., 2020).

Estima-se que até 2050, uma em cada cinco pessoas desenvolverá câncer, chegando a 35 milhões de pessoas, das quais 21% terão mais de 80 anos (Pilleron et al., 2021). Nesse sentido, prevê-se um aumento de 77% no número de casos, incidência relacionada, principalmente, ao crescimento e envelhecimento populacional (Bray et al., 2024). No Brasil, a estimativa mais atual até o momento, de 2023, foi de 704 mil novos casos, e foram reportados 232 mil óbitos em 2021 ocasionados pelo câncer (INCA & Ministério da Saúde, 2022).

Atualmente, o câncer é a segunda principal causa geral de morte por doença no mundo, contabilizando 9,7 milhões de óbitos anuais em 2022 (Agência Internacional de Pesquisa sobre o Câncer [IARC], 2022). No entanto, as taxas de sobrevivência vêm aumentando ao longo dos anos. Em decorrência de protocolos terapêuticos mais avançados, e **diagnósticos** precoces, as taxas de sobrevivência aos 5 anos pós-**diagnóstico** saltaram de 68% nos anos 1970 para 98% em casos de câncer de próstata em 2022, por exemplo (Miller et al., 2022).

Nesse sentido, o câncer atualmente é considerado uma **doença crônica**, em virtude do processo longo de tratamento, de um melhor prognóstico e da necessidade de seguimento contínuo. Ademais, como toda **doença crônica**, o tratamento oncológico também pode deixar sequelas, como dor crônica, deficiências neurocognitivas, problemas de fertilidade e risco maior de problemas cardíacos, pulmonares, segundas neoplasias ou outras doenças crônicas (American Cancer Society, 2024).

No entanto, por volta de 80% dos cânceres são preveníveis, uma vez que é uma doença com etiologia multifatorial, com causas tanto biológicas (hormônios, condições imunológicas e mutações genéticas) quanto causas ambientais (radiação, vírus etc.) e fatores relacionados a hábitos de vida (tabagismo, etilismo, sedentarismo, alimentação etc.); essas duas últimas categorias são passíveis de prevenção (INCA, 2022b).

PSICO-ONCOLOGIA

Como grande parcela das variáveis causais está relacionada a fatores comportamentais, o estudo e o tratamento do câncer não devem restringir-se somente às questões biológicas. Nesse sentido, a **psico-oncologia** surge como uma área que faz interface com a Oncologia, estudando as variáveis comportamentais e emocionais que influenciam o adoecimento por câncer, seu tratamento e sua cura (Veit, & Carvalho, 2010). Desse modo, a **psico-oncologia** tem como objetivo principal a compreensão de fatores relacionados à doença e à sua terapêutica, assim como promover intervenções que auxiliem pacientes e familiares a enfrentarem o processo do tratamento e pós-tratamento (Costa, 2001).

Reconhecendo-se a importância da **psico-oncologia** na assistência e no suporte dos pacientes e suas famílias, a Portaria n. 140/2014 determina a obrigatoriedade de psicólogo nos serviços de suporte como um dos critérios de cadastramento de centros de atendimento em oncologia junto ao Sistema Único de Saúde (SUS) (Ministério da Saúde, 2014). Nesse sentido, o reconhecimento do trabalho do psicólogo na oncologia vem crescendo porque a atuação desse profissional reduz os custos sanitários e aumenta a satisfação do paciente, proporcionando maior qualidade de vida a pacientes, familiares e profissionais de saúde (Carvalho, 2002; Costa, 2001).

A maioria dos psico-oncologistas está inserida em hospitais. Entre as funções exercidas por esses profissionais, segundo o Conselho Federal de Psicologia (2019), estão os processos de avaliação psicológica, de acolhimento, de acompanhamento psicológico, de comunicação, de orientação e aconselhamento, de mobilização social, de planejamento e gestão pública. Além disso, o psicólogo hospitalar atua com processos educativos, terapêuticos, grupais, culturais, investigativos, formativos e organizativos.

De acordo com Gimenes (1994), a **psico-oncologia** deveria atuar em três frentes:

- Na assistência a familiares, pacientes e profissionais da saúde
- Na pesquisa e no ensino de variáveis relacionadas a incidência, recuperação e tempo de sobrevida do câncer
- Na organização de serviços oncológicos voltados para o cuidado integral à saúde dos pacientes, enfatizando de forma especial a formação e o aprimoramento dos profissionais que atuam nessa área.

Desse modo, a atuação do psico-oncologista com pessoas idosas dentro de hospitais e ambulatórios oncológicos deveria contemplar a **assistência integral** a pacientes, familiares e profissionais, considerando as especificidades do desenvolvimento socioemocional da população idosa, seus direitos e suas questões éticas e bioéticas.

CÂNCER NA PESSOA IDOSA

No momento do **diagnóstico** de câncer em uma pessoa idosa, às vezes a equipe depara-se com o dilema de dizer ou não a verdade para o paciente, com o objetivo de preservá-lo do impacto da notícia e da ansiedade. Esse dilema ocorre, muitas vezes, em decorrência de uma pressão da própria família, que acredita estar preservando seu ente querido de um sofrimento maior. Por outro lado, a não revelação do **diagnóstico** ou sua amenização (chamada de "conspiração do silêncio") pode impedir que o/a paciente tome decisões importantes sobre o seu tratamento e sua vida, evitando que ele/a se prepare para os momentos futuros. Nesse sentido, saber sobre o seu **diagnóstico** e tomar decisões sobre ele é um direito do/a paciente, independentemente da sua idade, desde que esteja cognitivamente apto para isso (Visentin et al., 2007).

Portanto, o impacto do **diagnóstico** será mais ou menos intenso dependendo da forma como este foi comunicado (o profissional tentou proteger o paciente, amenizando o **diagnóstico** e não lhe dizendo a verdade? Ou o profissional foi extremamente direto e franco?), do significado pessoal que o indivíduo dá ao câncer (ele o vê como uma sentença de morte ou como uma doença curável?), dos tratamentos por que irá passar (a quimioterapia – QT, em especial, é cercada de muitos medos), da gravidade do caso (tamanho do tumor, estadiamento etc.), do quanto a rotina do paciente será afetada pelo tratamento (a interrupção do trabalho e, consequentemente, uma redução da renda familiar, é bastante estressora para a maioria dos pacientes e familiares) e das habilidades anteriores de enfrentamento (em outras situações estressoras da vida) (Batista et al., 2015; Neumayer et al., 2018; Visentin et al., 2007).

Dessa forma, em pessoas idosas, o momento do **diagnóstico** é cercado de fantasias sobre a doença e seu tratamento, pelo medo do desconhecido e por ideias relacionadas à morte, gerando dificuldades de aceitação da doença. Com a confirmação do **diagnóstico** de câncer, a pessoa idosa sente o desejo de ser amparada, compreendida e cuidada, além de apresentar sentimentos de tristeza, solidão, desamparo e sensação de fracasso (Serra et al., 2021).

Assim, é importante que a **comunicação** entre equipe-paciente-família aborde não só aspectos relacionados à doença, mas que também afirme a importância de uma **rede de apoio** emocional, explique sobre o impacto do tratamento na vida cotidiana, forneça informações sobre as possíveis alterações na sexualidade, na alimentação e na vida financeira, e clarifique dúvidas sobre a possibilidade de morte. O estilo de comunicação precisa considerar uma linguagem acessível, clara, acolhedora, franca e gradual, e um *setting* apropriado (Jieyu et al., 2020; McDowell et al., 2022).

Ao verificar como os/as pacientes preferem receber a notícia do **diagnóstico**, a pesquisa de Richter et al. (2015) constatou que as preferências mudam muito pouco com o passar da idade. O que é comum em todas as idades é os/as pacientes preferirem ter informações claras sobre o **diagnóstico**, tratamento e prognóstico, e preferirem ter privacidade no momento da comunicação.

Desse modo, ao comunicar o **diagnóstico** para a pessoa idosa com câncer e seus familiares, o/a profissional deve proporcionar um espaço para a verbalização de sentimentos sobre a doença, assim como identificar fontes de auxílio e suporte social para o/a paciente (Marinho et al., 2016). Nesse sentido, uma comunicação adequada é crucial para amenizar a ansiedade de pacientes e familiares, oportunizar maior vinculação com a equipe e promover maior adesão ao tratamento.

Ainda assim, mesmo com uma comunicação adequada, é comum que durante o tratamento os/as pacientes apresentem sintomas ansiosos e depressivos. A depressão acomete de 17% a 26% das pessoas idosas com câncer, e a ansiedade varia de 2,5% a 23% (Alici et al., 2011). Sentimentos de culpa, insegurança, medo e solidão, alternados com momentos de otimismo, e o uso da religiosidade como estratégia de enfrentamento também são bastante observados nessa população (Brandão et al., 2004; Freitas et al., 2020; Soares et al., 2010).

Dessa forma, o impacto psicológico do tratamento irá depender se este envolve algum tipo de amputação ou mutilação, se haverá implicações reprodutivas ou neurológicas, se haverá alterações na alimentação ou na digestão e se haverá impactos nos relacionamentos sociais, afetivos e/ou sexuais. A literatura científica também demonstra que ser mulher, não ter parceiro/a, ter baixa escolaridade e baixa renda são fatores de risco para depressão em pessoas idosas com câncer. Ademais, ter mobilidade limitada, dificuldades funcionais, outras comorbidades e prejuízo nas atividades de vida diária estão relacionados a maiores índices de depressão e/ou ansiedade em pessoas idosas acometidas com câncer (Silva et al., 2022; Zhou et al., 2021).

Em virtude de o tratamento ser prolongado e gerar vários efeitos colaterais, muitos pacientes afastam-se ou interrompem o trabalho e voltam a morar com os filhos. Nesse sentido, ter uma boa **rede de apoio** emocional durante o tratamento oncológico constitui-se como um dos principais fatores de proteção para o desenvolvimento de transtornos de humor (Riedl & Schüßler, 2022). Por outro lado, essa situação de dependência pode gerar problemas de ajustamento nos/nas pacientes, visto que eles/elas perdem a autonomia e são infantilizados/as pela família e pela própria equipe de saúde, tratando-lhes ora com autoritarismo, ora com paternalismo. Por vezes, não lhes permitem tomar decisões sobre a sua vida e seu tratamento, principalmente quando essas decisões estão no sentido contrário do que os familiares e os/as profissionais esperam. Essas atitudes reforçam concepções que desconsideram a pessoa idosa como participante do processo de adoecimento, e o direito de tomar decisões pautadas na sua autonomia (Visentin et al., 2007).

Também se observa que a relação dos profissionais de saúde com esses pacientes pode ser dificultada por causa de uma incompreensão por parte do/a profissional das palavras utilizadas pela pessoa idosa para expressar a sua dor e o seu sofrimento, pela dificuldade do/a profissional de transmitir informações adequadas ao paciente e pela dificuldade desse paciente aderir ao tratamento (Vianna et al., 2010).

A adesão ao tratamento, particularmente, é um tema de conflitos entre profissionais, familiares e pessoas idosas, visto que uma parcela considerável (até 37%) delas rejeita total ou parcialmente a terapêutica proposta (Weggelaar et al., 2011). As pessoas idosas geralmente optam por um tratamento (ou não tratamento) que traga maior qualidade de vida em detrimento de um tratamento curativo invasivo, mesmo que isso signifique menor expectativa de vida, opção que deixa familiares e profissionais muito desconfortáveis (Graessle et al., 2022). Nesse sentido, diversos fatores influenciam a adesão ao tratamento, entre eles, comorbidades preexistentes, dificuldades cognitivas, prejuízos sensoriais, toxicidade dos fármacos administrados e dificuldades financeiras, que podem levar a pessoa idosa a não querer estender a vida a qualquer custo (Mislang et al., 2017; Puts et al., 2014).

Desse modo, intervenções para melhorar a adesão de pessoas idosas com câncer podem incluir comunicação equipe-paciente mais efetiva, abordando as crenças do paciente sobre as medicações, identificando potenciais barreiras e transmitindo informações sobre a doença e seu tratamento. Ademais, é importante verificar as condições socioeconômicas do paciente e acionar a assistência social, se necessário. Também cabe à equipe monitorar as toxicidades para implementar ajustes de dose ou a sua descontinuação.

Assim, no caso específico de pessoas idosas, as intervenções podem incluir a psicoeducação, a simplificação do regime adotado, o ensino de automonitoramento para toxicidades, o envolvimento dos cuidadores, o apoio e respeito à tomada de decisões e às necessidades psicológicas e sociais, e o acompanhamento pós-alta hospitalar por telefone ou por meio de visitas domiciliares (Mislang et al., 2017).

Portanto, de modo resumido, a assistência à pessoa idosa deve incluir comunicação honesta e clara, escuta humanizada e compassiva, compreensão sobre os aspectos psicossociais normativos do processo de envelhecimento, respeito aos direitos e decisões do paciente, atitude empática e acolhedora, e tratamento integral, considerando todos os aspectos biopsicossociais-espirituais envolvidos no adoecimento.

ATENDIMENTO PSICOLÓGICO

Com o objetivo de nortear sua atuação, o psicólogo precisa conhecer as principais demandas que o paciente oncológico pode apresentar. Um ponto importante está relacionado ao favorecimento da capacidade de adaptação do paciente ao processo de adoecimento e tratamento, auxiliando no manejo do estresse frente a tomada de decisões, procedimentos invasivos, relacionamento com a **rede de apoio**, adaptação durante e pós-tratamento, reinserção na vida social e/ou fim da vida.

Para iniciar o atendimento, é necessário compreender o quadro clínico do paciente, e a principal fonte de informação é o prontuário médico, que contém tanto os dados sociodemográficos (como idade, escolaridade, endereço, estado civil, religião) quanto os clínicos (história do paciente e momento atual da doença/tratamento). Os dados sociodemográficos auxiliam o psico-oncologista a compreender o contexto do paciente e prever algumas demandas que podem estar presentes, como, por exemplo, relacionar a baixa escolaridade com a dificuldade de compreensão do **diagnóstico** e tratamento: se o paciente apresenta dificuldade de leitura, pode apresentar dificuldades adaptativas relacionadas ao uso de medicamentos em casa, ao agendamento de consultas, entre outros.

Os dados clínicos do prontuário direcionam o atendimento à medida que fornecem informações sobre o caminho percorrido pelo paciente até o momento atual, o estadiamento da doença (qual a "gravidade"), entre outros. Se o psicólogo não compreende a parte clínica do caso, fica impossível avaliar se o paciente compreende a própria condição de saúde, inviabilizando a realização de um dos principais objetivos do atendimento psicológico nesse contexto: avaliar a compreensão do paciente sobre a doença e seu tratamento.

Após a revisão de prontuário, pode-se dar início ao primeiro atendimento. O primeiro atendimento tem a função de avaliar o paciente e sua **rede de apoio**. É importante lembrar que os atendimentos individuais devem ser realizados com o intuito de oferecer maior espaço e privacidade ao paciente para que este apresente suas demandas, tendo sempre em mente que não se trata de psicoterapia e sim de um atendimento clínico em saúde. Além da função do atendimento, o espaço terapêutico também muda: é esperado que ocorram intervenções da equipe de saúde e que o psicólogo tenha que zelar pela privacidade do paciente de diferentes formas. Por exemplo, no setor de oncologia, é comum que os pacientes recebam atendimento psicológico durante a infusão do quimioterápico, permanecendo, assim, no salão de QT, que está repleto de outros estímulos (outros pacientes, intervenções da equipe de saúde, entre outros).

Não existe um único modelo de atendimento que se aplique a todos os pacientes, por isso é de extrema importância a atualização, o estudo e a supervisão para que se desenvolva o raciocínio clínico. Conhecer e compreender todo o contexto do paciente leva tempo, daí a importância de organizar a rotina de atendimento aos pacientes e familiares.

CARACTERÍSTICAS GERAIS DO AMBULATÓRIO DE QUIMIOTERAPIA

O caso a ser descrito foi atendido em um ambulatório de quimioterapia, em um hospital-escola, conveniado ao SUS. Nesse serviço ocorrem as sessões de QT, o atendimento e o acompanhamento com a equipe de oncologia. As consultas com os oncologistas e a infusão dos quimioterápicos ocorrem concomitantemente, fazendo com que o fluxo de pacientes no ambulatório seja significativamente alto.

A faixa etária média da população atendida é de 60 anos (variando de 18 a 90 anos), de ambos os sexos, com prevalência do feminino. A população pertence a uma classe socioeconômica média-baixa. A equipe de saúde é composta de enfermeiras, técnicas de enfermagem, farmacêutica, auxiliar de farmácia, escriturários, psicóloga, terapeuta ocupacional, nutricionista, assistente social e médicos oncologistas. No caso da pessoa idosa, é possível ter um acompanhante durante a infusão de QT; porém, não há um espaço específico para a pessoa idosa, permanecendo, portanto, no mesmo salão de infusão que os demais pacientes. O tempo de permanência na sala de infusão é em média de 4 horas; porém, dependendo do esquema de QT, pode variar de 30 minutos a 6 horas. No caso da QT com duração superior a 6 horas, o paciente é admitido para internação em enfermaria. Os pacientes são encaminhados ao ambulatório de quimioterapia/oncologia pelas diversas especialidades médicas, após uma cirurgia ou confirmação do **diagnóstico** por biópsia, podendo então chegar do próprio ambulatório do hospital-escola, como de outros municípios pela central de regulação de vagas.

ATENDIMENTO PSICOLÓGICO NO AMBULATÓRIO DE QUIMIOTERAPIA

Os pacientes que são submetidos ao tratamento de QT geralmente comparecem ao serviço a cada 21 dias, dependendo do esquema de QT que é estabelecido pelo oncologista. O paciente pode receber atendimento psicológico com a equipe de psicologia; porém, frente à grande demanda apresentada pelo ambulatório e à enxuta equipe de psicologia, foi necessário estabelecer critérios de prioridade para os atendimentos psicológicos durante a QT. Os critérios são: paciente com **diagnóstico** de câncer de mama, paciente jovem (entre 18 e 40 anos), paciente que comparece para primeira sessão de QT, paciente em cuidado paliativo e pedido da equipe multidisciplinar. O atendimento é realizado durante a infusão de QT, dentro do salão de QT e estende-se também aos familiares quando necessário ou quando estes solicitam. No caso da pessoa idosa, na primeira infusão de QT, quando se trata de um paciente em cuidados paliativos, a equipe de psicologia fará o primeiro encontro para avaliação. A partir dessa primeira avaliação, esse paciente pode passar a ser acompanhado durante as próximas infusões, geralmente a cada 21 dias, mas podendo variar de acordo com o esquema de QT definido pela equipe médica.

O objetivo do atendimento é a avaliação da compreensão da doença, do tratamento e do prognóstico. Avaliam-se também possíveis sintomas de depressão e/ou ansiedade que possam interferir na adesão ao tratamento e no enfrentamento da doença. As questões que não estão relacionadas ao processo saúde-doença não são descartadas; quando há necessidade, o paciente é encaminhado para as unidades básicas de saúde para dar seguimento ao atendimento psicológico.

CASO CLÍNICO

O caso a ser representado pela paciente M.A., uma mulher de 65 anos, casada há 30 anos e sem filhos, residia no interior de SP, na casa de fundos dos seus pais; era filha única. Seu marido (R.A., 68 anos) estava há 5 anos residindo no litoral em virtude do trabalho na área da construção civil; aos finais de semana ele retornava para casa. M.A. trabalhou como professora da rede pública; porém, durante o acompanhamento psicológico, já estava aposentada pelo INSS.

No início de 2018, procurou o serviço de saúde após apresentar tosse seca persistente, falta de ar e emagrecimento repentino. Após a realização de diversos exames, em março de 2018 realizou uma biópsia, que confirmou um carcinoma pulmonar. Diante desse **diagnóstico** foi encaminhada para o ambulatório de quimioterapia para avaliação com oncologista e conduta.

Em maio de 2018 deu início ao acompanhamento psicológico no Serviço de Quimioterapia. Passou pelo primeiro atendimento no salão de infusão, durante sua segunda infusão de QT. Nesse primeiro momento, ela compareceu ao serviço a cada 21 dias para realização de QT e passou por atendimento psicológico durante as sessões. Foi um total de oito atendimentos individuais entre maio e setembro.

Durante o primeiro e segundo atendimento, foram levantadas informações sobre a história clínica desde o **diagnóstico** e informações sobre sua história de vida até o momento atual, incluindo dados sobre a **rede de apoio** da paciente e reações emocionais diante do **diagnóstico**. Nesse momento, a paciente descreveu sua preocupação com as reações adversas da QT, evidenciando também o quanto sempre foi independente e a dificuldade em aceitar ser cuidada por outras pessoas. Relatou, ainda, sobre alguns conflitos familiares, especialmente com seus pais, o que tornava mais difícil aceitar ajuda deles. Nos atendimentos que seguiram, trouxe questões associadas a autoestima, autoimagem e relacionamento com o marido; as questões do relacionamento com o marido afetavam o processo da doença. Trouxe algumas informações relacionadas ao casamento, como, por exemplo, histórico de traição por parte do marido há aproximadamente dez anos. Um sentimento muito presente no relato da paciente era de raiva e não aceitação do **diagnóstico**.

Nos atendimentos seguintes, a paciente relatou reações físicas e sintomas decorrentes da QT, e questões de relacionamento com sua família; em alguns momentos, queixou-se de pouco apoio e entendimento da família sobre sua doença. Explicou que seus pais eram pessoas com baixo grau de escolaridade; seu pai havia trabalhado como lavrador e sua mãe como doméstica. M.A. associa o pouco estudo deles com a baixa compreensão quanto ao seu tratamento, além do estigma com relação ao **diagnóstico** de câncer.

Nas primeiras sessões de quimioterapia, M.A. compareceu sozinha, e, a partir da quinta sessão, sua mãe (J.) começou a acompanhá-la. Nesse momento, foi possível realizar atendimento familiar, com consentimento da paciente. Nesses atendimentos, J. descreveu sua dificuldade em aceitar o **diagnóstico** de sua única filha e da necessidade de auxiliar a filha em atividades de vida diária, pois M.A. apresentava-se cada vez mais debilitada fisicamente. Buscou orientações sobre como lidar com oscilações de humor da filha e momentos nos quais esta não aceitava sua ajuda.

Nas três sessões de quimioterapia que seguiram, a paciente compareceu com a mãe e foi possível realizar o atendimento com ambas (separadamente), abordando principalmente a importância de aceitar o auxílio da família como também a aceitação com relação ao **diagnóstico** e tratamento. Foi possível observar a dificuldade de relacionamento entre mãe e filha; houve a tentativa de aproximação favorecendo o cuidado da paciente.

Em novembro de 2018, a paciente retornou em consulta com o oncologista com exames de rotina para programar a próxima etapa do tratamento. Nesse momento, deparou-se com a notícia de alterações nos exames, indicando possível metástase. Foram solicitados exames mais específicos e, em janeiro de 2019, retornou com a confirmação de metástase cerebral. Nesse momento, como a paciente não estava em protocolo de QT, a equipe médica solicitou o atendimento da equipe de Psicologia, que o agendou.

Na semana seguinte, foi possível realizar esse atendimento com a paciente que, dessa vez, compareceu acompanhada pelo marido (R.). Nesse momento, o objetivo foi conhecer melhor a história do casal; e como M.A. estava fisicamente debilitada, o foco foi realizar o atendimento com o marido (R.), que explicou que estava residindo no litoral em virtude do seu trabalho, porém retornava para casa nos finais de semana. Relatou sobre a dificuldade de acompanhar a esposa, alguns conflitos com a família dela e a dificuldade da paciente para aceitar ajuda. Falou também de um histórico de traição por parte dele no passado e explicou que, apesar de M.A. ter-lhe perdoado, acreditava que ainda havia muito ressentimento da parte dela e que era um assunto sobre o qual não conversavam abertamente. R. explicou que diante dos últimos exames e da notícia de metástase, ele pretendia retornar para sua casa e pedir um afastamento do trabalho, algo que de fato ocorreu. Deixou claro que sua intenção era estar mais próximo da esposa e auxiliar nos cuidados. Foram discutidas estratégias de enfrentamento diante do cenário atual, como, por exemplo: formas de auxiliar nos cuidados com ela, formas de melhorar a comunicação entre ambos e formas de lidar com a família de M.A.; favorecendo tanto uma aproximação entre ambos como as questões de cuidados de que M.A. necessitava.

A paciente foi encaminhada para radioterapia em outro serviço do município e retornou em abril de 2019, após 12 sessões, para nova avaliação com o oncologista. Nesse momento, compareceu com a mãe e o marido, porém bastante debilitada e utilizando cadeira de rodas em virtude da dificuldade de locomoção. Após a consulta médica, ficaram definidas sessões de QT paliativas, com o objetivo de auxiliar em alguns sintomas, como, por exemplo, confusão mental e dor intensa relatada pela paciente. A equipe médica também solicitou o acompanhamento do Serviço de Atendimento Domiciliar (SAD) do município. Considerando a região de residência da paciente, o SAD de referência pertencia à equipe do mesmo hospital; assim, foi possível fazer essa interface com a equipe.

Após essa consulta médica, foi possível fazer um atendimento com a paciente a pedido dela. Nesse momento, M.A. relatou algumas dificuldades relacionadas à incapacidade física para algumas atividades e trouxe questões relacionadas à morte, como, por exemplo, o medo de sentir dor, dúvidas de como seriam seus últimos dias, vontade de falar com o marido sobre seus desejos no final de vida. Além das questões sobre a finitude, a paciente manifestou o desejo de abordar o marido sobre algumas mágoas que sentia com relação a eventos do passado (p. ex., a traição sofrida anos atrás). Com relação à incapacidade física, o objetivo foi favorecer que ela aceitasse receber auxílio da família; ela concordou com essa necessidade. Com as questões do marido, foram elaboradas estratégias para favorecer essa comunicação, como, por exemplo, formas de ela abordar essas questões com o marido. Pensamos em maneiras de ela entrar no assunto com ele, possíveis reações dele e como ela poderia se posicionar, já que ela manifestou não saber como começar a conversa. Esse atendimento não foi longo em decorrência do cansaço e das dores relatadas pela própria paciente. Nesse momento, ficou combinado de se continuar o acompanhamento nas sessões de QT.

Na data programada para a sessão de QT, M.A. não compareceu, a mãe comunicou por telefone que M.A. não estava bem desde o final de semana e que a equipe do SAD já havia feito uma primeira visita de avaliação. Nessa primeira visita do SAD, compareceu a equipe médica e de enfermagem e foram feitos ajustes de medicação para dor. Com a impossibilidade de realizar a QT, foi programado um retorno com o oncologista para a semana seguinte (maio de 2019).

Na semana seguinte, na avaliação com oncologista, a QT foi suspensa, pois M.A. estava sem condições clínicas, e ficou definido o acompanhamento com o SAD para oferecer conforto no domicílio. Nesse momento, ela estava acompanhada pelo marido e pela mãe; porém, ambos recusaram o atendimento da Psicologia. M.A. solicitou o atendimento, e mesmo estando fisicamente muito mal, com dor e falta de ar, quis manifestar que conseguiu ter uma conversa com o marido sobre eventos do passado e sobre sua finitude. Explicou que foi uma conversa muito difícil, mas que conseguiu manifestar seus desejos e aceitar mais ajuda do marido. Esse momento foi de extrema importância para M.A., pois ela pôde se colocar e verbalizou estar emocionalmente mais tranquila de ter conseguido atingir esses objetivos.

Diante da suspensão da QT, foi combinado com M.A. e sua família que o atendimento com a Psicologia poderia ser agendado mediante solicitação dela ou da família. Nesse momento não ficou programado novo atendimento. O SAD fez vários atendimentos no domicílio para auxiliar principalmente o controle de sintomas. O atendimento psicológico não foi possível no SAD, pois essa equipe não contava com psicólogo contratado.

Após 3 semanas, em junho de 2019, M.A. faleceu no domicílio, como era seu desejo, e a equipe da QT foi comunicada pelo serviço do SAD.

CONCLUSÕES

O presente capítulo teve como objetivo discutir o câncer no processo de envelhecimento e a atuação da **psico-oncologia** na assistência aos pacientes e familiares, a partir da ilustração de um caso clínico. Assim, pôde-se perceber no caso descrito que houve uma dificuldade de aceitação do **diagnóstico**, tanto por parte da paciente quanto por parte da família, em virtude do medo do desconhecido e de ideias relacionadas à morte.

Com a confirmação do **diagnóstico** de câncer, a idosa sentiu o desejo de ser amparada, compreendida e cuidada; a princípio, pela equipe de saúde e, posteriormente, pela própria família. Nesse sentido, o caso ilustra a necessidade de acionamento da **rede de apoio** do paciente como uma das principais estratégias de enfrentamento do tratamento, assim como tentativas de aproximação emocional entre os membros e o favorecimento do cuidado da família com o paciente, ao mesmo tempo que a paciente aceita sua vulnerabilidade e deixa-se ser cuidada.

Características sociodemográficas do caso, como sexo feminino, baixa escolaridade, baixa renda e viver sozinha, também podem ter contribuído com uma dificuldade de compreensão e aceitação da doença, assim como com sintomas depressivos. Ademais, a mobilidade limitada e as dificuldades funcionais, além de outras comorbidades e prejuízo nas atividades de vida diária derivados do tratamento, combinados com a história de autonomia e independência da paciente, podem também ser fatores de risco para problemas de ajustamento psicológico ao tratamento.

Assim, os atendimentos da equipe de Psicologia fizeram-se essenciais no sentido de dar espaço para que a paciente expressasse sua dor e seu sofrimento, assim como diminuir conflitos familiares e facilitar a aproximação e o cuidado pela rede de apoio. A autorização e o reconhecimento de aspectos emocionais passados que, todavia, não tinham sido comunicados e resolvidos foram extremamente importantes para que a paciente não só se permitisse ser cuidada como também para favorecer despedidas e prepará-la para a morte.

Apesar de, nessa ocasião, a equipe de Psicologia não estar presente nos atendimentos domiciliares e nos momentos finais de vida da paciente, questões sobre a finitude e sobre o relacionamento com os familiares, assim como desejos finais, puderam ser abordadas no ambulatório de QT. Nesse sentido, ressalta-se também a importância de uma assistência interdisciplinar no cuidado à paciente e aos seus familiares, de modo que outros profissionais foram acionados e estiveram presentes durante todo o transcurso da doença e da finitude, discutindo o caso em equipe e articulando intervenções conjuntas, de modo a garantir uma assistência integral às necessidades da paciente e de seus familiares.

REFERÊNCIAS BIBLIOGRÁFICAS

Agência Internacional de Pesquisa sobre o Câncer - IARC (2022). *Cancer Today.* Recuperado de https://gco.iarc.fr/en

Alici, Y., Weiss, T., Holland, J. C., Nelson, C., & Roth, A. (2011). Common psychiatric problems in older patients with cancer: Report of one-year experience of a psychiatry outpatient clinic [Problemas psiquiátricos comuns em pacientes idosos com câncer: Relato de experiência de um ano de ambulatório de psiquiatria]. *Journal of Geriatric Oncology, 2*(2), 137-141. Recuperado de https://doi.org/10.1016/j.jgo.2011.01.002

American Cancer Society. (2024). *Managing cancer as a chronic illness.* Recuperado de https://www.cancer.org/cancer/survivorship/long-term-health-concerns/cancer-as-a-chronic-illness.html

Batista, D. R. R., Mattos, M., & Silva, S. F. (2015). Convivendo com o câncer: Do diagnóstico ao tratamento. *Revista de Enfermagem da UFSM, 5*(3), 499-510. Recuperado de https://periodicos.ufsm.br/reufsm/article/view/15709/pdf

Brandão, C. L. C., Aranha, V. C., Chiba, T., Quayle, J., & Lucia, M. C. S. (2004). A imagem corporal do idoso com câncer atendido no ambulatório de cuidados paliativos do ICHC-FMUSP. *Psicologia Hospitalar, 2*(2). Recuperado de http://pepsic.bvs-psi.org.br/cgi-bin/wxis.exe/iah/

Bray, F., Laversanne, M., Sung, H., Ferlay, J., Siegel, R. L., Soerjomataram, I., & Jemal, A. (2024). Global cancer statistics 2022: GLOBOCAN estimates of incidence and mortality worldwide for 36 cancers in 185 countries [Estatísticas globais de câncer 2022: estimativas GLOBOCAN de incidência e mortalidade mundial para 36 tipos de câncer em 185 países]. *CA: A Cancer Journal for Clinicians, 74*(3), 229-283. Recuperado de https://doi.org/10.3322/caac.21834

Carvalho, M. M. (2002). Psico-oncologia: História, características e desafios. *PsicoUSP, 13*(1). Recuperado de https://doi.org/10.1590/S0103-65642002000100008

Conselho Federal de Psicologia (2019). *Referências técnicas para atuação de psicólogas(os) nos serviços hospitalares do SUS.* Recuperado de https://site.cfp.org.br/publicacao/referencias-tecnicas-para-atuacao-de-psicologasos-nos-servicos-hospitalares-do-sus/

Costa., A. L., Junior. (2001). O desenvolvimento da psico-oncologia: Implicações para a pesquisa e intervenção profissional em saúde. *Psicologia: Ciência e Profissão, 21*(2), 36-43. Recuperado de https://doi.org/10.1590/S1414-98932001000200005

Freitas, R. A., Menezes, T. M. O., Santos, L. B., Moura, H. C. G. B., Sales, M. G. S., & Moreira, F. A. (2020). Spirituality and religiousity in the experience of suffering, guilt, and death of the elderly with cancer [Espiritualidade e religiosidade na vivência de sofrimento, culpa e morte de idosos com câncer]. *Revista Brasileira de Enfermagem, 73*, e20190034. Recuperado de https://doi.org/10.1590/0034-7167-2019-0034

Gimenes, M. G. (1994). Definição, foco de estudo e intervenção. In Carvalho, M. M. (Org.), *Introdução à psiconcologia.* Campinas: Editorial Psy.

Graessle, R., Stromberger, C., Heiland, M., Doll, C., Hofmann, V. M., Klinghammer, K., Tinhofer, I., Olze, H., Beck, M., Arens, P., Dommerich, S., Piwonski, I., & Coordes, A. (2022). Predictors for adherence to treatment strategies in elderly hnscc patients [Preditores de adesão às estratégias de tratamento em pacientes idosos com hnscc]. *Cancers, 14*(2), 423. Recuperado de https://doi.org/10.3390/cancers14020423

Instituto Nacional de Câncer [INCA] (2022a). *O que é o câncer?* Recuperado de https://www.gov.br/inca/pt-br/assuntos/cancer/o-que-e-cancer

Instituto Nacional de Câncer [INCA] (2022b). *O que causa o câncer?* Recuperado de https://www.gov.br/inca/pt-br/assuntos/causas-e-prevencao-do-cancer/o-que-causa-o-cancer/

Instituto Nacional de Câncer [INCA] & Ministério da Saúde (2022). *Estimativa 2023: Incidência de câncer no Brasil.* Recuperado de https://www.inca.gov.br/sites/ufu.sti.inca.local/files//media/document//estimativa-2023.pdf

Jieyu, L., Xingjuan, L., Qian, C., Yi, L., Yinghua, X., Qiuping, L. (2020). Communication needs of cancer patients and/or caregivers: A critical literature review [Necessidades de comunicação de pacientes com câncer e/ou cuidadores: Uma revisão crítica da literatura]. *Journal of Oncology*, e7432849. Recuperado de https://doi.org/10.1155/2020/7432849

Laconi, E., Marongiu, F. & DeGregori, J. (2020). Cancer as a disease of old age: Changing mutational and microenvironmental landscapes [Câncer como doença da velhice: Mudando paisagens mutacionais e microambientais]. *British Journal of Cancer, 122,* 943-952. Recuperado de https://doi.org/10.1038/s41416-019-0721-1

Marinho, M. M. S. S., Domingues, M. C. C. K., & Olario, S. P. (2016). Humanização da assistência frente ao paciente oncológico: Uma revisão integrativa. *Revista Educ, 3*(1), 133-147. Recuperado de https://uniesp.edu.br/sites/_biblioteca/revistas/20170608151840.pdf

McDowell, L., Rischin, D., Gough, K., & Henson, C. (2022). Health-related quality of life, psychosocial distress and unmet needs in older patients with head and neck cancer. *Frontiers in Oncology, 12.* Recuperado de https://doi.org/10.3389/fonc.2022.834068

Miller, K. D., Nogueira, L., Devasia, T., Mariotto, A. B., Yabroff, R., Jemal, A., Kramer, J., & Siegel, R. L. (2022). Cancer treatment and survivorship statistics, 2022 [Estatísticas de tratamento e sobrevivência do câncer, 2022]. *CA: A Cancer Journal for Clinicians, 72*(5), 409-436. Recuperado de https://doi.org/10.3322/caac.21731

Ministério da Saúde. (2014). *Portaria nº 140, de 27 de fevereiro de 2014.* Recuperado de https://bvsms.saude.gov.br/bvs/saudelegis/sas/2014/prt0140_27_02_2014.html

Mislang, A. R., Wildes, T. M., Kanesvaran, R., Baldini, C., Holmes, H. M., Nightingale, G., Coolbrandt, A., & Biganzoli, L. (2017). Adherence to oral cancer therapy in older adults: The international society of geriatric oncology (SIOG) taskforce recommendations [Adesão à terapia do câncer oral em idosos: Recomendações do grupo de trabalho da sociedade internacional de oncologia geriátrica (SIOG)]. *Cancer Treatment Reviews, 57,* 58-66. Recuperado de https://doi.org/10.1016/j.ctrv.2017.05.002

Neumayer, A. C., Aguiar, M. C. M., Schettini Sobrinho, E. S. M., & Gonçalves, A. S. R. (2018). Efeito do diagnóstico de câncer e sugestões para comunicação diagnóstica na visão dos pacientes. *Revista Brasileira de Cancerologia, 64*(4), 489-97. Recuperado de https://doi.org/10.32635/2176-9745.RBC.2018v64n4.197

Pilleron, S., Soto-Perez-de-Celis, E., Vignat, J., Ferlay, J., Soerjomataram, I., Bray, F., & Sarfati, D. (2021). Estimated global cancer incidence in the oldest adults in 2018 and projections to 2050 [Incidência global estimada de câncer nos adultos mais velhos em 2018 e projeções para 2050]. *International Journal of Cancer, 148*(3), 601-608. Recuperado de https://doi.org/10.1002/ijc.33232

Puts, M. T. E., Tu, H. A., Tourangeau, A., Howell, D., Fitch, M., Springall, E., & Alibhai, S. M. H. (2014). Factors influencing adherence to cancer treatment in older adults with cancer: A systematic review [Fatores que influenciam a adesão ao tratamento oncológico em idosos com câncer: Uma revisão sistemática]. *Annals of Oncology, 25*(3), 564-577. Recuperado de https://doi.org/10.1093/annonc/mdt433

Richter, D., Ernst, J., Lehmann, C., Koch, U., Mehnert, A., & Friedrich, M. (2015). Communication preferences in young, middle-aged, and elderly cancer patients [Preferências de comunicação em pacientes com câncer jovens, de meia-idade e idosos]. *Oncology Research and Treatment, 38*(11), 590-595. Recuperado de https://doi.org/10.1159/000441312

Riedl, D., & Schüßler, G. (2022). Factors associated with and risk factors for depression in cancer patients: A systematic literature review [Fatores associados e fatores de risco para depressão em pacientes com câncer: Uma revisão sistemática da literatura]. *Translational Oncology, 16,* 101328. Recuperado de https://doi.org/10.1016/j.tranon.2021.101328

Serra, J. M., Alves, J. R., & Loures, M. C. (2021). O idoso com câncer e a família: Desafios da enfermagem na assistência humanizada. *Gestão & Tecnologia: Um olhar multidisciplinar, 2*(33), 3-24. Recuperado de https://www.faculdadedelta.edu.br/revistas3/index.php/gt/article/view/85/63

Silva, S., Bártolo, A., Santos, I. M., Pereira, A., & Monteiro, S. (2022). Towards a better understanding of the factors associated with distress in elderly cancer patients: A systematic review [Rumo a uma melhor compreensão dos fatores associados ao sofrimento em pacientes idosos com câncer: Uma revisão sistemática]. *International Journal of Environmental Research and Public Health, 19*(6), 3424. Recuperado de https://doi.org/10.3390/ijerph19063424

Soares, L. C., Santana, M. G., & Muniz, R. M. (2010). O fenômeno do câncer na vida dos idosos. *Ciência e Cuidado com a Saúde, 9*(4), 660-667. Recuperado de https://periodicos.uem.br/ojs/index.php/CiencCuidSaude/article/view/7785/7182

Veit, M. T. & Carvalho, V. A. (2010). Psico-oncologia: Um novo olhar para o câncer. *O Mundo da Saúde, 34*(4), 526-530. Recuperado de http://www.saocamilo-sp.br/pdf/mundo_saude/79/526a530.pdf

Vianna, L. G., Vianna, C., & Bezerra, A. J. C. (2010). Relação médico-paciente idoso: Desafios e perspectivas. *Revista Brasileira de Educação Médica, 34*(1), 150-159. Recuperado de https://doi.org/10.1590/S0100-55022010000100018

Visentin, A., Labronici, L., & Lenardt, M. H. (2007). Autonomia do paciente idoso com câncer: O direito de saber o diagnóstico. *Acta Paulista de Enfermagem, 20*(4), 509-513. Recuperado de https://doi.org/10.1590/S0103-21002007000400021

Weggelaar, I., Aben, K. K., Warlé, M. C., Strobbe, L. J., & Van Spronsen, D. J. (2011). Declined guideline adherence in older breast cancer patients: A population-based study in the Netherlands [Declínio da adesão às diretrizes em pacientes idosos com câncer de mama: Um estudo de base populacional na Holanda]. *The Breast Journal, 17*(3), 239-245. Recuperado de https://doi.org/10.1111/j.1524-4741.2011.01074.x

Zhou, C., Zhang, Y., Hu, X., Fang, M., & Xiao, S. (2021). The effect of marital and insurance status on the survival of elderly patients with stage M1b colon cancer: a SEER-based study [O efeito do estado civil e do estado de saúde na sobrevivência de pacientes idosos com câncer de cólon em estágio M1b: um estudo baseado no SEER]. *BMC Cancer, 21*, 891. Recuperado de https://doi.org/10.1186/s12885-021-08627-5

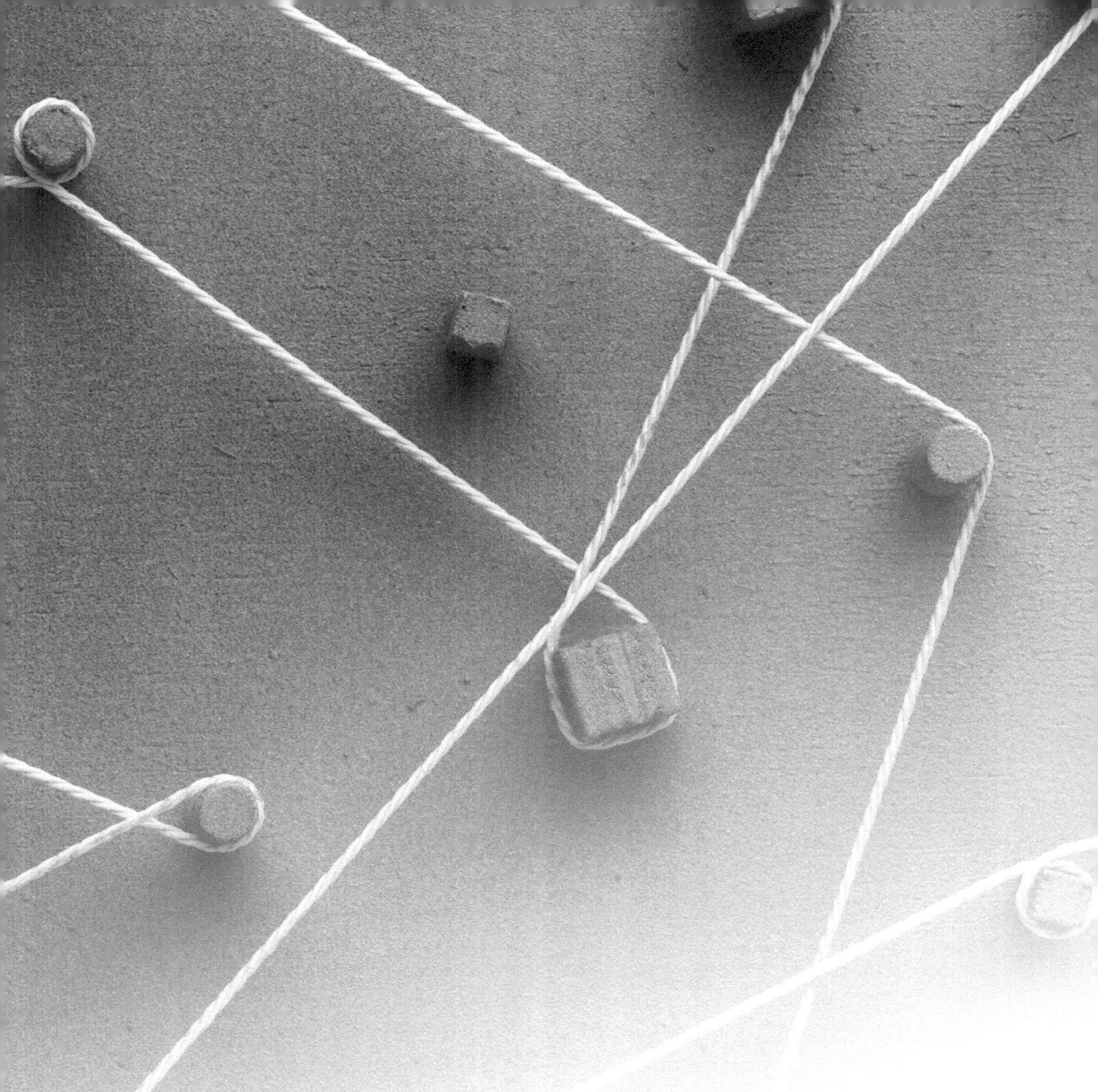

Parte 4

Atuação do Psicólogo em Diferentes Áreas do Hospital

12

Psicólogo em Equipe Multiprofissional na Unidade de Terapia Intensiva Adulto

Makilim Nunes Baptista ▪ Valéria Batista Menezes Agostinho dos Santos ▪ Laura Buzatto

DESTAQUES

- A **humanização** do cuidado na **UTI** é essencial para integrar as necessidades biológicas, emocionais e sociais dos pacientes e seus familiares
- A equipe multidisciplinar na **UTI** desempenha um papel crucial na recuperação dos pacientes, com cada profissional contribuindo com sua *expertise* específica
- A pandemia de Covid-19 impactou significativamente a estrutura da saúde e a gestão das **UTIs**, impondo desafios adicionais às equipes multiprofissionais
- O **psicólogo** na **UTI** atua na investigação, análise e intervenção em quadros comportamentais e situações de risco, visando minimizar o sofrimento associado à hospitalização
- O caso clínico apresentado ilustra a importância da atuação do **psicólogo** em equipe multidisciplinar na **UTI**, demonstrando o impacto positivo na recuperação do paciente e no suporte à **família**.

UNIDADE DE TERAPIA INTENSIVA

De acordo com a portaria do Ministério da Saúde, GM/MS n. 2.862, de 29 de dezembro de 2023, e a Resolução n. 7, de 24 de fevereiro de 2010, **Unidade de Terapia Intensiva (UTI)** é um setor hospitalar destinado ao atendimento de **pacientes** críticos, graves ou de alto risco, que necessitam de atenção personalizada de forma contínua, materiais específicos e tecnologias que possibilitam o diagnóstico, além de monitorização e terapia (Resolução n. 7, de 2010). Esses **pacientes** necessitam de cuidados intensivos e ininterruptos, além de assistência médica, fisioterapêutica e de enfermagem, com monitorização contínua durante as 24 horas do dia. Assim, o principal objetivo das **UTIs** é restabelecer o funcionamento dos sistemas orgânicos severamente comprometidos até a compensação da patologia que motivou a internação ou normalização dos parâmetros fisiológicos (Ortiz et al., 2016).

Segundo pesquisa realizada por Aguiar et al. (2021) sobre perfil das **UTIs**, destaca-se que, atualmente, o País conta com 41.741 leitos de **UTI**, dos quais 27.709 são destinados a **pacientes** adultos em estado crítico, sendo ocupados por **pacientes** predominantemente do sexo masculino, com idade superior a 50 anos. As doenças cardiovasculares são as principais causas de internação.

Ainda com relação ao perfil dos **pacientes** internados nas **UTIs**, um estudo realizado por

Favarin e Camponogara (2012) também destaca maior prevalência de pessoas idosas hospitalizadas. Relacionam esse fato ao envelhecimento populacional, especialmente em países em desenvolvimento como o Brasil, em que a proporção de pessoas idosas deve aumentar de 7,5% em 1991 para 15% em 2025. Nas **UTIs**, a presença de **pessoas idosas hospitalizadas** tem se tornado cada vez mais comum, com muitas apresentando doenças crônicas agudizadas que exigem tratamentos complexos, resultando em maiores custos, tratamentos prolongados e recuperação mais lenta. Destacam também que a redução da capacidade de resposta ao estresse, a multiplicidade de perdas (parentes e amigos) e as mudanças físicas e fisiológicas associadas ao processo de envelhecimento podem influenciar os fatores de risco e a vulnerabilidade a doenças.

A **UTI** aborda diversos diagnósticos e patologias, como acidente vascular encefálico (AVE) isquêmico e hemorrágico, insuficiência respiratória aguda, insuficiência cardíaca, infarto agudo do miocárdio, choque séptico, politraumatismo, pré e pós-operatório, entre outras. A maioria dos **pacientes** internados, para aumento da sobrevida e controle do quadro clínico, pode necessitar de sedação, ventilação mecânica associada à intubação orotraqueal, traqueostomia, sonda nasoenteral, sonda vesical de demora, monitor cardíaco e máquina de hemodiálise (Lourenço & Henrique, 2018).

Surgimento das Unidades de Terapia Intensiva

O conceito de cuidados intensivos surge na década de 1850, durante a guerra da Crimeia – conflito entre Grã-Bretanha e França contra o Império Russo – quando a enfermeira italiana Florence Nightingale estabeleceu áreas de cuidado para soldados gravemente feridos, oferecendo uma forma primitiva de monitoramento e suporte especializado. Após ter iniciado seus atendimentos nessas áreas, o índice de mortalidade entre os militares teve redução significativa, de 40% a 2% (Conselho Regional de Medicina do Estado de São Paulo [CREMESP], n.d.; Venislavskyy, 2024; Weil & Tang, 2011).

Em 1927, o Dr. Walter Dandy organizou um local separado no Hospital Hopkins em Baltimore para **pacientes** neurológicos em período pós-operatório. Esse modelo, baseado na criação de espaços especializados para o cuidado de **pacientes** durante o período pós-operatório, foi rapidamente ampliado, principalmente durante a Segunda Guerra Mundial, em que surgiram as unidades de observação pós-operatória e as unidades de choque (*shock units*) que tinham como objetivo o cuidado inicial dos soldados gravemente feridos (Weil & Tang, 2011).

Durante a década de 1950, as **UTIs** tornaram-se populares nos Estados Unidos e na Europa como resposta à possibilidade de tratamento da grande epidemia de poliomielite que atingiu o mundo ocidental na época (Weil & Tang, 2011). O desenvolvimento de ventiladores mecânicos, como o pulmão de aço (*iron lung*) e o ventilador de pressão negativa do tipo couraça, possibilitou suporte ventilatório para **pacientes** com falências respiratórias. Além disso, como consequência desses novos recursos técnico-científicos foram criadas as **UTIs** como áreas distintas no ambiente hospitalar, promovendo uma grande revolução organizacional nesses espaços (Associação de Medicina Intensiva Brasileira [AMIB], n.d.).

No Brasil, as práticas de cuidados intensivos iniciaram-se na década de 1950, com a importação dos *iron lungs* pelo Instituto de Ortopedia e Traumatologia da Universidade de São Paulo; assim, a ventilação mecânica deixou de ser exclusividade dos centros cirúrgicos e de anestesiologia. Em 1967, a partir dos estudos sobre ventilação mecânica do médico Antônio Tufik Simão, inaugurou-se a primeira **UTI** respiratória do Brasil no Hospital dos Servidores do Estado do Rio de Janeiro (HSE-RJ) (CREMESP, n.d.). Em 1963, o Hospital das Clínicas em São Paulo foi pioneiro na implementação das Unidades de Internação Intensiva para melhor assistência aos doentes críticos. O Hospital Sírio-Libanês, em 1971, inaugurou uma unidade com foco em traumas e cirurgias de urgência (AMIB, n.d.).

O surgimento e o desenvolvimento das **UTIs** são marcados por uma evolução com início a partir do século XIX, com desenvolvimento de inovações tecnológicas significativas ao longo do século XX. Na atualidade, as **UTIs** apresentam recursos tecnológicos e farmacológicos avançados, maior controle de infecções a partir de práticas preventivas, protocolos baseados em evidências, profissionais altamente capacitados e especializados; além disso, cuidados multidisciplinares são proporcionados por uma equipe multiprofissional envolvendo processos de reabilitação e, por vezes, suporte psicológico.

O cuidado na **UTI** ainda é predominantemente orientado pelo modelo biomédico – centrado na patologia e nos procedimentos técnicos, dando pouca ênfase para os aspectos emocionais e subjetivos do paciente e seus familiares. Tendo em vista a gravidade e as condições de internação, faz-se importante a promoção de um ambiente humanizado que considere não apenas a patologia, mas também, as necessidades emocionais e subjetivas relacionadas à internação (Monteiro et al., 2017).

Caracterização das Unidades de Terapia Intensiva

O Ministério da Saúde classifica os serviços hospitalares de **UTIs** nas seguintes tipologias: **Unidade de Terapia Intensiva** Adulto (**UTI-A**); **Unidade de Terapia Intensiva** Coronariana (UCO); **Unidade de Terapia Intensiva** Queimados (**UTI-q**); **Unidade de Terapia Intensiva** Pediátrica (**UTI-ped**); e **Unidade de Terapia Intensiva** Neonatal (**UTIN**). Este capítulo tem enfoque na caracterização e na atuação da equipe multiprofissional em **UTIs** adulto, destinadas à assistência de **pacientes** a partir dos 18 anos – podendo admitir **pacientes** a partir dos 15 anos, dependendo das normas de cada instituição.

A Portaria GM/MS n. 2.862 dispõe exigências para habilitação e homologação das **UTIs**. As **UTIs** adulto são divididas a partir do nível de atenção em tipo II e III, as quais recebem **pacientes** críticos e de alta complexidade. Entretanto, as **UTIs** do tipo III devem atender aos critérios mínimos exigidos nas **UTIs** do tipo II; porém, apresentam equipe mais especializada, com ao menos 50% dos médicos plantonistas com habilitação em Terapia Intensiva comprovada, enfermeiro plantonista (um para cada cinco leitos) e responsável técnico de fisioterapia com especialização em áreas relacionadas à assistência ao paciente grave. Além disso, apresentam maiores recursos tecnológicos como tomografia computadorizada, anatomia patológica e um capnógrafo a cada cinco leitos – monitoramento da concentração ou pressão parcial de gás carbônico (CO_2) nas vias aéreas do paciente.

Com relação à infraestrutura física das **UTIs**, destaca-se que o ambiente deve contribuir para a manutenção da privacidade do paciente, sem interferir em sua monitorização. Deve dispor de área coletiva de tratamento, quartos – inclusive de isolamento para pacientes com condições infectocontagiosas; posto de enfermagem – um para cada área coletiva ou conjunto de quartos; sala de higienização e preparo de equipamentos; sala de utilidades; quarto de plantão com banheiro; sanitários para **pacientes** e funcionários; rouparia; depósitos – equipamentos e materiais, materiais de limpeza; copa; sala de espera para acompanhantes, entre outros (Resolução n. 50, de 2002; Resolução n. 7, de 2010).

As **UTIs** são ambientes complexos com alta concentração tecnológica, recursos humanos altamente qualificados e rotina de assistência sistematizada e contínua, que, por muitas vezes, pode ser considerada rígida e inflexível, podendo gerar desconforto em razão da impessoalidade, da dependência de tecnologias e de perdas físicas e subjetivas – afastamento da rede de apoio, rotina, trabalho e lazer. O ambiente pode ser considerado hostil e aversivo, principalmente em virtude dos ruídos constantes e pelo excesso de iluminação. Esses fatores podem dificultar o conforto e a adaptação dos **pacientes**, gerando perturbações do sono, alterações psicológicas e perdas dos referenciais (Silva et al., 2023).

Culturalmente, nota-se um estigma relacionado às **UTIs** como um local de sofrimento e morte. Nesse contexto, a Política Nacional de **Humanização** (PNH) é de suma importância para os avanços nos cuidados com os **pacientes** internados, além de proporcionar maior valorização dos usuários, trabalhadores e gestores, por meio de trocas solidárias. A PNH, também conhecida como HumanizaSUS, foi criada pelo Ministério da Saúde, em 2003, com o objetivo de colocar os princípios do Sistema Único de Saúde (SUS) no cotidiano dos serviços de saúde, buscando promover mudanças nos modelos de cuidado e gestão. Essa política propõe-se a estimular a comunicação entre gestores, trabalhadores e usuários para construção de vínculos e processos coletivos de enfrentamento das relações de poder, trabalho e afeto.

Os princípios teóricos e metodológicos da PNH visam integrar e aprimorar os cuidados e a gestão no SUS por meio da transversalidade, que garante a aplicação contínua da **humanização** em todos os níveis e setores, e da indissociabilidade entre atenção e gestão, em que a gestão apoia o cuidado humanizado e a atenção orienta as práticas de gestão. Ademais, considera o protagonismo como a participação ativa de indivíduos e grupos nas decisões de saúde; a corresponsabilidade como compartilhamento de responsabilidades entre profissionais, **pacientes** e suas **famílias**; enquanto a autonomia dos sujeitos e coletivos como valorização do controle dos indivíduos sobre suas próprias experiências de saúde (Ministério da Saúde, 2014).

A PNH é fundamentada em diretrizes que visam à promoção do cuidado integrado e humanizado nos serviços de saúde. Entre essas diretrizes destaca-se o acolhimento, como um processo de escuta qualificada e ativa dos usuários, para compreensão de suas necessidades em saúde e assegurando o acesso às tecnologias adequadas. Esse processo não só amplifica a efetividade das práticas em saúde, mas também favorece a construção de vínculos e relações de confiança. A gestão participativa e a cogestão são princípios que ressaltam a importância da colaboração ativa entre usuários, trabalhadores e gestores na administração dos serviços de saúde, promovendo uma gestão democrática e integrada. A ambiência envolve a criação de ambientes físicos que favoreçam o bem-estar e a satisfação dos usuários e profissionais, tornando-os mais acolhedores e humanizados. A clínica ampliada e compartilhada propõe um modelo de atendimento com práticas integrativas e colaborativas, considerando os aspectos biopsicossociais dos indivíduos. Por fim, a valorização do trabalhador e a defesa dos direitos dos usuários envolvem o reconhecimento dos direitos e a promoção do respeito aos profissionais e usuários, garantindo que suas necessidades e seus direitos sejam atendidos de forma adequada (Ministério da Saúde, 2014).

Como mencionado anteriormente, o cuidado nas **UTIs** ainda é amplamente orientado pelo modelo biomédico. Além disso, a complexidade dos cuidados exigidos leva à priorização de estruturas cada vez mais sofisticadas, com alta concentração de recursos tecnológicos de ponta, favorecendo a despersonalização das relações de cuidado. Nesse contexto, o foco tende a deslocar-se do paciente para os procedimentos técnicos, o que pode resultar em uma assistência menos humanizada, favorecendo a manutenção do saber científico especializado e fragmentado (Figueiredo et al., 2023).

De acordo com estudo qualitativo realizado por Souza et al. (2020), acerca das compreensões da equipe de enfermagem sobre o cuidado humanizado nas **UTIs**, obtém-se que os principais desafios relacionados à prática da **humanização** na assistência estão relacionados à insuficiência de materiais, equipamentos e medicamentos. Outros desafios encontrados relacionam-se com as condições de trabalho – estruturas físicas inadequadas e condições de trabalho desfavoráveis; sobrecarga de trabalho – carga de trabalho excessiva e salários defasados, além da desvalorização profissional. A gravidade dos **pacientes** internados soma-se ao ritmo acelerado de trabalho, gerando repercussões emocionais aos profissionais, relacionadas, principalmente, à gravidade das condições dos **pacientes** e à alta demanda por leitos de **UTI**.

Estudo realizado por Figueiredo et al. (2023) também coloca as condições de trabalho insatisfatórias e a falta de insumos como principais desafios à **humanização** nas **UTIs**. Ambas as pesquisas reforçam a importância da implementação e do desenvolvimento de elementos que favoreçam as práticas humanizadas; além disso, propõem a criação de condições favoráveis aos profissionais pelos gestores, por intermédio de melhores condições de trabalho, investimento e desenvolvimento prático e teórico dos profissionais.

A AMIB (n.d.) preconiza a **humanização** do cuidado na **UTI**, por meio da definição de cinco categorias essenciais e recomendadas: ambiente físico, aspectos sensoriais, necessidades do paciente, necessidades da **família** e da equipe de saúde. Silva (2007) expõe possíveis condutas psicológicas que podem ser associadas a cada uma dessas categorias para a promoção de um espaço e um ambiente mais humanizado.

No que tange ao espaço físico, é crucial que o ambiente atenda às necessidades psicológicas básicas dos **pacientes**, incluindo a orientação espaço-temporal – relacionada à preservação da identidade pessoal. Para isso, recomenda-se a presença de luz natural, iluminação individualizada e regulável, elementos como relógios e calendários. Ademais, sugere-se a presença de elementos relacionados à visualização de vegetação e ao acesso a recursos tecnológicos, como televisão e celulares.

Com relação aos aspectos sensoriais, é de suma importância o controle da iluminação, dos níveis de ruído e da temperatura para garantia do conforto do paciente. Além disso, mesmo com a presença de equipamentos médicos complexos, a equipe deve encorajar o contato e a aproximação dos familiares, fornecendo as orientações necessárias e facilitadoras. No que diz respeito às necessidades do paciente, faz-se necessário o cumprimento dos direitos básicos; além disso, controle da dor, privacidade, direito à informação, presença da **família**, entre outros aspectos. O texto aponta alterações psicológicas frequentes em **pacientes** internados em **UTIs**, como *delirium*, alterações na memória, desorientação em espaço e tempo, perturbação da linguagem e da percepção.

Com relação às **famílias**, a AMIB (n.d.) destaca a importância do acesso às informações, da segurança e do apoio emocional desses indivíduos. Estudo realizado por Pocchard et al. (2001), como citado em Silva (2007), aponta a ansiedade como principal repercussão emocional observada entre os familiares; no entanto, também se notam outras respostas como estresse, negação, medo e insegurança. O adoecimento de um membro da **família** afeta todo o sistema familiar, sendo a atuação do profissional **psicólogo** de suma importância para o acolhimento e manejo adequado dessas respostas emocionais. Por fim, destaca-se que a equipe multiprofissional está constantemente exposta a fatores estressores e desafiadores, sendo necessária a prática interna da **humanização**.

A **humanização** do cuidado visa aprimorar o atendimento ao paciente, integrando as necessidades biológicas com aspectos emocionais e comunicativos. Para garantir uma prática humanizada eficaz, é essencial implementar estratégias e metodologias que promovam um diálogo contínuo entre a equipe de saúde, a gestão e os usuários. Esse processo tem como objetivo melhorar o atendimento e assegurar maior segurança ao paciente. Em suma, a **humanização** na **UTI** é considerada um aspecto fundamental que requer atenção constante, formação adequada e uma prática que valorize a comunicação e o acolhimento, buscando sempre a excelência no cuidado ao paciente (Castro et al., 2019).

Pandemia de Covid-19 e os impactos nas Unidades de Terapia Intensiva

Em 11 de março de 2020, a Organização Mundial de Saúde (OMS) declarou o início da pandemia por Covid-19 – síndrome respiratória aguda grave causada pelo vírus coronavírus SARS-CoV-2. A pandemia caracterizou-se por um momento de crise sanitária, política e econômica (Organização Pan-Americana da Saúde [OPAS], n.d.).

De acordo com Oliveira et al. (2020), cerca de 15% a 20% dos **pacientes** infectados pelo vírus apresentavam febre e hipoxemia – baixo nível de oxigênio no sangue, necessitando de algum tipo de suporte ventilatório – cânula nasal de alto fluxo, ventilação mecânica não invasiva e invasiva. Em casos graves, os **pacientes** poderiam apresentar outras complicações, como choque, lesão renal aguda, sangramento gastrointestinal e rabdomiólise – processo de destruição muscular. Nesse contexto, as **UTIs** foram cruciais para fornecer o cuidado necessário.

Em decorrência da quantidade de casos graves, o Ministério da Saúde regulamentou, por meio da Portaria GM/MS n. 568, de 26 de março de 2020, a habilitação de leitos de **UTI** dedicados exclusivamente a casos de Covid-19. Entre abril e agosto de 2020, foram habilitados 12.244 leitos de **UTI-A** e 249 leitos de **UTI-ped** para Covid-19 (Campos & Canabrava, 2020).

Em nota técnica publicada em 30 de dezembro de 2021, o Ministério da Saúde, em conjunto com o Conselho de Nacional de Secretarias de Saúde (Conass) e com o Conselho Nacional de

Secretarias Municipais de Saúde (Conasems), determinou a conversão de 6,5 mil leitos de **UTI** Covid-19 em leitos convencionais, após a redução significativa no número de casos e internações relacionadas à doença. Essa medida visou aumentar a oferta de leitos para demais **pacientes** que necessitam de cuidados intensivos, fortalecendo o SUS e melhorando a capacidade de atendimento (Ministério da Saúde, 2021).

Embora o objetivo deste capítulo não seja o aprofundamento dos impactos da pandemia por Covid-19 no sistema de saúde brasileiro, é essencial reconhecer que o evento provocou mudanças significativas na estrutura da saúde e na gestão das **UTIs**; além disso, destacam-se os desafios enfrentados pelas equipes multiprofissionais durante esse período, como sobrecarga de trabalho, escassez de recursos e estresse intenso.

Em virtude do agravamento da pandemia de Covid-19, presenciou-se um prolongamento significativo no período de internação dos pacientes, maior distanciamento familiar e social, e equipes de saúde em busca de estratégias de enfrentamento diante do cenário atípico e desconhecido até aquele momento. Nesse contexto, o psicólogo hospitalar teve um papel crucial, desempenhando sua atuação diretamente no enfrentamento da crise instalada. Esse profissional foi fundamental no gerenciamento de ansiedade e medo, manejo de estresse e entre outros sintomas comuns aos pacientes diagnosticados com Covid-19. Além disso, os psicólogos auxiliaram a equipe multiprofissional no cuidado ao paciente, lidando com aspectos como dor, dificuldade respiratória, entubação, isolamento e, em muitos casos, o desfecho de óbito.

O tempo tornou-se um recurso essencial no manejo com os pacientes e suas famílias, exigindo ajustes constantes para atender às necessidades diárias e aos desafios impostos pelo momento. As abordagens terapêuticas foram adaptadas de forma dinâmica, com destaque para o uso das ferramentas virtuais como principal estratégia de comunicação e suporte, permitindo a continuidade do cuidado psicológico tanto para os pacientes quanto para os familiares, dentro do ambiente hospitalar.

O paciente e a família em Unidades de Terapia Intensiva

Como citado anteriormente, as **UTIs** são conhecidas como ambientes intimidadores e extremamente impessoais em virtude da quantidade de equipamentos, materiais e tecnologias, necessários para manutenção das funções vitais dos pacientes internados. De acordo com Simonetti (2005, p. 153), conforme citado em Gomes & Carvalho (2018), "tudo é intenso na **UTI**: o tratamento, os riscos, as emoções, o trabalho, os custos e a esperança".

A internação em **UTI** representa uma ruptura abrupta no modo de viver do paciente, visto que ao ser hospitalizado, perde diversas referências do ambiente externo onde vive e, com a doença, vê-se privado de sua posição social e das atividades que desempenha (Lourenço & Henrique, 2018). Os **pacientes** encontram-se em uma situação difícil e delicada, marcada por grande sofrimento e ansiedade; além disso, normalmente necessitam de aparelhos especializados e dependem dos cuidados dos profissionais de saúde (Backes et al., 2012).

A internação expõe os pacientes a diversos estressores que incluem rotina rígida e ambiente impessoal, caracterizado por aparelhagens complexas e pela falta de privacidade. A esses fatores somam-se a privação de sono e a perda de autonomia, podendo gerar sentimento de impotência e desamparo. Além disso, constantemente os pacientes são expostos à necessidade de procedimentos invasivos – uso de aparelhos extra e intracorpóreos, exames, procedimentos cirúrgicos – contribuindo para o desconforto e a dor. De acordo com Gomes e Carvalho (2018, p. 170), nesse cenário, "as manifestações emocionais dos **pacientes**, geralmente, podem oscilar entre tristeza, medo, apatia, euforia, desorientação, agitação, depressão, anorexia e insônia".

O paciente internado frequentemente enfrenta perdas substanciais tanto no âmbito físico quanto na sua subjetividade e individualidade, podendo perder a sensação de segurança e garantia que apresentava previamente à internação hospitalar, enfrentando incertezas sobre seu futuro, incluindo preocupações sobre tornar-se um fardo para a **família** ou perder o emprego. A internação resulta em um afastamento significativo da **família**, dos amigos, das atividades laborais e de lazer (Oliveira, 2002).

Pacientes internados, especialmente em contextos de alta complexidade como em **UTIs**, frequentemente enfrentam dificuldades em participar ativamente das decisões sobre sua saúde, o que compromete sua autonomia – a capacidade de tomar decisões informadas sobre sua vida e cuidados. A falta de educação em saúde e uma comunicação ineficaz podem levar os pacientes a se sentirem como meros receptores de cuidados, sem envolvimento na tomada de decisões. Além disso, a manutenção do modelo paternalista de cuidado, em que os profissionais de saúde tomam decisões em nome dos pacientes, pode resultar na internalização de uma postura passiva. Isso enfraquece o empoderamento do paciente e reforça a ideia de que a autonomia não é parte essencial do processo de cuidados (Damion & Moreira, 2018).

De acordo com Bastos et al. (2020), destaca-se a prevalência de sintomas de *delirium* em **pacientes** internados em **UTIs**. O *delirium* é um estado confusional resultante de uma disfunção cerebral aguda e potencialmente reversível – pode ser ocasionado por condições clínicas e cirúrgicas, ação medicamentosa e exposição a toxinas. Esse quadro clínico caracteriza-se por um declínio cognitivo significativo, com comprometimento do nível de consciência e da atenção, além de alterações comportamentais e de humor, bem como distúrbios na atividade psicomotora e no ciclo sono-vigília.

Como citados anteriormente, nota-se que os diversos estressores presentes nas **UTIs** são capazes de provocar diferentes respostas fisiológicas e emocionais nos **pacientes**, o que pode desencadear agravamento do caso clínico e/ou levar a um processo de instabilidade emocional (Gomes & Carvalho, 2018). Destaca-se que, embora os estressores exerçam forte influência sobre a resposta dos **pacientes**, causando-lhes sofrimento, esses não são os únicos determinantes dos comportamentos desses indivíduos. As respostas emocionais e a forma como cada paciente irá responder ao ambiente, depende de seu repertório de enfrentamento e dos demais estímulos sociais e contextuais potencialmente reforçadores que podem estar presentes nessa situação (Silva et al., 2023).

O cuidado prestado pela equipe deve basear-se em uma abordagem holística, assegurando a dignidade e autonomia dos **pacientes** e de seus familiares, por meio de ações que visem à redução da dor e do sofrimento. Tendo em vista a visão integral de saúde, o foco da Psicologia Hospitalar é o componente psicológico do adoecimento, tendo como objetivo a minimização do sofrimento associado à hospitalização – do paciente internado, dos cuidadores/familiares e da **equipe multidisciplinar**. O **psicólogo** hospitalar pode auxiliar na elaboração do diagnóstico e tratamento, além de contribuir para o bem-estar dos **pacientes** e familiares de diversas maneiras. A atuação do **psicólogo** em **UTI** é de suma importância para fomentar um espaço humanizado, resgatando a importância da dignidade no sofrimento e o respeito à individualidade do ser humano (Vieira & Waischunng, 2018).

O **psicólogo** deve ter sua atuação voltada para investigação e análise dos quadros comportamentais e situações de risco, com intervenções que visem à criação de condições para que o paciente e os familiares mobilizem recursos internos e externos para lidarem com a situação de crise. Além disso, busca avaliar a adaptação do paciente à hospitalização, seu estado psíquico, sua compreensão diagnóstica e as repercussões emocionais associadas à internação. Deve prestar apoio psicológico aos familiares/cuidadores, facilitando a comunicação com a equipe e o esclarecimento de dúvidas (Lourenço & Henrique, 2018).

Ternus e Wollmann (2021) destacam a importância de práticas simples, como oferecer atenção aos familiares, realizar práticas acolhedoras – sorriso e toque, além da prática de escuta ativa para compreensão das necessidades de cada indivíduo. Também discorrem sobre a importância da criação de um ambiente mais humanizado pela inclusão de música, flexibilizando os horários de visita dos familiares, garantindo uma comunicação adequada e implementando uma gestão mais democrática. É de suma importância que o profissional busque atender às demandas dos **pacientes** e de seus familiares, considerando e compreendendo os sofrimentos físicos, psíquicos, sociais e espirituais que possam estar presentes.

A internação em **UTI** ainda remete a sofrimento, morte e falta de humanismo, e é um espaço em que muitas questões relacionadas à elaboração da finitude estão presentes; além disso, também um ambiente desafiador para os familiares, que podem apresentar sintomas como depressão, ansiedade, distúrbios de sono e do apetite, isolamento social e afetivo, sentimentos de medo, culpa e raiva. A iminência de morte do paciente pode gerar sentimentos de angústia, medo e tristeza aos familiares. Ressalta-se que as reações perante a iminência de morte e a própria morte dependem de inúmeros fatores como personalidade, religião, suporte social e familiar (Monteiro et al., 2017).

A **família** é compreendida como unidade social de proximidade, diretamente ligada ao paciente por meio do afeto, independentemente de laços legais ou de consanguinidade. A hospitalização de um familiar pode desencadear uma crise e/ou levar à desestruturação familiar, pois, além de sofrer o impacto pela doença de um de seus entes queridos, o indivíduo necessita assegurar o cumprimento das tarefas e das necessidades do membro doente (Ferreira & Mendes, 2013).

De acordo com Souza et al. (2022), a síndrome familiar pós-cuidados intensivos (PICS-F, do inglês *postintensive care syndrome-family*) refere-se a um conjunto de transtornos psíquicos que podem afetar os familiares de **pacientes** internados em **UTIs**. Esses transtornos incluem ansiedade, depressão e transtorno de estresse pós-traumático, que podem surgir durante a hospitalização e persistir por até 12 meses após a alta do paciente. Os efeitos da PICS-F sobre os familiares podem ser significativos e debilitantes, tendo em vista que a experiência de hospitalização de um ente em estado crítico pode gerar um alto nível de estresse emocional e sentimento de impotência, medo e ansiedade.

Ainda, segundo os mesmos autores, a depressão é um dos componentes mais incapacitantes da PICS-F, com prevalências que podem chegar a 90% entre os familiares, embora essa taxa possa diminuir de 5 a 36%, após 6 meses de alta da **UTI**. Outros fatores que podem influenciar a gravidade dos sintomas de PICS-F são: severidade da doença, idade e sexo do familiar e presença de condições clínicas prévias como história de ansiedade e depressão.

O processo de luto antecipatório é um recurso comumente utilizado pelos familiares de pacientes em **UTI** – permite que eles processem seus sentimentos e se despeçam do ente querido antes da morte, reduzindo os impactos emocionais e facilitando o processo de luto. Cabe ao **psicólogo**, diante dessa situação: auxiliar o fornecimento de informações acerca do processo de luto antecipatório – compreensão da vivência da internação, oferecer suporte emocional – ajudando-os a lidar com seus sentimentos e a encontrar formas saudáveis de expressá-los; facilitar a comunicação com a equipe, garantindo que as necessidades dos **pacientes** e dos familiares sejam atendidas; promover o autocuidado – ajudando-os a encontrar maneiras de cuidarem de si mesmos durante o processo de luto antecipatório; preparar para o luto pós-morte por meio de informações e suporte emocional (Monteiro et al., 2017).

DESCRIÇÃO E ATUAÇÃO DO SERVIÇO DE PSICOLOGIA EM UMA UNIDADE DE TERAPIA INTENSIVA

No que se refere à atuação diária do psicólogo na **UTI-A**, apresentam-se a seguir ações realizadas pelo serviço de psicologia de um hospital do interior de São Paulo:

1. Preenchimento do mapa psicológico com as seguintes informações: nome, idade, hipótese diagnóstica, data de internação na **UTI**, convênio. A coleta dos dados está disponível nos *kanbans* encontrados na unidade – painéis com informações sobre ocupação dos leitos, auxiliando na gestão e no fornecimento de ferramentas para adoção de medidas adequadas para cada caso.
2. Após preenchimento das informações, realiza-se triagem dos pacientes a partir de critérios de atendimento com base em: idade – inferior a 40 anos; hipótese diagnóstica – como morte encefálica, cuidados paliativos, tentativa de autoextermínio, politrauma, entre outros; e solicitação de membro da equipe.

3. Leitura do prontuário eletrônico dos **pacientes** priorizados para o dia.
4. Realiza-se breve passagem pelo leito, com nova triagem dos **pacientes** pela condição respiratória – em intubação orotraqueal (IOT), traqueostomia (TQT), processo de desmame ventilatório. Pacientes em processos ventilatórios que não estejam em condição no momento para avaliação, as famílias serão atendidas no período de visitas. Segundo Arruda e Branco (2021), o processo de comunicação é papel do **psicólogo**, o qual aproxima modelos de comunicação ao familiar, podendo ser: gestual, escrito, leitura labial e ferramentas tecnológicas, por exemplo, o Colibri (*mouse* de cabeça) – a tecnologia Colibri refere-se ao *mouse* que capta os movimentos da cabeça e controla o sensor, podendo ser utilizado em celulares, *tablets* (TiX Tecnologia Assistiva, n.d.). A última ferramenta, no hospital referenciado, é utilizada com a presença da terapia ocupacional. Todos os manejos descritos são propostos após avaliação do paciente.
5. Avaliação psicológica realizada à beira leito. Aproximação de questionamentos referentes a identificação do paciente, história de adoecimento, adesão aos tratamentos, internações prévias e avaliação das funções mentais – como atenção, memória, orientação, nível de consciência, linguagem, afeto, além do repertório de enfrentamento em situações de crise, história psíquica e respostas emocionais apresentadas na internação atual.
6. Após avaliação psicológica, classifica-se o processo de avaliação dentro dos quatro níveis de complexidade: alto risco, médio risco, baixo risco e sem demanda emocional. A partir da classificação de risco, o dado evidenciado mostrará o número de retornos ao paciente durante a semana. Após o atendimento psicológico, desenvolve-se um projeto terapêutico, o qual refere-se às condutas escolhidas pelo psicólogo após a avaliação dos déficits e dos excessos comportamentais apresentados pelo paciente em face do adoecimento e da hospitalização. Ressaltam-se alguns exemplos de projeto terapêutico: ampliar repertório comportamental do paciente perante a hospitalização para melhor adesão; fortalecer os vínculos com equipe, seja por parte do paciente ou **família**; e acompanhar a equipe durante o boletim médico com familiares.
7. Por fim, realiza-se o preenchimento de documentos no prontuário eletrônico: ficha de avaliação psicológica, prescrição de procedimentos realizados, evolução psicológica, planilhas para alimentação de indicadores, entre outros.

Além do processo de avaliação, destacam-se as seguintes ações do serviço de psicologia: visita estendida; visita multidisciplinar; visita de menores; momento musical e outros eventos realizados em **UTI-A**; projeto biografia; manejos virtuais (avaliação e acompanhamento psicológico *on-line* com familiares).

A visita estendida refere-se a um manejo da equipe multiprofissional que auxilia no processo de adaptação e ajustamento das famílias e do paciente, por meio da aproximação sucessiva para viabilizar a presença de um acompanhante em tempo integral na unidade. Os pacientes elegíveis para o manejo apresentam nível de consciência preservado e, durante processo de avaliação psicológica, apresentam repercussão emocional importante relacionada à internação, ao isolamento e ao afastamento social. Os familiares também são acompanhados pelo serviço de psicologia. A promoção dos manejos citados tem o objetivo de beneficiar a recuperação/reabilitação do paciente no contexto da **UTI-A**.

Ressalta-se que **pacientes** menores de 18 anos e maiores de 60 anos têm o direito garantido de permanecer com acompanhantes. A visita estendida e a presença de acompanhante em tempo integral na unidade visam à aproximação da **família** nos cuidados com o paciente, visto que o paciente em processo de alta da unidade pode apresentar sequelas no processo de adoecimento. Ademais, essas condutas dentro da **UTI** contribuem para a criação de um espaço humanizado.

Em datas comemorativas como Natal, Ano-Novo e aniversários, as famílias são convidadas a permanecer na unidade ao lado do paciente, criando um ambiente de acolhimento e proximidade. A decisão sobre a permanência é sempre tomada de forma compartilhada, com a participação ativa da equipe multidisciplinar e do paciente.

A visita multidisciplinar é um processo em que diariamente, em horário predeterminado, a equipe multiprofissional reúne-se à beira leito ou em ambiente destinado com o objetivo de discutir todos os **pacientes** internados. O responsável pela mediação nos encontros é o médico horizontal – função de supervisionar e planejar o plano terapêutico de cada paciente internado na **UTI**. Esse é um momento em que todos os saberes dos profissionais envolvidos podem ser expressos, visando ao cuidado integral ao paciente.

Em um hospital do interior de São Paulo, desde 2001 realiza-se visita de menores de 12 anos à **UTI-A**. O acolhimento ao menor sempre fez parte da atuação do **psicólogo** na unidade; de alguns anos atrás até julho de 2024, aprimoramentos no manejo foram realizados. O processo de visitas de menores deve considerar, no momento em que a solicitação foi evidenciada, na tentativa de controlar estímulos aversivos, alguns pontos. Na questão ambiental, devem-se verificar número de dispositivos, locomoção pelo ambiente, paciente em precaução de contato, gotículas, aerossóis, demais **pacientes** no ambiente. Dentro dos aspectos físico-visuais, devem-se verificar edemas, hematomas, nível de consciência, acessos, TQT, IOT, sonda, dreno.

É importante compreender se o desejo é da **família** ou da criança. Sendo da criança, os pais ou responsáveis pelo menor são avaliados pela psicologia nos seguintes marcadores: apresentam conhecimento e compreensão do quadro, repertório de acolhimento ao menor, são figuras de apoio durante a visita e após visita, o que descrevem para criança sobre a hospitalização do paciente.

Após o momento com os responsáveis, a criança é acolhida na antessala da **UTI**. Com relação ao repertório avaliado, os marcadores são: compreensão da doença, internação, se conhecem os dispositivos, relação no momento com os pais/responsáveis, relação entre paciente e menor, alterações comportamentais (choro, ausência na escola, problemas com alimentação, sono, entre outros) e, por fim, expectativas perante a visita. No contato com as crianças alguns materiais são apresentados: lápis de cor, papéis para desenho, lousa magnética e imãs ilustrados com figuras que representam **pacientes** e dispositivos encontrados em **UTI**.

Por fim, são apresentados os demais membros da equipe multiprofissional e adentra-se com a criança e o responsável à beira leito. Vale ressaltar que as visitas são realizadas em horários predefinidos pela psicologia, a fim de controlar eventos aversivos, por exemplo, a emoção de outros familiares durante o horário de visita da unidade.

O serviço de psicologia mantém processos de avaliação após a visita com familiares durante o horário de visita e, quando necessário, realiza-se o encaminhamento externo para psicoterapia. Caso a visita não seja possível, outras formas de aproximação entre o menor e o paciente podem ser realizadas pela psicologia, por exemplo, trocas de desenhos, videochamada, cartas e bilhetes. Recentemente, a Lei Ordinária n. 14.950, de 2 de agosto de 2024, dispõe sobre o direito da criança ou do adolescente de visitar a mãe ou pai internados. Caberá às instituições de saúde desenvolver o plano de ação com equipe especializada para a recepção dos menores (Lei n. 14.950, de 2024).

De acordo com a Portaria Ministerial n. 849/2017, inserida na Política de Práticas Integrativas e Complementares, a musicoterapia foi incluída como um manejo interativo, entre ambiente e paciente, buscando a promoção, prevenção e recuperação da saúde (Portaria n. 849, de 2017). Além disso, intervenções não farmacológicas, como a musicoterapia, são apontadas na redução das respostas fisiológicas, como ansiedade e estresse (Lemos et al., 2023).

Silva (2015), como citado em Lemos et al. (2023), expõe que, em **pacientes** comatosos, o uso da música diminui a prevalência de *delirium* e possibilita o desmame precoce de ventilação mecânica.

No hospital referenciado neste capítulo, são programados eventos ao longo do ano em conjunto com a equipe multiprofissional. Entre essas atividades destacam-se a criação de decorações para aniversários, Natal, e outras datas festivas, além de momentos musicais. Em datas comemorativas, materiais de artesanato são levados à unidade e, com as famílias e os pacientes, são confeccionadas decorações para o quarto/leito do paciente. A atuação inicia-se com a participação da psicologia e terapia ocupacional e, conforme a disponibilidade, outros membros da equipe são envolvidos no processo. O momento musical consiste na apresentação de um cantor ou coral que se apresenta na unidade, utilizando a música como uma ferramenta terapêutica. Pacientes conscientes e orientados têm a oportunidade de expressar suas preferências musicais, e essas solicitações são atendidas pelo músico. Mesmo os pacientes restritos ao leito podem participar, já que a equipe organiza o ambiente para facilitar a inclusão, seja por meio da sedestação ou da deambulação com o suporte necessário.

O Projeto Biografia iniciou-se durante o contexto pandêmico em meados de 2020. Tem como objetivo minimizar os impactos da hospitalização, do isolamento e do prolongamento da internação, aproximando a história do paciente durante o período de hospitalização, de maneira a oferecer um cuidado humanizado, individualizado e integral ao paciente. A metodologia utilizada é a coleta de dados de pacientes e familiares. Após coleta, confecciona-se um cartão no qual fica representada beira leito uma breve história do paciente, podendo conter fotos trazidas pela **família**. A **equipe multiprofissional** terá acesso às informações e durante atendimentos ao paciente beira leito, e poderá estimular o paciente por meio do comportamento verbal e visual.

No início da pandemia de SARS-CoV-2, implementou-se um novo manejo de avaliação e acompanhamento psicológico. A tecnologia foi priorizada dentro dos hospitais. Os telefones celulares corporativos foram implementados como ferramenta; plataformas *on-line* e telefônicas foram priorizadas para atendimentos. Atualmente, o recurso é mantido como facilitador em processos de visitas e boletim médico por videochamadas quando a **família** está impossibilitada da presença física na unidade.

EQUIPE MULTIPROFISSIONAL

As **equipes multiprofissionais** são compostas de profissionais de saúde, de diferentes áreas do conhecimento e categorias profissionais. A integração desses especialistas é fundamental para proporcionar atendimento integral, qualificado e humanizado aos **pacientes** internados em **UTIs**, sendo essa colaboração essencial para a resolução de problemas complexos de saúde que não podem ser tratados de forma isolada por um único profissional.

A **equipe multiprofissional** em **UTI** deverá ser composta de médico coordenador, médico diarista, médico plantonista, enfermeiro coordenador, enfermeiro assistencial, fisioterapeuta, técnico de enfermagem, auxiliar administrativo e funcionário responsável pelo serviço de limpeza. Além disso, deve fornecer assistência psicológica, farmacêutica, nutricional, fonoaudióloga, de assistência social e de terapia ocupacional (Lourenço & Henrique, 2018).

A colaboração multidisciplinar é de extrema importância para proporcionar um plano de cuidados integral e coordenado. Assim, os médicos desempenham papel central na coordenação dos esforços da equipe, direcionando o tratamento e estabelecendo metas realistas para a reabilitação (Chagas et al., 2024). Além disso, têm por objetivo avaliar clinicamente o paciente, analisar e prescrever exames, atender urgências e emergências, avaliar e tomar decisões junto à equipe (Lourenço & Henrique, 2018).

A equipe de enfermagem na **UTI** desempenha diversas funções essenciais para a qualidade da assistência prestada. Entre essas funções destacam-se os cuidados diretos ao paciente, que envolvem o monitoramento contínuo dos sinais vitais, a administração de medicamentos e a execução de cuidados de higiene e troca de curativos, além de intervenções necessárias para manter a estabilidade dos **pacientes** em estado crítico. Ademais, os enfermeiros gerenciam a assistência, organizando e coordenando as atividades da equipe de enfermagem para garantir a eficácia e a segurança dos **pacientes** (Camelo, 2012).

O fisioterapeuta em **equipe multiprofissional** desempenha funções essenciais para a recuperação dos **pacientes**, incluindo a realização de cinesioterapia respiratória e motora para melhora na capacidade funcional dos **pacientes**, a manutenção das vias aéreas desobstruídas para facilitar a respiração espontânea; e a prevenção de complicações respiratórias e circulatórias. Além disso, oferece suporte à ventilação mecânica, ajustando técnicas para otimização das trocas gasosas. As intervenções envolvem técnicas de prevenção como posicionamento no leito, estímulo à independência para atividades funcionais, estímulo à deambulação (Nascimento et al., 2020).

O nutricionista é o profissional capacitado e responsável pela indicação e prescrição dietética, adequada e balanceada, em todas as formas e vias da terapia nutricional (TN) ao paciente – permite a correção de déficits metabólicos e compensação do estado de hipercatabolismo (resposta de fase aguda) dos **pacientes** graves. Entre as atribuições do nutricionista no contexto de **UTI** destacam-se: avaliação do estado nutricional dos **pacientes**; identificação das intercorrências relacionadas à TN; organização e operacionalização das atividades de preparo e distribuição da nutrição enteral e parenteral; e acompanhamento da evolução nutricional do paciente (Silva & Oliveira, 2016).

Os farmacêuticos em **UTI** desempenham papel fundamental no acompanhamento integral da farmacoterapia, que inclui o processo de prescrição medicamentosa, preparação, dispensação, administração e monitoramento dos medicamentos. A intervenção farmacêutica (IF) caracteriza-se pelo ato planejado, documentado e realizado em conjunto com o paciente e demais profissionais de saúde, que busca resolver ou prevenir problemas que possam impactar a eficácia e a segurança da farmacoterapia. As intervenções podem contribuir para diminuição de erros de medicação, na melhora clínica do paciente e na redução dos custos do tratamento (Fernandes, 2019).

O trabalho do **psicólogo** em equipes multiprofissionais é fundamental para definição dos objetivos e das funções de cada membro da equipe. O **psicólogo** pode contribuir para a melhoria dos processos assistenciais da equipe por meio da promoção da comunicação mais efetiva entre os profissionais, auxiliando na identificação e no enfrentamento das questões emocionais e psicológicas relacionadas ao trabalho em **UTI**. A presença do **psicólogo** na **equipe multidisciplinar** pode ajudar a reduzir o estresse e a ansiedade dos profissionais, melhorando a qualidade do atendimento prestado aos **pacientes** e familiares. Ademais, o **psicólogo** organiza seu trabalho em torno da tríade paciente, **família** e equipe, gerando um fluxo comunicacional importante entre essas três instâncias (Vieira & Waischunng, 2018).

Existem poucos estudos que discorrem sobre atuação da equipe de fonoaudiologia em **UTI-A**. De acordo com Lima (2024), o fonoaudiólogo nesse contexto é responsável pela avaliação e reabilitação das funções de comunicação e deglutição dos **pacientes**. Ademais, realiza avaliações minuciosas com relação à capacidade de deglutição dos **pacientes**, buscando mitigar os riscos de broncoaspiração, implementando terapias para melhorar a segurança alimentar e eficácia da deglutição. Também, realiza o gerenciamento de traqueostomias.

A presença de terapeutas ocupacionais em **UTIs** ainda é recente e está em construção, principalmente em razão da quantidade de referenciais que não discriminam claramente a atuação desses profissionais. Tem função multifacetada e essencial para a reabilitação dos **pacientes** em estado crítico. Esse profissional atua na mobilização e reabilitação precoce, ajudando a prevenir complicações associadas à imobilidade, como fraqueza muscular e perda de funcionalidade (Bittencourt et al., 2021).

Entre as principais atribuições destaca-se o treinamento em atividades da vida diária (AVDs), que inclui atividades cotidianas como alimentação, higiene pessoal e vestuário, visando à promoção da independência do paciente. Além disso, trabalha com atividades instrumentais da vida diária (AIVDs), que envolvem tarefas mais complexas, como gerenciamento de medicamentos e planejamento de atividades. A integração na **equipe multiprofissional** é fundamental, permitindo um cuidado centrado nas necessidades do paciente, enquanto a avaliação contínua das capacidades funcionais e o monitoramento de sinais vitais durante as sessões garantem a adequação das intervenções. Por fim, o terapeuta também desempenha um papel importante na educação e no suporte às **famílias**, ajudando-as a compreender o processo de recuperação e a importância das atividades ocupacionais na reabilitação, contribuindo, assim, para melhor qualidade de vida durante e após a internação na **UTI** (Bittencourt et al., 2021).

O profissional da assistência social em **UTIs** atua na área do Serviço Social buscando viabilizar os direitos sociais do paciente e de seus familiares durante a internação hospitalar. O trabalho do assistente social fundamenta-se no reconhecimento das demandas e das necessidades dos usuários por meio de acolhimento social, entrevista social, fornecimento de informações e orientações aos envolvidos – como a comunicação de alta e orientações de óbito (Eleutério et al., 2019).

Em conclusão, o trabalho da equipe multiprofissional nas UTIs é essencial para garantir um cuidado integral e de qualidade aos pacientes críticos. No entanto, essa colaboração enfrenta desafios significativos, como a comunicação inadequada entre os membros da equipe, a resistência à mudança nas práticas estabelecidas e a sobrecarga emocional dos profissionais. Apesar dessas dificuldades, a interação entre diferentes especialidades enriquece a prática clínica e promove uma abordagem holística que considera as necessidades físicas, emocionais e sociais dos **pacientes** e de seus familiares. A comunicação eficaz e a coordenação das ações são fundamentais para a resolução de problemas complexos, resultando em um ambiente de cuidado mais coeso e humanizado. Assim, a atuação conjunta dos profissionais de saúde não apenas melhora os desfechos clínicos, mas também contribui para a manutenção da qualidade de vida dos **pacientes**, refletindo a importância de um atendimento colaborativo e interdisciplinar nas **UTIs** (Silva et al., 2021).

CASO CLÍNICO

O caso clínico em questão é de um paciente internado em um hospital do interior do Estado de São Paulo. Em virtude da Lei Geral de Proteção de Dados Pessoais (LGPD), Lei n. 13.709/2018, promulgada para proteção dos direitos fundamentais de liberdade e de privacidade, e a livre formação da personalidade de cada indivíduo, alguns dados foram omitidos para preservação do paciente (Lei n. 13.709, de 2018).

O paciente (A.T.) é um indivíduo de 26 anos, do sexo masculino, casado e com dois filhos (3 meses e 4 anos); atua como mecânico. Previamente hígido, dá entrada ao pronto-socorro adulto, transferido de instituição externa, vítima de politrauma em decorrência de acidente automobilístico (moto contra carro). Em razão do rebaixamento do nível de consciência, a instituição externa optou pela intubação do paciente em cena. Em instituição hospitalar, realiza-se tomografia de crânio que identifica trauma cranioencefálico grave (TCE) – "lesão física ao tecido cerebral, que, temporária ou permanentemente, incapacita a função cerebral" (Mao, 2023). A.T. foi encaminhado com urgência para o centro cirúrgico, onde foi realizado procedimento de craniectomia descompressiva em decorrência de hematoma subdural agudo secundário ao acidente.

A craniectomia descompressiva é um procedimento cirúrgico que consiste na remoção de um fragmento ósseo para acessar a dura-máter, com o objetivo de aliviar a pressão intracraniana (PIC) e reduzir os efeitos prejudiciais do edema cerebral, normalmente indicada em casos de tumefação cerebral, hematoma subdural agudo (HSDA) e para doenças não traumáticas (Faleiro & Martins, 2014). Apesar de ser um procedimento extremamente necessário em casos de TCE grave, apresenta diversos riscos, como de infecção, que podem levar a complicações, como meningite e abscessos, hemorragias, danos neurológicos e hidrocefalia – visto que a remoção do fragmento ósseo pode afetar o fluxo de líquido cefalorraquidiano.

O procedimento foi realizado pela equipe médica da neurocirurgia e ocorreu sem intercorrências. Após realização do procedimento cirúrgico, o paciente adentra a **UTI-A**, inicialmente instável hemodinamicamente, em uso de ventilação mecânica, com necessidade de sonda vesical de demora (eliminação da urina) e dieta enteral (alimentação oferecida por sonda). Também, para seu monitoramento contínuo e tratamento, necessitou de monitor multiparâmetros, bombas de infusão com fármacos vasoativos e demais medicações necessárias.

Destaca-se que esses equipamentos são comumente encontrados em **UTIs**, como descrito no início do capítulo.

Após 2 dias, A.T. manteve-se grave, porém estável hemodinamicamente – funções cardiovasculares adequadas (como pressão arterial, frequência cardíaca e respiratória, saturação de oxigênio) e sem sinais de instabilidade, necessitando de medidas intensivas para **pacientes** neurocríticos – atenção ao PIC. Após 15 dias, foi submetido ao procedimento de traqueostomia, não sendo mais necessário suporte ventilatório. Destaca-se que, em virtude da gravidade do caso clínico, o paciente passou por diversos procedimentos e exames durante a internação.

Foi iniciado processo de avaliação psicológica, explorando a estrutura familiar, saúde pregressa e atual, história psíquica do paciente e a maneira como a **família** estava lidando com a hospitalização. A psicóloga avaliou os repertórios de enfrentamento, o planejamento para visitas e o acompanhamento médico.

Durante os 28 dias de internação, a psicologia ofereceu suporte contínuo para a expressão de respostas emocionais e auxiliou na busca de repertórios de enfrentamento. As mediações com equipe multiprofissional auxiliaram no processo de comunicação com a **família**. Além disso, a estimulação verbal, gestual, física, foram estratégias importantes para o processo de comunicação e para reforçar a presença ao lado do paciente.

Como mencionado anteriormente, a equipe de enfermagem desempenha um papel crucial no cuidado do paciente internado. Nesse caso, a equipe foi responsável pela vigilância contínua dos parâmetros hemodinâmicos, neurológicos e respiratórios. Além disso, monitorou sinais de infecção, alterações laboratoriais e garantiu o posicionamento adequado do paciente no leito. Também realizou avaliações regulares do nível de consciência e cuidados específicos com os drenos.

Após cerca de 24 horas da retirada da ventilação mecânica, o paciente foi avaliado pela equipe de fonoaudiologia, visto que se manteve traqueostomizado. A intervenção fonoaudiológica, durante a internação, objetivou avaliar as condições de alimentação segura ao paciente e acompanhamento para desmame seguro de traqueostomia. Ademais, em avaliação inicial, a equipe evidenciou que o paciente não estava apresentando deglutição efetiva da saliva, visto que não apresentava episódios satisfatórios de deglutição, sendo necessária a aplicação de *laser* de baixa potência para modulação – nesse contexto, para minimização da produção de saliva.

Durante a internação do paciente em **UTI**, o Serviço Social foi responsável pela avaliação social dos familiares; além disso, viabilizou agendamentos de conferências familiares com a equipe médica para exposição do quadro clínico e orientou os familiares com relação ao afastamento laboral do paciente e à solicitação de benefício previdenciário por incapacidade temporária.

O paciente também foi avaliado pela equipe de terapia ocupacional, que buscou verificar seu desempenho ocupacional e das funções motoras, mentais e sensoriais. As intervenções objetivaram o monitoramento dos riscos de lesões por pressão (LPP), o posicionamento adequado no leito; e a realização de movimentações passivas para prevenção de complicações e deformidades que poderiam afetar a funcionalidade. Em razão do nível de consciência de A.T., a equipe não pôde realizar atividades terapêuticas ativas.

A equipe de fisioterapia desempenhou papel essencial no monitoramento e na prevenção de riscos ao paciente. Durante a internação, as condutas da equipe de fisioterapia foram: avaliação geral do paciente; avaliação e monitoramento dos parâmetros ventilatórios e higiene brônquica enquanto o paciente estava em uso de ventilação mecânica; aspiração de TQT e da cavidade oral; identificação dos riscos inerentes ao paciente; e prevenção de tromboembolismo venoso e agravamento das complicações ósseas e articulares em virtude da imobilização prolongada no leito.

Destaca-se que a equipe de nutrição tem papel crucial no manejo do paciente, tendo em vista a necessidade de dieta enteral do paciente. As necessidades nutricionais de A.T. foram avaliadas continuamente, ajustando a fórmula enteral e a taxa de administração.

Cerca de 28 dias depois, A.T. apresentou critérios de alta para a enfermaria, em virtude da estabilidade do quadro e de menor necessidade de monitoramento intensivo. Manteve-se assistido pela **equipe multidisciplinar**. Em decorrência de seu quadro neurocrítico, o paciente apresentou grande alteração do nível de consciência e responsividade durante a internação hospitalar. Ademais, o cuidado da **equipe multidisciplinar** ampliou-se também para a **família** do paciente; assim, o serviço de psicologia continuou buscando acolher as demandas emocionais, dando suporte emocional e realizando as orientações necessárias.

Segundo as condições clínicas do paciente, os familiares tiveram que ficar como acompanhantes em tempo integral. Esse fato modificou a configuração familiar com relação aos cuidados com o paciente; no entanto, também permitiu a visita de um número maior de acompanhantes – a visitação em leito de UTI restringia-se a dois acompanhantes. Durante esse período, a equipe buscou viabilizar treinamento familiar com relação aos cuidados com o paciente, pensando no processo de desospitalização e alta segura do paciente.

No processo de alta hospitalar, o paciente foi indicado a manter acompanhamento longitudinal com Serviço de Assistência Domiciliar (SAD) em razão da necessidade de suporte médico e de enfermagem, fisioterapêutico, fonoaudiológico, nutricional e de terapia ocupacional. O caso clínico em questão reflete a importância do trabalho integrado e coordenado da **equipe multidisciplinar** no processo de cuidado e recuperação. Desde a admissão inicial no pronto-socorro até a alta hospitalar, a colaboração e a articulação entre os diversos profissionais que compõem a **equipe multidisciplinar** foram essenciais para proporcionar um atendimento holístico e integrado, buscando restabelecer os sistemas orgânicos severamente comprometidos pelo acidente, garantindo não apenas a estabilização e a segurança do paciente, mas também oferecendo suporte emocional e orientação para a **família**.

CONCLUSÕES

Neste capítulo, exploramos a importância da atuação do **psicólogo** em equipes multidisciplinares na **UTI-A**. Abordamos desde o surgimento das **UTIs** até a caracterização do ambiente e os desafios enfrentados por **pacientes**, familiares e profissionais de saúde nesse contexto.

Destacamos a importância da **humanização** do cuidado, que visa integrar as necessidades biológicas, emocionais e sociais dos **pacientes** e seus familiares, e a necessidade de uma abordagem holística que valorize a comunicação e o acolhimento. Além disso, discutimos o papel fundamental da **equipe multidisciplinar** na **UTI**, ressaltando a importância da colaboração e da comunicação eficaz entre os profissionais para garantir um atendimento integral e de qualidade aos **pacientes**.

Por fim, apresentamos um caso clínico que ilustra a complexidade da atuação do **psicólogo** em **UTI** Adulto, demonstrando como a intervenção psicológica pode contribuir para a promoção do bem-estar e da saúde mental dos **pacientes** e seus familiares, além de auxiliar na comunicação e no suporte à **equipe multidisciplinar**. Este capítulo reforça a importância do trabalho do **psicólogo** em equipes multidisciplinares na **UTI-A** e convida o leitor a refletir sobre os desafios e as possibilidades da atuação nesse contexto, buscando sempre a **humanização** do cuidado e a promoção da saúde mental dos **pacientes** e seus familiares.

REFERÊNCIAS BIBLIOGRÁFICAS

Aguiar, L. M. M., Martins, G. S., Valduga, R., Gerez, A. P., Carmo, E. C., & Cunha, K. C. (2021). Perfil de unidades de terapia intensiva adulto no Brasil: Revisão sistemática de estudos observacionais. *Revista Brasileira de Terapia Intensiva, 33*(4), 624-634. Recuperado de https://doi.org/10.5935/0103-507X.20210088

Arruda, K. D. S. A., & Branco, A. B. A. C. (2021). Fluxograma e protocolo de intervenção psicológica em unidade de terapia intensiva: pacientes em desmame ventilatório. *Revista da Sociedade Brasileira de Psicologia Hospitalar, 24*(2), 17-32. Recuperado de https://pepsic.bvsalud.org/scielo.php?script=sci_arttext&pid=S1516-08582021000200003

Associação de Medicina Intensiva Brasileira [AMIB]. (n.d.). *História das UTIs no Brasil.* Recuperado de https://amib.org.br/historia/#:~:text=No%20final%20dos%20anos%201960,traumas%20e%20cirurgias%20de%20urg%C3%AAncia

Backes, M. T. S., Erdmann, A. L., Büscher, A., & Backes, D. S. (2012). O cuidado intensivo oferecido ao paciente no ambiente de unidade de terapia intensiva. *Escola Anna Nery*, *16*(4), 689-696. Recuperado de https://doi.org/10.1590/S1414-81452012000400007

Bastos, A. S., Beccaria, L. M., Silva, D. C., & Barbosa, T. P. (2020). Prevalence of delirium in intensive care patients and association with sedoanalgesia, severity and mortality [Prevalência de *delirium* em pacientes de terapia intensiva e associação com sedoanalgesia, gravidade e mortalidade]. *Revista Gaúcha de Enfermagem*, *41*, e20190068. Recuperado de https://doi.org/10.1590/1983-1447.2020.20190068

Bittencourt, E. S., Moreira, P. S., Paixão, G. M., & Cardoso, M. M. (2021). A atuação do terapeuta ocupacional em unidade de terapia intensiva: Uma revisão sistemática. *Cadernos Brasileiros de Terapia Ocupacional*, *29*, e2800. Recuperado de https://doi.org/10.1590/2526-8910.ctoAR2118

Camelo, S. H. H. (2012). Professional competences of nurse to work in Intensive Care Units: an integrative review [Competência profissional do enfermeiro para atuar em unidades de terapia intensiva: Uma revisão integrativa]. *Revista Latino-americana de Enfermagem*, *20*(1), 192-200. Recuperado de https://doi.org/10.1590/S0104-11692012000100025

Castro, A. S., Airboit, E. L, Ely, G. Z, Dias, C. A. M., Arboit, J., & Camponogara, S. (2019). Percepções da equipe de enfermagem acerca da humanização em terapia intensiva. *Revista Brasileira em Promoção da Saúde*, *32*. Recuperado de https://doi.org/10.5020/18061230.2019.8668

Campos, F. C. C., & Canabrava, C. M. (2020). O Brasil na UTI: Atenção hospitalar em tempos de pandemia. *Saúde em Debate*, *44*(spe4), 146-160. Recuperado de https://doi.org/10.1590/0103-11042020E409

Chagas, K. V. B. L, Correia, E. A. L., Farinha, P. R. G., & Rocha, T. S. (2024). A importância da equipe multiprofissional na reabilitação de pacientes críticos: Avaliando a colaboração entre profissionais de saúde na reabilitação de pacientes de UTI. *Brazilian Journal of Implantology and Health Sciences*, *6*(4), 174-183. Recuperado de https://doi.org/10.36557/2674-8169.2024v6n1p174-183

Conselho Regional de Medicina do Estado de São Paulo [Cremesp]. (n.d.). *Medicina intensiva e emergencial: História e evolução*. Recuperado de https://www.cremesp.org.br/?siteAcao=Jornal&id=1183#:~:text=Segundo%20o%20livro%20Medicina%20Intensiva,m%C3%A9dica%20da%20unidade%20at%C3%A9%201990

Damion, M. & Moreira, M. C. (2018). Percepção do paciente sobre sua autonomia na Unidade de Terapia Intensiva. *Contextos Clínicos*, *11*(3), 386-396. Recuperado de https://doi.org/10.4013/ctc.2018.113.09

Eleutério, A. P. S., Silva, L. J. M., & Freire, M. M. O. (2019). O trabalho do serviço social na UTI adulto enquanto estratégia de fortalecimento do projeto da reforma sanitária. *16º Congresso Brasileiro de Assistentes Sociais*. Brasília, Distrito Federal.

Faleiro, R. M., & Martins, L. R. V. (2014). Craniotomia descompressiva: Indicações e técnicas. *Revista Médica de Minas Gerais*, *24*(4), 509-514.

Favarin, S. S., & Camponogara, S. (2012). Perfil dos pacientes internados na unidade de terapia intensiva adulto de um hospital universitário. *Revista de Enfermagem da UFSM*, *2*(2). Recuperado de https://doi.org/10.5902/217976925178

Ferreira, P. D., & Mendes, T. N. (2013). Família em UTI: Importância do suporte psicológico diante da iminência de morte. *Revista da Sociedade Brasileira de Psicologia Hospitalar*, *16*(1), 88-112. Recuperado de https://doi.org/10.57167/Rev-SBPH.16.315

Fernandes, L. L. (2019). A importância do farmacêutico hospitalar juntamente com a equipe multidisciplinar na unidade de terapia intensiva (UTI). *Revista Farol*, *8*(8), 5-21.

Figueiredo, J., Fernandes, A. M. M., Santos, M. F. Prado, K. S. C., Ferreira, E. P., Fernandes, M. N. M. M., Campos, D. S., & Fernandes, C. M. M. (2023). Política nacional de humanização nas ações do acolhimento dos profissionais de saúde em unidade de terapia intensiva: *Nursing Edição Brasileira*, *26*(304), 9901-9906. Recuperado de https://doi.org/10.36489/nursing.2023v26i304p9901-9906

Gomes, A. G. A., & Carvalho, M. F. O. (2018). A perspectiva do paciente sobre a experiência de internação em UTI: Revisão integrativa de literatura. *Revista da Sociedade Brasileira de Psicologia Hospitalar*, *21*(2), 167-185. Recuperado de https://doi.org/10.57167/Rev-SBPH.21.295

Lei n. 13.709, de 14 de agosto de 2018. Recuperado de https://www.planalto.gov.br/ccivil_03/_ato2015-2018/2018/lei/l13709.htm

Lei n. 14.950, de 2 de agosto de 2024. Recuperado de https://www2.camara.leg.br/legin/fed/lei/2024/lei-14950-2-agosto-2024-796025-norma-pl.html

Lemos, F. A., Campos, C. C., Oliviere, K. T. d. S., Dorta, M. A. O., Souza, W. A., Alves, M. C., Malaquias Junior, J., & Rocha, C. M. N. (2023). Uso da música como ferramenta de intervenção para conforto em pacientes internados em unidade de terapia intensiva adulto: um olhar da equipe multiprofissional. *Research, Society and Development*, *12*(3), e5112340463. Recuperado de https://doi.org/10.33448/rsd-v12i3.40463

Lima, Z. R. A. A. (2024). *Percepção de profissionais de saúde sobre a presença da fonoaudiologia no processo de decanulação em um hospital terciário do Distrito Federal* (Dissertação de Mestrado). Universidade de Brasília, Brasília, DF. Recuperado de http://icts.unb.br/jspui/handle/10482/47542

Lourenço, C. B., & Henrique, T. C. (2018). O psicólogo na unidade de terapia intensiva adulto em equipe multiprofissional. In M. N Baptista, R R. Dias, & A. S. D. Baptista. *Psicologia hospitalar – Teoria, aplicações e casos clínicos* (3a ed.). Rio de Janeiro: Guanabara Koogan.

Mao G. [MANUAL MSD] (2023). *Trauma Cranioencefálico*. Recuperado de https://www.msdmanuals.com/pt-br/profissional/les%C3%B5es-intoxica%C3%A7%C3%A3o/trauma-cranioencef%C3%A1lico-tce/trauma-cranioencef%C3%A1lico-tce

Ministério do Esporte (2021, Abril 30). *Conheça a LGPD*. Recuperado de https://www.gov.br/esporte/pt-br/acesso-a-informacao/lgpd/conheca-a-lgpd

Ministério da Saúde (2014). *Política nacional de humanização (PNH)*. Recuperado de https://bvsms.saude.gov.br/bvs/publicacoes/politica_nacional_humanizacao_pnh_folheto.pdf

Ministério da Saúde (2021, Dezembro 30). *Ministério da Saúde amplia número de leitos de UTI em todo o Brasil*. Recuperado de https://www.gov.br/saude/pt-br/assuntos/noticias/2021/dezembro/ministerio-da-saude-amplia-numero-de-leitos-de-uti-em-todo-o-brasil

Monteiro, M. C., Magalhães, A. S., & Machado, R. N. (2017). A morte em cena na UTI: A família diante da terminalidade. *Trends in Psychology, 25*(3), 1285-1299. Recuperado de https://doi.org/10.9788/TP2017.3-17Pt

Nascimento, A. L., Zambom, D. A., & Gresik, K. R. C. (2020). O papel do fisioterapeuta dentro da equipe multidisciplinar em unidades de terapia intensiva. In D. Soares (Org.). *Fisioterapia na saúde coletiva: Perspectivas para a prática profissional*. São Paulo: Editora Científica. Recuperado de https://doi.org/10.37885/201001806

Nogueira, C. A., Crisostomo, K. N., Souza, R. S., & Prado, J. M. (2017). A importância da psicoeducação na terapia cognitivo-comportamental: Uma revisão sistemática. *Revista das Ciências da Saúde do Oeste Baiano, 2*(1), 109-120. Recuperado de http://noar.fasb.edu.br/revista/index.php/higia/article/view/190/211

Organização Panamericana da Saúde [OPAS]. (n.d.). *Histórico da pandemia de COVID-19*. Recuperado de https://www.paho.org/pt/covid19/historico-da-pandemia-covid-19

Oliveira, E. C. N. (2002). O psicólogo na UTI: Reflexões sobre a saúde, vida e morte nossa de cada dia. *Psicologia: Ciência e Profissão, 22*(2), 30-41. Recuperado de https://doi.org/10.1590/S1414-98932002000200005

Oliveira, H. A. G., Batista, L. M., Vasconcelos, A. S., Fernandes, D. B. S., & Cavalcanti, U. D. N. T. (2020). Mudanças da atuação multiprofissional em pacientes com COVID-19 em unidades de terapia intensiva. *Health Residencies Journal, 1*(7), 32-51. Recuperado de https://doi.org/10.51723/hrj.v1i7.120

Ortiz, B. R. A., Giguer, F. F., & Grybowski, L. S. (2016). Pacientes com limitação na comunicação verbal: Prática do psicólogo na UTI. *Revista de Psicologia Hospitalar (São Paulo), 14*(2), 42-62.

Portaria n. 849, de 27 de março de 2017. Recuperado de https://bvsms.saude.gov.br/bvs/saudelegis/gm/2017/prt0849_28_03_2017.html

Portaria GM/MS n. 2.862, de 29 de dezembro de 2023. Recuperado de https://bvsms.saude.gov.br/bvs/saudelegis/gm/2023/prt2862_29_12_2023.html

Resolução n. 7, de 24 de fevereiro de 2010. Recuperado de https://bvsms.saude.gov.br/bvs/saudelegis/anvisa/2010/res0007_24_02_2010.html

Resolução n. 50, de 21 de fevereiro de 2002. Recuperado de https://bvsms.saude.gov.br/bvs/saudelegis/anvisa/2002/rdc0050_21_02_2002.html

Silva, B. C, Martins, G. S. M., Silva, M. R. L., Chaves, R. G. R., Silva, A. R. A., & Ferreira, R. K. A. (2021). A importância da equipe multiprofissional na unidade de terapia intensiva. *Facit Bussiness and Techology Journal, 1*(31). Recuperado de https://revistas.faculdadefacit.edu.br/index.php/JNT/article/view/1260/828

Silva, R. R. (2007). Psicologia e unidade de terapia intensiva. *Revista Salus, 1*(1) 39-41. Recuperado de https://revistas.unicentro.br/index.php/salus/article/view/668/779.

Silva, M. T. G., & Oliveira, M. M. (2016). A importância da terapia nutricional nas Unidades de Terapia Intensiva. *BRASPEN, 31*(4) 347-356.

Silva, J. D. S., Almeida, V. C., & Corrêa, E. A. (2023). O mundo privado na UTI: Análise da internação de pacientes oncológicos. *Psicologia: Ciência e Profissão, 43*, e255152. Recuperado de https://doi.org/10.1590/1982-3703003255152

Souza, C. A. M, Maciel, S. M., Fernandes, O. S., Siqueira, L. S., & Monari, F. F. (2019). Humanized care in the context of the intensive therapy unit: Nursing team comprehension [Cuidado humanizado no contexto da unidade de terapia intensiva: Compreensão da equipe de enfermagem]. *Revista de Enfermagem UFPI, 9*. Recuperado de https://doi.org/10.26694/reufpi.v9i0.10047

Souza, L. M., Freitas, K. S., Silva Filho, A. M., Teixeira, J. R. B., Souza, G. S. S., Fontoura, E. G., Coifman, A. H. M., & Portela, P. P. (2022). Prevalência e fatores associados a sintomas de depressão em familiares de pessoas hospitalizadas em unidade de terapia intensiva. *Revista Brasileira de Terapia Intensiva, 34*(4), 499-506. Recuperado de https://doi.org/10.5935/0103-507X.20220080-pt

Ternus, B. F., & Wollmann, I. (2021). Implementação da política de humanização nas unidades de terapia intensiva. *Revista da Sociedade Brasileira de Psicologia Hospitalar, 24*(2), 76-88. Recuperado de http://pepsic.bvsalud.org/scielo.php?script=sci_arttext&pid=S1516-08582021000200007&lng=pt&nrm=iso

TiX Tecnologia Assistiva. (n.d.). *Colibri: mouse para cabeça para pessoas com deficiência motora*. Recuperado de https://tix.life/tecnologia-assistiva/colibri-mouse-de-cabeca/

Venislavskyy, V. (2024). *Guerra da Crimeia (1853-1856). A Rússia e a tentativa de controlo das rotas marítimas de acesso às águas quentes* (Dissertação de Mestrado). Universidade de Lisboa, Lisboa, Portugal. Recuperado de https://repositorio.ul.pt/handle/10451/63548

Vieira, A. G., & Waischunng, C. D. (2018). A atuação do psicólogo hospitalar em unidades de terapia intensiva: A atenção prestada ao paciente, familiares e equipe, uma revisão da literatura. *Revista da Sociedade Brasileira de Psicologia Hospitalar, 21*(1), 132-153. Recuperado de https://doi.org/10.57167/Rev-SBPH.21.269

Weil, M. H., & Tang, W. (2011). From intensive care to critical care medicine: A historical perspective [Da terapia intensiva à medicina intensiva: Uma perspectiva histórica]. *American Journal of Respiratory and Critical Care Medicine, 183*, 1451-1453. Recuperado de https://doi.org/10.1164/rccm.201008-1341OE

13

Atuação Psicológica em Unidade de Terapia Intensiva Neonatal

Nichollas Martins Areco ■ Bianca Rustigueli ■ Lívia Basso Alegre

Destaques

- Incidência epidemiológica atualizada de nascimentos **prematuros** e condições desenvolvimentais associadas
- O contexto da Unidade de Terapia Intensiva Neonatal (**UTIN**) e aspectos ambientais associados a desfechos negativos nas trajetórias de desenvolvimento
- A hospitalização em Unidade de Terapia Intensiva Neonatal gerará impactos na díade mãe-bebê
- Apesar de ameaçadora, a morte está presente nesse contexto e, portanto, os cuidados paliativos contribuem com a qualidade de vida do recém-nascido e de sua família
- A avaliação e intervenção da psicologia nesse contexto voltar-se-á a múltiplas questões do desenvolvimento do recém-nascido, seus vínculos, a família e a relação com a equipe.

INTRODUÇÃO

A atuação do psicólogo em ambiente hospitalar é múltipla em suas possibilidades de contexto. Em Unidade de Terapia Intensiva Neonatal (UTIN), a importância desse profissional na equipe multiprofissional evidencia-se pelos aspectos emocionais e pelas características contextuais do nascimento **prematuro** e internação prolongada que perpassam tanto os familiares quanto os profissionais envolvidos. A partir do nascimento **prematuro**, são significativos os potenciais **riscos** ao **desenvolvimento** do bebê, fato que impacta a saúde mental parental. Neste capítulo, serão abordados o nascimento **prematuro** e a internação em **UTIN**, suas principais características e impactos associados ao desenvolvimento, bem como a saúde mental parental e vinculação inicial no contexto intensivo, isto é, na **UTIN**. A partir da apresentação desse cenário, serão discutidas as principais possibilidades de atuação do psicólogo em **UTIN**.

PREMATURIDADE COMO FATOR DE RISCO AOS DESFECHOS DESENVOLVIMENTAIS

O índice de mortes na primeira infância representa aspecto de importante consideração no que tange à saúde pública. O número global de mortes de crianças menores de 5 anos caiu entre 1990 e 2019 de 12,5 milhões para 5,2 milhões. No entanto, apesar dessa queda, o período neonatal representa o momento de maior vulnerabilidade para a sobrevivência de uma criança, e 2,4 milhões de crianças morreram no primeiro mês de vida em 2020 (Fundo das Nações Unidas para a Infância [UNICEF], 2021).

A média global de nascimentos **prematuros** (< 37 semanas) é de 11%, o que equivale a um número estimado de 15 milhões de bebês nascidos vivos (Walani, 2020). Segundo o Ministério da Saúde (2020) e a Unicef (2021), o Brasil encontra-se entre os dez países com maior prevalência de prematuridade mundial, representando aproximadamente 2% (302 mil) dos nascimentos **prematuros** no mundo.

Os últimos dados estatísticos do ano de base 2022 disponibilizados pelo Sistema Único de Saúde (SUS) mostram um índice de 11,9% de nascimentos pré-termo em um total de 2.561.922 bebês nascidos vivos. Diante desse cenário, é possível dizer que um dos principais desafios nas áreas da saúde e desenvolvimento infantil consiste no problema do nascimento **prematuro** e da morbimortalidade associada a essa condição. Ao ponto em que são vencidos os desafios da sobrevivência nessa etapa da vida, é fundamental concentrar esforços em reduzir danos e sequelas na trajetória de desenvolvimento dessa população vulnerável.

Nascer **prematuro** implica possíveis condições adversas para o desenvolvimento, que decorrem da própria condição neonatal, como: lesões cerebrais, especialmente as hemorragias peri-intraventriculares, as que mais acometem o sistema nervoso central (Wu et al., 2020); paralisia cerebral (Soleimani et al., 2020); complicações respiratórias, como a broncodisplasia pulmonar (McGowan et al., 2022); complicações intestinais, como a enterocolite necrosante (Gregory et al., 2011; Savarino et al., 2021); e comprometimento neurossensorial (Chung et al., 2020; Hills & Hardy, 2023).

Além disso, quanto maior o risco clínico neonatal do recém-nascido nas primeiras horas de vida, maior será o risco para mortalidade e morbidade (Soleimani et al., 2020). As trajetórias de desenvolvimento de crianças nascidas pré-termo têm sido amplamente estudadas, indicando predisposição para problemas nos indicadores globais de neurodesenvolvimento (Rodrigues et al., 2021), como atraso no desenvolvimento motor (Filippa et al., 2019), problemas na área cognitiva (McGowan et al., 2022; Nobre et al., 2019) e dificuldades comportamentais e emocionais (Cassiano et al., 2019). Esses problemas de desenvolvimento foram verificados tanto na infância (Leroux et al., 2013; Lobo & Galloway, 2013; Poulsen et al., 2013; Quigley et al., 2012) como na adolescência (Schneider et al., 2014) e na fase adulta (Husby et al., 2013).

DESENVOLVIMENTO DO PREMATURO NA UNIDADE DE TERAPIA INTENSIVA NEONATAL E IMPACTOS ASSOCIADOS

Tendo em vista que o primeiro contexto de desenvolvimento de um recém-nascido **prematuro** é o contexto intensivo hospitalar, é possível entender que são múltiplos os desafios para sua sobrevivência. Em virtude da insuficiência do amadurecimento de seu organismo, o **prematuro** necessita de cuidados específicos e intensivos para manutenção de sua sobrevivência fora do meio intrauterino. O recém-nascido pré-termo representa a principal população atendida nas **UTINs** e, em razão do número expressivo de nascimentos **prematuros**, há cada vez mais avanços na área da neonatologia, o que permite o aumento do sucesso da sobrevivência dessa população em risco para problemas de saúde e desenvolvimento. As mudanças foram significativas e impactantes, tanto com relação ao manejo na unidade de cuidado quanto às taxas de sobrevivência neonatal (Chung et al. 2020; Soleimani et al., 2020).

Ao mesmo tempo que a **UTIN** se caracteriza como um ambiente de cuidado e proteção dessa população, contém inúmeros fatores de risco para o desenvolvimento dos **prematuros**, relacionados tanto aos procedimentos necessários, que são potenciais provocadores de dor, estresse e desconforto, quanto ao ambiente caótico (Linhares & Gaspardo, 2017). Os cuidados médicos e de enfermagem oferecidos aos **prematuros**, especialmente os de muito baixo peso ao nascer, incluem procedimentos invasivos e dolorosos. Essas intervenções acontecem em um ambiente de estresse constante e podem resultar em danos ao sistema nervoso ainda em desenvolvimento desses recém-nascidos. Além disso, esses cuidados podem causar impactos nos indicadores de desenvolvimento global ao longo da vida do **prematuro** (Soleimani et al., 2020).

O ambiente da **UTIN** pode desequilibrar facilmente as funções fisiológicas e comportamentais do recém-nascido em virtude da exposição frequente à dor e ao estresse. Interrupções no sono, variações de temperatura e ruídos constantes podem contribuir para isso. Como os recém-nascidos dependem mais da percepção sonora do que da visual, barulhos excessivos interferem no sono profundo, importante para as funções cerebrais, levando à irritabilidade e ao choro, além de prejudicar a audição. A irritabilidade pode levar à instabilidade fisiológica, aumentando a pressão arterial, a frequência cardíaca e o risco de hemorragias. A luz excessiva também pode afetar negativamente o crescimento e o desenvolvimento, especialmente dos **prematuros**, causando alterações bioquímicas e fisiológicas, e danos à retina, como retinopatia da prematuridade. Além disso, os procedimentos invasivos e dolorosos realizados várias vezes ao dia na **UTIN** são prejudiciais ao desenvolvimento dos recém-nascidos **prematuros** (Dokkum et al., 2022; McPherson et al., 2020; Novac et al., 2022).

Diante do exposto, pode-se afirmar que bebês **prematuros** hospitalizados estão expostos a situações que podem desencadear respostas de estresse tóxico em seus organismos. O estresse tóxico caracteriza-se por ativação forte, frequente ou prolongada do organismo em resposta a estímulos estressores, especialmente na ausência de estratégias de cuidados desenvolvimentais. Essa forma de estresse pode resultar na resposta mais prejudicial que o organismo pode experimentar diante do estresse (Branco & Linhares, 2018).

De acordo com revisão de literatura realizada por Branco e Linhares (2018), o estresse tóxico pode influenciar o desenvolvimento em várias dimensões, desde o período intrauterino, afetando tanto o desenvolvimento biológico quanto o psicológico, e provocando alterações na estrutura e no funcionamento cerebral. Portanto, é crucial identificar e lidar com os indicadores de estresse durante a fase neonatal. Isso pode ser feito por meio de estratégias ambientais que promovam a regulação biocomportamental do recém-nascido, visando minimizar os impactos negativos em sua trajetória de desenvolvimento.

Dessa maneira, as estratégias de proteção e cuidado ao desenvolvimento no ambiente da **UTIN** tornaram-se indispensáveis para essa população de risco, visando mitigar desfechos desenvolvimentais negativos. Essas estratégias têm como objetivo primordial otimizar o cuidado intensivo, com foco na proteção do neurodesenvolvimento dos bebês **prematuros**. Um importante estudo de revisão sistemática de literatura (Coughlin et al., 2009) objetivou identificar as principais medidas baseadas em evidências relacionadas ao cuidado desenvolvimental em ambiente de terapia intensiva neonatal, identificando:

- Proteção do sono do recém-nascido
- Avaliação e manejo da dor e do estresse ambiental
- Cuidado ao desenvolvimento nos procedimentos de enfermagem, como posicionamento, alimentação e contato pele a pele
- Cuidado centrado na família
- Cuidados ao desenvolvimento no ambiente da UTIN, como luz e som, equipe de saúde treinada em desenvolvimento e protocolos de proteção.

Desse modo, o cuidado ao desenvolvimento na **UTIN** envolve mudanças estruturais e na prestação de serviços médicos, como estabelecimento de protocolos para intervenções medicamentosas e não farmacológicas no manejo da dor, técnicas de posicionamento do recém-nascido, práticas de alimentação oral, incentivo à participação familiar no cuidado e adaptações no ambiente físico da **UTIN**. Essas medidas têm o propósito de reduzir o estresse ambiental e promover a autorregulação dos recém-nascidos hospitalizados nesse ambiente (Lipner & Huron, 2018).

Revisão sistemática realizada por Gómez-Cantarino et al. (2020) investigou o impacto da participação da família no cuidado ao desenvolvimento na **UTIN**, revelando que os pais experimentam menor nível de estresse quando estão mais envolvidos nos cuidados aos **prematuros** na unidade. Embora o encorajamento aos pais no envolvimento na rotina de assistência do recém-nascido **prematuro seja um desafio para os profissionais de saúde**, essa abordagem é fundamental para o cuidado centrado na família. O treinamento dos pais e sua inclusão nessa rotina promovem a autonomia e a adaptação ao contexto, bem como favorecem estratégias de enfrentamento adaptativas.

A SAÚDE MENTAL MATERNA E A VINCULAÇÃO INICIAL ENTRE A DÍADE MÃE-BEBÊ EM CONTEXTO INTENSIVO

Durante a gravidez, muitas mães idealizam o nascimento de seus filhos, esperando que tudo ocorra conforme o planejado, com a expectativa de levar um bebê saudável para casa. Os 9 meses de gestação são fundamentais não apenas para o desenvolvimento do bebê, mas também para o ajuste psicológico da mulher à maternidade, bem como para a formação das ideias e expectativas com relação ao futuro filho (Stefana & Lavelli, 2016). Quando esse processo é interrompido abruptamente por um nascimento prematuro, a situação é frequentemente percebida como um evento estressante, inesperado e potencialmente traumático, uma vez que a imagem idealizada de um bebê saudável choca com a realidade de um bebê frágil (Trumello et al., 2018). Assim, mulheres que vivenciam o parto **prematuro** têm maior risco de desenvolver sintomas de ansiedade, depressão e, em casos mais graves, transtorno de estresse pós-traumático (TEPT) (Harris et al., 2018; Lotterman et al., 2019; Bonacquisti et al., 2020).

Sintomas de ansiedade e depressão podem manifestar-se durante a gestação, sendo a ansiedade mais comum no período gestacional (Schiavo et al., 2018) e a depressão, no pós-parto (Stewart & Vigod, 2019). Todas as gestantes podem apresentar esses sintomas, mas eles tendem a ser significativamente mais intensos em casos de parto **prematuro** (Pace et al., 2016), em que o risco de desenvolver esses quadros aumenta proporcionalmente ao grau de prematuridade do bebê. Esse aumento está relacionado à percepção da fragilidade do recém-nascido e ao medo constante pela sua vida, em um contexto no qual os pais têm pouca margem de ação, predominando o sentimento de impotência (Trumello et al., 2018). Em muitos casos, esses sintomas podem persistir mesmo após a alta dos bebês da **UTIN**, embora a presença de uma boa rede de apoio e suporte social possa ajudar a mitigar esses **riscos** (Bonanno, 2019; Bonacquisti et al., 2020).

Após o parto prematuro, as mães frequentemente experimentam sentimentos de afastamento com relação aos seus filhos, vivenciando sensações de inadequação materna, perda do papel parental e, temporariamente, sensação de abandono (Spinelli et al., 2016). Além disso, pode surgir sentimento de culpa por não terem conseguido levar a gravidez até o fim ou por não conseguirem atender às necessidades de seus bebês após o nascimento, em virtude da necessidade de recuperação na UTIN (Trumello et al., 2018). A internação prolongada pode impactar profundamente o vínculo entre pais e bebês. Essa conexão, que envolve aspectos emocionais, comportamentais e cognitivos, é crucial para o **desenvolvimento** emocional e social da criança, e sua qualidade pode influenciar positivamente o **desenvolvimento** cognitivo. A formação desse laço começa com a concepção e se fortalece ao longo da gestação e após o nascimento, por meio do toque físico e de práticas como o contato pele a pele (Radoš et al., 2023). No entanto, a separação física, o ambiente hospitalar altamente técnico, as limitações nas interações iniciais e os desafios à saúde mental materna podem dificultar esse processo (Santos & Teixeira, 2017).

A experiência na **UTIN** pode ser um obstáculo para os pais, inibindo recursos internos essenciais para o estabelecimento do vínculo com o bebê e para o **desenvolvimento** dos papéis parentais. A hospitalização também pode ser emocionalmente desgastante e um fator de risco para o **desenvolvimento** psicológico, cognitivo e emocional da criança. Nesse contexto, os psicólogos desempenham um papel crucial ao ajudar os pais a enfrentarem a situação e a estabelecer uma conexão emocional com o bebê.

CUIDADOS PALIATIVOS E MORTE NA UNIDADE DE TRATAMENTO INTENSIVO NEONATAL

É mister apontar que, no complexo universo que o recém-nascido e seus familiares estão imersos a partir da internação em uma UTIN, um dos elementos mais presentes e mais difíceis de se relacionar é a factibilidade da morte. É um momento crítico em que nascimento e morte se cruzam, emergindo experiências muito contraditórias do ponto de vista sociocultural, exigindo a intensa mobilização de recursos cognitivos e socioafetivos para a interpretação da situação, bem como em prol da adaptação e do enfrentamento do desafio de pensar no processo ativo de morte de quem acabou de nascer.

Nesse sentido, Gibeli e Ferreira (2023) apontam que essa vivência é permeada por uma avalanche de reações afetivas negativas, havendo quebra de expectativas, desesperança e sensação de abandono diante da precoce ameaça à vida.

Assim, haverá circunstâncias em que a manutenção da vida digna será limitada pela natureza, extensão, ou magnitude dos eventos orgânicos, que podem estar relacionados a constituição do bebê, eventos relacionados ao parto ou patologias e outras situações clínicas adversas. Segundo a proposta levantada por Dickson (2017), o processo de assistência em saúde deverá estar orientado pelos princípios dos cuidados paliativos em quatro situações, a saber:

- Em contextos clínicos em que as condições representarem potencial ameaça à vida, mas que ainda podem responder a tratamento curativo, mesmo que este possa não atingir seu objetivo
- Situações nas quais a morte não será um fenômeno possível de evitar; entretanto, em decorrência de tratamento constante, a vida será prolongada e será franqueada a possibilidade de usufruir de atividades típicas para a etapa do ciclo vital
- Doenças graves, progressivas e incapacitantes, sem opções de terapêuticas com objetivo curativo
- Quadros irreversíveis, de grande potencial incapacitante, que podem levar a complicações no estado de saúde, aumentando a chance de morte prematura.

Portanto, diante da admissão do jovem paciente em hospitalização na UTIN, os cuidados paliativos orientarão a assistência tanto dele, quanto de seus familiares. *A priori*, os mesmos princípios que regem essa abordagem em outras faixas etárias, também estarão presentes nesse cenário.

Contudo, em cenários em que haja diagnóstico potencialmente ameaçador da vida, a participação dos pais será crucial na construção de um projeto terapêutico e na tomada de decisões difíceis por parte da equipe, conforme Wilkinson e Bertaud (2023) ponderam. Os autores apontam ainda que o manejo farmacológico e não farmacológico da dor e outros sintomas desagradáveis precisam estar presentes ao longo de todo o itinerário de cuidado do binômio criança-família (pré-natal, sala de parto, internação hospitalar), uma vez que o sofrimento poderá ser provocado tanto pelo diagnóstico de base, quanto pelos investimentos terapêuticos propostos pela equipe.

Portanto, a proporcionalidade terapêutica estará constantemente atrelada a uma gangorra que ora penderá para a esperança que a vida do recém-nascido poderá ser recuperada e mantida com os menores prejuízos possíveis, ora inclinar-se-á para a compreensão de que a morte está presente de forma inequívoca em virtude do estreitamento da possibilidade de sobrevivência digna, o agravamento paulatino ou súbito da condição clínica da criança, somada a intenso sofrimento da criança e de seus familiares.

Em razão da dificuldade de muitos profissionais de saúde de precisarem o limite entre o foco curativo do processo de cuidado e a abordagem paliativa, Kain e Chin (2020) propõem que os cuidados nessa etapa do **desenvolvimento** devem agregar essas perspectivas de forma concomitante, havendo a progressão de uma abordagem sobre a outra conforme os sinais clínicos e comportamentais do recém-nascido. Assim, o cuidado prestado deve ser integrado e holístico desde o diagnóstico e a admissão do paciente na **UTIN**, tendo como linha mestra a oferta de qualidade por meio do controle dos sintomas e investimento em prol do conforto e da dignidade do paciente.

POSSIBILIDADES DE ATUAÇÃO DO PSICÓLOGO NO CONTEXTO INTENSIVO NEONATAL

A atuação do psicólogo com os familiares na UTIN é ampla e multifacetada. No primeiro contato com a família deve-se realizar uma avaliação psicológica abrangente, que inclui a coleta de dados de identificação dos pais ou responsáveis, além de uma análise da história psicossocial, que envolve o contexto sociocultural no qual o bebê está inserido, a linhagem familiar e as dinâmicas de relação que se estabelecem com a chegada do recém-nascido. A história clínica gestacional também deve ser investigada, levando em conta o curso da gestação, história de abortos, uso de métodos contraceptivos, cuidados pré-natais e qualquer intercorrência clínica que possa ter influenciado o nascimento **prematuro**. Ademais, é necessário prestar atenção aos aspectos subjetivos do processo gestacional, como o lugar que o bebê ocupa, as expectativas com relação ao filho e as reações emocionais diante do parto **prematuro** e da internação na **UTIN** (Thomson et al., 2023; Treyvaud et al., 2019).

A intervenção nesse contexto tem como objetivo manejar as fantasias e os medos relacionados ao adoecimento e ao prognóstico do bebê, proporcionando suporte durante situações em que o quadro de saúde é crítico, como o luto antecipatório e o processo ativo de morte. A intervenção psicológica estende-se até a preparação para a alta hospitalar, fortalecendo o vínculo dos pais com o hospital e com a equipe, garantindo que eles se sintam seguros e preparados para cuidar de seus bebês após a internação (Torres et al., 2023).

Além do atendimento individual, dentro da sua conduta e de acordo com a rotina da instituição, o psicólogo pode, em conjunto com outros profissionais ou não, ofertar e organizar grupos de apoio para os familiares que estiverem presentes na unidade. Essa intervenção tem como objetivo principal proporcionar um espaço de escuta acolhedor, no qual os pais possam compartilhar dúvidas, medos e expectativas com relação à internação de seus filhos. Esse espaço permite que os pais expressem os sentimentos vivenciados, contribuindo para o enfrentamento dos desafios emocionais associados à hospitalização do recém-nascido (Rosa & Gil, 2017). Durante os encontros, o trabalho é direcionado pelas demandas trazidas pelos próprios pais, com os temas abordados variando conforme as questões que emergirem. Os grupos funcionam como apoio para os familiares, oferecendo um ambiente de troca de vivências no qual possam encontrar conforto nas experiências compartilhadas (Souza & Pegoraro, 2017).

As ações da Psicologia também devem ser voltadas à construção de vínculo entre o bebê e a sua família. Nesse sentido, o trabalho do psicólogo, em conjunto com a equipe de saúde, é essencial para incluir, quando possível, os pais na rotina de cuidados do recém-nascido. Assim, os profissionais podem promover a presença dos responsáveis em atividades como trocar fraldas, conversar com o bebê na incubadora, dar banho, auxiliar na redução de estímulos desagradáveis e participar da alimentação. Essas intervenções são importantes para que eles se sintam mais envolvidos e capazes no cuidado diário, além de trazer para a concretude o exercício de ser mãe e pai, mesmo em um ambiente hospitalar (Gutmann et al., 2018).

O psicólogo, com a equipe, deve reforçar a importância do aleitamento materno, mesmo que por métodos alternativos, como a ordenha. O suporte emocional contínuo é importante, uma vez que o estado psicológico da mãe influencia diretamente o processo psicoafetivo do aleitamento materno. A equipe mantém-se atenta a sinais de ansiedade, medo ou depressão, que podem interferir no processo de amamentação, e o psicólogo atua para criar um ambiente favorável e de encorajamento (Passos & Palmeira, 2023).

Para incentivar o vínculo e por seus benefícios no **desenvolvimento** saudável dos bebês, o Ministério da Saúde recomenda o Método Canguru (MC) como parte da Política Nacional de Atenção Integral à Saúde da Criança (Ministério da Saúde, 2018), que visa promover um cuidado contínuo, estendendo-se da unidade hospitalar até o ambiente doméstico. O método incentiva o contato pele a pele, em que a mãe adota a posição canguru, proporcionando proximidade e carinho ao bebê. Enquanto a equipe de saúde fica responsável por realizar o posicionamento, o psicólogo atua na prestação de orientações aos pais e responsáveis dos recém-nascidos sobre os benefícios do MC para o **desenvolvimento** emocional, físico e neurológico do bebê, com o objetivo de facilitar sua adesão a essa abordagem. Além disso, fortalece os vínculos entre pais ou cuidadores e seus filhos, promovendo um vínculo seguro, à medida que se sentem mais conectados aos recém-nascidos (Souza & Pegoraro, 2017).

Em adição às intervenções da psicologia junto à equipe de saúde, o psicólogo pode facilitar a comunicação dos familiares com os profissionais e a instituição. Estudos (Campos et al, 2017; Bry & Wigert, 2019) evidenciaram que pais de bebês internados na **UTIN** expressam a necessidade de receber apoio emocional por meio de um tom empático por parte da equipe, ao passo que ressaltam a importância de uma abordagem honesta e realista, sem mascarar os problemas reais que afetam o bebê. Relata-se que, em alguns momentos, a equipe falha em atender a essa necessidade, demonstrando insensibilidade ao fato de que situações rotineiras para os profissionais podem ser extremamente estressantes e confusas para os pais, que desejam validação de suas dores, emoções e preocupações.

Diante disso, a participação do psicólogo no boletim médico demonstra grande importância para assegurar uma comunicação eficaz e humanizada entre a equipe de saúde e os familiares. O momento no qual a equipe médica transmite informações acerca do quadro clínico é nomeado boletim médico e tem como função principal informar a evolução clínica do paciente e discutir o caso com a família e a equipe multidisciplinar, visando à definição da terapêutica mais adequada (Carrias et al., 2017). No entanto, a ausência de orientação precisa e acolhimento pode gerar insegurança e medo nos familiares, especialmente em contextos de alta complexidade como a **UTIN**. A falta de informações compreensíveis e a inadequação do ambiente para o boletim (i.e., não dispor de um ambiente seguro, acolhedor, estruturado, sem interrupções) podem levar os pais a se sentirem incapazes de participar efetivamente no cuidado, resultando na hesitação em interagir fisicamente com seus filhos (Thomson et al., 2023; Treyvaud et al., 2019).

Assim, o objetivo da intervenção do psicólogo nesse processo é mediar a comunicação entre a equipe de saúde e os familiares, atuando na organização e clareza das informações, ofertando suporte emocional e garantindo que as dúvidas dos familiares sejam devidamente esclarecidas. Sua participação transforma o boletim médico em um momento que vai além da transmissão de dados clínicos, tornando-se uma oportunidade de acolhimento e apoio para as famílias (Souza & Pegoraro, 2017).

Além de trabalhar em conjunto com a equipe, o profissional da psicologia é capaz de realizar ações direcionadas à equipe, como treinamentos voltados à humanização, à comunicação com os pais e à centralização do cuidado na unidade familiar. A humanização abrange atividades mais simples, como a comemoração do "mesversário" do bebê internado, até ações que exigem compra de materiais e alteração do espaço físico visando à redução do estresse do recém-nascido (Silva et al., 2021).

Ao que tange à humanização, o psicólogo pode incentivar a criação de um diário de bebê. Manter um diário auxilia os pais a refletirem sobre as experiências cotidianas e a perceberem os pequenos progressos de seu filho, promovendo conexão emocional. Essa prática pode facilitar a comunicação e criar memórias tangíveis do **desenvolvimento** infantil, contribuindo para um vínculo familiar mais forte, e em caso de óbito neonatal, o material pode contribuir para a elaboração do luto (Leite, 2016; Santos et al., 2017).

Por fim, pensando no cuidado centrado na família, é necessário ter um olhar para os irmãos dos recém-nascidos que estão na **UTIN**. Com a chegada prematura, o irmão mais velho pode ter dificuldades em compreender por que o bebê não pode ir para casa, ou por que seus pais precisam ausentar-se frequentemente para visitar o hospital, desviando a atenção que antes era dedicada exclusivamente a ele. Desse modo, o psicólogo pode, mediante avaliação das condições de saúde e da compreensão do irmão mais velho, acompanhá-lo em visita ao bebê internado (Silva et al., 2021).

Esse processo tem como objetivo principal permitir a participação do irmão no processo de internação do recém-nascido, oferecendo um espaço de acolhimento à ansiedade e aos demais sentimentos provocados pela situação. Além disso, busca informar sobre o quadro clínico do bebê e suas necessidades de cuidados especializados, promovendo melhor compreensão do que está acontecendo. É necessário manter a continuidade dos diferentes papéis e funções dentro do sistema familiar e criar uma rede de apoio que ofereça aos irmãos suporte para a continuidade de suas rotinas diárias (Garcia, 2017).

O acolhimento começa com a recepção dos irmãos, o esclarecimento de dúvidas relativas à internação e a realização de atividades lúdicas e desenhos. Essas atividades iniciais ajudam a reduzir o estranhamento que os irmãos podem sentir ao saber que o bebê está em cuidados intensivos, permitindo que eles expressem seus sentimentos. A experiência de se tornar irmão ou irmã e não receber o bebê em casa pode ser disparadora de diversos comportamentos não adaptativos que requerem intervenções no sentido de ampliar recursos de enfrentamento (Bernardo et al, 2023). Após o momento de vinculação inicial com o irmão por meio de recursos lúdicos, em ambiente separado da **UTIN**, a criança é acompanhada até a incubadora onde o bebê está. Os irmãos podem levar os desenhos que fizeram e colocá-los pendurados na incubadora, como forma de manter aspectos psicoafetivos da relação presentes, bem como favorecer o vínculo. A equipe de psicologia facilita a comunicação da criança visitante com a equipe hospitalar, explicando o funcionamento da aparelhagem utilizada pelo bebê, respondendo às dúvidas e avaliando a necessidade de outras intervenções, permitindo que a família encontre seus próprios caminhos para vivenciar esse encontro. Ao final, são discutidas as experiências ocorridas durante a visita, permitindo que os irmãos reflitam sobre o que vivenciaram e compartilhem suas impressões.

Além disso, o psicólogo em contexto de **UTIN** depara-se com situações de acolhimento ao luto perinatal. A morte de um bebê é uma experiência por si só significativamente traumática. O aborto espontâneo, a natimortalidade e a morte neonatal levam ao luto parental, resultando em um processo complexo e eventualmente traumático. A sociedade não reconhece ou valida a perda perinatal, não havendo espaço para acolhimento. Os pais não têm seus sentimentos de luto, tristeza, vazio e desamparo socialmente validados. Os pais, as famílias e os profissionais de saúde não esperam a interrupção da gravidez ou a morte súbita de um bebê, o que torna toda situação mais difícil de lidar. O **desenvolvimento** de protocolos baseados em evidências pode impactar positivamente a saúde dos pais que sofreram perda perinatal. Há escasso ou mesmo nenhum conjunto de lembranças do bebê que morreu ou da gravidez perdida. Pensando nisso, colecionar memórias é um ponto-chave dentro das diretrizes do enfrentamento do luto perinatal (Schott & Kohner, 2016; Lakhani, 2023).

Abrir espaço para expressar os sentimentos e as percepções sobre o bebê que morreu e compartilhar memórias dele pode favorecer e confirmar a identidade parental na ausência do recém-nascido, que continua a ser fundamental apesar da falta de presença física. Outrossim, poder compartilhar essas memórias e vivências com outras pessoas com as quais mantém vínculo tem um efeito positivo na saúde mental materna após a perda. A proposta de uma caixa de lembranças vai ao encontro do fato de que itens físicos, conectados ao bebê de alguma forma, podem auxiliar na confirmação da realidade da existência daquele ser e promover conforto e enfrentamento adaptado diante do processo de luto (Salgado et al., 2021).

CONCLUSÕES

Como foi possível examinar, a atuação da Psicologia no contexto da **UTIN** levará em consideração os impactos do adoecimento e a necessidade de assistência especializada já na primeira fase de vida da criança. Isso equivale a apontar que, de forma muito prematura, tanto o recém-nascido quanto a família serão expostos a estressores ambientais, impactos pertinentes ao diagnóstico precoce, repercussões nas idealizações de vínculo e vida, potenciais alterações no curso do **desenvolvimento** típico, convivência com ambiente hospitalar e equipe de saúde, além da presença da ameaça da existência e a morte.

Portanto, a tarefa de estruturar o processo de cuidado no universo da **UTIN** deve considerar a complexidade da vivência na qual o bebê e sua família estão imersos, focando esforços para identificar pontos nevrálgicos para a adaptação e o enfrentamento dos desafios representados por essa realidade para o tripé bebê-mãe-família. Com isso, espera-se diminuir as ameaças produzidas dentro dessa experiência, auxiliando na mobilização de recursos pessoais e sociofamiliares para a proteção da criança, seja qual for seu curso de vida, e na promoção de saúde mental da mãe e de seu grupo familiar.

REFERÊNCIAS BIBLIOGRÁFICAS

Bernardo, A. F. N., Vasconcelos, A. R. L. R., Santos, I. F. C, Patrício, M. A. D. R. V., & Rocha, G. M. (2023). O papel do enfermeiro especialista no envolvimento dos irmãos perante o internamento do recém-nascido. *Revista Recien – Revista Científica de Enfermagem, 13*(41), 324-334. Recuperado de https://doi.org/10.24276/rrecien2023.13.41.324-334

Bonacquisti, A., Geller, P. A., & Patterson, C. A. (2020). Maternal depression, anxiety, stress, and maternal-infant attachment in the neonatal intensive care unit [Depressão maternal, ansiedade, estresse e o apego mãe-bebê nas unidades de terapia intensiva neonatais]. *Journal of Reproductive and Infant Psychology, 38*(3), 297-310. Recuperado de https://doi.org/10.1080/02646838.2019.1695041

Branco, M. S. S., & Linhares, M. B. M. (2018). O estresse tóxico e seu impacto no desenvolvimento na perspectiva da teoria do ecobiodesenvolvimento de Shonkoff. *Estudos de Psicologia, 35*(1), 89-98. Recuperado de https://doi.org/10.1590/1982-02752018000100009

Bry, A., & Wigert, H. (2019). Psychosocial support for parents of extremely preterm infants in neonatal intensive care: A qualitative interview study [Apoio psicossocial para pais de bebês extremamente prematuros em unidade de terapia intensiva neonatal: Um estudo qualitativo por entrevista]. *BMC Psychology, 7*(76), 1-12. Recuperado de https://doi.org/10.1186/s40359-019-0354-4

Campos, C. A. C. A., Silva, L. B., Bernardes, J. S., Soares, A. L. C., & Ferreira, S. M. S. (2017). Desafios da comunicação em unidade de terapia intensiva neonatal para profissionais e usuários. *Saúde em Debate, 41*(spe2), 165-174. Recuperado de https://doi.org/10.1590/0103-11042017S214

Carrias, F. M. S., Sousa, G. M., Pinheiro, J. D. S., Lustosa, M. A., Pereira, M. D. C. C., Guimarães, A. E. V., Cunha, V. P., & Serafim, G. M. L. (2017). Visita humanizada em uma unidade de terapia intensiva: Um olhar interdisciplinar. *Tempus–Actas de Saúde Coletiva, 11*(2), 103-112. Recuperado de https://www.tempusactas.unb.br/index.php/tempus/article/view/1966/1802

Cassiano, R, G, M., Gaspardo, C. M., & Linhares, M. B. M. (2019). Temperament moderated by neonatal factors predicted behavioral problems in childhood: A prospective longitudinal study [Temperamento moderado por fatores neonatais previu problemas comportamentais na infância: Um estudo longitudinal prospectivo]. *Early Human Development, 135*, 37-43. Recuperado de https://doi.org/10.1016/j.earlhumdev.2019.06.006

Chung, E. H., Chou, J., & Brown, K. A. (2020). Neurodevelopmental outcomes of preterm infants: a recent literature review [Resultados do neurodesenvolvimento de bebês prematuros: uma revisão recente da literatura]. *Translational Pediatrics, 9*(Suppl 1), S3-S8. Recuperado de https://doi.org/10.21037/tp.2019.09.10

Coughlin, M., Gibbins, S., & Hoath, S. (2009). Core measure for developmentally supportive care in neonatal intensive care units: Theory, precedence, and practice [Medida central para cuidados de apoio ao desenvolvimento em unidades de terapia intensiva neonatal: Teoria, precedência e prática]. *Journal of Advanced Nursing, 65*(10), 2239-2248. Recuperado de https://doi.org/10.1111/j.1365-2648.2009.05052.x

Dickson, G. (2017). *A perinatal pathway for babies with palliative care needs* [*Um caminho perinatal para bebês com necessidades de cuidados paliativos*] (2a ed.). Bristol: Together for Short Lives.

Dokkum, N. H., Kroon, M. L. A., Dijk, P. H., Kraft, K. E., Reijneveld, S. A., & Bos, A. F. (2022). Course of stress during the neonatal intensive care unit stay in preterm infants [Curso de estresse durante a internação em unidade de terapia intensiva neonatal em prematuros]. *Neonatology, 119*(1), 84-92. Recuperado de https://doi.org/10.1159/000520513

Filippa, M., Poisbeau, P., Mairesse, J., Monaci, M. G., Baud, O., Hüppi, P., Grandjean, D., & Kuhn, P. (2019). Pain, parental involvement, and oxytocin in the neonatal intensive care unit [Dor, envolvimento dos pais e ocitocina na unidade de terapia intensiva neonatal]. *Frontiers in Psychology, 10*, 1-15. Recuperado de https://doi.org/10.3389/fpsyg.2019.00715

Garcia, D. F. (2017). *Visita de irmãos dos recém-nascidos em unidade neonatal em um hospital universitário de Porto Alegre no Rio Grande do Sul* (Dissertação de Mestrado). Universidade do Vale do Rio dos Sinos, Repositório Digital da Biblioteca da Unisinos, São Leopoldo, RS, Brasil. Recuperado de https://repositorio.jesuita.org.br/handle/UNISINOS/6689

Gibeli, M. A. B. C., & Ferreira, R. S. (2023). Cuidados paliativos em neonatologia. In E. A. L. Ferreira, S. M. M. Barbosa, & S. M. O. Iglesias (Coords.). *Cuidados paliativos pediátricos* (pp. 396-404). Rio de Janeiro: Medbook.

Gómez-Cantarino, S., García-Valdivieso, I., Moncunill-Martínez, E., Yáñez-Araque, B., & Ugarte-Gurrutxaga, M. I. (2020). Developing a family-centered care model in the neonatal intensive care unit (NICU): A new vision to manage healthcare. *International Journal of Environmental Research and Public Health, 17*(19), 7197-7219. Recuperado de https://doi.org/10.3390/ijerph17197197

Gregory, K. E., DeForge, C. E., Natale, K. M., Phillips, M., & Van Marter, L. J. (2011). Necrotizing enterocolitis in the premature infant: neonatal nursing assessment, disease pathogenesis, and clinical presentation [Enterocolite necrosante no prematuro: avaliação de enfermagem neonatal, patogênese da doença e apresentação clínica]. *Advances in Neonatal Care, 11*(3), 155-166. Recuperado de https://doi.org/10.1097/anc.0b013e3182210530

Gutmann, V. L. R., Silva, C. D., Fazio, I. A., Mota, M. S., & Acosta, D. F. (2018). Cuidados com o recém-nascido: A contribuição do pai no aleitamento materno. *Revista de Ciências da Saúde, 30*(2), 21-30. Recuperado de https://doi.org/10.14295/vittalle.v30i2.7945

Harris, R., Brown, S., & Smith, J. (2018). Maternal mental health during the neonatal period: Relationships to the occupation of parenting [Saúde mental materna no período neonatal: Relações com a ocupação da parentalidade]. *Early Human Development, 120*, 31-39. Recuperado de https://doi.org/10.1016/j.earlhumdev.2018.03.009

Hills, E., & Hardy, L. (2023). O processamento sensorial e a criança pré-termo. In M. D. B. B. Méio, & D. S. Morsch (Orgs.). *Nascimento prematuro: Repercussões no desenvolvimento integral* (pp. 251-268). Rio de Janeiro: Editora Fiocruz.

Husby, I. M., Stkranes, J., Olsen, A., Brubakk, A. M., & Evensen, K. A. (2013). Motor skills at 23 years of age in young adults born preterm with very low birth weight [Habilidades motoras aos 23 anos em adultos jovens nascidos prematuros de muito baixo peso]. *Early Human Development, 89*(9), 747-754. Recuperado de https://doi.org/10.1016/j.earlhumdev.2013.05.009

Kain, V. J., & Chin, S. (2020). Conceptually redefining neonatal palliative care [Redefinindo conceitualmente os cuidados paliativos neonatais]. *Advances in Neonatal Care, 20*(3), 187-195. Recuperado de https://doi.org/10.1097/anc.0000000000000731

Lakhani, J., Mack, C., Kunyk, D., & van Manen, M. (2022). Exploring and supporting parents' stories of loss in the NICU: A narrative study. *Qualitative Health Research, 33*(14),1279-1290. Recuperado de 10.1177/10497323231201023

Leite, C. C. D. P., Souza, S. N. D. H. D., Rossetto, E. G., Pegoraro, L. G. D. O., & Jacinto, V. C. B. (2016). O diário do bebê para a mãe de prematuro: Apoiando o cuidado centrado na família. *Revista de Enfermagem UERJ*, e8664-e8664. Recuperado de http://dx.doi.org/10.12957/reuerj.2016.8664

Leroux, B. G., The Tich, S. N., Branger, B., Gascoin, G., Rouger, V., Berlie, I., Montcho, Y., Ancel, P.-Y., Rozé, J.-C., & Flamant, C. (2013). Neurological assessment of preterm infants for predicting neuromotor status at 2 years: Results from the LIFT cohort [Avaliação neurológica de bebês prematuros para prever o estado neuromotor aos 2 anos: Resultados da coorte LIFT]. *BMJ Open, 3*, Artigo e002431. Recuperado de https://doi.org/10.1136/bmjopen-2012-002431

Linhares, M. B. M., & Gaspardo, C. M. (2017). Non-pharmacological management of neonatal pain: Research and clinical practice in the neonatal intensive care unit [Manejo não farmacológico da dor neonatal: Pesquisa e prática clínica na unidade de terapia intensiva neonatal]. *Estudos de Psicologia, 34*(3), 345-354. Recuperado de https://doi.org/10.1590/1982-02752017000300003

Lipner, H. S., & Huron, R. F. (2018). Developmental and interprofessional care of the preterm infant: NICU through high-risk infant follow-up [Cuidado desenvolvimental e interprofissional do bebê prematuro: UTIN por meio do acompanhamento do bebê de alto risco]. *Pediatric Clinics of North America, 65*(1), 135-141. Recuperado de https://doi.org/10.1016/j.pcl.2017.08.026

Lobo, M. A., & Galloway, J. C. (2013). Assessment and stability of early learning abilities in preterm and full-term infants across the first two years of life [Avaliação e estabilidade das habilidades de aprendizagem precoce em bebês prematuros e a termo durante os primeiros dois anos de vida]. *Research Development Disabilities, 34*(5), 1721-1730. Recuperado de https://doi.org/10.1016/j.ridd.2013.02.010

Lotterman, J. H., Lorenz, J. M., & Bonanno, G. A. (2019). You can't take your baby home yet: A longitudinal study of psychological symptoms in mothers of infants hospitalized in the NICU [Você ainda não pode levar seu bebê para casa: Um estudo longitudinal sobre sintomas psicológicos em mães de bebês internados em UTIN]. *Journal of Clinical Psychology in Medical Settings, 26*, 116-122. Recuperado de https://doi.org/10.1007/s10880-018-9570-y

McGowan, E. C., Hofheimer, J. A., O'Shea, T. M., Kilbride, H., Carter, B. S., Check, J., Helderman, J., Neal, C. R., Pastyrnak, S., Smith, L. M., Camerota, M., Dansereau, L. M., Grotta, S. A. D., & Lester, B. M. (2022). Analysis of neonatal neurobehavior and developmental outcomes among preterm infants [Análise do neurocomportamento neonatal e resultados de desenvolvimento entre bebês prematuros]. *JAMA Network Open, 5*(7), Artigo e2222249. Recuperado de https://doi.org/10.1001/jamanetworkopen.2022.22249

McPherson, C., Miller, S.P., El-Dib, M., Massaro, A. N., & Inder, T. E. (2020). The influence of pain, agitation, and their management on the immature brain [A influência da dor, agitação e seu manejo no cérebro imaturo]. *Pediatric Research, 88*, 168-175. Recuperado de http//doi: 10.1038/s41390-019-0744-6

Ministério da Saúde (2018). *Política nacional de atenção integral à saúde da criança: Orientações para implementação*. Recuperado de https://portaldeboaspraticas.iff.fiocruz.br/wp-content/uploads/2018/07/Pol%C3%ADtica-Nacional-de-Aten%C3%A7%C3%A3o-Integral-%C3%A0-Sa%C3%BAde-da-Crian%C3%A7a-PNAISC-Vers%C3%A3o-Eletr%C3%B4nica.pdf

Ministério da Saúde, DATASUS (2018). *Cadernos de Informação de Saúde*. Recuperado de http://tabnet.datasus.gov.br/tabdata/cadernos/cadernosmap.htm#cadernos

Ministério da Saúde. DATASUS (2020). *Cadernos de Informação de Saúde*. Recuperado de http://tabnet.datasus.gov.br/tabdata/cadernos/cadernosmap. htm#cadernos

Ministério da Saúde. DATASUS (2022). *Cadernos de Informação de Saúde*. Recuperado de https://datasus.saude.gov.br/informacoes-de-saude-tabnet/Radoš, S. N., Hairston, I., & Handelzalts, J. E. (2023). The concept analysis of parent-infant bonding during pregnancy and infancy: A systematic review and meta-synthesis. *Journal of Reproductive and Infant Psychology, 42*(2), 142-165. Recuperado de https://doi.org/10.1080/02646838.2022.2162487

Nobre, F. D. A., Gaspardo, C. M., & Linhares, M. B. M. (2019). Effortful control and attention as predictors of cognition in children born preterm [Esforço de controle e atenção como preditores de cognição em crianças nascidas prematuras]. *Clinical Child Psychology and Psychiatry, 25*(2), 372-385. doi.org/10.1177/1359104519871652

Novac, O., Hincu, M. A., Avasilcai, A. I., Dima, V., Zonda, G. I., & Paduraru, L. (2022). Facing the outcome of prematurity – opinions from the general practitioner [Enfrentando o desfecho da prematuridade – opiniões do clínico geral]. *Romanian Journal of Medical Practice, 17*(4). Recuperado de https://doi.org/10.37897/RJMP.2022.4.2

Pace, C. C., Spittle, A. J., Molesworth, C. M., Lee, K. J., Northam, E. A., Cheong, J. L., Davis, P. G., Doyle, L. W., Treyvaud, K., & Anderson, P. J. (2016). Evolution of depression and anxiety symptoms in parents of very preterm infants during the newborn period [Evolução dos sintomas de depressão e ansiedade em pais de bebês muito prematuros no período neonatal]. *JAMA Pediatrics, 170*(9), 863-870. Recuperado de https://doi.org/10.1001/jamapediatrics.2016.0810

Passos, J. A., & Palmeira, A. T. (2023). *Papel da psicologia na promoção do vínculo mãe-bebê no ambiente hospitalar* (Trabalho de Conclusão de Curso). Escola Bahiana de Medicina e Saúde Pública (EBMSP), Repositório Institucional Escola Bahiana de Medicina e Saúde Pública. Salvador, BA, Brasil. Recuperado de https://repositorio.bahiana.edu.br/jspui/handle/bahiana/7835.

Poulsen, G., Wolke, D., Kurinczuk, J. J., Boyle, E. M., Field, D., & Alfirevic, Z. (2013). Gestational age and cognitive ability in early childhood: a population-based cohort study [Idade gestacional e capacidade cognitiva na primeira infância: um estudo de coorte de base populacional]. *Paediatric Perinatology Epidemiology, 27*, 371-379. Recuperado de https://doi.org/10.1111/ppe.12058

Quigley, M. A., Poulsen, G., Boyle, E., Wolke, D., Field, D., & Alfirevic, Z. (2012). Early term and late preterm birth are associated with poorer school performance at age 5 years: A cohort study [Nascimento prematuro e prematuro tardio estão associados a pior desempenho escolar aos 5 anos de idade: Um estudo de coorte]. *Archives of Disease in Child and Fetal Neonatal*, (97), F167-F173. Recuperado de https://doi.org/10.1136/archdischild-2011-300888

Rodrigues, J. C. L., Gaspardo, C. M., & Linhares, M. B. M. (2021). Development of neonatal high-risk preterm infants in comparison to full-term counterparts [Desenvolvimento de bebês prematuros neonatais de alto risco em comparação com seus homólogos nascidos a termo]. *Applied Neuropsychology: Child, 18*, 1-10. Recuperado de https://doi.org/10.1080/21622965.2021.1988601

Rosa, R. R., & Gil, M. E. (2017). Suporte psicológico aos pais na unidade de tratamento intensivo neonatal: Encontros possíveis e necessários. *Revista da Sociedade Brasileira de Psicologia Hospitalar, 20*(2), 123-135.

Schott, J., Henley, A., & Kohner, N. (2016). *Pregnancy loss and the death of a baby: Guidelines for professionals* [Perda da gravidez e morte de um bebê: Orientações para profissionais] (4a ed.). London: Sands.

Santos, D. S. S., & Teixeira, E. C. (2017). Vínculo mãe-filho no contexto da terapia intensiva neonatal: Uma revisão sistemática. *Revista Brasileira de Saúde Funcional, 5*(2), 8-19. Recuperado de https://doi.org/10.25194/rebrasf.v5i2.891

Salgado, H. O., Andreucci, C. B., Gomes, A. C. R., & Souza, J. P. (2021). The perinatal bereavement project: Development and evaluation of supportive guidelines for families experiencing stillbirth and neonatal death in Southeast Brazil–a quasi-experimental before-and-after study [O projeto de luto perinatal: Desenvolvimento e avaliação de diretrizes de apoio para famílias que vivenciam natimortos e mortes neonatais no Sudeste do Brasil – um estudo quase-experimental do tipo antes e depois]. *Reproductive Health, 18*(5), 1-17. Recuperado de https://doi.org/10.1186/s12978-020-01040-4

Savarino, G., Carta, M., Cimador, M., Corsello, A., Giuffrè, M., Schierz, I. A. M., Serra, G., & Corsello, G. (2021). Necrotizing enterocolitis in the preterm: Newborns medical and nutritional management in a single-center study [Enterocolite necrosante no pré-termo: Manejo médico e nutricional do recém-nascido em estudo unicêntrico]. *Italian Journal of Pediatrics, 47*(226), 1-9. Recuperado de https://doi.org/10.1186/s13052-021-01180-8

Schiavo, R. D. A., Rodrigues, O. M. P. R., & Perosa, G. B. (2018). Variáveis associadas à ansiedade gestacional em primigestas e multigestas. *Trends in Psychology, 26*(4), 2091-2104. Recuperado de https://doi.org/10.9788/TP2018.4-14Pt

Schneider, L. A., Burns, N. R., Giles, L. C., Higgins, R. D., Nettelbeck, T. J., & Ridding, M. C. (2014). Cognitive abilities in preterm and term-born adolescents [Habilidades cognitivas em adolescentes nascidos prematuros e a termo]. *Journal of Pediatrics, 165*(1), 170-177. Recuperado de https://doi.org/10.1016/j.jpeds.2014.03.030

Silva, T. C., Mathiolli, C., Araujo, J. P., & Zani, A. V. (2021). O irmão do recém-nascido prematuro na unidade neonatal: percepção dos pais e profissionais. *Brazilian Journal of Health Review, 4*(4), 16616-16631. Recuperado de https://doi.org/10.34119/bjhrv4n4-175

Soleimani, F., Azari, N., Ghiasvand, H., Shahrokhi, A., Rahmani, N., & Fatollahierad, S. (2020). Do NICU developmental care improve cognitive and motor outcomes for preterm infants? A systematic review and meta-analysis [Os cuidados de desenvolvimento na UTIN melhoram os resultados cognitivos e motores de bebês prematuros? Uma revisão sistemática e metanálise]. *BMC Pediatrics, 20*(67), 1-16. Recuperado de https://doi.org/10.1186/s12887-020-1953-1

Souza, A. M. V., & Pegoraro, R. F. (2017). O psicólogo na UTI neonatal: Revisão integrativa de literatura. *Saúde & Transformação Social/Health & Social Change, 8*(1), 117-128.

Spinelli, M., Frigerio, A., Montali, L., Fasolo, M., Spada, M. S., & Mangili, G. (2016). I still have difficulties feeling like a mother: The transition to motherhood of preterm infants' mothers [Ainda tenho dificuldades em me sentir mãe: A transição para a maternidade das mães de bebês prematuros]. *Psychology & Health, 31*(2), 184-204. Recuperado de https://doi.org/10.1080/08870446.2015.1088015

Stefana, A., & Lavelli, M. (2016). I genitori dei bambini prematuri. Una prospettiva psicodinamica [Pais de bebês prematuros. Uma perspectiva psicodinâmica]. *Medico e Bambino, 35*, 327-332.

Stewart, D. E., & Vigod, S. N. (2019). Postpartum depression: pathophysiology, treatment, and emerging therapeutics [Depressão pós-parto: Fisiopatologia, tratamento e terapêutica emergente]. *Annual Review of Medicine, 70*(1), 183-196. Recuperado de https://doi.org/10.1146/annurev-med-041217-011106

Treyvaud, K., Spittle, A., Anderson, P. J., & O'Brien, K. (2019). A multilayered approach is needed in the NICU to support parents after the preterm birth of their infant [Uma abordagem multifacetada na UTIN para apoiar os pais após o nascimento prematuro do seu bebê é necessária]. *Early Human Development, 139*, 104838. Recuperado de https://doi.org/10.1016/j.earlhumdev.2019.104838

Thomson, G., Nowland, R., Irving, M. (2023). Psychosocial needs of parents of infants admitted to neonatal care: A qualitative study [Necessidades psicossociais de pais de bebês internados em cuidados neonatais: Um estudo qualitativo]. *Journal of Neonatal Nursing, 29(2)* 326-329. Recuperado de https://doi.org/10.1016/j.jnn.2022.07.006.

Torres, R. R. R., Araújo, H. M. M., & Pereira, C. S. (2023). Conhecendo o trabalho do psicólogo na UTI neonatal: Um relato de experiência da prática de psicólogos de uma maternidade do Piauí (Brasil). *Conjecturas, 23*(2), 237-253. doi:10.53660/CONJ-2301-23A21

Trumello, C., Candelori, C., Cofini, M., Cimino, S., Cerniglia, L., Paciello, M., & Babore, A. (2018). Mothers' depression, anxiety, and mental representations after preterm birth: A study during the infant's hospitalization in a neonatal intensive care unit [Depressão, ansiedade e representações mentais das mães após o parto prematuro: Um estudo durante a internação do bebê em unidade de terapia intensiva neonatal]. *Frontiers in Public Health, 6*(359), 1-9. Recuperado de https://doi.org/10.3389/fpubh.2018.00359

Unicef (2021). *Levels & Trends in Child Mortality.* New York: USA.

Vigod, S., Villegas, L., Dennis, C. L., & Ross, L. (2010). Prevalence and risk factors for postpartum depression among women with preterm and low-birthweight infants: A systematic review [Prevalência e fatores de risco para depressão pós-parto entre mulheres com bebês prematuros e com baixo peso ao nascer: Uma revisão sistemática]. *International Journal of Obstetrics & Gynecology, 117*(5), 540–550. Recuperado de https://doi.org/10.1111/j.1471-0528.2009.02493.x

Walani, S. R. (2020). Global burden of preterm birth [Fardo global do nascimento prematuro]. *International Journal of Gynecology & Obstetrics, 150*(1), 31-33. Recuperado de https://doi.org/10.1002/ijgo.13195

Wilkinson, D. J., & Bertaud, S. (2023). End of life care in the setting of extreme prematurity–practical challenges and ethical controversies. Seminars in fetal & neonatal medicine [Cuidados de fim de vida no contexto de prematuridade extrema – Desafios práticos e controvérsias éticas. Seminários em medicina fetal e neonatal], *28*(4), 1-6. Recuperado de 10.1016/j.siny.2023.101442

Wu, T., Wang, Y., Xiong, T., Huang, S., Tian, T., Tang, T., & Um, D. (2020). Risk factors for the deterioration of periventricular–intraventricular hemorrhage in preterm infants [Fatores de risco para deterioração da hemorragia periventricular-intraventricular em prematuros]. *Nature, 10*(13609). Recuperado de https://doi.org/10.1038/s41598-020-70603-z

14

Atendimento ao Paciente Renal Crônico em Tratamento de Hemodiálise

Tânia Rudnicki ▪ Fabiane Rossi dos Santos

Destaques

- Os rins são órgãos que desempenham um papel vital no organismo
- O tratamento de **hemodiálise** é o método de terapia **renal** substitutiva mais utilizado
- A condição crônica e o tratamento hemodialítico são fontes de estresse
- Limitação ao lazer, adesão ao tratamento e restrição hídrica são dificuldades do paciente renal
- O paciente **renal** vivencia repentina mudança em seu cotidiano, e o modo pelo qual enfrentará a situação é pessoal
- Dificuldades neurológicas e alterações cognitivas, cefaleia e dificuldade de concentração estão entre as complicações enfrentadas pelos pacientes renais em hemodiálise.

INTRODUÇÃO

Transformações econômicas, políticas, sociais e culturais, materializadas ao longo do tempo, carregam modificações na forma como os indivíduos se organizam e adotam determinadas formas de viver. Essas mudanças facilitam ou dificultam o acesso a condições de vida mais favoráveis à **saúde** e, portanto, repercutem diretamente a alteração dos padrões de adoecimento.

A partir da tendência de crescimento da longevidade, a incapacidade vem aumentando amplamente. As **doenças** e condições de **saúde** que causam mais mortes são as responsáveis pelo maior número de anos de vida saudáveis perdidos. Consideradas como epidemia na atualidade, as **doenças crônicas** não transmissíveis (DCNT) constituem um sério problema de **saúde** pública, sendo responsáveis por mais de 50% das mortes no mundo. No Brasil, são a causa de 74% dos óbitos (Ministério da Saúde et al., 2011).

Entre seus principais grupos estão aquelas doenças relacionadas ao aparelho circulatório; o câncer; as doenças respiratórias crônicas; e o diabetes *mellitus*, em que se apontam também decorrências dessas patologias e/ou de seus tratamentos. Neste capítulo, restringiremos o escopo das **doenças crônicas** (DC), fixando-nos no cuidado ao paciente que apresenta doença renal crônica (DRC) em tratamento de **hemodiálise**, referindo-nos ao conjunto da doença e ao tratamento, cujos fatores reconhecem o envolvimento de uma abordagem integral (Marinho et al., 2017).

A DRC é a perda permanente da função dos rins sendo reconhecida como um problema global de **saúde** pública. O aumento no número de casos tem sido reportado em diferentes contextos, associados ao envelhecimento e à transição demográfica da população, como resultado da melhora na expectativa de vida e do rápido processo de urbanização. Hipertensão arterial e diabetes são as principais causas (Aguiar et al., 2020), ao passo que disparidades socioeconômicas, raciais e de gênero são também fatores determinantes. A progressão da **doença renal** é lenta, silenciosa, e o organismo consegue adaptar-se até nas suas fases mais avançadas. No último estágio, denominado fase pré-diálise, os primeiros sintomas começam a surgir e as análises laboratoriais evidenciam a existência de alterações.

Outro objetivo é enfocar os problemas emocionais com os quais convivem os pacientes com DRC, em tratamento de **hemodiálise**, principalmente, em função da importância de sua estabilidade emocional para o êxito terapêutico. Essa preocupação tem origem nos anos 1980, a partir do início da melhora do tratamento específico, tanto para a enfermidade em si, como para o paciente (Pinho et al., 2015; Rudnicki, 2014).

Além disso, apontamos sobre a atuação do psicólogo com esses pacientes em tratamento hemodialítico, além de ilustrar a importância desse profissional como membro da equipe de nefrologia na assistência, desde o diagnóstico até a indicação do tratamento e seu acompanhamento. Conforme a Legislação, o atendimento em clínicas de **hemodiálise** deverá conter uma equipe multiprofissional de atenção, especializada em DRC, sendo a **Psicologia** um dos componentes dessa listagem de profissionais. A frequência do atendimento dependerá da demanda de cada paciente, o qual, caso necessário, poderá ser atendido em todas as sessões de diálise. Juntos, o psicólogo, o paciente e a equipe tomam essa decisão (Portaria n. 1.675, de 2018).

Dessa forma, o presente capítulo tem como objetivo descrever os principais aspectos que envolvem a vivência da **doença renal** crônica, em especial a partir do tratamento hemodialítico, abordando seus impactos na **saúde** mental, bem como as possibilidades de assistência psicológica nesse cenário.

CARACTERÍSTICAS GERAIS DA DOENÇA RENAL CRÔNICA

Os rins são órgãos que desempenham um papel vital no organismo, sendo responsáveis pela filtragem e eliminação de substâncias tóxicas do corpo. O seu não funcionamento resulta no desenvolvimento de um quadro patológico, a insuficiência renal (Aguiar et al., 2020; Marinho et al., 2017; Pinho et al., 2015; Schmidt, 2019; Rezende et al., 2021), a qual constitui um problema emergente no mundo, atingindo proporções epidêmicas (Aguiar et al., 2020; Marinho et al., 2017; Schmidt, 2019), sendo considerado um problema de **saúde** pública em decorrência das elevadas taxas de morbimortalidade e de incapacidade.

A **doença renal** é identificada quando há perda ou ineficiência das funções dos rins (regulatória, excretória e endócrina), podendo ser aguda, quando há a possibilidade de restabelecimento dessas funções, ou crônica, quando não existe essa possibilidade. Seu estágio mais avançado caracteriza-se pela perda funcional progressiva dos rins (insuficiência **renal crônica** – IRC), em que os pacientes passam a necessitar de terapia **renal** substitutiva (TRS) por diálise ou transplante **renal** (Liu & Zhang, 2019). No presente capítulo, nosso foco será o paciente em tratamento de **hemodiálise**.

A DRC afeta indivíduos de diferentes faixas etárias, podendo ser várias as causas da perda da função: doenças sistêmicas que afetam diretamente os rins, como diabetes e hipertensão arterial sistêmica; **doenças** congênitas; ou **doenças** hereditárias. A falência **renal** tratada com diálise ou transplante é o desfecho mais comum. Com seu desenvolvimento, podem aparecer diversos sintomas, entre eles perda de interesse em atividades, dificuldade de atenção e relaxamento, hálito e cor urêmica, extinção ou diminuição da energia vital, falta de ar, hemorragia digestiva, enjoos, vômitos, anemia, edema dos membros inferiores, alterações do paladar, hipertensão arterial, entre outros (Andishmand et al., 2024; Liu & Zhang, 2019).

O tratamento, inicialmente, requer dieta especial e/ou uso de medicamentos. Com a progressão da **doença**, a rotina do paciente é afetada consideravelmente. Esta consiste em restrições líquidas e alimentares rigorosas, além de uso contínuo de medicamentos diversos e consequente prejuízo no rendimento físico. Com relação às diversas complicações enfrentadas pelos portadores de IRC, podem-se citar problemas neurológicos e alterações cognitivas (Paraizo et al., 2016), convulsões, irritabilidade, alterações do estado de alerta e do sono, cefaleia, dificuldade de concentração. Incluem-se também problemas musculoesqueléticos, como câibras, dor óssea, ptose dos pés e osteodistrofia renal, sendo comuns distúrbios minerais ósseos (Abrita et al., 2018; Rezende et al., 2021). Palidez, hiperpigmentação, pele seca e escamosa, prurido e alterações capilares são alguns dos acometimentos dermatológicos com os quais o portador de DRC se depara.

Dos métodos de tratamento, a **hemodiálise** é o mais utilizado em nosso meio. Os principais componentes do sistema hemodialítico são o rim artificial ou o dialisador, em que os respectivos dispositivos mecânicos bombeiam o sangue do paciente e o dialisado (líquido de composição química específica) (Marinho et al., 2017; Paraizo et al., 2016). Cada modalidade utiliza equipamentos específicos que têm como objetivos suprir algumas das funções renais, aliviar os sintomas da doença e preservar a vida do paciente, mas nenhuma modalidade é curativa (Rudnicki, 2014; 2020).

Realiza-se a **hemodiálise** de acordo com as necessidades de cada paciente, avaliado pela equipe médica, sendo, geralmente, por períodos de aproximadamente 4 horas, três vezes por semana em unidades especializadas, onde ele é conectado à máquina por meio de fístulas arteriovenosas (Rudnicki, 2020), obtidas por técnicas cirúrgicas. Os pacientes dependem dessa tecnologia para sobreviver, apresentam limitações em seu cotidiano, vivenciando muitas perdas e mudanças nos aspectos biopsicossociais, econômicos e ambientais (Marinho et al., 2017; Rudnicki, 2020). Dessa forma, ocorrem modificações em sua **qualidade de vida** (QV), alterando a percepção da pessoa quanto a sua posição na vida e quanto a seus objetivos, expectativas, padrões e preocupações (Martinez et al., 2024).

Tendo como base a assistência psicológica aos pacientes, podem-se observar suas vivências, as inúmeras limitações em sua rotina e mudanças em sua vida, como perda do emprego, alteração na imagem corporal, bem como dificuldades relacionadas à restrição alimentar e ao limite na ingesta líquida. Considerando esse panorama, o paciente dispõe e apresenta recursos emocionais de forma variada, principalmente na descoberta da doença e no início do tratamento de **hemodiálise**.

O diagnóstico de uma **doença crônica** faz emergir a questão da morte, não só no paciente, mas também na equipe, que se vê diante da impossibilidade de oferecer a cura. Diante desses primeiros aspectos da experiência de adoecimento, as reações emocionais dos pacientes sobre a notícia de um tratamento médico sem perspectiva de término podem ser diversas. No entanto, alguns deles surgem com maior frequência (Palmieri et al., 2017). Essas reações são individuais e dependem das características pessoais, dos recursos internos disponíveis para o enfrentamento de sua nova condição, do apoio familiar e social, além da equipe de atendimento.

HISTÓRIA E DESENVOLVIMENTO DA ASSISTÊNCIA PSICOLÓGICA AO PACIENTE RENAL CRÔNICO

O doente **renal** demanda atendimento multidisciplinar, conforme Portaria n. 1.675 (Portaria n. 1.675, de 2018). Nesse sentido, apesar de historicamente a atuação da **Psicologia** junto a pacientes renais **crônicos** ser anterior a algumas legislações, sua determinação legal na área pauta-se em três resoluções e portarias: A Resolução n. 154, de 2004, que estabelece que cada serviço de diálise deve incluir um psicólogo; a Portaria n. 389, de 2014, que em seus artigos 19 a 23 determina a presença do profissional de **Psicologia** nas unidades especializadas em **doença renal crônica**; e a Portaria n. 1.675, de 2018, já citada. Essas legislações passam, assim, a dar amparo à prática do que veio a se chamar "psiconefrologia", uma área de atuação da **Psicologia da Saúde** voltada ao estudo e intervenção com pacientes cuja função **renal** encontra-se comprometida, atuando na sua relação com a **doença**, suas limitações e dificuldades relacionadas ao tratamento (Branco & Miyazaki, 2022).

A atividade do psicólogo no atendimento ao paciente em **hemodiálise** apresenta muitas possibilidades, podendo ter diversas funções, como acompanhamento ambulatorial a pacientes e familiares, atendimento durante as sessões de **hemodiálise**, avaliação e apoio psicológico, avaliação para transplante **renal**, psicoeducação em **saúde**, atendimentos individuais e em grupo. Um dos seus maiores efeitos incidirá sobre o impacto da **doença** no portador e sua família. O psicólogo pode trabalhar visando à reestruturação cognitiva do paciente, a manutenção do tratamento, promovendo maior **adesão** e melhor **qualidade de vida** (Moreira & Reis, 2020). Esse acompanhamento ao paciente pode ser realizado durante as sessões.

Toda reação do enfermo **renal** perante o processo terapêutico de **hemodiálise** é uma forma de resposta adaptativa diante do sentimento de insegurança e perda, sendo a depressão a desordem psiquiátrica mais comum entre aqueles em estágio final da **doença renal**, tratados com **hemodiálise**. Torna-se fundamental a perspectiva do indivíduo que avalia como vê e sente a interferência da **doença** em sua vida pessoal, familiar e profissional. Dessa forma, é importante e necessário que o enfoque dos profissionais da área da **saúde**, atuantes nesse serviço, não esteja centrado somente na **doença**, mas também na experiência de **vida** dessas pessoas, integrando enfermos e seus familiares, bem como a forma como eles entendem, respondem e lidam com sintomas e problemas decorrentes da **doença** e do tratamento. Essa atenção propiciará aos pacientes um tratamento voltado para a melhoria da sua **qualidade de vida**, reconhecendo-os como inseridos em um contexto sociocultural (Coutinho & Costa, 2015).

Importante salientar que a ansiedade, o estresse e a depressão dizem respeito à sintomatologia psicológica presente nesses enfermos, tanto perante o próprio adoecimento como na relação direta ao tratamento hemodialítico, necessitando, assim, de um olhar atento a essa conjuntura psicológica e ao suporte familiar, e de toda a equipe multiprofissional. Dessa forma, o paciente poderá alcançar resultados melhores na TRS e no tratamento aos sintomas psicológicos.

Alguns possíveis efeitos sintomatológicos podem ser ouvidos pelos relatos: João (66 anos) – "No dia que faço hemo, eu me afundo, me dá uma soneira, eu não consigo me sentir bem. Levo um tempão para me sentir bem". Mário (49 anos) – "Têm dias que chego em casa, parece que vou morrer de tanta pressão na cabeça, parece que vai explodir; daí só quero dormir [...]". Ênio (60 anos) – "A **hemodiálise** desgasta, cansa, só me dá vontade de dormir, dá um cansaço [...]".

Outra questão relevante diz respeito à alteração da imagem corporal (IC), podendo ter relação com a fístula arteriovenosa (FAV) ou o uso de cateter, o que leva a modificações na aparência, podendo alterar o estado psicológico do paciente, como podemos verificar pela fala da paciente Maria (49 anos): "a gente fica incomodada em função do braço. O meu [...], ele aumentou todo, tá bem diferente do outro e dos outros pacientes".

Já Pedro (55 anos), comenta: "Eu pensei que tudo voltaria a ser igual [sobre a **doença renal**] [...], ninguém me avisou que iam furar meu braço. Primeiro usavam o cateter no meu pescoço. Depois fizeram a cirurgia do braço, me apavorei. Fiz isso acho que umas três vezes [...] A primeira não funcionou e a segunda inchava demais, parecia que ia arrebentar; essa eu perdi também [...]. Essa de agora tá indo até bem, mas dói demais na hora de ligar e desligar; é uma tortura".

Assim, além da convivência com os procedimentos invasivos, o paciente precisa conviver com os efeitos do tratamento, em sua maioria, dolorosos, o que gera ansiedade e desconforto intenso. No contexto da DRC, vemos ainda a necessidade de seguir restrições alimentares e hídricas: Marcos, 39 anos – "A gente ouve muito sobre as restrições; desde o início, eu, na verdade, não sigo muito as orientações da nutri [...] tem que seguir muitas regras, alimentação e água, principalmente. Não é fácil. Claro, tem muita coisa que eu quero comer, mas não posso". Já Anisio, 60 anos, refere que "não dá para comer muito, mas a gente precisa comer, precisa se alimentar. É que nem a coisa da água, não dá para tomar um copão, mas dá para tomar sim. Às vezes me passo e como; daí acabo passando mal depois, chego na clínica inflado pra sessão e fico pior". Antônio, 60 anos, aponta: "Tu sabe né, que eu não urino mais, então eu pergunto: pra onde vai o líquido todo? Vai pro pulmão! Então não adianta exagerar na água. Eu como de tudo. Claro, não abuso. Tento me controlar, mas como de tudo". Esses fatores mostram a possível relação a ser estabelecida entre paciente e profissional de **saúde** como principal elemento de **adesão** ao tratamento da DRC (Pinho et al., 2015; Santos et al., 2017).

A partir desses recortes, pode-se observar a importância da intervenção psicológica junto a esses pacientes, o que reforça a relevância da consolidação da Psiconefrologia enquanto especialidade da **Psicologia** da **Saúde**, com destaque para o amparo legal de portarias e resoluções que passam a legitimar o espaço da **Psicologia** enquanto profissão fundamental na composição das equipes multiprofissionais que atuam na área.

SISTEMATIZAÇÃO DO SERVIÇO DE SUPORTE AO PACIENTE RENAL CRÔNICO

Mesmo com a evolução da medicina, aperfeiçoando seus conhecimentos, por meio do surgimento de novos aparatos técnicos e especialização profissional, que buscam garantir maior controle, diagnóstico precoce e tratamento adequado às **doenças**, é perceptível que somente essa tecnologia não é suficiente, havendo circunstâncias mais profundas em termos de necessidades humanas a serem alcançadas. Nessa tecnologia, os profissionais de **saúde**, cada vez mais, são confrontados com a necessidade de humanizar as relações com os seus clientes.

Ao iniciar o tratamento, o paciente apresenta ideias sobre a morte, e a **hemodiálise** pode ser vista como um prolongamento temporal, existindo pacientes que permanecem nesse tratamento ao longo da sua vida. A adaptação acontece de forma gradual e dentro das possibilidades de elaboração e organização de cada paciente. Esse período é marcado por flutuações de humor e frequentemente sentimentos como raiva e gratidão são direcionados à equipe (Rudnicki, 2014). Sintomas depressivos também podem ser observados depois de um período no tratamento, bem como a movimentação entre atitudes de enfrentamento e desistência.

Após algum tempo, começam a surgir dúvidas mais elaboradas sobre a **doença**, o funcionamento da máquina, o resultado de exames e o material utilizado para realização das sessões. A qualidade do vínculo estabelecido com a equipe de **saúde** desempenha importante papel no esclarecimento dessas dúvidas e na transmissão de novas orientações, o que colabora para melhor **adesão** do paciente (Pires et al., 2021; Rudnicki, 2014; 2020).

Ser portador de alguma enfermidade já é um desafio, ainda mais quando a **doença** é **crônica**. Há uma imposição para mudança de hábitos, relacionados a dietas e/ou atividades físicas, do uso contínuo de medicações, do enfrentamento da dependência de outras pessoas e aparelhos para adaptações a uma nova realidade de vida (Portaria n. 1.675, de 2018; Pires et al., 2021).

O paciente com DRC, na maioria das vezes, experimenta uma mudança brusca na sua forma de viver. Ele passa a conviver com várias limitações, com pensamentos de morte e tratamentos dolorosos. O tratamento hemodialítico provoca também um cotidiano restrito, em que as atividades são limitadas após seu início, favorecendo o sedentarismo e a incapacidade funcional, além de outros fatores que refletem na vida diária do paciente (Rudnicki, 2020).

Nesse contexto, a condição **crônica** e o tratamento hemodialítico são fontes de estresse, podendo daí advir dificuldades, como isolamento social, perdas das mais variadas, dependência, limitações de locomoção e lazer, necessidade de adaptação à perda da autonomia, alterações da imagem corporal e, ainda, um sentimento incerto entre o medo de viver e de morrer (Martinez et al., 2024). A dependência do tratamento, a perda do emprego e limites na expectativa de vida são alguns dos fatores contribuintes para o aparecimento de problemas psicológicos (Rudnicki, 2014; 2020). É importante conhecer e reconhecer a vivência do paciente em tratamento de **hemodiálise**, uma vez que a **doença** renal crônica afeta toda a família, gerando inúmeras dificuldades (Martinez et al., 2024).

Dessa forma, é necessário, como profissionais da área da **saúde**, compreender o significado da DRC e do tratamento para o paciente e seus familiares (Rudnicki, 2014). Similarmente, devem-se reconhecer as estratégias utilizadas no processo de adaptação e enfrentamento da rotina derivada da **doença** e do tratamento, identificando as mudanças geradas, além de conhecer sua percepção com relação ao apoio de seus familiares na **adesão** ao tratamento.

As **doenças crônicas** são vistas como fatores de estresse que afetam o paciente tanto física quanto psicologicamente, o que leva à associação com transtornos psicoafetivos, pois o fato de estar cronicamente doente pode gerar frustração, culpa e conflitos, podendo levar o paciente à depressão (Coutinho & Costa, 2015). Entre os sintomas fisiológicos, muitos referem hipotensão, hipertensão, cãibras musculares, náusea e vômito, cefaleia, dor torácica, dor lombar; no uso da fístula arteriovenosa, prurido, febre e calafrios, sonolência, sensação de mal-estar e fadiga.

Diante dessa realidade, protocolos de suporte a pacientes renais podem ser um importante recurso para que se possibilite uma assistência especializada. Um protocolo clínico desenvolvido para pacientes com condições **crônicas** de **saúde**, incluindo a **doença renal crônica**, destaca que os principais objetivos da intervenção psicológica são: trabalhar a **adesão** ao tratamento; reduzir sintomas de depressão, ansiedade e declínio cognitivo; e promover resiliência, autoeficácia, estratégias de enfrentamento e motivação para mudança de comportamento. Para isso, deve-se apoiar em três pilares: acolhimento, atividades de grupo e atendimentos individuais, com a utilização de instrumentos de rastreio dos principais transtornos apresentados nessa população e com condutas previamente estabelecidas para intervenções e encaminhamentos necessários (Secretaria de Estado de Saúde de Minas Gerais, 2015).

CASO CLÍNICO

Trata-se de uma paciente do sexo feminino, 38 anos, a qual chamaremos de Anita, com diagnóstico de **doença renal crônica** (DRC – policística) em acompanhamento ambulatorial (tratamento conservador). Acompanhada por equipe interprofissional, foi solicitada pelo nefrologista avaliação psicológica em decorrência dos sintomas apresentados pela paciente, a saber: labilidade emocional, irritabilidade, agressividade com familiares e com a equipe de **saúde**, ansiedade. Denota pensamentos disfuncionais sobre a efetividade do tratamento, pensamentos associados à iminência de morte em decorrência de crenças relacionadas à DRC. Além disso, a paciente encontra-se em momento de entrada em TRS, sendo necessária a tomada de decisão acerca do tratamento mais adequado a ser realizado.

A possibilidade de realização de **hemodiálise** gera sintomas ansiosos, pelo conhecimento de um "vizinho que realizava o tratamento" e veio a óbito, passando, assim, a levá-la a associar sua **doença** a essa possibilidade, o que reforça ainda mais seu medo da morte. Ela se culpa por não ter seguido as recomendações da equipe de **saúde**, com ausência às consultas no início do tratamento e não cumprimento das orientações nutricionais. Diante disso, utiliza estratégia de enfrentamento pouco adaptativa (paralisação), com sentimento de revolta e culpa. Apresenta um ciclo de culpa por não ter inicialmente seguido o tratamento, comportamentos de recusa às orientações – novos sentimentos de culpa pela não **adesão**, mesmo diante do agravamento do quadro.

Os principais objetivos do atendimento psicológico foram, pelo uso de técnicas de psicoeducação, buscar evidências sobre a **doença** e possibilidades de tratamento para substituição da função **renal**, bem como o preparo para entrada em TRS. Foi incentivada a elaborar uma lista de dúvidas acerca da **doença** e do tratamento para que pudesse levá-las às consultas, sendo fornecidos materiais educativos sobre o tema para que pensamentos disfuncionais sobre a DRC pudessem ser refutados.

A partir do trabalho acerca das crenças sobre a **doença**, o tratamento e os comportamentos associados, dá-se início a um trabalho de tomada de decisão sobre a melhor alternativa de tratamento: **hemodiálise**, diálise peritoneal ou transplante **renal**, em que foram utilizadas técnicas cognitivas e comportamentais, como balança decisória para avaliar barreiras e benefícios da realização de cada tratamento. Realizou-se contato com pacientes em **hemodiálise** para relato sobre suas experiências e visitas ao Setor, acompanhadas do profissional da **Psicologia**, para dessensibilização e manejo da ansiedade relacionada ao tratamento em observação.

Parte-se, assim, para a decisão compartilhada entre paciente, família e equipe de **saúde** acerca das possibilidades de TRS, levando-se em conta fatores como quadro clínico e aspectos psicossociais da paciente. Apesar do medo inerente à **hemodiálise**, a paciente considera os benefícios da realização do tratamento em espaço hospitalar, visto que a segurança e o amparo da equipe podem auxiliar na redução da ansiedade diante do procedimento, entre outros fatores.

Uma vez tendo-se trabalhado a adaptação do diagnóstico e o preparo para entrada em TRS, segue-se o acompanhamento psicológico durante as sessões de **hemodiálise** com foco na adaptação e **adesão** ao tratamento, em especial restrições dietéticas e hídricas, manejo da ansiedade e medo da morte, adaptação às alterações corporais advindas do tratamento dialítico (imagem corporal) e relação com a equipe de **saúde**. Destaca-se também a realização de avaliações psicológicas periódicas para rastreio precoce de sintomas dos principais transtornos e quadros associados ao tratamento dialítico, como ansiedade, depressão e perda de função cognitiva.

Estruturação do caso

Anita apresenta como sentimentos relacionados à doença: medo da morte e revolta. Entre seus problemas ativos detectou-se baixa adesão ao tratamento e baixa autoeficácia. Entre seus pensamentos foram levantados: "Se eu optar pela **hemodiálise,** não vou viver muito". Entre situações associadas às emoções encontraram-se lembranças de um vizinho que faleceu durante tratamento dialítico. Entre as estratégias de enfrentamento, detectou-se a paralisação. Mostra comportamentos relacionados a agressividade, falta às consultas e resistência às orientações da equipe de saúde.

Funcionamento cognitivo

- Crença central: eu sou/estou desamparada
- Crenças intermediárias: todo mundo que faz **hemodiálise** morre/se vou morrer mesmo, não vou fazer **hemodiálise**/sou culpada porque não me cuidei
- Emoções: raiva/culpa/medo
- Estratégias comportamentais: pouca **adesão** ao tratamento, baixa autoeficácia.

Conduta e técnicas utilizadas

Psicoeducação sobre funcionamento cognitivo e evidências acerca da DRC e autocuidado/balança decisória para escolha do tratamento, técnicas de relaxamento para controle da raiva e da ansiedade. Dessensibilização.

Registro inicial no prontuário

Paciente lúcida, boa orientação auto e alopsíquica, funções psíquicas preservadas. Observam-se dificuldades de aceitação do diagnóstico, sintomas ansiosos e baixa **adesão** ao tratamento, relacionados à desinformação acerca da **doença**, do tratamento e crenças de **saúde**.

Conduta

Realizada psicoeducação sobre funcionamento cognitivo, técnicas para escolha da melhor terapia renal substitutiva (TRS) a ser realizada, relaxamento e dessensibilização para manejo da raiva e sintomas ansiosos. Iniciado preparo psicológico para entrada em TRS e psicoprofilaxia cirúrgica para confecção da fístula arteriovenosa.

Técnicas e recursos utilizados na descrição do caso clínico – conceituação e aporte teórico

- Balança decisória: utilizada especialmente para se explorar e evocar a motivação para a mudança, levantar os prós e contras da mudança de comportamento (Assumpção et al., 2016)
- Dessensibilização sistemática: consiste em treinar o paciente para que permaneça relaxado ao se expor a situações que lhe causem ansiedade. Parte-se do ensino e treino de técnicas de relaxamento e, posteriormente, uma escala crescente de ansiedade é construída, listando-se todas as situações temidas e organizando-as hierarquicamente de acordo com o grau de medo provocado. O paciente é exposto a cada uma dessas situações, começando pela que dispare menor nível de ansiedade, sendo estimulado a utilizar o relaxamento até que se acalme e possa prosseguir com outra situação temida, e assim sucessivamente (Pereira & Penido, 2010)

- Modelo de crenças em **saúde**: entre os modelos cognitivos, é considerado um dos mais utilizados para predizer comportamentos de **saúde**. As crenças em **saúde** referem-se à susceptibilidade e à gravidade percebida na doença e aos benefícios e barreiras percebidos com relação aos comportamentos de prevenção ou tratamento da doença (Coleta, 1999)
- Psicoeducação: utilizada para educar o paciente quanto à doença e ao tratamento, avaliar possíveis barreiras à **adesão** e estratégias para enfrentá-las, buscando efetivos resultados no tratamento. Busca auxiliar o paciente a flexibilizar pensamentos automáticos e crenças disfuncionais relativas à **adesão** ao tratamento (Assumpção et al., 2016)
- Psicoprofilaxia cirúrgica: com enfoque preventivo, visa evitar que a doença e a cirurgia tragam prejuízos emocionais, minimizando probabilidades da aparição de complicações posteriores, sejam elas orgânicas ou psicológicas. Atua na promoção de **saúde**, auxiliando no aumento das estratégias de enfrentamento (Juan, 2005)
- Relaxamento: visa diminuir a excitabilidade do organismo, podendo ser utilizadas diferentes técnicas, como respiração diafragmática, imagem mental relaxante e relaxamento muscular progressivo (Pereira & Penido, 2010).

Oliveira & Natividade (2021) apontam algumas técnicas da terapia cognitivo-comportamental que podem ser utilizadas no suporte a pacientes em **hemodiálise**. Dentre elas destacam-se relaxamento, distração, questionamento de crenças disfuncionais, técnicas de controle da dor visando aprender novas estratégias de enfrentamento, dessensibilização sistemática, modificações de pensamentos sobre o tratamento e psicoeducação. Ressalta-se, também, a descatastrofização, que consiste em uma estratégia que visa auxiliar o paciente a testar a realidade de suas cognições. Tem como foco as distorções cognitivas mais frequentes em pacientes deprimidos e ansiosos – pela possibilidade de uma catástrofe iminente. Em pacientes em **hemodiálise**, pensamentos distorcidos, como "eu já estou morto", "prefiro morrer a ficar preso a essa máquina", são frequentes e necessitam ser trabalhados.

As autoras do parágrafo anterior destacam também a importância do questionamento socrático, que consiste em uma série de questões elaboradas para se levar a conclusões lógicas com relação a um problema, fornecendo diretrizes para futuras ações. Trata-se de um método que abrange questões a serem repensadas, conduzindo o paciente a pensar e focar informações que não são consideradas, como a possibilidade de compreender a **doença renal** como uma segunda oportunidade de vida, uma vez que sem o tratamento não haveria chances de sobrevivência. Esse questionamento auxilia o paciente a reavaliar seus pensamentos e suposições, construindo novas ideias sobre a doença (Oliveira & Natividade, 2021).

CONCLUSÕES

O trabalho da **Psicologia** com o paciente com **doença renal crônica** é buscar condições para uma possível reabilitação, buscando amenizar ao máximo o sofrimento do processo **saúde-doença**-tratamento. O acompanhamento psicológico é de suma importância para atingir o êxito na adaptação de indivíduos acometidos pela insuficiência renal. O diagnóstico inicial é o primeiro passo para iniciar o tratamento hemodialítico; a partir daí existem diversas transformações que acontecem na vida do paciente. Vistos como desafios da **doença**, as alterações afetam a rotina e conseguem dificultar o tratamento, acarretando incertezas que irão interferir na **saúde** mental do paciente. O profissional precisa de instrumental essencial que permita ao paciente compartilhar sentimentos e emoções que lhe causam desconforto, na permissão de uma construção realista, a partir de suas experiências dolorosas e ansiogênicas. Esse acompanhamento é decisivo para o fortalecimento das possibilidades, expressas nos sentimentos e nas experiências referentes à doença e ao tratamento.

REFERÊNCIAS BIBLIOGRÁFICAS

Abrita, R. R., Pereira, B. D. S., Fernandes, N. D. S., Abrita, R., Huaira, R. M. N. H., Bastos, M. G., & Fernandes, N. M. D. S. (2018). Evaluation of prevalence, biochemical profile, and drugs associated with chronic kidney disease-mineral and bone disorder in 11 dialysis centers [Avaliação da prevalência, perfil bioquímico e fármacos associados ao distúrbio mineral ósseo-doença renal crônica em 11 centros de diálise]. *Jornal Brasileiro de Nefrologia, 40*(1), 26-34. Recuperado de https://doi.org/10.1590/2175-8239-JBN-3527

Aguiar, L. K., Prado, R. R., Gazzinelli, A., & Malta, D. C. (2020). Fatores associados à doença renal crônica: Inquérito epidemiológico da Pesquisa Nacional de Saúde. *Revista Brasileira de Epidemiologia, 23*, Artigo e200044. Recuperado de https://doi.org/10.1590/1980-549720200044.

Andishmand, A., Zolfeqari, E., Namayandah, M. S., & Ghaem, H. M. (2024). Impact of chronic kidney disease on major adverse cardiac events in patients with acute myocardial infarction: A retrospective cohort study [Impacto da doença renal crônica nos principais eventos cardíacos adversos em pacientes com infarto agudo do miocárdio: Um estudo de coorte retrospectivo]. *Journal of Cardiological Cardiovascular Medicine, 9*, 29-34. Recuperado de https://doi.org/10.29328/journal.jccm.1001175

Assumpção, A. A., Neufeld C. B., & Teodoro, M. L. M. (2016). Terapia cognitivo-comportamental para tratamento de diabetes. *Revista Brasileira de Terapias Cognitivas, 12*(2), 105-115. Recuperado de https://doi.org/10.5935/1808-5687.20160017

Branco, L. M., & Miyazaki, M. C. S. (2022). Psiconefrologia: Atualidades e perspectivas. (pp. 223-239). In B. S. Pereira, & N. M. S. Fernandes (Orgs.), *Psicologia & Nefrologia*. Novo Hamburgo: Sinopsys.

Ministério da Saúde, Secretaria de Vigilância em Saúde & Departamento de Análise de Situação de Saúde (2011). *Plano de ações estratégicas para o enfrentamento das doenças crônicas não transmissíveis (DCNT) no Brasil 2011-2022.* Brasília: Ministério da Saúde. (Série B. Textos Básicos de Saúde). Recuperado de http://bvsms.saude.gov.br/bvs/publicacoes/plano_enfrentamento_doencas_cronicas_ agravos_2021_2030.pdf

Portaria n. 1.675, de 7 de junho de 2018. Recuperado de https://bvsms.saude.gov.br/bvs/saudelegis/gm/2018/prt1675_08_06_2018.html

Coleta, M. F. D. (1999). O modelo de crenças em saúde (HBM): Uma análise de sua contribuição à psicologia da saúde. *Temas em Psicologia, 7*(2), 175-182. Recuperado de http://pepsic.bvsalud.org/scielo.php?script=sci_arttext&pid=S1413-389X1999000200007&lng=pt&tlng=pt.

Coutinho, M., & Costa, F. (2015). Depressão e insuficiência renal crônica: Uma análise psicossociológica. *Psicologia Social, 27*(2), 449-459. Recuperado de https://doi.org/10.1590/1807-03102015v27n2p449

Juan, K. de. (2005). Psicoprofilaxia cirúrgica em urologia. *Psicologia Hospitalar, 3*(2). Recuperado de http://pepsic.bvsalud.org/scielo.php?script=sci_arttext&pid=S1677-74092005000200006&lng=pt&tlng=pt.

Liu, J. C., & Zhang, L. X. (2019). Prevalence and disease burden of chronic kidney disease [Prevalência e fardo de doença da doença crônica renal]. In B.-C. Liu, H.-Y. Lan, & L.-L. Lv. (Eds.). *Renal fibrosis: Mechanisms and therapies: Vol 1165: Advances in experimental medicine and biology* (pp. 3-15). Berlin: Springer. Recuperado de https://doi.org/10.1007/978-981-13-8871-2_1

Marinho, A. W. G. B., Penha, A. P., Silva, M. T., & Galvão, T. F. (2017). Prevalência de doença renal crônica em adultos no Brasil: Revisão sistemática da literatura. *Cadernos de Saúde Coletiva, 25*(3), 379-388. Recuperado de https://doi.org/10.1590/1414-462X201700030134

Martinez, C. E. B., Marques, M. R., Masotti, R., & Fabri, I. (2024). Qualidade de vida do paciente em hemodiálise. *Revista Saúde em Foco,* (16), 70-99. Recuperado de https://portal.unisepe.com.br/unifia/wp-content/uploads/sites/10001/2024/02/QUALIDADE-DE-VIDA-DO-PACIENTE-EM-HEMODI%C3%81LISE-p%C3%A1g-70-a-99.pdf

Moreira, J. D. M., & Reis, J. A. R. (2020). Aspectos psicológicos de pacientes recém-inseridos ao tratamento hemodialítico. *Revista Científica Multidisciplinar Núcleo do Conhecimento, 10*(13), 144-163. Recuperado de https://doi.org/10.32749/nucleodoconhecimento.com.br/psicologia/tratamento-hemodialitico

Oliveira, L. A., & Natividade, C. S. J. (2021). Terapia cognitivo-comportamental aplicada a pacientes com insuficiência renal crônica em tratamento de hemodiálise para a qualidade de vida. In F. F. C., Jr. (Ed.). *Ciências da saúde: Desafios, perspectivas e possibilidades* (pp. 135-144). Guarujá: Científica Digital. Recuperado de https://doi.org/10.37885/978-65-89826-64-4

Palmieri, G. A., Oller, G. A. S. A. O, Eid, L. P., Pompeo, D. A., Lima, L. C. E. Q., & Balderrama, L. P. (2017). Sintomatologia ansiosa e depressiva em pacientes em tratamento hemodialítico. *Revista de Enfermagem - UFPE Online, 11*(11), 4360-4368. Recuperado de https://doi.org/10.5205/1981-8963-v11i11a23192p4360-4368-2017

Paraizo, M. A., Almeida, A. L. M., Pires, L. A., Abrita, R. S. A., Crivellari, M. H. T., Pereira, B. S., Fernandes, N. M. S., & Bastos, M. G. (2016). Montreal cognitive assessment (MoCA) screening mild cognitive impairment in patients with chronic kidney disease (CKD) pre-dialysis. *Brazilian Journal of Nephrology, 38*(1), 31-41. Recuperado de https://dx.DOI.org/10.5935/0101-2800.20160006

Pereira, F. M., & Penido, M. A. (2010). Aplicabilidade teórico-prática da terapia cognitivo comportamental na psicologia hospitalar. *Revista Brasileira de Terapias Cognitivas, 6*(2), 189-220. Recuperado de https://www.rbtc.org.br/detalhe_resumo.asp?id=117

Pinho, N. A., Silva, G. V., & Pierin, A. M. G. (2015). Prevalência e fatores associados à doença renal crônica em pacientes internados em um hospital universitário na cidade de São Paulo. *Jornal Brasileiro de Nefrologia, 37*(1), 91-97. Recuperado de https://doi.org/10.5935/0101-2800.20150013

Pires, M. R. G., Mariuba, L. S., & Nascimento, S. D. (2021). Sintomatologia psicológica em pacientes renais crônicos. *Brazilian Journal of Development, 7*(12), 119298-119317. Recuperado de https://doi.org/10.34117/bjdv7n12-612

Rezende, E. M., Ishitani, L. H., Santo, A. H., Martins, E. F. (2021). Mortalidade relacionada à insuficiência renal crônica no Brasil: Um estudo usando causas múltiplas de morte. *Revista Ibero-Americana de Humanidades, Ciências e Educação, 7*(4), 29-38.

Rudnicki, T. (2014). Doença renal crônica: vivência do paciente em tratamento de hemodiálise. *Contextos Clínicos, 7*(1), 105-116. Recuperado de https://dx.DOI.org/10.4013/ctc.2014.71.10

Rudnicki, T. (2020). Atendimento ao doente renal crônico em tratamento de hemodiálise: Aportes da psicologia da saúde. In T. Rudnicki, & M. M. Sanchez (Orgs.). *Psicologia da saúde: A prática de terapia cognitivo-comportamental em hospital geral* (2a ed., pp. 304-330). Novo Hamburgo: Synopsis.

Secretaria de Estado de Saúde de Minas Gerais (2015). *Protocolo clínico dos Centros Hiperdia Minas.* Recuperado de https://saude.mg.gov.br/images/documentos/Protocolo-Clinico-dos-Centros-Hiperdia-Minas_03-2015-1.pdf

Santos, B. P., Oliveira, V. A., Soares, M. C., & Schwartz, E. (2017). Doença renal crônica: Relação dos pacientes com a hemodiálise. *Arquivos Brasileiros de Ciências da Saúde, 42*(1), 8-14. Recuperado de http://dx.doi.org/10.7322/abcshs.v42i1.943

Schmidt, D. B. (2019). Qualidade de vida e saúde mental em pacientes em hemodiálise: um desafio para a prática multiprofissional. *Jornal Brasileiro de Nefrologia, 41*(1), 10-11. Recuperado de https://doi.org/10.1590/2175-8239-jbn-2018-0227

15

Manejo de Pacientes Internados em Hospital Geral: Ênfase em Tentativa de Suicídio, Uso Abusivo de Álcool e Drogas

Karina B. S. Barbi ▪ Henrique de Brito Pires Cabeças ▪ Helena Baruchi Alves

Destaques

- A **avaliação** conjunta da psicologia no paciente dependente químico fornece auxílio na compreensão do repertório individual e o momento de interesse de mudança
- A ampla abordagem dos contextos individual e familiar é fundamental na **avaliação** psicológica nos casos de tentativas de **suicídio**
- O suporte psicológico ao paciente **internado** deve ser feito de forma ágil, objetiva, utilizando-se de repertório criativo para auxiliar o paciente no seu ajustamento psíquico perante a crise
- O atendimento psicológico em hospital geral é fundamental para a interlocução entre pacientes, familiares e equipe médica.

INTRODUÇÃO

O pronto-socorro é uma das principais portas de entrada para o acesso da população ao ambiente de saúde hospitalar no Brasil. A unidade destina-se a atender pessoas em emergência, ou seja, pessoas que precisam de atendimento imediato. A hospitalização de pacientes que adentram o pronto-socorro caracteriza-se, geralmente, por uma interrupção do cotidiano em decorrência de um mal-estar inesperado, um acidente ou um desequilíbrio relacionado à saúde-doença. Em consequência disso, esse período de hospitalização pode ser acompanhado por sentimentos como medos, fantasias, inseguranças, tristezas, sensação de impotência e ansiedade, que atravessam o paciente e atingem toda a equipe envolvida no caso (Ramos & Oliveira, 2021).

Na ampla gama de casos que requerem **internação**, além das patologias clínicas que necessitam de cuidados em razão de um distúrbio de causa orgânica, há os quadros decorrentes de descompensações das patologias psiquiátricas, os quais trazem uma demanda maior e mais desafiadora para todos os profissionais envolvidos no atendimento, uma vez que há a necessidade de compreensão não apenas da patologia em questão, mas, principalmente, do manejo adequado diante das necessidades desse tipo de paciente.

De maneira geral, os diagnósticos mais frequentemente atendidos nas **emergências** psiquiátricas em razão da gravidade e intensidade da agudização dos sintomas são os transtornos ansiosos, depressivos e de **dependência química**. Nos quadros ansiosos, a busca pelo atendimento de **urgência** é motivada pelas crises de ansiedade aguda e de pânico; enquanto na depressão, o agravo dos sintomas, muitas vezes culminando em manifestações de ideação e/ou tentativa de **suicídio**, é a principal causa. Por outro lado, na **dependência química**, quadros de intoxicação aguda por **álcool** e/ou **drogas**, bem como os quadros de abstinência, representam a maioria dos atendimentos desses transtornos (Carrijo et al., 2022; Souza et al., 2020).

Como enfoque específico deste capítulo, realizaremos uma discussão mais aprofundada sobre os processos envolvidos nas conduções de casos de crises suicidas e transtornos de uso de substâncias atendidos em um hospital geral universitário na cidade de Campinas, São Paulo. Trataremos desde questões estruturais do atendimento na **urgência** e **emergência** psiquiátrica, com enfoque nas condutas médicas e psicológicas necessárias para esses casos. O conteúdo aqui descrito traz informações valiosas que contribuem não apenas para o aprendizado teórico/prático para a atuação da psicologia nesse contexto, como também conhecimento técnico psiquiátrico e a demonstração de como esse trabalho conjunto é fundamental.

Com o intuito de realizar uma breve introdução para a temática deste capítulo, como descrito anteriormente, os casos de comportamento suicida e de uso de substâncias psicoativas estão entre as patologias psiquiátricas mais frequentemente atendidas nos serviços de **urgência** e **emergência** dos hospitais gerais. Sobre o comportamento suicida, sabe-se que, em virtude da sua alta prevalência, é considerado um problema de saúde pública global. No Brasil, de acordo com o estudo realizado com dados do Sistema de Informações sobre Mortalidade (SIM), entre 2011 e 2022 foram registrados 147.698 **suicídios**, com aumento dos casos em todas as regiões brasileiras, com os homens apresentando quase quatro vezes mais mortes por **suicídio** que as mulheres (Secretaria de Vigilância em Saúde, 2021).

No entanto, o comportamento suicida não se limita aos casos que resultam em morte como desfecho. Na prática real dos atendimentos, a maioria das ocorrências atendidas em prontos-socorros dá-se pelos casos de tentativas de **suicídio**, geralmente notificadas como casos de autolesões intencionais. De acordo com a forma de autolesão realizada, a Classificação Internacional de Doenças, em sua 10ª edição (CID-10), classifica entre os códigos X60 a X84, considerando X60-X69 as lesões autoprovocadas por exposição a substâncias lesivas e X70-X84 as lesões por autoinjúrias. Conforme dados do Sistema de Informação e Agravos de Notificação (SINAN), esses casos atingiram a taxa de 124.709 ocorrências (notificadas) no país em 2019, com as mulheres representando 71,3% do total de registros (Secretaria de Vigilância em Saúde, 2021).

Com relação ao uso de **drogas ilícitas**, poucos dados se têm ao longo dos anos no Brasil, com a última (e primeira) pesquisa representativa da população brasileira realizada em 2015 pelo Governo Federal, o III Levantamento Nacional sobre o Uso de **Drogas** (III LNUD). Nesse trabalho, 3,2% das pessoas alegaram terem usado pelo menos um tipo de droga ilícita nos últimos 12 meses, e 1,7% no último mês. Com relação à faixa etária, a maior estimativa do uso de alguma droga ilícita nos 12 meses anteriores foi entre jovens de 18 a 24 anos (7,4%), seguida por adultos de 25 a 34 anos (4,8%). Um dado chamativo de forma preocupante foi a taxa de uso entre a faixa etária de 12 a 17 anos, com 1,3% desses adolescentes relatando uso de alguma droga ilícita nos 30 dias anteriores à pesquisa (Bastos et al., 2017).

Apesar de ser considerada como uma droga lícita, os quadros relacionados ao uso de bebida alcoólica estão entre os mais comuns atendidos nos prontos-socorros dos hospitais. Isso não apenas em razão do acometimento clínico causado pela substância, como quadros de intoxicação aguda, mas considerando os atendimentos psiquiátricos, uma vez que frequentemente deparamo-nos com alterações comportamentais, como agressividade ou sintomas psicóticos causados pela abstinência grave de **álcool**, o *delirium tremens*. O consumo de bebida alcoólica é mais prevalente na população masculina, com 74,3% dos homens relatando consumo de alguma bebida alcoólica durante a vida, com relação a 59% das mulheres, segundo o III LNUD (Bastos et al., 2017).

Na realidade atual, não podemos deixar de relatar aqui o crescente aumento do uso das **drogas** sintéticas, denominadas novas substâncias psicoativas (NSP), que apresentam caráter nocivo considerável, principalmente em razão das altas concentrações de substâncias tóxicas encontradas. Apesar dos efeitos comportamentais ainda pouco conhecidos, as substâncias utilizadas nesses compostos podem gerar efeitos colaterais comportamentais graves, como quadros de auto e heteroagressividade e sintomas psicóticos, que podem levar a comportamentos autodestrutivos. No Brasil, os compostos mais relevantes dessa classe são os canabinoides sintéticos, as feniletilaminas e as catinonas sintéticas. Os canabinoides sintéticos apresentam concentração muito maior do tetrahidrocanabinol (THC), que pode causar sintomas psicóticos; as feniletilaminas e as catinonas, por serem psicoestimulantes, podem causar efeitos alucinógenos, além de agressividade e sintomas psicóticos (Sistema Nacional de Políticas Públicas sobre Drogas, 2022).

Por fim, vale a pena destacar as situações em que, não raramente, ambos os quadros estão presentes. O transtorno de **dependência química** é um dos principais fatores de risco para o comportamento suicida, tanto pelo sofrimento psíquico causado pelo transtorno da **dependência química**, seja pela culpa, seja pelo arrependimento pós-uso, como quadros depressivos, quanto por quadros mais graves, com sintomas psicóticos que podem induzir a uma tentativa de **suicídio** (Lopes et al., 2023).

SERVIÇO DE **URGÊNCIA** E EMERGÊNCIA NO HOSPITAL GERAL

Suporte médico

O serviço é estruturado como pronto atendimento 24 horas com atendimentos custeados pelo Sistema Único de Saúde (SUS) e por seguros complementares de saúde, compostos de atendimento clínico, ginecológico, ortopédico, pediátrico, cirúrgico e psiquiátrico. Considerado como hospital terciário – classificação atribuída aos serviços que, em virtude de melhor estrutura física e especializada, atendem casos de alta complexidade – é referência para casos de maior gravidade, recebendo pacientes de outros serviços primários e secundários, bem como do Serviço de Atendimento Móvel de **Urgência** (SAMU). Os casos encaminhados por outros serviços são previamente comunicados para o aceite e preparo do leito. Para os pacientes que procuram o serviço por demanda própria, realiza-se uma triagem inicial feita por um profissional da enfermagem e, de acordo com os sintomas apresentados, segue protocolos de direcionamento.

De acordo com esses protocolos, conforme a queixa, o paciente é direcionado para o atendimento clínico geral ou para uma especialidade. Os pacientes triados para a especialidade de psiquiatria recebem nível de prioridade por meio de classificação de risco em saúde mental. Segundo essa classificação, estratifica-se em: caso gravíssimo – vermelho (risco de morte ou sinais de deterioração do caso clínico que ameaçam a própria vida ou de terceiros), com necessidade de atendimento imediato; risco significativo – laranja (potencial risco à vida), com necessidade de rápida intervenção em até 10 minutos; gravidade moderada – amarelo (possível evolução para um problema sério), com atendimento em até 1 hora; e potencial para complicações – verde (estável e quadro psicopatológico leve), com atendimentos em até 2 horas. Os casos triados como não urgentes – azul – são referenciados para serviços de nível de complexidade primária e portas de acesso da rede de saúde, como Centros de Saúde, Unidades Básica de Saúde (UBS) e Centros de Atenção Psicossocial (CAPS).

Suporte psicológico

É importante compreender que a hospitalização, por qualquer motivo que seja, é uma ocorrência carregada de sentimentos. A maneira como cada indivíduo enfrenta a situação de crise, de acordo com seus recursos pessoais e organização psíquica, pode gerar um processo adaptativo positivo e de solução de problemas; ou, por outro lado, uma desorganização do funcionamento psíquico, causando inadequações e sentimentos que perpassam o indivíduo. O papel do psicólogo hospitalar é considerar a subjetividade do paciente, isto é, o discurso do paciente deve ser contextualizado mediante os aspectos ontogenéticos, filogenéticos e culturais. Dessa forma, é possível averiguar os ajustes e desajustes psíquicos apresentados no atendimento (Ramos & Oliveira, 2021).

Nesse sentido, a atuação da Psicologia no hospital geral deve apresentar como características principais: agilidade, repertório de ajustamento criativo mediante solução de problemas imprevisíveis e objetividade. Deve ser focal e buscar demandas relacionadas à saúde-doença. O manejo psicológico em situações de crise deverá auxiliar o paciente na reestruturação da sua organização psíquica basal e na restauração do seu repertório pessoal de enfrentamento, favorecendo a recuperação emocional diante das ocorrências no processo de hospitalização (Ramos & Oliveira, 2021).

Por meio da escuta ativa e do acolhimento é possível discriminar as **urgências** subjetivas, isto é, aquilo que o indivíduo considera como urgente naquele momento, das **urgências** médicas, que são as demandas apresentadas pelo corpo orgânico e identificadas pela equipe médica. O profissional não terá tempo suficiente para aplicar técnicas como na clínica tradicional, impossibilitando a espera pelo *insight* da maneira convencional. Dessa maneira, é essencial que atue tecnicamente de maneira clínica no lugar que lhe cabe e, ao mesmo tempo, desenvolva a habilidade de percorrer entre a objetividade do contexto institucional e a subjetividade do paciente. Portanto, deve apresentar uma conduta diretiva e simultaneamente acolhedora, a fim de recolher informações relevantes e desenvolver o projeto terapêutico adequado em um curto período de tempo (Ramos & Oliveira, 2021).

Mais especificamente, é necessário citar sobre o manejo em pacientes psiquiátricos. O manejo psicológico nesses pacientes ainda é focal e diretivo, porém é possível elaborar com a equipe médica uma conduta adequada e personalizada. O psicólogo atua na tríade paciente-equipe-família, visando esclarecer possíveis angústias e avaliar o contexto relacional. Indubitavelmente, o paciente hospitalizado é, muitas vezes, atravessado pelas condutas médicas imediatas para solucionar a desordem orgânica, porém desatendendo a singularidade do indivíduo. É possível observar o paciente para além da doença e pelo sofrimento, por meio do olhar individual, do conhecimento da história de vida, antecedentes, relação familiar, contexto socioeconômico, possíveis acontecimentos traumáticos no decorrer da vida, entre outros fatores (Oliveira et al., 2021).

ATENDIMENTOS AOS CASOS DE USO DE **DROGAS**

Atendimento médico

Os atendimentos aos casos de uso de **drogas** que chegam ao pronto-socorro consistem na **avaliação** inicial do quadro comportamental e da história trazida pelo paciente e pelos acompanhantes. Os casos derivados do uso excessivo de uma substância e que necessitam de suporte clínico imediato, como as intoxicações agudas (que podem ocorrer durante uso recreativo ou por uma tentativa de **suicídio**), são tratados em conjunto com a equipe da clínica médica. Após a admissão, realiza-se o contato com o Centro de Assistência Toxicológica de Campinas (CEATOX – Campinas) para orientação quanto à conduta clínica necessária para cada caso. A partir da resolução das questões clínicas, o caso é transferido aos cuidados da equipe de psiquiatria, que assume o paciente. Caso haja necessidade, as equipes da clínica médica ou de outra especialidade realizam o acompanhamento conjunto durante o período de **internação**.

Os casos resultantes da abstinência de uma substância, por outro lado, também podem requerer atenção clínica inicial, principalmente aqueles relativos à abstinência de bebida alcoólica. A síndrome de abstinência aguda (SAA) de **álcool** pode apresentar-se de forma bastante grave, sendo seu quadro de maior preocupação denominado *delirium tremens*, cujos sintomas podem apresentar-se na forma de tremores de grande amplitude, confusão mental, aumento da pressão arterial, aumento do risco para convulsões e até coma (Galindo et al., 2024). Por esse motivo, o suporte clínico é primordial nos primeiros momentos críticos que apresentem algum risco à vida do paciente e, após a estabilização, inicia-se a intervenção psiquiátrica para a condução do caso.

A partir do momento que se iniciam os cuidados psiquiátricos integrais, a definição do projeto de tratamento começa a ser esquematizada conforme cada caso. Para isso, seguem-se recomendações e diretrizes estabelecidas pelas organizações de saúde de referência. Um deles é o modelo internacional de tratamento para transtornos por uso de substâncias criado pela Organização Mundial de Saúde (OMS) por meio do Escritório das Nações Unidas sobre **Drogas** e Crimes (UNODC) (Busse et al., 2015). Nesse modelo, postulam-se como princípios mais importantes a disponibilidade e a acessibilidade adequada ao tratamento, seguindo padrões éticos adequados. Preconiza-se o tratamento integral entre os sistemas de saúde, com justiça social com relação às necessidades dos indivíduos e seus subgrupos especiais (mulheres, adolescentes, gestantes, minorias, moradores de rua, entre outros), garantindo, assim, uma boa governança clínica de programas e serviços com constante monitorização e reavaliação dos processos (Busse et al., 2015).

Um questionamento comum que ocorre em seguida ao primeiro momento da admissão é sobre quais as indicações para uma **internação** psiquiátrica. É bem estabelecido que pacientes com risco de síndrome de abstinência grave, de **suicídio** e com comorbidades clínicas e/ou psiquiátricas graves devem ter indicação de **internação** hospitalar para tratamento intensivo. Para essa decisão, avaliam-se diversos parâmetros objetivos e subjetivos, como os elencados pela American Society of Addiction Medicine (American Society of Addiction Medicine [ASAM], 2023), conforme descrito na Tabela 15.1.

Tabela 15.1 Critérios para **avaliação** de **internação** (ASAM, 2023).

As seis dimensões da avaliação
1. Intoxicação aguda e/ou potencial para síndrome de abstinência
Investigação das experiências do uso de substâncias e abstinência no passado
2. Condições biomédicas e complicações
Investigação da história de saúde do indivíduo e das condições físicas atuais
3. Avaliação emocional, cognitiva e comportamental
Investigação dos pensamentos, das emoções e das questões da saúde mental do indivíduo
4. Prontidão e desejo de mudança
Investigação dos interesses e prontidão para mudar
5. Potencial para recaída/uso continuado/uso problemático
Investigação da relação do indivíduo com a recaída e/ou uso continuado ou problemático de substâncias
6. Ambiente
Investigação da situação do ambiente de recuperação ou moradia atual, bem como das pessoas, coisas e lugares que cercam o indivíduo

Esses parâmetros são avaliados pela equipe médica da psiquiatria, assim como informações trazidas por familiares e acompanhantes, além da possibilidade de convocar via interconsulta de **urgência** as equipes do Serviço Social e da Psicologia para complementar informações e percepções relevantes para a decisão quanto ao tratamento mais adequado a cada caso.

Outro questionamento, que pode gerar situações conflitantes em razão de pontos de vista diferentes, é sobre as modalidades de **internação**. As diversas conceitualizações – médica, jurídica e de direitos humanos – geram constantes debates sobre o limite entre o direito e o livre-arbítrio de cada ser humano. No entanto, não é função deste capítulo discorrer sobre esse tema; vamos nos ater aos critérios médicos utilizados como protocolo para a indicação da **internação**.

As internações são classificadas como voluntária, involuntária ou judicial. A **internação** voluntária acontece quando o próprio paciente solicita ou concorda com a **internação** médica e/ou psiquiátrica. A **internação** involuntária se dá contrariamente à vontade do paciente, sem seu consentimento expresso ou com consentimento inválido. Os critérios para **internação** involuntária definidos pelo Conselho Federal de Medicina (CFM) são apresentados na Tabela 15.2 (Conselho Federal de Medicina, Resolução nº 2.057/2013, 20/09/2013).

Por último, existe a **internação** compulsória, obrigatoriamente determinada por mandado

Tabela 15.2 Critérios para **internação** involuntária (CFM, 2013).

Critérios
Incapacidade grave de autocuidado
Risco de vida ou de prejuízos graves à saúde (incluindo síndromes de intoxicação e abstinência)
Risco de auto ou heteroagressão
Risco de prejuízo moral ou patrimonial
Risco de agressão à ordem pública

judicial emitido por juiz competente, após **avaliação** médica com a emissão de laudo médico que demonstre as indicações de **internação**.

Após a decisão de internar o paciente, a estrutura do Hospital Universitário contém um setor de observação psiquiátrica no pronto-socorro geral com seis leitos para permanência de até 72 horas. Assim que **internados** na observação, os pacientes são inseridos no sistema de regulação de leitos do Estado de São Paulo, o Sistema Informatizado de Regulação do Estado de São Paulo (SIRESP), com a solicitação de leito em enfermaria psiquiátrica referenciada a depender da cidade de origem do paciente. Pacientes com seguro de saúde são referenciados por meio da solicitação de vaga para clínicas e hospitais psiquiátricos conveniados dos respectivos planos de saúde.

Na grande maioria dos casos, os pacientes permanecem por períodos maiores que 72 horas no setor de observação no pronto-socorro, mantendo o tratamento psiquiátrico e psicológico com reavaliações diárias. A abordagem terapêutica utilizada nos transtornos por uso de substâncias combina abordagens psicossociais e farmacológicas em busca de melhores resultados, demandando, além disso, boa relação entre o profissional de saúde e o paciente. Inicialmente, trabalha-se a motivação do paciente para realizar o tratamento e, em seguida, introduz-se a terapêutica farmacológica necessária para o momento.

As medicações podem variar de acordo com a substância utilizada e em qual momento da doença o paciente acessa o serviço de saúde (intoxicação, síndrome de abstinência ou de forma eletiva em outras apresentações clínicas). Os atendimentos mais frequentes são os que envolvem o etilismo crônico e o uso de cocaína. Por esse motivo, abordaremos de forma sucinta a terapêutica farmacológica nessas situações.

No transtorno por uso de **álcool**, em vigência de sintomas de abstinência alcoólica (tremores, desconforto gastrointestinal, ansiedade, irritabilidade, insônia, elevação da pressão arterial, taquicardia e hiperatividade autonômica, que podem evoluir para quadros graves com convulsões, alucinações mais comumente visuais e *delirium*) entende-se que existe uma hipoatividade do sistema gabaérgico, relativo ao ácido gama aminobutírico (GABA), o que, em linhas gerais, faz com que o tratamento reduza-se inicialmente a hidratação, melhora do estado geral, reposição de Tiamina (vitamina B1) – que evita o surgimento da síndrome de Wernicke-Korsakoff – e benzodiazepínicos como diazepam, clonazepam e lorazepam. No tratamento para a síndrome de **dependência** alcoólica, as medicações com maior evidência envolvem dissulfiram (atualmente indisponível no Brasil), naltrexona, acamprosato, topiramato e outras opções menos utilizadas (Associação Brasileira de Psiquiatria & Sociedade Brasileira de Medicina da Família e Comunidade, 2012).

Os pacientes usuários de cocaína em quadros de intoxicação aguda podem demandar intervenção psiquiátrica por agitação psicomotora, ansiedade intensa e/ou sintomas paranoides. Em casos leves e moderados, lança-se mão de benzodiazepínicos em doses habituais, escalonando para o uso de antipsicóticos nos casos graves, com preferência para apresentações intramusculares, muito comumente utilizando-se o haloperidol. Nesses casos há sempre a preocupação com complicações clínicas cardíacas e neurológicas, sendo as mais comuns: angina, infarto agudo do miocárdio, arritmia cardíaca, acidente vascular cerebral e convulsões tônico-clônicas.

Nos quadros de abstinência pelo uso de cocaína não existe consenso nas evidências científicas sobre um tratamento farmacológico específico, mantendo-se, assim, o tratamento com alvo em sintomas específicos, como sintomas ansiosos, depressivos e de insônia, por exemplo. O tratamento para **dependência** de cocaína também não apresenta evidências científicas robustas, com estudos recentes inconclusivos sobre o uso de dissulfiram, topiramato, modafinila e até o metilfenidato. Estudos recentes com estratégias de tratamento que envolvem vacinas podem trazer resultados promissores no futuro breve (Malbergier, 2018).

Atendimento psicológico

A **avaliação** psicológica de pacientes em uso de substâncias é variável e adaptativa. É importante considerar o nível de consciência do paciente no momento da **avaliação**; se notadas alterações, indica-se realizar **avaliação** com familiares. No momento oportuno, a **avaliação** deve ser realizada de maneira humanizada, buscando compreender a história do uso de substâncias, antecedentes psiquiátricos e de adesão a tratamentos anteriores, além da história familiar, rede relacional, situação socioeconômica e fatores de vulnerabilidades (Amaral et al., 2010).

No processo de **avaliação** psicológica, faz-se necessário compreender se o indivíduo apresenta repertório comportamental de interesse a uma mudança do hábito ou se não há interesse perante a atual situação. Deve-se considerar o movimento instável que a maioria dos indivíduos que têm vícios apresenta, podendo manifestar resistência aos tratamentos, seja medicamentoso, psíquico, terapêutico ou na relação social. Geralmente, pacientes resistentes à psicoterapia apresentam dificuldade em estabelecer vínculo e expor seus problemas. Além disso, durante o processo de tratamento, na descontinuação do uso de substâncias, pacientes tendem a ter recaídas e abandonos dos tratamentos. Na alta, é apropriado que se realize orientações a respeito dos Centros de Atenção Psicossocial para **Álcool** e outras **Drogas** (CAPS AD), encaminhamento para psicoterapia externa e grupos de suporte oferecidos pela rede pública ou organizações não governamentais à população adicta (Occhini & Teixeira, 2006).

ATENDIMENTOS AOS CASOS DE COMPORTAMENTO SUICIDA

Atendimento médico

A avaliação dos casos de comportamento suicida inclui, além das ocorrências de tentativas de **suicídio**, os atendimentos aos casos que apresentam ideação suicida. A entrevista do profissional psiquiatra visa à aliança terapêutica, devendo ser conduzida com empatia, calma e atenção. O ambiente deve ser reservado e que não exponha o paciente. Inicialmente, procura-se entender os fatos ocorridos, dando escuta ao paciente e a familiares. Informações de fontes secundárias devem ser ouvidas com cautela, pois podem misturar fatos com interpretações.

No caminho para determinar-se o risco suicida, avalia-se o estado mental atual do paciente. É fundamental que se avaliem algumas características básicas desse estado. A constrição cognitiva ou rigidez caracteriza-se por uma dor intolerável da qual não há saída, e, diante da falta de opção, o **suicídio** é a forma de cessar a dor. Ansiedade, inquietude e insônia podem aumentar o desespero e a ideação suicida. Impulsividade (parte de uma situação que possa ter desencadeado a tentativa e como preditora de novos eventos) e agressividade podem estar presentes, e o paciente tende a negá-los inicialmente (Botega, 2017).

Desesperança e falta de razões para viver muitas vezes associam-se mais ao **suicídio** do que o próprio humor deprimido e devem ser abordadas. Ambivalência (desejo de acabar com o sofrimento por meio da morte em paralelo à necessidade de sobrevivência) pode estar presente, sendo um ponto para aliarmos ao paciente e reforçarmos o desejo de viver. Sentimentos de vergonha e vingança podem dar sentido à tentativa de **suicídio**, não podendo ser menosprezadas (Botega, 2017).

Durante a entrevista, avaliam-se diversos fatores de risco e de proteção, que são fundamentais para estimar-se o risco de **suicídio**. A Associação Brasileira de Psiquiatria (ABP) descreve características que devem ser avaliadas na consulta do paciente com risco suicida (Baldaçara et al., 2021), como se pode observar na Tabela 15.3.

Esses fatores de risco e fatores protetores são elencados de acordo com estudos populacionais e extrapolados para o contexto de cada indivíduo. Entre os diversos fatores de risco encontram-se ser do sexo masculino, adultos jovens e pessoas idosas, grupos étnicos minoritários, portador de doença mental, fatores psicossociais que envolvam também rede de suporte frágil, acesso a meios letais, relação terapêutica frágil etc.

Tabela 15.3 Orientações para **avaliação** do paciente com risco suicida (ABP).

Características avaliadas na consulta do paciente com risco de suicídio
Presença de doença mental
História pessoal e familiar de comportamento suicida
Presença de outras doenças
Características da personalidade e resiliência
Fatores estressores crônicos e recentes
Fatores psicossociais e demográficos
Comportamento suicida atual

Tabela 15.4 Características de alta intencionalidade suicida segundo escala de Beck.

Circunstâncias que sugerem alta intencionalidade suicida
Comunicação prévia de que iria se matar
Mensagem ou carta de adeus
Providências finais antes do ato
Planejamento detalhado
Precauções para que o ato não seja descoberto
Ausência de pessoas por perto que possam socorrer
Não procurar ajuda logo após a tentativa de suicídio
Método violento ou uso de **drogas** mais perigosas
Crença de que o ato seja irreversível e letal
Afirmação clara de que queria morrer
Desapontamento por ter sobrevivido

O principal fator de risco para uma tentativa de **suicídio** é já ter apresentado uma tentativa de **suicídio** prévia (Botega, 2022).

Os fatores protetores também são diversos e envolvem principalmente disposição para buscar ajuda e habilidade para se comunicar, bom relacionamento interpessoal, presença de crianças pequenas em casa associada a boa rede de apoio, bons vínculos em grupos sociais, adesão a valores e normas socialmente compartilhados, acesso a bom emprego e estabilidade econômica, práticas religiosas e, principalmente, acesso a serviços de saúde mental (Botega, 2022).

Ao final da entrevista, antes de concluir o risco suicida do paciente, avalia-se a intencionalidade do ato. Podemos estratificar gradualmente o comportamento suicida de acordo com sua gravidade como ideias de morte, ideação suicida, planejamento que contempla pesquisas de formas letais e providências pós-morte. Em geral, quanto maior a intensidade, a persistência e a aceitação dos pensamentos suicidas, maior o risco. Questionar detalhes do plano e o acesso a meios letais é imprescindível. Ferramentas de auxílio clínico, como a Escala de Intencionalidade Suicida de Beck, podem ser úteis (Beck et al., 1979) (Tabela 15.4).

No manejo adequado, é imprescindível zelar pela segurança do paciente, evitando-se a evasão e o acesso a meios de autoagressão. Na estrutura do Hospital Universitário de Campinas, o paciente é direcionado ao setor de observação psiquiátrica, sendo mantido o ambiente o mais seguro possível até transferência para leito de enfermaria psiquiátrica no caso dessa indicação. Toda a equipe é informada verbalmente e por meio de prescrição médica sobre os riscos inerentes de fuga, autoagressividade e quanto à necessidade de manter o ambiente seguro. O tratamento farmacológico será guiado conforme a necessidade e a depender dos sintomas psíquicos presentes. Adicionalmente, convoca-se por pedido de interconsulta a presença da equipe de psicologia para suporte adicional ao paciente e familiares.

Quando indicada, a **internação** pode ser voluntária ou involuntária (nesse caso, familiares e autoridade judicial devem ser informados), existindo também a possibilidade de cuidados domiciliares, sendo essa modalidade mais complexa e com riscos inerentes, requerendo a responsabilização da família ou outros responsáveis pela supervisão contínua do paciente.

Atendimento psicológico

Na **avaliação** psicológica dos quadros de tentativas de **suicídio**, é importante realizar uma **avaliação** minuciosa e qualitativa. O psicólogo hospitalar deve atentamente observar os comportamentos do paciente, dos familiares e das visitas apresentados durante o atendimento e os comportamentos mostrados durante a hospitalização. Após a realização da **avaliação** psicológica completa, é crucial realizar uma devolutiva à equipe médica responsável e à equipe multiprofissional que está cuidando do caso. Assim, é possível planejar um projeto terapêutico para o paciente de maneira singular, acolhendo as demandas, realizando orientações adequadas e possíveis encaminhamentos externos. Além da devolutiva à equipe, faz-se relevante realizar uma devolutiva aos familiares presentes durante a hospitalização, sanar dúvidas e enaltecer a importância da adesão no acompanhamento psicológico após a alta (Oliveira et al., 2021).

Portanto, na **avaliação** psicológica de casos de tentativa de **suicídio**, é indispensável avaliar os critérios apresentados na Tabela 15.5.

CASO CLÍNICO

Para exemplificação dos atendimentos descritos anteriormente do serviço de **urgência** e **emergência**, seguiremos neste capítulo com a descrição de um caso clínico real. De acordo com a Lei n. 13.709, sobre Lei Geral de Proteção de Dados Pessoais (LGPD), algumas das informações foram alteradas a fim de preservar a identidade do paciente.

J.A., 44 anos, sexo masculino, ensino médio completo, trabalha como vendedor em uma farmácia local, reside com sua mãe, divorciado, tem uma filha de 20 anos. Chega por meios próprios ao pronto-socorro. Apresenta-se calmo, solicitando por atendimento médico com queixa principal de pensamentos de morte com desejo de se jogar de viaduto em rodovia próximo ao hospital.

Tabela 15.5 Critérios relevantes na análise de pacientes com ideação suicida.

Antecedentes psiquiátricos, diagnósticos, acompanhamentos psicológicos e psiquiátricos, tentativas prévias ou ideações antecedentes
Contexto ambiental e possível motivação atual, o ato foi impulsivo ou planejado
Investigar se a ideação continua operante, se apresenta planejamento estruturado e risco de nova tentativa durante a hospitalização ou após alta hospitalar
Avaliar estado mental atual do paciente e repertório comportamental de enfrentamento que ele apresenta
Realizar avaliação familiar e/ou da rede de apoio, se mostra efetividade ou fatores aversivos ao paciente

Adaptada de Botega, 2022.

Na **avaliação** de triagem realizada pela equipe de enfermagem, o paciente é descrito como colaborativo, com juízo crítico de realidade aparentemente preservado, sendo triado como atendimento de possível risco à vida/risco significativo (laranja) para que fosse atendido em até 10 minutos.

O atendimento psiquiátrico inicia-se sem a necessidade de o paciente ser atendido por outra equipe médica previamente, tendo em vista ausência de queixas clínicas, sinais de intoxicações ou abstinência por substâncias e alterações nos sinais vitais avaliados na triagem. Durante os momentos iniciais da consulta, o paciente relata sobre o início do uso da cocaína aos 28 anos, inalando um "pino" (aproximadamente 0,5 g) oferecido por um amigo durante um momento de lazer, na primeira vez. Descreve esse momento como definidor dos anos futuros de sua vida, que seriam sempre influenciados pelo uso de substâncias psicoativas.

Descreve que inicialmente o uso de cocaína restringia-se a momentos de lazer com cerca de 0,5 a 1 g aos finais de semana, evoluindo com padrão de **dependência** do uso mais ou menos intenso a depender de situações de sua vida e do acesso a recursos para compra da **droga**. Durante os últimos 16 anos nunca permaneceu abstêmio da cocaína, exceto nos períodos em que se manteve **internado** em comunidades terapêuticas. Ao todo passou por quatro internações em comunidades terapêuticas diferentes, com média de 3 a 4 meses de permanência, sendo a última há 6 meses desse atendimento. Paciente enfatiza que ao sair do ambiente protegido e recluso em menos de 1 semana apresentava recaída no uso da cocaína. Nos períodos entre as internações, não mantinha acompanhamento psiquiátrico ou psicológico por dificuldade de acesso a serviços de saúde privados e com discurso projetivo de culpa no qual sua falta de adesão e busca por acompanhamento ocorria em virtude da baixa qualidade dos serviços ofertados pelo Sistema Único de Saúde (SUS), como o CAPS.

No atendimento, as queixas do paciente concentram-se em pensamentos autodepreciativos, de vergonha, desesperança e morte, com planejamento parcialmente estruturado de **suicídio** ao citar que iria jogar-se de viaduto sobre rodovia próximo ao hospital caso tivesse nova recaída. Apresentava pensamentos ambivalentes e inflexíveis quanto às soluções para sua vida, com intensa desesperança quanto a sua própria capacidade de enfrentar a **dependência química**. Havia recebido seu salário há 5 dias e gastado quase todo o valor em cocaína e bebida alcoólica, sendo essa última substância utilizada como forma de diminuir os sintomas estimulantes causados pela cocaína, apresentando um padrão de consumo de etílicos também danoso para saúde. Ao sair do trabalho parava em bares e "bocas" no caminho, locais gatilhos e de acesso à cocaína e à bebida alcoólica.

Sobre tratamento prévios, refere uso prévio de sertralina 50 mg ao dia, com resposta parcial em sintomas de humor deprimido e ansiosos do período em que fez uso. Sua rede de apoio é avaliada como frágil, composta por sua mãe já idosa. Sua filha tem vínculos afetivos distantes e não poderia ser considerada como suporte nesse momento.

Avaliando fatores de risco e fatores protetores com relação ao **suicídio** conforme descritos (rede de apoio frágil, presença de transtornos mentais e uso de substâncias psicoativas, ausência de fatores protetores evidentes como, por exemplo, religiosidade e acesso a tratamento de saúde mental/vínculo com serviços de saúde mental), o paciente foi classificado como risco moderado a alto de **suicídio**. Ao ofertar-se **internação** hospitalar para promoção de abstinência e desintoxicação do uso de substâncias psicoativas, além do ambiente protegido para o risco de **suicídio**, o paciente foi concordante com a opção de tratamento, tornando a **internação** psiquiátrica voluntária.

Na **avaliação** clínica, não apresentava sinais e sintomas de intoxicação e mantinha sinais vitais estáveis. Seu último consumo de bebida alcoólica e cocaína havia acontecido há 36 horas, não apresentando também sinais e sintomas de abstinência por ambas as substâncias nesse momento. Indicou-se então a **internação** hospitalar e solicitou-se interconsulta para a equipe de psicologia para **avaliação** e suporte no caso até a liberação da vaga para transferência. Foram introduzidas medicações específicas para a prevenção de abstinência alcoólica e controle de sintomas ansiosos e de fissura, bem como dos sintomas de humor e ansiosos.

A **avaliação** psicológica iniciou-se com uma breve apresentação do serviço de psicologia ofertado, seguida da coleta de dados relevantes, como a história do adoecimento da saúde do paciente, analisando aspectos de idade, rede de apoio, trabalho, funcionamento da vida cotidiana e como está se sentindo com o rompimento da rotina em consequência da hospitalização, possibilitando a avaliação da veracidade dos dados e do discurso do paciente **internado**. Durante a entrevista, o paciente relata sobre seu trabalho, sua vida relacional e seu funcionamento psíquico. Demonstra repertório comportamental em processo de ajustamento à situação da hospitalização, isto é, mostra-se ansioso, mas contextualizado ao ambiente ao qual está inserido no momento. Relata que sua mãe, em consequência da sua idade, não pode ser considerada uma rede de apoio. Em virtude dessa rede de apoio limitada, tem dificuldade no processo de adesão aos tratamentos. Demonstra interesse em tratamento psicológico externo, verbalizando desejo de parar com o uso de substâncias, principalmente por apresentar episódios depressivos acompanhados de ideação suicida relacionados ao uso. Durante atendimento mostra-se choroso e refere estar sentindo-se angustiado. Percebo o início de uma crise de ansiedade, apresentando choro, soluço, taquicardia, sudorese e mal-estar. Realizou-se intervenção com técnica de relaxamento, para que assim seja possível continuar a avaliação psicológica do paciente. Utilizou-se, no momento, a técnica de relaxamento de Jacobson, a qual o intuito é reduzir a tensão pela contração e descontração muscular. Solicitou-se que o paciente se sentasse no leito de maneira confortável, sendo conduzido por meio dos passos da técnica de maneira adaptada ao ambiente hospitalar. Ao observar o paciente mais calmo, continuamos o atendimento psicológico iniciado com propósito de avaliar seus aspectos mentais.

Em seguida, avaliou-se a gravidade da ideação suicida e o planejamento do ato de autoextermínio, demonstrando repertório comportamental suicida. O paciente relatou com clareza os seus pensamentos suicidas relacionados ao uso de substâncias. Contou que, quando voltava do trabalho, percorria o trajeto a pé, e no caminho passava por um bar, o que sempre despertava o desejo pela bebida. Também via colegas fazendo uso de substâncias psicoativas, o que desencadeava o desejo de uso que, associado ao sentimento de impotência e à falta de controle, era concretizado. Além disso, relata que sempre recorria à droga em momentos de vulnerabilidade e fragilidade, quando sentia falta de rede de apoio, tinha problemas financeiros, apresentava sentimentos de solidão e desesperança, utilizando a droga como um escape momentâneo. Com o tempo, percebia sua alteração comportamental em decorrência do uso da substância, sentindo cada vez mais sintomas depressivos e desesperançosos.

Realizou-se então o acolhimento das demandas, ofertando escuta ativa e suporte emocional; posteriormente, criou-se um planejamento de um projeto terapêutico imediato para o paciente, considerando o risco iminente à vida. Na conversa com o paciente, ele relatou claramente sobre um plano de ação após a alta hospitalar, demonstrando a permanência do desejo do suicídio. Estabeleceram-se como conduta atendimentos psicológicos três vezes na semana durante a **internação**, com escuta ativa e suporte emocional para acolher e compreender suas expectativas e demandas emocionais, além de psicoeducação sobre a importância da adesão ao tratamento para sua saúde.

Por fim, realizou-se mediação com equipe médica para alinhamento do projeto terapêutico durante a **internação** e na instituição para qual o paciente seria transferido, além do encaminhamento para psicoterapia externa e orientações sobre grupos e instituições especializadas no diagnóstico após a alta hospitalar. Durante os atendimentos realizados, percebeu-se melhora no humor e na colaboração das condutas propostas. Durante o encaminhamento para outra instituição, realizou-se o alinhamento de suas expectativas e o reforço sobre a importância da adesão ao tratamento. Em virtude de sua rede de apoio restrita, encontraram-se facilitadores que poderiam reforçar positivamente o paciente, para que, dessa forma, o tratamento não se tornasse um estímulo aversivo suficiente para que ele não abandonasse a intervenção terapêutica.

CONCLUSÕES

Este capítulo teve como objetivo demonstrar, de forma teórica e prática, como se organiza o suporte aos pacientes no ambiente de **urgência** e **emergência** de um hospital geral. A vasta gama de estratégias terapêuticas, psicológicas e articulações necessárias, desde a entrada do paciente ao serviço, até a alta, é individualizada e requer recursos de diferentes profissionais.

Portanto, o enfoque realizado neste capítulo possibilitou ao leitor compreender a importância do trabalho multiprofissional, e de como a interação dos profissionais da medicina e da psicologia permite uma dinâmica mais ágil e eficaz na **avaliação**, conduta e condução dos casos, consequência que desejamos como profissionais, pacientes e seres humanos.

REFERÊNCIAS BIBLIOGRÁFICAS

Amaral, R. A., Malbergier, A., & Andrade, A. G. (2010). Manejo do paciente com transtornos relacionados ao uso de substância psicoativa na emergência psiquiátrica. *Brazilian Journal of Psychiatry*, *32*(2), 104-111. Recuperado de https://doi.org/https://doi.org/10.1590/S1516-44462010000600007

American Society of Addiction Medicine. (2023). *The ASAM criteria: Treatment for addictive, substance-related, and co-occurring conditions [Os critérios ASAM: Tratamento para condições de dependência, relacionadas a substâncias e concomitantes]* (D. Mee-Lee, Ed.). Carson City: The Change Companies.

Associação Brasileira de Psiquiatria & Sociedade Brasileira de Medicina da Família e Comunidade. (2012). *Abuso e dependência de álcool.* Recuperado de https://amb.org.br/files/_BibliotecaAntiga/abuso_e_dependenia_de_alcool.pdf

Baldaçara, L., Rocha, G. A., Leite, V. da S., Porto, D. M. Grudtner, R. R., Diaz, A. P., Meleiro, A., Correa, H., Tung, T. C., Quevedo, J., & Silva, A. G. (2021). Brazilian Psychiatric Association guidelines for the management of suicidal behavior. Part 1. Risk factors, protective factors, and assessment [Diretrizes da Associação Brasileira de

Psiquiatria para o manejo do comportamento suicida. Parte 1. Fatores de risco, fatores de proteção e avaliação]. *Brazilian Journal of Psychiatry, 43*(5), 525-537. Recuperado de https://doi.org/10.1590/1516-4446-2020-0994

Bastos, F. I. P., Vasconcellos, M. T. L., De Boni, R. B., Reis, N. B., & Coutinho, C. F. S. (Orgs.) (2017). *III Levantamento nacional sobre o uso de drogas pela população brasileira (LNUD)*. Rio de Janeiro: Fundação Oswaldo Cruz. Recuperado de https://www.arca.fiocruz.br/handle/icict/34614

Beck, A. T., Kovacs, M., & Weissman, A. (1979). Assessment of suicidal intention: The scale for suicide ideation [Avaliação da intenção suicida: A escala de ideação suicida]. *Journal of Consulting and Clinical Psychology, 47*(2), 343-352. Recuperado de https://doi.org/10.1037//0022-006x.47.2.343

Botega, N. J. (2017). *Prática psiquiátrica no hospital geral: Interconsulta e emergência* (4a ed.). Porto Alegre: Artmed.

Botega, N. J. (2022). *Crise suicida: Avaliação e manejo* (2a. ed.). Porto Alegre: Artmed.

Busse, A., Gerra, G., Koutsenok, I., & Saenz, E. (2015). International standards on the treatment of drug use disorders [Padrões internacionais sobre o tratamento de transtornos por uso de drogas]. *Drug and Alcohol Dependence, 156*, e32. Recuperado de https://doi.org/10.1016/j.drugalcdep.2015.07.1006

Carrijo, M. V. N., Silva, L. S., Nascimento, V. F., Rocha, E. M., Basso, T. Q. S., Volpato, R. J., & Lemes, A. G. (2022). Perfil dos atendimentos de emergências psiquiátricas em um serviço de urgência e emergência em saúde. *Enfermagem Brasil, 21*(4), 413-429. Recuperado de https://doi.org/10.33233/eb.v21i4.5049

Galindo, L. L. D., Nascimento Bisneto, R. P., Freitas, V. A., Donald, M. E. D., & Alves, I. B. (2024). Complicações clínicas e psiquiátricas decorrentes ao abuso de álcool: uma revisão integrativa. *Brazilian Journal of Health Review, 7*(2), e68208. Recuperado de https://doi.org/10.34119/bjhrv7n2-151

Lopes, L. O. R., Jesus, R. S. M., Souza, R. S. B., & Teodoro, M. L. M. (2023). Fatores de risco e associados ao comportamento suicida no Brasil: Uma revisão sistemática. *Tempus Psicológico, 6*(2). Recuperado de https://doi.org/10.30554/tempuspsi.6.2.4694.2023

Malbergier, A. (2018). *Abordagem clínica da dependência de drogas, álcool e nicotina: Manual para profissionais de saúde mental*. São Paulo: Manole.

Occhini, M. F., & Teixeira, M. G. (2006). Atendimento a pacientes dependentes de drogas: Atuação conjunta do psicólogo e do psiquiatra. *Estudos de Psicologia, 11*(2), 229-236. Recuperado de https://doi.org/https://doi.org/10.1590/S1413-294X2006000200012

Oliveira, G. E., Faria, T. B., & Pereira, T. G. (2021). A psicologia na enfermaria psiquiátrica em hospital geral. *Boletim Academia Paulista de Psicologia, 41*(100), 106-111.

Ramos, R. R., & Oliveira, D. S. A. (2021). A atuação do psicólogo em urgência e emergência. In D. Araújo. *Tópicos especiais em psicologia hospitalar* (pp. 27-41). São Paulo: Sanar Saúde.

Resolução n. 2.057, de 20 de setembro de 2013. Recuperado de https://sistemas.cfm.org.br/normas/visualizar/resolucoes/BR/2013/2057

Secretaria de Vigilância em Saúde. (2021). *Mortalidade por suicídio e notificações de lesões autoprovocadas no Brasil* (Vol. 52).

Sistema Nacional de Políticas Públicas sobre Drogas (2022). *Primeiro informe do subsistema de alerta rápido sobre drogas (SAR)*. Recuperado de https://www.gov.br/mj/pt-br/assuntos/sua-protecao/politicas-sobre-drogas/subsistema-de-alerta-rapido-sobre-drogas-sar/primeiro-informe-sar-19-1-2022.pdf

Souza, N. V., Oliveira, C. B. C., Machado, L. V., & Garcia, L. S. B. (2020). Perfil epidemiológico das emergências psiquiátricas atendidas em um hospital do extremo sul catarinense entre janeiro de 2015 e dezembro de 2017. *Arquivos Catarinenses de Medicina, 49*(3), 38-50. Recuperado de https://revista.acm.org.br/arquivos/article/view/632

16

Cuidado Integral a Crianças, Adolescentes e Jovens com Doenças Crônicas e a seus Cuidadores

Marcos Tadeu Nolasco da Silva

Destaques

- As **doenças crônicas** (DC) afetam o bem-estar e a qualidade de vida de aproximadamente 25% de **crianças, adolescentes e jovens** (CAJ) e de seus **cuidadores**
- O cuidado à saúde mental de CAJ portadores de DC e seus **cuidadores** deve ser multidisciplinar, por meio de uma abordagem biopsicossocial
- As medidas de desfecho relatadas pelo paciente são instrumentos fundamentais para a avaliação da saúde mental de CAJ portadores de DC e seus **cuidadores**
- A **ansiedade** e a **depressão**, principais transtornos mentais em CAJ portadores de DC, podem comprometer aspectos centrais do cuidado, como a adesão ao tratamento
- Fatores de proteção da saúde mental, como a **resiliência**, devem ser avaliados e promovidos pelos profissionais envolvidos no cuidado à CAJ com DC e seus **cuidadores**
- As escolhas terapêuticas no cuidado da saúde mental de CAJ com DC devem ser baseadas nas melhores evidências disponíveis.

INTRODUÇÃO

Este texto aborda o impacto das **doenças crônicas** (DC), de origem primariamente física, sobre a saúde mental de **crianças, adolescentes e jovens** (CAJ). A partir da conceitualização das DC em CAJ, serão descritos os principais fatores associados ao prejuízo da saúde mental nessa população. Visando a uma abordagem holística, serão destacados os aspectos de **cuidado integral** e multidisciplinar. Adicionalmente, será empregado um olhar focado nas práticas de promoção e manutenção da saúde mental, com a intenção de fortalecer os aspectos positivos no enfrentamento do **estresse** que as DC acarretam ao ecossistema familiar, que envolve CAJ e seus **cuidadores**. Em relação às propostas terapêuticas, serão enfatizadas aquelas para as quais existem evidências empíricas convincentes.

O aspecto fundamental no manejo das **doenças crônicas** é o cuidado de longo prazo, com vistas a proporcionar preservação e desenvolvimento de funções orgânicas, sobrevida adequada e de boa qualidade. A faixa etária do cuidado pediátrico atualmente é bastante ampla, abrangendo crianças (menores de 10 anos), adolescentes (10 a 19 anos) e adultos jovens (20 a 24 anos) (Patton et al., 2016).

O UNIVERSO DAS DOENÇAS CRÔNICAS EM CRIANÇAS, ADOLESCENTES E JOVENS

Não há um consenso sobre a definição de DC. Adotamos um conjunto de critérios, estabelecidos há cerca de 30 anos, que uniformiza a definição de condições crônicas de saúde com base em suas consequências, independentemente dos diagnósticos nosológicos específicos (Stein et al., 1993). Os critérios utilizados neste texto estão sumarizados na Tabela 16.1.

Estudos epidemiológicos realizados no Brasil e no exterior identificam uma prevalência aproximada de 16 a 45% de DC em CAJ, variando conforme os critérios diagnósticos. As principais DC que afetam CAJ são as alergias (asma, dermatite atópica, alergia alimentar), obesidade, doenças reumatológicas, doenças renais crônicas, doenças inflamatórias intestinais, diabetes, epilepsia, transtornos do desenvolvimento e do comportamento, lesões secundárias a traumatismos, infecções crônicas, neoplasias e transplantes de órgãos. Também são importantes doenças individualmente raras, porém epidemiologicamente significativas quando agrupadas, como as cardiopatias congênitas, a fibrose cística e os erros inatos da imunidade (Bethell et al., 2011; Cortes et al., 2020; Lemos et al., 2023).

Tabela 16.1 Definição genérica ou não categórica de condições crônicas de acometimento à saúde.

Condições crônicas de saúde são definidas como transtornos que: • Têm uma base biológica, psicológica ou cognitiva • Têm duração mínima de um ano • Produzem uma ou mais das consequências apresentadas a seguir.
a) Limitação de função, atividades ou papéis sociais, em comparação com pares saudáveis, nas áreas de crescimento e desenvolvimento físico, cognitivo, emocional e social
b) Dependência em um dos fatores a seguir, para compensar ou minimizar limitações de funções, atividades ou papéis sociais: (1) Medicamentos. (2) Nutrição especial. (3) Tecnologia médica. (4) Dispositivos de assistência. (5) Assistência pessoal (**cuidadores**).
c) Necessidade de cuidado por serviços de saúde, incluindo abordagem médica, psicológica ou educacional, com intensidade superior àquela habitual para a idade, incluindo tratamento continuado, intervenções e acomodações especiais no lar, na escola ou no trabalho.

Fonte: Adaptada de Stein et al., 1993.

Neste capítulo será abordada com destaque a experiência do Serviço de Imunologia Pediátrica do Hospital de Clínicas da Unicamp (SIP-HC), com a pesquisa e o cuidado de CAJ vivendo com o vírus da imunodeficiência humana (HIV) e aqueles portadores de fibrose cística (FC). Ambas as condições constituem DC incuráveis, porém dispondo de recursos terapêuticos eficazes e proporcionados gratuitamente a todos os pacientes no âmbito do Sistema Único de Saúde (SUS).

A infecção pelo HIV resulta no parasitismo viral de células fundamentais para a resposta imunológica (macrófagos e linfócitos T $CD4^+$), que apresentam declínio progressivo em quantidade e função. Em consequência, ocorre disfunção do sistema imunológico e suscetibilidade a infecções, fenômenos de desregulação imunológica e neoplasias. A principal forma de aquisição da infecção na infância é a chamada transmissão vertical (de mãe para filho), que, por ocorrer em fase precoce do desenvolvimento imunológico, apresenta gravidade muito significativa. Os primeiros casos pediátricos foram relatados em 1982, e até 1996 não eram disponíveis medicamentos potentes. Nos primeiros 15 anos, a infecção era invariavelmente fatal, e 50% das crianças não tratadas faleciam antes de completar 2 anos de idade. Na atualidade, a infecção pelo HIV pode ser tratada precocemente com esquemas simplificados de medicamentos, e a sobrevida e a qualidade de vida têm o potencial de atingir o mesmo patamar da população geral. Outra forma importante de aquisição da infecção é a transmissão sexual, ocorrendo a partir da adolescência. Nesses casos, a sobrevida média sem tratamento eficaz é de 10 anos, e pacientes tratados têm expectativa de vida idêntica à da população geral. Apesar dos avanços terapêuticos e do acesso universal ao tratamento no SUS, CAJ vivendo com HIV e seus **cuidadores** sofrem significativo estigma social, vulnerabilidade econômica e marginalização, fatores que contribuem para prejuízos à saúde mental (Davies et al., 2016; Glaubius et al., 2021). Estima-se que havia cerca de 1 milhão de pessoas vivendo com HIV no Brasil ao final de 2023, sendo cerca de 25% com menos de 25 anos de idade (Brasil, 2023).

A FC é uma doença rara (cerca de 1:10.000 nascimentos ao ano no Brasil). No final de 2021, viviam com FC no Brasil cerca de 6.400 pessoas, sendo 88% menores de 25 anos. A sobrevida média foi estimada em 21 anos. Trata-se de uma condição de base genética, autossômica recessiva, em que ocorrem mutações deletérias no gene CFTR, que regula o transporte de eletrólitos na membrana das células. Em consequência, as principais secreções corporais, como o suor, o muco e as secreções dos tratos respiratório e digestório, tornam-se viscosas e disfuncionais. Tais alterações causam também fibrose em órgãos vitais, como o pâncreas e o fígado. Os principais sintomas são diarreia, com má absorção de nutrientes por via intestinal, e infecções respiratórias crônicas. As principais causas de morte são a desnutrição e a insuficiência respiratória crônica. O tratamento da FC é complexo, exigindo um cuidado multidisciplinar, incluindo a necessidade de fisioterapia respiratória, reposição de enzimas digestivas, oxigênio domiciliar, uso de antimicrobianos e medicamentos para controle das secreções respiratórias, ocasionando frequente necessidade de visitas a serviços médicos e internações. Nos últimos quatro anos, tornou-se disponível um grupo de medicamentos, chamados de moduladores de CFTR, que têm apresentado resultados dramáticos em termos de controle da doença. Pacientes com FC e seus **cuidadores** apresentam múltiplos fatores de prejuízo à saúde mental, como o impacto das limitações cotidianas, privações econômicas, redução de suporte social, interrupção de atividades, necessidade de dedicar até 3 horas do dia aos procedimentos terapêuticos, dificuldades em planejar o futuro, perspectivas de morte precoce e perda de pessoas queridas (Quittner et al., 2016; Grupo Brasileiro de Estudos em Fibrose Cística [GBEFC], 2021).

CUIDADO INTEGRAL: UM PRINCÍPIO QUE NORTEIA A ASSISTÊNCIA A CRIANÇAS, ADOLESCENTES E JOVENS COM DOENÇAS CRÔNICAS E SEUS CUIDADORES

O cuidado à saúde de CAJ mobiliza diversos setores da sociedade; seus aspectos multifacetados ensejam a interação entre famílias, escolas, organizações religiosas e laicas e o próprio sistema de saúde. No caso das DC, a alta prevalência e a necessária complexidade na organização desse cuidado condicionam a organização de serviços clínicos especializados, muitos deles com base hospitalar. Tal organização se exerce na forma de ambulatórios, serviços do tipo hospital-dia e áreas de internação. Em todos esses cenários, a atuação multidisciplinar é fundamental, sendo o psicólogo um profissional protagonista e, eventualmente, líder na equipe de saúde.

Os avanços da pesquisa e do cuidado em saúde no contexto complexo das DC legitimam a importância de uma abordagem de **cuidado integral**. Esse conceito não é novo, foi oficialmente proposto há quase 5 décadas em um documento da Organização Mundial da Saúde, a Declaração de Alma-Ata, de 1978 (International Conference on Primary Health Care, 1978). Em seu primeiro parágrafo, o documento estabelece que: "a saúde, como um estado de completo bem-estar físico, mental e social, e não meramente a ausência de doença ou enfermidade, é um direito humano fundamental".

Nessa ocasião, reafirmou-se como visão global a nortear políticas públicas o conceito da abordagem biopsicossocial em saúde. Essa visão tem sido reforçada e atualizada em sucessivos eventos e documentos internacionais, sendo o documento mais recente a Declaração da "International Union of Health Promotion and Education", de 2022, que destaca a importância da consideração do bem-estar, da equidade, da inclusão das mais diversas comunidades e da saúde planetária nas políticas sanitárias públicas (International Union For Health Promotion and Education [IUHPE], 2022).

A integração dos serviços e dos profissionais de saúde mental ao cenário da atenção hospitalar, ainda excessivamente centrada nos aspectos médicos, é uma medida fundamental para assegurar o **cuidado integral** a CAJ com DC e seus **cuidadores**. A maior parte dos profissionais, tanto em nível de assistência como de gestão, reconhece a importância do psicólogo como um membro essencial da equipe de cuidado centrado no paciente. Os resultados dessa integração estão empiricamente demonstrados por estudos controlados. Com ações integrativas, pode-se obter uma redução das barreiras de acesso ao melhor cuidado e a melhora dos desfechos de saúde física e mental (Delamater et al., 2017).

O arcabouço institucional brasileiro também oferece recursos para o aprimoramento do cuidado de CAJ com DC. As DC são objeto de políticas públicas específicas. O Ministério da Saúde, por meio da Portaria n. 283, de 2014, definiu a Rede de Atenção à Saúde das Pessoas com **Doenças Crônicas** no âmbito do SUS. Essa portaria estabelece diretrizes para o cuidado centrado na pessoa, em âmbito multiprofissional, com acesso universal e plena articulação entre os diferentes pontos e categorias de atenção (Brasil, 2014). O documento mais recente, "Política Nacional de Atenção Integral à Saúde da Criança (PNAISC) – Orientações para Implementação", de 2018, reafirma os compromissos do Estado brasileiro com a saúde de CAJ com base em documentos seminais, como a Constituição Federal, de 1988, e o Estatuto da Criança e do Adolescente, de 1990 (Brasil, 1990; Brasil, 2018). Na formulação da PNAISC, iniciada em 2012, houve a participação de especialistas em saúde de CAJ, representantes de órgãos de gestão pública e instituições da sociedade civil.

O IMPACTO DAS DOENÇAS CRÔNICAS SOBRE A SAÚDE MENTAL DE CRIANÇAS, ADOLESCENTES, JOVENS E SEUS CUIDADORES

Resultados de estudos clínicos e epidemiológicos convergem em demonstrar que as DC aumentam o risco de transtornos de saúde mental em CAJ e seus **cuidadores**. Os dois principais transtornos estão relacionados ao humor e ao afeto: a **ansiedade** e a **depressão**.

Com o uso de instrumentos padronizados, nosso grupo de pesquisa identificou significativa prevalência de **ansiedade** e **depressão** em CAJ portadores de infecção pelo vírus da imunodeficiência humana (HIV) e fibrose cística (FC), conforme demonstra a Tabela 16.2.

Os dados da Tabela 16.2 mostram uma prevalência significativamente maior de **ansiedade** e **depressão** em relação à população geral. Dados da Organização Mundial da Saúde estimam incidências de 9,3% de **ansiedade** e de 5,8% de **depressão** na população brasileira (WHO, 2017).

A literatura internacional também relata maior incidência e prevalência de transtornos

Tabela 16.2 Incidências de **ansiedade** e **depressão** em coortes de pacientes com DC e seus **cuidadores**.

População	Instrumento	Ansiedade (%)	Depressão (%)	Referência
Adolescentes com infecção por HIV verticalmente adquirida	Inventário Beck	13,7%	13,9%	Ernesto, 2016.
Adolescentes com fibrose cística	Inventário Beck	21,4%	7,1%	Ernesto, 2016.
Cuidadores de adolescentes com infecção por HIV verticalmente adquirida	Inventário Beck	42,2%	38,6%	Ernesto, 2016.
Cuidadores de adolescentes com fibrose cística	Inventário Beck	25,7%	17,1%	Ernesto, 2016.
Jovens com diagnóstico recente de infecção por HIV de transmissão sexual	M.I.N.I.	50,0%	58,8% 67,6% — risco de suicídio	Sobrino, 2017.
Adolescentes com fibrose cística, estudo multicêntrico brasileiro	GAD-7 e PHQ-9	18,0%	19,1%	Silva et al., 2020.

de saúde mental em pacientes portadores de outras DC, como asma, dermatite atópica, obesidade, doenças reumáticas e doenças orgânicas congênitas (Delamater et al., 2017). O espectro de transtornos mentais e fatores de redução do bem-estar em CAJ portadores de DC é amplo, incluindo, além da **ansiedade** e da **depressão**, maior risco de transtorno de déficit de atenção e hiperatividade (TDAH), menor satisfação com a vida, menor qualidade de vida, menor percepção de suporte social, maior risco de falha na adesão ao tratamento, abuso de substâncias lícitas e ilícitas, maior sedentarismo, distúrbios do sono, distúrbios do apetite, vitimização por *bullying* e riscos ligados à exposição *on-line* a mídias sociais. Adicionalmente, familiares de CAJ com DC, incluindo irmãos, apresentam maior risco para tais transtornos (van der Sprenkel et al., 2022).

A adolescência caracteriza um período do curso da vida especialmente delicado no contexto da DC. Nesse período ocorrem alterações únicas no desenvolvimento, nas interfaces biológica, psicológica, cognitiva e social. As DC podem causar alterações no ritmo da puberdade, resultando em sentimentos de inadequação do adolescente ao seu meio social e familiar, com consequente redução da autoestima e sintomas internalizantes. As alterações hormonais podem tornar mais difícil o controle de algumas condições, como o diabetes. A adaptação e a inclusão a grupos podem ser dificultadas pelas características específicas da DC, prejudicando a sociabilidade característica do período. Adolescentes podem ser impelidos a evitar a utilização de dispositivos terapêuticos na presença de colegas e amigos, resultando em prejuízo à adesão ao tratamento. Os desafios de adquirir autonomia no cuidado e nas decisões ligadas ao próprio curso da vida tornam-se mais difíceis no contexto da dependência de **cuidadores**, frequentemente necessários nas DC. As tentativas de argumentar racionalmente com o paciente adolescente sobre consequências em longo prazo das falhas de adesão terapêutica podem ser malsucedidas devido ao imediatismo característico dessa fase do desenvolvimento (Russo, 2022).

Determinantes sociais de saúde, como discriminação por cor da pele, baixo nível socioeconômico, alterações de dinâmica familiar, menor acesso à educação de qualidade e restrição do acesso aos serviços de saúde, estão associados à maior prevalência e gravidade das DC em CAJ. Psicólogos formados com visão biopsicossocial, portanto, podem ser importantes agentes do cuidado nesses contextos de vulnerabilidade (Russo, 2022).

As repercussões das DC sobre a saúde mental de CAJ podem estender-se além da infância e da adolescência. Em uma revisão sistemática, observou-se que a história de DC em CAJ mostrou-se associada a transtornos mentais no curso da vida adulta (Secinti et al., 2017). Utilizando dados de um estudo de coorte, autores norte-americanos identificaram maior risco de **depressão** em adultos acima dos 50 anos de idade naqueles que apresentaram DC a partir da infância. Adicionalmente, cerca de 50% desses efeitos foram explicados por alterações de saúde mental na própria infância (Bergmans & Smith, 2022). Tais resultados reforçam a necessidade de uma abordagem proativa e precoce em relação à saúde mental em CAJ com DC, visando à prevenção de transtornos futuros.

Diversos mecanismos podem interagir como condicionantes do risco de transtornos mentais de CAJ com DC. Várias DC, principalmente do grupo das doenças reumatológicas, cursam com inflamação sistêmica, havendo liberação de mediadores inflamatórios que atuam no Sistema Nervoso Central, com potencial efeito deletério sobre o apetite, o sono, a cognição, a memória e a afetividade. Medicamentos frequentemente utilizados no tratamento de DC, como corticosteroides e anti-histamínicos, podem apresentar efeitos desfavoráveis em relação ao estado de humor e afeto (Stein, 2022). O enfrentamento de situações de **estresse** psicossocial, caracterizando a chamada **carga alostática**, no contexto dos desafios à normalidade da vida cotidiana, como a privação de contato social, o absenteísmo escolar, o estigma associado à DC, a vivência de dores crônicas, as frequentes visitas a serviços de saúde e eventuais internações, tem o potencial de causar desequilíbrio no eixo hipotálamo-hipófise-suprarrenal, resultando em desregulação da produção normal de cortisol e catecolaminas. Tais mecanismos resultam em um estado proinflamatório que pode ter como consequências aumento do risco de transtornos mentais, doenças cardiovasculares, neoplasias e imunodeficiências (Cacioppo et al., 2015).

Os **cuidadores** de CAJ com DC, mais frequentemente os próprios pais, sofrem sob uma **carga alostática** muito significativa. O aumento progressivo de responsabilidades no decorrer da evolução da doença, a necessidade de renúncia a prazeres, planos profissionais e relações sociais, os temores ligados à potencial perda de entes queridos resultam em consequências físicas, emocionais e ambientais. De forma semelhante aos resultados relatados na Tabela 16.2, relatos internacionais mostram **cuidadores** bastante vulneráveis, com altos níveis de **ansiedade**, **depressão** e **estresse** parental e baixos níveis de suporte familiar, **resiliência** e percepção de bem-estar (Toledano-Toledano & Luna, 2020). Estudos recentes demonstram também que tais desfechos estão relacionados à desregulação do sistema imunológico dos **cuidadores**, caracterizando a importância de uma visão biopsicossocial (Bamber et al., 2023).

AVALIAÇÃO DA SAÚDE MENTAL EM CRIANÇAS, ADOLESCENTES E JOVENS PORTADORES DE DOENÇAS CRÔNICAS E SEUS CUIDADORES

A relevância e a frequência do comprometimento da saúde mental em CAJ portadores de DC e seus **cuidadores** justificam uma abordagem prospectiva por parte do psicólogo, com avaliações periódicas da saúde mental dos pacientes. Nesse cenário, a colaboração interdisciplinar, em tempo real, entre o psicólogo e as equipes médicas, de enfermagem, nutrição, fisioterapia e serviço social, é fundamental para o sucesso da linha de cuidado. Adicionalmente, o psicólogo pode estabelecer pontes com setores da comunidade, como as escolas e as organizações religiosas. Adicionando suas competências específicas à equipe, o psicólogo pode contribuir com uma avaliação acurada dos sintomas dos pacientes.

O uso de instrumentos sistematizados e validados de avaliação, conhecidos como medidas de desfechos relatados pelo paciente (MDRP), faz parte dos recursos habitualmente utilizados pelos psicólogos na avaliação da saúde mental. Tais instrumentos permitem avaliar a percepção dos pacientes em relação à sua condição de saúde, constituindo-se como "vozes" dos pacientes e das famílias. Podem ser aplicados aos pacientes ou a seus **cuidadores**. Avaliações seriadas poderão auxiliar no acompanhamento da progressão ou do controle de sintomas (National Academies of Sciences, Engineering, and Medicine, 2022). Uma lista não exaustiva de instrumentos utilizados em pesquisa e cuidado por nosso grupo de pesquisa, todos validados para o Brasil, está apresentada na Tabela 16.3.

A interpretação dos resultados das MDRP permitirá ao psicólogo interagir com a equipe de saúde de forma a complementar as competências dos demais profissionais envolvidos no cuidado.

Adicionalmente, uma abordagem semiológica permite ao psicólogo inferir o risco de transtornos mentais em CAJ com DC. Crianças menores poderão demonstrar irritabilidade, agitação ou recolhimento. Escolares e adolescentes poderão apresentar sintomas internalizantes ou externalizantes que precisam ser valorizados como potenciais indicadores de transtornos mentais (White & Belachew, 2022).

Uma situação especialmente desafiadora para o profissional de saúde mental é o cuidado de CAJ com DC que sejam internados devido ao agravamento do quadro clínico ou à necessidade de procedimentos diagnósticos ou terapêuticos complexos. Nesse contexto, a avaliação psicológica costuma ser mais focada e breve. Recomenda-se que os demais profissionais solicitem a atuação do psicólogo de forma precoce para otimizar a aceitação do cuidado de saúde mental por pacientes e familiares, aumentando sua eficácia. Tal cuidado deve ser administrado de forma regular durante o período da internação. A diversidade de problemas a serem enfrentados inclui sintomas somáticos e funcionais (por exemplo, dores ou distúrbios gastrointestinais sem clara base fisiológica), manejo da dor ligada à doença de base ou a procedimentos, adaptação às demandas de novos diagnósticos, trauma físico e psicológico e preparo para readaptação ao ambiente escolar (Garcia et al., 2022).

Tabela 16.3 Instrumentos para medidas de desfechos relatados pelo paciente (MDRP).

Desfecho	Instrumento	Referências
Ansiedade	Inventário de **Ansiedade** de Beck Generalized Anxiety Disorder (GAD-7)	Cunha, 2001 Spitzer et al., 2006
Depressão	Inventário de **Depressão** de Beck Patient Health Questionnaire (PHQ-9) Escala de **Depressão** Pós-Parto de Edimburgo	Cunha, 2001 Kroenke et al., 2001 Santos et al., 2007
Qualidade de Vida	Pediatric Quality of Life Inventory (PedsQL) Youth Quality of Life Instrument – Research Version (YQOL-R) World Health Organization Quality of Life – WHOQOL Bref	Klatchoian et al., 2008 Salum et al., 2012 The WHOQOL Group, 1998
Resiliência	Escala de **Resiliência** de Wagnild-Young	Pesce et al., 2005
Adesão ao tratamento	Questionário de adesão para HIV pediátrico Escala Morisky de Adesão ao Tratamento (MMAS-8) Monitoramento com dispositivos eletrônicos Registros de dispensação farmacêutica	Ernesto et al., 2012 De Oliveira-Filho et al., 2014 Chan et al., 2022 Ernesto et al., 2012
Satisfação com a vida	Escala Diener de Satisfação com a Vida	Diener et al., 1985
Transtornos mentais	Inventário M.I.N.I. de saúde mental	Amorim, 2000
Percepção de suporte familiar	Inventário de Percepção de Suporte Familiar (IPSF)	Baptista, 2005
Personalidade	Inventário Reduzido de Personalidade Revisado – NEO-FFI-R	Flores-Mendoza, 2008
Suporte social	Medical Outcomes Study Social Support Survey (MOS-SSS)	Griep et al., 2005
Qualidade do sono	Escala de Distúrbios do Sono para Crianças (SDSC) Escala de Sonolência de Epworth	Ferreira et al., 2009 Bertolazi et al., 2009
Uso de substâncias lícitas ou ilícitas	CRAFFT (Car, Relax, Alone, Forget, Friends, Trouble)	Pereira et al., 2016

Fonte: Ernesto, 2016; Sobrino, 2017; Campagnol, 2020; Silva et al., 2020.

O DESAFIO DA ADESÃO AO TRATAMENTO NAS DOENÇAS CRÔNICAS

Crianças, adolescentes e jovens com DC necessitam de esquemas terapêuticos prolongados e muitas vezes complexos. A adesão ao tratamento, definida como a coincidência entre o comportamento de pacientes e **cuidadores** e as recomendações feitas pelos profissionais, é um aspecto crítico para o sucesso de qualquer programa terapêutico. Estudos no contexto das DC demonstram que as falhas de adesão resultam em aumento de internações, aceleração da progressão das doenças, aumento dos custos e redução da qualidade de vida e sobrevida (Pires, 2016).

A adesão é um processo dinâmico e multifatorial que requer decisões compartilhadas entre pacientes, **cuidadores**, equipe de saúde e rede social de apoio. Sua abordagem deve respeitar as características socioculturais, subjetivas e o agenciamento da vida cotidiana. Nesse cenário, as particularidades do desenvolvimento são muito importantes. Na infância, a participação dos **cuidadores** é indispensável para o sucesso da adesão; na adolescência, deve-se trabalhar progressivamente para a capacitação no autocuidado. No entanto, dados empíricos demonstram que o engajamento dos **cuidadores** na adolescência pode ser fundamental para uma adesão bem-sucedida. A capacidade de autocuidado deverá estar estabelecida na fase da juventude (Ernesto, 2016; Pires, 2016).

Estudos de nosso grupo de pesquisa delinearam algumas associações entre fatores psicossociais e adesão ao tratamento. Tais dados estão sumarizados na Tabela 16.4.

Nossos dados estão em concordância com estudos internacionais de revisão que destacam a associação entre **depressão**, tanto por parte

Tabela 16.4 Fatores psicossociais associados à adesão ao tratamento.

População	Associação observada com falha de adesão	Referência
Adolescentes com infecção por HIV verticalmente adquirida e seus **cuidadores**	Intolerância ao medicamento Dificuldade na administração Delegação precoce do autocuidado à criança ou adolescente Baixo nível socioeconômico Falta às consultas Cuidador não praticante de religião Menor qualidade de vida de pacientes e **cuidadores** Uso de álcool pelo paciente Tabagismo pelo cuidador Menor suporte familiar **Depressão** do adolescente ou cuidador Tempo gasto com a medicação	Ernesto et al., 2012; Pires, 2016; Ernesto, 2016; Souza, 2016.
Adolescentes com fibrose cística e seus **cuidadores**	Uso de álcool pelo adolescente Delegação precoce do autocuidado à criança ou ao adolescente Menor qualidade de vida **Ansiedade** do adolescente **Depressão** do adolescente Adolescente não praticante de religião	Ernesto, 2016; Pires, 2016; Silva et al., 2020.

dos pacientes como dos **cuidadores**, e falhas na adesão ao tratamento na maior parte das DC que afetam CAJ (Zheng et al., 2020).

A RESILIÊNCIA COMO FATOR DE PROTEÇÃO DA SAÚDE MENTAL

A observação histórica de que alguns grupos de CAJ submetidos a adversidades conseguem enfrentá-las com adaptações bem-sucedidas, enquanto outras desenvolvem respostas deletérias, convergiu no moderno estudo da **resiliência**. A **resiliência** pode ser definida como a capacidade individual de adaptar-se positivamente após adversidades significativas. Trata-se de processo dinâmico e multidimensional, fazendo parte do curso do desenvolvimento de CAJ. Os mecanismos da **resiliência** envolvem fatores neurobiológicos, genéticos, cognitivos e sociais. A compreensão do fenômeno da **resiliência**, devido à sua complexidade, depende de uma visão que englobe as interações entre esses fatores (Vanmeter & Cicchetti, 2020).

Em relação aos fatores neurobiológicos, destaca-se a plasticidade neural, na qual as experiências vitais e ambientais apresentam relação bidirecional com o desenvolvimento da estrutura neuronal. Essa interação é mais intensa nos períodos chamados sensíveis do desenvolvimento, principalmente na vida intrauterina e nos 5 primeiros anos. No entanto, em todos os períodos da vida, a qualidade das experiências pode interagir com a plasticidade da estrutura cerebral. Graças a essa característica, intervenções terapêuticas podem auxiliar o indivíduo a manter ou a recuperar a saúde mental, mesmo após o desenvolvimento de transtornos. Um importante componente funcional da **resiliência** é a habilidade de regulação das emoções, principalmente após eventos afetivos adversos. A modulação dessas funções envolve a amídala, o córtex pré-frontal, o hipocampo e o córtex cingulado. Nesse contexto, a ação dos hormônios do eixo hipotálamo-hipófise-suprarrenal, principalmente a modulação da produção de cortisol e dehidroepiandrosterona, está associada à habilidade de funcionamento resiliente (Chbeir & Carrión, 2023).

Fatores genéticos e epigenéticos (reguladores da expressão gênica) têm sido associados ao comportamento resiliente, principalmente relacionados aos genes da enzima monoaminoxidase, do transporte da serotonina, dos receptores de dopamina e da ocitocina. Não há uma plena compreensão, no entanto, entre as características genotípicas e o contexto das experiências de vida (Chbeir & Carrión, 2023).

Os fatores psicossociais favoráveis à **resiliência** incluem apego seguro, senso de autonomia do "*self*", amizades, suporte parental e familiar, características do território e da personalidade.

Tais fatores são particularmente importantes no planejamento de intervenções, ao nível do indivíduo, da família, da escola e da comunidade (Métais et al., 2022).

REVELAÇÃO E COMPREENSÃO DO DIAGNÓSTICO E DO CURSO DA DOENÇA CRÔNICA

A **revelação diagnóstica** é especialmente importante, devendo ser realizada de forma compatível com o estágio de desenvolvimento do paciente e das particularidades dos **cuidadores**. A manutenção do segredo em relação ao diagnóstico da DC, frequentemente com o propósito de proteção de CAJ, pode resultar em fantasias de culpa, rejeição e incompreensão em relação à necessidade de tratamentos prolongados e complexos.

O processo de revelação deve incluir respostas simples e objetivas às manifestações de curiosidade de CAJ. Em relação ao desenvolvimento cognitivo, é importante que o paciente apresente habilidades de compreensão abstrata, perspectivas de futuro e de manutenção de confidencialidade e segredo, pois todas as DC potencialmente apresentam risco de estigma social, como ocorre de forma mais evidente na infecção por HIV. Nesse processo, adicionalmente, deve haver preparo da equipe para abordar o **estresse** e o sofrimento resultantes da revelação de uma condição incurável e potencialmente letal. O envolvimento da equipe multidisciplinar é fundamental, sendo destacado o papel do profissional que apresenta vínculo de confiança com pacientes e **cuidadores** (Brasil, 2024).

TRANSIÇÃO DO CUIDADO DE CRIANÇAS, ADOLESCENTES E JOVENS COM DOENÇAS CRÔNICAS DOS SERVIÇOS PEDIÁTRICOS PARA OS SERVIÇOS ADULTOS

Os progressos no cuidado a CAJ com DC, ligados a diagnóstico precoce, apoio social às famílias, prevenção de complicações e tratamentos mais eficazes, ocasionaram aumento da sobrevida e da qualidade de vida nessa população. Com a progressão da idade, surgem demandas específicas de cada faixa etária. Dessa forma, tornou-se necessária adequação à continuidade do cuidado por meio do processo de **transição** para serviços de clínica médica.

A **transição** pode ser definida como o movimento intencional e planejado em que o adolescente ou adulto jovem têm o seu enfoque de cuidado modificado. O cuidado focado na infância é progressivamente modificado para um cuidado mais autônomo, sem perda de continuidade. Tal processo é vivido pelos pacientes, **cuidadores** e profissionais de saúde. Seu curso deve ser gradual, formalmente podendo ser iniciado a partir dos 18 anos e evoluir até em torno dos 25 anos, sempre levando em conta o estágio de desenvolvimento e as preferências de pacientes e **cuidadores**.

Nesse cenário, a atuação do psicólogo deve ser voltada à preservação do vínculo entre CAJ, **cuidadores** e profissionais. O psicólogo deve estar atento ao **estresse** associado à mudança da equipe de cuidado, à necessidade de reforço da autonomia do paciente e à abordagem das preocupações, como os temores de morte e abandono por parte do paciente.

Uma **transição** bem-sucedida tem como requisitos a **revelação diagnóstica** e a compreensão pelo paciente de seus próprios sintomas, sua capacidade de gerenciar o próprio cuidado (compreendendo os nomes e os funcionamentos de seus medicamentos, exames e procedimentos necessários) e a compreensão de aspectos da vida adulta, como as relações afetivas, saúde sexual e reprodutiva, senso de responsabilidade e independência.

A certeza da continuidade do cuidado deve ser assegurada pela boa qualidade dos registros de prontuário. Sempre que possível, alguns profissionais devem manter a ligação entre os grupos de cuidado pediátrico e adulto. Nesse contexto, o psicólogo também desempenha papel importante (Brasil, 2024).

INTERVENÇÕES TERAPÊUTICAS PARA A SAÚDE MENTAL DE CRIANÇAS, ADOLESCENTES E JOVENS COM DOENÇAS CRÔNICAS E SEUS CUIDADORES

A base de qualquer intervenção bem-sucedida é o estabelecimento de um vínculo de confiança entre os membros da equipe de saúde, os pacientes e seus **cuidadores**. Tal vínculo pode ser reforçado por meio de um comportamento empático e honesto por parte dos profissionais, mesmo em momentos de dificuldades e incertezas. A comunicação deve ser adequada ao estágio de desenvolvimento de CAJ, num contexto de respeito e compartilhamento. Deverá haver um adequado preparo para a necessidade de procedimentos, cirurgias ou internações. Pacientes e familiares devem ser considerados como potencialmente resilientes, evitando-se comportamentos condescendentes (Stein, 2022).

A visão psicológica integrada no cuidado de CAJ com DC tem sua ênfase nos desfechos funcionais, incluindo a vida escolar e acadêmica, relações familiares e sociais, lazer e trabalho, alimentação e atividade física.

Da mesma forma que em outras etapas do cuidado, no planejamento e na execução de medidas terapêuticas, é fundamental a inclusão do psicólogo de forma integrada na equipe de saúde, com diálogo franco e compartilhamento de competências.

Devido à complexidade das condições ligadas à saúde física, à necessidade de medicamentos e procedimentos e aspectos psicossociais envolvendo CAJ com DC, uma análise de estudos internacionais indica que um planejamento psicoterapêutico eclético e multifacetado tem maior potencial de sucesso (Reif et al., 2022).

Exemplos de abordagens terapêuticas baseadas em evidências empíricas com potencial de promover comportamentos eficazes, como a compreensão do diagnóstico e plena adesão ao tratamento, estão sumarizadas na Tabela 16.5.

Na Tabela 16.6, estão resumidas modalidades terapêuticas breves cujos resultados são apoiados por evidências empíricas para diversas condições que podem comprometer a saúde mental de CAJ com DC (White & Belachew, 2022). Em várias modalidades, a interação com a família é crítica para o sucesso do tratamento.

As intervenções breves terão suas limitações nos casos mais graves. Nos casos de transtorno depressivo maior, transtorno de **ansiedade** generalizada, transtorno de **estresse** pós-traumático e ideação suicida, será necessário um planejamento terapêutico mais intensivo e prolongado. Nesses casos, a interação com clínicos e psiquiatras poderá também orientar medidas psicofarmacológicas.

No contexto do SIP-HC, uma abordagem multidisciplinar bem-sucedida tem sido a formação do grupo operativo (GO), abrangendo médicos, psicóloga, assistente social e enfermeira. Por meio do GO, todos os profissionais apresentam posicionamentos críticos às situações apresentadas, complementando as competências. Dessa forma, estabelecem-se metas comuns aos profissionais ligados ao cuidado. A abordagem é multidisciplinar, centrada na pessoa e na família, dentro de um olhar holístico, biopsicossocial. Os dados do cuidado são organizados na forma de um Plano Terapêutico Singular (PTS) para cada paciente e seus

Tabela 16.5 Estratégias de intervenção para a promoção de comportamentos eficazes em saúde.

Adesão e promoção da saúde	Intervenções para solução de problemas	Entrevista motivacional	Intervenções de apoio à família
Uso de calendários físicos ou eletrônicos para registro da tomada de medicamentos Orientação para que os medicamentos sejam guardados em locais habituais Rotinas para administração da medicação Supervisão pelo cuidador Alarmes e aplicativos dedicados de *smartphones*	Discussão sobre a identificação e a superação de barreiras à adesão Identificação de comportamentos facilitadores da adesão Listar estratégias bem-sucedidas	Fornecer informação e educação sobre a doença e a importância do tratamento (adequada à fase do desenvolvimento) Abordagem empática e centrada na família Promover diálogo sobre mudanças e apoio motivacional Estimular a autoconfiança para mudança de comportamentos	Atuar para a redução de conflitos familiares Promover apoio dos **cuidadores** em direção à progressiva autonomia do adolescente Reforço a comportamentos positivos

Fonte: Rohan & Winter, 2021.

Tabela 16.6 Intervenções psicoterapêuticas breves para problemas de saúde mental em **crianças, adolescentes e jovens** com DC.

Sintoma ou condição	Intervenção
Ansiedade e **depressão**	Terapia cognitivo-comportamental Ativação comportamental Terapia comportamental dialética Terapia de aceitação e compromisso
Alterações de comportamento	Orientação parental Terapias de interação pais-filhos
Enfrentamento de problemas clínicos	Intervenção de apoio Psicoeducação Terapia cognitivo-comportamental Ativação comportamental Terapia comportamental dialética Entrevista motivacional
Transtornos alimentares	Intervenção comportamental Treinamento parental
Ajustamento a mudanças no curso da vida	Intervenção de apoio Terapia focada na solução Entrevista motivacional
Distúrbios do sono	Orientação em higiene do sono Terapia cognitivo-comportamental Terapia comportamental breve
Sintomas somáticos	Ativação comportamental Terapia comportamental dialética
Redução do **estresse**	Ativação comportamental Terapia comportamental dialética Terapia focada na solução

Fonte: White & Belachew, 2022.

cuidadores. A estratégia do PTS já está bem instalada no contexto dos Programas de Saúde da Família (PSF), permitindo dessa forma uma interação produtiva com diferentes serviços, principalmente do SUS (Bastos, 2010; Campos & Guerrero, 2010).

CUIDADOS PALIATIVOS: ELEMENTOS DO CUIDADO CONTÍNUO

O desenvolvimento dos cuidados paliativos em pediatria é recente, caracterizado por aspectos próprios do curso da vida na infância e na adolescência. O cuidado paliativo (CP) pode ser definido como um sistema de provimento de cuidado interdisciplinar a pacientes com doenças graves em qualquer estágio. Dessa forma, o CP não está restrito ao final da vida, mas sim ao suporte em condições em que a cura não seja uma perspectiva próxima, a partir do diagnóstico. Compreende a atenção ao sofrimento físico, psicológico, social e espiritual de pacientes, familiares e **cuidadores**. Há uma grande carência de profissionais com experiência em CP para CAJ com DC. Como no contexto geral do manejo de DC em CAJ, a multidisciplinaridade é fundamental.

A participação do psicólogo na equipe de CP é significativa em múltiplos aspectos, como o manejo de sintomas, comunicação em momentos difíceis, tomada de decisões, planejamento do cuidado e contato com múltiplas especialidades profissionais. A atuação deve ter um enfoque preventivo, evitando momentos de crise e resultando em melhor qualidade de vida para o paciente e a família.

Alguns conceitos podem ser desafiantes ao profissional de saúde mental, como a cooperação com pacientes e **cuidadores** na manutenção da esperança, estado emocional que permite que situações difíceis sejam enfrentadas com maior bem-estar e expectativas positivas. A manutenção da esperança pode ser auxiliada com profissionais que se comuniquem com clareza, conduzam discussões realistas em relação ao prognóstico do paciente e sejam abertos às preocupações e aos medos de CAJ e **cuidadores**.

A evolução para a morte, condição de aceitação extremamente difícil no curso vital de CAJ, pode ocorrer, apesar da melhor qualidade possível do cuidado. Nesses casos, a equipe de CP pode ajudar a evitar intervenções não benéficas. Sempre que possível, deve-se estabelecer um plano para que os momentos finais ocorram no lar, ou, caso ocorram em ambiente hospitalar, num cenário de respeito e tranquilidade.

A equipe de CP deverá também estar preparada para fornecer suporte aos profissionais, que também vivem situações de luto e sofrimento por seu envolvimento com pacientes e familiares (Moresco & Moore, 2021; Ruiz-Gil & Ródenas-Gigla, 2023).

CASO CLÍNICO

Um adolescente do sexo masculino, de 15 anos, natural e procedente do município de Campinas (SP), estava em seguimento pelo Serviço de Imunodeficiência Pediátrica com diagnóstico de infecção pelo HIV por transmissão vertical (mãe-filho). Apresentava seguimento clínico irregular. Observavam-se faltas frequentes às consultas programadas. A adesão à terapia antirretroviral apresentava falhas, com ingestão de menos de 50% das doses recomendadas. Ao ser questionado sobre as razões para a falha de adesão, relatava intolerância à ingestão dos medicamentos (náuseas). Em consequência do tratamento irregular, sua evolução clínica apresentou gravidade progressiva, com o desenvolvimento de infecção ocular (retinite) e intestinal (enterocolite) por citomegalovírus. Tal diagnóstico caracterizou infecções oportunistas ameaçadoras de vida, representativas da fase avançada da infecção pelo HIV, com grave imunossupressão. Apresentava também desnutrição calórico-proteica e retardo puberal. O paciente tinha conhecimento do diagnóstico e da gravidade do seu quadro, porém não parecia ter plena compreensão dos riscos para sua sobrevida. Era tratado pelos familiares com quem convivia (mãe e irmã mais velha) de forma infantilizada.

Devido à gravidade do quadro clínico, o paciente foi internado em enfermaria pediátrica. A equipe multidisciplinar, composta de pediatra supervisor, residente em pediatria, psicóloga, assistente social e enfermeira, abordou o enfrentamento da situação com a técnica de grupo operativo por meio de duas reuniões semanais e da elaboração de Plano Terapêutico Singular, com reavaliações a cada reunião. A psicóloga exerceu o papel de relatora, organizando e sintetizando as discussões do grupo. Foram abordados principalmente os aspectos descritos a seguir.

Tratamento da infecção por citomegalovírus

Foi priorizado, devido ao risco de morte ou sequela grave. Foi necessário o uso de medicamentos antivirais por via intravenosa durante quatro semanas. Essa abordagem foi coordenada pelos pediatras.

Dificuldade de adesão ao tratamento

Foi realizada observação direta da ingestão dos medicamentos antirretrovirais; nas doses iniciais, o paciente queixou-se de náuseas e recebeu tratamento sintomático. O esquema terapêutico elaborado foi necessariamente complexo, devido à presença de resistência viral comprovada por teste de genotipagem. Foi necessária a combinação de cinco medicamentos antirretrovirais, incluindo um medicamento de aplicação subcutânea, moderadamente dolorosa. Houve adequação dos horários de ingestão dos medicamentos, com resolução da intolerância ao combinar-se a ingestão dos medicamentos com as refeições (café da manhã e jantar). Nessa etapa foi enfatizada a importância da adesão ao tratamento junto ao paciente e aos **cuidadores**. Essa abordagem foi coordenada por pediatras, psicóloga e enfermeira.

Avaliação do suporte familiar

Realizada entrevista com familiares, detalhando a composição da família. O paciente tinha seu núcleo familiar constituído por mãe e irmã mais velha, que compartilhavam seu cuidado, e padrasto, que tinha pouca participação no cuidado. O pai estava ausente do núcleo familiar havia anos, sendo afetivamente distante do filho. A renda familiar era satisfatória, e as condições materiais da moradia adequadas. A mãe apresentava limitação física decorrente de sequelas de trauma anterior por acidente automobilístico. O tratamento do trauma envolveu transfusão sanguínea, que resultou na infecção materna pelo HIV. A mãe demonstrava dificuldade de aceitação do próprio diagnóstico, manifestando sentimentos de negação e revolta, e apresentava falha de adesão a seu próprio tratamento. A irmã mais velha, adolescente, exercia importante papel no cuidado cotidiano do paciente. Ambas, mãe e irmã, apresentavam atitude ambivalente em relação à supervisão e à implantação efetiva do tratamento do paciente, alegando que os medicamentos causavam desconforto e que o paciente era desobediente. Foi realizada breve abordagem terapêutica, com escuta dos relatos de mãe e irmã, acolhimento das demandas e devolutiva da importância de a mãe assumir a supervisão e a administração do tratamento, devido à responsabilidade afetiva, ética e legal dos pais de adolescentes portadores de **doenças crônicas**. Abordagem coordenada por psicóloga, assistente social e enfermeira.

Avaliação de suporte social

A família contava com parentes próximos como principal sistema de apoio. Apresentava poucos vínculos comunitários. O paciente não frequentava a escola, em desacordo com o Estatuto da Criança e do Adolescente (ECA) (Brasil, 1990). Optou-se por envolver a equipe do Programa de Saúde da Família da área de moradia, com programação de visitas diárias do paciente, após a alta hospitalar, para ingestão supervisionada de medicamentos no Centro de Saúde e visitas domiciliares semanais. Adicionalmente, avaliação social revelou que o paciente poderia receber o Benefício de Prestação Continuada (BPC), fonte de significativo suporte material. Essa etapa foi coordenada por assistente social e enfermeira.

Desfecho

O tratamento hospitalar foi bem-sucedido. O paciente apresentou controle da infecção por citomegalovírus e recuperação nutricional. Ao receber alta, demonstrava boa adaptação ao tratamento. A mãe e a irmã foram orientadas a monitorar e observar diretamente a ingestão dos medicamentos. O medicamento injetável foi aplicado diariamente no Centro de Saúde. Nas consultas de seguimento, recebeu acompanhamento regular por psicóloga, com acolhimento das angústias e escuta ativa a suas vivências. A supervisão da adesão ao tratamento foi realizada pelo uso de questionário padronizado durante as consultas, e o controle da retirada dos medicamentos foi coordenado pela farmacêutica. A abordagem motivacional e informativa, coordenada pela enfermeira, foi bem-sucedida, com capacitação progressiva do adolescente para o autocuidado. Com articulação coordenada pela assistente social, voltou a frequentar a escola. Gradativamente, tornaram-se desnecessárias as visitas ao Centro de Saúde, e o paciente evoluiu com recuperação clínica e imunológica, mantendo seguimento regular em consultas programadas. Atualmente, é um jovem saudável, já tendo efetuado a **transição** para o cuidado no grupo de adultos. A equipe avaliou a abordagem como bastante bem-sucedida. Foi destacada, em discussões, a grande mobilização de diferentes competências profissionais e sociais para o cuidado de um paciente individual. Um aspecto importante da dinâmica do cuidado foi a gradativa aquisição de autonomia pela família e pelo paciente.

CONCLUSÕES

As **doenças crônicas** apresentam alta prevalência em pediatria, exercendo uma carga estressora elevada e persistente sobre o cotidiano de crianças, adolescentes, jovens e seus **cuidadores**. As situações de **estresse** podem resultar em maior risco de sintomas de **depressão** e **ansiedade** nas diversas etapas do enfrentamento da doença crônica. Cabe à equipe de cuidado abordar tais experiências de forma empática e holística, privilegiando uma visão biopsicossocial.

As múltiplas atribuições do psicólogo, como membro da equipe multiprofissional de saúde, deverão contribuir para a plena realização do potencial de cada criança, adolescente ou jovem portador de doença crônica. O apoio ao enfrentamento das inúmeras adversidades vividas por jovens e familiares poderá ter efeitos transformadores. O cuidado bem-sucedido poderá prevenir e tratar transtornos de saúde mental. O objetivo final será proporcionar o desenvolvimento de indivíduos capazes de seu autocuidado, dotados de emoções positivas, engajamento comunitário, relacionamentos maduros, vidas plenas de significado e conquistas ligadas à vida afetiva, intelectual e profissional.

REFERÊNCIAS BIBLIOGRÁFICAS

Amorim, P. (2000). Mini International Neuropsychiatric Interview (MINI): validação de entrevista breve para diagnóstico de transtornos mentais [Mini International Neuropsychiatric Interview (MINI): validation of a brief interview for the diagnosis of mental disorders]. *Revista Brasileira de Psiquiatria, 22*(3), 106-15.

Bamber, M. D., Solatikia, F., Gaillard, P., & Spratling, R. (2023). Caregiver burden and inflammation in parents of children with special healthcare needs [Sobrecarga e inflamação do cuidador em pais de crianças com necessidades especiais de saúde]. *Discover Psychology, 3*(29). Recuperado de https://doi.org/10.1007/s44202-023-00089-z

Baptista, M. N. (2005) Desenvolvimento do Inventário de Percepção de Suporte Familiar (IPSF): estudos psicométricos preliminares [Development of the Inventory of Perceived Family Support (IPSF): preliminary psychometric studies]. *Psico-USF.* 10(1), 11-19.

Bastos, A. B. B. I. (2010). A técnica de grupos-operativos à luz de Pichon-Rivière e Henri Wallon. *Psicólogo inFormação, 14*(14), 160-169. Recuperado de http://pepsic.bvsalud.org/scielo.php?script=sci_arttext&pid=S1415-88092010000100010&lng=pt&tlng=pt

Bergmans, R. S., & Smith, J. (2022). Associations of mental health and chronic physical illness during childhood with major depression in later life [Associações de saúde mental e doenças físicas crônicas durante a infância com depressão grave na vida adulta]. *Aging & Mental Health, 26*(9), 1813-1820. Recuperado de https://doi.org/10.1080/13607863.2021.1958143

Bertolazi, A. N., Fagondes, S. C., Hoff, L. S., Pedro, V. D., Menna Barreto, S. S., & Johns, M. W. (2009). Portuguese-language version of the Epworth sleepiness scale: validation for use in Brazil [Versão em português da escala de sonolência de Epworth: validação para uso no Brasil]. *Jornal brasileiro de pneumologia: publicacao oficial da Sociedade Brasileira de Pneumologia e Tisilogia, 35*(9), 877-883. Recuperado de https://doi.org/10.1590/s1806-37132009000900009

Bethell, C. D., Kogan, M. D., Strickland, B. B., Schor, E. L., Robertson, J., & Newacheck, P. W. (2011). A national and state profile of leading health problems and health care quality for US children: Key insurance disparities and across-state variations [Um perfil nacional e estadual dos principais problemas de saúde e qualidade dos cuidados de saúde para crianças nos EUA: Principais disparidades de seguros e variações entre estados]. *Academic pediatrics, 11*(3 Suppl), S22-S33. Recuperado de https://doi.org/10.1016/j.acap.2010.08.011

Brasil. (1990). *Estatuto da Criança e do Adolescente: Lei Federal n. 8069, de 13 de julho de 1990.* Diário Oficial da União.

Brasil. Ministério da Saúde. (2014). *Portaria n. 483, de 1º de abril de 2014.* Recuperado de http://bvsms.saude.gov.br/bvs/saudelegis/gm/2014/prt0483_01_04_2014.html

Brasil. Ministério da Saúde. (2018). *Política nacional de atenção integral à saúde da criança (PNAISC) – orientações para implementação.* https://central3.to.gov.br/arquivo/494643/

Brasil. Ministério da Saúde. (2023). *Boletim epidemiológico – HIV e Aids 2023.* Recuperado de https://www.gov.br/aids/pt-br/central-de-conteudo/boletins-epidemiologicos/2023/hiv-aids/boletim-epidemiologico-hiv-e-aids-2023.pdf

Brasil. Ministério da Saúde. (2024). *Protocolo clínico e diretrizes terapêuticas para manejo da infecção pelo HIV em crianças e adolescentes: Módulo 2: Diagnóstico, manejo e tratamento de crianças e adolescentes vivendo com HIV.* Recuperado de http://bvsms.saude.gov.br/bvs/publicacoes/pcdt_manejo_hiv_criancas_modulo2.pdf

Cacioppo, J. T., Cacioppo, S., Capitanio, J. P., & Cole, S. W. (2015). The neuroendocrinology of social isolation [A neuroendocrinologia do isolamento social]. *Annual Review of Psychology, 66,* 733-767. Recuperado de https://doi.org/10.1146/annurev-psych-010814-015240

Campagnol, E. (2020). *Depressão pós-parto em mães infectadas pelo vírus da imunodeficiência humana: Prevalência e fatores associados* [Dissertação de Mestrado]. Repositório da Produção Científica e Intelectual da Unicamp. Recuperado de https://repositorio.unicamp.br/acervo/detalhe/1158101?guid=1730814043247&returnUrl=%2fresultado%2flistar%3fguid%3d1730814043247%26quantidadePaginas%3d1%26codigoRegistro%3d1158101%231158101&i=1

Campos, G. W. S., & Guerrero, A. V. P. (2010). *Manual de práticas de atenção básica: Saúde ampliada e compartilhada.* Hucitec.

Chan, A. H. Y., Foot, H., Pearce, C. J., Horne, R., Foster, J. M., & Harrison, J. (2022). Effect of electronic adherence monitoring on adherence and outcomes in chronic conditions: A systematic review and meta-analysis [Efeito do monitoramento eletrônico da adesão na adesão e nos resultados em condições crônicas: uma revisão sistemática e meta-análise]. *PloS one*, *17*(3), e0265715. Recuperado de https://doi.org/10.1371/journal.pone.0265715

Chbeir, S., & Carrión, V. (2023). Resilience by design: How nature, nurture, environment, and microbiome mitigate stress and allostatic load [Resiliência desde a concepção: como a natureza, a criação, o ambiente e o microbioma mitigam o estresse e a carga alostática]. *World Journal of Psychiatry*, *13*(5), 144-159. Recuperado de https://doi.org/10.5498/wjp.v13.i5.144

Cortes, J. B., Fernández, C. S., Oliveira, M. B., Lagos, C. M., Martínez, M. T. B., Hernández, C. L., & González, I. C. (2020). Enfermedades crónicas en población pediátrica: comorbilidades y uso de servicios en atención primaria [Enfermidades crônicas na população pediátrica: comorbilidades e uso de serviços de atenção primária]. *Anales de pediatria*, *93*(3), 183-193. Recuperado de https://doi.org/10.1016/j.anpedi.2019.12.019

Cunha, J. A. Manual da versão em português das escalas Beck. São Paulo: Casa do Psicólogo, 2001.

Davies, M. A., Gibb, D., & Turkova, A. (2016). Survival of HIV-1 vertically infected children [Sobrevivência de crianças infectadas verticalmente pelo HIV-1]. *Current Opinion in HIV and AIDS*, *11*(5), 455-464. Recuperado de https://doi.org/10.1097/COH.0000000000000303

de Oliveira-Filho, A. D., Morisky, D. E., Neves, S. J., Costa, F. A., & de Lyra, D. P., Jr (2014). The 8-item Morisky Medication Adherence Scale: validation of a Brazilian-Portuguese version in hypertensive adults [Escala de Adesão à Medicação de Morisky de 8 itens: validação de uma versão em português do Brasil em adultos hipertensos]. *Research in social & administrative pharmacy: RSAP*, *10*(3), 554-561. Recuperado de https://doi.org/10.1016/j.sapharm.2013.10.006

Delamater, A. M., Guzman, A., & Aparicio, K. (2017). Mental health issues in children and adolescents with chronic illness [Problemas de saúde mental em crianças e adolescentes com doenças crônicas]. *International Journal of Human Rights in Healthcare*, *10*(3), 163-173.

Diener, E., Emmons, R. A., Larsen, R. J., & Griffin, S. (1985). The Satisfaction With Life Scale [A Escala de Satisfação com a Vida]. *Journal of Personality Assessment*, *49*(1), 71-75. Recuperado de https://doi.org/10.1207/s15327752jpa4901_13

Ernesto, A. S., Lemos, R. M. B. P., Huehara, M. I., Morcillo, A. M., Vilela, M. M. S., & Silva, M. T. N. (2012). Usefulness of pharmacy dispensing records in the evaluation of adherence to antiretroviral therapy in brazilian children and adolescents [Utilidade dos registros de dispensação farmacêutica na avaliação da adesão à terapia antirretroviral em crianças e adolescentes brasileiros]. *The Brazilian Journal of Infectious Diseases: An official publication of the Brazilian Society of Infectious Diseases*, *16*(4), 315-320. Recuperado de https://doi.org/10.1016/j.bjid.2012.06.006

Ernesto, A. S. (2016). *Adesão ao tratamento em doenças crônicas em adolescentes: Características psicossociais de pacientes e cuidadores na infecção pelo HIV e na fibrose cística* [Tese de Doutorado]. Recuperado de https://doi.org/10.47749/T/UNICAMP.2016.975744.

Garcia, B. N. B., Pugh, A., Limke, C., & Beam, N. (2022). The role of psychologists in pediatric hospital medicine [O papel dos psicólogos na medicina hospitalar pediátrica]. *Pediatric Clinics of North America*, *69*(5), 929-940. Recuperado de https://doi.org/10.1016/j.pcl.2022.05.006

Ferreira, V. R., Carvalho, L. B., Ruotolo, F., de Morais, J. F., Prado, L. B., & Prado, G. F. (2009). Sleep disturbance scale for children: translation, cultural adaptation, and validation [Escala de distúrbios do sono para crianças: tradução, adaptação cultural e validação]. *Sleep medicine*, *10*(4), 457-463. Recuperado de https://doi.org/10.1016/j.sleep.2008.03.018

Flores-Mendoza, C. Inventário de Personalidade NEO RevisadoNEO PI-R – Manual. São Paulo: Vetor, 2008.

Grupo Brasileiro de Estudos em Fibrose Cística [GBEFC]. (2021). *Registro brasileiro de fibrose cística ano 2021*. Recuperado de http://portalgbefc.org.br/ckfinder/userfiles/files/Rebrafc_2021_REV_fev24.pdf

Glaubius, R., Kothegal, N., Birhanu, S., Jonnalagadda, S., Mahiane, S. G., Johnson, L. F., Brown, T., Stover, J., Mangal, T. D., Pantazis, N., & Eaton, J. W. (2021). Disease progression and mortality with untreated HIV infection: evidence synthesis of HIV seroconverter cohorts, antiretroviral treatment clinical cohorts and population-based survey data [Progressão da doença e mortalidade com infecção por HIV não tratada: síntese de evidências de coortes de seroconversores de HIV, coortes clínicas de tratamento anti-retroviral e dados de inquéritos de base populacional]. *Journal of the International AIDS Society*, *24*(Suppl 5), e25784. Recuperado de https://doi.org/10.1002/jia2.25784

Griep, R. H., Chor, D., Faerstein, E., Werneck, G. L., & Lopes, C. S. (2005). Validade de constructo de escala de apoio social do Medical Outcomes Study adaptada para o português no Estudo Pró-Saúde [Construct validity of the Medical Outcomes Study's social support scale adapted to Portuguese in the Pró-Saúde Study]. *Cadernos de saúde pública*, *21*(3), 703-714. Recuperado de https://doi.org/10.1590/s0102-311x2005000300004

International Conference on Primary Health Care. (1978). Declaration of alma-ata [Declaração de alma-ata]. *WHO Chronicle*, *32*(11), 428-30.

International Union For Health Promotion and Education [IUHPE]. (2022). Tiohtià:ke statement: Catalysing policies for health, well-being and equity. *Global Health Promotion, 29*(4), 3-7. Recuperado de https://doi.org/10.1177/17579759221134772

Klatchoian, D. A., Len, C. A., Terreri, M. T., Silva, M., Itamoto, C., Ciconelli, R. M., Varni, J. W., & Hilário, M. O. (2008). Quality of life of children and adolescents from São Paulo: reliability and validity of the Brazilian version of the Pediatric Quality of Life Inventory version 4.0 Generic Core Scales [Qualidade de vida de crianças e adolescentes de São Paulo: confiabilidade e validade da versão brasileira do Pediatric Quality of Life Inventory versão 4.0 Generic Core Scales]. *Jornal de Pediatria, 84*(4), 308-315. Recuperado de https://doi.org/10.2223/JPED.1788

Kroenke, K., Spitzer, R. L., & Williams, J. B. (2001). The PHQ-9: validity of a brief depression severity measure [PHQ-9: validade de uma medida breve de gravidade da depressão]. *Journal of General Internal Medicine, 16*(9), 606-613. Recuperado de https://doi.org/10.1046/j.1525-1497.2001.016009606.x

Lemos, V. C., Barros, M. B. A., & Lima, M. G. (2023). Chronic diseases and health conditions in adolescents: Sex inequalities [Doenças crônicas e problemas de saúde de adolescentes: desigualdades segundo sexo]. *Revista brasileira de epidemiologia, 26*, e230009. Recuperado de https://doi.org/10.1590/1980-549720230009.2

Métais, C., Burel, N., Gillham, J. E., Tarquinio, C., & Martin-Krumm, C. (2022). Integrative review of the recent literature on human resilience: From concepts, theories, and discussions towards a complex understanding [Revisão integrativa da literatura recente sobre resiliência humana: De conceitos, teorias e discussões a uma compreensão complexa]. *Europe's Journal of Psychology, 18*(1), 98-119. Recuperado de https://doi.org/10.5964/ejop.2251

Moresco, B., & Moore, D. (2021). Pediatric Palliative Care [Cuidado Paliativo Pediátrico]. *Hospital practice (1995), 49*(sup1), 422-430. Recuperado de https://doi.org/10.1080/21548331.2021.1964867

National Academies of Sciences, Engineering, and Medicine. (2022). *Accelerating the use of findings from patient-centered outcomes research in clinical practice to improve health and health care: Proceedings of a workshop series*. National Academies Press.

Patton, G. C., Sawyer, S. M., Santelli, J. S., Ross, D. A., Afifi, R., Allen, N. B., Arora, M., Azzopardi, P., Baldwin, W., Bonell, C., Kakuma, R., Kennedy, E., Mahon, J., McGovern, T., Mokdad, A. H., Patel, V., Petroni, S., Reavley, N., Taiwo, K., Waldfogel, J., Wickremarathne, D., Barroso, C., Bhutta, Z., Fatusi, A. O., Mattoo, A., Diers, J., Fang, J., Ferguson, J., Ssewamala, F., & Viner, R. M. (2016). Our future: a Lancet commission on adolescent health and wellbeing [Nosso futuro: uma comissão da Lancet sobre saúde e bem-estar dos adolescentes]. *The Lancet, 387*(10036), 2423-2478. Recuperado de https://doi.org/10.1016/S0140-6736(16)00579-1

Pereira, B. A., Schram, P. F., & Azevedo, R. C. (2016). Avaliação da versão brasileira da escala CRAFFT/CESARE para uso de drogas por adolescentes [Evaluation of the Brazilian version of the CRAFFT/CESARE scale for screening drug use by adolescents]. *Ciência & saúde coletiva, 21*(1), 91-99. Recuperado de https://doi.org/10.1590/1413-81232015211.05192015

Pesce, R. P., Assis, S. G., Avanci, J. Q., Santos, N. C., Malaquias, J. V., & Carvalhaes, R. (2005). Adaptação transcultural, confiabilidade e validade da escala de resiliência [Cross-cultural adaptation, reliability and validity of the resilience scale]. *Cadernos de saúde pública, 21*(2), 436-448. Recuperado de https://doi.org/10.1590/s0102-311x2005000200010

Pires, D. C. (2016). Associação entre adesão ao tratamento em adolescentes com fibrose cística e a personalidade dos cuidadores [Dissertação de Mestrado]. https://doi.org/10.47749/T/UNICAMP.2016.975282

Quittner, A. L., Saez-Flores, E., & Barton, J. D. (2016). The psychological burden of cystic fibrosis [O fardo psicológico da fibrose cística]. *Current Opinion in Pulmonary Medicine, 22*(2), 187-191. Recuperado de https://doi.org/10.1097/MCP.0000000000000244

Reif, L. K., van Olmen, J., McNairy, M. L., Ahmed, S., Putta, N., Bermejo, R., Nugent, R., Paintsil, E., Daelmans, B., Varghese, C., Sugandhi, N., & Abrams, E. J. (2022). Models of lifelong care for children and adolescents with chronic conditions in low-income and middle-income countries: a scoping review [Modelos de cuidados ao longo da vida para crianças e adolescentes com condições crônicas em países de baixa e média renda: uma revisão de escopo]. *BMJ global health, 7*(7), e007863. Recuperado de https://doi.org/10.1136/bmjgh-2021-007863

Rohan, J. M., & Winter, M. A. (2021). Ethical considerations in pediatric chronic illness: The relationship between psychological factors, treatment adherence, and health outcomes [Considerações éticas em doenças crônicas pediátricas: A relação entre fatores psicológicos, adesão ao tratamento e resultados de saúde]. *Paediatric Respiratory Reviews, 39*, 48-53. Recuperado de https://doi.org/10.1016/j.prrv.2021.05.008

Ruiz-Gil, T., & Ródenas-Rigla, F. (2023). Quality of care in pediatric palliative care: A scoping review [Qualidade do cuidado em cuidados paliativos pediátricos: uma scoping review]. *Chil-*

dren, 10(12), 1922. Recuperado de https://doi.org/10.3390/children10121922

Russo, K. (2022). Assessment and treatment of adolescents with chronic medical conditions [Avaliação e tratamento de adolescentes com condições médicas crônicas]. *Journal of Health Service Psychology, 48*(2), 69-78. Recuperado de https://doi.org/10.1007/s42843-022-00059-4

Salum, G. A., Patrick, D. L., Isolan, L. R., Manfro, G. G., & Fleck, M. P. (2012). Youth Quality of Life Instrument-Research version (YQOL-R): psychometric properties in a community sample [Instrumento de Qualidade de Vida para Jovens – Versão de Pesquisa (YQOL-R): propriedades psicométricas em uma amostra comunitária]. *Jornal de pediatria, 88*(5), 443-448. Recuperado de https://doi.org/10.2223/JPED.2193

Santos, I. S., Matijasevich, A., Tavares, B. F., Barros, A. J., Botelho, I. P., Lapolli, C., Magalhães, P. V., Barbosa, A. P., & Barros, F. C. (2007). Validation of the Edinburgh Postnatal Depression Scale (EPDS) in a sample of mothers from the 2004 Pelotas Birth Cohort Study [Validação da Escala de Depressão Pós-Parto de Edimburgo (EPDS) em uma amostra de mães do Estudo de Coorte de Nascimentos de Pelotas de 2004]. *Cadernos de saúde pública, 23*(11), 2577-2588. Recuperado de https://doi.org/10.1590/s0102-311x2007001100005

Secinti, E., Thompson, E. J., Richards, M., & Gaysina, D. (2017). Research review: Childhood chronic physical illness and adult emotional health – a systematic review and meta-analysis [Revisão de pesquisa: Doenças físicas crônicas na infância e saúde emocional do adulto – uma revisão sistemática e meta-análise]. *Journal of Child Psychology and Psychiatry, and Allied Disciplines, 58*(7), 753-769. Recuperado de https://doi.org/10.1111/jcpp.12727

Silva, M. N., Rozov, T., Ribeiro, M. G. O., Quittner, A. L., Damaceno, N., & Badas-CF Study Group. (2020). Anxiety and depression in adolescents with cystic fibrosis – multicenter study of the brazilian cystic fibrosis anxiety and depression study group [Ansiedade e depressão em adolescentes com fibrose cística – estudo multicêntrico do grupo brasileiro de estudo de ansiedade e depressão em fibrose cística]. *Pediatric Pulmonology, 55*(S2), 267.

Sobrino, C. C. G. (2017). Evolução de desfechos psicossociais em jovens vivendo com o vírus da imunodeficiência humana no primeiro ano após o diagnóstico: Estudo longitudinal [Tese de Doutorado]. Recuperado de https://doi.org/10.47749/T/UNICAMP.2017.982665

Souza, P. C. (2016). Associação entre adesão ao tratamento e qualidade de vida em adolescentes vivendo com o HIV e seus cuidadores [Dissertação de Mestrado]. Recuperado de https://doi.org/10.47749/T/UNICAMP.2016.976459

Spitzer, R. L., Kroenke, K., Williams, J. B., & Löwe, B. (2006). A brief measure for assessing generalized anxiety disorder: the GAD-7 [Uma medida breve para avaliar o transtorno de ansiedade generalizada: o GAD-7]. *Archives of internal medicine, 166*(10), 1092-1097. Recuperado de https://doi.org/10.1001/archinte.166.10.1092

Stein, R. E., Bauman, L. J., Westbrook, L. E., Coupey, S. M., & Ireys, H. T. (1993). Framework for identifying children who have chronic conditions: The case for a new definition [Quadro para identificar crianças com condições crônicas: o caso de uma nova definição]. *The Journal of Pediatrics, 122*(3), 342-347. Recuperado de https://doi.org/10.1016/s0022-3476(05)83414-6

Stein, R. E. K. (2022). Mental health concerns and childhood chronic physical health conditions: A narrative review [Preocupações com a saúde mental e saúde física crônica na infância condições: Uma revisão narrativa]. *Pediatric Medicine, 5*(5). Recuperado de http://dx.doi.org/10.21037/pm-20-107

THE WHOQOL GROUP. (1998). Development of the World Health Organization WHOQOL-BREF Quality of Life Assessment [Desenvolvimento da Avaliação de Qualidade de Vida WHOQOL-BREF da Organização Mundial da Saúde]. *Psychological Medicine, 28*(3), 551-558. Recuperado de https://doi.org/10.1017/S0033291798006667

Toledano-Toledano, F., & Luna, D. (2020). The psychosocial profile of family caregivers of children with chronic diseases: A cross-sectional study [O perfil psicossocial de cuidadores familiares de crianças com doenças crônicas: um estudo transversal]. *BioPsychoSocial Medicine, 14*(29). Recuperado de https://doi.org/10.1186/s13030-020-00201-y

van der Sprenkel, E. E. B., Nijhof, S. L., Dalmeijer, G. W., Onland-Moret, N. C., de Roos, S. A., Lesscher, H. M. B., van de Putte, E. M., van der Ent, C. K., Finkenauer, C., & Stevens, G. W. J. M. (2022). Psychosocial functioning in adolescents growing up with chronic disease: The dutch HBSC study [Funcionamento psicossocial em adolescentes que crescem com doenças crônicas: O estudo holandês HBSC]. *European Journal of Pediatrics, 181*(2), 763-773. Recuperado de https://doi.org/10.1007/s00431-021-04268-9

Vanmeter, F., & Cicchetti, D. (2020). Resilience [Resiliência]. In M. J. Aminoff, F. Boller, & D. F. Swaab (Eds.), *Handbook of Clinical Neurology: Vol. 173* (pp. 67-73). Elsevier. Recuperado de https://doi.org/10.1016/B978-0-444-64150-2.00008-3

White, K., & Belachew, B. (2022). Role of psychologists in pediatric subspecialties: Integrated psychological services overarching concepts across pediatric subspecialties [Papel dos psicólogos nas subespecialidades pediátricas: conceitos abrangentes de serviços psicológicos integrados em todas as subespecialidades pediátricas]. *Pediatric Clinics of North America, 69*(5), 825-837. Recuperado de https://doi.org/10.1016/j.pcl.2022.06.003

World Health Organization [WHO]. (2017). *Depression and other common mental disorders: Global health estimates [Depressão e outros transtornos mentais comuns: estimativas de saúde global]*. Recuperado de https://www.who.int/publications/i/item/depression-global-health-estimates

Zheng, K., Abraham, C., Bruzzese, J. M., & Smaldone, A. (2020). Longitudinal relationships between depression and chronic illness in adolescents: an integrative review [Relações longitudinais entre depressão e doenças crônicas em adolescentes: uma revisão integrativa]. *Journal of Pediatric Health Care: Official Publication of National Association of Pediatric Nurse Associates & Practitioners, 34*(4), 333-345. Recuperado de https://doi.org/10.1016/j.pedhc.2020.01.008

17

Hospitalização de Pessoas Idosas em Atenção Interdisciplinar

Karina Kelly Borges ▪ Fernando José da Silva ▪ Jayne Zaniratto

Destaques

- Aprender a reconhecer o texto de cada situação-auxílio na busca das melhores técnicas para auxílio na hospitalização da pessoa idosa
- A hospitalização gera impactos, desde a mudança de ambiente e de rotina até demandas emocionais e sociais
- A participação da equipe multidisciplinar gera um cuidado de extrema importância, tanto para a pessoa idosa quanto para a sua família
- Comumente em hospitais, as pessoas **idosas** podem permanecer em alas geriátricas, onde os profissionais são especialistas em atendimentos de demandas relacionadas ao processo do envelhecimento.

INTRODUÇÃO

A **hospitalização** de pessoas **idosas** tem aumentado, refletindo tanto o envelhecimento populacional quanto a complexidade dos cuidados necessários para essa faixa etária. Em 2020, cerca de 14% da população brasileira tinha 65 anos ou mais (IBGE, 2021), e esse número deve crescer nas próximas décadas, resultando em mais hospitalizações, frequentemente associadas a comorbidades crônicas.

A atenção **interdisciplinar** é essencial no atendimento às pessoas **idosas**, pois envolve o cuidado das múltiplas dimensões físicas, emocionais e sociais dessa população. A Organização Mundial da Saúde (2021) aponta que essa abordagem pode melhorar a qualidade do atendimento e reduzir complicações durante a **hospitalização**. A colaboração entre médicos, enfermeiros, psicólogos, fisioterapeutas, nutricionistas e assistentes sociais é fundamental para um cuidado centrado no paciente.

A comunicação eficaz dentro da **equipe** de saúde é crucial, pois a falta de diálogo pode gerar erros e descoordenação no cuidado, prejudicando os desfechos do paciente (Hughes et al., 2020). Estudos demonstram que a abordagem **interdisciplinar**, como a Interdisciplinary Team Approach (ITA), melhora a recuperação funcional das **pessoas idosas** hospitalizadas (Eun et al., 2018; Crotty et al., 2013) e proporciona uma experiência hospitalar mais positiva. A Psicologia da Saúde desempenha um papel essencial ao abordar os aspectos psicológicos e sociais que afetam a recuperação e a qualidade de vida das **pessoas idosas** hospitalizadas.

IMPORTÂNCIA DA PSICOLOGIA DA SAÚDE

A Psicologia da Saúde estuda como fatores psicológicos, sociais e comportamentais influenciam a saúde, sendo crucial no cuidado a

pessoas idosas, especialmente durante a **hospitalização**. Esse grupo enfrenta estressores emocionais, como ansiedade, em virtude da incerteza sobre diagnósticos e tratamentos, o que pode aumentar os níveis de estresse (Kessels et al., 2014). Além disso, a **hospitalização** pode intensificar sentimentos de solidão e depressão, principalmente em virtude do isolamento social e da perda de apoio familiar (Bair et al., 2013).

A adaptação emocional às condições crônicas também é um desafio para as **pessoas idosas**, envolvendo processos como aceitação da doença e reestruturação cognitiva. A Psicologia auxilia no enfrentamento adaptativo e na resiliência, promovendo uma visão mais realista e otimista da vida, o que é essencial para a adesão ao tratamento e o bem-estar emocional (Rosa et al., 2018). Intervenções que favorecem a saúde mental e a inclusão social, como suporte emocional e atividades terapêuticas, são fundamentais para melhorar a recuperação e a qualidade de vida das **pessoas idosas** hospitalizadas.

INTEGRAÇÃO DA PSICOLOGIA NA EQUIPE INTERDISCIPLINAR

A inclusão do psicólogo na **equipe interdisciplinar** é fundamental para um atendimento completo, abordando tanto as necessidades clínicas quanto emocionais dos pacientes. A **avaliação** psicológica, conforme López et al. (2019), é essencial para identificar fatores emocionais, como ansiedade e depressão, que impactam a recuperação. Essa **avaliação** permite personalizar as intervenções e superar barreiras à adesão ao tratamento, promovendo o bem-estar emocional e a motivação para o autocuidado.

O psicólogo também implementa intervenções de enfrentamento, como a terapia cognitivo-comportamental (TCC) e o *mindfulness*, que ajudam a reduzir a reatividade emocional e a fortalecer os recursos internos de enfrentamento, favorecendo a adesão ao tratamento (Santos et al., 2020). Essas estratégias oferecem benefícios duradouros e auxiliam na manutenção de comportamentos saudáveis.

Este capítulo tem como objetivo abordar a **hospitalização** de **pessoas idosas** na perspectiva da atenção **interdisciplinar**, destacando a importância de uma colaboração entre profissionais de saúde para melhorar a recuperação e a qualidade de vida dessa população. Serão discutidos os desafios específicos enfrentados pelas **pessoas idosas** durante a **hospitalização**, com foco na atuação da Psicologia da Saúde, que lida com aspectos emocionais e sociais essenciais ao cuidado. O capítulo também apresentará modelos de intervenção eficazes e diretrizes para implementar práticas interdisciplinares que atendam às necessidades complexas das **pessoas idosas** hospitalizadas, promovendo uma abordagem centrada no paciente.

PANORAMA GERAL DA HOSPITALIZAÇÃO DE PESSOAS IDOSAS

Pessoas idosas com 65 anos ou mais têm uma taxa de **hospitalização** cinco vezes maior do que adultos mais jovens (Centers for Disease Control and Prevention, 2020).

A **hospitalização** de **pessoas idosas** é influenciada por fatores clínicos, sociais e econômicos. A presença de comorbidades, como hipertensão, diabetes e doenças cardiovasculares, eleva o risco de **hospitalização** (Mick et al., 2017). Além disso, a síndrome da fragilidade, caracterizada pela perda de reservas fisiológicas e maior vulnerabilidade a complicações, também contribui para as internações frequentes (Fried et al., 2001). A polifarmácia, com o uso de múltiplos medicamentos, pode resultar em interações medicamentosas e em eventos adversos, como evidenciado por Gleason et al. (2017). Fatores sociais, como baixa renda e acesso limitado a cuidados de saúde, também agravam a situação, como apontado por Dahlberg et al. (2015).

A **hospitalização** pode ter impactos significativos na saúde das **pessoas idosas**, afetando tanto o aspecto físico quanto o mental. A descompensação funcional, muitas vezes associada à imobilidade prolongada e ao *delirium*, prejudica a recuperação e aumenta o risco de complicações (Inouye et al., 2000b). Além disso, o ambiente hospitalar pode intensificar sintomas de ansiedade, depressão e angústia, comprometendo o processo de recuperação (Zisook et al., 2018).

DESAFIOS NA HOSPITALIZAÇÃO DE PESSOAS IDOSAS

As **pessoas idosas** frequentemente apresentam múltiplas comorbidades, com aproximadamente 70% tendo pelo menos uma condição crônica, como hipertensão, diabetes, doenças cardíacas e artrite (Lloyd-Jones et al., 2010). A coexistência de diversas doenças complica o tratamento e aumenta o risco de **hospitalização** nessa população. Por exemplo, uma pessoa idosa com diabetes e problemas cardíacos pode precisar de um gerenciamento intensivo, o que dificulta a recuperação em virtude da interação entre as condições (Fries et al., 2010).

A polifarmácia, que envolve o uso de cinco ou mais medicamentos simultaneamente, é comum entre **pessoas idosas**, afetando cerca de 40% dessa população (Shankar et al., 2018). Isso baixa a adesão ao tratamento em razão da complexidade dos regimes (Boustani et al., 2005). Portanto, uma abordagem multidisciplinar é crucial para otimizar a terapia medicamentosa durante a **hospitalização**.

Além disso, a **hospitalização** impacta significativamente a saúde mental e emocional das pessoas **idosas**. Muitos enfrentam ansiedade e depressão em virtude da perda de autonomia e do ambiente hospitalar, exacerbando problemas preexistentes (Choi et al., 2019). A falta de estratégias de enfrentamento adequadas pode levar a dificuldades emocionais durante e após a **hospitalização** (Ranjan et al., 2020).

MODELO DE ENFERMARIA GERIÁTRICA E O PAPEL DA EQUIPE INTERDISCIPLINAR

A Enfermaria de Geriatria de um hospital-escola no interior de São Paulo, com 20 leitos, recebe **pessoas idosas**, com idade média de 80 anos, sendo 57% do sexo feminino e com baixa escolaridade. As principais causas de internação incluem pneumonia, infecção do trato urinário e doenças crônicas (Lima et al., 2022; Paula et al., 2014). As mulheres, em razão da maior expectativa de vida, buscam mais os serviços de saúde, enquanto os homens geralmente procuram atendimento médico mais tarde (Viana et al., 2015; Chaimowicz, 2013).

A enfermaria é equipada com leitos adaptados e oferece diversas instalações, como salas para a equipe médica e multidisciplinar. O ambiente físico e social desempenha um papel importante na recuperação das pessoas idosas, facilitando a funcionalidade e proporcionando conforto (Neri et al., 2022; Perracini, 2022; Santos et al., 2022). A equipe interdisciplinar é composta de médicos, enfermeiros, fisioterapeutas, nutricionistas, psicólogos, assistentes sociais, fonoaudiólogos, entre outros, trabalhando de forma estruturada para atender às necessidades complexas das **pessoas idosas** hospitalizadas (Teixeira et al., 2017).

Uma **equipe interdisciplinar** em contextos de saúde envolvida na **hospitalização** de **pessoas idosas** é composta de diversos profissionais, cada um contribuindo com sua especialidade para a formulação de um plano de cuidados integrados. Os principais profissionais incluem:

- **Médicos:** responsáveis pelo diagnóstico, pelo tratamento e pelo monitoramento das condições de saúde dos pacientes. Eles lideram a **equipe** ao definir as diretrizes do tratamento
- **Enfermeiros:** atuando na prestação de cuidados diretos e na administração de terapias, os enfermeiros também desempenham um papel crucial na educação do paciente e no suporte emocional (Labrador et al., 2019)
- **Fisioterapeutas:** auxiliam na **reabilitação** funcional do paciente, utilizando exercícios e intervenções físicas para aumentar a mobilidade e prevenir a perda de função física durante a **hospitalização** (Cameron et al., 2020), assim como atuam de forma importante na prevenção de pneumonias relacionadas à ventilação mecânica e/ou em outras demandas, participando ativamente da fisioterapia respiratória (Nascimento et al., 2017)
- **Nutricionistas:** a **avaliação** e a intervenção nutricional são fundamentais para garantir que a pessoa idosa hospitalizada receba o suporte nutricional adequado, o que é vital para a sua recuperação e para o manejo de doenças crônicas (Sharma et al., 2017)
- **Assistentes sociais:** auxiliam na coordenação do cuidado e na resolução de questões

sociais que podem afetar a saúde do paciente, incluindo a gestão de recursos da saúde, intervenções em crises e apoio emocional (Greene et al., 2018)

- **Psicólogos:** são responsáveis por abordar aspectos psicossociais, oferecendo suporte emocional, intervenções para melhorar a qualidade de vida e manejo de condições como ansiedade e depressão, incluindo processos avaliativos que visam compreender as características do indivíduo no momento e no seu histórico psicossocial (López et al., 2019)
- **Fonoaudiólogos:** atuam na **avaliação** e na intervenção das queixas de deglutição, voz, audição, equilíbrio e outras alterações fonoaudiológicas (Reis et al., 2005).

AVALIAÇÃO INTERDISCIPLINAR

A **avaliação interdisciplinar** da saúde das **pessoas idosas** é fundamental em razão das especificidades associadas ao envelhecimento e das comorbidades crônicas prevalentes nessa população. Este tópico aborda os métodos de **avaliação** utilizados, os protocolos de atendimento aplicáveis e a importância da personalização do plano de cuidado assistencial, abrangendo as fases de internação, pré e pós-internação, com foco na adaptação do cuidado às condições clínicas e psicossociais de cada pessoa idosa.

Métodos de avaliação da saúde da pessoa idosa

Os métodos de **avaliação** usados para **pessoas idosas** podem ser diversos e incluem ferramentas que avaliam aspectos físicos, psicológicos e sociais. Algumas das abordagens mais comuns incluem:

Avaliação Geriátrica Ampla (AGA)

De acordo com Katz et al. (1970), **Avaliação** Geriátrica Ampla é uma abordagem multidimensional que se concentra em quatro componentes principais: **avaliação** médica, funcional, cognitiva e social.

Instrumentos de avaliação funcional

Ferramentas como o Índice de Katz, que mede a capacidade de realizar atividades de vida diária (AVDs), e a Escala de Barthel, que avalia habilidades funcionais, são amplamente utilizadas (Katz et al., 1970; Mahoney & Barthel, 1965). A aplicação desses instrumentos ajuda a determinar o nível de independência do paciente e as intervenções necessárias.

Avaliação cognitiva

Testes de rastreio cognitivo, como o Mini-Mental State Examination (MMSE), auxiliam a identificar possíveis déficits cognitivos que podem afetar o processo de tratamento e a comunicação (Folstein et al., 1975).

Avaliação psicológica

A **avaliação** do estado emocional da pessoa idosa é frequentemente realizada usando questionários específicos que identificam sintomas de depressão e ansiedade, como a Escala de Depressão Geriátrica (GDS) e a Escala de Ansiedade de Hamilton (HAM-A) (Yesavage et al., 1982; Hamilton, 1959), podendo ser mais ampla e utilizar os instrumentos que estão à disposição do profissional, além de possibilitar que este tenha domínio técnico e a empregue de acordo com cada situação.

Protocolos de atendimento

Os protocolos de atendimento são essenciais para padronizar práticas na saúde da pessoa idosa e melhorar os resultados clínicos. Exemplos incluem:

- **Protocolos de cuidados em hospitalização**: direcionados à identificação precoce de *delirium*, prevenção de quedas e manejo da dor, fundamentais para **pessoas idosas** (Inouye et al., 2000)
- **Protocolos de reabilitação**: focam a recuperação funcional após eventos adversos, como quedas ou AVC, com a atuação de fisioterapeutas, terapeutas ocupacionais, psicólogos, neuropsicólogos e nutricionistas (Kautzmann & Zibetti, 2020; Score et al., 2021).

PAPEL DA FAMÍLIA NA HOSPITALIZAÇÃO

O suporte familiar desempenha um papel fundamental durante a **hospitalização** de **pessoas**

idosas, proporcionando apoio emocional, praticidade e promovendo a autonomia do paciente. A presença da família no ambiente hospitalar oferece conforto e segurança, ajudando a reduzir a ansiedade e a solidão do paciente (Krause et al., 2018). Além disso, a participação ativa da família no cuidado contribui para a melhor adesão ao tratamento e nos desfechos clínicos mais positivos, especialmente quando os desejos do paciente são respeitados e integrados ao plano de cuidados (Kaiser et al., 2019; Quattrin et al., 2020).

A participação ativa da família nas discussões sobre o plano de cuidado permite que as preferências e as necessidades do paciente sejam consideradas, melhorando a qualidade do atendimento (Gonzalez et al., 2019). Além disso, a oferta de informações claras e a capacitação dos familiares sobre o processo de internação tornam-nos defensores mais ativos do paciente (Griffith et al., 2019).

DESAFIOS ÉTICOS E LEGAIS

A **hospitalização** de **pessoas idosas** envolve diversos desafios éticos e legais em razão da vulnerabilidade dessa população, muitas vezes afetada por condições de saúde complexas. Questões como a tomada de decisões em pacientes com demência ou *delirium*, que não conseguem expressar suas preferências, exigem que familiares ou representantes legais assumam essa responsabilidade, o que pode levantar questões sobre a fidelidade dessas decisões à vontade do paciente (Sullivan et al., 2017). A alocação de recursos também é uma preocupação ética, especialmente quando se precisa priorizar cuidados e tratamentos, o que pode gerar conflitos com a justiça distributiva, principalmente em relação às **pessoas idosas**, que muitas vezes são consideradas menos prioritárias (Levine et al., 2018). Esses desafios exigem uma abordagem ética robusta e uma comunicação clara entre a **equipe** de saúde e a família, para garantir decisões informadas e alinhadas aos princípios éticos.

O respeito à dignidade e à autonomia da pessoa idosa hospitalizada é um princípio ético fundamental. A autonomia assegura que o paciente tenha o direito de tomar decisões sobre seus cuidados, incluindo a recusa de tratamentos ou a expressão de desejos no final da vida (Beauchamp & Childress, 2013). Esse respeito é particularmente importante em cuidados paliativos, nos quais é essencial discutir com o paciente e sua família sobre os desejos relativos ao final da vida, garantindo que as intervenções minimizem o sofrimento e assegurem conforto (Dyer et al., 2019).

CASO CLÍNICO

O caso a seguir exemplifica a abordagem de **avaliação** neuropsicológica de um pessoa idosa hospitalizada, com foco na compreensão de aspectos cognitivos no contexto pré-cirúrgico de ressecção de tumor cerebral.

Paciente Carlos (nome fictício), 60 anos, natural de uma cidade do interior de São Paulo, foi diagnosticado há 8 meses com glioblastoma, uma neoplasia cerebral agressiva. Como parte do protocolo de manejo clínico, foi encaminhado para **avaliação** neuropsicológica, solicitada pela **equipe** médica de neurologia durante seu período de internação hospitalar. A **avaliação** foi realizada à beira-leito, em um quarto individual, com o objetivo de investigar o desempenho cognitivo global do paciente, incluindo funções atencionais e executivas, de memória, aprendizagem, linguagem, visuoconstrução, bem como aspectos emocionais e comportamentais. Procedimento: foram utilizados os instrumentos Fluência Verbal Semântica (FVS) (Esteves et al., 2015), Fluência Verbal Fonêmica (FAS) (Esteves et al., 2015), Escala Wechsler Abreviada de Inteligência (WASI) (Trentini et al., 2014), Teste dos Cinco Dígitos (FDT) (Paula & Malloy-Diniz, 2015), Teste de Aprendizagem Auditivo-Verbal de Rey (RAVLT) (De Paula & Malloy-Diniz, 2018), Teste de Nomeação de Boston (BNT) (Miotto et al., 2010), Escala de Ansiedade e Depressão Hospitalar (Botega et al., 1995), Teste de Trilhas (Tombaugh et al., 1998) e Reprodução Visual (RV-WMS) (Spedo & Gaino, 2018). Anamnese: o avaliando encontrava-se consciente, orientado, relatou apresentar de forma concomitante déficits em memória, funções executivas, incluindo tomada de decisão e motivação, e heminegligência visual à direita. Apresentou independência para atividades básicas e instrumentais de vida diária.

Resultado dos instrumentos avaliados são apresentados na Tabela 17.1 a seguir.

O paciente apresentou-se consciente, orientado e engajado durante a **avaliação**, demonstrando postura respectiva e responsiva. Foram observados indícios de heminegligência à direita. Os resultados indicaram um desempenho inferior nas áreas de atenção, memória visual, funções executivas, QI total, QI de execução, interferência retroativa, nomeação, fluência verbal e memória auditivo-verbal de curto prazo. O paciente obteve desempenho médio em reprodução visual e nomeação, e classificações de média inferior em memória auditivo-verbal de longo prazo, interferência proativa, QI verbal, etapas de aprendizagem e reconhecimento. Não foram identificados sinais ou sintomas sugestivos de transtornos ansiosos ou depressivos pela escala utilizada; no entanto, relatou demandas emocionais. Conclusão: o paciente apresentou um desempenho intelectual na faixa inferior, com déficits cognitivos que não eram observados previamente, conforme relato do próprio paciente e de familiares, e que surgiram concomitantemente com o diagnóstico do tumor cerebral. Foi encaminhado para acompanhamento psicológico durante a internação, juntamente com os familiares. Além disso, o paciente recebeu continuidade do acompanhamento da

Tabela 17.1 Resultados dos instrumentos de **avaliação** cognitiva

Função	Teste utilizado	Interpretação
Atenção	Trilhas "A" Trilhas "B"	Inferior Inferior
Visuoconstrução	Reprodução figuras de Wechsler (I) QI de execução (WASI)	Médio Inferior
Memória visual	Reprodução figuras de Wechsler (II)	Inferior à média
Funções executivas	Leitura (FDT) Contagem (FDT) Escolha (FDT) Alternância (FDT) Flexibilidade cognitiva (FDT) Controle inibitório (FDT)	Inferior Inferior Inferior Inferior Inferior Inferior
Memória verbal e aprendizagem	A1 (RAVLT) A2 (RAVLT) A3 (RAVLT) A4 (RAVLT) A5 (RAVLT) B1 (RAVLT) A6/evocação imediata (RAVLT) A7/evocação tardia (RAVLT) Reconhecimento (RAVLT) Escore total de aprendizagem (RAVLT) Aprendizagem ao longo das Tentativas (RAVLT) Velocidade de esquecimento (RAVLT) Interferência proativa (RAVLT) Interferência retroativa (RAVLT)	Médio inferior Médio inferior Médio Médio Inferior Inferior Médio inferior Inferior Médio inferior Médio inferior Médio inferior Médio inferior Superior Médio inferior Inferior
Linguagem	Nomeação (Boston) FAS (total) FVS (animais) QI Verbal (WASI)	Médio inferior Médio Médio inferior
Inteligência	QIT (WASI)	Inferior
Humor	Ansiedade (HAD) Depressão (HAD)	Sintomas improváveis Sintomas improváveis

Fonte: Elaborada pelos autores, 2024.

equipe multidisciplinar, com recomendações para manter o acompanhamento após a alta hospitalar.

CONCLUSÕES

Dessa forma, apura-se que o atendimento integral para com as **pessoas idosas** proporciona um afastamento dos riscos e das comorbidades citados ao longo deste capítulo, assim como garante o respeito aos direitos desses pacientes durante internações hospitalares.

REFERÊNCIAS BIBLIOGRÁFICAS

Bair, M. J., Robinson, R. L., Katon, W., & Kroenke, K. (2013). Depression and anxiety in patients with chronic pain: A systematic review [Depressão e ansiedade em pacientes com dor crônica: uma revisão sistemática]. *Psychosomatic Medicine, 75*(4), 360-367.

Beauchamp, T. L., & Childress, J. F. (2013). *Princípios de ética biomédica*. Oxford Oxford: University Press.

Botega, N. J., Bio, M. R., Zomignani, M. A., Garcia Junior, C., & Pereira, W. A. B. (1995). Transtornos do humor em enfermaria de clínica médica e validação de escala de medida (HAD) de ansiedade e depressão. *Revista de Saúde Pública, 29*(5), 359-363. Recuperado de https://doi.org/10.1590/S0034-89101995000500004

Boustani, M., Campbell, N., Munger, S., Peterson, B., & Malazian, D. (2005). Implementing assessments for older adults in primary care: The importance of shared decision making [Implementando avaliações para idosos na atencão primária: A importância da tomada de decisão compartilhada]. *Journal of the American Geriatrics Society, 53*(12), 2158-2162.

Cameron, J. I., Gignac, M. A. M., Soever, L. I., & Streiner, D. L. (2020). The impact of physiotherapy on the hospital outcomes for older patients: A systematic review [O impacto da fisioterapia nos resultados hospitalares de pacientes idosos: Uma revisão sistemática]. *Aging Clinical and Experimental Research, 32*(4), 557-566.

Centers for Disease Control and Prevention (2020). Hospitalization among older adults: A statistical overview [Hospitalização entre idosos: Um panorama estatístico]. Oxford. Recuperado de https://www.cdc.gov/olderadults/hospitalization

Chaimowicz, F. (2013). Saúde do Idoso. 2a. ed. Belo Horizonte: NESCON, UFMG.

Choi, H., Lee, Y. H., Lee, J. H., Lee, K. S., & Kim, H. J. (2019). Anxiety and depression in older adults undergoing surgery: A prospective study [Ansiedade e depressão em idosos submetidos a cirurgia: Um estudo prospectivo]. *Journal of Psychosomatic Research, 123*, 109717.

Crotty, M., O'Neill, D., Whitehead, C., & Edwards, R. (2013). Effective rehabilitation for older patients with complex needs [Reabilitação eficaz para pacientes idosos com necessidades complexas]. *Age and Ageing, 42*(1), 114-119.

Dahlberg, L., Agahi, N., Lennartsson, C., & Franzén, E. (2015). Economic and social predictors of changes in health among older persons: A longitudinal study [Preditores económicos e sociais de mudanças na saúde dos idosos: Um estudo longitudinal]. *Age and Ageing, 44*(1), 107-112.

De Paula, J. J., & Malloy-Diniz, L. F (2018). *Teste de Aprendizagem auditivo-verbal de rey (RAVLT): Livro de instruções* (Vol. 1). São Paulo: Vetor.

Dyer, C., Brown, A., Roberts, C., & Thomas, S. (2019). The role of dignity in end-of-life decision-making: A qualitative study exploring perspectives of elderly patients, families, and healthcare professionals [O papel da dignidade na tomada de decisões no fim da vida: Um estudo qualitativo que explora as perspectivas de pacientes idosos, familiares e profissionais de saúde]. *BMC Palliative Care, 18*, 24.

Edelman, C. L., & Mandle, C. L. (2009). *Health Promotion Throughout the Life Span-Pageburst on VitalSource*. London: Elsevier Health Sciences.

Esteves, C. S., Oliveira, C. R., Moret-Tatay, C., Navarro-Pardo, E., De Carli, G. A., Silva, I. G., Irigaray, T. Q., & Argimon, I. I. L. (2015). Phonemic and semantic verbal fluency tasks: Normative data for elderly Brazilians [Tarefas de fluência verbal fonêmica e semântica: Dados normativos para idosos brasileiros]. *Psicologia: Reflexão e Crítica, 28*, 350-355

Eun, H. S., Lee, S. H., Kim, J. H., & Park, Y. H. (2018). Effects of interdisciplinary team approach on elderly patients with complex health issues [Efeitos da abordagem de equipe interdisciplinar em pacientes idosos com problemas de saúde complexos]. *Archives of Gerontology and Geriatrics, 75*, 222-230.

Folstein, M. F., Folstein, S. E., McHugh, P. R. (1975). "Mini-mental state": A practical method for grading the cognitive state of patients for the clinician ["Mini-estado mental": Um método prático para avaliar o estado cognitivo dos pacientes para o médico]. *Journal of Psychiatric Research, 12*(3), 189-198.

Fonseca, A., Cruz, R., & Sousa, J. (2022). Desospitalização segura: Alta hospitalar na prática assistencial. In E. V. Freitas, & L. Py (Eds.). *Tratado de geriatria e gerontologia*. Rio de Janeiro: Guanabara Koogan.

Fried, L. P., Tangen, C. M., Walston, J., Newman, A. B., Hirsch, C., Gottdiener, J., Seeman, T., Tracy, T., Kop, W. J., Burke, G., McBurnie, M. A., & Cardiovascular Health Study Collaborative Research Group (2001). Frailty in older adults: Evidence for a phenotype [Fragilidade em idosos: Evidências de um fenótipo]. *Journals of Gerontology Series A: Biological Sciences and Medical Sciences, 56*(3), M146-M156.

Fries, J. F., Bruce, S. R., & Cummings, S. R. (2010). Compression of morbidity: A new perspective on health care [Compressão da morbidade: Uma nova perspectiva na atenção à saúde]. *Journal of Aging Research*, 2011, e344155.

Gleanson, C. J., Black, T. L., & Parker, R. (2017). The impact of polypharmacy on hospitalization and readmission in older adults: A systematic review [O impacto da polifarmácia na hospitalização e readmissão em idosos: Uma revisão sistemática]. *Research in Social and Administrative Pharmacy, 13*(1), 3-12.

Gonzalez, A., Lopez, M., & Perez, J. (2019). Enhancing family participation in patient care: A systematic review [Melhorando a participação da família no cuidado ao paciente: Uma revisão sistemática]. *Health Expectations, 22*(6), 1080-1090.

Greene, J., Walker, L., & Taylor, D. (2018). Social work's role in health care: A systematic review [O papel do serviço social na saúde: Uma revisão sistemática]. *Health & Social Care in the Community, 26*(2), e147-e161.

Griffith, A., Hughes, R., & Scott, J. (2019). Family education in health care: Empowering families and enhancing health outcomes [Educação familiar nos cuidados de saúde: Capacitar as famílias e melhorar os resultados de saúde]. *Journal of Family Nursing, 25*(3), 351-365.

Hamilton, M. (1959). The assessment of anxiety states by rating [A avaliação dos estados de ansiedade por classificação]. *British Journal of Medical Psychology, 32*(1), 50-55.

Hughes, R., Johnson, P., Martin, L., & Carter, S. (2020). Improving communication between healthcare staff [Melhorar a comunicação entre a equipe de saúde]. *Nursing Management, 27*(2), 42-49.

IBGE. (2021). Estimativas da População. Recuperado de https://agenciadenoticias.ibge.gov.br/agencia-noticias/2012-agencia-de-noticias/noticias/31458-populacao-estimada-do-pais-chega-a-213-3-milhoes-de-habitantes-em-2021#:~:text=Em%202021%2C%20pouco%20mais%20da,mais%20de%20100%20mil%20habitantes.&text=Essas%20estimativas%20populacionais%20n%C3%A3o%20incorporam%20os%20efeitos%20da%20pandemia

Inouye, S. K., van Dyck, C. H., Alessi, C. A., Balkin, S., & Siegal, A. P. (2000a). A universal screen for delirium: A clinical trial of the confusion assessment method [Uma triagem universal para *delirium*: um ensaio clínico do método de avaliação de confusão]. *Journal of the American Geriatrics Society, 48*(12), 1313-1319.

Inouye, S. K., van Dyck, C. H., Alessi, C. A., Balkin, S., & Siegal, A. P. (2000b). Delirium in hospitalized older patients: An evidence-based review [Delirium em pacientes idosos hospitalizados: Uma revisão baseada em evidências]. *JAMA, 284*(9), 1097-1104.

Kaiser, P., Heffner, K., Donovan, P., & Wilson, T. (2019). FamilyAgar involvement in the care of hospitalized elderly: A qualitative study [Envolvimento da FamilyAgar no cuidado ao idoso hospitalizado: Um estudo qualitativo]. *The Journal of Gerontology Series B: Psychological Sciences and Social Sciences, 74*(8), 1345-1355.

Katz, S., Ford, A. B., Moskowitz, R. W., Jackson, B. A., & Jaffe, M. W. (1970). Studies of illness in the aged. The index of ADL: A standardized measure of biological and psychosocial function [Estudos sobre doenças em idosos. O índice de ADL: uma medida padronizada da função biológica e psicossocial]. *Journal of the American Medical Association, 185*(12), 914-919.

Kessels, R. P. C., Haan, E. H. F., Ruis, C., & van Boxtel, M. (2014). The role of cognitive factors in anxiety disorders in older adults [O papel dos fatores cognitivos nos transtornos de ansiedade em idosos]. *Clinical Psychology Review, 34*(1), 25-35.

Krause, N., Lindgren, B., Jaremka, L., & Falci, C. (2018). Family support, psychological distress, and quality of life among older patients with chronic illnesses [Apoio familiar, sofrimento psicológico e qualidade de vida em idosos com doenças crônicas]. *The Gerontologist, 58*(6), 1172-1181.

Labrador, I., González, M., Pérez, R., & Sánchez, A. (2019). The role of nurses in healthcare: A systematic review of the literature [O papel do enfermeiro na saúde: Uma revisão sistemática da literatura]. *International Journal of Nursing Studies, 97*, 44-49.

Levine, C., Walters, A., Bennett, T., & Pearlin, L. (2018). Justice in the allocation of healthcare resources for the elderly. *The Journal of Aging and Social Policy, 30*(3), 249-266.

Lima, J. S., Quadros, D. V., Silva, S. L. C., Tavares, J. P., & Pai, D. D. (2022). Costs of hospital admission authorizations due to falls among older people in the Brazilian National Health System, Brazil, 2000-2020: a descriptive study [Custos das autorizações de internações hospitalares por quedas de idosos no Sistema Único de Saúde, Brasil, 2000-2020: Um estudo descritivo]. *Epidemiology and Health Services, 31*(1), e2021603.

Lloyd-Jones, D., Adams, R. J., Brown, T. M., Carnethon, M., Dai, S., De Simone, G., Ferguson, T. B., Ford, E., Furie, K., Gillespie, C., Go, A., Greenlund, K., Haase, N., Hailpern, S., Ho, M. P., Howard, V., Kissela, B., Kittner, S., Lackland, D.,

Wylie-Rosett, J. (2010). Heart disease and stroke statistics – 2010 update: a report from the American Heart Association [Estatísticas de doenças cardíacas e acidentes vasculares cerebrais – atualização de 2010: Um relatório da American Heart Association]. *Circulation, 121*(7), e46-e215.

López, A. M., García, L., Sánchez, P., & Ruiz, J. (2019). Assessment of psychological factors in geriatric patients admitted to a hospital: A preliminary study [Avaliação de fatores psicológicos em pacientes geriátricos internados em hospital: um estudo preliminar]. *BMC Geriatrics, 19*, 123.

Mahoney, F. I., & Barthel, D. W. (1965). The Barthel Index: A Critical Review of Its Application and Use in Clinical Research. *Neurorehabilitation and Neural Repair, 32*(1), 68-78.

Mick, P., Murphy, T., & Barlow, M. (2017). The relationship between chronic disease and hospitalization rates among older adults: A systematic review [A relação entre doenças crônicas e taxas de hospitalização em idosos: Uma revisão sistemática]. *The Journal of Aging & Social Policy, 29*(4), 309-321.

Miotto, E. C., Sato, J., Lucia, M. C. S., Camargo, C. H. P., Scaff, M. (2010). Development of an adapted version of the Boston Naming Test for portuguese speakers [Desenvolvimento de uma versão adaptada do Boston Naming Test para falantes de português]. Brazilian Journal of Psychiatry, 32(3), 279-282. Recuperado de https://doi.org/10.1590/S1516-44462010005000006

Nascimento, T. B. P., Ramos, C. H., dos Santos Silva, T., & dos Santos Torres, V. P. (2017). Efetividade das medidas de prevenção e controle de pneumonia associada à ventilação mecânica na UTI. *Biológicas & Saúde, 7*(25).

Neri, A. L., Alexandre, T. S., & Alves, G. V. (2022). Interação Idoso-Ambiente: Contribuições da Gerontologia Ambiental. In E. V. Freitas & L. Py (Eds.). *Tratado de geriatria e gerontologia*. Rio de Janeiro: Guanabara Koogan.

Organização Mundial da Saúde. (2021). *Global status report on the prevention and control of noncommunicable diseases 2021* [Relatório global sobre a situação da prevenção e controle de doenças não transmissíveis 2021]. Organização Mundial da Saúde. Recuperado de https://www.who.int/publications/i/item/9789240064972.

Paula, J. J., Ferreira, J. M., & Costa, M. T. (2014). Exame neuropsicológico do idoso de baixa escolaridade: Perspectivas e limitações para o contexto brasileiro. In L. Caixeta & A. L. Teixeira (Orgs.). *Neuropsicologia Geriátrica* (pp. 281-300). Porto Alegre: Artmed.

Paula, J. J., & Malloy-Diniz, L. F. (2015). *O teste dos cinco dígitos (Manuel Sedó)*. São Paulo: Hogrefe CETEPP.

Pearson, M., Croker, M., Richards, S., & Wiles, L. (2020). Exploring family involvement in hospital discharge planning: A qualitative study [Explorando o envolvimento da família no planejamento da alta hospitalar: um estudo qualitativo]. *Health Services Research, 55*(1), 25-31.

Perracini, M. R. (2022). Planejamento e adaptação do ambiente para pessoas idosas. In E. V. Freitas & L. Py (Eds.). *Tratado de geriatria e gerontologia* (pp. 1386-1394). Rio de Janeiro: Guanabara Koogan.

Quattrin, R., Furlanetto, E., & Basso, M. (2020). Involving families in health care decision-making for adults: A systematic review [Envolvendo as famílias na tomada de decisões sobre cuidados de saúde para adultos: Uma revisão sistemática]. *BMC Health Services Research, 20*(1), 701.

Ranjan, R., Chakraborty, P., & Saha, S. (2020). Psychological distress in older adults: the role of physical disability [Sofrimento psicológico em idosos: O papel da deficiência física]. *Aging and Mental Health, 25*(3), 433-440.

Reis, R. M., Costa, F. M., Carneiro, J. A., & Vieira, M. A. (2015). The role of the speech therapist in the face of speech therapy changes in hearing, balance, voice and swallowing: a literature review [O papel do fonoaudiólogo frente a alterações fonoaudiológicas de audição, equilíbrio, voz e deglutição: uma revisão de literatura]. *Magazine CEFAC, 17*(1), 270-276.

Rosa, F. A., Silva, P. A., Oliveira, G. S., & Costa, R. B. (2018). Cognitive interventions for older adults with chronic conditions: A systematic review [Intervenções cognitivas para idosos com condições crônicas: uma revisão sistemática]. *Gerontologist, 58*(3), 456-468.

Santos, J. O., Almeida, A. T., & Pereira, L. P. (2020). Mindfulness and cognitive behavioral therapy in older adults: A review [Mindfulness e terapia cognitivo-comportamental em idosos: Uma revisão]. *Frontiers in Psychology, 11*, 110.

Santos, V. P., Leite, J. S. P., Teles, A. M. C., Silva, L. P. C., & Batista, M. C. (2022). Humanization of care for the elderly in the hospital environment [Humanização da assistência à pessoa idosa no ambiente hospitalar]. *Brazilian Journal of Health Review, 5*(6), 22719-22730.

Senado Federal (2003). Estatuto do Idoso. Brasília (DF): Senado Federal.

Score, M., Thompson, R. L., Williams, A. S., & Sanders, L. (2021). Post-acute rehabilitation for older adults: A systematic review of health services [Reabilitação pós-aguda para idosos: Uma revisão sistemática dos serviços de saúde]. *Geriatric Nursing, 42*(3), 636-643.

Shankar, K., Gupta, S., Sharma, R., & Patel, A. R. (2018). Prevalence of polypharmacy in older adults: a systematic review of the literature [Prevalência de polifarmácia em idosos: uma revisão sistemática da literatura]. *BMC Geriatrics, 18*, 260.

Sharma, K., Patel, V., & Kumar, P. (2017). Nutritional support for older adults: A systematic review of the literature [Suporte nutricional para idosos: Uma revisão sistemática da literatura]. *American Journal of Clinical Nutrition, 106*(5), 1436S-1446S.

Spedo, C. T.; Gaino, S. B. (2018). *Escala wechsler de memória — Abordagem flexível (WMS-IV LMVR): Fundamentos essenciais para aplicação e interpretação*. Novas Edições Acadêmicas.

Sullivan, K. et al. (2017). Ethical issues in critical care for elderly patients: A clinical review [Questões éticas nos cuidados intensivos de pacientes idosos: Uma revisão clínica]. *Critical Care Reviews, 2*, 1-8.

Teixeira, J. J. M., Bastos, G. C. F. C., & Souza, A. C. L. (2017). Elderly hospitalization profile [Perfil de internação do idoso]. *Magazine of the Brazilian Society of Clinical Medicine, 15*(1), 15-20.

Tombaugh, T. N., McIntyre, N. J., & Dritschel, B. (1998). Normative data for the trail making test [Dados normativos para o teste de trilha]. *Journal of Clinical and Experimental Neuropsychology, 20*(4), 713-718.

Trentini, C. M., Nunes, S. P., & Pires, I. M. (2014). *Escala abreviada de inteligência (WASI): Manual*. Casa do Psicólogo.

Viana, L. R., Lima, C. R. J., & Bezerra, T. A. (2015). Clinical profile of elderly people attended in an ambulatory geriatrics: Nursing care for diseases in third age [Perfil clínico de idosos atendidos em ambulatório de geriatria: cuidados de enfermagem às doenças na terceira idade]. *IV International Congress on Human Aging, 2*(1).

Yesavage, J. A., Brink, T. L., & Rose, T. L. (1982). Development and validation of a geriatric depression screening scale: A preliminary report [Desenvolvimento e validação de uma escala de rastreio de depressão geriátrica: um relatório preliminar]. *Journal of Psychiatric Research, 17*(1), 37-49.

Zisook, S., Atkinson, J. H., & Lee, E. H. (2018). The effects of hospitalization on the mental health of older adults [Os efeitos da hospitalização na saúde mental dos idosos]. *The American Journal of Geriatric Psychiatry, 26*(5), 421-428.

18

Enfermaria Obstétrica

Maria Jaqueline Coelho Pinto ▪ Débora Grigolette Rodrigues ▪ Ana Paula Justo

Destaques

- Cuidados humanizados na **enfermaria obstétrica**, bem-estar físico e emocional das gestantes e das puérperas
- Inserção e importância do trabalho multidisciplinar para garantir uma assistência integral durante o pré-parto, o parto e o pós-parto
- A **enfermaria obstétrica** como um ambiente de acolhimento, apoio e educação para as **gestantes**, as **puérperas** e suas famílias
- Como promover a autonomia da mulher no processo de gestação e pós-parto
- Intervenções psicológicas como forma de reduzir complicações emocionais do pós-parto e melhorias nos cuidados neonatais
- O autocuidado durante o processo de descoberta e constituição da **maternidade**
- Principais atuações da **Psicologia** no processo de gestação e pós-parto.

INTRODUÇÃO

A **enfermaria obstétrica** desempenha um papel fundamental no cuidado integral à saúde da **gestante**, desde o pré-parto, o parto e o pós-parto. Nesse ambiente inclui-se a **maternidade**, na qual os problemas ocorridos antes e após o nascimento estão entre os mais prevalentes (Queiroz et al., 2020). Este capítulo explora a essência dessa importante área da Saúde, focando na intersecção entre os cuidados físicos e emocionais durante o processo de constituição da **maternidade**. A contribuição e o exercício da Psicologia no contexto da **enfermaria obstétrica** residem na sua capacidade de oferecer cuidados que vão além do aspecto físico, acolhendo integralmente a jornada emocional da **maternidade**. Este texto visa explorar essa temática e esse momento complexo com uma abordagem humanizada, trabalho colaborativo entre diferentes especialidades e estímulo à autonomia das mulheres, proporcionando uma experiência de acolhimento nesse contexto. Além disso, destaca-se o papel vital da **Psicologia** na mitigação de desafios emocionais pré-parto e pós-parto e na melhoria dos cuidados aos recém-nascidos. Ao discorrer sobre esse processo de elaboração da **maternidade**, é possível contribuir não apenas com os desafios enfrentados pelas **gestantes**, mas também oferecer oportunidades de fortalecimento e cuidado mútuo entre os pacientes e a equipe multidisciplinar durante esse período de transformação e adaptação.

HISTÓRICO E DESENVOLVIMENTO DA ENFERMARIA OBSTÉTRICA

Dentro de um contexto hospitalar, as enfermarias são espaços onde os pacientes se encontram internados, pois necessitam de cuidados da equipe de saúde em decorrência de uma condição associada ao adoecimento. A **enfermaria obstétrica** apresenta algumas particularidades, pois nela se encontram mulheres, **gestantes** ou puérperas, e recém-nascidos que requerem cuidados, porém não necessariamente associados ao adoecimento, mas sim ao ciclo gravídico-puerperal, que corresponde ao período que vai desde a concepção até o pós-parto.

A **enfermaria obstétrica** está ambientada em hospitais e é dedicada ao cuidado integral da saúde da mulher durante o ciclo gravídico-puerperal. Esse espaço é projetado para oferecer suporte desde o pré-natal até o pós-parto, proporcionando uma combinação de cuidados médicos e multidisciplinares, como os psicológicos e os de enfermagem. Na **enfermaria obstétrica**, as **gestantes** são assistidas durante o trabalho de parto e têm acesso a cuidados especializados no período pós-parto. Além disso, trata-se de um contexto no qual a família também é acolhida, recebendo suporte e orientação para entender e participar ativamente do processo de gestação, parto e cuidados com o recém-nascido. Esse ambiente visa garantir não apenas a saúde física da mãe e do bebê, mas também promover um acolhimento caloroso, respeitoso e humanizado, reconhecendo a singularidade de cada gestação e parto (Organização Mundial da Saúde [OMS], 2018).

No entanto, cabe destacar que essa perspectiva de cuidado integral e humanizado às mulheres durante o ciclo gravídico-puerperal é decorrente da superação de inúmeros desafios ao longo da história da **enfermaria obstétrica** que precisam ser descritos e considerados para melhor compreensão dos avanços conquistados na área e para a manutenção desse cuidado. Antes de 1930, os partos eram realizados nas casas das parturientes, assistidos quase que exclusivamente por uma parteira leiga. O médico era chamado apenas nos casos complicados, e o parto só era realizado fora do domicílio em casos extremos, sobretudo com mulheres pobres, indígenas, prostitutas, mães solo e viúvas. Essas mulheres procuravam as Santas Casas e eram atendidas por cirurgiões em condições precárias, não havia enfermaria específica, ocorrendo infecções e mortes frequentes (Mott, 2002).

O hospital somente passa a ser divulgado como um local ideal e seguro para as mulheres darem à luz após a década de 1930, seguindo um movimento internacional. Nesse momento surgem no Brasil os primeiros discursos sobre a necessidade de locais específicos para a realização do parto, as **maternidades**, e seu principal motivador foi a necessidade de formação de parteiras e médicos. As **maternidades** aos poucos deixaram de ser um local precário, e o parto passou a ser um evento médico, necessitando de um local seguro para a realização das intervenções. A obstetrícia passa a dominar novas técnicas que prometiam maior chance de sobrevivência para a mãe e para o bebê, além de menor sofrimento para as mulheres (Mott, 2002).

Esse modelo de assistência às parturientes contribuiu significativamente para a redução da mortalidade materna e perinatal, mas também foi motivo de críticas e incertezas, pois a mulher passou a ser submetida a procedimentos desnecessários, tendo sua autonomia e direitos desrespeitados (Possati et al., 2017). A partir de então, diante desse cenário de reivindicações pautadas na necessidade de humanização do parto, mudanças têm sido propostas por meio de recomendações da OMS e por leis e portarias do Ministério da Saúde no Brasil, com o intuito de resgatar o protagonismo da mulher durante o período gravídico-puerperal, de promover o seu acolhimento e o respeito, considerando aspectos sociais, biológicos, emocionais e culturais, além de adotar condutas baseadas em evidências científicas (OMS, 1996). Pois, para a OMS, a humanização do parto consiste em um conjunto de condutas e práticas que promovem o parto e o nascimento saudáveis, que respeitam o processo natural e evitam condutas desnecessárias ou de risco para a mãe e o feto por parte dos profissionais na assistência obstétrica, além de enfatizar os direitos da mulher (OMS, 1996).

Nessa perspectiva, em 1993 entrou em vigor a Portaria MS/GM n. 1.016, que aprovou normas básicas para a implantação do sistema de alojamento conjunto, que é um sistema hospitalar em que o recém-nascido sadio, logo após o nascimento, permanece ao lado da mãe, 24 horas por dia, num mesmo ambiente, até a alta hospitalar. Tal sistema possibilita a prestação de todos os cuidados assistenciais, bem como a orientação à mãe sobre a saúde do binômio mãe e bebê. A Portaria também recomenda a assistência de uma equipe multiprofissional, além dos médicos (obstetras e pediatras) e dos enfermeiros, incluindo psicólogo, nutricionista e assistente social (Brasil, 1993). Dessa forma, para o funcionamento eficaz do alojamento conjunto, é necessário que a equipe de saúde adote uma postura empática, que demanda conhecimento sobre as necessidades das famílias, compromisso e envolvimento com a assistência a ser prestada à mãe, ao bebê e a familiares (Brasil, 2001). Prontamente, o Ministério da Saúde instituiu o Programa de Humanização no Pré-Natal e Nascimento, por meio da Portaria/GM n. 569, alicerçado nos preceitos de que a humanização da assistência obstétrica e neonatal é condição primária para o adequado acompanhamento do parto e do puerpério (Brasil, 2000).

Ampliando esse modelo assistencial, em 2016, a Portaria n. 2.068 instituiu diretrizes para o cuidado humanizado e atenção integral à saúde da mulher e ao recém-nascido no alojamento conjunto, com recomendações para a equipe multiprofissional sobre a assistência durante a internação, entre outras informações pertinentes à alta e à participação da família nos cuidados perinatais (Brasil, 2016). O alojamento conjunto promove o contato pele a pele e o fortalecimento do vínculo, o que favorece o aleitamento materno precoce e uma transição gradual para a nova dinâmica familiar. Essa abordagem também contribui para o bem-estar emocional de ambos, fortalecendo o senso de segurança e confiança da mãe em sua capacidade de cuidar do filho. Ao oferecer o alojamento conjunto como uma opção padrão, a **enfermaria obstétrica** reforça seu compromisso com a promoção do vínculo mãe-bebê e o apoio à amamentação, elementos essenciais para uma experiência positiva de **maternidade** (Ungerer & Miranda, 1999). Assim, promove uma interação mais íntima da mãe com o bebê, o que contribuiu para estabelecer um relacionamento afetivo favorável desde o nascimento, desenvolvendo junto aos pais habilidades e proporcionando segurança emocional quanto aos cuidados com o recém-nascido (Almeida, 2020).

A assistência obstétrica em enfermarias na história recente tem evoluído muito ao longo das décadas e reflete as mudanças sociais, os avanços tecnológicos e uma compreensão aprimorada das necessidades das **gestantes** no aspecto físico e emocional. Antes, o cuidado obstétrico era focado frequentemente no controle da dor e na intervenção médica, em vez de levar em consideração o bem-estar emocional das mulheres. Tendo em vista a abordagem centrada no paciente em saúde, há um esforço crescente para oferecer cuidados mais humanizados e personalizados. Esse modelo reconhece a experiência da mãe e a necessidade de suporte emocional durante a gestação e o pós-parto como elementos essenciais. Os autores ressaltam que promover uma atenção mais humanizada não apenas melhora os cuidados físicos, mas também é crucial para o bem-estar psicológico das gestantes e das puérperas, reforçando a importância de integrar o apoio emocional ao cuidado materno (Irurita-Ballesteros et al., 2019).

A evolução das práticas de assistência psicológica em unidades obstétricas no Brasil também tem sido marcada por avanços significativos. Inicialmente focadas principalmente na preparação emocional para o parto, essas práticas evoluíram para abranger um espectro mais amplo de necessidades psicológicas das **gestantes**, das parturientes e das puérperas. Segundo Alves e Uchôa-Figueiredo (2017), a inserção de psicólogos em equipes multidisciplinares permitiu uma abordagem mais holística, considerando não apenas o aspecto clínico, mas também o emocional e o social das pacientes. Portanto, é importante na abordagem das vivências perinatais levar em consideração a história pessoal da **gestante**, além do contexto existencial, socioeconômico, assistencial, as características de evolução da gravidez, as alterações emocionais e de intervenção (Bortoletti et al., 2007). Numa acepção mais ampla, emprega-se o termo perinatalidade, campo de estudo dos fenômenos psíquicos ligados ao ciclo gravídico-puerperal em sua relação com as determinações biológicas, culturais e históricas, que não se restringe ao evento imediato do parto, mas inclui as etapas que o antecedem e o ultrapassam relativas à gestação e ao puerpério – "peri: do grego *perí*; movimento em torno, posição em torno; e natal: do latim *natale*, relativo ao nascimento" (Iaconelli, 2012, p. 3).

Seguindo essa lógica, Araújo e Cerqueira-Santos (2020) destacam a implementação de programas educativos e de grupos de apoio psicológico visando não apenas à prevenção de transtornos psicológicos, como depressão pós-parto, mas também ao fortalecimento do vínculo mãe-bebê e à promoção do bem-estar familiar. Essas práticas refletem um movimento crescente em direção a uma assistência humanizada, alinhada às diretrizes do Ministério da Saúde brasileiro, que enfatizam a importância do cuidado integral e da participação familiar no processo de assistência obstétrica (Brasil, 2001).

A Lei n. 14.721, de 2023, representa uma conquista na área da assistência psicológica na **enfermaria obstétrica**, pois altera os arts. 8º e 10 do Estatuto da Criança e do Adolescente ao garantir a assistência psicológica à **gestante**, à parturiente e à puérpera após avaliação do profissional de saúde no pré-natal e no puerpério, com encaminhamento de acordo com o prognóstico e a obrigatoriedade de desenvolver atividades de educação, de conscientização e de esclarecimentos a respeito da saúde mental da mulher no período da gravidez e do puerpério (Brasil, 2023).

Porém, mesmo diante dessas novas condutas com foco na humanização do parto, ainda no Brasil a maioria das mulheres (57%) tem seus filhos por meio de parto por cesariana (Brasil, 2022). Cabe destacar que, para a OMS, em nível populacional, taxas de cesariana acima de 10% não estão relacionadas com redução da morbimortalidade materna e neonatal (OMS, 2015), pois, embora a cesariana possa ser uma cirurgia essencial e que salva vidas quando bem indicada, pode colocar mulheres e bebês em risco desnecessário em curto e longo prazo, se realizada sem indicação médica. Essa realidade destaca o desafio da implementação do processo de humanização da assistência às mulheres no ciclo gravídico puerperal, além de trazer à tona outro tema relevante, a violência obstétrica.

Denomina-se violência obstétrica aquela que acontece durante a gestação, o parto e o pós-parto; pode ser física, verbal, psicológica e/ou sexual; pode envolver negligência, discriminação, condutas excessivas, desnecessárias ou desaconselhadas, prejudiciais ou sem respaldo científico (Defensoria Pública do Estado de São Paulo [DPESP], 2024). Em 2014, a OMS reconheceu a violência obstétrica como uma questão de saúde pública que atinge diretamente as mulheres e seus bebês e divulgou uma declaração intitulada "Prevenção e eliminação de abusos, desrespeito e maus-tratos durante o parto em instituições de saúde", convocando a todos para uma maior ação, diálogo, pesquisa e mobilização sobre esse tema (OMS, 2014). Embora as evidências indiquem que essa prática ocorra, a falta de consenso sobre a definição de violência obstétrica, principalmente em documentos legais, impede sua identificação e seu enfrentamento (Zanardo et al., 2017).

A história do desenvolvimento da **enfermaria obstétrica** evidencia as conquistas alcançadas até o momento, mas também permite identificar os desafios a serem superados. A assistência psicológica na **enfermaria obstétrica** é uma conquista do processo de humanização, que, além de tornar efetiva a demanda das mulheres nesse contexto, possibilita, junto a toda a equipe multiprofissional, a implementação de uma visão integral à saúde da mulher, garantindo assim seus direitos.

CARACTERÍSTICAS GERAIS DA ENFERMARIA

Por conta de demandas específicas, o sistema hospitalar abarca o alojamento conjunto na enfermaria obstétrica, o que configura uma prática hospitalar que visa promover o cuidado integral à saúde materno-infantil, reunindo mães e bebês no mesmo ambiente desde o nascimento até a alta hospitalar. No contexto brasileiro, as características da população atendida refletem uma diversidade que abrange aspectos socioeconômicos, culturais e clínicos.

A população atendida no alojamento conjunto geralmente consiste em **gestantes**, parturientes e puérperas. Segundo da Silva et al. (2020), essas pacientes podem apresentar uma variedade de perfis, incluindo adolescentes, mulheres jovens e adultas, com características de evolução da gravidez normal ou de risco e, em alguns casos, com gestação de **alto risco**. O perfil socioeconômico e cultural dessas mulheres também varia significativamente, o que impacta diretamente suas necessidades de assistência e suporte psicológico durante o período perinatal (Santos & Lima, 2018).

A média de idade das **gestantes** varia, abrangendo desde o período da adolescência até uma faixa etária mais avançada da mulher. O nível socioeconômico também desempenha um papel crucial, com estudos indicando que mulheres de diferentes estratos sociais podem ter acesso a diferentes níveis de cuidado e suporte durante a gestação e o puerpério (da Silva et al., 2020).

As gestações podem ser classificadas de **baixo risco**, cuja evolução se dá na maior parte dos casos sem intercorrências, e também em gestações de **alto risco**, que, por condições médicas, uma parcela pequena de **gestantes**, por serem portadoras de alguma doença, como hipertensão, diabetes gestacional ou outras complicações obstétricas, sofrem algum agravo ou desenvolvem problemas, apresentando maiores probabilidades de evolução desfavorável, tanto para o feto como para a mãe (Brasil, 2010). As mulheres vivenciam um momento de vulnerabilidade emocional diante do diagnóstico e da hospitalização (Porto & Pinto, 2019).

Nas gestações de **alto risco**, inclui-se também uma demanda de mães (casais) cujo feto apresenta riscos ou diagnóstico de alguma anomalia congênita ou malformação fetal. Avanços da Medicina Fetal – área constituída a partir da década de 1970 como área da Medicina Obstétrica – introduziram novas técnicas para detecção e novos recursos terapêuticos no cuidado de anomalias embrionárias e fetais ainda no pré-natal, com exames diagnósticos cada vez mais precisos, o que trouxe considerável melhora à qualidade de vida de algumas crianças e sobrevida de bebês. O casal frente a esse diagnóstico se vê angustiado na busca de soluções para o problema, e a equipe deve auxiliá-los na elaboração das informações, no enfrentamento e estar preparada para responder e fornecer suporte às angústias do casal (Bortoletti et al., 2007). A compreensão dos fenômenos psicológicos ligados aos processos adaptativos e aos meios de superação em face de situações penosas e perturbadoras, tais como o impacto psicológico e emocional diante do diagnóstico de malformação de um filho, é complexa e pode se manifestar de diferentes formas, conforme as expectativas, a cultura, a maturidade do casal e o contexto que envolve a própria malformação (Antunes & Patrocínio, 2007).

A equipe que atua no alojamento conjunto inclui obstetras, pediatras, enfermeiros obstétricos, neonatais e profissionais de saúde mental, como psicólogos e assistentes sociais. Essa composição visa proporcionar uma assistência integrada e holística, que não apenas aborde as necessidades médicas, mas também as emocionais e as psicossociais das **gestantes** e das puérperas, que influenciam diretamente a sua dinâmica psíquica, individual e relacional (Santos & Lima, 2018; Piccinini et al., 2008). Dessa forma, é natural que a **gestante** ou a puérpera vivencie alguma sobrecarga de estresse pela vulnerabilidade psíquica característica da gravidez, capaz de promover, por si só, alguma perturbação devido às mudanças intra e interpessoais desencadeadas pelo parto.

Portanto, o alojamento conjunto representa um ambiente de cuidado que adapta suas práticas às características específicas de assistência às alterações emocionais da população atendida, visando não apenas à recuperação física, mas também à assistência psicológica. Parte significativa das manifestações pode ser controlada por compor um processo de adaptação natural, com o fortalecimento do vínculo entre mãe e bebê e a promoção de um puerpério saudável. Outras podem ser mais graves, reconhecidas como patológicas, necessitando de assistência psicológica de urgência na clínica obstétrica.

Nesse contexto, segundo Chiattone (2007), a assistência psicológica deve incluir os problemas e a complexidade das vivências do ciclo gravídico puerperal, considerando-se a interação de vários fatores, desde a história pessoal, seu contexto existencial, as características de evolução da gravidez, as condições socioeconômicas e assistenciais e a rede de apoio.

Cabe ao psicólogo o reconhecimento dos quadros psicológicos e psiquiátricos ligados à gestação e ao puerpério, que vão desde alterações de humor, reativos, até quadros mais graves de transtornos psicóticos no puerpério, pois representam risco tanto para a paciente como para o bebê.

FATORES DE RISCO E PROTEÇÃO PARA ATENDIMENTO PSICOLÓGICO

Durante o ciclo gravídico-puerperal, vários fatores podem influenciar a necessidade de atendimento psicológico. Os fatores considerados de risco são eventos ou situações já estabelecidos que aumentem a probabilidade do surgimento de problemas físicos, psicológicos e sociais, como também podem elevar sua intensidade. Já os fatores de proteção são situações que minimizam o impacto dos fatores de risco ou potencializam as influências positivas que transformam ou melhoram as respostas pessoais (Calvetti et al., 2007). O conhecimento dos fatores de risco e de proteção é importante para o planejamento do atendimento psicológico na **enfermaria obstétrica**, pois o quanto antes for detectado, melhor será a assistência ofertada, além de viabilizar o cuidado integral à gestante e à puérpera.

A literatura tem identificado inúmeros fatores de risco associados a determinados problemas, como as intercorrências durante a gestação (convulsões, sangramentos, hematoma subcoriônico e hipertensão) que são inerentes à gestação de **alto risco**, pois ocasionam internação, interrupção das atividades diárias, medo em relação à possibilidade de agravamento e incertezas quanto ao futuro. As complicações médicas durante a gestação aumentam a chance, por exemplo, do desenvolvimento da depressão pós-parto (DPP) (Arrais et al., 2018) e são ocorrências que poderão ser atendidas na **enfermaria obstétrica**.

A literatura especializada também revela que uma em cada quatro **gestantes** apresenta sintomas de ansiedade e depressão durante a gestação, sendo que 48% daquelas que manifestam ansiedade e 70% das que apresentam depressão pré-natal permanecem em sofrimento psíquico no período pós-parto e nos primeiros anos de vida de seus filhos, caso não recebam orientação e apoio especializados (Lucci et al., 2016). A ansiedade gestacional também é identificada como um importante fator de risco para DPP, pois permeia todo o período gestacional e costuma se estender até o parto, caracterizando-se por um estado de insatisfação, intranquilidade, insegurança, medo, sentimento de incompetência, alterações do sono e tensão muscular que pode resultar em dor (Konradt et al., 2011).

Dentro do espectro da DPP, o *baby blues*, ou disforia puerperal, é caracterizado por sintomas depressivos leves, incluindo instabilidade emocional e dificuldade para manejar essa labilidade no período de maior demanda do bebê. Uma maior conscientização sobre o *baby blues* pode contribuir para que as mulheres vivenciem essa condição sem se sentirem despreparadas, culpadas ou anormais diante dos sentimentos que as acometeram no puerpério (Campos & Féres-Carneiro, 2021).

Segundo a revisão realizada por Arrais et al. (2018), os fatores de risco podem incluir os seguintes aspectos:

- psicológicos/psiquiátricos, como episódios depressivos anteriores à gestação, presença de estresse na gestação, ansiedade gestacional, histórico de DPP anterior, presença de antecedentes psiquiátricos pessoais, idealização da **maternidade**, insatisfação com a gravidez e histórico familiar de transtornos mentais
- suporte social e relações interpessoais, como baixo apoio social e familiar, conflito e insatisfação conjugal, falta de apoio do parceiro e social no puerpério, exposição à violência por parceiro íntimo no ciclo gravídico-puerperal, conflito familiar
- sociodemográficos/contextual, como idade materna, baixo *status* de escolaridade, desemprego e subemprego e ser solteira
- físico e hormonal, como síndrome pré-menstrual, desregulação hormonal e de citocinas inflamatórias e anemia pós-parto precoce
- físicos/obstétricos, como complicação e intercorrência médica na gestação, gravidez não planejada, gravidez indesejada, parto cesariano, história de aborto espontâneo, não amamentar até as 8 semanas do pós-parto, parto vaginal, falta de acompanhamento pré-natal e ginecológico, problema no parto atual e violência por parceiro íntimo moderada ou grave durante a gestação.

Já os fatores de proteção incluem aspectos:

- psicológicos/psiquiátricos, como percepção de suporte social durante a gravidez, apoio social no puerpério e relações sociais positivas
- sociodemográficos/contextual, como alto *status* de escolaridade
- obstétricos, como analgesia de parto, amamentação contínua e parto via vaginal.

O pré-natal psicológico (PNP) também é considerado um fator de proteção, pois diminui o risco de desenvolver a DPP, embora não anule os fatores de risco, mas pode amenizá-los, juntamente com os outros fatores de proteção, o que pode levar a uma experiência da **maternidade** mais positiva e consequentemente ao não desenvolvimento da DPP (Arrais et al., 2018). O PNP é uma técnica de intervenção que se constitui em atendimentos grupais a mulheres com foco na psicoeducação sobre gestação, parto e pós-parto, para suporte socioemocional, informativo e instrucional. O principal objetivo do PNP é oferecer uma escuta qualificada e diferenciada sobre esse processo, favorecendo uma troca de experiências entre as participantes e, em alguns casos, entre seus familiares (Benincasa et al., 2019).

ESTRUTURA DO SERVIÇO

A enfermaria de alojamento conjunto no Hospital da Criança e **Maternidade** de São José do Rio Preto (HCM) é projetada para proporcionar um ambiente acolhedor e funcional tanto para as mães quanto para os recém-nascidos, promovendo o cuidado integral desde o momento do nascimento até a alta hospitalar.

Segundo da Silva et al. (2021), a estrutura física do alojamento conjunto desempenha um papel fundamental ao oferecer um ambiente acolhedor e funcional, no qual as puérperas e seus recém-nascidos recebem cuidados essenciais. Esse espaço é projetado para facilitar a proximidade entre mãe e bebê, permitindo que os profissionais de saúde forneçam orientações sobre autocuidado e cuidados com o recém-nascido. Além disso, a estrutura favorece o incentivo ao aleitamento materno, promovendo um vínculo afetivo saudável e fortalecendo a saúde física e emocional de ambos. Dessa forma, a configuração física adequada desse ambiente hospitalar é crucial para uma assistência integral e humanizada (da Silva et al., 2021).

Os horários de visitas no alojamento conjunto são flexíveis, permitindo a presença de familiares durante a maior parte do dia. Duarte et al. (2012) discutem a importância da família no cuidado do recém-nascido, enfatizando que as visitas são fundamentais para proporcionar apoio emocional e promover o envolvimento familiar nesse processo. Além disso, são estabelecidas regras de funcionamento que promovem a segurança e o bem-estar de todos os pacientes e visitantes, incluindo normas de higiene e restrições alimentares.

A enfermaria de alojamento conjunto no HCM está integrada com outros serviços essenciais, como unidades de neonatologia, obstetrícia e serviços de apoio psicológico e social. Essa integração multidisciplinar permite uma abordagem holística no cuidado à saúde materno-infantil, garantindo que todas as necessidades médicas e emocionais sejam atendidas de forma coordenada (Souza, 2021).

ROTINAS DE ASSISTÊNCIA: DETALHAMENTO DAS ETAPAS DESDE A ADMISSÃO ATÉ A ALTA

No HCM, o cuidado integral à **gestante** e à puérpera é uma prioridade, seguindo as diretrizes estabelecidas pela Lei n. 4.721/2023 e beneficiando-se de sua condição de hospital-escola referência na região. Desde o momento da admissão até a alta, a equipe multidisciplinar, incluindo psicólogos, desempenha um papel fundamental no suporte à saúde mental e emocional das pacientes.

Ao ser admitida, a **gestante** é acolhida por uma equipe que inclui profissionais de diversas áreas, garantindo uma abordagem integrada desde o início. Os psicólogos acompanham as visitas multidisciplinares nos leitos, oferecendo suporte emocional tanto individualmente quanto em grupos, no intuito de preparar as **gestantes** para as diversas fases do processo obstétrico. No outro extremo, tem os trabalhos realizados fora da **maternidade**, no ambulatório de especialidades, especificamente o de ginecologia, durante o pré-natal, no qual o psicólogo da área realiza encontros na sala de espera, onde acolhe as demandas da mulher no período que antecede o parto, discute temas relacionados à saúde mental materna e preparação para o parto com finalidade psicoprofilática, ou em atendimentos psicoterápicos. Essa prática facilita o vínculo do profissional com a **gestante** que terá seguimento assistencial na **enfermaria obstétrica**. Outro contexto é a ultrassonografia obstétrica como importante recurso da rotina pré-natal, pois permite monitorar o desenvolvimento do feto e a saúde materna ao longo da gestação. Além de detectar possíveis problemas de saúde, esse exame tem uma função preventiva importante. Na ultrassonografia também o psicólogo oferece às mães um suporte emocional significativo, uma vez que o momento do exame e do diagnóstico é fator de implicações emocionais. Cabe aos profissionais da saúde atentar para o fato de que a ultrassonografia pode se constituir em um momento de emoções intensas e importantes, pois pode potencializar o desenvolvimento do vínculo mãe-bebê a partir da visualização do filho, o que parece ser um fator relevante para o bem-estar materno e, por conseguinte, para a relação mãe-bebê. Precursor de expectativas, o exame não apenas apresenta a saúde do bebê, mas também pode repercutir no estado emocional da **gestante** por apresentar para essa mãe o seu bebê real (Gomes & Piccinini, 2007).

Durante o período de internação na enfermaria, os psicólogos participam ativamente do atendimento beira-leito conforme demanda, proporcionando um ambiente de escuta e apoio psicológico contínuo. Essa assistência não se restringe apenas ao período de hospitalização, à paciente ou ao acompanhante em que for identificado necessidade de atendimento posterior, pois são oferecidos também encaminhamentos para acompanhamento psicológico no serviço de saúde de sua referência. Esse suporte contínuo visa assegurar que as mães estejam preparadas para enfrentar os desafios emocionais que podem surgir durante a transição para o cuidado domiciliar e a nova dinâmica familiar.

O compromisso com a saúde mental das **gestantes** e das puérperas permeia todas as etapas do processo de cuidado no HCM, refletindo não apenas o cumprimento das normativas vigentes, mas também a preocupação genuína com o bem-estar integral dessas pacientes.

CASO CLÍNICO

O caso aqui descrito é fictício, criado a partir de fragmentos de diferentes casos reais, mas representa parte do público e das demandas de uma enfermaria.

Maria, 28 anos, deu entrada no HCM no sexto mês de gestação após complicações detectadas em um exame de rotina. Grávida do seu primeiro filho, Maria vive com seu marido, Pedro, e ambos esperavam ansiosamente pela chegada do bebê. O casal, embora emocionalmente preparado para a **maternidade**, enfrentava desafios financeiros significativos, o que contribuiu para um estado de ansiedade exacerbado durante a gestação.

No contexto médico, Maria foi diagnosticada com pré-eclâmpsia, condição que exigiu um monitoramento rigoroso e cuidados intensivos por parte da equipe médica do hospital. O obstetra responsável pelo caso explicou detalhadamente os riscos associados à condição e os procedimentos que seriam adotados para garantir a saúde tanto da mãe quanto do bebê. Essa situação médica complexa aumentou a pressão psicológica sobre Maria, que se sentia sobrecarregada pela incerteza do desfecho da gestação.

Durante seu período de internação na **enfermaria obstétrica**, Maria foi acompanhada de perto pela equipe multidisciplinar do hospital, incluindo psicólogos, que realizavam visitas regulares ao leito. Essas visitas proporcionaram à Maria um espaço seguro para expressar suas preocupações e medos, além de receber orientações sobre estratégias de enfrentamento para lidar com a ansiedade e o estresse emocional. O suporte emocional contínuo foi fundamental para ajudá-la a enfrentar os desafios psicológicos impostos pela condição médica e pelas circunstâncias pessoais.

Intervenção da equipe multiprofissional: papel de cada profissional no manejo do caso

No exemplo do atendimento em um hospital-escola de referência em gravidez de risco, conforme descrito, a intervenção da equipe multiprofissional torna-se crucial no cuidado integral das **gestantes** e das puérperas. No caso de Maria, mencionado anteriormente, diversos profissionais colaboraram ativamente para garantir o melhor desfecho possível durante sua gestação complicada.

O papel do obstetra foi central desde o diagnóstico de pré-eclâmpsia de Maria. Especializado no manejo de complicações obstétricas, monitorou de perto a saúde materna e fetal, ajustando o plano de cuidados conforme necessário e garantindo que Maria recebesse os tratamentos adequados para mitigar os riscos associados à condição médica.

Os enfermeiros obstétricos foram fundamentais na execução do plano de cuidados diários de Maria. Responsáveis por administrar medicações, monitorar sinais vitais e proporcionar cuidados físicos e emocionais, os enfermeiros estabeleceram uma relação de confiança com a paciente, oferecendo suporte contínuo e orientando-a sobre autocuidado e sinais de alerta durante a hospitalização e após a alta.

O psicólogo hospitalar desempenhou um papel essencial na abordagem dos desafios psicológicos enfrentados por Maria. Realizando visitas regulares ao leito, o psicólogo ofereceu suporte emocional, ajudou-a a lidar com sinais de ansiedade decorrentes da gestação complicada e orientou-a sobre estratégias de enfrentamento que a auxiliaram a enfrentar a situação e a lidar com a vulnerabilidade emocional diante do diagnóstico e da hospitalização.

A equipe de assistência social também contribuiu significativamente, auxiliando Maria e sua família na navegação por questões burocráticas e financeiras relacionadas ao tratamento médico e ao cuidado pós-alta. Esse suporte integral foi fundamental para aliviar o estresse adicional que a situação médica de Maria poderia causar em sua vida familiar e social.

O trabalho conjunto e integralizado desses profissionais da saúde exemplifica o compromisso da equipe em proporcionar um cuidado integrado e holístico às **gestantes** e às puérperas, garantindo não apenas a saúde física, mas também o bem-estar emocional e social das pacientes e de suas famílias.

Revisão à luz da história do alojamento conjunto: comparação das práticas atuais com o desenvolvimento histórico do cuidado psicológico na obstetrícia

Conforme descrito por Barbosa (2013), o conceito de alojamento conjunto tem evoluído significativamente ao longo da história da obstetrícia. Inicialmente, o foco predominante estava na saúde física e na recuperação pós-parto da mãe, com pouca ênfase nos aspectos emocionais e psicológicos da **maternidade**.

Segundo Louzeiro (2020), com o avanço da compreensão sobre saúde mental materna e o impacto do ambiente hospitalar no vínculo mãe-bebê, as práticas atuais têm incorporado cada vez mais o cuidado psicológico como parte integral do processo de alojamento conjunto. No HCM, por exemplo, a presença de psicólogos nas equipes multidisciplinares reflete um compromisso crescente com o suporte emocional das **gestantes** e das puérperas durante toda a estadia hospitalar.

Historicamente, a transição para o alojamento conjunto foi impulsionada por evidências que destacam os benefícios do contato pele a pele imediato entre mãe e bebê, promovendo não apenas a amamentação bem-sucedida, mas também fortalecendo os laços afetivos desde o nascimento. No entanto, esse ambiente também pode apresentar desafios psicológicos, como ansiedade relacionada ao cuidado do recém-nascido, mudanças nos papéis familiares e preocupações com o ajuste à nova rotina (Santos et al., 2021).

A integração do cuidado psicológico no alojamento conjunto atual representa um avanço significativo na prática obstétrica, reconhecendo a importância de apoiar não apenas a saúde física, mas também o bem-estar emocional das mães durante o período crítico pós-parto. O papel do psicólogo e a sua presença contínua junto à equipe de assistência oferecem suporte direto às pacientes, sensibilizando outros profissionais de saúde sobre a importância da saúde mental materna (Barbosa, 2023).

Para Fonseca (2023), à medida que o campo da obstetrícia avança, é fundamental continuar revisando e adaptando as práticas de alojamento conjunto para atender às necessidades complexas das **gestantes** e das puérperas, integrando cada vez mais o cuidado psicológico como uma parte essencial do cuidado holístico e centrado na paciente.

CONCLUSÕES

Antes de concluirmos este capítulo, é crucial refletir sobre os desafios atuais e as oportunidades para melhorar os serviços psicológicos oferecidos em unidades obstétricas, como aquelas no HCM.

Um dos principais desafios enfrentados é a necessidade de expandir e aprofundar o papel dos psicólogos no cuidado obstétrico. Embora haja reconhecimento crescente da importância da saúde mental materna, muitas unidades ainda enfrentam limitações na disponibilidade de recursos e na integração dos serviços psicológicos de forma abrangente. Uma sugestão para aprimoramento é aumentar a equipe de psicólogos especialistas nesse contexto, permitindo uma cobertura mais ampla e um acompanhamento mais personalizado das **gestantes** e das puérperas em todos os estágios do processo.

Além disso, é fundamental incorporar conhecimentos em Psicologia Perinatal e acompanhar as tendências contemporâneas, como intervenções adaptadas ao contexto obstétrico, grupos de apoio focados em aspectos específicos da maternidade e psicoeducação. Essas abordagens podem ser integradas para fortalecer as habilidades de enfrentamento das gestantes diante das demandas emocionais associadas à gravidez, ao parto e ao pós-parto.

Outro aspecto importante é a necessidade de um maior envolvimento da comunidade e das redes de apoio social no cuidado psicológico. Iniciativas para formar parcerias com centros de saúde nas comunidades, organizações de apoio à família e grupos comunitários podem ampliar o acesso aos serviços psicológicos, reduzindo o estigma associado à busca de ajuda emocional durante o período gravídico-puerperal.

Olhando para o futuro, é essencial que unidades obstétricas como a do HCM continuem a adaptar suas práticas às necessidades emergentes das **gestantes** e das puérperas. Isso inclui a implementação de programas de capacitação contínua para os profissionais de saúde sobre saúde mental materna, a avaliação regular da satisfação das pacientes com os serviços psicológicos oferecidos e a incorporação de tecnologias inovadoras para melhorar a acessibilidade e a eficácia dos cuidados.

Ao adotar essas sugestões e enfrentar os múltiplos desafios, podemos não apenas tornar melhor o bem-estar emocional das mulheres durante o ciclo gravídico-puerperal, mas também fortalecer a base para uma **maternidade** saudável e positiva.

REFERÊNCIAS BIBLIOGRÁFICAS

Almeida, A. M. D. (2020). Indicadores psíquicos de puérperas do alojamento conjunto do Hospital Universitário Júlio Muller de Cuiabá/MT e a interrupção precoce do aleitamento exclusivo. Dissertação (Mestrado em Psicologia) — Universidade Federal de Mato Grosso, Instituto de Educação, Cuiabá, 108 f. —

Alves, S. W. E., & Uchôa-Figueiredo, L. R. (2017). Estratégias de atuação da psicologia diante do câncer infantil: Uma revisão integrativa. *Revista da Sociedade Brasileira de Psicologia Hospitalar, 20*(1), 55-74.

Antunes, M. S. C., Patrocínio, C. (2007). A malformação do bebê: Vivências psicológicas do casal. *Psicologia, Saúde & Doenças, 8*(2), 239-252.

Araújo, N. G. de, & Cerqueira-Santos, E. (2020). Características e impacto dos programas de prevenção da depressão pós-parto em Terapia Cognitivo-Comportamental: revisão sistemática. *Revista Brasileira de Terapias Cognitivas, 16*(1), 10-18. Recuperado de https://doi.org/10.5935/1808-5687.20200003

Arrais, A. D. R., Araujo, T. C. C. F. D., & Schiavo, R. D. A. (2018). Fatores de risco e proteção associados à depressão pós-parto no pré-natal psicológico. Psicologia: Ciência e Profissão, *38*, 711-729.

Barbosa, T. A. (2013). Percepção das puérperas frente ao cuidado das enfermeiras obstetras no parto e nascimento. *Revista Brasileira de Enfermagem, 66*(1), 100-107. Recuperado de https://bdm.unb.br/bitstream/10483/6148/1/2013_TatianaAntunesBarbosa.pdf

Barbosa, V. R. A. (2023). Psicologia perinatal no cuidado a mulheres internadas em situação de alto risco em leitos de saúde mental. *Revista Eletrônica Acervo Saúde, 23*(1), e12016-e12016.

Benincasa, M., Freitas, V. B., Romagnolo, A. N., Januário, B. S., & Heleno, M. G. V. (2019). O pré-natal psicológico como um modelo de assistência durante a gestação. *Revista da Sociedade Brasileira de Psicologia Hospitalar, 22*(1), 238-257.

Bortoletti, F. F., Moron, A. F., Bortoletti Filho, J., Nakamura, M. U., Santana, R. M., & Mattar, R. (2007). *Psicologia na prática obstétrica: Abordagem interdisciplinar*. Manole.

Brasil. (1993). *Portaria n. 1.016, de 26 de agosto de 1993*. Diário Oficial da União.

Brasil. (2000). *Portaria n. 569, de 1º de junho de 2000*. Diário Oficial da União.

Brasil. Ministério da Saúde. Secretaria de Políticas de Saúde. Área Técnica de Saúde da Mulher. (2001). *Parto, aborto e puerpério: Assistência humanizada à mulher*. Brasília: Ministério da Saúde.

Brasil. Ministério da Saúde. Secretaria de Atenção Primária à Saúde. Departamento de Ações Programáticas. (2022). *Manual de gestação de alto risco* [recurso eletrônico]. Brasília: Ministério da Saúde.

Brasil. (2011). *Portaria n. 1459/GM/MS, de 24 de junho de 2011*. Diário Oficial da União.

Brasil. (2016). *Portaria n. 2.068, de 21 de outubro de 2023*. Diário Oficial da União.

Brasil. (2022). *Sistema de informações de nascidos vivos – SINASC*. Recuperado de https://svs.aids.gov.br/daent/centrais-de-conteudos/paineis-de-monitoramento/natalidade/nascidos-vivos/

Brasil. (2023). *Lei n. 14.721, de 2023*. Diário Oficial da União. https://legislacao.presidencia.gov.br/atos/?tipo=LEI&numero=14721&ano=2023&ato=d01gXV650MZpWT8cb

Calvetti, P. U., Muller, M. C., & Nunes, M. L. T. (2007). Psicologia da saúde e psicologia positiva: Perspectivas e desafios. *Psicologia, Ciência & Profissão, 27*(4), 706-717. Recuperado de https://doi.org/10.1590/S1414-98932007000400011

Campos, P. A., & Féres-Carneiro, T. (2021). Sou mãe: e agora? Vivências do puerpério. *Psicologia USP, 32*, e200211. Recuperado de https://doi.org/10.1590/0103-6564e200211

Chiattone, H. B. C. (2007). Assistência psicológica de urgência. In A. F. Moron, F. F. Bortoletti, J. Bortoletti Filho, R. M. Santana, & R. Mattar (Eds.), *Psicologia na prática obstétrica: Abordagem interdisciplinar* (pp. 52-59). Manole.

da Silva, E. N., da Silva, C. M., Machado, D., & de Souza, S. A. (2020). Avaliação das gestantes com relação às orientações e cuidados recebidos sobre o parto seguro. *Revista Eletrônica Acervo Enfermagem, 3*, e3429. Recuperado de https://doi.org/10.25248/reaenf.e3429.2020

Defensoria Pública do Estado de São Paulo. (2024). Violência obstétrica: Você sabe o que é? Núcleo especializado de promoção e defesa dos direitos da mulher e Associação Artemis. Recuperado de https://www.defensoria.sp.def.br/documents/20122/f60e278a-4bd2-0094-2917-e9fc0c74d310

Duarte, E. D., Sena, R. R. de, Dittz, E. da S., Tavares, T. S., Lopes, A. F. C., & Silva, P. M. (2012). A família no cuidado do recém-nascido hospitalizado: possibilidades e desafios para a construção da integralidade. *Texto & Contexto – Enfermagem, 21*(4), 870–878. Recuperado de https://doi.org/10.1590/S0104-07072012000400018

Fonseca, R. (2023). *A saúde mental materna no ciclo gravídico-puerperal: A psicologia perinatal pela perspectiva biopsicossocial* [Trabalho de Conclusão de Curso, Faculdade Metropolitana de Anápolis]. Recuperado de https://repositorio.faculdadefama.edu.br/xmlui/handle/123456789/244

Gomes, A. G., & Piccinini, C. A. (2007). Impressões e sentimentos de gestantes em relação à ultrassonografia obstétrica no contexto de normalidade fetal. *Psicologia: Reflexão e Crítica, 20*, 179-187.

Iaconelli, V. (2012). O que é psicologia perinatal: definição de um campo de estudo e atuação. Área de Estudos do Instituto Brasileiro de Psicologia Perinatal. Instituto Gerar de Psicanálise.

Irurita-Ballesteros, C., Falcão, D. V. da S., Rocinholi, L. de F., & Landeira-Fernandez, J. (2019). Saúde mental e apoio social materno: influências no desenvolvimento do bebê nos dois primeiros anos. *Contextos Clínicos, 12*(2), 451-475. https://doi.org/10.4013/ctc.2019.122.04

Konradt, C. E., Silva, R. A., Jansen, K., Vianna, D. M., Quevedo, L. A., Souza, L. D. M., Oses, J. P., & Pinheiro, R. T. (2011). Depressão pós-parto e percepção de suporte social durante a gestação. *Revista de Psiquiatria do Rio Grande do Sul, 33*(2), 76–79. Recuperado de https://doi.org/10.1590/S0101-81082011005000010

Louzeiro, M. I. (2020). Os modelos de cuidados, em obstetrícia, liderados por enfermeiros em alternativa aos modelos convencionais [Dissertação de Mestrado, Escola Superior de Enfermagem do Porto]. Recuperado de https://comum.rcaap.pt/bitstream/10400.26/35311/1/Disserta%c3%a7%c3%a3o_Mariana%20Louzeiro.pdf

Lucci, T. K., Otta, E., David, V. F., & Chelini, M. O. M. (2016). Depressão materna e concentração de cortisol de recém-nascidos em uma amostra brasileira. *Revista Psico, 47*(2), 140-147. Recuperado de https://doi.org/10.15448/1980-8623.2016.2.23655

Mott, M. L. (2002). Assistência ao parto: Do domicílio ao hospital (1830-1960). *Projeto História: Revista do Programa de Estudos Pós-Graduados de História, 25*.

Organização Mundial de Saúde. (1996). *Maternidade segura – Assistência ao parto normal: Um guia prático*. Recuperado de chrome-extension://efaidnbmnnnibpcajpcglclefindmkaj/https://bvsms.saude.gov.br/bvs/publicacoes/maternidade_segura_assistencia_parto_normal_guia_pratico.pdf

Organização Mundial da Saúde (2014). Prevenção e eliminação de abusos, desrespeito e maus-tratos durante o parto em instituições de saúde. Recuperado de chrome-extension://efaidnbmnnnibpcajpcglclefindmkaj/https://iris.who.int/bitstream/handle/10665/134588/WHO_RHR_14.23_por.pdf

Organização Mundial de Saúde. (2015). *Declaração da OMS sobre taxas de cesáreas*. Recuperado de http://apps.who.int/iris/bitstream/handle/10665/161442/WHO_RHR_15.02_por .pdf;jsessionid=25A086A9351EC00066305392A7848697?sequence=3

Organização Mundial de Saúde. (2018). *Recomendações da OMS sobre cuidados intraparto para uma experiência de parto positiva*. Organização Mundial de Saúde. Piccinini, C. A., Lopes, R. S., Gomes, A. G., & De Nardi, T. (2008). Gestação e a constituição da maternidade. *Psicologia em Estudo, 13*, 63-72.

Porto, M. A., & Pinto, M. J. C. (2019). Gestantes de alto risco em alta hospitalar qualificada: Personalidade, estilo de vida e vivências. *Revista Sociedade Brasileira de Psicologia Hospitalar, 22*(2), 25-47.

Possati, A. B., Prates, L. A., Cremonese, L., Scarton, J., Alves, C. N., & Ressel, L. B. (2017). Humanization of childbirth: Meanings and perceptions of nurses [Humanização do parto: Significados e percepções de enfermeiras]. *Escola Anna Nery, 21*(4). Recuperado de https://doi.org/10.1590/2177-9465-ean-2016-0366

Queiroz, L. L. G., Azevedo, A. P. B., Cherer, E. Q., & Chatelard, D. S. (2020). A psicologia na maternidade hospitalar: um relato de experiência. *Fractal: Revista de Psicologia, 32*(1), p. 57-63.

Santos, I. G., de Oliveira, P. P., de Oliveira Roos, M., Benedetti, F. J., Teixeira, D. A., Rangel, R. F., & Costenaro, R. G. S. (2021). Importância do acompanhante e do contato pele a pele no parto e no nascimento. *Revista Recien-Revista Científica de Enfermagem, 11*(36), 268-275.

Santos, M. A., & Lima, R. L. (2018). Perfil socioeconômico de gestantes atendidas em uma maternidade pública. *Revista de Saúde Pública, 52*, 78-89.

Ungerer, R. L. S., & Miranda, A. T. C. D. (1999). História do alojamento conjunto. *Jornal de Pediatria, 75*(1), 5-10.

Souza, J. H. de. (2021). *Influência entre a hospitalização neonatal e a saúde mental no puerpério: uma revisão de literatura* [Trabalho de conclusão de curso, Universidade Federal de Santa Catarina]. Repositório Institucional da UFSC. Recuperado de https://repositorio.ufsc.br/handle/123456789/230491

Zanardo, G. L. D. P., Uribe, M. C., Nadal, A. H. R. D., & Habigzang, L. F. (2017). Violência obstétrica no Brasil: Uma revisão narrativa. *Psicologia & Sociedade, 29*, e155043.

19

Equipes de Transplantes

Leda Maria Branco ▪ Randolfo dos Santos Junior ▪ Eliane Tiemi Miyazaki

Destaques

- **Transplante** de órgãos é um importante recurso terapêutico para melhorar a **qualidade de vida** de pacientes com diversas doenças crônicas
- **Transplante** de órgãos é um procedimento complexo que envolve a sociedade e diferentes profissionais da área da Saúde
- No Brasil, a maioria dos **transplantes** é realizada pelo Sistema Único de Saúde (SUS)
- A seleção de candidatos para um **transplante** é realizada por **equipes** multidisciplinares/interdisciplinares
- A **avaliação psicológica** é indispensável, tanto para o receptor como para o possível doador, e tem grande relevância na decisão por realizar o procedimento e na preparação para o **transplante**.

INTRODUÇÃO

O avanço das técnicas cirúrgicas e de imunossupressão tem possibilitado o tratamento de um número crescente de pacientes por meio de **transplantes** de órgãos, o que, por sua vez, amplia a quantidade de **candidatos** para receber esse recurso de saúde ainda limitado e de alto custo. Trata-se de um recurso terapêutico universalmente aceito que melhora a **qualidade de vida** e salva milhares de pacientes anualmente. Dessa forma, a seleção dos **candidatos** que receberão o número reduzido de órgãos disponíveis tornou-se uma questão crucial para as **equipes** responsáveis pelos **transplantes**. A escolha adequada dos candidatos, juntamente com a melhoria dos cuidados pré e pós-operatórios, tem contribuído para resultados mais satisfatórios nos **transplantes** (Kumnig & Jowsey-Gregoire, 2015; Maldonado, 2019a; Block & Marek, 2020; Soares et al., 2020).

O Brasil é o segundo maior transplantador do mundo, atrás apenas dos EUA, sendo, portanto, referência mundial em **transplantes**, com aproximadamente 96% dos procedimentos financiados pelo Sistema Único de Saúde (SUS). São dois tipos de **transplante**: 1) intervivos, quando uma pessoa saudável pode ser doadora em vida para um familiar próximo, até o quarto grau consanguíneo; caso a pessoa não seja aparentada, é necessário autorização judicial, sendo possível apenas para alguns órgãos, como o rim ou parte do fígado; e 2) o **transplante** de doador falecido, quando o órgão é proveniente de pacientes que foram diagnosticados com morte encefálica (ME), normalmente em decorrência de trauma/doenças neurológicas graves, ou quando o falecimento decorre de parada cardiorrespiratória. Após a confirmação da morte e havendo autorização familiar, a doação é realizada (Ministério da Saúde, n.d.).

O candidato ao **transplante** aguarda sua vez em uma fila de espera até que seja disponibilizado um órgão compatível. Os pacientes, por meio do SUS, recebem assistência integral, igualitária, universal e gratuita, incluindo exames preparatórios, cirurgia, acompanhamento e medicamentos pós-**transplante**. O Ministério da Saúde gerencia a lista de espera por **transplantes** no Brasil e divulga dados atualizados diariamente (Ministério da Saúde, n.d.).

O **transplante** de órgão (TO) é um procedimento complexo que envolve a sociedade e inúmeros profissionais da área da Saúde. Para que o paciente esteja apto para o **transplante**, é importante que receba cuidado integral da equipe multi/interdisciplinar, que conta com médicos, enfermeiros, psicólogos, nutricionistas, assistente social, farmacêutico, fisioterapeuta e odontologista. Por meio da atuação multi/interdisciplinar, busca-se manter um olhar sobre o paciente de forma integral e integrada, possibilitando avaliar de forma ampliada a sua condição clínica, as intervenções frente às medicações e a parte nutricional, somando-se o cuidado sobre aspectos psicológicos e sociais.

Critérios médicos e psicossociais buscam identificar os pacientes com maior chance de se beneficiar do **transplante**, visando reduzir os riscos e maximizar os benefícios da cirurgia, além de utilizar esse recurso de forma responsável. No campo da Saúde, a **avaliação psicológica** é frequentemente utilizada para ajudar no planejamento dos cuidados que serão prestados pelo próprio psicólogo ou por outros profissionais da equipe (Bailey et al., 2021; Varshney et al., 2024).

Essa avaliação proporciona uma visão do contexto social e familiar do paciente, suas habilidades para lidar com situações de estresse e seu entendimento sobre os procedimentos necessários para o diagnóstico e o tratamento, incluindo os riscos e as responsabilidades envolvidos. Belar e Deardorff (2008) propuseram um modelo de avaliação em Psicologia da Saúde que abrange domínios biológicos, afetivos, cognitivos e comportamentais, além de unidades de avaliação (o paciente, a família, o sistema de saúde e o contexto sociocultural). No caso dos **transplantes** de órgãos, a **avaliação psicológica** busca identificar características emocionais e comportamentais do paciente, assim como fatores familiares e sociais que possam facilitar ou dificultar sua adaptação ao procedimento. Ela também avalia o nível provável de colaboração entre o paciente, seus familiares e a equipe de saúde, uma vez que o sucesso do **transplante** depende da adesão ao tratamento e de mudanças permanentes no estilo de vida (Cunha et al., 2014; Becker et al., 2021; Sarkar et al., 2022).

A **avaliação psicológica** para **transplantes** geralmente envolve uma entrevista clínica e o uso de instrumentos específicos com o objetivo de identificar a presença e o histórico de transtornos mentais, o funcionamento cognitivo, o estilo de enfrentamento de estressores, a presença de suporte social, além do conhecimento do paciente sobre o procedimento, os riscos e as responsabilidades envolvidos (Lazzaretti, 2006; Bottesi et al., 2020; Nghiem et al., 2020; Rangel, 2024).

A literatura apresenta algumas variáveis fundamentais para orientar a prática de avaliação psicológica em **equipes** de **transplantes** (Tabela 19.1).

Estudo realizado nos anos 1990 identificou que 94% dos programas de **transplante** americanos utilizavam algum tipo de avaliação psicossocial pré-**transplante**, embora a forma

Tabela 19.1 Variáveis que orientam a avaliação psicológica em **equipes** de **transplante**

a) Identificar as estratégias de enfrentamento do paciente em situações de estresse e a necessidade de intervenção psicológica
b) Identificar transtornos mentais e tratá-los, se necessário
c) Verificar se o paciente tem o conhecimento e as habilidades necessárias para desempenhar seu papel após a cirurgia e se compreende todas as implicações do procedimento para assinar o termo de consentimento informado
d) Avaliar se o paciente é capaz de estabelecer uma aliança terapêutica com a equipe e se tem as competências para aderir ao tratamento
e) Investigar o histórico de abuso de substâncias, a recuperação, o tempo de abstinência e os riscos de recaída
f) Ajudar a equipe a conhecer o paciente como indivíduo, permitindo a oferta de cuidados de saúde adequados
g) Identificar as necessidades psicossociais do paciente e seus familiares, planejando intervenções nos períodos de espera, recuperação e reabilitação
h) Obter dados para estabelecer uma linha de base do funcionamento mental, a fim de monitorar mudanças no pós-operatório.

Fonte: Maldonado (2019a); Fineberg et al. (2016); Maldonado (2019b); De Pasquale et al. (2020).

de avaliar variasse. Os maiores índices de contraindicação para **transplante** mostraram-se relacionados a critérios médicos (22,8% nos **transplantes** cardíacos, 17,1% nos de fígado e 7,4% nos renais), mas as contraindicações baseadas em critérios psicossociais tambem foram mencionadas (5,6% nos cardíacos, 3% nos renais e 2,8% nos de fígado) (Levenson & Olbrisch, 1993).

As principais contraindicações psicológicas a **transplantes** incluem esquizofrenia em fase ativa, ideação suicida atual, déficit cognitivo grave sem apoio social adequado, demência em fases avançadas, histórico recente de múltiplas tentativas de suicídio, transtorno atual de abuso de substâncias psicoativas, histórico de não adesão ao tratamento e suporte social incipiente, em especial para pacientes pediátricos, adolescentes e pessoas idosas (Block & Marek, 2020; Rosa et al., 2023; Dávila et al., 2024).

No caso dos **transplantes** pediátricos, a avaliação psicológica é essencial para preparar a criança e sua família, abordando aspectos emocionais e comportamentais. Inclui avaliar o desenvolvimento cognitivo e emocional da criança, considerando sua capacidade de compreender o procedimento e lidar com o estresse. Além disso, a compreensão do **transplante** e o apoio familiar são fundamentais, com foco na dinâmica familiar e na adesão ao tratamento. A preparação psicológica, o acompanhamento contínuo após o **transplante** e as intervenções necessárias são cruciais. Questões éticas, culturais e socioeconômicas também são consideradas, visando garantir suporte emocional e adesão ao tratamento (Amatya et al., 2021; Silva & Ariente, 2022).

Em cenários de indicação para **transplantes** intervivos, a avaliação psicológica abrange tanto o receptor quanto o doador, assegurando que ambos estejam emocionalmente preparados e conscientes dos riscos e das responsabilidades. Para o doador, o foco está em verificar a motivação, garantir compreensão dos riscos, avaliar seu estado emocional e o suporte social disponível. Além disso, a relação doador-receptor é analisada para garantir que não haja pressões ou conflitos. Questões éticas, como o consentimento informado e a ausência de coerção, são cruciais. O acompanhamento psicológico pós-**transplante** é essencial para ambos, considerando o impacto emocional após o procedimento. A avaliação visa preparar ambas as partes, promovendo decisões conscientes e suporte contínuo (Kohlsdorf, 2012; Duerinckx et al., 2014; Zimbrean et al., 2024).

A equipe de **transplante** avalia o paciente de forma conjunta, e quando a decisão pelo **transplante** é tomada, uma reunião é realizada com o paciente, seus familiares e o médico responsável, momento em que todo o processo é explicado e o termo de consentimento é assinado. Embora os protocolos e os critérios psicossociais variem entre os centros de **transplante** e os tipos de órgãos, é necessário buscar um consenso e a utilização de instrumentos padronizados para facilitar pesquisas e análise de resultados.

O conhecimento sobre as condições orgânicas que justificam a necessidade de **transplante** é crucial para os profissionais da área. No entanto, o psicólogo deve compreender como esses problemas afetam o paciente de forma global, integrando essa informação em sua avaliação e contribuindo para as discussões com a equipe.

Pacientes com doenças crônicas em espera para **transplante** frequentemente apresentam limitações físicas graves, como edemas persistentes, encefalopatia, hemorragias, fadiga e dor, que comprometem sua capacidade funcional e causam problemas financeiros, emocionais e familiares, prejudicando sua **qualidade de vida**. Além disso, enfrentam sofrimento emocional em virtude da incerteza quanto à escassez de órgãos, do tempo de espera e dos riscos cirúrgicos.

O acompanhamento psicológico favorece a conscientização dos fatores envolvidos em um **transplante** visando evitar complicações por falta de informação. As intervenções são baseadas no objetivo de promover **qualidade de vida** pré e pós-**transplante**, permitindo a tomada mais consciente de decisão acerca da doação, favorecendo a melhora na relação (que não deve ser idealizada) entre doador e receptor e, no pós-transplante, uma vivência saudável favorecendo adesão e minimizando repercussões negativas do procedimento.

O Hospital de Base (HB) é referência nacional em **transplantes** de órgãos e tecidos (córnea, rim, medula óssea e fígado), com a realização de cerca de 4.500 procedimentos desde o início de suas atividades. O HB é uma das poucas instituições do país a centralizar esses procedimentos com autorização do Ministério da Saúde (Hospital de Base, n.d.).

O HB é referência para o atendimento de mais de 1,7 milhão de habitantes dos 102 municípios pertencentes ao Departamento Regional de Saúde de Rio Preto (DRS 15). A excelência e os resultados obtidos pelas **equipes** de **transplantes** do Hospital de Base, no entanto, atraem pacientes de todo o Brasil. Os diferenciais da Unidade de **Transplante** incluem a competência dos profissionais, a experiência e o fato de integrarem uma equipe interdisciplinar formada por médicos, enfermeiras, nutricionistas, psicólogos, terapeutas ocupacionais, fisioterapeutas, fonoaudiólogos, entre outros (Hospital de Base, n.d.).

A Unidade de **Transplante** do HB tem papel importante na formação de profissionais da Saúde especializados em **transplantes**, inclusive de outras regiões do país, bem como para a condução de inúmeras pesquisas. Desempenha, assim, papel fundamental na integração entre assistência, ensino e pesquisa. Concentrar todas as **equipes** de **transplante** em um mesmo hospital contribui para intensificar ainda mais a integração e a troca de conhecimento e experiências entre elas (Hospital de Base, n.d.a).

O HB realiza todos os procedimentos que envolvem o complexo processo de avaliação do doador, desde a análise do quadro clínico, exames pré e pós-operatórios, inclusão e acompanhamento da lista de espera, realização do **transplante**, internação em UTI e enfermaria, aplicação de medicações imunossupressoras e acompanhamento durante toda a vida do paciente que realizou **transplante** (Hospital de Base, n.d.).

Atualmente são realizados na instituição **transplantes** de rim, fígado, medula óssea e córnea. O acompanhamento da equipe é necessário em todas as etapas – pré e pós-**transplante** –, com discussões frequentes entre os membros da equipe sobre os aspectos físicos, emocionais e sociais do paciente (Hospital de Base, n.d.).

Os protocolos utilizados pelos psicólogos do Serviço de Psicologia da FUNFARME/FAMERP que compõem as **equipes** multiprofissionais de **transplante** apresentam as informações já mencionadas para a identificação do paciente. Visam ainda identificar aspectos comportamentais, ambientais e sociais que possam facilitar ou dificultar a adesão ao tratamento antes ou após o **transplante**. Esses dados estão contidos na entrevista semiestruturada que faz parte do protocolo de avaliação, com questões relacionadas à doença, à duração, à internação, à necessidade do **transplante**, às expectativas, aos temores, às preocupações, às medicações, à rejeição, ao suporte social. Algumas perguntas podem ser mais específicas a cada tipo de **transplante**. Em seguida, são utilizados alguns instrumentos padronizados para a identificação de aspectos psicológicos e **qualidade de vida**. Cada protocolo para diferentes tipos de **transplante** tem suas especificidades, e a escolha dos instrumentos é pertinente à avaliação.

A seguir serão apresentados os diferentes tipos de **transplantes** realizados no HB e a rotina da equipe multiprofissional, destacando a avaliação psicológica dos candidatos a **transplante** de órgão.

TRANSPLANTE RENAL

O **transplante** renal é uma opção de tratamento para pacientes com doença renal crônica terminal (DRCT) que estão em diálise peritoneal, hemodiálise ou em fase pré-dialítica. O rim saudável de uma pessoa viva ou falecida é doado a um paciente portador de DRCT, e, por meio de um procedimento cirúrgico, esse rim é implantado no paciente e passa a exercer as funções de filtração e eliminação de líquidos e toxinas.

O **transplante** é considerado a mais completa alternativa de substituição da função renal, e sua principal vantagem é a melhora da **qualidade de vida**, pois garante maior liberdade na rotina diária do paciente (Sociedade Brasileira de Nefrologia, 2023).

No **transplante** renal existem dois tipos de doadores: os doadores vivos (parentes ou não) e os doadores falecidos.

O **transplante** de rim foi o primeiro tipo de **transplante** a ser realizado no Hospital de Base (HB) de São José do Rio Preto (SP), em 1992. Nesses mais de 30 anos, foram realizados mais de 2 mil **transplantes**, o que reforça a condição do serviço como um dos principais e mais bem estruturados do Brasil. O serviço realiza 56 **transplantes** de rim por milhão de habitantes, mais do que o dobro da média do país: 23,8 procedimentos por milhão. No ano de 2023, a equipe do HB transplantou órgãos em 124 pacientes da região Noroeste do estado de São Paulo (Associação Brasileira de **Transplante** de Órgãos, 2024).

O paciente encaminhado ao Ambulatório de **Transplante** Renal geralmente está em algum tratamento dialítico ou vai iniciar o tratamento; é inicialmente avaliado pelo médico como possível candidato à cirurgia, ingressa no Protocolo de **Transplante** Renal e é incluído na lista única de receptores de rim da Central de **Transplantes** do Estado de São Paulo.

No setor de nefrologia do HB, os candidatos a **transplante** renal são separados em dois ambulatórios: pré-**transplante** de doador falecido e pré-**transplante** de doador vivo. Independentemente do ambulatório, são solicitados exames laboratoriais e clínicos que investigam com segurança a possibilidade de **transplante**. Em todas as consultas ambulatoriais do paciente estão presentes os membros da equipe multiprofissional (médico, enfermeira, psicóloga, assistente social).

As reuniões de equipe multiprofissional são realizadas mensalmente para discutir os pacientes avaliados e acompanhar os pacientes já transplantados.

Após o **transplante**, o paciente deve utilizar medicação imunossupressora, que diminui a chance de rejeição do órgão. Esse tipo de medicação será utilizado por toda a vida do paciente. A não adesão ao tratamento medicamentoso pode ter sérias consequências, como a perda do enxerto (rim transplantado) e outras complicações, uma vez que esse tipo de medicação reduz a imunidade do paciente para evitar a rejeição do rim, mas apresenta efeitos colaterais. Entre os efeitos colaterais mais comuns destaca-se a predisposição a infecções virais e bacterianas, principalmente no primeiro ano após o **transplante**. Essa informação é fornecida pelo médico e reforçada por toda equipe durante o acompanhamento pré e pós-**transplante**. Assim, é necessário identificar se o paciente compreendeu corretamente o processo de tratamento e, consequentemente, a importância da adesão a ele.

O protocolo utilizado pela psicóloga que integra a equipe interdisciplinar para avaliar os candidatos a um **transplante** renal inclui:

- Entrevista semiestruturada: dados pessoais e de saúde, aspectos familiares, sobre o **transplante** e sobre o tratamento
- Escala Hospitalar de Ansiedade e Depressão (HADS) (Marcolino et al., 2007).

As reuniões de equipe, realizadas mensalmente, permitem que toda a equipe acompanhe a evolução de cada um dos pacientes: avaliados para **transplante** e já transplantados. Além disso, os membros da equipe (médico, enfermeira, psicóloga, assistente social) estão sempre presentes durante as consultas ambulatoriais de todos os pacientes.

TRANSPLANTE DE MEDULA ÓSSEA

O transplante de medula óssea (TMO) é um tipo de tratamento proposto para algumas doenças que afetam as células do sangue, como as leucemias e os linfomas. Consiste na substituição de uma medula óssea doente ou deficitária por células normais de medula óssea, com o objetivo de reconstituir uma medula saudável. O **transplante** pode ser autogênico (quando a medula vem do próprio paciente) ou alogênico (a medula vem de um doador). O **transplante** também pode ser feito a partir de células precursoras de medula óssea, obtidas do sangue circulante de um doador ou do sangue de cordão umbilical. O procedimento é a chance de cura para cerca de 80 doenças, como as leucemias, tipo de câncer mais comum na infância, principalmente a leucemia linfoide aguda (Instituto Nacional de Câncer, 2023).

O processo tem início com testes específicos de compatibilidade, nos quais são analisadas amostras do sangue do receptor e do doador, buscando a melhor compatibilidade possível a fim de evitar processos de rejeição da medula pelo receptor, bem como outras complicações, como a agressão de células do doador contra órgãos do receptor. Para o paciente, os principais riscos se relacionam às infecções e às drogas quimioterápicas utilizadas durante o tratamento; para o doador, os riscos são poucos. Algumas semanas após o procedimento, a medula óssea estará inteiramente recuperada. Uma avaliação pré-operatória detalhada verifica as condições clínicas e cardiovasculares do doador, visando a orientar a equipe anestésica envolvida no procedimento operatório (Instituto Nacional de Câncer, 2023).

O serviço de TMO do Hospital de Base é referência para 102 municípios da região de Rio Preto e para outros estados brasileiros. Segundo dados do Registro Brasileiro de **Transplantes** (RBT), é considerado um dos centros que mais realizam **transplantes** de células-tronco hematopoéticas alogênicos no país. No HB são realizados **transplantes** do tipo alogênico, quando as células do tecido vêm de um doador, e também do tipo autólogo, feito com as células saudáveis da medula óssea retiradas do próprio paciente reinfundidas. O HB possui estrutura e equipe treinada para atendimento de pacientes imunodeprimidos (Hospital de Base, **Transplante** Medula Óssea, n.d.a).

Os pacientes submetidos ao **transplante** de células-tronco hematopoiéticas (células-tronco que têm a capacidade de se autorrenovar e se diferenciar em diversos tipos de células do sangue) enfrentam uma carga significativa de sintomas e problemas relacionados ao tratamento que levam prejuízos na **qualidade de vida**. Dependendo do tipo do **transplante** (autogênico ou alogênico), o período de internação e alta varia. No caso do alogênico, mesmo depois da alta hospitalar, que ocorre em torno de 30 dias após o **transplante**, o paciente deve retornar diariamente ao hospital até completar 100 dias de **transplante**. Após esse período, os retornos tornam-se mais espaçados. Durante todo esse período, a equipe interdisciplinar acompanha, dá suporte e atende o paciente e familiares.

O protocolo utilizado pela Psicologia para avaliar pacientes candidatos ao TMO inclui:

- Entrevista semiestruturada: dados pessoais e de saúde, aspectos familiares, sobre o **transplante** e sobre o tratamento
- Critérios diagnósticos do Manual Diagnóstico e Estatístico de Transtornos Mentais (DSM-5), para transtornos de ansiedade, depressão e ataque de pânico (American Psychiatric Association, 2014)
- Indicador de Risco Psicológico em Oncologia (IRPO) (Souza, 2014).

Após o **transplante**, o *Functional Assessment of Cancer Therapy – Bone Marrow Transplantation* (FACT-BMT) é o instrumento utilizado para avaliar os pacientes. Trata-se de um questionário de **qualidade de vida** em pacientes transplantados de medula óssea (Mastropietro et al., 2007).

A reunião da equipe interdisciplinar para discutir as avaliações pré-**transplante** é semanal e nela todos os profissionais apresentam os resultados das avaliações e discutem sobre os pacientes acompanhados após o **transplante**.

TRANSPLANTE DE FÍGADO

É um procedimento cirúrgico que substitui o fígado doente por um saudável; é indicado em casos de doenças hepáticas graves que não respondem ao tratamento médico convencional, ameaçando a saúde e a **qualidade de vida** do paciente, como:

- Cirrose avançada: resultante de doenças hepáticas crônicas, caracteriza-se pelo dano ao tecido do fígado, com cicatrizes que prejudicam sua função
- Câncer de fígado: em certos casos, o câncer que se origina no fígado pode tornar o **transplante** uma opção para remover tanto o câncer quanto o fígado afetado
- Falência hepática aguda: ocorre quando o fígado deixa de funcionar repentinamente, frequentemente em virtude de lesões traumáticas, infecções graves ou reações adversas a medicamentos.

A espera por um **transplante** de fígado é caracterizada por sintomas debilitantes, estresse e uma grande dependência do sistema de saúde (Associação Brasileira de **Transplante** de Órgãos, n.d.).

O HB já realizou mais de 900 **transplantes** de fígado tanto de doadores vivos como de falecidos (Hospital de Base, **transplante** de fígado, n.d.b).

O protocolo de avaliação psicológica para candidatos ao **transplante** de fígado inclui:

- Entrevista semiestruturada (Santos et al., 2006)
- Escalas Beck: Inventário de Depressão (BDI) e Inventário de Ansiedade (BAI) (Cunha, 2001)
- Questionário de **Qualidade de Vida** SF-36 (Ciconelli et al., 1999).

Nas reuniões semanais da equipe, são apresentadas e discutidas as avaliações realizadas pelos diferentes profissionais, é verificada a necessidade de encaminhamentos e discutida a viabilidade (ou não) do **transplante**. Também são discutidas as evoluções dos pacientes transplantados.

Todos os protocolos realizados pelas **equipes** multiprofissionais de **transplantes** são anexados ao prontuário do paciente.

CASO CLÍNICO

João, 56 anos, engenheiro, em união estável há cinco anos, em fila espera para **transplante** de fígado por hepatite alcoólica. Apresentava dificuldade para interromper o uso do álcool e lidar com as mudanças provocadas pela doença: crises de encefalopatia, ascite e internações recorrentes; problemas familiares decorrentes do uso do álcool. Tinha medo intenso de realizar a cirurgia.

João começou a beber na adolescência, mas nessa época a bebida não era um problema e o auxiliava a interagir socialmente. Durante a faculdade, o consumo de álcool aumentou, principalmente nas festas e em momentos de maior estresse. Teve vários relacionamentos, sempre com muita dificuldade para mantê-los, principalmente porque seu trabalho sempre foi muito estressante. Passava no bar com os amigos após o expediente para relaxar e acabava tendo problemas com as namoradas, pois não conseguia manter os compromissos marcados com elas e acabavam brigando. Nunca se casou. Maria, sua companheira atual, trabalha na mesma empresa que ele e é a melhor pessoa com quem se relacionou até hoje. Incentivado por Maria, deseja parar de beber, mas não consegue. Vem tendo problemas de saúde há anos e, atualmente, com a evolução da doença, precisa de um **transplante** de fígado. Após várias internações e complicações (encefalopatia, ascite, edema dos membros inferiores e excessiva fadiga), sabe que precisa um **transplante**, e para isso precisa parar de beber. Mas não tem certeza se tem coragem de fazer a cirurgia: tem muito medo.

Entrevistas com o paciente e com a companheira confirmaram o relato de João apresentado no histórico. Foram utilizados na avaliação: entrevistas; *Alcohol Use Disorders Identification Test* (AUDIT) (Lima et al., 2005; Martins et al., 2008); Inventários de Depressão (BDI-II) (Beck et al., 2023) e de Ansiedade (BAI) de Beck (Beck & Steer, 2023); análise funcional do comportamento de beber.

Os resultados indicaram transtorno por uso de álcool, nível severo de ansiedade (BAI) e moderado de depressão (BDI), estratégias inadequadas de enfrentamento, déficit de habilidades sociais e importantes distorções cognitivas, como "Eu tenho muito medo do que pode acontecer comigo [...] Já ouvi dizer que, quando temos o medo, tudo pode acontecer de ruim"; "Não devia ter bebido tanto, tudo o que acontece de ruim é por minha culpa. A Maria não aguenta mais [...] Vai me abandonar [...]"; "Eu já ouvi pessoas que fizeram o **transplante** dizer que dá certo. Mas pessoas na minha cidade dizem que é difícil [...] Por ser difícil eu tenho certeza que vai ser difícil pra mim também [...] Acho que não vou conseguir".

Na avaliação psiquiátrica foi prescrita medicação e acompanhamento.

Vários pontos fortes foram também identificados na avaliação: presença de suporte social (Maria, familiares, colegas de trabalho, amigos); a consciência de João de que tinha um grave problema relacionado ao consumo de álcool; sua motivação para parar de beber e para modificar comportamentos que aumentavam a probabilidade de consumir álcool (p. ex., utilizar outras estratégias para lidar com o estresse associado ao trabalho, como ir à academia em vez de ir ao bar); a percepção que João tinha de ser um bom profissional e seu envolvimento com projetos que beneficiam a comunidade; a participação ativa de Maria no tratamento; o vínculo que estabeleceu com a equipe de **transplante** e com a psicóloga que integra a equipe.

João foi atendido no ambulatório do hospital onde faria a cirurgia pela psicóloga da equipe de **transplante** de fígado e por um psiquiatra da própria instituição. Foram identificados alvos terapêuticos a partir de discussões entre João e a psicóloga.

A intervenção psicológica baseou-se no modelo proposto por McCraddy e Epstein (2023) e incluiu cartões de monitoramento dos antecedentes (contexto, pensamentos, sentimentos) e do padrão de consumo de álcool; reestruturação cognitiva dos pensamentos disfuncionais; treino para o manejo do estresse; estratégias para o manejo do afeto negativo (sintomas de ansiedade e de depressão); mudanças no estilo de vida; prevenção de recaída.

Após um ano de intervenção psicológica e psiquiátrica, João alcançou a meta de seis meses de abstinência para poder fazer o **transplante**. Mais 6 meses decorreram até que houvesse um órgão compatível e a cirurgia fosse realizada.

CONCLUSÕES

O **transplante** de órgãos (TO) é um procedimento complexo que requer a atuação de uma **equipe** interdisciplinar. Na instituição onde os autores deste capítulo trabalham, todas as **equipes** de **transplante** contam com um psicólogo – o relato de caso apresentado foi redigido pela psicóloga que integra a **equipe** de **transplante** de fígado.

A avaliação psicológica pré-**transplante** indica pontos fortes e fragilidades do paciente e da sua rede de suporte (p. ex., família); fornece dados relevantes, pois identifica problemas ou necessidades (ex. presença de um transtorno mental, dificuldades para aderir a tratamento, ansiedades específicas) que podem ser abordados antes da cirurgia pelo psicólogo ou por outros profissionais (p. ex., assistente social, psiquiatra).

A avaliação psicológica fornece ainda uma linha de base sobre o funcionamento psicossocial do paciente, que servirá para avaliar sua evolução ao longo do tempo de atendimento nos períodos pré e pós-**transplante**.

Uma das dificuldades para o trabalho do psicólogo em **equipes** de **transplante** é a falta de consenso entre protocolos de avaliação psicológica nacionais/internacionais para que os dados de pacientes atendidos por diferentes **equipes** possam ser comparados.

Outro ponto relevante é a formação adequada do profissional para atuar na área da Saúde. A atuação adequada requer habilidades e competências para atender pacientes e familiares, para trabalhar no sistema de saúde e em **equipes** multi/interdisciplinares, para avaliar constantemente o seu trabalho, para formar futuros psicólogos da saúde e para realizar pesquisas na área.

REFERÊNCIAS BIBLIOGRÁFICAS

Amatya, K., Monnin, K., & Christofferson, E. S. (2021). Psychological functioning and psychosocial issues in pediatric kidney transplant recipients [Funcionamento psicológico e questões psicossociais em pacientes pediátricos transplantados renais]. *Pediatric Transplantation, 25*(1), e13842.

American Psychiatric Association (2014). *Manual Diagnóstico e Estatístico de Transtornos Mentais (DSM -5)*. Porto Alegre: Artmed.

Associação Brasileira de Transplante de Órgãos (n.d.). *Transplante de fígado*. Recuperado de https://site.abto.org.br/transplante-de-figado-2

Associação Brasileira de Transplante de Órgãos. (2024). *Hospital de Base de São José do Rio Preto realiza transplante de rim número 2.000*. Recuperado de https://site.abto.org.br/hospital-de-base-de-sao-jose-do-rio-preto-realiza-transplante-de-rim-numero-2-000/

Bailey, P., Vergis, N., Allison, M., Riddell, A., & Massey, E. (2021). Psychosocial evaluation of candidates for solid organ transplantation [Avaliação psicossocial de candidatos a transplante de órgãos sólidos]. *Transplantation, 105*(12), e292-e302.

Beck, A. T., Steer, R. A., & Brown, G. K. (2023). *Manual do Inventário de Depressão de Beck – BDI-II. Adaptação Brasileira*. London: Pearson.

Beck, A. T., & Steer, R. A. (2023). *Inventário de Ansiedade*. London: Pearson.

Beck, J. S. (1997). *Terapia cognitiva: Teoria e prática*. São Paulo: Artes Médicas.

Becker, J. H., Shemesh, E., Shenoy, A., Posillico, A., Knight, C. S., Kim, S. K., & Annunziato, R. A. (2021). The utility of a pre-transplant psychosocial evaluation in predicting post-liver transplant outcomes [A utilidade de uma avaliação psicossocial pré-transplante na previsão de resultados pós-transplante de fígado]. *Progress in Transplantation, 31*(1), 4-12.

Belar, C. D., & W. W. Deardorff (2008). *Clinical Health Psychology in Medical Settings: A Practitioner's Guidebook* (2nd ed.). Washington: American Psychological Association.

Block, A. R., & Marek, R. J. (2020). Presurgical psychological evaluation: Risk factor identification and mitigation [Avaliação psicológica pré-cirúrgica: Identificação e mitigação de fatores de risco]. *Journal of Clinical Psychology in Medical Settings, 27*, 396-405.

Bottesi, G., Granziol, U., Forza, G., Volpe, B., Feltrin, A., Feltrin, A., Battermann, F., Cavalli, C., Cillo, U., Gerosa, G., Fraiese, A., Rea, F., Loy, M., Maiorano, D., Rizzi, I., Leandro, G., Ferraro, C., Biasi, C., Donato, D., Viodotto, G., & Maldonado, J. R. (2020). The psychosocial assessment of transplant candidates: inter-rater-reliability and predictive evalue of the italian stanford integrated psychosocial assessment for transplantation (SIPAT) [A avaliação psicossocial de candidatos a transplante: Confiabilidade interavaliação e avaliação preditiva da avaliação psicossocial integrada para transplante de stanford (SIPAT) italiana]. *Psychosomatics, 61*(2), 127-134.

Caballo, V. E. (2008). *Manual de avaliação e treinamento das habilidades sociais.* São Paulo: Santos.

Ciconelli, R. M., Ferraz, M. B., Santos, W., Meinão, I., & Quaresma, M. R. (1999). Tradução para língua portuguesa e validação do questionário genérico de qualidade de vida SF-36. *Revista Brasileira de Reumatologia, 39*(3), 143-145.

Cunha, J. A. (2001). *Escalas Beck, BDI, BAI, BHS, BSI.* São Paulo: Casa do Psicólogo.

Cunha, S. D. S., Miyazaki, M. C. D. O. S., Villafanha, D. F., Santos, R. D., & Domingos, N. A. M. (2014). Psychological assessment of patients undergoing cardiac transplant in a teaching hospital (2004 to 2012) [Avaliação psicológica de pacientes submetidos a transplante cardíaco em hospital universitário (2004 a 2012)]. *Revista Brasileira de Cirurgia Cardiovascular, 29*(3), 350-354.

Dávila, F. T., Andrade, G. A., Oliveira, L. G., Oliveira, S. L. A., & Melo, V. D. J. V. (2024). Perspectivas em transplante cardíaco: Uma abordagem dos recursos atualmente disponíveis. In H. Viviani, C. A. R. Wollmann, J. L. I. Fonseca, & C. M. Horevicht (Orgs.). *Saúde cardiovascular: Conhecimento, prevenção e cuidado* (pp. 777-798). Rio de Janeiro: Epitaya.

De Pasquale, C., Pistorio, M. L., Veroux, M., Indelicato, L., Biffa, G., Bennardi, N., & Veroux, P. (2020). Psychological and psychopathological aspects of kidney transplantation: a systematic review [Aspectos psicológicos e psicopatológicos do transplante renal: Uma revisão sistemática]. *Frontiers in psychiatry, 11*, 106.

Dobson, D., & Dobson, K. S. (2010). *A terapia cognitivo-comportamental baseada em evidências.* Porto Alegre: Artmed.

Duerinckx, N., Timmerman, L., Van Gogh, J., Van Busschbach, J., Ismail, S. Y., Massey, E. K., & Dobbles, F. (2014). Predonation psychosocial evaluation of living kidney and liver donor candidates: a systematic literature review [Avaliação psicossocial pré-doação de candidatos a doadores vivos de rim e fígado: Uma revisão sistemática da literatura]. *Transplant International, 27*(1), 2-18.

Fineberg, S. K., West, A., Na, P. J., Oldham, M., Schilsky, M., Hawkins, K. A., & Lee, H. B. (2016). Utility of pré transplant psychological measures to predict post transplant outcomes in liver transplant patients: a systematic review [Utilidade de medidas psicológicas pré-transplante para prever resultados pós-transplante em pacientes transplantados de fígado: Uma revisão sistemática]. *General Hospital Psychiatry, 40*, 4-11.

Hospital de Base (n.d.). *Transplantes.* Recuperado de https://www.hospitaldebase.com.br/servicos/transplantes

Hospital de Base (n.d.a). *Transplante de medula óssea.* Recuperado de https://www.hospitaldebase.com.br/servicos/transplantes/transplante-tmo

Hospital de Base (n.d.b). *Transplante de fígado.* Recuperado de https://www.hospitaldebase.com.br/servicos/transplantes/figado

Instituto Nacional de Câncer (2023). *Transplante de medula óssea.* Recuperado de https://www.gov.br/inca/pt-br/assuntos/cancer/tratamento/transplante-de-medula-ossea

Kohlsdorf, M. (2012). Avaliação psicológica de candidatos a transplante renal intervivos. *Psicologia Argumento, 30*(69).

Kumnig, M., & Jowsey-Gregoire, S. (2015). Preoperative psychological evaluation of transplant patients: challenges and solutions [Avaliação psicológica pré-operatória de pacientes transplantados: Desafios e soluções]. *Transplant Research and Risk Management, 7*, 35-43.

Lazaretti, C. T. (2006). Transplante de órgãos: avaliação psicológica. *Psicologia Argumento,* 24(45) 35-41.

Leahy, R. L. (2011). *Livre de ansiedade.* Porto Alegre: Artmed.

Levenson, J. L., & Olbrisch, M. E. (1993). Psychosocial evaluation of organ transplant candidates. A comparative survey of process, criteria, and outcomes in heart, liver, and kidney transplantation [Avaliação psicossocial de candidatos a transplante de órgãos. Uma pesquisa comparativa de processos, critérios e resultados em transplantes de coração, fígado e rim]. *Psychosomatics, 34*(4), 314-323.

Lima, C. T., Freire, A. C. C., Silva, A. P. B., Teixeira, R. M., Farrell, M., & Prince. M. (2005). Concurrent and construct validity of the audit in an urban

Brazilian sample. *Alcohol and Alcoholism, 40*, 584-589. Recuperado de https://doi.org/10.1093/alcalc/agh202.

Maldonado, J. R. (2019a). The psychosocial evaluation of transplant candidates [A avaliação psicossocial de candidatos a transplante]. *Psychosocial Care of End-Stage Organ Disease and Transplant Patients*, 17-48.

Maldonado, J. R. (2019b). Why it is important to consider social support when assessing organ transplant candidates? [Por que é importante considerar o apoio social ao avaliar candidatos a transplante de órgãos?]. *The American Journal of Bioethics, 19*(11), 1-8.

Marcolino, J. A. M, Mathias, L. A. S. T., Piccinini L., Filho, Guaratini, A. A, Suzuki, F. M., & Alli, L. A. C. (2007). Escala hospitalar de ansiedade e depressão: Estudo da validade de critério e da confiabilidade com pacientes no pré-operatório. *Revista Brasileira de Anestesiologia, 57*(1), 52-62.

Martins, R. A., Manzatto, A. J., Cruz, L. N., Poiate, S. M. G., & Scarin, A. C. C. F. (2008). Utilização do Alcohol Use Disorders Identification Test (AUDIT) para identificação do consumo de álcool entre estudantes do ensino médio. *Interamerican Journal of Psychology, 42*(2), 307-316.

Mastropietro, A. P., Oliveira, É. A., Santos, M. A., & Voltarelli, J. C. (2007). Functional assessment of cancer therapy bone marrow transplantation: Tradução e validação [Avaliação funcional da terapia oncológica no transplante de medula óssea]. *Revista de Saúde Pública, 41*(2), 260-268.

Ministério da Saúde. (n.d.). *Sistema Nacional de Transplante*. Recuperado de https://www.gov.br/saude/pt-br

McCraddy, B. S., & Epstein, E. E. (2023). *Transtornos por uso de álcool*. In D. H. Barlow (Org.). *Manual clínico dos transtornos psicológicos. Tratamento passo a passo* (6a. ed., pp. 515-567). Porto Alegre: Artmed.

Nghiem, D. M., Gomez, J., Gloston, G. F., Torres, D. S., & Marek, R. J. (2020). Psychological assessment instruments for use in liver and kidney transplant evaluations: scarcity of evidence and recommendations [Instrumento de avaliação psicológica para uso em avaliações de transplantes hepáticos e renais: Escassez de evidências e recomendações]. *Journal of personality assessment, 102*(2), 183-195.

Rangel, C. M. V. (2024). *Avaliação psicológica de pacientes em fase pré-transplante de órgãos: Tradução, adaptação transcultural e validação do Stanford Integrated Psychosocial Assessment for Transplantation (SIPAT) para uso no Brasil*. (Tese de Doutorado). Universidade de São Paulo, Ribeirão Preto, SP, Brasil. Recuperado de https://www.teses.usp.br/teses/disponiveis/17/17138/tde-26072024-143104/pt-br.php

Rosa, F. R. P. A. C., Gomes, M. J. A., Menezes, A. G. G., Resende, G. B. O., Cunha, I. A. M. F., Peixoto, S. R., & Cabral, R. F. R. P. (2023). Seleção de pacientes ao transplante pulmonar: Uma revisão integrativa de literatura. *Research, Society and Development, 12*(2), e29312240344-e29312240344.

Santos, R., Jr., Miyazaki, M. C.O.S., Domingos, N. A. M., Silva, R. C. M., Pagotto, K.F, Junior, O.L, & Colombo M. R. (2006). Avaliação psicológica de candidatos e pacientes submetidos a transplante de fígado. In M. C. O. S. Miyazaki, & N. A. M. Domingos, N. V. (Orgs.). *Psicologia da saúde: Pesquisa e prática* (pp. 253-269). São José do Rio Preto: THS/Arantes.

Sarkar, S., Grover, S., & Chadda, R. K. (2022). Psychiatric assessment of persons for solid-organ transplant [Avaliação psiquiátrica de pessoas para transplante de órgãos sólidos]. *Indian Journal of Psychiatry, 64*(Suppl 2), S308-S318.

Silva, A. L. F., & Ariente, L. C. (2022). Aspectos fundamentais para a avaliação psicológica no transplante renal pediátrico. *Brazilian Journal of Transplantation, 25*(4).

Soares, L. S. S., Brito, E. S., Magedanz, L., França, F. A., Araújo, W. N., & Galato, D. (2020). Transplantes de órgão sólidos no Brasil: Estudo descritivo sobre desigualdades na distribuição e acesso no território brasileiro, 2001-2017. *Epidemiologia e Serviços de Saúde, 29*(1), e2018512. Recuperado de https://doi.org/10.5123/S1679-49742020000100014

Sociedade Brasileira de Nefrologia. (2023). *Transplante renal*. Recuperado de https://sbn.org.br/publico/tratamentos/transplante-renal

Souza, J. R. (2014). *Indicador de risco psicológico em oncologia (IRPO): Construção e validação de um instrumento de triagem para pacientes com câncer*. (Tese de Doutorado). Universidade de Brasília, Brasília, DF, Brasil. Recuperado de http://repositorio.unb.br/handle/10482/16804

Varshney, M., Dhingra, K., & Choudhury, A. (2024). Psychosocial assessment and management-related issues among liver transplant recipients [Avaliação psicossocial e questões relacionadas ao manejo entre receptores de transplante de fígado]. *Journal of Clinical and Experimental Hepatology, 14*(1), 101261.

Zimbrean, P. C., Rubman, S., Andacoglu, O., Bakhai, D., Clifton, E., Deng, Y., & Liapakis, A. (2024). Psychosocial evaluation of living liver donors – State of current practices in the United States [Avaliação psicossocial de doadores vivos de fígado – Estado das práticas atuais nos Estados Unidos]. *Liver Transplantation, 30*(5), 505-518.

20

Atenção Domiciliar e Atuação Multiprofissional

Adriana Said Daher Baptista ▪ Naiara Nepomuceno Mitre da Silva ▪ Luria Daher Baptista ▪ Maria das Dores Santos

"O segredo é saber NÃO morrer antes da hora"
(Francisco Alves)

Destaques

- A **atenção domiciliar (AD)** no Brasil se intensificou na década de 1980, impulsionada pela crise do sistema de saúde, sendo mais amplamente discutida e implementada a partir dos anos 1990
- A **equipe multiprofissional** na **AD** garante um atendimento personalizado, contínuo e abrangente
- A **AD** exige flexibilidade, adaptação e integração dos profissionais
- A perspectiva biopsicossocial na **AD** valoriza a integralidade do paciente
- A **AD** oferece benefícios como redução de risco de infecções hospitalares, promoção de recuperação mais rápida, confortável e menos estressante
- A ética é crucial na **AD**, envolvendo questões morais, familiares, crenças e valores pessoais
- A **AD** enfrenta desafios como necessidade de treinamento para cuidadores informais e cobertura geográfica desigual do serviço.

INTRODUÇÃO

A atenção domiciliar é uma modalidade de cuidado e intervenção voltada para o atendimento às necessidades do usuário em seu ambiente domiciliar. Tem como objetivos promover, manter e restaurar a saúde, bem como reabilitar, prevenir e tratar doenças. As intervenções são realizadas por uma equipe multiprofissional, que considera uma série de fatores, incluindo o contexto em que o paciente está inserido, configurando-se como um desafio significativo. Essa abordagem destaca-se por integrar e personalizar o cuidado, adaptando-se às especificidades de cada paciente e seu entorno.

Escrever sobre o tema da atenção domiciliar (AD) por esta equipe suscita reflexões significativas, especialmente quando realizada por um grupo que compartilha vivências e desenvolveu um modelo de atendimento ajustado. Esse modelo é caracterizado pela horizontalidade, integrando diferentes saberes e sendo moldado pelos desafios identificados nos atendimentos personalizados. Quando nos referimos a desafios, estamos dizendo que foram inúmeros: condição do paciente e da residência, familiares, progressão do problema de saúde, mudança de integrantes da **equipe**, além de treinarmos o tempo todo a nossa flexibilidade cognitiva para melhor ajuste e adaptação às novas condições desafiadoras.

Outro assunto importante a ser discutido é a questão ética envolvida nos atendimentos e nas discussões do caso que acontece entre os profissionais e também em relação à análise que é realizada do "fazer" do outro profissional. Ao planejar as ações com o paciente, estas podem ter mais de uma finalidade, e os profissionais podem usar a mesma ferramenta ou recurso com diferentes objetivos a serem alcançados. Sendo assim, buscamos promover um ambiente de comunicação aberta e respeitosa, em que os membros possam compartilhar suas ideias, experiências e conhecimentos, contribuindo para a resolução de problemas, planejamento de ações e o desenvolvimento profissional de todos (Jesus et al., 2021). Com isso, entendemos que a citação a seguir é pertinente:

> As questões deontológicas são de extrema importância na condução das atividades domiciliares, já que o ambiente não é controlado pelas regras institucionais, e os profissionais envolvidos no atendimento têm que lidar com questões morais, crenças e valores familiares além de seus próprios valores (Zanobi et al., 2018, p. 301).

De acordo com a nossa experiência, a presença de um "gerente" na **equipe** de saúde otimiza a assistência, tornando-a mais personalizada, segura e eficiente. Essa figura centraliza as informações, coordena as ações dos profissionais e promove a participação ativa do paciente e da família no cuidado, além de fornecer dados para o "fazer" de cada profissional, considerando a rotina do paciente, sua condição de saúde e estilo de vida, ajustando o que for necessário para que a assistência tenha qualidade, bem como proporciona orientação, diminuindo mitos em relação aos riscos, superando a fragmentação dos serviços (Olario et al., 2020).

A adoção de uma perspectiva biopsicossocial na **AD** considera o indivíduo em seu contexto social, valorizando a integralidade e promovendo a articulação entre os diferentes níveis de atenção (Olario et al., 2020).

A história da assistência à saúde revela uma oscilação entre o cuidado domiciliar e a institucionalização hospitalar. Enquanto no século XVIII o cuidado domiciliar era predominante, a criação de grandes hospitais centralizou a atenção à saúde. No entanto, a partir da segunda metade do século XX, a superlotação hospitalar e a busca por uma abordagem mais humanizada da saúde impulsionaram o retorno da **AD**. No Brasil, essa tendência se intensificou a partir da década de 1980, como resposta à crise do sistema de saúde e à implantação do Sistema Único de Saúde (SUS) (Foucault, 1977; Lima et al., 2013).

Os princípios do SUS garantem o acesso universal e equânime à saúde com caráter democrático, considerando as necessidades específicas da população, sendo estas também aplicadas na **AD**, abrangendo a promoção da saúde, a prevenção de doenças, o tratamento, a reabilitação e os cuidados paliativos (Giacomozzi, 2012). Essas ações são integradas de maneira coordenada com as Redes de Atenção à Saúde (RAS), assegurando um atendimento contínuo e abrangente conforme a necessidade do paciente, por diferentes profissionais (Portaria n. 825, de 2016).

Segundo Paixão et al. (2018), o **atendimento domiciliar** oferece benefícios significativos, como um ambiente familiar e confortável para o paciente, promovendo uma recuperação mais rápida e menos estressante, desospitalização, redução de custos, melhoria da qualidade de vida e redução do risco de infecções hospitalares. Essa modalidade de atendimento abrange uma gama de serviços, incluindo cuidados médicos, terapias ocupacionais e atendimento psicológico; acompanhamento terapêutico e de um profissional da Educação Física (PEF); socialização, entre outras formas de assistência (Nunes, 2016).

No Brasil, a **AD** começou a ser mais amplamente discutida e implementada a partir de 1990, com a criação de programas e de políticas públicas voltados para a assistência domiciliar, especialmente para pacientes com condições crônicas e pessoa idosas, visto o crescente envelhecimento da população. Em 2011, com a criação do Programa Melhor em Casa e a Política Nacional de **Atenção Domiciliar** (PNAD), pelo Ministério da Saúde, foram estabelecidas diretrizes e regulamentações para a prestação de cuidados domiciliares no âmbito do SUS, havendo um avanço significativo na promoção da **AD**, visando ampliá-la e qualificá-la (Portaria n. 2.029, de 2011; Portaria n. 963, de 2013; Almeida et al., 2019).

Pacientes estáveis que necessitam de visitas menos frequentes, como uma vez por mês, são atendidos pela **equipe** de Saúde da Família/ Atenção Básica de sua referência. Casos mais complexos são acompanhados pelas **Equipes Multiprofissionais de Atenção Domiciliar** (EMAD) e de Apoio (EMAP), dentro do Serviço de **Atenção Domiciliar** (SAD) (Brasil, 2012) O SAD é um serviço complementar aos cuidados oferecidos na atenção básica e em serviços de urgência. Ele pode substituir ou complementar a internação hospitalar, sendo responsável pelo gerenciamento e pela operacionalização das EMAD e das EMAP (Portaria n. 825, de 2016).

As EMAD são divididas em dois tipos, com a principal diferença sendo a carga horária dos profissionais. Ambas exigem a presença de médico, enfermeiro, fisioterapeuta ou assistente social e técnicos de enfermagem. A EMAP, por sua vez, é mais flexível na composição, exigindo no mínimo três profissionais de nível superior, como nutricionista, psicólogo ou terapeuta ocupacional. Em ambos os casos, a carga horária mínima para cada profissional é de 20 horas semanais (Portaria n. 825, de 2016).

Apesar dos benefícios, a **AD** enfrenta vários desafios. Um dos principais é a necessidade de treinamento adequado para cuidadores informais, que muitas vezes assumem a responsabilidade de cuidados complexos sem a devida preparação (Broese van Groenou & De Boer, 2016). Além disso, a falta de integração entre os serviços de saúde domiciliares e os sistemas de saúde tradicionais pode resultar em lacunas no cuidado (Landers et al., 2016). Outros desafios significativos são o financiamento da **AD**, pois a falta de políticas de reembolso adequadas pode limitar o acesso a esses serviços (Griffiths et al., 2013). Além disso, há alta demanda por serviços, o que pode resultar em longos tempos de espera e limitações na disponibilidade de profissionais especializados (Braga et al., 2016). Outra questão importante é a cobertura geográfica desigual, com áreas rurais e periféricas tendo menos acesso aos serviços domiciliares.

A **AD** no sistema privado, também conhecido como *home care*, é caracterizada por uma maior flexibilidade, capacidade para atender a uma maior demanda, rapidez do atendimento, maior disponibilidade de profissionais especializados e recursos e cuidados médicos intensivos. No entanto, o custo dos serviços privados pode ser uma barreira impeditiva para muitos pacientes, especialmente aqueles sem cobertura de planos de saúde. A resistência das operadoras e as desigualdades no acesso ao tratamento domiciliar são desafios a serem superados para garantir que a **atenção domiciliar** seja uma realidade para todos que dela necessitam.

A experiência compartilhada neste texto demonstra a complexidade e a riqueza do cuidado domiciliar, que envolve não apenas a aplicação de conhecimentos técnicos, mas também a construção de relações humanas significativas. Em suma, a **AD** representa um caminho promissor para a transformação do modelo de atenção à saúde no Brasil, oferecendo um cuidado mais centrado nas necessidades e na sua realidade.

ASSISTÊNCIA DOMICILIAR E A PSICOLOGIA

A prática da psicologia em domicílio representa uma nova e significativa área de atuação para os profissionais da saúde mental. Sua atuação no ambiente domiciliar exige uma constante adaptação, uma vez que este difere substancialmente do consultório tradicional, já que não é um ambiente controlado.

Quem são os clientes do psicólogo na **AD**? Essa é uma pergunta essencial, uma vez que o foco da assistência à saúde mental é a pessoa com o problema de saúde, sua família e os profissionais envolvidos, isto é, a tríade enfermo-família-**equipe** de saúde (Puschel et al., 2006). Ainda pensando na qualidade do atendimento e na integralidade da **equipe**, é fundamental que os profissionais recebam apoio psicológico, uma vez que a intensa exposição a situações de sofrimento e a necessidade de lidar com adversidades podem gerar desgaste emocional, exigindo cuidados para a preservação de sua saúde mental, além de comunicação entre os envolvidos.

Fazem parte da competência do psicólogo as questões emocionais relacionadas ao adoecimento, ao tratamento e ao prognóstico, e na **AD** o profissional entra em contato com a realidade do paciente, observando o impacto da doença na vida cotidiana. Com isso, é possível auxiliar na gestão da ansiedade, da depressão, da frustração e das expectativas. Esse serviço tem a função de ajustar o paciente e a família à nova condição, por intermédio de intervenções personalizadas, considerando as particularidades do ambiente, da família e as demandas do indivíduo, promovendo um cuidado integral e humanizado (Serur et al., 2020), evitando assim o desgaste e a sobrecarga de todos os envolvidos no processo. Além disso, auxilia na elaboração de planos terapêuticos e nos encaminhamentos, já que a doença crônica ou limitante impacta não apenas o paciente, mas também seu núcleo familiar.

O atendimento do psicólogo em domicílio pode ocorrer por meio do setor privado e pelo SUS, em que a saúde é entendida como direito social fundamental, amparada nos arts. 6º e 196 da Constituição Federal de 1988. Esses dispositivos conferem ao Estado o dever de implementar políticas públicas que visem à redução de riscos à saúde e à promoção do bem-estar da população. Publicada em 25 de abril de 2016, a Portaria n. 825 traz novas diretrizes para a organização e funcionamento da **AD** no SUS (Portaria n. 825, de 2016).

Contextualizando o caso que será abordado, vale ressaltar que a demência é caracterizada pela perda progressiva de funções cognitivas, fazendo parte do trabalho do psicólogo a reabilitação cognitiva, que se baseia em estimulação e treinos que auxiliam na capacidade do cérebro em se reorganizar (neuroplasticidade), visando retardar o avanço da doença e preservar a autonomia e a qualidade de vida. Sendo assim, é necessário partir de uma avaliação neuropsicológica que vise a um mapeamento cognitivo dos pontos fortes, adequados e fracos, para que se possa planejar ações a serem desenvolvidas (Abrisqueta-Gomez et al., 2012). Com isso, é no trabalho domiciliar que a pessoa é treinada e estimulada a partir de suas experiências, favorecendo o ajuste em cada etapa da progressão da demência.

A prática da psicologia em domicílio demonstra ser uma estratégia eficaz para promover a saúde mental de indivíduos e famílias, especialmente em contextos de doenças crônicas e limitações funcionais; no entanto, é fundamental que os profissionais estejam preparados para lidar com os desafios inerentes a essa modalidade de atendimento, como a preservação da confidencialidade e a necessidade de constante atualização. Sendo assim, a expansão e o fortalecimento da psicologia domiciliar no Brasil são essenciais para garantir o acesso a serviços de saúde mental de qualidade para toda a população.

ASSISTÊNCIA DOMICILIAR E ACOMPANHANTE TERAPÊUTICO

O acompanhante terapêutico (AT) pode ser caracterizado como um profissional que realiza intervenções com o objetivo de atender às mais diversas demandas do acompanhado, auxiliando no desenvolvimento, na superação, na ressocialização, na autonomia, na independência, na autoconfiança e no bem-estar emocional (Venancio & Benevenutti, 2022; Projeto de Lei n. 1.432, de 2024). Este deve ser capacitado para realizar uma prática especializada e humanizada, com formação teórica, presença ativa, escuta qualificada, comportamento assertivo, propostas de intervenção em locais extraconsultório, ética e técnicas adequadas à demanda do cliente (Zamignani et al., 2007).

O AT não é, oficialmente, um profissional integrado às equipes do Sistema Único de Saúde (SUS). Embora sua atuação seja reconhecida e valorizada em diversos contextos de cuidado, especialmente na saúde mental, o papel do AT ainda não está regulamentado como parte integrante das equipes multiprofissionais do SUS. Essa ausência de oficialização não impede que sua prática contribua de forma significativa para o acompanhamento e a reabilitação de pacientes em diferentes contextos, complementando as intervenções propostas pelo sistema de saúde.

Sua prática é fundamentada em técnicas e ferramentas de acordo com uma base teórica visando às necessidades, aos objetivos e às características do acompanhado (Venancio & Benevenutti, 2022). Essa personalização se manifesta em diversas atividades, como momentos de recreação e sustentação de diálogo, psicoeducação, controle de humor, modificação de cognição e mudanças significativas de comportamento (Wright et al., 2008).

As demandas do acompanhado, englobando os atendimentos em domicílio, podem ser sociais, físicas, psíquicas, emocionais e/ou comportamentais, consequentes de limitações ou comportamentos disfuncionais (Silva, 2013; Projeto de Lei n. 1.432, de 2024). O AT atua na intermediação entre o acompanhado e a sociedade, atenuando o isolamento e/ou a exclusão, estimulando o desenvolvimento e a manutenção de novos repertórios e o ganho de autonomia, bem como assegurando os direitos sociais básicos do acompanhado, garantindo acesso aos serviços e aos projetos que atendam às suas necessidades (Brondani, 2020).

O AT deve estar preparado para auxiliar e amparar o acompanhado, além de agir de forma ativa em períodos de crise. Nesses momentos, sua presença pode trazer segurança e tranquilidade para seu cliente, acalmando-o e dispondo de técnicas como o relaxamento, identificando estratégias possíveis para lidar com a dificuldade, sempre levando em consideração as limitações particulares e a prescrição da equipe. Contribui também na elaboração e na execução de projetos de vida e na expansão do autocuidado, além de fortalecer e estimular a habilidade criativa e cognitiva. O atendimento terapêutico é indicado para pessoas de várias faixas etárias, que se beneficiariam de um acompanhamento profissional em seu cotidiano (Pelúcio et al., 2019; Projeto de Lei n. 1.432, de 2024).

Existem diversas estratégias para se entender as necessidades do acompanhado. Ir *in loco* é uma das melhores formas de se poder observar quais são os comportamentos que estão em déficit e os que estão em excesso, além dos adequados. O acompanhamento em atividades do dia a dia, como compromissos familiares, religiosos, idas ao trabalho, faculdade e/ou escola, compras, entre outros, é importante para avaliar como o acompanhado se comporta nos diferentes ambientes, apresentando-se diferentes contextos para avaliar e intervir. Além disso, o contato frequente com a família é fundamental para coletar informações sobre a dinâmica familiar, os vínculos e a história de vida, enriquecendo ainda mais a compreensão do caso, possibilitando o planejamento de intervenções mais eficazes para aproximar os comportamentos em acerto (Cunha et al., 2017; Tristão et al., 2017).

O atendimento terapêutico é um recurso versátil, capaz de atender a uma ampla gama de perfis, incluindo pessoas com deficiências físicas ou intelectuais, dependentes químicos, indivíduos com sofrimento psíquico intenso, acompanhamento domiciliar, crianças com dificuldades de socialização, idosos, além de aqueles envolvidos em situações como interdição judicial, disputas de guarda e alta hospitalar (Barreto, 2005; Sereno, 2006).

O processo de intervenção inicia-se com uma avaliação completa do caso, que permitirá a identificação dos comportamentos-alvo e a definição de objetivos claros e mensuráveis. Com base nessa avaliação, serão selecionadas as técnicas e as ferramentas mais adequadas para cada caso. Ao longo do processo, realizar um acompanhamento sistemático dos resultados é indispensável, avaliando o progresso em relação às metas estabelecidas e promovendo discussões com toda a **equipe** envolvida. Essa abordagem garante a flexibilidade necessária para realizar ajustes no plano de intervenção sempre que necessário, assegurando a eficácia do tratamento (Venancio & Benevenutti, 2022).

A vinculação estabelecida entre o AT e o acompanhado é um fator crucial para a efetividade das intervenções em que a confiança, a empatia, a compreensão e o respeito são extremamente importantes, criando um relacionamento próximo com limites e regras, sendo essencial para um avanço significativo em termos terapêuticos. Essa vinculação pode ser firmada por características pessoais e afinidades, sendo um meio de reforço, motivação e estímulo. Com isso, a relação em si passa a ser uma das ferramentas importantes de intervenção (Venancio & Benevenutti, 2022).

O comportamento do terapeuta pode servir como modelo, exercendo uma influência direta sobre o indivíduo, facilitando a aquisição de novas habilidades e a mudança de padrões comportamentais, auxiliando na aplicação destes em situações cada vez mais complexas e próximas do seu dia a dia, com o objetivo de generalizar as habilidades adquiridas (Varella et al., 2006).

Segundo o Projeto de Lei n. 1.432, de 2024, a regulamentação da profissão de AT é importante e urgente, uma vez que está sendo observado um aumento da rejeição de cobertura do serviço pelos planos de saúde, além de que, por essa falta de reconhecimento formal do AT, muitos não são autorizados a acompanhar seus clientes em locais privados, o que pode acarretar prejuízos no processo terapêutico. Conclui-se, portanto, que a regulamentação do AT possui grande relevância, já que um dos problemas nos dias atuais diz respeito a uma falta de limitação quanto ao papel exercido, às teorias adequadas a esse serviço, às técnicas, aos vínculos, às funções, entre outros papéis que compõem esse trabalho da área da Saúde, que atua no bem-estar e na qualidade de vida, sendo um promotor da saúde mental e física (Venancio & Benevenutti, 2022; Projeto de Lei n. 1.432, de 2024).

ATENÇÃO DOMICILIAR E ENFERMAGEM

O profissional da Enfermagem é importante na **AD**, tem inúmeras competências, como avaliar as necessidades de inserir outros tratamentos terapêuticos, respeitar as prescrições, gerenciar o trabalho dos cuidadores, identificar novos possíveis diagnósticos, auxiliar na reabilitação e nos cuidados paliativos, além de identificar necessidades de saúde no contexto real de vida das pessoas, favorecendo uma assistência mais próxima e humanizada (Moura et al., 2021).

Para a Estratégia da Saúde da Família (ESF), a família e o contexto de vivência têm interferência direta com o paciente e sua evolução. Dessa forma, foram implementadas as visitas domiciliares realizadas pelas ESF, tendo como um dos seus protagonistas o enfermeiro (Cunha et al., 2023). Dentre as funções e os benefícios do enfermeiro na **AD**, podemos citar a avaliação abrangente e contínua da saúde do paciente, incluindo sinais vitais, condições crônicas, necessidades de cuidado e bem-estar emocional. A literatura destaca que essa avaliação é essencial para a identificação precoce de problemas de saúde e para a implementação de intervenções oportunas, o que acaba por proporcionar uma redução das reinternações hospitalares, uma vez que ocorre a prevenção de complicações (Sousa et al., 2022).

Com relação à educação em saúde, a psicoeducação tem grande relevância, já que é crucial que o paciente e a família compreendam a evolução da doença e da cadeia de acontecimentos. É importante destacar que o profissional precisa se certificar de que haja um entendimento integral da situação pelos cuidadores informais e paciente, já que podem ter diferentes níveis de compreensão, sendo necessária uma linguagem clara e acessível para que as orientações sejam seguidas e tenha adesão maior ao tratamento (Sousa et al., 2022).

As práticas saudáveis realizadas, bem como as instruções sobre cuidados básicos ofertadas pelo profissional, são diversas, sendo colocadas em ação por intermédio de estratégias para promover estilos de vida saudáveis, como a boa higiene, a alimentação adequada, o gerenciamento do uso de medicamentos, o fornecimento de orientações sobre a condução da doença, o incentivo à prática de atividades físicas, a orientação para cessação do tabagismo, a precaução de acidentes domésticos e outras medidas preventivas (Neves, 2023).

A visita domiciliar realizada pelo enfermeiro é uma prática de grande relevância, visto que o ambiente domiciliar pode ser imprevisível e apresentar uma variedade de fatores que podem influenciar negativamente a saúde do paciente e o tratamento, como condições inadequadas de habitação, falta de saneamento básico e presença de agentes estressores familiares (Fensterseifer et al., 2022). Por esses motivos, ressalta-se a pertinência da identificação dos fatores de risco e de barreiras do cuidado, além de uma melhor compreensão das condições socioeconômicas e da dinâmica familiar.

Além disso, o enfermeiro muitas vezes encontra-se em situações em que os recursos são limitados, exigindo improvisação e criatividade na prestação do cuidado domiciliar. Em função disso, o profissional precisa ser capaz de adaptar-se às limitações do ambiente, gerenciando os recursos disponíveis de maneira efetiva. Isso envolve desde o uso racional de insumos até a adaptação de técnicas de cuidado para condições adversas (Gonçalves, 2021). Outra habilidade é a tomada de decisão rápida e a resolução de problemas, especialmente em emergências ou quando confrontado com problemas inesperados. O enfermeiro deve ser capaz de avaliar rapidamente a situação e implementar intervenções apropriadas.

A enfermagem domiciliar, apesar de seus benefícios, enfrenta desafios como a complexidade dos cuidados, a escassez de recursos e a necessidade de constante atualização. No entanto, a importância dessa prática é inegável. Diante desse cenário, é fundamental investir em políticas públicas que valorizem a **AD**, proporcionando aos enfermeiros as condições necessárias para o desenvolvimento de suas atividades. Além disso, a pesquisa científica deve continuar a aprofundar o conhecimento sobre as melhores práticas de cuidado domiciliar, visando otimizar os resultados e garantir a qualidade de vida dos pacientes.

ASSISTÊNCIA DOMICILIAR E PROFISSIONAL DE EDUCAÇÃO FÍSICA

Historicamente, o profissional de Educação Física (PEF) começa a fazer parte da área da Saúde em 6 de março de 1997, com a Resolução n. 218, que o reconhece como necessário para a formação do SUS (Resolução n. 218, de 1997) por intermédio da realização de uma série de estudos comprovando que a prática de atividade física está associada à diminuição do índice de óbitos decorrentes de doenças crônicas não transmissíveis (DCNT), tais como diabetes, hipertensão, infarto, entre outras. Sua prática está intrinsecamente ligada ao aumento da expectativa e da qualidade de vida dos indivíduos (Rodrigues et al., 2013).

A inclusão oficial do PEF especificamente na área da Saúde acontece com a criação do Código n. 2241-40 pelo Ministério do Trabalho e a designação de PEF na Saúde, feita em 17 de fevereiro de 2020, com o papel de estruturar e realizar ações de promoção da saúde por meio de práticas corporais, atividades físicas e de lazer, com o objetivo de gerar a prevenção primária, secundária e terciária, tanto no SUS quanto no setor privado, assim como ocorre na **AD** (Conselho Regional Educação Física, 2020).

Em 1994, foi criado o Programa da Saúde da Família, inserido pela Portaria Ministerial n 692/1997, que trazia como principal objetivo promover a saúde da família no âmbito físico e social. A palavra "programa" trouxe limitações na execução do projeto, o que levou à alteração para Estratégia da Saúde da Família (ESF). Esse projeto vem composto de uma **equipe multiprofissional** que inclui médicos, enfermeiros, auxiliares de enfermagem, entre outros profissionais (Ministério da Saúde et al., 2004). A ESF, nesse formato inicial, não conseguiu atender à demanda existente na Atenção Básica de Saúde (ABS), surgindo a busca por qualificar novos profissionais; com isso, o PEF é inserido na ABS em 2008, com a criação dos Núcleos de Apoio da Saúde da Família (NASF), oficializada pela Portaria G.M n. 154/2008 (Saporetti et al., 2016).

Entre as ferramentas existentes na ESF, no que tange à **atenção domiciliar** básica, a mais utilizada pelo PEF é a visita domiciliar (VD), que consiste na prática do atendimento pela **equipe multiprofissional** no domicílio do usuário. As pessoas que necessitam de atenção à saúde na qual a **AD** é considerada a melhor via de tratamento, paliação, reabilitação e prevenção de agravos, de acordo com a Portaria n. 3.005, de 2 de janeiro de 2024, devem ser inseridas no tratamento com o acompanhamento de uma **equipe multiprofissional** (Portaria n. 3.005, de 2024).

O alvo principal do PEF é a promoção de saúde antes que ocorra a instalação de qualquer doença; ou seja, desenvolver ações de prevenção, práticas que permitam gerar informação e conscientização sobre bons hábitos, visar a uma abordagem mais complexa do conceito de saúde, que vá além da física e englobe a mental (Saporetti et al., 2016). Ao integrar a **equipe multiprofissional** da **AD**, o PEF deve desenvolver estratégias de atividade física personalizadas, como disponibilização de atividades acessíveis e motivadoras, seguidas por realizar possíveis adaptações e alterações nos domicílios (disposição de móveis e objetos que ofereçam riscos ou aumentem limitações de deslocamento), contribuir com a melhora da qualidade de vida do usuário e sua família, prevenir agravos e avanços de doenças preexistentes, diminuir a taxa de hospitalização, atenuar as demandas por atendimento de maior complexidade (Portaria n. 3.005, de 2024).

CASO CLÍNICO

A descrição do caso foi conduzida em conformidade com as normas éticas, garantindo a proteção dos dados dos participantes; houve permissão dos envolvidos no relato do caso. Alterações foram realizadas nos dados para preservar a confidencialidade.

A seguir, será descrito um **atendimento domiciliar** para exemplificar a atenção multiprofissional. Esse modelo visa otimizar os resultados em saúde, proporcionando benefícios tanto para o paciente quanto para a **equipe**. Essa abordagem promove a colaboração entre profissionais de diferentes áreas, a troca de conhecimentos e a tomada de decisões compartilhadas, resultando em um atendimento mais eficaz e humanizado.

É relevante informar que o atendimento da sra. Ana Cláudia (AC) teve início desde o encaminhamento do neurologista, na alta hospitalar, até os dias atuais (2018 a dez./2024). Os cuidados domiciliares definitivamente começaram na pandemia de Covid-19.

A sra. AC teve um acidente automobilístico e foi encaminhada pelo SAMU para o hospital. A história tirada no pronto-socorro descreve que estava sozinha e não sabe dizer o que aconteceu ao colidir com o carro no muro. Não ofereceu informações coerentes e apresentou diminuição de força motora nos membros inferiores, levou 5 pontos na testa.

O ferimento externo não justificava a condição cognitiva e física da sra. AC; sendo assim, permaneceu em observação por 24 horas e realizou exame de imagem; outra informação relevante é que não tinha passado até então por um neurologista.

No pós-alta, ficou acamada, e a desospitalização foi condicionada e assegurada por meio de uma retaguarda vinculada à assistência, com possibilidade domiciliar.

A descrição a seguir refere-se ao compilado de informações relevantes obtidas pelos diversos profissionais que acompanharam a sra. AC.

Sra. AC, 80 anos, sexo feminino, casada com sr. Carlos Henrique (CH), de 85 anos, três filhos (Bárbara, Marcos e João) casados, todos graduados, paulistanos. Não trabalhava e coordenava duas funcionárias da casa, e o sr. CH saía todos os dias para trabalhar na empresa — meio período. As características de sr. CH foram determinantes nas atividades realizadas com a esposa, muitas vezes limitantes e outras com certas exigências.

João relatou que desde 2016 sua mãe já apresentava esquecimentos; as palavras fugiam durante as conversas; mostrava-se desorientada em relação ao tempo e ao espaço, não se lembrando do dia da semana; apesar de fazer atividade física, não se mostrava animada, diferente do que sempre foi, e dizia que algumas coisas sumiram e depois eram encontradas.

Sua reserva cognitiva tinha como base o Magistério, porém nunca lecionou. Desde que se casou cuidava da família e sempre atuou na paróquia que frequentava. Cuidava do jardim, mantinha a casa impecável; fazia caminhadas diárias, pilates e aula de tênis; estudava idiomas (italiano, inglês e francês), praticava leitura e artesanato. Sempre ativa socialmente.

Durante a avaliação neuropsicológica, outras queixas foram relatadas por João e pelo sr. CH, porém acreditavam que esses comportamentos atípicos e essas limitações cognitivas tinham relação com a idade e com seu perfil distraído.

Equipe envolvida no atendimento:

1. Neurologista: atuante entre 2018 e setembro de 2021.
2. Psicóloga reabilitadora: atuando desde 2018 e sendo líder da **equipe** até 2020.
3. Acompanhante terapêutica: atuante entre fevereiro de 2019 e final de 2022.
4. Profissional de Educação Física: atuante desde março de 2019.
5. Profissional de Enfermagem: líder da **equipe** a partir de 2020, pois tinha acesso à rotina e contato com todos os profissionais e familiares.
6. Cuidadoras formais, **equipe** de um *home care*: inseridas em 2020 no período noturno e em 2021 no período diurno.
7. Médico geriatra: desde setembro de 2021.
8. Fonoaudiologia: atuante desde novembro de 2021.

Os profissionais trabalham para o mesmo fim, cada um com sua especificidade, visando à reabilitação e à prevenção de agravos, além da manutenção da saúde. Conforme as necessidades de cuidados, os profissionais foram inseridos na **equipe** com o aval do sr. CH, o que o tornava participativo do processo.

A responsabilidade pela liderança da **equipe** passou da psicóloga para a enfermeira em 2020, em razão da pandemia. A enfermeira passou a ser o contato de referência para os familiares e a **equipe**. A enfermeira iniciava a rotina diária planejando com a AT (até 2022), seguindo as orientações terapêuticas.

Formação da equipe multiprofissional: atuação e especificidade de cada uma

Na avaliação neuropsicológica, foi sugerido um processo de demência: doença de Alzheimer (DA), que consistiu numa anamnese, entrevistas, análise comportamental e uso de instrumentos psicológicos padronizados. Foi sugerido: 1. Acompanhamento neurológico; 2. Avaliação psiquiátrica; 3. Estimulação com reabilitação cognitiva; 4. Acompanhamento geriátrico; 5. Manutenção das atividades físicas e sociais.

A partir do diagnóstico, deu-se início a um acompanhamento de reabilitação cognitiva com uma psicóloga, uma intervenção não medicamentosa que utiliza técnicas e estratégias específicas para estimular as funções cognitivas e retardar o declínio. A sra. AC recebeu um tratamento cognitivo personalizado e intensivo, com o objetivo de otimizar suas funções cognitivas e melhorar sua qualidade de vida. A terapia era baseada em evidências científicas e adaptada às suas necessidades individuais. A participação ativa de um cuidador era essencial para garantir a continuidade do tratamento em casa.

Em 2019, com o objetivo de manter a autonomia, a família aceitou uma AT, que a partir de um plano terapêutico singular acompanharia a sra. AC 20 horas semanais. Teve como função: estimulação cognitiva: por meio de atividades e jogos adaptados, propostos pela reabilitadora; orientação e apoio: acompanhou-a em suas atividades diárias, oferecendo orientação e apoio para que se mantivesse a autonomia o máximo possível; promoção da socialização: incentivava e acompanhava-a em atividades sociais e recreativas, favorecendo o contato com outras pessoas e o bem-estar emocional; cuidados pessoais: auxiliava nas atividades de vestimenta e cuidados pessoais; criação de um ambiente seguro e acolhedor: organizava o ambiente visando proporcionar segurança e conforto, utilizando recursos visuais e outros mecanismos para facilitar a orientação espacial; apoio emocional: oferecia a escuta ativa, empatia e apoio emocional e à família, auxiliando-os a lidar com as mudanças decorrentes da doença; orientação aos familiares: orientava os familiares sobre como lidar com as diferentes fases da doença, quais recursos disponíveis e como adaptar o ambiente para garantir a segurança — reforçamos que essa prática sempre foi embasada pela **equipe**, pois todos entendiam a importância desse foco no processo do acompanhamento.

Em março de 2019, com uma nova avaliação anual por meio de um rastreamento cognitivo, avaliação de comportamentos evitativos da sra. AC, resistência em entrar no carro para ir até a aula de pilates, dificuldade em se organizar espacial e temporalmente na quadra de tênis, a AT manejou os estímulos no contexto, e a sra. AC não se ajustou à condição anterior. Sabendo que a prática de atividades físicas é neuroprotetiva e controla fatores de risco e sintomas neuropsiquiátricos, sugeriu-se ao sr. CH um acompanhamento físico. Ressalta-se que a sra. AC não apresentava limitações físicas, tinha as suas funções motoras preservadas em relação à marcha — caminhava, sentava e levantava, não apresentava sarcopenia e sem dores musculoesqueléticas. Foi sugerida uma PEF para compor a **equipe**.

A PEF iniciou o trabalho por meio de uma avaliação física (postural, flexibilidade, mobilidade) e posteriormente realizou uma reunião com a **equipe multiprofissional** para alinhamento das atividades. As visitas domiciliares ocorriam duas vezes na semana, até junho de 2022, alterando para três a partir de então. Sempre teve como meta a manutenção e a funcionalidade, de forma orgânica e integrada.

Em 2019, a **equipe multiprofissional** incluiu cuidadoras formais noturnas para auxiliar com o jantar, a higiene e o deitar. Em 2020, com a pandemia, passa a ser supervisionada pela enfermeira diariamente. Estabelece-se uma rotina para refeições, banhos/higiene, exposição ao sol, cochilos, além de acompanhar a AT nas atividades recomendadas pela psicóloga reabilitadora e pela PEF. Em 2021, passou a ser assistida por cuidadores diurnos também.

A neurologista considerou que a sra. AC deveria ser acompanhada por um geriatra especialista em cuidados paliativos. Em setembro de 2021, deu-se início a esse acompanhamento, visando à gestão global de sua saúde, incluindo controle de doenças, solicitação de exames e medicações, além de orientação à **equipe** e familiares. Para prevenir a disfagia e a apraxia da fala, em novembro de 2021, a fonoaudióloga iniciou o acompanhamento da sra. AC.

Contextualização do trabalho realizado pela equipe multiprofissional

Os objetivos dessa **equipe** são: retardar o avanço natural da DA, atenuar sintomas e promover autonomia em relação às atividades da vida diária (AVDs). Para tanto, alguns recursos específicos foram utilizados de forma padronizada por todos os profissionais, fator esse essencial para que a sra. AC tivesse consistência nos comandos.

Sabendo-se que a personalização das atividades era essencial, foi realizada uma avaliação, identificando características pessoais, *hobbies*, músicas e memórias afetivas. Essas informações foram utilizadas para a criação de atividades personalizadas e motivadoras que visavam à sua reserva cognitiva.

A **equipe multiprofissional** trabalhava de forma integrada, sequenciando as atividades para otimizar os resultados. Por exemplo, a reabilitadora cognitiva utilizava uma bolinha com texturas para estimular os sentidos da paciente, preparando o terreno para o trabalho da profissional de Educação Física no dia seguinte. A acompanhante terapêutica, por sua vez, reforçava essa estimulação ao longo da semana, garantindo a continuidade do processo e a generalização dos aprendizados.

Ao longo do atendimento e das atividades propostas, a **equipe multiprofissional** deve sempre promover a reavaliação da sra. AC para identificar novas necessidades e limitações, novos sintomas e, a partir de então, planejar e propor novas atividades.

Planejamento multiprofissional: uma abordagem integrada e colaborativa

Viagem internacional para uma cidade da Europa com duração de 15 dias

A viagem estava programada para ocorrer em 20 de abril de 2020 — essa data foi escolhida em função da sra. AC ter uma relação afetiva com a estação da primavera, o clima ser mais favorável e também por ser o mês de seu aniversário. Foi considerada como oportuna pela neurologista em razão da progressão da doença. A **equipe** entendeu que a adaptação a novas condições seria mais difícil no futuro (Tabela 20.1).

Após uma cuidadosa avaliação, a **equipe multiprofissional** constatou que a sra. AC apresentava um quadro clínico estável, com ausência de agitação, delírio e incontinência urinária. Além disso, a familiaridade com o ambiente de avião foi considerada um fator positivo para a viagem.

Para iniciar o planejamento da viagem, foram estabelecidas metas realísticas no sentido de fortalecer comportamentos, instituindo-se um treinamento para o enfrentamento de situações:

1. Foi discutida a necessidade do acompanhamento da enfermeira — que auxiliaria a sra. AC e o sr. CH, pois apresentavam vulnerabilidade física, além de que a enfermeira já ocupava o papel de referência nos cuidados, proporcionando companhia familiar e tranquilizadora.
2. Foi solicitado o compartilhamento do roteiro de viagem: características dos ambientes visitados, alimentação, seleção de vestimentas.
3. Orientações: hospedagem em um hotel que a sra. AC já conhecia e com acessibilidade. Providenciar uma pulseira de identificação com os dados pessoais, indicação do diagnóstico de DA e um contato, assim como a contratação do seguro-viagem.

Tabela 20.1 Descrição do quadro demencial e fatores que a **equipe multiprofissional** deveria se atentar para melhor aproveitamento da viagem da sra. AC.

Fase/sintomas	Papel dos cuidadores	Temas relevantes
Moderado • Possibilidade de surgimento de alterações de comportamento (delírios, alucinações, agitação, agressividade e sexualidade alterada) • Capacidade de julgamento prejudicada • Agravo dos sintomas cognitivos • Piora da linguagem • Maior dependência para as AVDs.	• Garantir segurança física, emocional e financeira do paciente • Considerar a necessidade de cuidador e/ou acompanhamento constante • Estabelecer nova modalidade de relacionamento com possíveis mudanças hierárquicas.	• Atualização de informações com dados sobre cuidados e ambiente • Manejo de sintomas com necessidade de participação ativa na tomada de decisões • Investimento em autocuidado e socialização do cuidador • Reorganização de rotina e redistribuição de papéis familiares, com necessidade de apoio de outros parentes • Apoio emocional • Auxílio de cuidador.

Fonte: Associação Brasileira de Alzheimer (n.d.).

Planejamento das atividades realizadas pela equipe multiprofissional

Imersão nos ambientes visitados — reprodução do ambiente

➤ **Profissional de Educação Física.** Treinou o sentar e o levantar de cadeiras e camas com alturas e texturas semelhantes às encontradas no quarto e restaurante; treinou o deslocamento lateral e frontal; realizou o treino de marcha no carpete e em piso de pedras, semelhantes aos do quarto e do jardim do hotel; treinou o uso da bacia sanitária.

➤ **Acompanhante terapêutica.** Imprimiu fotos com as imagens dos ambientes do hotel, das casas dos familiares que seriam visitados e dos pontos turísticos da cidade, para o reconhecimento espacial. Também realizou uma sequência de *slides* que mostravam as imagens. Além de ler as histórias produzidas pela sra. AC (atividade de reabilitação cognitiva).

➤ **Psicóloga reabilitadora.** Fez um levantamento dos locais que tinham um significado afetivo, recordando suas histórias que foram escritas, acendendo suas memórias.

➤ **Enfermeira.** Criação de uma rotina para que pudesse ser reproduzida no período da viagem, incluindo hábitos: hora do banho, higiene, refeições, cochilos e medicações.

Linguagem verbal e não verbal

Verbal

➤ **Equipe.** Passou a utilizar algumas palavras em francês diariamente. Ex. *Bonjour* (bom dia); *bonsoir* (boa noite); *salut* (oi); *au revoir* (a)deus; à *bientôt* (até logo); *oui* (sim); *non* (não) e *s'il vous plaît* (por favor).

➤ **Acompanhante terapêutica.** Como tinha conhecimento do idioma, passou a se comunicar em alguns momentos em francês para a acomodação, permitindo discernir e distinguir essas nuances sonoras.

Não verbal

Além das palavras, os profissionais passaram a usar intencionalmente gestos, expressões faciais e toques para transmitir emoções e reforçar as mensagens. Essa prática, já utilizada anteriormente, foi aprimorada e tornou-se uma ferramenta fundamental na comunicação com a paciente.

➤ **Psicóloga reabilitadora.** Oferecia atividades em que a sra. AC identificava as emoções.

➤ **Acompanhante terapêutica.** Oferecia frases e pedia para a sra. AC interpretá-la e expressar corporalmente e facialmente os sentimentos e as emoções envolvidos.

➤ **Enfermeira.** Durante as refeições, pedia para a sra. AC verbalizar se gostava do alimento, se gostava da temperatura, se queria algo a mais, entre outras escolhas.

Durante a viagem, também teria a função de ser facilitadora na comunicação da sra. AC com os familiares, já que apresentava dificuldade de resgatar certas informações.

➤ **Profissional de Educação Física.** Observava e discutia com a AT e a enfermeira as reações, identificando fadiga e expressões doloridas.

Manutenção da funcionalidade física

➤ **Profissional de Educação Física.** Selecionou algumas atividades principais para continuar a ser aplicadas durante a viagem, com o objetivo da manutenção da sua condição física e funcional.

➤ **Enfermeira.** Treinaria uma sequência de estímulos/exercícios duas vezes por semana durante o período da viagem. Sendo assim, a enfermeira passou a aplicar o treinamento orientado pela profissional de Educação Física.

Reconhecimento dos membros da família, de objetos e lugares

➤ **Acompanhante terapêutica e reabilitadora.** Por meio do *site* do hotel, visualizava as fotos do quarto, *hall* de entrada, área de lazer, assim como "visitava" os restaurantes frequentados. Assistia a vídeos dos pontos turísticos em português e francês. Resgatou objetos trazidos de lá como *souvenirs*. Colocava músicas que a sra. AC tinha como referência afetiva.

Construiu-se um álbum de fotografias da família, com nomes e grau de parentesco, que seria levado e mostrado com frequência pela sra. AC. aos familiares visitados.

➤ **Enfermeira, acompanhante terapêutica e reabilitadora.** Por meio da estimulação sensorial, foi providenciado o aumento da experiência gustativa, então eram oferecidos alimentos e condimentos que seriam próximos aos alimentos consumidos. Foi realizado um cardápio para que pudesse, aos poucos, adaptar-se ao paladar.

Uso do carro

Ficou acordada com a família a locação de um automóvel de mesmo modelo do utilizado pela sra. AC., uma vez que mostrava comportamentos evitativos de entrar em carros.

➤ **Profissional de Educação Física.** Treinou para entrar e sair do carro e também colocar o cinto de segurança.

➤ **Acompanhante terapêutica e a enfermeira.** Reproduziam esse treinamento todos os dias da semana.

Viagem de avião

Para garantir o bem-estar da sra. AC durante a viagem, foi escolhido um voo noturno direto, com um assento especial próximo ao corredor e ao banheiro. A companhia aérea foi informada sobre o diagnóstico da paciente, e a enfermeira preparou uma bagagem de mão personalizada com itens de higiene pessoal, roupa extra, manta, travesseiro e uma fralda (preventivo), garantindo assim o conforto e a familiaridade da paciente durante todo o percurso.

Instruções médicas

➤ **Neurologista e enfermeira.** A fim de garantir a saúde e o bem-estar durante a viagem, a equipe planejou um *kit* de medicamentos completo, contendo anti-inflamatórios, analgésicos e antibióticos (com receitas médicas) para diferentes tipos de infecção. Além disso, foi incluído um ansiolítico como medida preventiva, para ser usado durante o voo caso necessário.

Desfecho

A pandemia de Covid-19 impossibilitou a viagem. Após uma reunião com a família, todos concordaram que, em virtude dessa força maior, a viagem não poderia acontecer naquele momento e, provavelmente, não seria possível no futuro, apesar de a sra. AC estar apta a realizá-la, mas o declínio cognitivo se mostrava presente.

CONCLUSÕES

O trabalho desenvolvido pela **equipe multiprofissional** com a sra. AC demonstra a importância de uma abordagem integrada e personalizada para o cuidado de pacientes com doença de Alzheimer na **AD**. Por meio de uma avaliação detalhada das características pessoais, a **equipe** foi capaz de planejar atividades e intervenções que não só atendiam às necessidades físicas e cognitivas da sra. AC, mas também levavam em consideração suas memórias afetivas e preferências, promovendo um ambiente terapêutico acolhedor e familiar. A integração entre os diferentes profissionais permitiu a criação de um plano de cuidado que envolvia desde a adaptação aos novos ambientes até a manutenção da funcionalidade física e cognitiva durante o planejamento da viagem, que pôde ser realizado no seu domicílio.

Infelizmente, a pandemia de Covid-19 impediu a realização da viagem. No entanto, o processo de planejamento em si foi valioso, pois proporcionou à sra. AC e à sua família um sentimento de cuidado, além de reforçar a importância da colaboração multiprofissional na **AD** a pacientes com doenças crônicas e degenerativas. Mesmo sem a realização da viagem, o trabalho realizado pela **equipe** contribuiu para a manutenção da qualidade de vida da sra. AC, destacando a relevância de um cuidado contínuo e adaptado às suas necessidades.

REFERÊNCIAS BIBLIOGRÁFICAS

Almeida F. de, Costa M. dos M. S. da, Ribeiro E. E. S., Santos D. C. de O., Silva N. D. A., Silva R. E. da, Saraiva K. P., & Pereira P. C. B. (2019). Assistência de enfermagem na prevenção da lesão por pressão: uma revisão integrativa. *Revista Eletrônica Acervo Saúde*, (30), e1440. Recuperado de https://doi.org/10.25248/reas.e1440.2019.

Associação Brasileira de Alzheimer (n.d.). *Temas de interesse e fases da doença*. Recuperado de https://abraz.org.br/orientacao-a-cuidadores/cuidados-com-o-familiar-cuidador/temas-de-interesse-e-fases-da-doenca/

Abrisqueta-Gomez, J. (Org.) (2012). *Reabilitação Neuropsicológica: Abordagem interdisciplinar e modelos conceituais na prática clínica*. Porto Alegre: Artmed.

Andrade, A. M., Silva, K. L., Seixas, C. T., & Braga, P. P. (2017). Atuação do enfermeiro na atenção domiciliar: uma revisão integrativa da literatura. *Revista Brasileira de Enfermagem, 70*(1), 210-219. Recuperado de https://doi.org/10.1590/0034-7167-2016-0214

Barreto, K. D. (2005). Ética e técnica no acompanhamento terapêutico: Andanças com Dom Quixote e Sancho Pança (3a. ed.). São Paulo: Unimarco.

Braga, P. P., Sena, R. R., Seixas, C. T., Castro, E. A. B., Andrade, A. M., & Silva, Y. C. (2016). Oferta e demanda na atenção domiciliar em saúde. *Ciência & Saúde Coletiva, 21*(3), 903-912. Recuperado de https://doi.org/10.1590/1413-81232015213.11382015.

Brasil. Ministério da Saúde. Secretaria de Atenção Primária à Saúde. Departamento de Prevenção e Promoção da Saúde (2024). *Incentivo de atividade física na Atenção Primária à Saúde: orientações técnicas para implementação e registro das ações de atividade física* [recurso eletrônico] / Ministério da Saúde, Secretaria de Atenção Primária à Saúde, Departamento de Prevenção e Promoção da Saúde. Brasília: Ministério da Saúde, 2024.

Brasil. Ministério da Saúde. Gabinete do Ministro. (2013, 29 de maio). *Portaria n. 963, de 27 de maio de 2013*. Diário Oficial da União. Recuperado de https://bvsms.saude.gov.br/bvs/saudelegis/gm/2013/prt0963_27_05_2013.html

Brasil. Ministério da Saúde. Secretaria de Atenção à Saúde. Departamento de Atenção Básica (2004). *Avaliação normativa do Programa Saúde da Família no Brasil: Monitoramento da implantação e funcionamento das equipes de saúde da família: 2001-2002*. Recuperado de https://bvsms.saude.gov.br/bvs/publicacoes/avaliacao_normativa_programa_saude_familia.pdf

Broese van Groenou, M. I., & De Boer, A. (2016). Providing informal care in a changing society [Prestação de cuidados informais em uma sociedade em mudança]. *European Journal of Ageing, 13*(3), 271-279. Recuperado de https://doi.org/10.1007/s10433-016-0370-7

Brondani, A. C. (2020). *A experiência do acompanhamento terapêutico a partir das narrativas de usuárias(os)*. (Tese de Doutorado). Universidade Federal do Rio Grande do Sul, Porto Alegre, RS, Brasil. Recuperado de http://hdl.handle.net/10183/220375

Conselho Regional de Educação Física – CREF. (2020, 18 de fevereiro). *Notícias*. Recuperado de www.crefsp.gov.br/notícia

Cunha, A. C., Pio, D. A. M., & Raccioni, T. M. (2017). Acompanhamento terapêutico: Concepções e possibilidades em serviços de saúde mental. *Psicologia: Ciência e Profissão, 37*(3), 638-651. Recuperado de https://doi.org/10.1590/1982-3703000092016

Cunha, K. C. S., Rita, Q. S., Sanches, R. S., Silva, S. A. da, & Resck, Z. M. R. (2023). Segurança do paciente idoso no processo de trabalho do enfermeiro na atenção primária à saúde. *SANARE – Revista Políticas Públicas, 22*(1), 67-74. Recuperado de https://doi.org/10.36925/sanare.v22i1.1684

Fensterseifer, I. C. M., Teixeira, M. A. S., Carvalho, P. M. de, & Campolino, R. G. (Orgs.) (2022). *Enfermagem em Pesquisa: Temas Ressonantes em Saúde*. São Paulo: Editora Científica.

Foucault, M. (1977). *O nascimento da clínica*. Rio de Janeiro: Forense Universitária.

Giacomozzi, A. I. (2012). A inserção do psicólogo na estratégia de saúde da família e a transição de paradigma em saúde. *PSICO, 43*(3). 298-308, PUCRS. Recuperado de https://revistaseletronicas.pucrs.br/revistapsico/article/view/7212

Gonçalves, I. J. (2021). *Condicionantes para transição do cuidado hospital-domicílio da pessoa idosa à luz da teoria de Afaf Meleis*. (Dissertação de Mestrado). Universidade Federal da Bahia, Salvador, BA, Brasil.

Griffiths, P., Foster, D., & Ramsay, A. I. G. (2013). Home care by home-care workers: Focus groups with home-care workers [Assistência domiciliar por profissionais de assistência domiciliar: Grupos focais com profissionais de assistência domiciliar]. *British Journal of Community Nursing, 18*(12), 609-615.

Jesus, K. F. A., Tranquilli, A. G., Brito, A. S., Oliveira, M. V. B., & Nogueira, N. F. de O. (2021). A importância das reuniões de equipe multiprofissional em um CAPS III. *Revista Multidisciplinar em Saúde, 2*(4), 168. Recuperado de https://editoraime.com.br/revistas/index.php/rems/article/view/2933

Landers, S., Madigan, E., Leff, B., Rosati, R. J., McCann, B. A., Hornbake, R., MacMillan, R., Jones, K., Bowles, K., Dowding, D., Lee, T., Moorhead, T., Rodriguez, S., & Breese, E. (2016). The future of home health care: A strategic framework for optimizing value [O futuro dos cuidados de saúde ao domicílio: um quadro estratégico para otimizar valor]. *Home Health Care Management & Practice, 28*(4), 262-278. Recuperado de https://doi.org/10.1177/1084822316666368

Lima, A.A, Spagnuolo, R.S., & Patricio, K.P. (2013). Revendo estudos sobre a assistência domiciliar ao idoso. *Psicologia em Estudo, 18*(2), 343-351.

Moura, P. M. M., Porto, A. R., Kirchesch, C. L., Geppert, A. K., Santos, L. R., Cecagno, D., Tavares, A. do R., Lopes, K. B., & Ribeiro, J. P. (2021). O protagonismo do enfermeiro na equipe de atenção domiciliar. *Revista Eletrônica Acervo Saúde, 13*(5), Artigo e6825. Recuperado de https://doi.org/10.25248/reas.e6825.2021

Neves, S. C. J. da S. (2023). *Promoção de estilos de vida saudável – Intervenção de enfermagem numa academia sénior.* (Dissertação de Mestrado). Universidade de Lisboa, Lisboa, Portugal. Recuperado de http://hdl.handle.net/10400.26/48590

Nunes, C. K. (2016). Cuidados paliativos: História, equipe de saúde e atuação do psicólogo diante da morte. In C. E. Santos, F. M. E. Miranda, & L. E. Nogueira, (Orgs.). *Psicologia, saúde e hospital* (pp. 209-221). Belo Horizonte: Artesã.

Olario, P. S., Braga, I. C., Pessoa, F. A., Silva, L. V., Beja Junior, S. V., Santos, K. F., & Esteves, R. L. J. (2020). Desospitalização e a abordagem multiprofissional: Um olhar para o atendimento integral. In Ministério da Saúde, Secretaria-Executiva, & Superintendência Estadual do Ministério da Saúde no Rio de Janeiro (Org.). *Desospitalização: reflexões para o cuidado em saúde e atuação multiprofissional* (pp. 124-135). Recuperado de https://bvsms.saude.gov.br/bvs/publicacoes/desospitalizacao_reflexoes_cuidado_atuacao_multiprofissional.pdf

Paixão, D. P. S. S., Batista, J., Maziero, E. C. S., Alpendre, F. T., Amaya, M. R., & Cruz, E. D. A. (2018). Adesão aos protocolos de segurança do paciente em unidades de pronto atendimento. *Revista Brasileira de Enfermagem, 71*(Supl. 1), 577-584. Recuperado de https://doi.org/10.1590/0034-7167-2017-0504

Pelúcio, L. M., Silva, J. C. de A., & Souza, R. Â. de A. (2019). A importância do acompanhamento terapêutico como estratégia de intervenção auxiliar à clínica tradicional. In G. A. de Farias, J. C. de A. Silva, M. J. C. dos Santos, F. C. C. Matos (Eds.). *Uma gota de conhecimento* (pp. 265-287). Campinas: Pontes Editores. Recuperado de https://repositorio.ufc.br/handle/riufc/48257

Portaria n. 2.029, de 24 de agosto de 2011. Recuperado de http://bvsms.saude.gov.br/bvs/saudelegis/gm/2011/prt2029_24_08_2011.html

Portaria n. 963, de 27 de maio de 2013. Recuperado de https://www.gov.br/saude/pt-br/composicao/saes/dahu/atencao-domiciliar/legislacao/anos-anteriores/2013

Portaria n. 825, de 25 de abril de 2016. Redefine a Atenção Domiciliar no âmbito do Sistema Único de Saúde (SUS) e atualiza as equipes habilitadas. Recuperado de http://bvsms.saude.gov.br/bvs/saudelegis/gm/2016/prt0825_25_04_2016.html

Portaria GM/MS n. 3.005, de 2 de janeiro de 2024. Recuperado de https://bvsms.saude.gov.br/bvs/saudelegis/gm/2024/prt3005_05_01_2024.html

Projeto de Lei n. 1.432, de 2024. Regulamenta a profissão de acompanhante terapêutico. Recuperado de https://www.camara.leg.br/proposicoesWeb/prop_mostrarintegra?codteor=2415541&filename=Avulso%20PL%201432/2024

Puschel, V. A. A., Ide, C. A. C., & Chaves, E. C. (2006). Modelos clínicos e psicossocial de atenção ao indivíduo e à família na assistência domiciliar – bases conceituais. *Revista da Escola de Enfermagem da USP, 40*(2), 261-268.

Resolução n. 218, de 6 de março de 1997. Recuperado de https://www.gov.br/conselho-nacional-de-saude/pt-br/acesso-a-informacao/legislacao/resolucoes/1997/resolucao-n-o-218.pdf

Rodrigues, J. D., Ferreira, D. K. S., Silva, P. A., Caminha, I. O., & Junior, J. C. F. (2013). Inserção e atuação do profissional de educação física na atenção básica à saúde: Revisão sistemática. *Revista Brasileira de Atividade Física e Saúde, 18*(1), 5-15.

Saporetti, G. M., Miranda, P. S. C., & Belisário, S. A. (2016). O profissional de educação física e a promoção de saúde em núcleos de apoio à saúde da família. *Trabalho, Educação e Saúde, 14*(2), 523-543.

Sereno, D. (2006). Acompanhamento terapêutico e educação inclusiva. *Psychê, 10*(18), 167-179. Recuperado de http://pepsic.bvsalud.org/scielo.php?script=sci_arttext&pid=S1415-11382006000200016

Serur, G., Azevedo, E. A., & Michel, R. B. (2020). Averiguando os caminhos da psicoterapia domiciliar. *Aletheia, 53*(2).

Silva, C. L. C. (2013). *Uma revisão da literatura brasileira acerca do acompanhante terapêutico em uma abordagem analítico-comportamental.* (Monografia). Instituto Brasiliense de Análise do Comportamento, Brasília, DF, Brasil.

Recuperado de https://ibac.com.br/wpcontent/uploads/2017/08/Monografia-Celia-Leme-de-Camargo-Silva.pdf

Silva, W. A. (2024). *Saúde dos profissionais de enfermagem que atuam no Programa de Assistência Domiciliar Melhor em Casa: Análise dos riscos ergonômicos físicos e condições de trabalho*. (Dissertação de Mestrado). Universidade Federal de Uberlândia, Uberlândia, MG. Recuperado de https://repositorio.ufu.br/handle/123456789/41892]

Sousa Silva, M. T., Vieira da Cruz, L. M., Vieira de Figueiredo, C., Ferraz, E. E., Félix de Lima Silva, E. B., Barbosa de Araújo, A., & Teixeira Rezende, A. (2022). O Protagonismo de enfermeiros atuantes na área de saúde mental – perspectivas e desafios. *Revista Multidisciplinar do Sertão, 4*(2), 233-244. Recuperado de https://doi.org/10.37115/rms.v4i2.422

Tristão, K. G., Avellar, L. Z., & Ribeiro Neto, P. M. (2017). Acompanhamento terapêutico: Concepções sobre a prática e *setting* terapêutico. *Revista Pesquisas e Práticas Psicossociais, 12*(3), 1-15. Recuperado de http://pepsic.bvsalud.org/scielo.php?script=sci_arttext&pid=S1809-89082017000300012

Varella, M. D. R. D., Lacerda, F., & Madeira, M. (2006). Acompanhamento terapêutico: da construção da rede à reconstrução do social. *Psychê, 10*(18), 129-140.

Venancio, L., & Benvenutti, J. (2022). A atuação do psicólogo como acompanhante terapêutico sob a ótica da terapia cognitivo comportamental. *Revista da UNIFEBE, 1*(26).

Wright, J. H., Basco, M. R., & Thase, M. E. (2008). *Aprendendo a terapia cognitivo-comportamental: Um guia ilustrado* (2a. ed.). Porto Alegre: Artmed.

Zamignani, D. R., Kovac, R., & Vermes, J. S. (2007). *A clínica de portas abertas: Experiências e fundamentação do acompanhamento terapêutico e da prática clínica em ambientes extra consultórios.* São Paulo: Paradigma.

Zanobi, J. F. A., Baptista, A. S. D., & Campos, L. S. (2018). Assistência domiciliar e atuação multiprofissional. In M. N. Baptista, R. R. Dias, & A. S. D. Baptista, *Psicologia hospitalar – Teoria, aplicações e casos clínicos* (pp. 301-316). São Paulo: Grupo GEN.

21

Ambulatório de Psicologia em Hospital Geral: Critérios para Assistência

Diana Tosello Laloni ▪ Rafael Andrade Ribeiro

Destaques

- O trabalho do psicólogo em ambiente hospitalar exige compreensão da relação comportamento-saúde
- **Ambulatório** de Psicologia em Hospital Geral é um programa da clínica-escola para pacientes com demandas psicológicas e de saúde geral encaminhados do hospital geral e dos ambulatórios médicos
- Estudos de caso sob o paradigma comportamental ilustram as conduções em pacientes com doenças diversas
- A intervenção junto às equipes de saúde qualifica os **encaminhamentos** e promove a saúde dos pacientes.

INTRODUÇÃO

A Psicologia entrou nos hospitais na década de 1960, e, nessa época, o psicólogo fazia o papel de avaliador, prestava serviços de psicometria, tanto a nível clínico como de pesquisa, para pacientes diagnosticados como portadores de doenças mentais. A maioria dos esforços era dirigida às questões da psicopatologia e da intervenção a pacientes psiquiátricos.

O modelo biomédico adotado na época sustentava que as doenças tinham causas exclusivamente biológicas, o que representou a visão dominante da Medicina durante a maior parte do século XX. Essa visão é herança de uma história de cerca de três séculos. O método cartesiano tornou-se o paradigma dominante da ciência, e o universo passou a ser concebido como um sistema mecânico, consistindo em objetos separados que, por sua vez, foram reduzidos a seus menores elementos materiais (Vaitsman, 1992). A história da formação desse paradigma pode explicar os motivos de transformação, no século XIX, da disciplina das doenças em ciência do normal e do patológico. O paciente era visto apenas como o portador de uma doença.

Esse olhar sobre a determinação da doença foi, e vem, sendo mudado gradativamente, com alguns serviços de Psicologia independentes criados em hospitais e psicólogos sendo chamados para compor equipes de atendimento familiar, neurologia, ginecologia e obstetrícia. Algumas escolas médicas criaram departamentos de Psicologia, e tal situação favoreceu a entrada da ciência psicológica nos ambientes exclusivamente médicos. Nesse cenário, desde 1947 a Organização Mundial da Saúde (OMS) demarcou o conceito de saúde como *um estado de completo bem-estar físico, mental e social, e não apenas a ausência de doença*, impulsionando o ensino da Medicina para uma visão multifatorial (OMS, 1947).

No Brasil, o Conselho Federal de Educação, há mais de 4 décadas, definiu que a iniciação ao exame clínico incluiria o estudo dos fundamentos psicológicos da relação médico-paciente, do interrogatório, da semiótica física e funcional e dos métodos complementares de diagnóstico, determinando uma visão abrangente ao diagnóstico médico.

As escolas médicas incluíram nos cursos de Medicina a disciplina Psicologia Médica, definindo como objetivo fornecer ao estudante de Medicina subsídios para uma compreensão mais global do homem doente nos seus aspectos biológicos, psicológicos e sociais, e para prepará-lo para os cursos de Psicopatologia e Psiquiatria. Com o acréscimo da Psicopatologia e da Psiquiatria nos objetivos, a disciplina foi ministrada por muitos anos como parte do ensino da Psiquiatria, deixando à margem os aspectos psicológicos e sociais. Após alguns anos, a crítica à Psicologia Médica foi tomando corpo, e a Associação Brasileira de Educação Médica redefine os propósitos da Psicologia Médica, mostrando acordo quanto aos objetivos pedagógicos.

Atualmente, esses objetivos estão sendo acrescidos dos princípios previstos nas Diretrizes para o Ensino da Psicologia Médica no Brasil; nelas consta a preparação do aluno para o atendimento do paciente em uma abordagem interdisciplinar e multiprofissional. Essa evolução vem da experiência com a interconsulta psiquiátrica e das unidades de internação psiquiátricas em hospitais gerais. O aumento do conhecimento sobre as mútuas interferências entre transtornos psíquicos e doenças físicas leva cada vez mais ao aprimoramento de métodos de ensino associado a outras disciplinas, de maneira que possa o aluno, ao final de seu curso médico, estar preparado para o enfrentamento das enfermidades de um ser humano e não somente de um órgão.

No decorrer dos anos, os profissionais da saúde aprenderam a reconhecer a importância dos componentes psicológicos nas doenças por meio do entendimento da etiologia, da apresentação de tratamentos eficazes, da demonstração de projetos de pesquisa cuidadosos e da avaliação efetiva do comportamento, o que forneceu evidências na relação entre o comportamento e as doenças que eram anteriormente inatingíveis.

A entrada em hospital geral com ações psicológicas teve início em 1986, inicialmente apenas no hospital geral, e nos anos seguintes nos ambulatórios médicos, nas unidades especiais e no pronto-socorro. Embora a prática da Psicologia Clínica tradicional ainda dê uma contribuição valiosa e forte para o campo da saúde, a Psicologia evoluiu na concepção teórica, definida atualmente como ciência comportamental, no estudo e no fornecimento de soluções para problemas específicos. Para identificar problemas geralmente críticos na conduta psicológica, devemos perguntar: "O que é preciso e desejado pelo médico quando solicita uma consulta psicológica?" "E o que de melhor pode ser feito?".

A Psicologia é uma ciência que estuda o comportamento, processos e fenômenos humanos na interação com o ambiente. A **Psicologia da Saúde** é uma área de estudo na Psicologia que difere da Psicologia Clínica tradicional, pois se aprofunda na relação dos processos e dos fenômenos psicológicos na saúde e na doença, baseia-se no conjunto de pesquisas com doenças e seus tratamentos, além de estar com foco na prevenção, no estilo de vida, na adesão a tratamento, centrando no processo de análise das variáveis biológicas do organismo e como elas são afetadas pelas contingências do ambiente (Camic, 1998; Kerbauy, 1998, 1999, 2002; Laloni, 2001).

A participação dos fatores psicológicos (comportamentos) na etiologia dos problemas médicos é algo controverso no serviço e na pesquisa. Comportamentos de consumo de cigarro, álcool e drogas são bem aceitos como contribuintes para doenças como câncer, hipertensão, males do coração e outras. No entanto, a participação do comportamento na etiologia de doenças não é amplamente aceita pelos clínicos e é muitas vezes vista com considerável ceticismo. Todavia, o uso de abordagens psicológicas tem dado contribuições significativas às questões da etiologia das doenças. Os sintomas somáticos podem também ser vistos, num sentido mais crônico, como um componente do estilo de vida que pode predispor alguém a riscos de saúde.

Certas variáveis na relação do médico com o paciente são cruciais no que se refere ao comportamento e aos desejos do paciente e à submissão aos regimes médicos. Questões a respeito do relacionamento médico-paciente têm revelado que, quando os médicos são questionados sobre contar ou não a pacientes que estão morrendo a natureza terminal de suas doenças, alguns deles acreditam que estes não deveriam saber; quando os pacientes são questionados sobre isso, a maioria diz que desejaria saber a verdade. Esse é um exemplo da contribuição das pesquisas que indicam crenças sustentadas. Da mesma forma, estudos sobre a adesão aos regimes médicos têm descoberto que a aplicação de paradigmas condicionantes afeta significativamente a submissão aos regimes (Zolnierek & Di Matteo, 2009). Essas contribuições são indicadoras do impacto positivo das consultas psicológicas no que se refere ao aumento dos benefícios aos pacientes. A resposta dos pacientes ao tratamento das doenças, o efeito psicológico da doença e, consequentemente, ao longo do curso desta são considerações importantes para os cuidados médicos efetivos. Os pacientes estão sob o risco de complicações de saúde de fundo psicológico, o que consiste no comportamento.

Estratégias de intervenção psicológica clínica que objetivam modificar padrões comportamentais de risco para doenças do coração, asma, obesidade e possível hipertensão representam expressivas áreas de pesquisa. Os psicólogos estão também envolvidos em fornecer serviços de apoio especiais para pacientes com doenças que incapacitam, como a doença de Parkinson, a esclerose múltipla e as neoplasias, e para a família dos pacientes com a doença de Alzheimer. Os registros de pacientes representam geralmente parte de todo tratamento e são importantes para a análise dos dados que determinarão a eficácia ou não dos métodos de intervenção (Brannon, 2023).

Esses temas são bases de pesquisas árduas; incluem um preparo sólido nos conteúdos das teorias tradicionais da Psicologia e da metodologia, um conhecimento necessário da entidade médica específica com a qual se está lidando, o uso e o desenvolvimento de instrumentos apropriados para a avaliação do comportamento, o uso consistente de registro de pacientes, familiaridade com o projeto e análise de técnicas apropriadas ao problema para pesquisa e/ou intervenção clínica. Esses propósitos tendem a não ser mutuamente exclusivos dos ambientes de saúde.

Fatos históricos demonstraram o percurso da Psicologia no sistema de saúde e sua entrada no hospital geral. Em 1911, num simpósio sobre "A relação da Psicologia e a Educação Médica", artigos apresentados pelos psicólogos Shepard Ivory Franz e John Broadens Watson e pelos médicos Adolf Meyer, E. E. Southard e Morton Price refletem que a nova ciência psicológica tem que contribuir para a educação médica, para a pesquisa e para a prática. Entretanto, para realizar essa contribuição, a Psicologia precisou tornar-se mais valiosa ou mais usável para direcionar ou endereçar os problemas confrontados pela própria prática médica (Stoudemire, 2000).

Após 40 anos, outro simpósio aconteceu, e seus artigos foram publicados no livro *Current Trends in the Relation of Psychology to Medicine* (Dennis et al., 1950). A grande questão apontada pelos autores é sobre o que psicólogos oferecem, o que têm para oferecer e o que pretendem oferecer à Medicina. Os autores indicam as contribuições da Psicologia na área da inteligência, do desenvolvimento da criança e da Psicologia Clínica, apontam que a aplicação dos princípios da aprendizagem para a prevenção e a cura das doenças permanece ainda primária e concluem indicando que talvez a maior contribuição da Psicologia não seja uma descoberta específica, mas em vez disso a promulgação de uma abordagem objetiva do comportamento humano.

Os psicólogos estão engajados na prática clínica há algum tempo e com a atenção voltada à prevenção da saúde em nível primário e secundário. Nas últimas décadas, têm também trabalhado com a atenção terciária e com pacientes de uma grande gama de doenças severas, agudas e crônicas (Sweet et al., 1991).

Atuar nessa área de interface entre Psicologia e Medicina exige do psicólogo, no seu trabalho na instituição de saúde, compreender a etiologia das doenças, a ação assistencial, que inclui os atos semiológicos, diagnósticos e terapêuticos, mas também a busca de um modelo para a compreensão da relação determinante e mantenedora das doenças (Baptista, Dias & Baptista, 2003; Kerbauy, 1999).

O modelo comportamental para a **Psicologia da Saúde** tem como pressuposto que as condições biológicas do organismo podem ser afetadas diferentemente dependendo da maneira que o indivíduo responde às contingências de uma determinada situação. Para o analista de comportamento, as concepções da medicina psicossomática que defendem a influência da mente sobre o corpo estão superadas, pois, sob a ótica comportamental, é o comportamento que modela as formas de reação biológica do próprio indivíduo. O comportamento é a dimensão funcional do corpo na sua interação com o ambiente, pois o comportamento não é independente do organismo biológico. Portanto, as funções biológicas estão diretamente afetadas pelo comportamento, e ambos pelas contingências do ambiente (Laloni, 2001).

As pessoas individualmente aprendem a se comportar e interagem de formas particulares e individuais com as contingências, o que favorece adaptações específicas no organismo. Comportamentos podem produzir alterações que afetam sistemas neuroendócrinos, neurovegetativos, imunológicos ou outro qualquer, aumentando o risco do desenvolvimento das doenças, indicando uma maior vulnerabilidade biológica do indivíduo.

O psicólogo comportamental que se propõe a analisar comportamento em indivíduos com doenças e que demandam ação psicológica clínica deverá investigar a relação entre comportamento e saúde, focalizando: a) comportamentos que diretamente ou indiretamente diminuem ou aumentam a probabilidade de contrair uma doença (padrões comportamentais de fuga/esquiva); b) comportamentos que aumentam o risco de contrair uma doença ou de agravar um estado patológico já existente (ausência de repertórios, déficits comportamentais); c) comportamentos que reduzem o risco de contrair uma doença ou contribuem no tratamento para remissão total (repertórios comportamentais de proteção); d) comportamentos que podem produzir doenças diretamente ou indiretamente (repertórios comportamentais de exposição ao ambiente natural sem proteção, sol, frio, plantas, animais, esquiva de proteção como vacinação ou nos contatos sexuais); e) comportamentos diretamente relacionados a doenças são aqueles que produzem contato direto com o agente patogênico (acidentes, contato com agente infeccioso, contato com agentes tóxicos); f) comportamentos indiretos — são comportamentos que não produzem contato direto, mas aumentam a vulnerabilidade do organismo (abuso de automedicação, fumar, beber, dietas exageradamente restritivas ou abusivas, excesso de exercícios físicos); g) ausência de comportamentos de proteção, exposição do organismo a agentes ou contingências patogênicas (em especial nos ambientes de trabalho).

O psicólogo da saúde deve estar apto para analisar os comportamentos do doente enquanto padrões de respostas que aumentam ou diminuem a vulnerabilidade biológica. Suas ações devem ter como objetivo a identificação dos fatores de risco psicológico e a identificação de crenças e representações sociais do conceito de saúde e doença. A proposta de intervenção deve estar centrada nas alterações nas condições que não são favoráveis à recuperação da saúde, na tomada de decisões, na adesão aos tratamentos e no enfrentamento das doenças.

OBJETIVOS

O objetivo do presente capítulo é discutir o trabalho do psicólogo, analista do comportamento, atuando em unidade ambulatorial de um hospital-escola e os comportamentos envolvidos nessa situação. O relato busca descrever, analisar e exemplificar a necessidade do estabelecimento de critérios de **encaminhamentos** no contexto de atendimentos psicológicos ambulatoriais num serviço de Psicologia em hospital geral junto a pacientes que buscam atendimento psicológico por orientação e/ou **encaminhamento** médico. A reflexão sobre os dados levantados poderá sugerir contingências atuais para melhor qualificação dos **encaminhamentos**.

Esta discussão é resultado do trabalho dos autores em conjunto com estagiários em hospital geral, local de assistência, ensino e pesquisa. Tem como recorte a atenção ambulatorial a pacientes de diferentes especialidades médicas, bem como a formação de recursos humanos de equipes de saúde. O campo é de hospital geral, universitário, privado e conveniado ao SUS, numa cidade do interior do estado de São Paulo. Os **ambulatórios** vinculados são definidos como unidades de atendimento de saúde no nível secundário de atenção e reúnem as especialidades médicas, sendo denominados neste capítulo como **ambulatório** de especialidades. O Serviço-Escola de Psicologia é um serviço da Faculdade de Psicologia não vinculado diretamente ao hospital geral. É campo de estágio para alunos de Psicologia no final da graduação e é definido como um local de assistência, ensino e pesquisa com diversas estratégias de atendimentos à população, considerando a diversidade da população atendida e as características dos professores supervisores atuantes na instituição, incluindo as áreas de **Psicologia da Saúde**, das Organizações e Escolar.

Neste capítulo, é descrito como Serviço-Escola de Psicologia o nome da instituição, e clínica-escola o serviço para atendimento dos pacientes advindos para atendimento de demandas clínicas. Como porta de entrada para a população geral na clínica-escola, é necessário determinar critérios de aceite, e os **encaminhamentos** são oriundos das unidades básicas (atenção primária), das unidades ambulatoriais (atenção secundária) e do hospital geral (atenção terciária). Na clínica-escola, há programas específicos, e este capítulo se debruça sobre o programa que agrupa pacientes encaminhados dos **ambulatórios** de especialidades e do hospital geral, nomeado como **Ambulatório** de Psicologia em Hospital Geral.

A concepção dos encaminhadores para atenção psicológica é variada, parte desde problemas sociais até transtornos complexos e crônicos da saúde mental, como depressões, psicoses, transtornos de aprendizagem, problemas familiares. Dessa forma, é necessário que a clínica-escola de Psicologia, para avaliação e intervenção em clientes da saúde geral, que são aqueles com vulnerabilidade biológica, que já desenvolveram uma doença ou pertencem a grupos de risco para adoecimento, tenha objetivos definidos para essa modalidade de atendimento e seja capacitada para indicar essas características, que são diferentes da atenção à saúde mental, uma vez que se entende que as demandas para **Psicologia da Saúde** devem ter seus **encaminhamentos** internos na clínica-escola diferenciados dos atendimentos clínicos por demandas da saúde mental ou psicossociais.

O trabalho do psicólogo, enquanto analista de comportamento, compreende que o comportamento do paciente, de seus familiares, dos médicos, da equipe multidisciplinar e do próprio analista do comportamento está sob controle das políticas de saúde pelas quais a instituição é contingenciada (Amaral, 1997; Laloni, 1997). O modelo clínico parece ser insuficiente quando se trata do trabalho do psicólogo no contexto da saúde, exigindo a busca de um modelo que descreva a relação comportamento-saúde (Kerbauy, 1998, 1999).

O hospital é o lugar onde o tratamento médico é o foco principal, e as ações da **equipe de saúde** são dirigidas para a recuperação da saúde, e todas as intervenções estão relacionadas ao binômio saúde-doença. A compreensão psicológica, na perspectiva comportamental, é que não existem comportamentos (respostas) doentes (patológicas), mas sim adaptativos, e coloca-se ênfase sobre o delineamento do trabalho psicológico no ambiente hospitalar a fim de que este seja validado pela comunidade da saúde geral (Laloni, 2001).

A compreensão da relação comportamento/saúde, referenciada pelo modelo biopsicossocial e a teoria comportamental, entende que o estudo dos fatores psicológicos, sociais e comportamentais são preditivos da doença ou da saúde. O que significa que o comportamento do paciente participa da modelagem dos estados biológicos do organismo, ou seja, determina a manutenção, a recuperação ou a perda da saúde (Iñesta, 1990).

Assim, a atenção psicológica ao paciente da saúde geral inicia a intervenção identificando quais variáveis estão presentes e determinam os comportamentos de adesão ou não, os comportamentos de risco, os comportamentos de fuga e esquiva em relação à saúde. A saúde de um organismo é resultado da interação desse organismo com o ambiente (Laloni, 2001).

O comportamento é uma prática individual do organismo biológico do indivíduo-paciente em um meio determinado por relações socioculturais. A relação psicológica que determina a manutenção, a recuperação ou a perda da saúde biológica compreende a interação de três fatores fundamentais:

1. A história de interação do indivíduo com o ambiente (história de vida/de aprendizagem).
2. Os comportamentos aprendidos ao interagir com determinadas situações (padrão/repertório comportamental).
3. A modelagem dos estados biológicos do organismo por parte das contingências de uma determinada situação do ambiente que definem/afetam suas condições biológicas (condições clínicas) (Iñesta, 1990).

O estudo e a análise dos **encaminhamentos** médicos ao serviço de Psicologia Ambulatorial, bem como a análise das queixas referidas pelo próprio paciente, são os elementos que dispararam a curiosidade dos autores deste capítulo e provocaram um estudo que permitiu a reflexão sobre as características desse contexto, além da necessidade de estabelecer e clarificar a comunicação entre os **ambulatórios** de especialidade e a clínica-escola, facilitando e aperfeiçoando o **encaminhamento** dos pacientes desses **ambulatórios** para a clínica-escola, evidenciando os critérios para os **encaminhamentos**.

METODOLOGIA

Alguns **ambulatórios** de especialidades participaram deste estudo: ambulatório de pediatria, dermatologia, ginecologia, clínica médica, neurologia clínica e psiquiatria.

Durante o período de 2 semanas, os dados foram coletados com a população geral, que estava na sala de espera dos ambulatórios médicos aguardando consulta médica. Nas 2 semanas seguintes, os dados foram coletados com a população específica, aquela que recebeu o **encaminhamento** para a Psicologia após a consulta médica.

Os dados sugeriram a necessidade de intervir junto às equipes médicas e com a população que seria encaminhada, indicando os objetivos da clínica-escola de Psicologia, as formas adequadas de encaminhamento e como efetuar a inscrição para a triagem.

Para sistematizar a coleta de dados da população dos **ambulatórios** médicos encaminhada para a clínica-escola, foi elaborado um protocolo de entrevista com tópicos específicos. O protocolo foi dividido em quatro áreas distintas, sendo elas: I) Identificação do cliente: englobando a especialidade médica, nome, sexo, idade, data de nascimento, procedência e nível de escolaridade; II) Motivo da consulta; III) Demandas e descrição das questões psicológicas; IV) Observações.

Os dados obtidos nos **ambulatórios** de especialidades nos fornecem um espectro dos problemas de saúde da população, o que permite um aprofundamento da interação entre comportamento e saúde e a necessidade do desenvolvimento de intervenções psicológicas clínicas direcionadas em um **ambulatório** de Psicologia.

Apresentam-se, a seguir, os dados por **ambulatório** estudado:

- Ambulatório de pediatria: a população geral identificada no período foi de 308 pessoas, sendo 116 crianças, 39 bebês e 153 adultos acompanhantes. Esses dados foram obtidos por meio de uma contagem geral. Dessa população, 60 foram entrevistados. Desse grupo, 38,3% (23) são meninas, e 61,7% (37) meninos, 80% (48) estão no Ensino Fundamental, 8,3% (5) no Ensino Médio e 11,7 % (7) não frequentam a escola. A prevalência é de 25% da pediatria geral, seguida de 18,4% da nefrologia, 16,4% da psiquiatria e 15% da cirurgia. As demais especialidades dividem-se igualmente. Dos 60 entrevistados, 11 (18,4%) foram encaminhados para o Ambulatório de Psicologia em Hospital geral, sendo três por diagnóstico de TEA, dois por diagnóstico de TDAH, dois da genética, dois da pediatria geral, um da cardiologia e um da nutrição. Os **encaminhamentos** evidenciam que nove dos 11 casos são crônicos, com transtornos de desenvolvimento e sem suporte da rede de cuidados, e apenas dois podem se beneficiar do atendimento ambulatorial proposto pelo ambulatório de Psicologia
- Ambulatório de Clínica Médica e Pneumologia: a população geral foi de 49 pacientes,

sendo 73% (36) mulheres e 27% (13) homens, com 43% (21) entre 51 e 70 anos, 31% (15) entre 71 e 85 anos, 16% (8) entre 21 e 50 anos, 14% (7) entre 14 e 20 anos e 6% (3) entre 0 e 13 anos. Dos 49 entrevistados, oito (16,3%) foram encaminhados para o Ambulatório de Psicologia em Hospital Geral. As demandas psicológicas foram luto, violência, notícia do adoecimento com câncer, medos e ansiedade. Os **encaminhamentos** indicam que o olhar sobre o problema permanece sobre os sintomas psiquiátricos, e apenas 8% (aproximadamente quatro) indicam a relação comportamento/saúde geral

- Ambulatório de Dermatologia: a população geral foi de 32 pacientes, sendo 53,1% (17) de homens e 56,9% (18) de mulheres. As idades estão distribuídas em 25% (8) entre 0 e 10 anos, 25% (8) entre 11 e 20 anos, 21,9% (7) entre 21 e 40 anos, 15,6% (5) entre 41 e 60 anos e 12,5% (4) com mais de 60 anos. As patologias referidas foram 21,9% (7) acne, 21,9% (7) dermatite atópica, 12,5% (4) sem diagnóstico, 6,3% (2) dermatite de contato, 6,3% (2) câncer de pele, e os demais estão divididos entre as patologias de hemangioma, foliculite, hanseníase, lesões bolhosas, lipoma, infecção fúngica, escabiose, urticária, descamação. Dessa população, 28,1% (9) foram encaminhados ao Ambulatório de Psicologia em Hospital Geral, sendo 11,1% (1) nas faixas etárias de 0 a 10 anos, de 20 a 40 anos, 60 anos ou mais, e 33,3% (3) nas faixas etárias de 11 a 20 anos e 41 a 60 anos, sendo 66,7% (6) de mulheres e 33,3% (3) de homens. Essa população apresentava as seguintes patologias: dermatite atópica 33,3% (3), dermatite de contato 22,2% (2), as demais patologias foram urticária, escabiose, infecção fúngica e ausência de diagnóstico.

  Os dados indicam que a especialidade dermatologia tem um olhar para os fatores psicológicos como componentes das patologias dermatológicas. A atenção sobre as crianças demonstra que comportamentos já estão estabelecidos e exigem urgência na intervenção.

- Ambulatório de Ginecologia e Obstetrícia: a população geral foi de 34 pacientes, divididos nas especialidades de onco-mama (oncologia mamária), ginecologia e obstetrícia (GO) geral e pré-natal de alto risco (PNAR).

  As idades analisadas indicaram que, na especialidade onco-mama, as mulheres são mais velhas e a média de idade é 59 anos; na especialidade GO, as mulheres têm média de idade 50 anos, e a queixa prevalente é menopausa; na especialidade PNAR, as mulheres são mais jovens, a média de idade é 27 anos e a queixa principal é gestação de alto risco com comorbidades de doenças da mãe.

  Dessa população, 14 pacientes (41%) foram encaminhadas para o serviço de Psicologia. Os dados indicaram que estes têm grau de escolaridade superior e média de idade inferior aos do grupo geral. Os dados sugerem uma população específica com maior vulnerabilidade para o adoecimento e com necessidade de intervenção imediata. A Tabela 21.1 demonstra os principais dados levantados sobre os encaminhamentos por ambulatório; nela percebe-se um maior percentual dos pacientes de ginecologia e obstetrícia encaminhados para a Psicologia.

Os resultados da análise da população ambulatorial e dos **encaminhamentos** indicaram a necessidade de intervenção da comunicação médico × paciente e da comunicação **ambulatórios** médicos × **ambulatórios** de Psicologia. Para atingir os objetivos propostos, fez-se uma sugestão de utilizar recursos visuais, cartazes, com informações sobre a Clínica-Escola de Psicologia e sobre a metodologia para o encaminhamento (Tabelas 21.2 e 21.3).

O **Ambulatório** de Psicologia em Hospital Geral é um programa da Clínica-Escola de Psicologia de uma Faculdade de Psicologia localizada no interior do estado de São Paulo e está em funcionamento há mais de 20 anos. Originalmente, a população atendida nesse espaço abrangia **encaminhamentos** realizados pelos **ambulatórios** de especialidades e pelo hospital geral da instituição, sendo os pacientes atendidos pelos estagiários de 8º, 9º e 10º período da graduação em Psicologia.

O serviço ofertado no **Ambulatório** de Psicologia em Hospital Geral está organizado em programas: Programa de Triagem, Programa de Avaliação e Orientação, Programas Terapêuticos

Tabela 21.1 Pacientes avaliados e encaminhados para a Psicologia

Especialidade	Total de pacientes avaliados	Encaminhados para Psicologia	Percentual de encaminhamento
Pediatria	60	11	18,3%
Clínica médica e pneumologia	49	8	16,3%
Dermatologia	32	9	28,1%
Ginecologia e obstetrícia	34	14	41,20%
Total	175	42	24%

Fonte: Desenvolvida pelos autores.

Tabela 21.2 Cartaz para os pacientes

Clínica-escola de Psicologia A Psicologia é a ciência que estuda os fenômenos, os processos e os comportamentos das pessoas. A sua aplicação na clínica psicológica tem como objetivo ajudar as pessoas no desenvolvimento pessoal, no ajustamento à vida e no enfrentamento do sofrimento. **Onde ela está?** A clínica de Psicologia está **localizada no primeiro andar** do prédio dos ambulatórios de especialidades. Procure os funcionários de atendimento e solicite o agendamento da consulta. **Como agendo uma consulta?** Para agendar uma consulta, dirija-se até lá com o encaminhamento do médico da especialidade. Procure os funcionários de atendimento e solicite o agendamento.

Fonte: Desenvolvida pelos autores.

Tabela 21.3 Orientação para **encaminhamento** à Clínica-Escola de Psicologia

O **encaminhamento** dos pacientes dos **ambulatórios** de especialidades ou do hospital geral à clínica de Psicologia não pode ser efetuado via sistema interconsulta. O **encaminhamento** deve ser efetuado via receituário médico simples, contendo o nome do paciente, a especialidade, o motivo e a data. O documento deve ser entregue ao paciente com a orientação de buscar a clínica de Psicologia que está localizada no mesmo edifício dos **ambulatórios**.

Fonte: Desenvolvida pelos autores.

Individuais, Programas Terapêuticos Grupais, Programas para Egressos da Hospitalização, Programas Especiais de Intervenção, Preparação para Cirurgias, Laudos Especiais para Cirurgias, Transplantes, Ostomias e outros.

Ao longo da história do **Ambulatório** de Psicologia em Hospital Geral, os **encaminhamentos** médicos foram analisados para melhoria do fluxo e da prestação de serviços. Nos anos de 2004, 2005, 2006 e 2007, os resultados analisados auxiliaram o serviço a fazer revisões dos critérios de triagem e adequação dos programas de atenção. O estabelecimento de critérios de seleção dos pacientes atendidos pelo serviço, bem como a especificação dos objetivos psicoterapêuticos e o delineamento do atendimento psicológico ambulatorial, está em permanente discussão a partir dos dados observados nas triagens (Fernandes & Laloni, 2004, 2005, 2006, 2007).

Nos anos seguintes até aproximadamente o ano de 2014, a clínica-escola manteve o programa do **Ambulatório** de Psicologia em Hospital Geral com as mesmas características descritas anteriormente. No entanto, a porta de entrada para novos pacientes foi unificada e perdeu-se a caracterização dos clientes encaminhados pelo hospital geral e pelos **ambulatórios** de especialidades. Somadas a essa mudança, durante os anos de pandemia, as entradas de novos pacientes foram centralizadas e efetuadas *on-line*, assim como os atendimentos, dificultando a identificação do **encaminhamento** e do motivo. O reflexo dessas mudanças estruturais apareceu claramente após a pandemia e a retomada dos atendimentos presenciais. Em seguida, surgiram reclamações dos profissionais da saúde externos à clínica-escola referindo-se à dificuldade de **encaminhamento** dos pacientes com urgência médica, pois estes não estavam sendo atendidos pela Psicologia em razão da demora para passarem por triagem e serem inseridos no serviço.

A clientela que buscou a clínica-escola entre 2015 e 2023 apresenta características distintas do período anterior (2002-2014). Enquanto antes predominavam pacientes com **encaminhamento** médico, agora vemos mais pessoas buscando atendimento por demandas espontâneas ou encaminhadas, majoritariamente, do **ambulatório** de Psiquiatria. Essa mudança impactou o **Ambulatório** de Psicologia em Hospital Geral, que deixou de receber grupos de pacientes com doenças crônicas, tanto adultos quanto crianças. Diante desse novo cenário, o projeto de intervenção junto aos **ambulatórios** de especialidades foi criado com o objetivo de identificar os fatores que levaram a essa mudança no perfil da clientela. A coleta de dados revelou diversos obstáculos que impediam o **encaminhamento** adequado de pacientes para a clínica-escola. Um problema crucial era a falta de comunicação entre os sistemas do hospital geral e da clínica-escola, o que dificultava o acompanhamento dos **encaminhamentos**. Além disso, muitos profissionais dos **ambulatórios** de especialidades acreditavam, erroneamente, que a clínica-escola não atendia essa população, o que os desestimulava a fazer **encaminhamentos**.

A pesquisa também identificou dificuldades por parte dos pacientes. Ao receberem a orientação para buscar a clínica-escola, muitos se sentiam desorientados, sem informações claras sobre sua localização. Surpreendentemente, até mesmo os profissionais que faziam os **encaminhamentos** desconheciam onde a clínica-escola de Psicologia se situava. Outro problema era que alguns profissionais, ao realizar o **encaminhamento**, selecionavam a especialidade de Psiquiatria acreditando ser a opção mais adequada. No entanto, esses pacientes acabavam não chegando nem à Psiquiatria nem à clínica-escola de Psicologia, evidenciando uma falha no processo.

Após o estágio curricular obrigatório[1] com os alunos interessados em Psicologia/Saúde, que desenvolveram o projeto de intervenção nos **ambulatórios** de especialidades, a clínica-escola recebeu uma busca por atendimento de mais de 100 clientes enviados por profissionais desses **ambulatórios** num espaço de 2 meses.

A população encaminhada para a clínica-escola de Psicologia a partir dessa intervenção foi de 92 pacientes, sendo que 70% apresentaram-se para a entrevista inicial, o que permitiu uma análise mais detalhada do perfil dessa clientela.

A análise da população inscrita para triagem e da população que compareceu à entrevista inicial, por faixa etária, revelou os seguintes resultados:

- **Crianças (0 a 14 anos):** das 31 crianças agendadas, 23 (67%) compareceram, sendo a maioria meninos (22). Os principais **encaminhamentos** vieram da Psiquiatria pediátrica (10-32%), da pediatria geral (7-22%) e da neuropediatria (3-10%)
- **Adolescentes (15 a 20 anos):** dos 10 adolescentes agendados, 8 (80%) compareceram, com maior número de meninas (7). Os **encaminhamentos** se concentraram em hebiatria (3-30%), nefrologia (2-20%) e Psiquiatria (2-20%)
- **Jovens adultos (21 a 30 anos):** dos 18 jovens adultos agendados, 13 (72%) compareceram, predominantemente mulheres (14). Dermatologia e reumatologia foram responsáveis por três **encaminhamentos** (17%) cada, seguidas por oncologia e neurologia, com dois pacientes (11%) cada
- **Adultos (31 a 59 anos):** dos 18 adultos agendados, 10 (55%) compareceram, a maioria mulheres (16). A Psiquiatria foi o principal encaminhador, com cinco pacientes (28%), seguida por oncologia e neurologia, com três cada (17%)
- **Idosos (60 a 78 anos):** dos 15 idosos agendados, 10 (67%) compareceram, com ligeira maioria de mulheres (11). Psiquiatria (4-26%) e cirurgia cabeça e pescoço (3-20%) lideraram os **encaminhamentos**.

Como apresentado na Tabela 21.4, das 92 pessoas agendadas e advindas da intervenção nos **ambulatórios** de especialidades, 64 (70%) compareceram à triagem, sendo que a maior procura foi de crianças, seguidas por jovens adultos e adultos. Adolescentes e idosos

---

[1] Alunos estagiários que participaram do estudo: Alice Lauria Pereira da Silva, Ana Clara Bardelin, Ana Cláudia Lamas, Ana Cláudia Pinheiro, Ana Luisa Straçalano, Ana Paula Martins Teixeira, Beatriz Peron, Beatriz Guth, Beatriz Lopes, Beatriz Stefanini, Hugo Luís Lavoyer.

Tabela 21.4 **Encaminhamentos** e comparecimentos por faixa etária após intervenção com **equipe de saúde**

Faixa etária	Total agendado	Comparecimento (%)	Principais especialidades de encaminhamento
Crianças (0 a 14 anos)	31	23 (67%)	1) Psiquiatria pediátrica (32%). 2) Pediatria geral (22%). 3) Neuropediatria (10%).
Adolescentes (15 a 20 anos)	10	8 (80%)	1) Hebiatria (30%). 2) Nefrologia (20%). 3) Psiquiatria (20%).
Jovens adultos (21 a 30 anos)	18	13 (72%)	1) Dermatologia (17%). 2) Reumatologia (17%). 3) Oncologia (11%). 4) Neurologia (11%).
Adultos (31 a 59 anos)	18	10 (55%)	1) Psiquiatria (28%). 2) Oncologia (17%). 3) Neurologia (17%).
Idosos (60 a 78 anos)	15	10 (67%)	1) Psiquiatria (26%). 2) Cirurgia cabeça e pescoço (20%).
Total	92	64 (70%)	1) Psiquiatria.

Fonte: Desenvolvida pelos autores.

representaram os menores grupos. Os profissionais de saúde dos **ambulatórios** foram os principais encaminhadores, com destaque para a Psiquiatria (25%). As especialidades clínicas foram responsáveis por 26% dos **encaminhamentos**, e as cirúrgicas por 5%.

Entende-se que a intervenção nos **ambulatórios** de especialidades alcançou seus objetivos, pois foi possível identificar o aumento do número de **encaminhamentos** para a clínica-escola de Psicologia advindos das especialidades médicas. No entanto, o estudo ressalta a importância de um contato mais próximo com os profissionais encaminhadores, ampliando a intervenção realizada para outras especialidades, a fim de esclarecer os objetivos da intervenção psicológica para essa população, descrever o funcionamento da clínica-escola e qualificar os **encaminhamentos**. Ademais, com a intervenção na **equipe de saúde**, pode-se esclarecer e considerar as particularidades da relação comportamento-saúde em pacientes com doenças que impactam seus estados psicológicos, diferenciando-os daqueles pacientes com transtornos mentais de base, pois se entende que os paradigmas envolvidos nessas demandas são diferentes. Essa ação propicia um melhor esclarecimento da **Psicologia da Saúde** para os profissionais qualificarem melhor seus atendimentos, desenvolverem projetos terapêuticos mais adaptados às demandas dos seus pacientes e, em especial, promoverem a informação sobre o papel do **Ambulatório** de Psicologia em Hospital Geral.

CASOS CLÍNICOS

Caso clínico 1

Paciente E. A., 28 anos, Ensino Médio completo, solteiro, mora com os pais, tem uma namorada, está afastado do trabalho com auxílio-doença do INSS.

Encaminhado pelo **Ambulatório** de Pneumologia.

Em atendimento no **Ambulatório** de Psicologia.[2]

Histórico

Diagnóstico médico de bronquiectasia desde a infância, com hipótese de imunodeficiência, com provável exposição na infância a agentes infecciosos (fungos, tuberculose). Há 1 ano está na fila para transplante pulmonar. Desde

[2] Graduanda Karoline Souza Queiroz atende semanalmente com supervisão da Dra. Diana T. Laloni.

criança convive com os problemas respiratórios e faz acompanhamento médico. Faz regularmente fisioterapia pulmonar, comparece às consultas médicas e adere à medicação prescrita.

Comportamentos selecionados e analisados

Relatos sobre sua doença e possível transplante indicaram conhecimentos superficiais sobre o transplante e os comportamentos de fuga/esquiva diante do tema. Esta análise aponta seu padrão de comportamento de não falar do assunto que envolve o seu adoecimento, porque a temática lhe gera muita ansiedade.

Relata que no último ano houve aumento das crises respiratórias e o espaço entre elas diminuiu. Diante disso, foi orientado pela **equipe de saúde** a buscar ajuda psicológica, pois esta acredita que há uma relação com fatores emocionais.

Relatou medo do ato cirúrgico.

Recentemente teve uma nova crise, então buscou o pronto-socorro e foi internado. Manteve a internação por uma semana. Psicólogos do hospital foram informados para a manutenção do apoio.

Atendimentos psicológicos foram retomados após esse período e foram acrescidos novos objetivos ao plano.

Plano terapêutico em andamento

Modelar observação das contingências do ambiente presentes nas crises respiratórias, identificar estímulos aversivos e as respostas de fuga/esquiva.

Exposição lenta e gradual aos estímulos sobre o transplante; os estímulos podem estar generalizados, observar com cuidado.

Após a internação, fortalecer os comportamentos adaptativos para a espera do transplante, manter as respostas de ansiedade sob algum controle de contingências que fortaleça respostas mais adaptadas, como, por exemplo, emitir outros comportamentos, como jogar, montar quebra-cabeça, comportamentos que podem produzir alívio de ansiedade.

Manter as respostas de esperança no transplante dentro da realidade a que ele tem acesso e não fortalecer esperanças irreais.

Manter autocuidado com a saúde geral.

Manter os dados com a equipe sempre atualizados, evitar a surpresa quanto ao momento do transplante.

Caso clínico 2

Paciente M. I., 25 anos, Ensino Médio completo, técnica em administração, trabalha, mora com a mãe e o irmão, tem um irmão mais velho, os pais são separados há alguns anos.

Encaminhada pelo **Ambulatório** de Reumatologia.

Em atendimento no **Ambulatório** de Psicologia.[3]

Histórico

O primeiro **encaminhamento** ao **ambulatório** de Psicologia pela reumatologia deu-se em 2022. Apenas em 2024 compareceu ao serviço. Possui diagnóstico de artrite idiopática juvenil, laudada desde os 3 anos de idade. Aborda queixas de saúde-doença, verbalizando dificuldade de aceitação da doença, má adesão aos tratamentos propostos, pensamentos melancólicos/suicidas e crises de pânico. Procurou o serviço de Psicologia por causa do **encaminhamento** médico. Segundo orientações da Sociedade Brasileira de Reumatologia, o acompanhamento com fisioterapeuta e com psicólogo é recomendado, uma vez que a doença pode se tornar crônica na idade adulta. Não há restrição para atividades físicas, acadêmicas ou laborais, todas devem ser estimuladas.

Comportamentos selecionados e analisados

Buscou atendimento 2 anos após a solicitação. Esse padrão indica fuga/esquiva dos tratamentos recomendados. Analisar funcionalmente esse repertório é necessário. Relata queixas de saúde-doença, verbalizando dificuldade de aceitação da doença, má adesão de tratamentos propostos, pensamentos melancólicos/suicidas e crises de pânico. Relata que não possui uma rede de apoio estruturada. Paciente relata crises de ansiedade e pânico em determinadas situações.

Plano terapêutico em andamento

Modelar observação das contingências do ambiente presentes nas crises de aumento da dor, identificar estímulos aversivos e as respostas de fuga/esquiva. Manter reforço positivo frequente

[3] Graduanda Helena Baruchi Alves atende semanalmente com supervisão da Dra. Diana T. Laloni.

e com intensidade para o comportamento de comparecer aos encontros. A todas as ausências, analisar as contingências determinantes. Observar os relatos das crises de pânico, verificar os comportamentos operantes presentes, verificar o uso da medicação prescrita. Observar o comportamento de relato verbal. A ausência (ficar calada) é um operante de esquiva ou de falta de repertório?

Caso clínico 3

Paciente L. M.,[4] 7 anos, cursando 3º ano do Ensino Fundamental, reside com os pais e a irmã. A mãe tem 49, e o pai 54 anos, no segundo casamento. Tem irmãos adultos e sobrinha de 9 anos, com quem convive. Estuda em escola regular, em período integral. Pai trabalha, e mãe é do lar.

Encaminhado pela pediatria do hospital geral após 3 meses de internação, de dezembro a janeiro de 2022/2023.

Em atendimento no **ambulatório** de Psicologia.[5]

Histórico

Tem quadro de saúde instável e complexo, com múltiplos diagnósticos, e necessita de internações recorrentes. Possui diagnóstico de miocardite, neutropenia e hipotireoidismo; é acompanhado pelos **ambulatórios** de hematologia, pediatria, endocrinologia, psiquiatria e pneumologia do hospital geral. Em novembro de 2022, foi internado com dores abdominais e descompensação cardíaca, com diagnóstico inicial de pancreatite e pneumonia. Durante internação, evoluiu para choque séptico de foco pulmonar com lesões isquêmicas em extremidades, evoluindo para amputações de pé e dedos. O pai foi preso em 2019. L. M. nessa época ficou sem falar. A primeira visita ao pai ocorreu após 2 anos. Durante a internação, o pai foi liberado.

Durante o ano de 2023, foi atendido no **ambulatório** de Psicologia no período de março a maio; durante junho, julho, agosto e parte de setembro, esteve internado em São Paulo; alguns contatos foram feitos nesse período.

Comportamentos selecionados e analisados

Observações dos comportamentos nos atendimentos demonstraram facilidade de contato verbal com recursos pessoais, interesse por jogos, esquiva de falar da doença e das cirurgias. Demonstrou facilidade com a locomoção em cadeira de rodas. Relatou que tem amigos na escola e brinca com eles. Observou-se também que se torna hostil quando contrariado, não segue regras nos jogos, emite comportamentos de atirar objetos quando não acerta no jogo ou fala palavrões. Observou-se também que L. M. tem dificuldade para manusear alguns objetos (peças pequenas dos jogos), cansa facilmente e não solicita ajuda para nada. Comportamentos hiperativos; tenta fazer várias coisas ao mesmo tempo.

Plano terapêutico

Fortalecer todo repertório de enfrentamento, mesmo aqueles que podem parecer inadequados socialmente, como usar palavrão diante de uma frustração. Esse padrão de resposta é mais adequado para a adaptação às suas perdas.

Modelar comportamentos que podem ajudar a superar as perdas; relacionamentos sociais e afetivos favorecem a adaptação.

O comportamento de tentar várias estratégias para obter sucesso deve ser mantido, diante da doença, das internações e das amputações, que são perdas muito importantes; na infância, o repertório variado de adaptação é útil e necessário.

A esquiva de relatar sobre a doença e internações deve ser respeitada. Não se tem ainda um prognóstico para a melhora, os tratamentos são para não agravar o quadro.

A mãe recebe orientações, e a equipe médica também.

CONCLUSÕES

Apresentar o trabalho em **Psicologia da Saúde** hospitalar, sob o olhar da clínica comportamental, em um ambiente médico que possui um histórico de formação dualista torna-se um

---

[4] Psicóloga Laura Buzatto de Souza, enquanto graduanda em 2023.

[5] Graduanda Gislaine Alves atende semanalmente com supervisão da Dra. Diana T. Laloni.

trabalho árduo e desafiador. O maior desafio, nessa perspectiva, reside na visão dualista de que a percepção da doença por profissionais com formação focada na doença compreende que o adoecimento ocorre independentemente do comportamento. Mudar crenças, mudar comportamentos, olhar para o ambiente enquanto contingência que modela e mantém comportamentos é o desafio para o psicólogo que intervém nesse contexto.

Lutamos com heranças de séculos, mas em benefício dos outros e do futuro da profissão, a luta compensa. Por isso, mudar critérios em uma clínica-escola, oferecer intervenções que ajudem as pessoas a viver melhor, dialogar com profissionais em benefício dos clientes são estímulos e reforços para o nosso trabalho.

As ações apresentadas, focadas em análises e estratégias de intervenção com objetivos bem delimitados, auxiliam na instalação de novos comportamentos junto às equipes de saúde, promovendo uma maior qualificação dos **encaminhamentos** dos pacientes. Pode-se entender esse processo como psicoeducação junto à equipe médica, com o resultado sendo a promoção e a recuperação da saúde dos usuários envolvidos.

A manutenção dos ganhos dessas intervenções junto à equipe deve ser monitorada e desenvolvida para que os avanços no serviço não sejam perdidos. As características de um hospital-escola, que envolve seus estagiários, internos e residentes com tempo de formação específico e no qual se renova periodicamente o quadro de profissionais, trazem a necessidade de manutenção das intervenções como um objetivo de educação continuada. Assim, espera-se que os serviços estejam integrados e com seus objetivos alinhados, promovendo, primordialmente, projetos terapêuticos satisfatórios para os clientes envolvidos.

REFERÊNCIAS BIBLIOGRÁFICAS

Amaral, V. L. R. (1997). Análise funcional no contexto terapêutico da instituição. In D. R. Zamignani (Org.). *Sobre comportamento e cognição* (Vol. 3, pp. 8-14). São Paulo: ARBytes.

Baptista, M. N., Dias, R. R., & Baptista, A. S. D. (2003). *Psicologia hospitalar: Teoria, aplicações e casos clínicos*. Rio de Janeiro: Guanabara Koogan.

Brannon, L., Updegraff, J. A., & Feist, J. (2023). *Psicologia da saúde: Uma introdução ao comportamento e à saúde* (10a. ed.). Stamford: Cengage Learning.

Dennis, W. (Ed.). (1950). *Current trends in the relator of psychology to medicine* [Tendências atuais na relação da psicologia com a medicina]. Pittsburgh: University of Pittsburgh Press.

Camic, P. M., & Knith, S. J. (1998). Clinical handbook of health psychology: a practical guide to effective interventions. Hogrefe & Huber Publishers, Seattle, USA.

Fernandes, Q. P., & Laloni, D. T. (2004). Características do serviço ambulatorial de Psicologia no hospital-escola. In *XIII Encontro da Associação Brasileira de Psicoterapia e Medicina Comportamental*, Campinas, SP.

Fernandes, Q. P., & Laloni, D. T. (2005). Serviço ambulatorial de Psicologia no hospital-escola: Critérios de triagem. In *XIV Encontro da Associação Brasileira de Psicoterapia e Medicina Comportamental*, Campinas, SP.

Fernandes, Q. P., & Laloni, D. T. (2006). O impacto de serviço de Psicologia na comunidade do hospital-escola. In *XV Encontro da Associação Brasileira de Psicoterapia e Medicina Comportamental*, Brasília, DF.

Iñesta, E. R. (1990). *Psicología y salud: Un análisis conceptual* [Psicologia e saúde: Uma análise conceitual]. Madrid: Martínez Roca.

Kerbauy, R. R. (Org.). (1999). *Comportamento e saúde: Explorando alternativas*. São Paulo: ARBytes.

Kerbauy, R. R. (2002). Comportamento e saúde: doenças e desafios, Psicologia USP 13(1).

Kerbauy, R. R. (1998). Medicina comportamental. In B. Rangé (Org.). *Psicoterapia comportamental e cognitiva: Pesquisa, prática, aplicações e problemas* (pp. 209-219). Campinas: Psy.

Laloni, D. T. (1997). O papel do psicólogo hospitalar diante das políticas institucionais. In D. R. Zamignani (Org.). *Sobre comportamento e cognição* (Vol. 3, pp. 1-7). São Paulo: ARBytes.

Laloni, D. T. (2001). Terapia comportamental na enfermaria. In H. J. Guilhardi (Org.), *Sobre comportamento e cognição* (Vol. 8, pp. 61-64). Santo André: ESEtec.

Laloni, D. T., & Fernandes, Q. P. (2003). Psicologia ambulatorial em hospital geral: Critérios para assistência, ensino e pesquisa. In M. N. Baptista, R. R. Dias, & A. S. D. Baptista (Orgs.). *Psicologia hospitalar: Teoria, aplicações e casos clínicos* (3a. ed.). Rio de Janeiro: Guanabara Koogan.

Organização Mundial da Saúde (OMS). (1947). *Constituição da Organização Mundial da Saúde*. Recuperado de https://apps.who.int/gb/bd/PDF/bd47/EN/constitution-en.pdf?ua=1

Pinheiro, S. B. (2021). Atenção em saúde: Modelo biomédico e biopsicossocial, uma breve trajetória. *Revista Longeviver, III (9)*.

Stoudemire, A. (2000). *Fatores psicológicos afetando condições médicas*. Porto Alegre: Artmed.

Straub, R. O. (2014). *Psicologia da saúde: Uma abordagem biopsicossocial*. Porto Alegre: Artmed.

Sweet, J. J., Rosensky, R. H., & Tovian, S. M. (1991). *Handbook of clinical psychology in medical settings* [Manual de psicologia clínica em ambientes médicos]. New York: Plenum Press.

Vaitsman, J. (1992). Saúde, cultura e necessidades / Health, culture and necessity. In S. Fleury (Ed.), *Saúde coletiva? Questionando a onipotência do social* (pp. 157-173).

Zolnierek, K. B., & Dimatteo, M. R. (2009). Physician communication and patient adherence to treatment: a meta-analysis. *Med Care, 47*(8), 826-834.

22

Avaliação Psicológica com Orientação para Saúde Geral: Abordagem Multidisciplinar para Programa de Reabilitação de Paciente Pós-Acidente Vascular Cerebral

Silvia Deutsch ▪ Ticyana Moralez da Silva Novais ▪ Andressa de Carvalho Quinalha ▪ Flávia Cherotti ▪ Carolina Belisario Bizutti Fernandes

Destaques

- A **hospitalização** é um evento que pode desencadear estresse, ansiedade, depressão e outras reações emocionais, tanto em pacientes quanto em seus familiares
- O **acidente vascular cerebral (AVC)** é um acometimento que impacta diretamente a qualidade de vida e a autonomia do indivíduo
- A **intervenção precoce**, no âmbito hospitalar, pode garantir um melhor prognóstico terapêutico
- Dados da literatura sugerem que o atendimento **multidisciplinar** pode contribuir muito na reabilitação e na saúde psicossocial
- Uma **avaliação** é um processo sistemático de análise e julgamento, realizado para medir, compreender e dar valor em relação a critérios ou objetivos específicos
- A **reabilitação** é um processo multidimensional e personalizado que visa ajudar indivíduos a recuperar, manter ou melhorar habilidades físicas, mentais, sociais ou funcionais que foram perdidas ou comprometidas devido a doenças, lesões, condições congênitas ou envelhecimento, tendo como objetivo principal permitir que a pessoa alcance o máximo de autonomia e qualidade de vida possível
- A **neuropsicologia** é uma área interdisciplinar que estuda a relação entre o funcionamento do cérebro e os processos cognitivos, emocionais e comportamentais humanos. Ela combina conhecimentos de neurociência, Psicologia e Medicina para investigar como as alterações no sistema nervoso central afetam a mente e o comportamento
- O modelo **holístico** de reabilitação é uma abordagem abrangente que considera o paciente como um todo.

INTRODUÇÃO

A **hospitalização** é um evento que pode desencadear estresse, ansiedade, depressão e outras reações emocionais, tanto em pacientes quanto em seus familiares. A **avaliação multidisciplinar** permite identificar vários fatores relacionados ao processo de saúde e adoecimento, e desenvolver estratégias de **intervenção** que podem incluir desde o suporte emocional até o desenvolvimento de mecanismos de enfrentamento para lidar com a doença e o prognóstico. No que diz respeito à **avaliação** psicológica, Campos (2016) refere que esta pode ajudar a elaborar um plano de tratamento mais eficaz, ao levar em conta aspectos emocionais e psicológicos que podem influenciar diretamente na recuperação do paciente. A interação entre a saúde mental e física é evidente, pois condições psicológicas podem afetar a resposta do corpo ao tratamento de saúde.

Os métodos de **avaliação** em ambiente hospitalar podem incluir entrevistas clínicas, aplicação de testes psicológicos, observação direta e análise de registros da saúde. Cada um desses métodos oferece informações valiosas sobre o estado emocional e cognitivo do paciente.

De acordo com Oliveira e Santos (2018), a entrevista clínica é uma ferramenta essencial, pois permite ao psicólogo explorar em profundidade a percepção do paciente sobre sua condição, medos e expectativas em relação ao diagnóstico e ao prognóstico. Já os testes psicológicos podem ser úteis para avaliar aspectos específicos, como a memória, a atenção, o funcionamento executivo, entre outras funções cognitivas, que podem ser afetadas por condições médicas como lesões cerebrais ou doenças neurodegenerativas.

A **avaliação** psicológica em ambiente hospitalar enfrenta desafios específicos, como o tempo limitado, a gravidade da condição de saúde do paciente e a necessidade de intervenções rápidas e eficazes. Muitas vezes, o psicólogo precisa adaptar suas técnicas e instrumentos para se adequar ao estado físico e emocional do paciente, o que pode exigir uma grande flexibilidade e capacidade de improvisação. Borsa e Nunes (2017) destacam que a relação entre psicólogo e paciente no contexto hospitalar é um fator crucial para a eficácia da **avaliação**. Estabelecer uma comunicação clara e empática é essencial, especialmente em casos em que o paciente pode estar experimentando altos níveis de sofrimento ou confusão.

A lesão cerebral adquirida é um acometimento neurológico que pode ser decorrente de doenças cardiovasculares, como o **acidente vascular cerebral** (**AVC**), ou também a partir do traumatismo cranioencefálico (TCE). Entre as diversas questões de saúde decorrentes desse quadro, citam-se as sequelas transitórias ou permanentes, que exigem uma reconstrução da trajetória de vida. Nesse sentido, as possíveis alterações de ordem motora, cognitiva ou linguística impõem a **intervenção** profissional, que visa assegurar o bem-estar psicossocial daquele indivíduo (Ponte & Fedosse, 2016).

O modelo **holístico** de **reabilitação** de **AVC** é uma abordagem abrangente que considera o paciente como um todo, integrando aspectos físicos, emocionais, cognitivos, sociais e espirituais na reabilitação. Esse modelo reconhece que a recuperação de um **AVC** vai além da melhora física e inclui a reintegração plena do indivíduo à sua vida cotidiana (Wilson et al., 2020).

O presente capítulo tem como objetivo abordar a temática da **reabilitação multidisciplinar** em um caso de lesão cerebral adquirida, com ênfase no bem-estar e na saúde psicossocial. Desse modo, os saberes distintos de algumas profissões do campo de Saúde, mais especificamente na Psicologia, na fisioterapia, na fonoaudiologia e na terapia ocupacional, serão apresentados e articulados em comum com o intuito de delinear um plano terapêutico para o caso supracitado.

IMPORTÂNCIA DA MULTIDISCIPLINARIDADE

A multidisciplinaridade no âmbito da saúde hospitalar é caracterizada pela atuação em equipe de diversos profissionais, como: médicos, enfermeiros, psicólogos, terapeutas ocupacionais, fisioterapeutas, fonoaudiólogos, nutricionistas, entre outros. Em estudos nacionais e internacionais, a atuação **multidisciplinar** é classificada como mais vantajosa do que as intervenções individuais, dado que os objetivos dessas equipes estão associados e centrados no paciente e em sua satisfação (Rathore et al., 2024; Belga et al., 2022; Tederko et al., 2020; Franz et al., 2018).

Portanto, esse tema representa um desafio complexo, uma vez que necessita de práticas coesas entre as abordagens para que constitua uma atuação coletiva. Contudo, na perspectiva do paciente, a prática **multidisciplinar** também representa benefícios no que diz respeito a ter uma comunicação para que este compreenda o papel de cada profissional da equipe e seja orientado quanto ao seu plano terapêutico individualizado (Howell et al., 2024).

CASO CLÍNICO

F. C. Q é uma paciente de 31 anos, do sexo feminino, profissional da enfermagem, muito ativa e que praticava corrida e musculação.

A paciente começou a ter episódios de cefaleia que foram intensificados a ponto de precisar ser afastada do trabalho em setembro de 2015, devido a recorrentes complicações de saúde. Após 3 meses de recorrentes episódios de dor de cabeça, foi necessário ser levada a cuidados médicos.

Submetida a exames de imagens, diagnosticou-se um meningioma em região temporo-parieto-occipital à esquerda. A região temporo-parieto-occipital esquerda do cérebro desempenha funções complexas, principalmente relacionadas ao processamento de linguagem, percepção visual e auditiva, além da integração de informações sensoriais e atenção espacial.

1. Processamento de linguagem: a área de Wernicke, localizada no lobo temporal esquerdo, é essencial para a compreensão da linguagem falada e escrita. Danos nessa região podem causar dificuldades em entender palavras e construir frases coerentes, o que é conhecido como afasia de Wernicke (Bear, Connors & Paradiso, 2015).
2. Percepção visual e reconhecimento de objetos: a região occipital processa informações visuais, e na área temporo-parieto-occipital, essas informações se integram com a memória para o reconhecimento de objetos e rostos (Kandel, Schwartz & Jessell, 2013).
3. Integração sensorial e espacial: essa área também auxilia na integração de diferentes informações sensoriais, como as percebidas pelos sistemas visual, auditivo e tátil. Essa integração é importante para a percepção espacial e o mapeamento do ambiente ao redor (Mesulam, 2000).
4. Atenção espacial e processamento auditivo: a região temporo-parietal esquerda contribui para o direcionamento da atenção no espaço e para a localização de fontes sonoras (Purves et al., 2018).

Essas funções integradas tornam a região temporo-parieto-occipital esquerda essencial para a comunicação e a percepção de estímulos no ambiente, e lesões nessa área podem resultar em distúrbios como afasias, problemas de percepção espacial e dificuldades de integração sensorial.

O meningioma é um tumor que se origina nas meninges, as camadas de tecido que protegem e revestem o cérebro e a medula espinhal. É o tumor cerebral primário mais comum, representando cerca de 30% dos tumores cerebrais (Figueiredo et. al, 1998).

Em dezembro de 2015, a paciente passou por neurocirurgia para retirada de tumor em região de hemisfério temporal posterior esquerdo. Durante a cirurgia, verificou-se que o tumor envolvia a veia de Labbé, que foi rompida durante a retirada do tumor, o que causou um **AVC** hemorrágico. A veia de Labbé é uma veia cerebral que drena o sangue venoso da superfície lateral do lobo temporal e se conecta à veia cerebral superficial. Ela é uma das principais veias que drenam a região temporoparietal do cérebro. É frequentemente mencionada em contextos relacionados a doenças neurológicas e cirurgias, pois sua lesão pode estar associada a hemorragias ou complicações em procedimentos neurocirúrgicos. Além disso, sua presença e anatomia podem variar entre os indivíduos (Schmid et al., 2012).

No pós-operatório imediato, apresentou paresia (perda parcial da força muscular) de membro inferior direito (MID), queixas de perda de memória e desatenção. Sendo assim, foi encaminhada para **avaliação** da fisioterapia e da psicologia, iniciando o atendimento ainda em ambiente hospitalar.

Foi feita a **avaliação** fisioterapêutica em ambiente de UTI, com inclusão de atendimento desde então. A **avaliação** psicológica inicial foi realizada em ambiente hospitalar, que constatou a necessidade de apoio tanto para a paciente quanto para familiares, por se tratar de paciente jovem, inserida no mercado de trabalho, noiva, com casamento sendo programado. Após a **avaliação** do quadro psicológico com posterior atendimento em psicoterapia de apoio, a paciente foi encaminhada para **avaliação** neuropsicológica, em fevereiro de 2016.

Uma bateria de testes foi administrada com o intuito de verificar seu quadro cognitivo e psicológico. Foram aplicados subtestes da Escala de Inteligência Wechsler para Adultos – WAIS-III (Wechsler, 2008); entrevistas e exercícios **neuropsicológicos** que investigaram suas funções de atenção, memória, percepção, funções verbais, visuoespaciais e executivas; escalas e entrevistas para avaliar a área emocional. Os resultados dos testes foram analisados seguindo critérios compatíveis à faixa etária, passado educacional e profissional da paciente.

Os resultados da **avaliação** neuropsicológica apresentaram moderado déficit de atenção; alterações na área de linguagem – lentidão na fluência verbal, dificuldade em interpretação de texto e lentidão para capacidade de linguagem oral e escrita; alterações moderadas na área de memória episódica verbal e não verbal; dificuldades também moderadas em memória operacional – responsável pela dificuldade de realizar tarefas simultâneas e, consequentemente, as informações não são codificadas, armazenadas e processadas de forma eficaz; leves alterações na memória de procedimentos e leves alterações nas funções executivas – capacidade plástica do pensamento, julgamento, habilidade em produzir ideias, organização da informação, responder a estímulos de forma adequada, planejar e traçar estratégias para realizar uma ação –, principalmente na velocidade de processamento.

Em meados de março de 2016, a paciente apresentou um novo **AVC** isquêmico. Passou a ter tremores em membros superiores e recebeu o diagnóstico de tremor de Holmes, também chamado de tremor de intenção. Esse é um tipo de tremor que se manifesta durante a execução de movimentos voluntários, especialmente quando a pessoa tenta alcançar ou tocar um objeto. Nesse sentido, o tremor tende a aumentar em intensidade à medida que o membro se aproxima do alvo. Esse fenômeno está frequentemente associado a lesões no cerebelo ou em suas conexões, áreas fundamentais para a coordenação e a precisão dos movimentos. O tremor de Holmes pode ser observado em diversas condições neurológicas, como esclerose múltipla, acidentes vasculares cerebrais e algumas formas de ataxia (Dichgans & Zimprich, 2013; Jankovic, 2008).

Após o segundo episódio de **AVC**, a paciente iniciou o tratamento de reabilitação neuropsicológica, e em abril de 2016 começou a **intervenção** fonoaudiológica. Realizou acompanhamento **neuropsicológico** em **intervenção** cognitiva, multicomponente de abordagem holística que reúne aspectos terapêuticos ou educativos combinando diferentes técnicas e estratégias para promover melhorias nas funções cognitivas de indivíduos. Essas intervenções geralmente são projetadas para abordar múltiplos aspectos da cognição, como memória, atenção, funções executivas, linguagem e raciocínio, em vez de focar apenas uma habilidade específica, sendo constantemente reavaliada em seu potencial cognitivo e emocional.

Em agosto de 2016, foi encaminhada para tratamento psiquiátrico para sintomas de ansiedade e emocionais devido a perdas relacionadas ao seu quadro de saúde – luto com relação à sua profissão, seu noivado foi desfeito e o relacionamento acabou –, levando à necessidade de adaptação à nova vida com diversas sequelas e tratamentos de saúde.

Ainda em decorrência da cirurgia, acabou apresentando sintomas de diplopia, ou visão dupla – é uma condição visual normalmente temporária, que pode sinalizar o indício de outras doenças neurológicas, devendo ser sempre avaliada; no caso da paciente, a diplopia foi temporária e em decorrência da lesão cerebral (Rowe, 2017) –, dificuldades de linguagem (gagueira, perseveração, dificuldade de processamento e fluência), dificuldades motoras importantes nos membros inferiores (MMII), o que ocasionou certa lentidão generalizada, bem como dificuldades de memória prospectiva, episódica e procedural. Além disso, a paciente perdeu gradativamente as funções de fala e escrita.

Ao longo do ano de 2016, a paciente foi submetida a avaliações sistemáticas e intervenções em Psicologia, fonoaudiologia e fisioterapia. Devido a limitações motoras significativas, ela foi afastada de suas atividades laborais e necessitou de adaptações em seu domicílio, em decorrência da utilização de cadeira de rodas, que posteriormente foi substituída pelo uso de bengala canadense.

F. C. Q. participou de um programa de estimulação cognitiva, fisioterapia, terapia ocupacional e fonoaudiologia até outubro de 2017. Esse processo favoreceu sua evolução nas habilidades motoras, permitindo a transição do uso de cadeira de rodas para bengalas, o que resultou em um aumento da autonomia funcional. Em julho de 2017, a paciente voltou a dirigir veículos automotores adaptados.

Em dezembro de 2018, passou a ter convulsões de difícil controle medicamentoso – de causa desconhecida, porém relacionada às lesões adquiridas no cérebro pós-**AVC**. Nesse caso, foi necessário internar em Unidade de Terapia Intensiva (UTI) pelo período de 20 dias, pois apresentava um quadro de crise epiléptica difícil de ser cessada. Portanto, recebeu o diagnóstico de epilepsia e manteve a reabilitação nas áreas cognitiva, de Psicologia, fisioterapia, fonoaudiologia e terapia ocupacional.

No ano de 2021, iniciou um trabalho voluntário na brinquedoteca de um hospital infantil. Entretanto, devido ao uso da bengala canadense e às alterações posturais, a paciente passou a apresentar um desgaste significativo na região femoral, o que culminou na necessidade de uma cirurgia para colocação de prótese de quadril.

Após a realização da cirurgia, com o apoio da fisioterapia, a paciente alcançou uma melhora importante na capacidade de deambulação. Em setembro de 2022, conseguiu voltar a andar sem o uso de muletas.

Desde o período de internamento e cirurgia, a paciente foi submetida a uma intensa reabilitação fisioterápica, complementada por acompanhamento psicológico iniciado pouco depois e por atendimento fonoaudiológico em sequência. Todo o processo foi estruturado com base em um programa de exercícios específicos e intensivos, voltado para a eliminação de reflexos patológicos e o estabelecimento de novos padrões de movimento corretos e funcionais.

O atendimento na área de Psicologia teve como base a abordagem holística – multicomponentes de reabilitação cognitiva, os atendimentos foram realizados semanalmente com uma hora de duração. O planejamento inicial de atendimento foi abordar a autopercepção e adaptação às novas demandas como com técnicas de validação, trabalhando a aceitação das perdas, limites, expectativas e busca de novas metas.

Foi realizada nova **avaliação** neuropsicológica para análise comparativa com relação aos seus resultados anteriores, que demonstrou manutenção das perdas cognitivas relacionadas à memória, leve melhora da memória operacional e manutenção das dificuldades na área de linguagem e déficit de atenção. Quanto à área emocional, a paciente precisou enfrentar o processo de elaboração do luto e aceitação de suas dificuldades, além de, durante o primeiro ano de reabilitação, lidar com a perda de importante relacionamento afetivo concomitantemente com suas perdas cognitivas e físicas. A paciente ainda é constantemente trabalhada em técnicas de validação, de autopercepção, controle de expectativas e orientação para a realidade.

Avaliações e propostas terapêuticas

Após a exposição do caso, é necessário considerar a importância da composição de uma equipe **multidisciplinar** alinhada com seus objetivos de **intervenção** e que vise à qualidade de vida e à autonomia da paciente. A pluralidade de conhecimentos e especializações oferece um cuidado integral ao paciente, promovendo uma abordagem coordenada que abrange diferentes aspectos de sua recuperação. A equipe **multidisciplinar**, composta de médicos, enfermeiros, fisioterapeutas, fonoaudiólogos, terapeutas ocupacionais e psicólogos, permite a **avaliação** e o tratamento das diversas dificuldades que um paciente pode enfrentar após um **AVC**. Cada profissional traz uma perspectiva única, contribuindo para um plano de **intervenção** mais completo e eficaz (Santos et al., 2018). Intervenções focadas e colaborativas facilitam a promoção da autonomia do paciente. Estudos demonstram que a reabilitação terapêutica direcionada aumenta a capacidade funcional do paciente, permitindo que ele realize atividades de vida diária com maior independência (Lima et al., 2019). A atuação integrada de profissionais de diferentes áreas tem um impacto significativo na qualidade de vida dos pacientes. Programas que incluem suporte psicológico e social ajudam a promover não apenas a recuperação física, mas também o bem-estar emocional, fator crucial para a reintegração do paciente à sua vida cotidiana (Figueiredo et al., 2020). A comunicação efetiva entre os membros da equipe é essencial para que os objetivos de **intervenção** estejam alinhados. A definição clara de metas terapêuticas e a troca de informações sobre o progresso do paciente permitem ajustes nas estratégias de tratamento, otimizando resultados (Azevedo et al., 2021). Nesse sentido, ressalta-se a contribuição que cada área profissional pode garantir para que as intervenções sejam adaptativas e centradas nas necessidades individuais, promovendo a participação ativa do paciente em seu processo de reabilitação.

Descrevemos a seguir uma forma generalizada de atendimento nas diversas áreas multiprofissionais em casos de **AVC,** tanto dentro do ambiente hospitalar como após a alta.

Fisioterapia

O fisioterapeuta desempenha um papel fundamental na reabilitação de indivíduos que sofreram **AVC**, uma vez que eles podem apresentar diversos distúrbios neurológicos, como problemas de propriocepção, perda de habilidades motoras e sensibilidade, dificuldades na marcha e redução da força muscular (Lima & Maldonade, 2016). A fisioterapia é crucial para a recuperação de pacientes com **AVC**, contribuindo significativamente para a melhoria de suas capacidades motoras e funcionais diante dessas disfunções (Francisco, 2016).

Sendo assim, é fundamental compreender o **AVC** e suas consequências para as pessoas afetadas para poder discutir as funções desempenhadas pelo fisioterapeuta e investigar quais protocolos podem ser adotados na reabilitação de pacientes que sofreram um **AVC**.

Conforme as diretrizes clínicas, após o **AVC**, o fisioterapeuta ajuda o paciente a recuperar suas habilidades que foram comprometidas, utilizando diversas abordagens, que incluem **avaliação**, orientação e encaminhamento para outros profissionais de saúde. Além de atuar na melhora da qualidade de vida dos pacientes afetados, ressaltando a relevância da atuação do fisioterapeuta dentro da equipe multiprofissional.

Fonoaudiologia

No âmbito fonoaudiológico, o profissional que atua no contexto hospitalar pode auxiliar na **avaliação** e na **reabilitação** da comunicação, da voz, da deglutição e dos aspectos auditivos. No caso do **AVC**, doença que causa óbitos e internações hospitalares, um dos possíveis acometimentos decorrentes é a lesão cerebral em áreas de linguagem. Nesse sentido, o fonoaudiólogo é o profissional que auxilia a reabilitação em casos de afasia. Segundo Fontanesi e Schmidt (2016, p. 253), "afasia é uma condição decorrente de uma lesão no cérebro, comumente no hemisfério esquerdo, frequentemente causada por acidentes vasculares cerebrais (**AVCs**)". Os impactos da afasia podem afetar a coordenação dos movimentos necessários para a fala, bem como causar dificuldades na fluência, na nomeação, na leitura, na escrita e na compreensão.

Após a **avaliação** desse profissional, o plano terapêutico é estabelecido e deve envolver toda a rede de cuidado do paciente, uma vez que todos os familiares deverão ser instruídos quanto aos novos desafios comunicativos. Embora os aspectos de vida diária, incluindo a autonomia na comunicação, mudem significativamente após o **AVC**, os autores Freire et al. (2020) apontam que o quadro linguístico pode melhorar após a **intervenção** fonoaudiológica na área da linguagem.

Terapia ocupacional

A terapia ocupacional no contexto hospitalar com pacientes em pós-**AVC** tem como objetivo principal a reabilitação das capacidades motoras, sensoriais, cognitivas e emocionais, comprometidas pelo evento neurológico. A atuação do terapeuta ocupacional envolve a **avaliação** funcional das **atividades de vida diária** (AVDs), ou seja, as tarefas essenciais que as pessoas realizam para cuidar de si mesmas e manter a independência em seu dia a dia, e das **atividades instrumentais de vida diária** (AIVDs). Estas incluem tarefas mais complexas e avançadas e estão relacionadas à capacidade de viver de forma independente no ambiente doméstico e social, identificando as necessidades específicas de cada paciente. Com base nessa **avaliação**, são desenvolvidos planos de **intervenção** personalizados, que incluem exercícios para melhorar a função motora, técnicas de adaptação para a realização de AVDs e estratégias para o manejo de déficits cognitivos e emocionais.

A **intervenção** também pode envolver a orientação à família e cuidadores sobre as melhores práticas para promover a independência do paciente no ambiente domiciliar, além de adaptar o ambiente hospitalar para facilitar a recuperação funcional. Estudos indicam que a **intervenção** precoce da terapia ocupacional em pacientes pós-**AVC** contribui significativamente para a recuperação funcional e melhora da qualidade de vida, facilitando a reintegração social e a redução da dependência (Oliveira et al., 2019; Brito et al., 2020).

Psicologia

A Psicologia pode desempenhar um papel crucial no cuidado de pacientes hospitalares que sofreram um **AVC**. Essas contribuições podem atuar de diversas formas, incluindo apoio emocional, reabilitação cognitiva, educação e orientação, suporte à família e promoção da motivação e da participação na reabilitação (Wilson et al., 2020).

- Apoio emocional para uma melhor gestão de sintomas de ansiedade e depressão, pois, após um **AVC**, muitos pacientes podem experimentar ansiedade, depressão ou estresse e colaborar no entendimento e na adaptação à nova realidade, ajudando o paciente a lidar com as mudanças em sua vida, como limitações físicas, perda de independência e o impacto nas relações familiares
- Reabilitação cognitiva auxiliando na recuperação das funções cognitivas: psicólogos, junto com terapeutas ocupacionais, podem desenvolver estratégias que ajudem na recuperação de funções cognitivas, como memória, atenção e linguagem, e ainda elaborando programas de estimulação cognitiva, oferecendo exercícios mentais que podem ser criados para estimular as áreas do cérebro afetadas e promover a neuroplasticidade
- Educação e orientação informando o paciente e a família sobre o que esperar durante a recuperação, o que pode reduzir o medo e a incerteza, e também com o treinamento de habilidades de enfrentamento ensinando técnicas de enfrentamento para ajudar o paciente a lidar com frustrações e desafios durante o processo de reabilitação
- Suporte à família com apoio psicológico para cuidadores, oferecendo suporte psicológico aos familiares e aos cuidadores, que muitas vezes enfrentam um grande estresse com o aumento da responsabilidade, e facilitação na comunicação, mediando e melhorando a comunicação entre o paciente e a família, especialmente se o **AVC** afetou a capacidade de comunicação do paciente
- Promoção da motivação e da participação na reabilitação, compactuando com o estabelecimento de metas para ajudar o paciente a estabelecer metas realistas e motivadoras para sua recuperação, o que pode aumentar o engajamento nas terapias e nas atividades de reabilitação e suporte à adesão ao tratamento, trabalhando com o paciente para garantir que ele siga os tratamentos e as terapias prescritos, abordando quaisquer barreiras psicológicas que possam interferir.

Essas intervenções podem contribuir significativamente para a recuperação global do paciente, melhorando sua qualidade de vida e o ajudando a alcançar o melhor resultado possível após um **AVC**.

Possibilidades de planos terapêuticos

Fisioterapia

A paciente apresenta relatos de queixas motoras importantes com relação aos membros inferiores (MMII), o que a levou a ter uma lentidão generalizada, com dificuldade em efetuar uma marcha de forma independente. A falta de movimento é uma questão recorrente em indivíduos os quais foram hospitalizados em UTI, tendo potencial para estender a permanência no hospital e resultar em enfraquecimento dos músculos, afetando negativamente suas atividades e bem-estar.

A mobilização precoce na UTI traz diversos benefícios para a paciente, incluindo a melhora da força muscular e da mobilidade funcional, resultando, por sua vez, em uma melhora em sua qualidade de vida. Esse tipo de mobilização é composto de uma sequência de atividades físicas intensas, iniciando geralmente entre 24 e 48 horas após a admissão e a estabilização do estado clínico do paciente na unidade de terapia intensiva. Além disso, a mobilização contribui para a redução da atrofia muscular e diminui o tempo de permanência no leito, auxiliando na recuperação da função física (Higgins et al., 2019).

Além disso, pacientes que sofreram um **AVC** podem apresentar comprometimentos em um ou mais domínios cognitivos, sendo eles: atenção complexa, funções executivas, aprendizagem e memória, linguagem, funções perceptomotora e cognição social. Tendo em vista que a disfunção executiva é uma das mais frequentes a serem investigadas, o déficit cognitivo pode impactar negativamente a recuperação da função motora, as atividades cotidianas e outras habilidades, o que intensifica a dificuldade na reabilitação geral e impede o retorno dos pacientes ao seu convívio social, familiar e laboral. Conforme mencionado por Kleynen et al. (2018), a aprendizagem motora é um processo que abrange diversas etapas ligadas à prática e à experiência, resultando em uma alteração na capacidade de desempenho de forma adequada. Em situações de reabilitação, como no caso de indivíduos que tiveram um **AVC**, frequentemente é necessário aprender novas competências, como o uso de uma cadeira de rodas ou de dispositivos que auxiliam na locomoção, além de reaprender habilidades já conhecidas, como levantar objetos e caminhar.

No pós-**AVC**, uma parte considerável das intervenções no momento da reabilitação visa facilitar essa recuperação por meio da aprendizagem motora, a qual envolve processos cognitivos como atenção, memória e funções executivas, que também podem ser comprometidos devido ao **AVC**.

Conforme Feliciano et al. (2012), a mobilização precoce é capaz de favorecer a reabilitação funcional. Essa prática consiste em realizar atividades terapêuticas progressivas, como exercícios motores na cama, sentar-se à beira do leito, transferir-se para a cadeira, manter-se em posição ortostática e caminhar. Trata-se de uma abordagem simples para pacientes com instabilidade neurológica e também cardiorrespiratória. Postergar o início dos exercícios contribui para agravar o déficit funcional da paciente, uma vez que a função física e o estado de saúde geral são beneficiados por meio da realização de exercícios que podem prevenir perdas e fraquezas funcionais. Ensaios clínicos publicados sugerem que estratégias que favorecem a mobilização precoce e a atividade muscular durante os cuidados intensivos podem levar a melhorias na recuperação física (Ramsay et al., 2014).

A aprendizagem motora envolve uma série de processos ligados à prática e à experiência, resultando em uma mudança duradoura no desempenho motor qualificado. É essencial para desenvolver novas habilidades, se adaptar a diferentes desafios ambientais e reaver habilidades motoras após lesões (Kitago & Krakauer, 2013). É preciso repetir o treinamento ou a prática para adquirir habilidades complexas e alcançar a excelência no desempenho. Por isso, estratégias que otimizam o desempenho e facilitam a aquisição de habilidades motoras têm sido amplamente discutidas na literatura sobre aprendizagem motora e reabilitação (Winstein et al., 2014).

Por meio de uma abordagem interdisciplinar com a fonoaudiologia, foi proposto o tratamento de estimulação transcraniana para a paciente em questão. No âmbito da fisioterapia, a eletroestimulação foi focada em áreas do córtex motor, região cerebral encarregada do planejamento, do controle e da execução de movimentos voluntários. Ao direcionar a estimulação transcraniana para o córtex motor, uma corrente elétrica é induzida nessa área, resultando na ativação muscular no membro oposto. Da mesma forma, ao direcionar essa estimulação para outras regiões do córtex cerebral, os efeitos gerados variam de acordo com a função da área estimulada, podendo ocasionar mudanças cognitivas e emocionais (Pascual-Leone et al., 1999).

Dessa forma, a reabilitação fisioterápica, de forma associativa às demais áreas, tornou-se eficaz e promissora, explorando diferentes estímulos temporais e ou espaciais para manter a deambulação de forma independente, o que melhorou sua autonomia e, consequentemente, apresentou melhora da sua qualidade de vida, tendo o poder de ir e vir aonde quiser.

Fonoaudiologia

Em relação ao quadro fonoaudiológico da paciente, sabe-se que ela apresenta queixas de linguagem oral e escrita, déficits na memória verbal e não verbal, além de dificuldades em interpretação de texto. A afasia é um distúrbio de linguagem que ocorre em casos de processos neurodegenerativos, como as lesões cerebrais adquiridas. Nesse contexto neurológico, as áreas afetadas são os córtex frontal esquerdo e temporal esquerdo do cérebro, no qual estão localizadas as áreas de Broca e de Wernicke, respectivamente. Ambas as regiões cerebrais citadas atuam no processamento da linguagem, sendo que Broca é responsável pela parte motora da fala, e Wernicke pela compreensão e pela interpretação da linguagem (Pinto & Santana, 2009).

As intervenções fonoaudiológicas para esse caso objetivam o trabalho de linguagem, com foco em estratégias semânticas e fonológicas. É possível citar algumas atividades de reabilitação que foram prescritas para o caso, como a categorização de itens, a descrição de cenas e fotografias pessoais e as tarefas de encontrar palavras que se relacionam com uma palavra-alvo (p. ex., itens que se relacionam à praia: mar, areia, cadeira etc.). Na literatura nacional, foram encontrados métodos diferentes, também aplicados nesse caso, como a nomeação de itens a partir da visualização de figuras e atividades para relacionar figuras à palavra (Volkmer et al., 2020; Altmann et al., 2019).

Além disso, outras abordagens de terapia poderiam ser utilizadas nesse caso, como a técnica de treinar a repetição de frases como um monólogo ou diálogo, a qual demonstra melhoras na inteligibilidade, na fluência e na redução nos tateios de fala. Cita-se também o uso de *softwares* de comunicação alternativa, que favoreceram a comunicação da paciente no contexto de vulnerabilidade hospitalar (Henry et al., 2018).

De forma interdisciplinar com a área da fisioterapia, foi proposta a reabilitação com estimulação transcraniana por corrente contínua. Esse método é uma técnica neurofisiológica não invasiva que se baseia na alteração do potencial de repouso da membrana neuronal. Como resultado, essa excitabilidade cortical estimula áreas específicas do cérebro preestabelecidas pelos profissionais que a aplicam. No que diz respeito à fonoaudiologia, foi realizada a eletroestimulação em áreas de linguagem, uma vez que os estudos sugerem pequenas melhoras no acesso lexical e em tarefas de nomeação (Silva et al., 2018; Elsner et al., 2020).

Em suma, a reabilitação fonoaudiológica associada às demais intervenções proporcionou qualidade de vida para a paciente, pois ao longo das sessões ela ampliou o acesso ao léxico, assim como demonstrou melhoras no processo de leitura e interpretação de frases. De forma geral, a autonomia na comunicação contribuiu para o bem-estar psicológico da paciente, pois a auxiliou a expressar o que sentia e o que precisava naqueles momentos.

Terapia ocupacional

O **AVC** é um dos maiores causadores de sequelas sensório-motoras, cognitivas e de linguagem; é uma doença silenciosa que acomete as pessoas de forma súbita, que, assim como outros diagnósticos, pode desencadear déficits neurológicos temporários ou permanentes de variadas intensidades, além de inúmeras restrições ao desempenho ocupacional dessas pessoas (Santos & Silva, 2020).

O desempenho ocupacional trata da participação integrada e equilibrada da pessoa na realização de suas atividades cotidianas em três áreas essenciais: autocuidado ou AVD, produtividade e lazer, com base em suas experiências, pois possibilita determinar suas habilidades, bem como a satisfação para desempenhar as ocupações cotidianas.

Para identificarmos de forma efetiva esses impactos ocupacionais, são necessárias avaliações específicas centradas no paciente. Na terapia ocupacional, a **avaliação** de pacientes pós-**AVC** envolve uma abordagem multidimensional para identificar as limitações e as potencialidades nas funções motoras, cognitivas, sensoriais e emocionais. Existem diversos protocolos e instrumentos que podem ser utilizados para uma **avaliação** abrangente, entre os principais estão:

- *Canadian Occupational Performance Measure* (COPM): avalia a percepção do paciente sobre seu desempenho nas AVDs e nas AIVDs. É útil para identificar áreas de maior dificuldade e estabelecer objetivos terapêuticos. Permite que o paciente identifique e classifique atividades significativas que gostaria de realizar, que tem dificuldade em realizar ou não pode realizar (Magalhães et al., 2000)
- *Motor Assessment Scale* (MAS): avalia a função motora em pacientes com hemiplegia após **AVC**. A MAS mede o controle motor em atividades funcionais, como manter o equilíbrio sentado, transferências, deambulação e manipulação de objetos. A escala é aplicada por meio da observação do paciente realizando tarefas específicas (Carr et al., 1985)
- *Functional Independence Measure* (FIM): avalia o nível de independência funcional do paciente em 18 atividades, incluindo autocuidado, mobilidade e cognição. A FIM é amplamente utilizada para medir o progresso na reabilitação. Durante sua aplicação, o terapeuta observa e avalia o desempenho do paciente em atividades como vestir-se, alimentar-se, deambular e comunicar-se (Uniform Data System for Medical Rehabilitation, 1990)
- *Berg Balance Scale* (BBS): avalia o equilíbrio estático e dinâmico, essencial para a segurança do paciente na realização de AVDs. Sua aplicação inclui 14 itens que testam o equilíbrio em várias posturas e atividades, como ficar em pé, sentar e alcançar (Berg et al., 1992)
- *Timed Up and Go* (TUG): avalia a mobilidade funcional e o risco de quedas. O TUG mede o tempo que o paciente leva para se levantar de uma cadeira, caminhar 3 metros, virar, retornar e sentar-se novamente. O teste é cronometrado, sendo simples e rápido, fornecendo informações sobre a mobilidade do paciente (Podsiadlo & Richardson, 1991)
- *Mini-Mental State Examination* (MMSE): avalia a função cognitiva geral, sendo útil para detectar déficits cognitivos em pacientes pós-**AVC**. Sua aplicação inclui questões sobre orientação, memória, atenção, cálculo, linguagem e habilidades visuo-construtivas (Folstein et al., 1975)
- *Barthel Index*: mede a independência do paciente em AVDs, como alimentação, banho, vestir-se, continência e mobilidade. É utilizado para avaliar a capacidade funcional antes e após intervenções terapêuticas (Mahoney & Barthel, 1965)
- *Assessment of Motor and Process Skills* (AMPS): avalia a qualidade do desempenho motor e de processo durante a realização de tarefas diárias, como cozinhar ou vestir-se, permitindo ao terapeuta observar o paciente realizando tarefas complexas e avaliando a eficácia, a eficiência, a segurança e a independência (Fischer, 1993).

Esses protocolos fornecem uma visão ampla das capacidades e das limitações do paciente, permitindo o planejamento de intervenções personalizadas e a monitorização do progresso ao longo do tempo.

Após essa **avaliação**, é possível estabelecer um plano de tratamento individualizado para o paciente e assim elencar a quantidade de sessões necessárias, o tempo de duração destas e as estratégias para alcançar os objetivos terapêuticos avaliados e desejados pelo paciente.

Para a realização das AVDs e das ocupações da paciente pós-**AVC**, considerando suas sequelas, e como proposta de inclusão, o terapeuta ocupacional criou e utilizou dispositivos de tecnologias assistivas (TAs) com o intuito de possibilitar desempenho e funcionalidade, auxiliando essa paciente com limitações em suas atividades cotidianas.

As TAs são dispositivos coadjuvantes na função de muitas pessoas com restrições nas atividades cotidianas, contribuindo para a ampliação das habilidades funcionais. Para tanto, ao construir dispositivos de TA, o terapeuta ocupacional deve analisar a habilidade, a necessidade e os objetivos da pessoa para que a TA venha a contribuir no processo de reabilitação funcional e de inclusão social. De um modo geral, a TA atua como um auxílio para ampliar as habilidades das pessoas com deficiência. Podemos encontrá-la tanto na forma de *softwares* e equipamentos tecnológicos quanto em serviços de medicina, educação e até *design*.

A terapia ocupacional no contexto hospitalar oferece benefícios significativos, especialmente diante dos impactos que a **hospitalização** e o diagnóstico causam na vida do paciente. Atuando em parceria com a equipe **multidisciplinar**, essa prática se destaca ao contribuir com avaliações específicas e planos de tratamento individualizados. O objetivo é promover a qualidade de vida e a autonomia do paciente, respeitando seus limites e suas motivações. Assim, busca-se possibilitar uma retomada gradual das atividades cotidianas.

Psicologia

A **avaliação** psicológica do paciente que sofreu um **AVC** feita em um ambiente hospitalar foi essencial para tratamento e reabilitação eficazes. O **AVC** pode causar impactos significativos tanto físicos quanto psicológicos, afetando cognição, comportamento, humor e qualidade de vida do paciente (Nys et al., 2007).

A **avaliação** emocional é uma etapa fundamental da **avaliação** psicológica dentro de um ambiente hospitalar. Sintomas de depressão e ansiedade são frequentes em pacientes com **AVC**, resultantes das mudanças em suas capacidades e na qualidade de vida (Robinson & Jorge, 2016). A **avaliação** focou em como a paciente estava lidando com a perda de funções e adaptando-se à nova realidade (Hackett et al., 2014). Essa análise comportamental da paciente foi vital, pois o **AVC** poderia levar a alterações no comportamento e na personalidade, como impulsividade ou apatia (Spalletta et al., 2002). Pode-se observar dificuldades no controle de impulsos ou nas mudanças na interação social (Lezak et al., 2012).

Outra etapa importante da participação da área da Psicologia Hospitalar foi a medida cognitiva da paciente, realizando testes que avaliaram funções como memória, atenção, linguagem, habilidades visuoespaciais e funções executivas (Cumming et al., 2013). A **avaliação** ajudou a identificar déficits específicos relacionados às áreas do cérebro afetadas pelo **AVC**, como afasia ou desorientação espacial (Hillis & Tippett, 2014).

A **avaliação** funcional – feita em conjunto com o setor de terapia ocupacional – mediu a capacidade da paciente para realizar atividades diárias e o nível de dependência (Mayo et al., 2002). Tais medidas são importantes na etapa de planejamento de reabilitação: as informações coletadas foram cruciais para planejar intervenções visando melhorar a funcionalidade e a independência da paciente (Langhorne et al., 2011).

Após essas primeiras etapas de **avaliação** e o julgamento do quadro geral apresentado pela paciente, sempre tentando realizar a análise comparativa com o estado de funcionamento da paciente anteriormente ao período de convalescência, iniciou-se o processo de **intervenção** e suporte psicológico. Essa é a fase da psicoterapia e do apoio emocional responsável por ajudar a paciente a lidar com as mudanças emocionais e cognitivas (Carod-Artal & Egido, 2009). Também vale ressaltar a necessidade de orientação familiar (psicoeducação): importante incluir a família no processo de tratamento, fornecendo suporte e educação sobre as necessidades da paciente (Sullivan & Katon, 2017).

Essas avaliações e processos de reabilitação cognitiva são realizados por psicólogos especializados e utilizam entrevistas clínicas, observações comportamentais e testes psicométricos padronizados, essenciais para desenvolver um plano de tratamento individualizado, visando à melhoria da qualidade de vida e à recuperação funcional do paciente (Lezak et al., 2012).

Importante destacar que uma visão de todas essas questões é necessária para possibilitar uma boa recuperação dos pacientes em processo de **avaliação** e recuperação após **AVC**.

CONCLUSÕES

A lesão cerebral adquirida, no caso apresentado, o **AVC**, demanda de uma abordagem terapêutica abrangente e integrada. As sequelas, sejam elas motoras, cognitivas ou linguísticas, requerem intervenções **multidisciplinares** que vão além da recuperação física, focando o bem-estar psicossocial e a reintegração plena do indivíduo à vida cotidiana.

O modelo **holístico** de reabilitação se mostra fundamental nesse contexto, pois considera todas as dimensões do paciente, promovendo uma recuperação mais completa e personalizada. Assim, a colaboração entre diferentes profissionais de saúde, como psicólogos, fisioterapeutas, fonoaudiólogos e terapeutas ocupacionais, é essencial para elaborar um plano terapêutico eficaz, capaz de atender às complexas necessidades dos pacientes com lesão cerebral adquirida.

A atuação do fisioterapeuta é indispensável, dada a complexidade dos distúrbios neurológicos que podem se manifestar, como problemas de propriocepção, perda de habilidades motoras, dificuldades na marcha e redução da força muscular. A fisioterapia não só contribui para a recuperação das capacidades motoras e funcionais, mas também é essencial para a reintegração do paciente à vida cotidiana com qualidade.

Ao fonoaudiólogo cabe um papel essencial na **avaliação** e na **reabilitação** da comunicação, como foi no caso citado, de lesão cerebral em áreas de linguagem. Esse profissional é crucial no tratamento de afasia e de outras desordens comunicativas, dado que as intervenções fonoaudiológicas podem melhorar significativamente o quadro linguístico do paciente.

O terapeuta ocupacional tem como foco a reabilitação das capacidades motoras, sensoriais, cognitivas e emocionais afetadas pelo evento neurológico. Ela avalia as AVDs e AIVDs para identificar necessidades específicas e desenvolve planos de **intervenção** personalizados. A **intervenção** precoce contribui significativamente para a recuperação funcional, melhora da qualidade de vida e reintegração social do paciente.

Psicólogos oferecem apoio emocional, ajudando na gestão de ansiedade e depressão, na adaptação a novas limitações e na recuperação de funções cognitivas por meio de estratégias e de exercícios para promover a neuroplasticidade. Eles também educam o paciente e sua família sobre o processo de recuperação, ensinam técnicas de enfrentamento e oferecem suporte psicológico a familiares e cuidadores. Além disso, psicólogos incentivam a motivação do paciente, ajudando a estabelecer metas realistas e garantindo a adesão ao tratamento.

A atuação da equipe **multidisciplinar** é baseada na colaboração e na comunicação constante entre os membros, visando abordar todos os aspectos da saúde do paciente – físicos, emocionais e sociais. Cada profissional contribui com sua *expertise* específica, o que permite a elaboração de um plano de tratamento que considere as necessidades individuais do paciente de forma holística, facilitando sua recuperação e sua adaptação a novas realidades, buscando uma melhor qualidade de vida dentro dessa nova e desafiadora situação.

REFERÊNCIAS BIBLIOGRÁFICAS

Altmann, R. F., Silveira, A. B., & Pagliarin, K. C. (2019). Intervenção fonoaudiológica na afasia expressiva: Revisão integrativa. *Audiology Communication Research, 24.*

Azevedo, J. C., et al. (2021). Communication in multidisciplinary teams: Improving outcomes in stroke rehabilitation. *Clinical Rehabilitation, 35*(10), 1434-1441.

Bear, M. F., Connors, B. W., & Paradiso, M. A. (2015). *Neurociências: desvendando o sistema nervoso* (4a ed.). Porto Alegre: Artmed.

Belga, S. M. M. F., Jorge, A. O., & Silva, K. L. (2022). Continuidade do cuidado a partir do hospital: Interdisciplinaridade e dispositivos para integralidade na rede de atenção à saúde. *Saúde em Debate, 46*(133), 551-570.

Berg, K. O., Wood-Dauphinee, S. L., Williams, J. I., & Maki, B. (1992). Measuring balance in the elderly: validation of an instrument. *Canadian Journal of Public Health, 83*(Suppl 2), S7-S11.

Borsa, J. C., & Nunes, M. L. T. (2017). *Psicologia hospitalar: Práticas e desafios.* São Paulo: Vetor.

Brito, T. A., Ferreira, M. C., & Cardoso, J. R. (2020). Abordagens terapêuticas ocupacionais em pacientes com sequelas de AVC. *Jornal de Reabilitação Neurológica, 55*(2), 45-52.

Campos, R. T. (2016). *Avaliação psicológica hospitalar: Teoria e prática.* São Paulo: Casa do Psicólogo.

Carr, J. H., Shepherd, R. B., Nordholm, L., & Lynne, D. (1985). Investigation of a new motor assessment scale for stroke patients. *Physical Therapy, 65*(2), 175-180.

Carod-Artal, F. J., & Egido, J. A. (2009). Quality of life after stroke: The importance of a good recovery. *Cerebrovascular Diseases, 27*(Suppl 1), 204-214. Recuperado de https://doi.org/10.1159/000200461

Cumming, T. B., Marshall, R. S., & Lazar, R. M. (2013). Stroke, cognitive deficits, and rehabilitation: Still an incomplete picture. *International Journal of Stroke, 8*(1), 38-45.

Dichgans, M., & Zimprich, A. (2013). Molecular genetics of movement disorders. *Nature Reviews Neurology, 9*(5), 243-257.

Elsner, B., Kugler, J., & Mehrholz, J. (2020). Transcranial direct current stimulation (tDCS) for improving aphasia after stroke: A systematic review with network meta-analysis of randomized controlled trials [Estimulação transcraniana por corrente contínua (ETCC) para melhorar a afasia após acidente vascular cerebral: Uma revisão sistemática com metanálise em rede de ensaios clínicos randomizados]. *Journal of Neuroengineering and Rehabilitation, 17*(88), 1-11.

Feliciano, V. A., Albuquerque, C. G., Andrade, F. M. D., Dantas, C. M., & Lopez, A. (2012). A influência da mobilização precoce no tempo de internamento na Unidade de Terapia Intensiva. *Assobrafir Ciência, 3*(2), 31-42.

Figueiredo, E. G., Aguiar, P. H., Córdoba, B. F., Fujimoto, Y., Rotta, J. M., & Marino, R., Jr. (1998). Meningiomas supratentoriais: diagnóstico, resultados cirúrgicos e complicações. *Arquivos de Neuro-Psiquiatria, 56*(3A), 429-435. Recuperado de https://doi.org/10.1590/s0004-282x1998000300012

Figueiredo, L. C., et al. (2020). Quality of life in stroke survivors: The role of psychological and social rehabilitation. *Neuropsychology Review*, 30(3), 275-295.

Fischer, A. G. (1993). Occupation-centered assessment of the ability to perform activities of daily living. *American Journal of Occupational Therapy, 47*(3), 199-206.

Folstein, M. F., Folstein, S. E., & McHugh, P. R. (1975). "Mini-mental state": A practical method for grading the cognitive state of patients for the clinician. *Journal of Psychiatric Research, 12*(3), 189-198. Recuperado de https://doi.org/10.1016/0022-3956(75)90026-6

Fontanesi, S. R. O., & Schmidt, A. (2016). Intervenções em afasia: uma revisão integrativa. *Revista Cefac, 18*(1), 252-262. Recuperado de https://doi.org/10.1590/1982-021620161817715

Francisco, S. E. (2016). *Modelos de intervenção em fisioterapia nos pacientes com espasticidade pós-AVC: revisão da literatura.* (Dissertação de Mestrado). Escola Superior de Tecnologia da Saúde de Lisboa/Instituto Politécnico de Lisboa, Portugal.

Franz, S., Muser, J., Thielhorn, U., Wallesch, C. W., & Behrens, J. (2018). Inter-professional communication and interaction in the neurological rehabilitation team: A literature review [Comunicação e interação interprofissional na equipe de reabilitação neurológica: uma revisão de literatura]. *Disability and Rehabilitation, 42*(11), 1607-1615.

Freire, A. M. N., Gagliardi, R. J., & Santos, M. D. (2020). Efeito de programa de intervenção fonoaudiológica para pacientes afásicos não fluentes após acidente vascular cerebral. *Revista Codas, 32*(6).

Hackett, M. L., Pickles, K., Part, S., & Andersen, G. (2014). Depression and mental health problems after stroke [Depressão e problemas de saúde mental após acidente vascular cerebral]. In M. P. Barnes & D. C. Good (Eds.). *Rehabilitation after traumatic brain injury* (pp. 74-85). Cambridge: Cambridge University Press.

Henry, M. L., Hubbard, H. I., Grasso, S. M., Mandelli, M. L., Wilson, S. M., Sathishkumar, M. T., Fridriksson, J., Daigle, W., Boxer, A. L., Miller, B. L., & Gorno-Tempini, M. L. (2018). Retraining speech production and fluency in non-fluent/agrammatic primary progressive aphasia. *Brain: A Journal of Neurology, 141*(6), 1799-1814.

Higgins, S. D., Erdogan, M., Coles, S. J., & Green, R. S. (2019). Early mobilization of trauma patients admitted to intensive care units: A systematic review and meta-analysis. *Injury, 50*(11), 1809-1815. Recuperado de https://doi.org/10.1016/j.injury.2019.09.007

Hillis, A. E., & Tippett, D. C. (2014). Stroke recovery: Surprising influences and residual consequences [Recuperação de AVC: Influências surpreendentes e consequências residuais]. *Advances in Medicine, 2014*, Artigo e378263.

Howell, S., Hoskin, J., Eaton, D., Holloway, M., & Varley, R. (2024). Stakeholder views on cognitive communication assessment and intervention for a person living independently in the community with severe traumatic brain injury [Opiniões das partes interessadas sobre a avaliação e intervenção da comunicação cognitiva para uma pessoa que vive de forma independente na comunidade com lesão cerebral traumática grave]. *International Journal of Language & Communication Disorders, 59*(2), 483-495.

Jankovic, J. (2008). Parkinson's disease: clinical features and diagnosis. *Journal of Neurology, 255*(1), 1-6.

Kandel, E. R., Schwartz, J. H., & Jessell, T. M. (2013). *Princípios de neurociência* (5a ed.). New York: McGraw-Hill.

Kleynen, M., Beurskens, A., Olijve, H., Kamphuis, J., & Braun, S. (2018). Application of motor learning in neurorehabilitation: A framework for health-care professionals [Aplicação da aprendizagem motora na neurorreabilitação: Uma estrutura para profissionais de saúde]. *Physiotherapy Theory and Practice, 36*(1), 1-20.

Kitago, T., & Krakauer, J. W. (2013). Princípios de aprendizagem motora para neuroreabilitação. In B. V. Elsevier (Ed.). *Neuroreabilitação* (Vol. 110).

Langhorne, P., Bernhardt, J., & Kwakkel, G. (2011). Stroke rehabilitation [Reabilitação de acidente vascular cerebral]. *The Lancet, 377*(9778), 1693-1702.

Lezak, M. D., Howieson, D. B., Bigler, E. D., & Tranel, D. (2012). *Neuropsychological assessment* (5a ed.). Oxford: Oxford University Press.

Lima, S. M., & Maldonade, I. (2016). Avaliação da linguagem de pacientes no leito hospitalar depois do Acidente Vascular Cerebral. *Revista Distúrbios da Comunicação, 28*(4), 673-685.

Lima, J. M., et al. (2019). Impact of rehabilitation on autonomy in stroke patients: A systematic review. *Archives of Physical Medicine and Rehabilitation, 100*(5), 1026-1032.

Magalhães, L. C., Magalhães, L. V., & Cardoso, A. A. (2000). *Canadian Occupational Performance Measure* (COPM) [Versão brasileira]. CAOT Publications ACE.

Mahoney, F. I., & Barthel, D. W. (1965). Functional evaluation: The Barthel Index. *Maryland State Medical Journal, 14*(2), 61-65.

Mayo, N. E., Wood-Dauphinee, S., Côté, R., Durcan, L., & Carlton, J. (2002). Activity, participation, and quality of life 6 months poststroke [Atividade, participação e qualidade de vida 6 meses após o AVC]. *Archives of Physical Medicine and Rehabilitation, 83*(8), 1035-1042.

Mesulam, M.-M. (2000). *Principles of Behavioral and Cognitive Neurology* (2a ed.). Oxford: Oxford University Press.

Nys, G. M. S., van Zandvoort, M. J. E., de Kort, P. L. M., Jansen, B. P. W., de Haan, E. H. F., & Kappelle, L. J. (2007). Cognitive disorders in acute stroke: Prevalence and clinical determinants [Distúrbios cognitivos no AVC agudo: Prevalência e determinantes clínicos]. *Cerebrovascular Diseases, 23*, 408-416.

Oliveira, S. G., Santos, M. L., & Ribeiro, T. P. (2019). Reabilitação funcional em pacientes pós-AVC: Contribuições da terapia ocupacional. *Revista Brasileira de Terapia Ocupacional, 50*(1), 23-30.

Oliveira, L. R., & Santos, M. A. (2018). *Psicologia hospitalar: Avaliação e intervenções*. Curitiba: Juruá.

Pascual-Leone, A. et al. (1999). Transcranial magnetic stimulation: studying the brain-behavicur relationship by induction of virtual lesions. *Philosophical Transactions of The Royal Society of London. Series B: Biological Sciences, 354* (1387), 1229-1238. Recuperado de http://dx.doi.org/10.1098/rstb.1999.0476.

Pinto, R. C. N., & Santana, A. P. (2009). Semiologia das afasias: Uma discussão crítica. *Psicologia: Reflexão e Crítica, 22*(3), 413-421.

Podsiadlo, D., & Richardson, S. (1991). The timed "Up & Go": A test of basic functional mobility for frail elderly persons [O "Up & Go" cronometrado: Um teste de mobilidade funcional básica para idosos frágeis]. *Journal of the American Geriatrics Society, 39*(2), 142-148.

Ponte, A. S., & Fedosse, E. (2016). Caracterização de sujeitos com lesão cerebral adquirida em idade produtiva. *Revista Cefac, 18*(5), 1097-1108.

Purves, D., Augustine, G. J., Fitzpatrick, D., et al. (2018). *Neuroscience* (6a ed.). Oxford: Oxford University Press.

Ramsay, P., et al. (2014). A rehabilitation intervention to promote physical recovery following intensive care: A detailed description of construct development, rationale and content together with proposed taxonomy to capture processes in a randomized controlled trial [Uma intervenção de reabilitação para promover a recuperação física após cuidados intensivos: Uma descrição detalhada do desenvolvimento do construto, justificativa e conteúdo, juntamente com taxonomia proposta para capturar processos em um ensaio clínico randomizado]. *Trials, 15*(1), 38.

Rathore, F. A., Anwar, F., & Younas, U. (2024). Multidisciplinary team working in rehabilitation medicine: Advantages and challenges [Equipe multidisciplinar atuante em medicina de reabilitação: Vantagens e desafios]. *The Journal of the Pakistan Medical Association, 74*(2), 409-412.

Robinson, R. G., & Jorge, R. E. (2016). Post-stroke depression: A review [Depressão pós-AVC: Uma revisão]. *American Journal of Psychiatry, 173*(3), 221-231.

Rowe, F.J. (2017). Stroke survivors' views and experiences on impact of visual impairment. *Brain Behav, 7*(9), e00778. Recuperado de 10.1002/brb3.778

Santos, C. M., et al. (2018). Multidisciplinary approach in stroke rehabilitation: A key to success. *Journal of Neurorehabilitation, 15*(2), 145-155.

Santos, M. T. M., & Silva, J. L. (2020). Impactos do Acidente Vascular Cerebral no desempenho ocupacional. *Revista Brasileira de Terapia Ocupacional, 28*(2), 123-130.

Schmid, C., et al. (2012). Anatomy and variations of the superficial cerebral veins: an anatomic study. *Neurosurgical Review, 35*(1), 119-126. Recuperado de 10.1007/s10143-011-0401-5

Silva, F. R., Mac-Kay, A. P. M. G., Chao, J. C., Santos, M. D., & Gagliardi, R. J. (2018). Estimulação transcraniana por corrente contínua: Estudo sobre respostas em tarefas de nomeação em afásicos. *Revista Codas, 30*(5).

Spalletta, G., Ripa, A., Caltagirone, C., & Reichelt, K. L. (2002). Personality changes in stroke survivors [Mudanças de personalidade em sobreviventes de AVC]. *Stroke, 33*(5), 1368-1374.

Sullivan, M. D., & Katon, W. J. (2017). Integrated care for depression and anxiety in the context of chronic physical disease [Cuidados integrados para depressão e ansiedade no contexto de doença física crônica]. In M. J. Power & E. M. Craighead (Eds.), *Handbook of Clinical Psychology in Medical Settings* (2a. ed., pp. 133-150). Springer.

Tederko, P., Mycielski, J., Angerova, Y., Denes, Z., Grabljevec, K., Ilieva, E., Ilieva, A., Moslavac, S., Popa, D., Takac, P., Krasuski, M., & Tarnacka, B. (2020). Role of diversity in assembling of rehabilitation teams in Central Europe [Papel da diversidade na montagem de equipas de reabilitação na Europa Central]. *European Journal of Physical and Rehabilitation Medicine, 56*(2), 131-141.

Uniform Data System for Medical Rehabilitation. (1990). *Functional Independence Measure (FIM) user's manual*. State University of New York at Buffalo.

Volkmer, A., Rogalski, E., Henry, M., Taylor-Rubin, C., Ruggero, L., Khayum, R., Kindell, J., Gorno-Tempini, M. L., Warren, J. D., & Rohrer, J. D. (2020). Speech and language therapy approaches to managing primary progressive aphasia [Abordagens fonoaudiológicas para o manejo da afasia progressiva primária]. *Practical Neurology, 20*(2), 154-161.

Wechsler, D. (2008). WAIS-III: Manual da Escala de Inteligência de Wechsler para Adultos – 3a. Edição. Cegoc-Tea [Hogrefe].

Wilson, B. A., Gracy, F., Evans, J. J., & Bateman, A. (2020). *Reabilitação neuropsicológica: Teoria, modelos, terapia e eficácia*. Artesã.

Winstein, C., Lewthwaite, R., Blanton, S. R., Wolf, L. B., & Wishart, L. (2014). Infundindo a pesquisa de aprendizagem motora na prática de neuroreabilitação: Uma perspectiva histórica com um exemplo de caso do programa de aquisição acelerada de habilidades. *Journal of Neurologic Physical Therapy, 38*, 190-200.

23

Plantão Psicológico em Hospital Materno-Infantil (HCM) de Alta Complexidade

Carla Rodrigues Zanin ▪ Andressa Talpo Zacheo Vilalva ▪
Lucas Teixeira Menezes

Destaques

- A história e a definição de plantão na área da **Saúde** e do **plantão psicológico**
- Implantação de **plantão psicológico** em **hospital** materno-infantil de alta complexidade
- Características das unidades de internação e emergência, **demandas** emocionais e intervenções psicológicas realizadas
- Intervenções psicológicas no cenário hospitalar fundamentadas na terapia cognitivo-comportamental em **plantão psicológico**
- Perfil dos profissionais da **Psicologia** que realizam plantão no contexto hospitalar
- Desafios identificados pela equipe de **psicologia** de um **hospital** de alta complexidade que atua em um **plantão psicológico** alcançável.

INTRODUÇÃO

A **Psicologia** da **Saúde** e a **Psicologia** Hospitalar empregam no Brasil 25% dos psicólogos, o segundo maior contingente de profissionais da área depois da clínica. Entre as diversas atividades realizadas por psicólogos que trabalham em hospitais, está o plantão (Barros & Bonfim, 2023), que pode ser realizado como:

- A "prestação de 12 (doze) horas contínuas e ininterruptas de trabalho, independentemente da jornada normal de trabalho a que esteja sujeito o servidor" (Brandão & Bonfim, 2023), ou
- O denominado plantão em estado de disponibilidade ou alcançável, que requer que o profissional esteja disponível para comparecer ao local de trabalho para prestar **atendimento** "apenas quando solicitado" (Governo do Estado de São Paulo, 2018, p. 7). As instituições possuem escalas de plantão para garantir que sempre haja um profissional disponível para realizar essa tarefa.

O Conselho Regional de **Psicologia** da 11ª Região (CRP-11), em seu parecer sobre o **plantão psicológico**, afirma que:

> O **Plantão Psicológico** (PP) desponta como uma modalidade de **atendimento** clínico em plena expansão nos dias atuais, rompendo com o modelo tradicional de psicoterapia continuada. Sem a necessidade de um agendamento prévio, possui caráter diretivo e focal, tendo por principal objetivo proporcionar espaço de escuta em que serão trabalhadas as emergências trazidas pelo sujeito (CRP-11, 2020, p. 3).

BREVE HISTÓRICO

No Brasil, o **plantão psicológico** surgiu no Serviço de Aconselhamento Psicológico do Instituto de **Psicologia** da Universidade de São Paulo (IPUSP), inspirado no modelo norte-americano das *Walk-in clinics*,[1] que focavam **atendimentos** médicos e psicológicos emergenciais (Rosenthal, 1999). Visto como uma forma alternativa de atender à comunidade, reduzindo as longas filas de espera e fornecendo **atendimentos** emergenciais com ações terapêuticas e preventivas, essa modalidade de **atendimento** se instalou em instituições de formação durante o movimento de legitimação da **Psicologia** enquanto profissão, da ampliação de **atendimento** no contexto de **saúde** e de forma a responder às críticas ao modelo da clínica liberal descontextualizada (Braga et al., 2019).

O Conselho Federal de **Psicologia** (CFP) reconheceu o **plantão psicológico** mediante documento oficial, categorizando-o como um modelo de atenção psicológica e uma modalidade inovadora. O plantão oferece a disponibilidade do profissional de uma comunidade ou instituição, por períodos determinados ou ininterruptos, para fornecer **atendimento** que pode acontecer em um único momento ou encontro, ou desdobrar-se em outros, a depender da pessoa que busca auxílio em uma condição de urgência (Carvalho et al., 2022).

Atualmente, o **plantão psicológico** pode estar inserido em contextos diversos, como instituições públicas, privadas, sociais e comunitárias, prestando cuidados psicológicos em situações de urgência e emergência (Silva et al., 2020; Scorsolini-Comin, 2015). Os momentos de transição cultural exigem renovação e reinvenção da prática, e, diante de uma sociedade baseada na urgência, a clínica tradicional deve repensar os serviços prestados para que respondam às necessidades contemporâneas (Ortolan & Sei, 2021).

O plantão se diferencia do modelo clássico de triagem, um **atendimento** comum realizado em serviços-escola e instituições de **saúde**: a avaliação inicial de um **paciente** para identificar suas necessidades e encaminhá-lo a um serviço ou a uma modalidade de **atendimento** adequados (Macêdo et al., 2021).

O **plantão psicológico** no contexto hospitalar coloca o profissional em contato com um **paciente** ou uma família que vivencia uma crise que evidencia a fragilidade da existência humana, a morte e os limites da medicina, o adoecer, a vulnerabilidade dos dispositivos de assistência pública e as precárias condições sociais e econômicas da população (Braga et al., 2019). Embora tenha aplicabilidade diversificada, o **plantão psicológico** ainda tem baixa inserção nas políticas públicas de **saúde** e é pouco explorado nesse contexto.

Esse panorama aponta a necessidade de discutir a formação profissional do psicólogo da **saúde**/hospitalar para atuar em crises que ocorrerão em cenários diversos, relacionadas a diferentes equipes multi e interdisciplinares, que envolve a relação da **Psicologia** com as outras profissões da **Saúde**, com as políticas públicas que contemplem o psicólogo nas diferentes equipes e contextos, a prática da **Psicologia** baseada em evidências e a necessidade de pesquisas nessa área (Baptista et al., 2018; Carvalho et al., 2022; Bittencourt et al., 2019).

O papel do psicólogo no **hospital** geral é contribuir com a **saúde** mental do **paciente**: auxiliá-lo na adaptação e no manejo das condições associadas à doença, no desenvolvimento de estratégias adequadas de enfrentamento, no manejo das respostas emocionais advindas das situações de crise e na melhor **comunicação** entre **pacientes**, familiares e equipes de **saúde** (Silva et al., 2023; Straub, 2014).

A Política Nacional de Atenção Hospitalar (PNAH) considera o **hospital** como favorecedor de práticas de promoção de **saúde**, prevenção, **tratamento** de doenças e reabilitação que são compatíveis com os objetivos gerais do psicólogo da **saúde**. É importante destacar que compete ao psicólogo, nos serviços hospitalares, seguir orientações contidas no Código de Ética Profissional do Psicólogo, além de compreender as resoluções do CFP, n. 3/2016

[1] *Walk-in clinics* são clínicas localizadas em locais estratégicos (p. ex., *shoppings*), onde o paciente não precisa agendar horário. Basta entrar e logo receberá atendimento (p. ex., consulta médica, exames mais simples, atendimento psicológico).

e n. 17/2022. A primeira aborda a atuação do psicólogo especialista em **Psicologia** da **Saúde**/Hospitalar em equipes multiprofissionais e interdisciplinares em instituições da rede de atenção à **saúde** (RAS). A Resolução n. 17/2022 trata da parametrização das práticas psicológicas nos serviços de **saúde** com atuação terciária, respeitando os princípios da integralidade, da equidade e da universalidade de acesso ao sistema de **saúde**, com acolhimento, cuidado no que diz respeito ao **atendimento** compartilhado ou interconsulta longitudinalmente (Resolução n. 17, de 2022).

Diante do exposto sobre o papel do psicólogo da **saúde** e as **demandas** do contexto hospitalar, podem-se pensar em ações ampliadas desse profissional, além do trabalho multi ou interdisciplinar, por exemplo, os protocolos de rotinas hospitalares (Carvalho et al., 2022; Resolução n. 17, de 2022).

O **plantão psicológico** alcançável pode ser considerado uma ação terapêutica que favorece, principalmente, as **demandas** emergenciais fora dos horários úteis dos psicólogos assistenciais. Diante da escassez de literatura relacionada a essa prática, relatos de experiências empíricas podem enriquecer esse cenário e contribuir para pesquisas científicas e reflexões sobre a atuação do psicólogo na área da **Saúde** dentro de um contexto emergencial.

PLANTÃO PSICOLÓGICO

O **plantão psicológico** é uma modalidade de **atendimento** direcionado a **demandas** de urgência e emergência (Bittencourt et al., 2019; Souza et al., 2020; Scorsolini-Comin, 2015). Uma de suas características centrais é a possibilidade de fornecer **atendimento** em horários e locais preestabelecidos, sem necessidade de agendamentos ou filas de espera (Souza & Souza, 2011), proporcionando suporte ou apoio emocional, quando emergem necessidades (Souza et al., 2020; Scorsolini-Comin, 2015).

A intervenção realizada no plantão é de caráter breve, diferente, portanto, do formato clínico tradicional, uma vez que não há aprofundamento na problemática apresentada (Bittencourt et al., 2019). Os cuidados psicológicos são fornecidos por meio do acolhimento, da escuta qualificada, do suporte psicológico, da identificação ou do desenvolvimento de estratégias adequadas de enfrentamento, da compreensão da queixa e do sofrimento, além do fornecimento de informações e de encaminhamento(s) para recursos da comunidade quando necessário (Bittencourt et al., 2019; Souza et al., 2020; Scorsolini-Comin, 2015). Na área da **Saúde**, existem relatos de **plantão psicológico** em **hospital** geral (Braga et al., 2019), em **hospital** pediátrico (Silva et al., 2020), na atenção básica, entre outros cenários.

Diferentemente do modelo de **plantão psicológico** tradicional nas clínicas-escola, onde o usuário busca o **atendimento**, no contexto hospitalar, as solicitações são realizadas por profissionais ou pela equipe responsável pelo **paciente**. Profissionais (p. ex., enfermeiros, médicos, assistentes sociais) acionam o **plantão psicológico** especialmente quando encontram dificuldades com aspectos emocionais dos **pacientes** ou de familiares, como em situações de **comunicação** de más notícias, prognóstico desfavorável, morte, entre outras questões problemáticas (Monteiro & Quintana, 2017; Souza et al., 2020). É importante ressaltar que a **comunicação** de más notícias (p. ex., morte) é responsabilidade do médico, que pode, entretanto, solicitar que o psicólogo auxilie a família enlutada após a **comunicação** da morte.

As **demandas** do **plantão psicológico** no **hospital** geral estão associadas a questões como: dúvidas sobre o **tratamento**, necessidade de suporte para a **comunicação** com a equipe, sofrimento diante de um prognóstico negativo, dificuldades na elaboração do luto, orientações a respeito de dispositivos de **saúde** e assistência social, entre outras (Braga et al., 2019).

Diante da multiplicidade de **demandas** que emergem no **plantão psicológico** realizado em contexto hospitalar, caracterizar os **atendimentos** contribui para o avanço do conhecimento nessa área, ainda pouco explorada em nível nacional. Pode também auxiliar a conhecer as necessidades e aprimorar a qualidade dos serviços prestados.

Uma análise dos **atendimentos** realizados pelos psicólogos plantonistas entre julho/2016 e julho/2023 (85 meses) auxiliou a compreender as **demandas** e as atividades realizadas no

Hospital da Criança e Maternidade (HCM), sendo este um **hospital** de ensino filantrópico de alta complexidade no interior do estado de São Paulo.

ANÁLISE DAS DEMANDAS DO PLANTÃO PSICOLÓGICO NO HCM (JULHO/2016 A JULHO/2023)

Foram realizados no período 3.513 **atendimentos**, e as razões que levaram à solicitação do(a) plantonista para **atendimento** estão apresentadas na Tabela 23.1.

IMPLANTAÇÃO DO **PLANTÃO PSICOLÓGICO** EM **HOSPITAL** MATERNO-INFANTIL DE ALTA COMPLEXIDADE, CARACTERÍSTICAS DOS SETORES E **DEMANDAS**

A **Psicologia** da **Saúde**, consolidada no Brasil na década de 1980, apresentou objetivos alinhados ao Sistema Único de **Saúde** (SUS) em relação aos seus princípios doutrinários, com vistas ao **atendimento** integral com equidade e universalidade, visando à qualidade de vida dos seus usuários (Silva et al., 2023; Straub, 2014). De acordo com a Política Nacional de Atenção Hospitalar (PNAH), o **hospital** é um local adequado para a prática de promoção e prevenção de **saúde**, **tratamento** e reabilitação, além de discussões sobre o processo **saúde**-doença (Resolução n. 510, de 2016). Os autores deste capítulo centralizam sua atuação na atenção terciária (**hospital** materno-infantil de alta complexidade), um espaço com inúmeras práticas e possibilidades de atuação.

Protocolos de organização são instrumentos fundamentais nesse cenário, como rotina de cuidados que assegurem a qualidade do **atendimento** ao **paciente**, garantindo a coesão entre a gestão e a assistência. Essa elaboração deve ser baseada em dados científicos e considerar a expertise clínica dos profissionais e as características da população atendida, com o objetivo de assegurar fluxos, condutas e procedimentos compatíveis com o trabalho interdisciplinar e contribuir para o bem-estar do **paciente** no contexto hospitalar (Silva et al., 2023; Carvalho et al., 2022).

O trabalho interdisciplinar favorece a discussão de desfechos clínicos, especialmente em casos desafiadores. A **Psicologia** da **Saúde** contempla essa assistência e oferece reflexões para condições complexas de **atendimento**, com a necessidade de desfechos emergenciais (Tosta & Serralha, 2022; Baptista et al, 2018). Com a criação do **Hospital** da Criança e Maternidade (HCM), psicólogos com especialização e capacitação na área foram contratados para ofertar e assegurar a assistência psicológica durante o processo de hospitalização, bem como em situações emergenciais. O intuito é assistir emocionalmente o indivíduo no processo de adoecimento, contribuir para prevenir agravos na **saúde** física e mental e intervir em situações de crise.

No contexto hospitalar de alta complexidade, a **Psicologia** visa ressignificar sua prática, além de refletir sobre novas percepções de assistência diante das consequências do adoecimento, enquanto ciência e profissão (Faro et al., 2020). O HCM foi inaugurado em outubro de 2013, como um **hospital** de referência em diversas especialidades pediátricas e em obstetrícia, com foco no **atendimento** de alta complexidade, como cuidados integrais com a gestação de alto risco e áreas de neonatologia, ortopedia, cardiologia, cirurgia cardíaca pediátrica e neurologia. São atendidas também emergências pediátricas e obstétricas, vítimas de violência física e sexual, crianças vítimas de maus-tratos, ideação ou tentativa de autoextermínio, além das urgências relacionadas a condições agudas e acidentes automobilísticos.

Diante da complexidade das **demandas** no HCM, a necessidade de assistência em condições emergenciais tornou-se imprescindível. Sua implantação ocorreu em maio de 2016, após um caso com desfecho fatal, fora do horário de trabalho dos psicólogos da instituição. Uma criança de 5 anos picada por escorpião foi levada ao **hospital** e, mesmo após todos os procedimentos médicos, faleceu. Os pais tentaram suicídio após receberem a notícia, e apenas a mãe sobreviveu. Em decorrência dessa situação,

Tabela 23.1 Demandas e suas definições, frequência e porcentagem das solicitações para **atendimento** pelo psicólogo de plantão no HCM (julho/2016 a julho 2023)

Demanda	Definição da demanda	Frequência (%)
Comunicação de más notícias	Informações que podem impactar e alterar a perspectiva de vida de uma pessoa, como notificação de óbito, amputação de membros, diagnósticos de doenças graves, falha em tratamento, prognóstico ruim e decisões de tratamento paliativo (Zanon et al., 2020).	794 (22,6)
Projeto acolher	Programa de acolhimento a vítimas de violência sexual, suspeitos ou confirmados, por demanda espontânea ou encaminhamento (Serviço de Psicologia, 2023).	652 (18,5)
Protocolo de luto perinatal	Perdas ocorridas a qualquer momento de gestação até o primeiro mês de vida do bebê, como abortos espontâneos ou induzidos, gravidez ectópica, morte de um feto no útero ou durante o parto e morte prematura do recém-nascido (Marinho et al., 2024).	520 (14,8)
Crianças/gestantes hospitalizadas com queixas psicológicas	Respostas emocionais desadaptativas diante do processo de hospitalização, adoecimento e necessidade de procedimentos.	485 (13,8)
Demandas associadas ao puerpério	Sintomas psicológicos e condições associadas ao puerpério como *baby blues*, preocupação com os cuidados do recém-nascido (RN), prejuízos no vínculo materno-infantil, ansiedade diante do aleitamento materno, desconstrução do bebê ideal para o real.	403 (11,4)
Pais/responsáveis com **demandas** emocionais	Respostas emocionais desadaptativas relacionadas à situação de **saúde** de membro da família hospitalizado ou adoecido.	273 (7,7)
Desejo de evasão	Desejo de sair do **hospital** por vontade própria, contra a orientação médica.	88 (2,5)
Ideação/tentativa de autoextermínio	Comportamentos suicidas ou lesão autoprovocada (Pinheiro et al., 2021).	88 (2,5)
Outras **demandas**	Envolvem questões como intercorrências pós-parto, picada de escorpião, acidentes automobilísticos, problemas respiratórios etc.	61 (2)
Protocolo de suspeita de maus-tratos	Crianças que apresentam traumas (p. ex., fraturas) incompatíveis com a história relatada pelo responsável ou em situação de vulnerabilidade e negligência.	44 (1,2)
Gestantes vítimas de violência doméstica	Gestantes que vivenciam agressões físicas, psicológicas e verbais.	37 (1)
Visita de irmão	Acompanhamento psicológico de irmãos de **paciente** internado (Silva et al., 2021).	32 (0,9)
Aborto previsto por lei	Interrupção da gestação seja por violência sexual, gestação que ofereça risco à vida materna ou diagnóstico pré-natal de anencefalia fetal (World Health Organization, 2022).	23 (0,7)
Entrega voluntária de bebê	Interesse por parte da mãe em entregar o filho para adoção, com respaldo de assistência interdisciplinar.	13 (0,4)

Fonte: Serviço de **Psicologia** do complexo FUNFARME (2023).

os plantões psicológicos alcançáveis iniciaram-se no HCM, com ampliação das solicitações das diferentes especialidades ao longo do tempo. Atualmente há cobertura da **Psicologia** na instituição 24 horas, e todas as **demandas** emergenciais são respondidas prontamente.

O psicólogo plantonista depara-se com grande diversidade de pessoas, **demandas** e queixas e precisa aprender a lidar com o inesperado (Silva et al., 2020). Tudo isso em um **atendimento** breve, com início, meio e fim, já que o plantão não prevê, na maioria das vezes, a continuidade dos **atendimentos**; trata-se de uma intervenção breve e adequada às **demandas** emergentes, um compromisso do psicólogo com a escuta qualificada e o acolhimento em qualquer condição ou local de **atendimento**. Envolve validação emocional, contempla a ressignificação do momento atual, a redução de danos, a resolução de problemas para melhor adaptação à situação vivenciada e a utilização de estratégias de enfrentamento para lidar com condições inesperadas inerentes ao adoecimento e à hospitalização (Bittencourt et al., 2019; Scorosolini-Comin, 2015; Silva et al., 2020).

Situações inesperadas nesse contexto, bem como todo o cenário hospitalar que envolve o adoecimento, agudo ou crônico, a necessidade de procedimentos médicos invasivos para diagnóstico e **tratamento**, hospitalização e reabilitação, são **demandas** que levam a respostas emocionais diversas (Castro et al., 2022). Essas condições podem gerar a perda da homeostase, desencadeando uma crise e impossibilitando soluções adaptativas. A crise é uma resposta ao sentimento de ameaça relacionada à perda da autonomia, dos desejos, das vontades, o medo da dor, da morte e de qualquer condição relacionada à **saúde** (Carvalho & Matos, 2016).

O acolhimento psicológico emergencial proporciona atenuação ou solução imediata do sofrimento psicológico, por meio de atitudes terapêuticas como empatia, congruência e a consideração positiva incondicional. Esse acolhimento envolve escuta ativa e qualificada, com o favorecimento de espaço para a expressão e a validação das emoções, clarificação das **demandas**, questionamentos e ressignificações diante do sofrimento vivenciado naquele contexto (Ortolan & Sei, 2021).

As solicitações dos **atendimentos** em **plantão psicológico** no HCM são diversas e contemplam todos os setores do **hospital**, como as emergências pediátrica e obstétrica; UTIs pediátricas, cardiologia pediátrica e neonatal; enfermarias da pediatria, da cardiologia pediátrica, da obstetrícia e da oncologia pediátrica; Unidade de Transplante de Medula Óssea (TMO), centros cirúrgico e obstétrico.

Dados do **plantão psicológico** do HCM foram compilados até o momento, com um total de 3.578 **atendimentos**, conforme as **demandas** solicitadas (Tabela 23.1) e as queixas emocionais/psicológicas apresentadas na Tabela 23.2.

INTERVENÇÕES COGNITIVO-COMPORTAMENTAIS EM PLANTÃO PSICOLÓGICO

A terapia cognitivo-comportamental (TCC) é uma abordagem com intervenções diretivas, breves, focadas em problemas, com um forte componente educativo. Requer a colaboração e a participação ativa do **paciente** para que metas estabelecidas durante o **atendimento** e relacionadas ao problema atual possam ser atingidas, contribuindo para a adaptação à situação de adoecimento vivenciada e para a modificação de padrões de pensamentos e comportamentos disfuncionais, bem como de pensamentos invasivos (Beck, 2020; Rangé et al., 2007). No entanto, é preciso reconhecer que a assistência em **plantão psicológico** apresenta algumas especificidades que serão apresentadas a seguir, o que nos leva à necessidade de adaptação das intervenções cognitivas e comportamentais nesse cenário.

A assistência em **plantão psicológico** apresenta algumas especificidades, como:

- O tipo de solicitação, como acolhimento e o fornecimento de orientações específicas ou intervenção em crise
- Quem são os **pacientes** e em que situações se encontram no momento da solicitação
- Local para **atendimento** pode ser qualquer ambiente do **hospital**, dependendo do setor que realizou a solicitação. Por exemplo, beira-leito, sala de espera ou sala de recuperação no Centro Cirúrgico e Obstétrico

Tabela 23.2 Frequência das queixas psicológicas/emocionais atendidas pelo **plantão psicológico** de acordo com as demandas citadas na Tabela 23.1.

Queixas psicológicas/emocionais	Frequência	%
Comportamento de choro	3.326	94,7
Respostas emocionais de acompanhantes/familiares após **comunicação** de más notícias (óbito e **comunicação** de prognóstico ruim)	2.491	70,9
Sintomas de ansiedade, crises de pânico (gestantes e crianças hospitalizadas)	2.305	65,6
Labilidade de humor (gestantes e crianças hospitalizadas)	1.859	52,9
Sintomas de depressão, desesperança (gestantes e crianças hospitalizadas)	1.670	47,5
Sintomas de estresse e exaustão por hospitalização prolongada ou agravos na **saúde** física	1.288	36,6
Transtornos mentais pregressos com sintomas ativos (informações por parte do **paciente**, familiares ou prontuário eletrônico) ou atuais (transtorno depressivo maior, transtorno de ansiedade generalizada, esquizofrenia, transtorno de personalidade, transtorno de estresse agudo). **Pacientes** adultos, adolescentes ou crianças	1.154	32,8
Crise emocional de gestantes diante de agravos na **saúde** física, hospitalização prolongada	1.132	32,2
Risco de estresse agudo e transtorno de estresse pós-traumático (TEPT) (abuso sexual, violência doméstica)	998	28,4
Preocupação excessiva com demanda de **saúde** atual impactando na adesão ao **tratamento** (gestantes e crianças hospitalizadas)	972	27,6
Sintomas de ansiedade relacionados à amamentação	506	14,4
Comportamento agressivo e dificuldades com as rotinas hospitalares (gestantes e crianças hospitalizadas)	452	12,8
Conflitos familiares e com as equipes de **saúde** impactando na hospitalização	295	8,3
Ideação ou tentativa de suicídio	88	2,5
Prejuízos no vínculo materno-infantil	44	1,2
Dificuldade de compreensão por condição neurológica diagnosticada	40	1,1
Comportamento autolesivo não suicida	3	0,08

Fonte: Serviço de **Psicologia** do Complexo FUNFARME (2023).

- Qual a oferta de **atendimento** ou intervenção que deverá ser proposta (Peron & Sartes, 2015).

As intervenções emergenciais auxiliam na redução de riscos (p. ex., suicídio) e visam resgatar recursos cognitivos prévios à situação de crise (Paranhos & Werlang, 2015). O foco na resolução de problemas, com a geração de soluções alternativas e adaptativas, contribui para o desenvolvimento de estratégias de enfrentamento mais efetivas e para a compreensão e o manejo dos problemas de **saúde** (Nezu & Nezu, 2020).

A aplicabilidade da TCC no contexto hospitalar colabora com o **atendimento** em situações inesperadas (Silva et al., 2020). Envolve estratégias como a utilização de linguagem clara e objetiva, uma postura acolhedora, respeitosa, empática, com aceitação e sem julgamentos, prezando pela **comunicação** efetiva e adequada, pelas boas práticas em **saúde** e pela evidência científica, em qualquer condição no cenário hospitalar (Peron & Sartes, 2015).

A literatura nacional e internacional aponta a TCC como "padrão-ouro" de intervenção para diversos problemas frequentemente encontrados no **hospital** geral (p. ex., ansiedade, depressão) (Carvalho & Galhardo, 2018). De acordo com a experiência de psicólogos plantonistas, estratégias utilizadas com frequência no plantão no HCM e suas respectivas definições estão apresentadas na Tabela 23.3.

Tabela 23.3 Estratégias e técnicas utilizadas durante o atendimento em **plantão psicológico** no HCM baseadas na TCC

Estratégias	Objetivos
Acolhimento	Estabelecer vínculo terapêutico com empatia e escuta qualificada, focados nas necessidades do **paciente**.
Psicoeducação	Fornecer informações básicas (p. ex., para o **paciente**, para a família) que facilitem a compreensão do problema (p. ex., contexto hospitalar e internação – ambiência, procedimentos, diagnóstico, **tratamento** e prognóstico), contribuindo para a adesão e a segurança em todas as etapas do **tratamento**.
Reestruturação cognitiva	Identificar, avaliar e responder a pensamentos automáticos e crenças disfuncionais, promovendo reestruturação cognitiva que auxilie a enfrentar o problema atual.
Treino de resolução de problemas	Auxiliar a identificar e definir o problema, as possíveis respostas frente este, bem como as consequências de cada uma, e escolher aquela resposta cujas consequências sejam compatíveis com os resultados desejados pelo **paciente** (D´Zurilla & Nezu, 2011).
Treino de habilidades sociais e assertividade	Contribuir para o desenvolvimento de um repertório assertivo, como habilidades na **comunicação** com os profissionais e as equipes de **saúde**, identificação e manejo das emoções, promovendo relacionamentos interpessoais menos conflituosos e mais empáticos.
Automonitoramento	Auxiliar na identificação dos padrões de pensamento, assim como a influência destes sobre as emoções, as sensações e os comportamentos, contribuindo para o autocontrole das respostas fisiológicas e emocionais.
Regulação emocional	Auxiliar no desenvolvimento da habilidade de reconhecer, compreender e gerenciar as emoções (p. ex., ansiedade), mantendo-as "em nível controlável para que se possa lidar com elas" (Leahy et al., 2013, p. 21).
Dessensibilização sistemática	Inclui essencialmente: "1) treino em [...] relaxamento; 2) desenvolvimento de uma escala de ansiedade subjetiva; 3) planejamento de exposição gradual ao(s) eventos(s) que elicia(m) respostas de ansiedade e/ou esquiva; e 4) pareamento dos eventos eliciadores de ansiedade com o relaxamento" (Zamignani, 2004, p. 169). Ver Zamignani (2004) para uma descrição completa do procedimento.
Treino em relaxamento	Relaxamento inclui "componentes *fisiológicos* – padrão reduzido de ativação somática e autônoma –, *subjetivos* – informes verbais de tranquilidade e sossego – e *comportamentais* – estado de quiescência motora" (Vera & Vila, 1996, p.148). Ver Vera e Vila (1996) para uma descrição completa do procedimento.
Enfrentamento (*coping*)	O *coping* pode ser entendido como as ações cognitivas e comportamentais adotadas pelos indivíduos para lidar com desafios que são considerados além de suas capacidades ou recursos disponíveis (Folkman & Lazarus, 1980).

Fonte: Lins & Neufeld (2021); Gomes (2023); Ferreira & Pereira (2024); Sarkhel et al. (2020); Macêdo et al., (2021); Zamignani (2004); Vera & Vila (1996).

CASO CLÍNICO

K., 25 anos, profissional do sexo, reside sozinha – sua família é de outro estado e atualmente não conta com rede de apoio social e familiar na cidade. Foi trazida ao serviço de emergência do HCM pelo Serviço de **Atendimento** Móvel de Urgência (SAMU), por volta das 22 horas, após um evento de violência sexual não consentido. K. relatou que havia sido contratada por um homem por meio de rede social e agendado o encontro em um motel afastado da cidade. Ao chegar ao encontro, não percebeu nenhum comportamento do cliente que o diferenciasse dos habituais encontros de sua profissão. Iniciaram uma conversa, e, logo após o primeiro contato físico, ele começou a apresentar comportamentos agressivos, que foram se intensificando com o avançar da relação, ameaçando-a constantemente com uma arma. Ela se sentiu muito amedrontada e insegura com aquele cenário e pediu sucessivas vezes para que ele parasse. Ele ignorou o pedido com agressões físicas e verbais e forçou-a a ter relação sexual vaginal e anal. K. apresentava hematomas nos braços, marcas de mordidas nas mamas e na face, bem como lacerações vaginais e anais. Após o término do encontro, deixou K. na rodovia, em uma zona rural. Ela foi socorrida por um casal, que acionou o SAMU. Seguindo o fluxo hospitalar, a equipe médica acionou o **plantão psicológico** para avaliação e conduta.

A psicóloga plantonista encontrou K. na sala de **atendimento** chorando muito, com dificuldade para falar, tremores, náusea e olhar fixo "de desespero, como se estivesse sem saída".

Intervenção psicológica

Após identificar-se e explicar o seu papel de forma acolhedora e empática, a psicóloga orientou que iria ensinar um treino em relaxamento com respiração diafragmática (Instituto Federal, n.d.) para o controle dos sintomas fisiológicos (p. ex., tremores) e regulação emocional. Realizou com K. o treino em respiração até que houvesse redução dos sintomas, e a **paciente** começou a falar de seus sentimentos naquele momento: constrangimento, culpa, vergonha, desamparo, raiva e medo. Relatou pensamentos e *flashbacks* do evento e a sensação de ter vivenciado uma de experiência de quase morte. A psicóloga ouviu atentamente o relato, evitando fazer perguntas que levassem à revitimização, promovendo um cenário de empatia e validação para o discurso. Resgatou com K. as estratégias de enfrentamento previamente utilizadas por ela em outras situações de estresse ao longo de sua vida, promovendo distração cognitiva e mudança de foco do evento traumático que contribuiu para formulação e estruturação de um treino de resolução de problemas e reestruturação cognitiva dela. Para finalizar a intervenção, foi utilizada psicoeducação sobre sinais e sintomas psicológicos que podem ser desencadeados após a vivência de um evento traumático, como medo, insegurança, pensamentos intrusivos e recorrentes sobre o evento, sintomas de ansiedade e de depressão, problemas com autoestima e relacionamentos interpessoais, além de transtorno de ansiedade, transtorno de estresse agudo, transtorno de estresse pós-traumático e transtorno obsessivo-compulsivo, sentimentos de desesperança e pensamentos de morte. Após discutirem as estratégias de enfrentamento e de busca por rede de apoio social da comunidade, foi enfatizada a importância da adesão ao acompanhamento psicológico após o desfecho do **atendimento** hospitalar. K. levou o encaminhamento contrarreferenciado para a rede de atenção em **saúde** mental do município de origem e o contato do grupo de apoio a mulheres vítimas de violência.

As orientações legais relacionadas ao evento foram realizadas pela assistente social.

Desfecho do caso

A intervenção psicológica ocorreu em local reservado com um tempo aproximado de 1 hora e 30 minutos. Promoveu regulação emocional, identificou estratégias de enfrentamento que haviam sido utilizadas anteriormente pela **paciente** e forneceu contato de rede de apoio para mulheres vítimas de violência. Foi enfatizada a necessidade de aderir ao **tratamento** posterior.

A equipe de profissionais que atende vítimas de violência participa de reuniões frequentes de treinamento para assegurar que não ocorra revitimização e que a vítima seja tratada com respeito. A atitude dos profissionais é imprescindível para a desconstrução de possíveis crenças de julgamento dos profissionais que pudessem surgir ao longo da assistência hospitalar, o que iria causar uma ruptura no ambiente acolhedor e humanizado que foi promovido pelo **atendimento** psicológico. A postura dos profissionais pode agravar o impacto da experiência para as **pacientes**, aumentando o sofrimento e prejudicando a adesão ao **tratamento** posterior.

CONCLUSÕES

A implementação do **plantão psicológico** no HCM trouxe desafios e benefícios para o Serviço de **Psicologia** da instituição. Entre eles destacam-se o aprendizado contínuo, o aprimoramento de habilidades técnicas, o desenvolvimento de competências para o relacionamento interpessoal com as equipes de **saúde**, familiares e a vivência de novas experiências ao lidar com situações inesperadas e emergenciais, como o luto e a violação de direitos.

Foram observados desfechos positivos relacionados à atuação do psicólogo no plantão, como validação e valorização do papel do plantonista pela instituição e pelos profissionais de **saúde**, promoção de respostas emocionais adaptativas diante da hospitalização e do adoecimento, regulação emocional frente a situações de estresse, crises e imprevistos, adesão ao **tratamento**, mediação de conflitos entre familiares e equipes de **saúde**, além de melhorias na **comunicação** e no acolhimento da equipe frente a notícias difíceis, como diagnósticos desfavoráveis e óbitos.

Entretanto, o trabalho nesse cenário apresenta desafios. O **plantão psicológico**, como modalidade de **atendimento** emergencial e pontual, sem a necessidade de agendamento ou continuidade, pode gerar dificuldades de integração do psicólogo na equipe, afetando a **comunicação** e o compartilhamento de informações relevantes sobre o **paciente**, comprometendo as estratégias de cuidados e uma visão mais abrangente do **atendimento**.

Além disso, a natureza breve e pontual das consultas pode dificultar a criação de vínculos, essenciais para o sucesso do processo. A competência técnica e a postura empática do psicólogo, entretanto, podem ser suficientes para estabelecer confiança e proporcionar resultados positivos, mesmo em um curto período de tempo.

Outro desafio é o acesso limitado ao histórico do **paciente**, o que pode afetar a compreensão do contexto de vida e das suas necessidades. A habilidade para estabelecer rapidamente uma relação colaborativa e avaliar as necessidades imediatas durante o **atendimento** pode mitigar esse impacto e favorecer a adesão ao **tratamento** posterior.

A transição de casos atendidos no plantão para psicólogos da equipe regular também pode ser desafiadora, tanto do ponto de vista ético quanto técnico. Garantir a confidencialidade e o compartilhamento seguro de informações entre os profissionais envolvidos é essencial, e o consentimento do **paciente** deve ser obtido antes de qualquer transferência de dados. Além disso, é importante assegurar que não haja interrupções no **tratamento**, para evitar desconfortos e manter a confiança no processo terapêutico.

A troca de psicólogos pode gerar insegurança nos **pacientes**. Nesse contexto, uma abordagem que valide as emoções e esclareça os benefícios da continuidade do **tratamento** com outro profissional pode facilitar a transição de forma mais assertiva. O alinhamento das estratégias terapêuticas com foco nas necessidades do **paciente** também é crucial para a efetividade do **tratamento**.

Por fim, a escassez de literatura sobre o **plantão psicológico** em ambientes hospitalares é também um desafio. A experiência clínica e os dados empíricos adquiridos ao longo do tempo têm contribuído para o desenvolvimento de ações nessa modalidade e apontam para a necessidade de publicações científicas que fortaleçam o embasamento teórico.

O psicólogo que trabalha na **Saúde** enfrenta desafios frequentes, que podem ser manejados por meio da boa **comunicação** entre as equipes, da clareza sobre o papel do psicólogo plantonista, do desenvolvimento técnico-científico, do planejamento institucional adequado e do apoio da literatura científica.

REFERÊNCIAS BIBLIOGRÁFICAS

Baptista, M. N., Dias, R. R., & Baptista, A. S. (2018). *Psicologia hospitalar: Teoria, aplicações e casos clínicos* (3a ed.). Rio de Janeiro: Guanabara Koogan.

Barros, G. M. de, & Bonfim, C. L. (2023). Psicologia 24 horas nas UTIs: uma herança pós-pandemia de COVID-19? *Journal of Health & Biological Sciences, 11*(1), 1-3. Recuperado de https://doi.org/10.12662/2317-3076jhbs.v11i1.4859

Beck, J. S. (2020). *Cognitive behavior therapy: Basics and beyond [Terapia cognitivo-comportamental: Noções básicas e além]* (3a ed.). New York: Guilford.

Bittencourt, H. B., Santos, G. L., & Costa, Z. L. S. (2019). Projeto piloto: O plantão psicológico. *Diaphora, 8*(1), 71-76. Recuperado de https://www.sprgs.org.br/diaphora/ojs/index.php/diaphora/article/view/175/173

Braga, T. B. M., Farinha, M. G., Souza Filho, C., & Oliveira, K. (2019). Experiências de estagiários em plantão psicológico em hospitais: Formação e ação clínica. *Revista da SPAGESP, 20*(1), 99-112. Recuperado de http://pepsic.bvsalud.org/pdf/rspagesp/v20n1/v20n1a08.pdf.

Carvalho, F. R., & Galhardo, A. (2018). Terapia cognitivo-comportamental no contexto hospitalar: Um estudo de revisão. *Revista Brasileira de Terapias Cognitivas, 14*(2), 68-81.

Carvalho, M. A. D., & Matos, M. M. G. (2016). Intervenções psicossociais em crise, emergência e catástrofe. *Revista Brasileira Terapias Cognitivas, 12*(2), 116-125.

Carvalho, F. L. S., Ferreira, M. O., Catunda, M. L., Nascimento, F. E. R. (2022). Plantão psicológico em contexto hospitalar: Compartilhando saberes, desmistificando práticas. *Revista Pensar Acadêmico, 20*(1), 106-116. Recuperado de https://www.pensaracademico.unifacig.edu.br/index.php/pensaracademico/article/view/2676/2458.

Castro, A. C., Santos, N. E., & Klauss, J. (2022). A prática da escuta ativa em momentos de angústia: Relato de experiência em plantão psicológico. In J. Klauss (Org), *Psicologia e saúde: Pesquisa, aplicações e estudos interdisciplinares* (pp. 41-50). São Paulo: Científica Digital.

Resolução n. 17, de 19 de julho de 2022. Recuperado de https://www.in.gov.br/en/web/dou/-/resolucao-n-17-de-19-de-julho-de-2022-418333366

Resolução n. 510, de 7 de abril de 2016. Recuperado de https://bvsms.saude.gov.br/bvs/saudelegis/cns/2016/res0510_07_04_2016.html#:~:text=1%20o%20Esta%20Resolu%C3%A7%C3%A3o%20disp%C3%B5e,existentes%20na%20vida%20cotidiana%2C%20na

Conselho Regional de Psicologia da 11ª Região [CRP-11]. (2020). *Parecer a respeito da prática das profissionais de psicologia no contexto do plantão psicológico.* Recuperado de https://crp11.org.br/wp-content/uploads/2023/07/Parecer-CRP11-Plantao-Psicologico.pdf

D'Zurilla, T. J., & Nezu, A. M. (2011). *Terapia de solução de problemas* (3a ed.). São Paulo: Roca.

Faro, A., Bahiano, M. A., Nakano, T. C., Reis, C., Silva, B. F. P., & Vitti, L. S. (2020). Covid-19 e a saúde mental: A emergência do cuidado. *Estudos de Psicologia, 37*, e200074.

Ferreira, F. J. D., & Pereira, B. S. (2024). O luto no contexto das emergências e desastres. *Caderno de Psicologia, 6*(10), 336-356.

Folkman, S., & Lazarus, R. S. (1980). An analysis of coping in a middle-aged community sample. *Journal of Health and Social Behavior*, 21, 219-239.

Gomes, J. B. (2023). *Guia prático da terapia cognitivo-comportamental para terapeutas de crianças e adolescentes.* Novo Hamburgo: Sinopsys.

Governo do Estado de São Paulo (2018). *Plantões e plantões em regime de disponibilidade. Lei Complementar n. 1.176/2012.* Recuperado de https://saude.sp.gov.br/resources/crh/ggp/fluxogramas/cpass/manual_plantao_revisado_14-06-2018.pdf

Instituto Federal (n.d.). *Respiração diafragmática.* Recuperado de https://www.ifpb.edu.br/princesaisabel/institucional/naps/materiais-do-setor-de-saude/respiracao-diafragmatica.pdf

Leahy, R. L., Tirch, D., & Napolitano, L. A. (2013). *Regulação emocional em psicoterapia.* Porto Alegre: Artmed.

Lins, M. R. C., & Neufeld, C. B. (2021). *Técnicas em terapia cognitivo-comportamental com crianças e adolescentes: Uma perspectiva de intervenções individuais e em grupos.* Novo Hamburgo: Sinopsys.

Macêdo, S., Nunes, A. L. P., & Duarte, M. V. G. (2021). Escuta clínica, triagem e plantão psicológico em um serviço-escola pernambucano. *Psicologia: Ciência e Profissão, 41*, e219706. Recuperado de https://www.scielo.br/j/pcp/a/qQf9rckdQdrsVz4Dtj3GF6b/?lang=pt

Marinho, J. C., Santos, A. A. P., Andrade, C. A. A., & Santos, W. B. (2024). Cuidados frente ao luto materno após perda perinatal: Uma revisão integrativa. *Revista JRG de Estudos Acadêmicos, 7*(14), e141003. Recuperado de https://doi.org/10.55892/jrg.v7i14.1003.

Monteiro, D. T., & Quintana, A. M. (2017). A comunicação de más notícias na UTI: perspectiva dos médicos. *Psicologia: Teoria e Pesquisa*, 32. Recuperado de https://www.scielo.br/j/ptp/a/kFhGtHmLvmy6H7NyPG9TkbK/?format=html&lang=pt

Nezu, A. M., & Nezu, C. M. (2020). *Problem-solving therapy: A treatment manual [Terapia de resolução de problemas: Um manual de tratamento]* (2a ed.). New Jersey: Springer Publishing Company.

Ortolan, M. L. M., & Sei, M. B. (2021). Online psychological emergency attendance: the experience of UEL's psychological clinic in the context of Covid-19 [Atendimento de emergência psicológica online: A experiência da clínica psicológica da UEL no contexto da Covid-19]. *Revista Brasileira de Psicoterapia, 23*(3), 21-31.

Paranhos, M. E., & Werlang, B. S. G. (2015). Psicologia nas emergências: Uma nova prática a ser discutida. *Psicologia: Ciência e Profissão, 35*(2), 557-571.

Peron, N. B., & Sartes, L. M. A. (2015). Terapia cognitivo-comportamental no hospital geral: Revisão da literatura brasileira. *Revista Brasileira Terapias Cognitivas, 11*(1), 42-49.

Pinheiro, T. P., Warmling, D., & Coelho, E. B. S. (2021). Caracterização das tentativas de suicídio e automutilações por adolescentes e adultos notificadas em Santa Catarina, 2014-2018. *Epidemiologia e Serviços de Saúde, 30*(4), e2021337.

Rangé, B. P., Falcone, E. M. O., & Sardinha, A. (2007). História e panorama atual das terapias cognitivas no Brasil. *Revista Brasileira Terapias Cognitivas, 3*(2).

Rosenthal, R. W. (1999). Plantão de psicólogos no Instituto Sedes Sapientiae: Uma proposta de atendimento aberto à comunidade. In M. Mahfoud (Org.). *Plantão psicológico: Novos horizontes* (pp. 15-28). São Paulo: Companhia Ilimitada.

Sarkhel, S., Singh, O. P., & Arora, M. (2020). Clinical practice guidelines for psychoeducation in psychiatric disorders general principles of psychoeducation [Diretrizes de prática clínica para psicoeducação em transtornos psiquiátricos princípios gerais de psicoeducação]. *Indian Journal of Psychiatry, 62*(Suppl 2), S319-S323. Recuperado de https://doi.org/10.4103/psychiatry.IndianJPsychiatry_780_19

Serviço de Psicologia. (2023). *Projeto acolher: Educando, protegendo e acolhendo.*

Scorsolini-Comin, F. (2015) Plantão psicológico e o cuidado na urgência: Panorama de pesquisas e intervenções. *Psico-USF, 20*(1), 163-173.

Silva, T. C., Mathiolli, C., Araujo, J. P., & Zani, A. V. (2021). O irmão do recém-nascido prematuro na unidade neonatal: Percepção dos pais e profissionais. *Brazilian Journal of Health Review, 4*(4), 16616-16631. Recuperado de https://doi.org/10.34119/bjhrv4n4-175

Silva, L. A. P., Santos, G. M., Lima, G. W. T., Borges, R. M. H., & Carneiro, V. T. (2020). A prática do plantão psicológico em um hospital pediátrico: Um relato de experiência. *Revista Saúde e Ciência Online, 9*(1), 91-100.

Silva, C. F., Silva, S. O. M., Tomaz, R. S. R., Daccache, M. H., Moreira, T .V. E., Araújo, J. B., & Santos, L. D. R. (2020). Um encontro com o inesperado no plantão psicológico: Uma revisão sistemática. *Revista em Saúde, 1*, 1-17. Recuperado de http://anais.unievangelica.edu.br/index.php/saudefaceg/article/view/6925/3573.

Silva, M. K. F. T., Vidal, V. S., & Silva, F. A. (2023). Hospitalização e saúde mental: O trabalho do psicólogo junto à pacientes em internação. *RCUMC - Especial PIBIC, 8*(2).

Souza, S., Zareh, S., Ribeiro, I., & Cavalcanti, T. (2020). Perfil sociodemográfico e clínico dos usuários do plantão psicológico da UFPB/Brasil. In 13º Congresso Nacional de Psicologia da Saúde - Actas (pp. 619-627). Edições ISPA. Recuperado de https://repositorio.ispa.pt/bitstream/10400.12/7575/1/13CongNacSaude_619.pdf

Straub, R. O. (2014). *Psicologia da saúde* (3a ed.). Porto Alegre: Artmed.

Tosta, L. R. O., & Serralha, C. A. (2022). O trabalho interdisciplinar no hospital: Acompanhamento de uma criança com condições crônicas complexas. *Psicologia USP, 33*, e200118.

Vera, M. N., & Vila, J. (1996). Técnicas de relaxamento. In V. E. Caballo (Ed.). *Manual de técnicas de terapia e modificação do comportamento* (pp. 147-165). São Paulo: Santos.

World Health Organization (WHO) (2022). Abortion care guideline [Diretrizes sobre cuidados com o aborto]. Recuperado de https://www.who.int/publications/i/item/9789240039483

Zamignani, D. R. (2004). Dessensibilização sistemática ao vivo. In C. N. Abreu & H. J. Guilhardi (Orgs.). *Terapia Comportamental e Cognitivo-Comportamental. Práticas Clínicas* (pp.169-176). São Paulo: Roca.

Zanon, B. P., Cremonese, L., Ribeiro, A. C., Padoin, S. M. M., & Paula, C. C. (2020). Comunicação de más notícias em pediatria: Revisão integrativa. *Revista Brasileira de Enfermagem, 73*(4), e20190059. Recuperado de http://dx.doi.org/10.1590/0034-7167-2019-0059 e20190059

Índice Alfabético

L

M

N

O

P

U

V

1 2 3 4 5 6 7 8 9 10
2025